Héritage du Canada

Héritage du Canada

**les grands événements
et les hauts lieux de notre histoire**

Publié par
l'Association canadienne des automobilistes
en collaboration avec
Sélection du Reader's Digest (Canada) Ltée

Remerciements

Ont contribué à l'élaboration des textes : John Aitken, A. W. (Tony) Cashman, Robert Collins, Dr Graeme Decarie, Patricia Derrick, Hector Grenon, Paul Grescoe, Douglas How, William Kilbourn, Omer Lavallée, Paul Minvielle, Mario Pelletier, Charles W. Smith, John Swettenham, Richard Wilbur, Douglas Wilkinson.

L'éditeur remercie de leur précieuse collaboration les Archives publiques du Canada, la Direction des lieux et des parcs historiques nationaux (du ministère des Affaires indiennes et du Nord), les Musées nationaux du Canada, les ministères provinciaux responsables des sites et monuments historiques, les sociétés et les musées historiques des diverses régions du pays, de même que les personnes et les organismes suivants :

Agnes Etherington Art Centre
Archives centrales du Canadien Pacifique
Archives de la ville de Montréal
Bibliothèque publique de Westmount
Bibliothèques de l'université McGill
Jim Burant
Bureau du commissaire
  des Territoires du Nord-Ouest
R. C. Cardwell
Compagnie de la Baie d'Hudson
Fondation Héritage
  de l'Ile-du-Prince-Edouard
Michel Gaumond
Gendarmerie royale du Canada
Conrad Graham
Ruth Grattan
Walter Haldorson
Edna Hall
Heritage Park Society
Stanley W. Horrall
Institut Glenbow-Alberta
William James
Dr Robert R. Janes
Kingston Historical Society

Robert Lapenna
John Leefe
Jules Lévesque
Eileen McIlwaine, C.N.D.
R. M. McPherson
Eric W. Morse
Musée de l'Ile-Sainte-Hélène
Musée McCord
Musée de la Nouvelle-Ecosse
Musée royal de l'Ontario
Musée du Royal 22e Régiment
Niagara Parks Commission
Old Fort William
W. J. Patterson
Mary Peck
Robert S. Pilot
Ressources historiques
  du Nouveau-Brunswick
Isabel St. John
Service d'archéologie et d'ethnologie,
  gouvernement du Québec
Simcoe County Archives and Museum
Victor Suthren
Debbie Trask

RÉDACTRICE: Ginette Martin
RÉDACTRICE ADJOINTE: Agnès Saint-Laurent
MISE EN PAGE: Jean-Marc Poirier
RECHERCHE RÉDACTIONNELLE: Johanne Boutin
TOPONYMIE: Nicole Carette
FABRICATION: David Ruttenberg
INDEX: Guy Dionne

Cet ouvrage est la traduction française de *Heritage of Canada*

RÉDACTEUR: Hugh Durnford
DIRECTION ARTISTIQUE: Jacques Lavigne
CONCEPTION GRAPHIQUE: Lucie Martineau, John McGuffie, Lyne Young
RÉDACTEURS ADJOINTS: Julie Bayliss, Mary Ricard, Herb Rutherford, Philomena
  Rutherford, Douglas Long, Ian Walker
RECHERCHE RÉDACTIONNELLE: Eileen McKee, Horst D. Dornbusch, David Dunbar,
  John R. F. Gillis, Natalie J. King, Barbara Peck, Patricia Derrick, Alice Farnsworth,
  Lynda Leonard, Deena A. Soicher
RECHERCHE PHOTOGRAPHIQUE: Viki Colledge, Rachel Irwin, Susan Wong

Préface

Gratien Gélinas

Quel que soit l'avenir du Canada, la connaissance de son passé s'impose, non seulement pour ceux d'entre nous qui se réclament d'une patrie vaste comme un continent, mais encore pour ceux qui se proclament citoyens du Québec. Faisons remonter l'histoire de notre pays à l'établissement des Nordiques à Terre-Neuve il y a 10 siècles, ou décidons qu'elle a débuté en 1534 seulement, avec l'entrée de Jacques Cartier dans le golfe du Saint-Laurent : il nous faudra, de toute façon, savoir d'où nous venons, de quoi et de qui nous sommes faits. C'est alors que nous pourrons, un peu mieux, orienter notre démarche collective et déterminer quelle nation nous formerons.

Même s'il ne peut évidemment tout dire, en 400 pages, de notre histoire, complexe et diversement interprétable, *Héritage du Canada* est, à mon sens, un ouvrage admirable. La richesse de sa documentation, l'abondance et le bon goût de ses illustrations, la trouvaille que constituent ses cartes géographiques qui, pour chaque région, dressent l'inventaire de nos monuments et de nos sites historiques, en font un précieux outil de vulgarisation. Il m'apparaît qu'aucun manuel, aucun guide touristique ne nous a jusqu'ici présenté le Canada d'aussi fascinante manière. Que ne l'ai-je eu entre les mains quand, sur les bancs de l'école, j'étudiais, avec une curiosité et un bonheur absents, l'histoire de mon pays!

Je l'ai parcouru comme un livre d'aventures. Par-delà le sérieux de son fond, il m'a amusé et, malgré sa dimension universelle, il m'a souvent donné l'illusion de vivre son action. Par exemple, en refaisant avec eux la route que suivaient les canots des « voyageurs », des rapides de Lachine à Fort William, je les ai vus en imagination glisser sur le lac des Deux Montagnes, devant ma maison d'Oka.

Où que vous viviez, lecteurs d'*Héritage du Canada*, vous découvrirez sans doute avec moi que les chemins de notre histoire passent étonnamment près de notre monde intime.

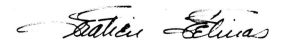

Table des matières

Comment repérer les sites historiques

Ce livre raconte l'histoire du Canada, des origines à la Première Guerre mondiale. Trente-trois chapitres abondamment illustrés reconstituent les événements dans le cadre où ils se sont déroulés. Chaque chapitre est centré sur un site ou sur un monument historique, qui fait l'objet d'une illustration au début même du chapitre. Ce site principal, ainsi que d'autres sites secondaires, figurent sur une carte qu'accompagne un texte descriptif, à la fin du chapitre. L'ouvrage fait ainsi état de 591 sites historiques répartis à travers tout le pays. Intercalés entre certains chapitres, sept « gros plans » font revivre la vie quotidienne à différentes étapes de notre histoire. En guise de conclusion, l'épilogue de l'ouvrage nous mène jusqu'à l'époque contemporaine.

Sur chaque carte, un symbole blanc représente les sites principaux, tandis que les symboles noirs indiquent des sites secondaires. Leur signification est la suivante:

- ✳ Quatre sites historiques ou davantage
- ♠ Un ou plusieurs édifices historiques
- ◄ Musée renfermant des collections de l'époque traitée dans le chapitre
- ♦ Statues, stèles ou plaques commémoratives
- ◄ Fortifications (postes de traite, citadelles)
- ■ Ruines, y compris villes abandonnées
- ● Itinéraires historiques (routes ou voies navigables)
- ● Attractions touristiques diverses, par exemple navires, montagnes ou manifestations annuelles
- ■ Sites historiques dont tout vestige a disparu

La plupart des sites se trouvent près d'agglomérations dont les noms figurent sur les cartes. Les accidents géographiques et les parcs qui ont une importance historique sont également indiqués. Le chiffre qui suit le nom d'un site correspond à un chiffre sur la carte : les chiffres de la carte se suivent de gauche à droite, ou de haut en bas. Les sites sont tous accessibles par la route, sauf indication contraire.

N'oubliez pas que les sites historiques sont le patrimoine de tous les Canadiens. Ils sont protégés par la loi, même ceux qui ne sont pas officiellement classés, et les auteurs d'actes de vandalisme sont passibles de peines sévères.

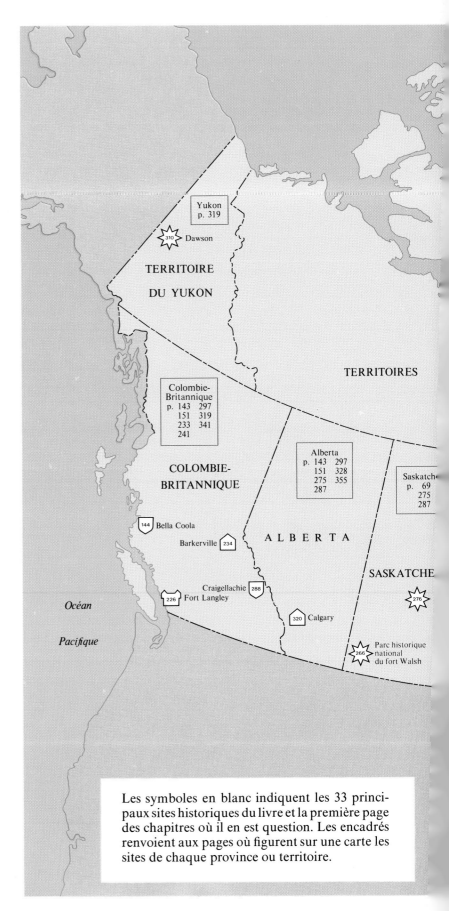

Les symboles en blanc indiquent les 33 principaux sites historiques du livre et la première page des chapitres où il en est question. Les encadrés renvoient aux pages où figurent sur une carte les sites de chaque province ou territoire.

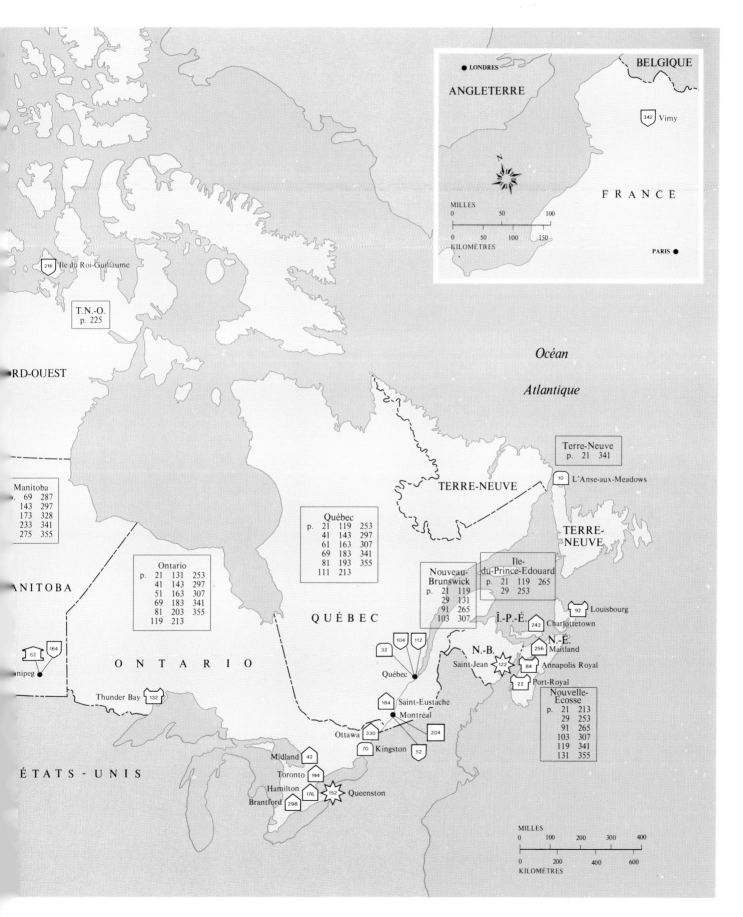

BELGIQUE

ANGLETERRE

● LONDRES

342 Vimy

FRANCE

N

MILLES
0   50   100

0   50   100   150
KILOMÈTRES

PARIS ●

216 Île du Roi-Guillaume

T.N.-O.
p. 225

RD-OUEST

Océan

Atlantique

Terre-Neuve
p. 21 341

10 L'Anse-aux-Meadows

TERRE-NEUVE

TERRE-
NEUVE

Manitoba
. 69 287
  143 297
  173 328
  233 341
  275 355

Québec
p. 21 119 253
   41 143 297
   61 163 307
   69 183 341
   81 193 355
  111 213

Ontario
p. 21 131 253
   41 143 297
   51 163 307
   69 183 341
   81 203 355
  119 213

Nouveau-
Brunswick
p. 21 119
   29 131
   91 265
  103 307

Ile-
du-Prince-Edouard
p. 21 119 265
   29 253

92 Louisbourg

Î.-P.-É.   242 Charlottetown

N.-É.

256 Maitland

N.-B.

Saint-Jean 122   84 Annapolis Royal

22 Port-Royal

Nouvelle-
Écosse
p. 21 213
   29 253
   91 265
  103 307
  119 341
  131 355

ANITOBA

62   164

anipeg ●

ONTARIO

QUÉBEC

104 112

32

Québec ●

Thunder Bay 132

184 Saint-Eustache

● Montréal

Ottawa 330

204

70 Kingston 52

Midland 42

ÉTATS - UNIS

Toronto 194

Hamilton 176 152 Queenston

Brantford 298

MILLES
0   100   200   300   400

0   200   400   600
KILOMÈTRES

Un voyage prend fin, une histoire commence

Il y a près d'un millier d'années, après une longue traversée, un homme blond et trapu posait le pied sur une plage de galets, à la pointe septentrionale de Terre-Neuve. A la vue des prés verdoyants, il se sentit rassuré : l'herbe ne manquerait pas pour le bétail; les collines boisées fourniraient du bois de chauffage et du bois d'œuvre pour construire des huttes et des navires. Au large, à bord de quatre *knorrs*, plusieurs douzaines d'hommes et de femmes le suivaient des yeux. C'étaient des Vikings, venus fonder ce qui sera peut-être la première colonie européenne d'Amérique du Nord.

Le voyage n'avait pas été facile depuis le Groenland, sur une mer tantôt noyée dans la brume, tantôt battue par la tempête. Chaque knorr était gréé d'une voile carrée de grosse laine, renforcée par des bandes de peau de morse. Le capitaine fut souvent obligé de suivre sa route à l'aveuglette, lorsque la proue élancée de son long navire disparaissait dans la brume, les embruns et la noirceur de la nuit. Les quatre navires tressaillaient sous les coups des lames, car les bordages de la coque n'étaient que de minces bandes de chêne ligaturées et clouées aux membrures. La coque souple avait pu résister aux assauts de la mer, qui auraient brisé un navire rigide. Contre l'eau qui s'infiltrait, un seul abri : des bâches tendues d'un bord à l'autre du navire.

Une fois le vent tombé et la brume dissipée, on sortit les avirons pour franchir la distance qui séparait les navires de cette ligne verte à l'horizon. Les knorrs faisaient leur entrée dans l'histoire du Canada.

Le jour qui se lève à L'Anse-aux-Meadows évoque l'aube de l'histoire du Canada. Les Vikings vinrent s'installer ici, à l'extrémité nord de Terre-Neuve, vers la fin du Xᵉ siècle. Les vestiges du village n'ont été découverts qu'aux environs des années 1960. Ci-dessus : excavations archéologiques sur le site.

11

Ils vinrent d'Asie, en quête de vivres

L'homme est sans doute arrivé en Amérique du Nord par l'isthme de Béring, aujourd'hui recouvert par les eaux peu profondes de la mer de Béring. Les Indiens et Inuit du Canada descendent des Asiatiques qui traversèrent progressivement un large pont de terre que les archéologues appellent le pont Béringia. Pendant des milliers d'années, il reliait la Sibérie au nord-ouest de l'Amérique du Nord.

L'homme a pu le traverser pour la première fois il y a environ 40 000 ans. Il l'a certainement fait il y a 25 000 ans, puis à nouveau il y a 12 000 ans. Ni explorateur, ni découvreur, il cherchait simplement de la nourriture : mammouth, bison antique. Les peuples que nous appelons aujourd'hui les Paléo-Indiens arrivèrent au Yukon et dans les Territoires du Nord-Ouest. Certains descendirent le couloir des montagnes Rocheuses et, de là, peuplèrent une bonne partie du continent américain. Les Inuit semblent être arrivés il y a de 10 000 à 13 000 ans.

La dernière période glaciaire prit fin il y a 10 000 ans. La mer recouvrit le pont Béringia, fermant la route de l'Asie : les Paléo-Indiens et les Inuit appartiennent depuis lors au continent nord-américain.

Le parc provincial Serpent Mounds, près de Keene (Ont.), est sillonné de tertres funéraires qui remontent à 2 000 ans. L'un des sept tertres, en forme de serpent, a 1,80 m de haut et 60 m de long. Un autre tumulus a été fouillé (à droite) et est aujourd'hui protégé par une plaque de verre.

Ces bateaux ressemblaient fort — en plus large et en plus long — aux drakkars qui avaient sillonné les mers d'Europe. Ce jour-là, chargés chacun de 15 marins et de 20 passagers, avec tous leurs outils, des vivres, du bétail et du fourrage, ils abordaient à une terre nouvelle.

L'homme qui était à terre leva sa hache. Un grand cri s'éleva des navires. Les Vikings débarquaient. Au bord du cours d'eau qu'on appelle aujourd'hui le ruisseau du Canard Noir, ils étaient venus fonder un village dont on peut encore voir les vestiges à L'Anse-aux-Meadows.

A l'automne, sept maisons étaient construites. Tous les jours, les femmes ramassaient le bois de grève pour alimenter deux foyers où elles faisaient rôtir des quartiers de viande de caribou et de baleine. Les hommes creusaient des trous dans le sable où les plies restaient emprisonnées à marée descendante. Sur la plage se dressaient des murettes qui supportaient la toiture des abris des bateaux. Les moutons paissaient aux alentours. Les femmes cueillaient des baies au fond des prés.

On imagine, près du ruisseau, sur une enclume

La côte de Terre-Neuve, à L'Anse-aux-Meadows, a peu changé depuis 1 000 ans, depuis ce temps où les Vikings y ramassaient du bois et taillaient des mottes de tourbe avec des outils de fer des marais.

Des Africains débarquèrent-ils avant les Norvégiens?

Des pierres au Québec, quelques paragraphes de Plutarque et un saint irlandais (à droite) en quête d'un paradis au-delà de la mer... autant d'indices mystérieux qui font croire que les Africains et les Européens seraient arrivés en Amérique du Nord bien avant que les Vikings ne s'installent à L'Anse-aux-Meadows, vers l'an 1000 de notre ère.

Deux pierres, découvertes vers 1700 près de Sherbrooke, au Québec, porteraient des inscriptions libyennes — peut-être gravées par les membres d'une expédition qui aurait remonté le Saint-Laurent et la rivière Saint-François 500 ans avant notre ère. Les inscriptions ont été déchiffrées : « Jusqu'ici s'est rendue notre expédition au service de notre vénéré seigneur Hiram » et « Ceci est la marque de Hanta qui atteignit la grande rivière et laissa ces mots gravés sur la pierre. »

Plutarque, l'historien grec, parlait vers l'an 75 de notre ère de pèlerins partis de Grande-Bretagne à destination d'un sanctuaire au-delà de l'Atlantique. Des savants pensent que leur route aurait pu les conduire par le Groenland, le détroit de Davis et la côte du Labrador jusqu'à l'île du Cap-Breton ou l'île d'Anticosti, dans le golfe du Saint-Laurent.

Saint Brendan, moine du VIe siècle, aurait cherché pendant sept ans une « terre promise » de l'autre côté de l'Atlantique. D'après un récit écrit trois siècles après sa mort, le moine aurait atteint les Açores, l'île Madère et peut-être les Antilles.

Des moines irlandais auraient vécu au bord du Saint-Laurent vers la fin du IXe siècle. Du moins, les Indiens Micmacs semblent avoir été en contact avec des chrétiens bien avant l'arrivée des missionnaires français, au XVIIe siècle. Ceux-ci donnaient aux Micmacs le nom de Porte-Croix car ils faisaient le signe de la croix.

13

de pierre, un forgeron en train de fabriquer des outils de fer et de cuivre. Son apprenti travaille à quelques centaines de mètres en amont, fouillant le sol spongieux pour y trouver du fer des marais. Le minerai est chauffé sur un feu de charbon de bois jusqu'à ce qu'il puisse être forgé. Une femme se tient sur le pas de sa porte; dans sa main, un galet perforé — le volant du fuseau dont elle se sert pour filer la laine. Le galet glisse dans un trou, sous le mur de tourbe. (On peut en voir un semblable au parc historique national de L'Anse-aux-Meadows.)

Les Norvégiens, les Suédois et les Danois, poussés par le surpeuplement, avaient commencé leurs voyages vers l'an 800 de notre ère. Les Suédois et les Danois se cantonnèrent à l'Europe, tandis que les Norvégiens lancèrent leurs navires sur les eaux de l'Atlantique Nord. Vers l'an 900, ils s'installèrent avec des esclaves irlandais en Islande, où ils donnèrent naissance au peuple islandais.

En l'an 982, un Islandais du nom d'Erik le Rouge fut condamné à trois ans de bannissement pour meurtre. Il passa son temps d'exil à faire l'exploration des côtes désolées du Groenland où il fonda deux colonies.

Les habitants de ces colonies poussèrent encore plus loin, au-delà de l'île de Baffin, jusqu'à la presqu'île de Melville, chassant le faucon et l'ours polaire pour les cours d'Europe. Un de leurs navires se perdit un jour de l'an 986 et longea d'étranges terres boisées — apparemment le Labrador et Terre-Neuve. Cet événement marqua la première découverte clairement établie de l'Amérique par des Européens.

Leif Eriksson, fils d'Erik le Rouge, en entendit parler. Attiré par ces bois si proches du Groenland, il prit la mer (vers l'an 995) et débarqua dans une région fertile qu'il appela Vinland, pays de la vigne. Il y resta un an. Les archéologues ont prouvé qu'un village viking a déjà existé à L'Anse-aux-Meadows. S'agissait-il du Vinland d'Eriksson? On ne peut l'affirmer.

L'histoire du Vinland est contée dans deux légendes scandinaves, la *Saga des Groenlandais* et la *Saga d'Erik le Rouge*. Toutes deux parlent de cette contrée, sans pour autant la situer avec précision. (Une pierre découverte en 1812 à Yarmouth, en Nouvelle-Ecosse, à 1 385 kilomètres au sud-ouest de L'Anse-aux-Meadows, porte une inscription qui pourrait être en vieux norois.)

Pendant 200 ans, les sagas seront transmises oralement avant d'être transcrites. Elles diffèrent sur certains points : le nombre des villages fondés et les incidents qui s'y produisirent, mais elles concordent dans leurs descriptions des voyages et des terres découvertes par les hommes du Nord. Elles nous indiquent aussi les raisons probables de la disparition de ces derniers.

L'un des récits raconte qu'un groupe d'autochtones — les Skraelings, comme les appelaient les Vikings — étant venus un jour faire du commerce, un taureau que les Vikings avaient amené du Groenland déboucha soudain de la forêt. Terrifiés, les Skraelings, qui n'avaient jamais vu un tel animal, coururent s'abriter dans les huttes des Vikings. Croyant à une attaque, ceux-ci barricadent leurs portes et chassent les intrus. Trois semaines plus tard, un autre groupe de Skraelings s'approche du village. Convaincus qu'ils sont venus chercher vengeance, les Vikings les attaquent à coups de hache et d'épée.

Mais c'est à leur tour d'être terrifiés, car d'étranges objets volants pleuvent sur eux, tuant et blessant plusieurs hommes. Incapables de s'approcher suffisamment près des Skraelings pour se servir de leurs armes, les hommes s'enfuient, laissant derrière eux femmes et enfants.

Les pêcheurs de la côte est lestent toujours leurs filets avec des ancres de pierre semblables à celles dont les Vikings se servaient. Un faisceau de rameaux enfermant une lourde pierre est fixé à deux morceaux de bois.

Un knorr (ci-dessous) pouvait transporter 15 marins, 20 passagers et jusqu'à 36 tonnes de marchandises. Par mauvais temps, hommes et femmes s'abritaient avec le bétail sous des bâches tendues en travers du navire. On mangeait froid, sauf lorsqu'on pouvait allumer le foyer de pierre, sur le pont arrière. Les knorrs avaient un fond plat pour permettre l'échouage. Entre la poupe et la proue surélevées, se dressait un mât unique. Les interstices des bordages de la coque étaient calfatés avec du crin enduit de goudron.

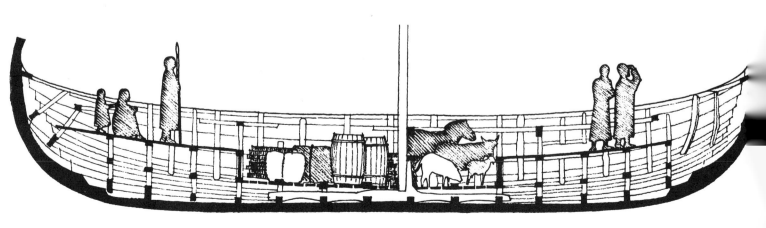

Un mont, une étoile

Comme on le faisait depuis des millénaires, les Vikings naviguaient à vue en se guidant sur les points de repère des côtes. Du sommet d'un mât de 15 mètres, une vigie pouvait apercevoir une montagne de 2 000 mètres à 200 kilomètres de distance. Ils pouvaient naviguer de Norvège en Amérique du Nord sans jamais s'écarter de plus de 320 kilomètres des côtes.

Aux latitudes septentrionales, les ombres marquent le nord à midi. Une fois par jour, on faisait donc un relèvement avec une alidade (à droite) : l'ombre du pivot central était alignée sur une marque du pourtour de l'instrument, indiquant le nord. La nuit, les navigateurs évaluaient la latitude d'après la hauteur de l'étoile polaire au-dessus de l'horizon; plus on se trouve au nord, plus l'étoile est haute.

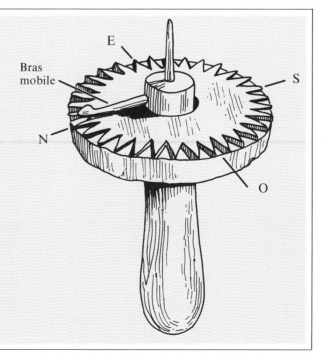

Bras mobile

E

S

N

O

Ce tableau de Christian Krohg représente Leif Eriksson au large des côtes d'Amérique du Nord. Les sagas décrivent son arrivée, vers l'an 995, sur une terre hospitalière où poussait la vigne sauvage — d'où le nom de Vinland qu'il lui donna.

Jean Cabot fit son mémorable voyage de 1497 à bord du
Matthew *(ci-dessus : maquette de son voilier au musée de
Terre-Neuve, à Saint-Jean). Il aurait débarqué le 24 juin près
de l'actuel Cape North, N.-E. (ci-dessous).*

L'une de ces femmes est Freydis, fille d'Erik le
Rouge. Enceinte, elle ne peut s'enfuir. Furieuse
d'être laissée derrière par ses compagnons, elle
les accable d'insultes, puis se saisit de l'épée d'un
blessé, se tourne vers les Skraelings, pousse un
sauvage cri de guerre et déchire sa robe. Les
Skraelings, à la vue de cette incarnation de la
Furie, prennent la fuite.

Il est fort probable que les Skraelings étaient
tout bonnement venus là pour chasser le phoque.
Les objets ailés qui effrayèrent tant les Vikings
étaient de simples harpons auxquels les Skrae
lings attachaient des vessies d'animaux pour
empêcher les phoques de couler une fois qu'ils
avaient été harponnés.

Plusieurs années après cette rencontre, Freydis commanda une expédition de Groenlandais
et d'Islandais. Mais chacun se méfiait de l'autre
et l'on décida que chaque groupe serait limité à
30 guerriers. Freydis en amena cinq de plus.
Arrivée à Terre-Neuve, elle ordonna à ses compagnons de tuer les Islandais et de voler leurs
navires. Mais ses hommes refusèrent de tuer les
femmes. Qu'à cela ne tienne : la guerrière se saisit d'une hache et les massacra.

Il fallut attendre le xve siècle pour que la domination des mers du Nord passe aux pêcheurs
anglais, français et portugais. Leurs lieux de
pêche étaient des secrets bien gardés, mais on est

sûr que des navires anglais venus de Bristol ont exploré l'Atlantique Nord vers 1480, 12 ans avant Christophe Colomb. Au moins un de ces navires atteignit probablement l'Amérique du Nord avant 1492.

Mais cette année-là, Colomb sembla prouver que l'Asie — la terre des épices, de la soie et, croyait-on, de toutes les pierres précieuses du monde — pouvait être atteinte en naviguant vers l'ouest. Henri VII d'Angleterre, comme la plupart des rois de son époque, était sans cesse à court d'argent. Il ne se fit donc pas prier lorsqu'un navigateur italien, Jean Cabot, vint l'entretenir de ses plans en 1496.

Cabot avait fait le commerce des épices en Méditerranée orientale. Henri VII l'autorisa à faire voile vers l'ouest et à prendre possession au nom de l'Angleterre de toutes les terres qu'il découvrirait, « jusqu'ici inconnues de tous les chrétiens ». Le roi aurait droit au cinquième du monopole; Cabot garderait le reste.

Le 20 mai 1497, il quitta Bristol à bord du *Matthew*, un rafiot qui apparemment n'avait pas 25 mètres de long. Le navire arborait une voile latine semblable à celle des felouques qu'utilisaient les négociants arabes. Le 24 juin, la vigie annonça : Terre! C'était peut-être Terre-Neuve, peut-être le cap Breton. Quoi qu'il en soit, il ne s'agissait sûrement pas de la terre des soies et des épices. Cabot raconte que « les habitants... sont vêtus de peaux de bêtes qu'ils ont en grande estime, tout comme les arcs, flèches, piques, javelots, gourdins de bois et frondes. Le sol est nu en certains endroits et donne peu de fruits, mais il est rempli d'ours blancs et de cerfs bien plus grands que les nôtres. »

Les nouvelles étaient pourtant bonnes pour les gens de Bristol : « Il s'y trouve beaucoup de poisson..., une grande abondance de [morues]. »

Mais Cabot s'intéressait moins au poisson qu'aux royaumes visités par Marco Polo. Il planta une croix au nom du souverain d'Angleterre et poursuivit le long de ce qu'il croyait être la côte de l'Asie. Ne trouvant aucune trace des richesses asiatiques, il revint en Angleterre.

Encouragé, le roi donna 10 livres « à lui qui découvrit la nouvelle Ile » et autorisa un second voyage. Cabot prit la mer en mai 1498.

Trois ans plus tard, probablement à Terre-Neuve, les autochtones montrèrent à des explorateurs portugais une épée italienne et des boucles d'oreilles qui auraient pu appartenir à Cabot. On n'entendit jamais plus parler de l'explorateur, de ses équipages ni de ses navires. Cabot ne découvrit point de cités resplendissantes, mais il montra que l'Amérique du Nord était un continent et il établit les droits de la couronne d'Angleterre sur ces nouvelles terres.

Un arbre qui guérit une terrible maladie

Une « grosse maladie », selon l'expression de Jacques Cartier, décima les 110 Français bloqués par les glaces près de Stadaconé au cours de l'hiver 1535-1536. La maladie se répandit de façon rapide parmi l'équipage de Cartier. « Leurs jambes devenaient grosses et enflées. » Puis le mal « montait aux hanches, cuisses, épaules, aux bras et au col. Et à tous venait la bouche si infecte et pourrie par les gencives que toute la chair en tombait, jusqu'à la racine des dents, lesquelles tombaient presque toutes. »

C'était le scorbut, causé par un manque de vitamine C. Désespérés, les Français se mirent en prière. Ils pratiquèrent ensuite une autopsie pour découvrir la cause de cette maladie. « A un certain moment, ... il n'y avait pas trois hommes sains » sur les trois navires. Vingt-cinq moururent; certains furent enterrés dans la neige, « car, écrit Cartier, il ne nous était pas possible alors d'ouvrir la terre qui était gelée, tant nous étions faibles et avions peu de puissance ».

Cartier et ses hommes étaient « en une crainte merveilleuse que les gens du pays ne s'aperçussent de notre pitié et faiblesse ». Mais, au début du printemps, les Français apprirent des Indiens comment se soigner : « [Ils] nous montrèrent qu'il fallait piler l'écorce et les feuilles » d'un certain arbre « et mettre le tout à bouillir dans l'eau; puis boire ladite eau, tous les deux jours; et mettre le marc sur les jambes enflées et malades ». Cet arbre, que les Indiens appelaient *annedda* — le cèdre blanc (à droite) —, « nous a tellement profité, que tous ceux qui en ont voulu user, ont recouvert santé et guérison, grâce à Dieu ».

Mais le remède tomba dans l'oubli, car Cartier ne dit jamais comment identifier l'annedda. Un siècle plus tard, Champlain parlera « d'une certaine maladie... appelée mal de terre » contre laquelle « nous ne pûmes trouver aucun remède ». Il avait entendu parler de l'annedda de Cartier, mais ne savait comment le reconnaître. A cause des ravages du scorbut, le roi refusa de financer la colonisation entre 1609 et 1612.

D'où vient ce nom?

Malgré les nombreuses explications qu'on en a données, l'origine du nom Canada demeure incertaine. Dans ses écrits, Jacques Cartier, pour désigner la région de Stadaconé, au Québec, ou même la terre qu'il avait découverte le long du Saint-Laurent lors de son voyage de 1534, emploie le mot huron *kanata* qui signifie : village, amas de cabanes. Selon les historiens, cette étymologie amérindienne est sans doute la plus plausible.

Selon une autre thèse, il s'agirait plutôt d'un mot d'origine espagnole. « *Aca nada* » (Rien ici), se seraient écriés des Espagnols venus explorer, avant Cartier, la baie des Chaleurs et n'ayant pas trouvé l'or qu'ils cherchaient. Les mots auraient été répétés par des Indiens.

L'Angleterre n'était pas la seule à s'intéresser aux territoires d'outre-Atlantique. Le 20 avril 1534, on pouvait voir un homme dans la quarantaine, se tenant sur la dunette d'un petit navire, dans le port de Saint-Malo. Une lettre patente au sceau de François Ier, roi de France, l'autorisait à prendre la mer avec deux navires pour aller découvrir « certaines îles et pays où l'on dit qu'il se doit trouver grande quantité d'or et d'autres riches choses ». Ce marin était Jacques Cartier. Un bon vent poussa ses deux navires sur les mers du Nord. Mais quelle déception le 33e jour, lorsque, après avoir franchi le détroit de Belle-Isle, il découvrit ce qui est sans doute le Labrador. Rien que des pierres et des arbrisseaux rabougris! « Je n'ai pas vu une charretée de terre », écrit-il. « J'estime mieux que autrement que c'est la terre que Dieu donna à Caïn. »

Les navires de Cartier mirent le cap au sud pour explorer ce que le navigateur pensait être une vaste baie. Il s'agissait du golfe du Saint-Laurent, où Cartier fut le premier Européen à pénétrer. Le 29 juin 1534, il dépassa les îles de la

Jacques Cartier vit pour la première fois le Saint-Laurent le 10 août 1535 et le baptisa en l'honneur du saint de ce jour. Pêcheur à qui les eaux de l'Atlantique étaient familiè-res, il franchit 1 300 kilomètres sans carte, vers ce qu'il croyait être la porte de l'Orient. Ce tableau qui représente son voyage à Hochelaga (Montréal) est de Théodore Gudin et fut commandé en 1839 par le roi Louis-Philippe Ier pour orner la galerie du château de Versailles.

Madeleine et débarqua dans une région de plages sablonneuses et de prés fertiles, où la terre était « la plus belle qu'il soit possible de voir » : l'île du Prince-Edouard. Mais, déception, il ne s'y trouvait point d'or. Alors les navires remontèrent vers le nord au large du Nouveau-Brunswick, s'arrêtèrent dans une immense baie aux eaux tempérées que Cartier nomma baie des Chaleurs et, le 14 juillet, pénétrèrent dans la baie de Gaspé.

Sur la rive, des Indiens regardaient les navires mouiller l'ancre. C'étaient des Iroquois, membres d'une puissante nation agricole qui dominait la vallée du Saint-Laurent et l'est des Grands Lacs. Ils venaient d'un village appelé Stadaconé en iroquois.

Leur chef, Donnacona, accueillit les Français avec des cadeaux et leur offrit un festin. Mais les Iroquois s'inquiétèrent lorsqu'ils virent Cartier dresser une haute croix portant des inscriptions, sur ce qui est aujourd'hui la pointe de Penouïl (dans le parc national Forillon). Par signes, Cartier les assura qu'il s'agissait seulement d'une balise pour guider les futurs voyageurs.

Au retour, Cartier emmena deux des fils de Donnacona en France pour en faire des interprètes. Le roi lui permit de former une deuxième expédition de trois navires. La flottille quitta Saint-Malo au printemps de 1535, avec en tête la *Grande Hermine* (dont on peut voir une réplique au parc historique national Cartier-Brébeuf, à Québec). Les interprètes iroquois guidèrent Cartier le long de l'île d'Anticosti. Soudain, là où le grand fleuve se rétrécit, les voyageurs découvrirent le village de Stadaconé, perché sur un promontoire. Donnacona leur souhaita la bienvenue.

Mais la chaleur des retrouvailles ne dura pas. Malgré les objections de Donnacona, qui voulait partager le monopole du commerce avec les Français, Cartier remonta le fleuve vers un autre village iroquois, Hochelaga, qui deviendra plus tard Montréal. Les Français furent accueillis par des Indiens qui leur offrirent « force poissons et de leur pain... qu'ils jetaient dans nos barques de sorte qu'il semblait qu'ils tombaient de l'air ». Derrière la palissade du village se dressait une montagne que Cartier nomma du nom du cardinal de Médicis, autrefois évêque de Monreale, en Sicile. Monreale devint mont Royal. Du sommet de la montagne, Cartier vit le fleuve et l'éclair blanc que lancent les rapides de Lachine. Au-delà, lui dit-on, se trouvait une mer d'eau douce.

Cartier passa l'hiver au bord de la rivière Saint-Charles, près de Stadaconé. L'intérieur des navires se couvrit d'une épaisse couche de glace; la rivière gela jusqu'à trois mètres. Et le scorbut sévit parmi l'équipage : vingt-cinq hommes succombèrent de la terrible maladie. Les Indiens sauvèrent les autres en leur montrant comment faire une potion avec l'écorce et les feuilles du cèdre blanc.

Cartier décida de faire remplacer Donnacona par un chef plus amical. Au printemps, alors que l'expédition se préparait à rentrer en France, il invita le chef et d'autres Iroquois à une cérémonie dans un fort qu'il avait construit, et il les fit prisonniers. Leur chef leur serait rendu dans un an, promit Cartier aux Indiens.

Mais la guerre éclata entre la France et l'Espagne et Cartier ne revint qu'au bout de cinq ans, en 1541. Donnacona et ses compagnons étaient morts, sans doute de maladies européennes contre lesquelles ils n'avaient aucune immunité. Cartier fit accroire qu'ils vivaient dans le luxe en France. Peu d'Iroquois le crurent; le nouveau chef, Agona, fut encore moins amical que Donnacona. Lui et son peuple savaient bien que Cartier était là pour rester. Ils ne se trompaient pas, car les cinq navires étaient venus avec plus de 400 Français.

Cette fois, Cartier avait pour instructions de fonder une colonie et d'explorer le continent. Il construisit un fort, qu'il nomma Charlesbourg-

Cette réplique de la Grande Hermine, au parc historique national Cartier-Brébeuf de Québec, fut construite en 1966 avec les outils et selon les méthodes du XVIe siècle. L'original, vaisseau de bois de 24 m, accompagné de deux autres navires, prit la mer à Saint-Malo au printemps de 1535, pour la seconde expédition de Cartier au Nouveau Monde.

Royal, à Cap-Rouge, un peu en amont de Stadaconé, sur la côte nord du Saint-Laurent. Mais le commandement de l'expédition avait été confié à un soldat-courtisan, doublé d'un pirate, Jean-François de Roberval. Cartier dut attendre que celui-ci arrive à Charlesbourg-Royal, au printemps de 1542.

Pendant tout l'hiver, les Iroquois gardèrent les Français en état de siège. En juin, Cartier fit voile pour la France.

Alors que les cinq navires de Cartier rebroussaient chemin, Roberval et 200 colons se dirigèrent vers Charlesbourg-Royal à bord de trois navires. Les deux groupes se rencontrèrent à Terre-Neuve. Roberval dit qu'il avait assez d'armes pour intimider les Iroquois et ordonna à Cartier de l'accompagner. Mais Cartier en avait assez du Canada. A la faveur de la nuit, il s'enfuit et rentra en France avec plusieurs barils de ce qu'il croyait être des diamants et de l'or. Il espérait que son trésor ferait pardonner sa désobéissance.

Pour financer l'expédition, Roberval avait vendu ses biens, emprunté à des amis et retâté de la piraterie. Incapable de recruter suffisamment de volontaires, il avait obtenu du roi l'autorisation de faire le tour des prisons françaises et d'engager des voleurs et des débiteurs insolvables. Quelques nobles et dames de la cour s'étaient joints à lui. Les 200 compagnons de Roberval faisaient un bien curieux assortiment.

L'hiver 1542-1543 à Charlesbourg-Royal se passa dans la terreur. Les colons souffraient de la faim, du froid et du scorbut. (Cartier n'avait pas donné à Roberval le remède contre cette maladie.) Roberval ne se privait pas d'user du fouet sur les rebelles qui refusaient de travailler. Au milieu de ce cauchemar, le Canada vit sa première exécution : la pendaison de Michel Gaillon, coupable de vol.

Au printemps, les survivants s'empressèrent de rejoindre leurs navires. D'un air moqueur, les Iroquois suivirent leur retraite. Charlesbourg-Royal avait été un échec. A Paris, Cartier apprit que son or et ses diamants n'étaient que des pyrites de fer et du quartz sans valeur, d'où l'expression « faux comme diamants de Canada ». Il faudra attendre un demi-siècle pour que les colons français remontent à nouveau les eaux du fleuve Saint-Laurent.

Roberval fut assassiné un soir à Paris, à la sortie d'une église. Cartier perdit la faveur du roi, mais vécut jusqu'à 66 ans à conter ses aventures, parfois imaginaires. Malgré ses erreurs, il avait découvert l'une des grandes entrées de l'Amérique du Nord et avait établi une présence française au Nouveau Monde.

L'échec de Charlesbourg-Royal ralentit l'exploration de l'Amérique. Mais un grand pas avait été fait : le « Canada » était désormais dans l'orbite de l'Europe et l'Atlantique Nord était devenu une route ouverte aux intrépides.

La rançon de l'amour : l'île des Démons

C'était le printemps et ils étaient follement amoureux. Pendant trois semaines du mois de juin 1542, alors que les navires font escale pour se réapprovisionner, Marguerite de Roberval et son jeune amant folâtrent sur les collines de Terre-Neuve, cueillent des baies et pêchent le saumon, sous la garde de la servante de Marguerite. Lorsque son oncle Jean-François de Roberval, chef de l'expédition dont font partie les amoureux, qui va coloniser la terre découverte par Jacques Cartier, entend parler de l'idylle, sa colère est effroyable. Il fait débarquer Marguerite et sa servante sur une île déserte, l'île des Démons (peut-être l'île Fogo, au nord-est de Terre-Neuve, ou une île du détroit de Belle-Isle). Le jeune homme, dont l'histoire n'a pas retenu le nom, rejoint sa bien-aimée.

Les « Robinsons » construisent une cabane. Le gibier, les fruits et les œufs d'oiseaux ne manquent pas. La foi chrétienne soutient les amants perdus que terrifient les hurlements des démons qui habitent cette île sauvage — sans doute les cris des oiseaux et des animaux. Mais après huit mois, aucun navire n'est passé au large. Tout espoir semble perdu, et Marguerite attend un enfant. Le jeune homme tombe malade et meurt. Marguerite donne naissance à leur enfant. Elle demeure sur l'île et devient un habile chasseur. Mais 17 mois plus tard, la servante meurt à son tour. Puis l'enfant de Marguerite. Après deux années d'exil dont une année de solitude complète, l'amoureuse est sauvée par des pêcheurs bretons et ramenée en France.

La colonie de Roberval à Cap-Rouge, en amont de Québec, fut un échec tragique. L'odyssée de Marguerite de Roberval fut par contre un exemple de courage.

Sites et monuments historiques

L'ANSE-AUX-MEADOWS (T.-N.) Les Vikings s'y installèrent vers l'an 1000 de notre ère. Les vestiges de sept cabanes de tourbe, de deux foyers et d'une forge ont été découverts dans le parc historique national de L'Anse-aux-Meadows. On peut notamment y voir les restes d'un bateau viking, des rivets de fer découverts sur le site et des répliques d'une lampe à huile et d'un galet perforé qui servait à filer la laine.

Autres sites et monuments

Cap Bonavista (T.-N.) (20) Une statue de Jean Cabot marque l'endroit où il est censé avoir débarqué en 1497.

Cap Kildare (I.-P.-E.) (14) Une statue de Cartier, dans le parc provincial Jacques-Cartier, 5 km au sud-ouest, rappelle son arrivée en 1534.

Cape North (N.-E.) (16) A Cabot's Landing, on peut voir un monument et un buste de Cabot. Un sentier conduit au sommet du Pain de Sucre, où Cabot aurait pris pied en 1497.

Gaspé (Qué.) (15) Une croix de granit de 9 m rappelle la croix dressée par Cartier en 1534 sur la pointe de Penouïl, de l'autre côté de la baie de Gaspé. A proximité, un musée est consacré aux premières explorations françaises.

Ile aux Coudres (Qué.) (10) A Saint-Bernard, une croix rappelle la première messe célébrée au Canada, le 7 septembre 1535, jour de l'arrivée de Cartier.

Ile Fogo (T.-N.) (19) Il pourrait s'agir de l'île des Démons où fut exilée Marguerite de Roberval en 1542.

Keene (Ont.) (4) Un tumulus funéraire de 1,80 m de haut et de 60 m de long, en forme de serpent, se trouve dans le parc provincial Serpent Mounds. Il aurait environ 2 000 ans.

L'Anse-Amour (T.-N.) (18) Les premiers Indiens des Maritimes construisirent vers 5500 av. J.-C. un tumulus de galets en forme de cercle, d'environ 24 m de circonférence.

L'Islet-sur-Mer (Qué.) (9) Le musée maritime Bernier conserve des vestiges de la proue de la *Petite Hermine,* un des navires de Cartier.

Minton (Sask.) (pas sur la carte) Tortue de 40 m de long, gravée dans la pierre il y a plusieurs siècles.

Montréal (6) Une plaque à l'Université McGill marque l'emplacement d'Hochelaga, village iroquois du XVIᵉ siècle.

Ottawa (5) Au musée national de l'Homme, on peut voir la reconstitution d'une excavation archéologique de

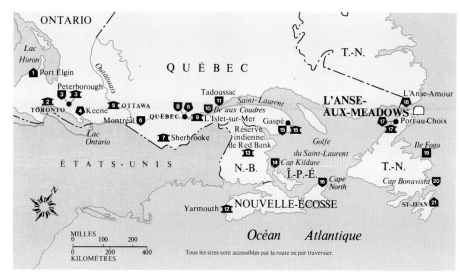

Cette copie d'une lampe à huile utilisée par les Vikings à L'Anse-aux-Meadows, il y a 1 000 ans, est exposée dans le parc historique national.

Prince-Rupert (C.-B.), où ont été retrouvés des vestiges des Indiens Tsimshians qui habitèrent cet endroit pendant 5 000 ans.

Peterborough (Ont.) (3) Une stèle marque le site d'une tombe indienne vieille de 2 000 ans, découverte au cours de travaux de terrassement. Au musée du Centenaire, on peut voir un squelette exhumé de cette sépulture.

Port-au-Choix (T.-N.) (17) Les sites funéraires découverts dans le parc historique national de Port-au-Choix nous ont appris pratiquement tout ce que nous savons d'une peuplade qui y vivait il y a 5 000 ans. Les Inuit de Dorset vécurent sur la pointe Riche vers l'an 100 de notre ère. Au Centre d'interprétation, on peut voir divers vestiges de ces civilisations archaïques.

Port Elgin (Ont.) (1) Le village Nodwell est une reconstitution partielle d'un village pétun du XIVᵉ siècle, entouré d'une double palissade.

Québec (8) Dans le parc historique national Cartier-Brébeuf, en face de la rivière Saint-Charles où hivernèrent les trois navires de Cartier en 1535-1536, se trouve une réplique de la *Grande Hermine.* Une croix de granit se dresse à l'endroit où Cartier planta une croix en 1535. Sur la rive est de la rivière Cap-Rouge, un monument marque le site de Charlesbourg-Royal.

Réserve indienne de Red Bank (N.-B.) (13) Au centre d'interprétation, près du tumulus funéraire Augustine, on peut voir des pointes de javelots, des colliers de cuivre et quatre squelettes qui remontent à environ 400 ans av. J.-C.

Saint-Jean (T.-N.) (21) La tour Cabot, sur la colline Signal, commémore la découverte de Terre-Neuve par Cabot en 1497.

Sherbrooke (Qué.) (7) Les inscriptions de deux pierres conservées au Séminaire de Sherbrooke auraient été gravées avant l'époque des Vikings.

Tadoussac (Qué.) (11) Une croix, à côté de l'église de Tadoussac, commémore l'arrivée de Cartier en 1535.

Toronto (2) Plusieurs salles du Musée royal de l'Ontario décrivent la vie de cette province au temps de la préhistoire. Collection d'objets historiques.

Viking (Alb.) (pas sur la carte) Les Ribstones, à 14 km au sud-est, sont deux rochers de quartzite où les Indiens gravèrent il y a environ 1 000 ans des lignes qui ressemblent à des côtes de bisons. Les chasseurs cris y faisaient des offrandes.

Yarmouth (N.-E.) (12) Une pierre exposée au Musée de Yarmouth porte des inscriptions qui auraient été gravées par les Vikings, il y a 1 000 ans.

Le premier établissement, un enracinement précaire

*Jean de Poutrincourt :
Port-Royal semblait
être l'endroit idéal pour
donner forme à son rêve.*

Quatorze novembre 1606 : les voilà de retour, ces explorateurs qui étaient allés vers le sud dans l'espoir de trouver un site propice pour s'établir. Ils reviennent bredouilles après 10 semaines de navigation. Après avoir quitté la baie de Fundy, leur embarcation longe la côte du bassin de l'Annapolis. Port-Royal est maintenant en vue, ce petit fort qu'ils ont fait surgir du néant il y a peu de temps. Leur pinasse mouille l'ancre au large alors qu'une barque vient toucher terre, avec Jean de Poutrincourt à l'avant.

Trois embarcations viennent à sa rencontre. Tous leurs occupants sont costumés, qui en poisson, qui en Indien, qui en Neptune barbu et armé d'un trident. Soudain, le roi de la mer se met à parler en vers. Et Poutrincourt sourit lorsqu'il

reconnaît Marc Lescarbot, jeune avocat sans cause de Paris qui a abandonné sa pratique pour venir en Acadie. Les compagnons de Neptune sont des soldats français. Lescarbot les a réunis pour constituer un comité d'accueil qui vient en fait de donner la première représentation théâtrale en Amérique du Nord. Sur la rive, les deux amis se donnent l'accolade. Bras dessus, bras dessous, ils arrivent au fort, salués par quatre canons et une fanfare de trompettes.

Un tel accueil dut plaire à Poutrincourt. Deux ans plus tôt, lors d'un voyage en compagnie de Pierre de Monts, gouverneur d'Acadie, il s'était épris de ce beau bassin abrité. Avec ses collines boisées, sa terre fertile et ses chutes bouillonnantes, l'endroit lui avait paru tout trouvé pour une colonie. Mais de Monts, détenteur d'un nouveau monopole pour la traite des fourrures en Acadie, choisit plutôt l'île Sainte-Croix (aujourd'hui à la frontière du Nouveau-Brunswick et du Maine). Il y emmena ses colons et ses soldats.

A la fin de l'été 1604, une palissade se dressait à l'extrémité nord de l'île, abritant des logements, un magasin de vivres et « une maison publique où l'on passait le temps durant la pluie ». Poutrincourt partit en France à la fin de septembre avec une riche cargaison de fourrures. Il laissa derrière lui de Monts, Samuel de Champlain et 77 hommes; à part quelques Espagnols installés en Floride, ils étaient les seuls Européens en Amérique du Nord.

La neige se mit à tomber dès le 6 octobre, et en décembre la rivière se couvrit de blocs de glace tourbillonnants qui rendirent toute navigation impossible. Sainte-Croix s'était transformée en prison, sans vivres frais ni eau douce. Pour se chauffer, les colons abattirent les uns après les autres tous les arbres de l'île, ne laissant qu'une rangée de cèdres en guise de coupe-vent. Le froid gelait les boissons dans les tonneaux. « On donnait le cidre à la livre », raconte Champlain.

Puis vint le scorbut qui faisait tomber les dents et enfler les membres. De Monts et Champlain ne furent pas touchés, mais 35 hommes moururent. Vingt autres étaient très atteints à la fin de mars lorsque des Indiens arrivèrent à la rescousse avec de la viande fraîche. Peu à peu, la maladie disparut. Dans la matinée du 16 juin 1605, un bateau arriva avec quelques vivres et une bonne nouvelle : un navire de ravitaillement s'approchait, Poutrincourt était à bord. Tous les malades se précipitèrent au-dehors pour aider à tirer le canon et célébrer l'événement.

Un voyage de reconnaissance de six semaines et demie, effectué au cours de l'été 1605, se solda encore par un échec. Un autre hiver sur l'île était impensable, aussi de Monts ordonna-t-il aux colons de se rendre au bassin abrité de Poutrincourt, dans la baie de Fundy. Ils y construisirent un gros fort qu'ils nommèrent Port-Royal.

Le fort que connurent Poutrincourt, de Monts et Champlain a été reconstitué (à gauche) à Port-Royal (N.-E.). Dans sa structure comme dans ses détails (cheminée et poutres, ci-dessus), la reconstitution suit très fidèlement les plans dressés par Champlain en 1605.

C'était le premier établissement européen à s'implanter au nord de la Floride.

La colonie avait des voisins : une bande d'environ 100 Micmacs dirigés par un chef barbu de haute taille, du nom de Membertou, qui faisait son bonheur des attentions des Français et leur vouait une loyauté inébranlable.

En octobre, Poutrincourt et de Monts partirent en France pour défendre le monopole de la traite des fourrures contre les envieux à la cour de Henri IV. En juillet 1606, Poutrincourt, devenu lieutenant-gouverneur d'Acadie, revint sans de Monts, mais avec d'autres Français assoiffés d'aventure. Parmi eux, son fils Charles (de Biencourt), âgé de 14 ans, et son ami Marc Lescarbot, avocat et poète. Le 5 septembre, Poutrincourt s'embarqua à bord d'une pinasse avec une vingtaine d'hommes pour aller chercher encore une fois un site plus au sud.

Malgré la fête de Neptune, le retour de Poutrincourt fut un échec. Les Français cessèrent de s'intéresser aux côtes de ce qui est aujourd'hui la Nouvelle-Angleterre. Quatorze ans plus tard, les pèlerins d'Angleterre en prendront possession.

Peut-être est-ce le succès du théâtre de Neptune de Lescarbot qui donna à Champlain l'idée de son Ordre de Bon-Temps. En tout cas, depuis quelque temps, le géographe s'intéressait à l'approvisionnement en viande fraîche. Il faisait le troc avec les Indiens pour se procurer de l'orignal, du caribou et du cerf, chassait avec eux la perdrix et le canard. Un certain jour de l'hiver 1606-1607, alors que l'ombre du cadran solaire approche de midi, Poutrincourt et Membertou prennent place aux deux bouts de la table massive de la grande salle de Port-Royal. La famille de Membertou est assise par terre; soldats et artisans se tiennent à la porte et ingurgitent leurs trois chopines de vin quotidiennes. Au signal de Poutrincourt, Champlain, le grand maître du jour, fait son entrée, bâton d'office à la main, collier de l'ordre au cou, une serviette sur l'épaule. Il est suivi de 13 hommes qui dîneront à la table de Poutrincourt, chacun portant un plat fumant. Le gouverneur frappe la table du poing et les hommes poussent des vivats à la porte. L'Ordre de Bon-Temps célèbre son premier dîner. Il y en aura bien d'autres, tout aussi joyeux.

L'hiver fut doux. Alors que fondait la dernière neige, au printemps de 1607, les charpentiers construisirent le premier moulin à eau du Canada (sur ce qui est aujourd'hui la rivière Allains). Les colons firent quelques plantations. Poutrincourt attendait avec confiance l'arrivée du navire qui devait apporter les provisions de l'année. Mais lorsqu'il mouille l'ancre, le 24 mai, les nouvelles sont mauvaises : de Monts a perdu son monopole commercial. Port-Royal n'est plus rentable. Il faut l'abandonner.

Au milieu des pleurs des Micmacs, le gros de la troupe partit pour la France. Poutrincourt, Champlain et quelques autres restèrent pour les récoltes (celles-ci prouvèrent les possibilités agricoles de l'Acadie). Mais le 11 août, ils s'en allèrent eux aussi, laissant la garde de Port-Royal à Membertou, contre 10 barils de farine.

Pierre de Monts, gouverneur d'Acadie, fonda le premier établissement français permanent du Nouveau Monde — Port-Royal, en Nouvelle-Ecosse.

L'île de Sable : mutinerie, meurtre et mort d'une colonie

L'île de Sable, un croissant de dunes battues par le vent (à 305 kilomètres à l'est de Halifax), ne semblait guère destinée à accueillir une colonie. Mais en 1598, après 26 ans de luttes internes, la France se tourna encore une fois vers le Nouveau Monde et choisit l'île de Sable. Troilus de La Roche, favori de la cour, est nommé lieutenant général du Canada et recrute une dizaine de soldats et 40 colons — surtout des « mendiants et des vagabonds ».

Avec l'épave d'un navire, ils construisent des habitations et un magasin. Sur les dunes, ils plantent des légumes pour compléter leur régime de poisson, de baies, de gibier et de bétail. (Ce bétail, devenu sauvage, avait été apporté sur l'île par une expédition portugaise.) Une fois ses gens établis, La Roche fait voile sur les pêches de Terre-Neuve. Il laisse la colonie sous la garde du commandant et de la garnison. Il a promis de revenir, mais une violente tempête entraîne ses deux navires jusqu'en France. Les fourrures et les peaux de phoque étaient pourtant prêtes au printemps suivant lorsque le navire de relève arriva avec de nouveaux colons. Chaque année La Roche envoya ainsi des provisions de France en échange de peaux et d'huiles.

Mais en 1602 aucun navire ne vint. Au cours de l'hiver, les colons se mutinèrent et massacrèrent le commandant Querbonyer et le garde-magasin Coussez. Lorsqu'un bateau arriva au printemps, il n'y avait plus que 11 survivants sur l'île. On les ramena en France, barbus et dépenaillés. Ils furent conduits devant le roi auquel ils racontèrent leur histoire. Au grand étonnement de La Roche qui voyait en eux des assassins, Henri IV les gracia tous; qui plus est, les mutins reçurent 50 écus et une partie des fourrures qu'ils avaient ramenées.

N'eût été de Poutrincourt, l'aventure française en Acadie n'aurait sans doute pas eu de suite. De Monts ne reviendra pas en Amérique du Nord et Champlain, devenu son lieutenant, tournera son attention vers le Saint-Laurent (voir p. 32). Mais Poutrincourt réussit à convaincre Henri IV de lui concéder l'habitation de Port-Royal. Les jésuites, qui désiraient envoyer des missionnaires, voulurent s'associer à Poutrincourt qui avait insisté sur son rôle d'évangélisation. Le concessionnaire se montra très réticent : il se méfiait de l'ambition de l'ordre. Il consentit pourtant, à la demande de la reine Marie, à emmener deux prêtres à Port-Royal mais, le 26 février 1610, il prit la mer sans eux, prétextant qu'il fallait d'abord leur construire des logements convenables. Il était accompagné de son fils Charles et de son aumônier, Jessé Fléché. Ils retrouvèrent Membertou qui leur annonça que les bâtiments de Port-Royal étaient restés intacts.

Le 24 juin, jour de la Saint-Jean-Baptiste, l'abbé Fléché baptisa Membertou et sa famille sur la rive, devant le fort. Membertou reçut le prénom du roi, Henri; sa femme, celui de la reine, Marie; 19 autres membres de sa famille prirent les noms de nobles français. Poutrincourt pou-

vait maintenant montrer à la reine que les œuvres du Seigneur pouvaient s'accomplir sans l'intervention des jésuites.

Un mois après le baptême de Membertou, le fils de Poutrincourt partit pour la France, espérant invoquer les conversions pour obtenir des fonds et un appui politique en faveur de Port-Royal. La reine Marie voulait bien fournir des fonds, mais à condition que les jésuites Pierre Biard et Enemond Massé partent sur le prochain navire. Lorsque les armateurs huguenots eurent vent de la décision, ils refusèrent d'armer le vaisseau. Finalement, la marquise de Guercheville, épouse du gouverneur de Paris et adepte convaincue des jésuites, à prix d'argent sut persuader les huguenots. Charles et les prêtres arrivèrent à Port-Royal le 22 mai 1611. À l'automne, il était en guerre ouverte avec les jésuites.

La première dispute éclata lorsque Membertou tomba malade. Il reçut les derniers sacrements et demanda à être enterré parmi ses compagnons micmacs. Charles était d'accord (il n'avait que 19 ans et commandait le fort en l'absence de son père, parti en France pour obtenir de nouveaux fonds), mais le père Biard s'y opposa sous prétexte que les sépultures des Mic-

L'île Sainte-Croix (faisant aujourd'hui partie du Maine) avait été choisie par Pierre de Monts pour y fonder un établissement. Trente-cinq des 79 colons y périrent le premier hiver (1604-1605). L'île battue par les vents fut abandonnée en faveur du bassin abrité de l'Annapolis.

Des « sauvages » sauvent des « civilisés »

Au milieu d'un rude hiver, alors que Port-Royal manquait de vivres, Jean de Poutrincourt dut se résigner à envoyer quelques colons faire un séjour chez les Micmacs. Grâce aux Indiens, ils survécurent. « Sans l'assistance des mêmes sauvages, écrit un père jésuite, je ne sais si tout ne leur eût misérablement failli. »

Les Français, à cette époque, avaient tendance à juger de haut les manières des « sauvages ». Pourtant, force leur était d'admettre leur dépendance envers ce peuple parfaitement adapté à la vie en forêt. Explorateurs, colons et commerçants de fourrures se prévalaient sans cesse de l'hospitalité des Indiens qui leur offraient non seulement le gîte et le couvert, mais aussi les remèdes : résine de sapin pour les blessures, argile contre les morsures d'insectes, cataplasmes de pruche pour les contusions.

De leur côté, les Indiens se moquaient des usages des Français. Marc Lescarbot raconte comment un Micmac soigné à Port-Royal revint deux heures plus tard, « ayant enroulé autour de sa tête le bandage dans lequel son talon avait été pansé ». Les Indiens se riaient bien des mouchoirs des Français et demandaient, ébahis : « Pourquoi donc gardent-ils si vile chose? »

Ce qui rendait les Indiens si incompréhensibles et pourtant si indispensables aux Français était leur union étroite avec la nature. Ils réglaient leur vie sur les saisons. En automne et en hiver, la plupart des tribus chassaient le cerf, le caribou et l'orignal; au printemps et en été, ils se nourrissaient de poisson, de phoque, de castor, d'oiseaux, et ramassaient des coquillages, des racines et des baies dont ils faisaient des réserves en prévision des périodes de disette.

Les Indiens savaient fort bien utiliser les matériaux qui les entouraient : l'argile, le bois et l'écorce pour les ustensiles de cuisine; l'écorce de bouleau pour les cabanes, les canots et les plats; le jonc pour les nattes et les sacs. Les Français rapportent que les Indiens connaissaient 275 plantes médicinales, 130 plantes comestibles, 27 plantes à fumer et 25 plantes colorantes. Au printemps, ils entaillaient les érables pour recueillir ce que les jésuites appelaient « l'eau d'érable » et en faire du sirop et du sucre.

Certaines tribus, plus particulièrement les Hurons, cultivaient intensivement le maïs, les courges et les fèves. Les cultures n'étaient pas toujours aussi systématiques; par exemple, sur l'île du Prince-Edouard, ce sont les graines de framboisiers, de canneberges et d'églantiers jetées par les Micmacs qui don-

Les wigwams étaient faits d'écorce de boule... Celui-ci se trouve au village micmac dans le p... historique national du fort Amherst.

nèrent naissance aux « vergers indiens » ... baies de Malpèque et de Rustico.

Le succès à la chasse était une question survie. Pour se l'assurer, les chasse... indiens devaient, en signe de respect, brû... ou enterrer les ossements des animaux tu... Ils croyaient que le gibier ne se laisserait... chasser facilement si les os étaient jetés a... chiens. Pour honorer les animaux, ils dé... raient leurs vêtements de chasse.

Fatalistes, les Indiens savaient que... famine pouvait venir un jour; réalistes,... festoyaient quand la nourriture était ab... dante. Le chasseur qui rentrait chargé... gibier partageait son butin avec tout le... lage. Mais seuls les hommes étaient inv... au festin; femmes et enfants se contentai... des restes. En guise d'entrée, on mang... souvent des morceaux de graisse et on s... suyait les doigts sur le dos du chien le p... proche quand ce n'était pas sur les chev... de son voisin. Ainsi vivaient donc les « s... vages » dont les habitudes et les super... tions dégoûtaient les Français — mais... en sauvèrent pourtant plusieurs.

A l'adolescence, chaque Indien était gratifié d'un esprit bienveillant qu'il voyait en songe, à la suite d'un jeûne. Cet esprit le protégeait toute sa vie, apparaissait dans ses rêves, dirigeait ses actes. Sur ce tableau qui fait partie d'une collection de 36 toiles de Lewis Parker et de Gerald Lazare à Sainte-Marie au pays des Hurons, des danseurs hurons miment le rêve d'un malade qui se voit guéri par les incantations de quatre bossus aux masques grimaçants.

La carte ci-contre illustre la répartition linguistique des Indiens et des Inuit dans le sud-est du Canada vers 1600. Les Iroquois formaient une confédération de cinq nations : Tsonnontouans, Goyogouins, Onontagués, Onneiouts et Agniers.

☐ *Groupe linguistique algonquin*
☐ *Groupe linguistique iroquois*
☐ *Groupe linguistique inuit*

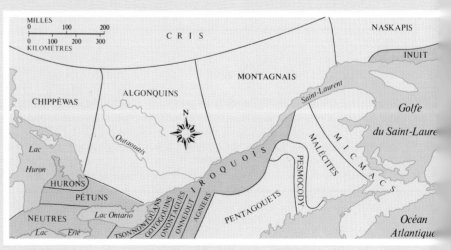

La fabrication d'un canot d'écorce

Les plats-bords et les traversins de cèdre blanc sont ligaturés pour former l'ossature qui est placée sur un terrain plat. Des pieux de 75 à 125 cm, enfoncés dans le sol, marquent le contour du canot.

L'ossature et les pieux sont ensuite enlevés. Des feuilles d'écorce de bouleau à papier sont posées sur le sol. L'ossature est placée sur l'écorce et lestée avec des pierres posées sur des planchettes.

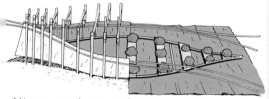

L'écorce est rabattue sur l'ossature, maintenue par les pieux et solidement ligaturée à des baguettes latérales. L'écorce est plissée ou entaillée pour prendre la forme incurvée d'un canot.

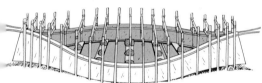

Lorsque toute l'écorce est en forme, l'ossature est soulevée à la hauteur voulue aux extrémités et l'écorce y est cousue. Les Indiens employaient les longues racines de l'épinette noire pour faire les ligatures.

Le canot est posé sur des supports. Les bandes d'écorce sont cousues et les extrémités avant et arrière sont refermées. Des pièces de cèdre incurvées sont ligaturées aux deux extrémités.

Lorsque toutes les coutures sont calfatées de l'intérieur avec de la résine d'épinette, le canot est doublé de planchettes de cèdre blanc renforcées par des membrures. L'extérieur est alors imperméabilisé.

macs n'étaient pas bénites. Ce fut Membertou qui transigea : il demanda à être enterré à l'écart de son peuple.

La lutte continua. Biard irritait Charles en insinuant que les conversions des Indiens avaient été forcées pour des raisons politiques. Charles riposta : il refusa de laisser les prêtres — Gilbert Du Thet était venu rejoindre Biard et Massé — traverser la baie de Fundy pour évangéliser les Malécites. Massé partit quand même. Les esprits étaient si échauffés à son retour que les jésuites décidèrent de rentrer en France.

Charles le leur interdit formellement : ils étaient arrivés sur la prescription de la reine, ils ne repartiraient que sur son ordre exprès. Les prêtres montèrent à bord d'un bateau. Charles leur ordonna d'en descendre. Biard annonça qu'il excommunierait quiconque porterait la main sur lui — et il excommunia Charles et le capitaine du navire lorsqu'ils les firent descendre à terre. Quelques mois plus tard, en juin 1612, on convint d'une trêve. Du Thet fut autorisé à rentrer en France. Il se rendit en grande hâte à Paris et entretint la marquise de Guercheville des difficultés de Port-Royal.

La marquise délégua René de La Saussaye, qui arriva à Port-Royal à bord du *Jonas* en mai 1613. Avec lui, de nouveaux colons, des chevaux, des chèvres et des provisions de toutes sortes. Mais La Saussaye ne s'arrêta que pour prendre à son bord Biard et Massé, puis repartit aussitôt fonder une autre colonie.

Le groupe débarqua sur ce qui est aujourd'hui l'île des Monts-Déserts, au large du Maine. En juillet, alors que La Saussaye et ses hommes discutaient de l'endroit où construire le fort, ils furent attaqués par une bande commandée par le capitaine Samuel Argall, « amiral de Virginie ». Avec 60 hommes, il était parti de Jamestown, en Virginie, à bord d'un navire de 14 canons, avec pour ordre de détruire tous les éta-

Au fort de Port-Royal (N.-E.), on peut voir une reconstitution de la salle où l'Ordre de Bon-Temps — le premier club d'Amérique du Nord — se réunit tous les jours de l'hiver 1606-1607. Ses membres se régalaient de queues de castor, de saumon, de caribou, de pâtés d'orignal et de blancs d'oies sauvages, mets qui auraient fait les délices des palais les plus délicats de Paris.

blissements français sur les terres revendiquées par l'Angleterre, lesquelles comprenaient le territoire d'Acadie.

Argall captura facilement les Français et leur navire. La Saussaye, Massé et 13 autres acceptèrent de monter sur une pinasse que leur offrit Argall pour les conduire en territoire français. (Ils seront pris à bord d'un navire français au large de la Nouvelle-Ecosse et rentreront en France.) Mais Biard et 13 autres — craignant un naufrage — accompagnèrent Argall jusqu'à Jamestown. Grâce à l'intervention d'Argall, ils purent échapper à la pendaison. Ils revinrent en Acadie avec lui pour détruire les établissements français.

Argall rasa le village de La Saussaye et les restes de l'habitation de l'île Sainte-Croix. En novembre, il descendit sur Port-Royal. Trouvant le fort vide (Charles de Poutrincourt et tous ses hommes étaient aux champs), les assaillants mirent Port-Royal à sac en quelques minutes, emportant même les serrures des portes. Quelques animaux furent emmenés, les autres massacrés. On incendia les bâtiments. Argall, le père Biard à ses côtés, mena ses hommes aux champs d'où les Français avaient tout vu sans pouvoir riposter. Biard essaya de persuader ses compatriotes de déserter. « Partez », lui répondit un colon, « ou je vous fends la tête avec cette hache ». La bande d'Argall prit la fuite.

Poutrincourt avait réussi à renouveler sa concession. Mais lorsqu'il rentre à Port-Royal, le 27 mars 1614, il n'y trouve plus que des ruines. La grande salle de l'Ordre de Bon-Temps est détruite; c'est à peine si l'on voit les restes carbonisés de la table massive. Les champs sont dévastés. Soudain, une silhouette sort de la forêt. Un Micmac, pense d'abord Poutrincourt. Puis il reconnaît son fils Charles qui, avec d'autres survivants, a passé un hiver misérable, avec pour seule nourriture des racines et des lichens.

La mort dans l'âme, Poutrincourt admit sa défaite. Il revint en France avec la plupart des colons et céda sa concession de Port-Royal à son fils. Charles, qui était resté sur place pour développer la traite de la fourrure, reconstruisit partiellement Port-Royal. Mais il partageait de plus en plus la vie des Indiens, et le village ne fut bientôt plus qu'un petit amas de huttes. Les champs retombèrent en friche.

La vogue des chapeaux de feutre

XVIᵉ siècle

XVIIᵉ siècle

XVIIIᵉ siècle

Les Européens recherchaient la fourrure principalement pour son duvet soyeux qui faisait les meilleurs feutres dont on confectionnait des chapeaux fort à la mode. De leur côté, les Indiens voulaient des pots et des outils de fer. D'où la traite de la fourrure.

L'épais duvet du castor était particulièrement estimé. Les castors adultes pesaient en moyenne 22 kilogrammes; ils abondaient (60 millions en Amérique du Nord au XVIIᵉ siècle) et étaient relativement faciles à capturer.

Pour fabriquer le feutre, on détachait le duvet de l'animal pour le fouler et le battre à plat, puis on l'enduisait de gomme laque pour le mettre en forme. Les barbes minuscules de chaque poil s'accrochaient les unes aux autres et consolidaient l'étoffe.

Les premiers traiteurs furent des pêcheurs européens à qui les indigènes remettaient souvent les peaux dont ils étaient vêtus. Ces fourrures étaient prisées car, avant de les coudre pour en faire des robes, les Indiens en grattaient l'envers pour détacher les racines des jarres piquants. La plupart tombaient et, comme les vêtements se portaient côté fourrure à l'intérieur, les derniers jarres disparaissaient au contact de la peau, mettant à nu le soyeux duvet. Henri IV vit dans le commerce des fourrures l'occasion d'alléger le fardeau fiscal de la France et de bâtir un empire américain. Port-Royal en fut le résultat, de même que les établissements du Saint-Laurent. Comme les plus belles fourrures venaient du Nord, l'influence et le commerce français s'orientèrent dans cette direction.

La récolte annuelle atteindra un jour près de 100 000 peaux de castor. Un chapeau de castor coûtait de 20 à 30 livres, près du tiers de la solde mensuelle d'un capitaine de l'armée française, et les traiteurs faisaient parfois des profits bruts de 2 000 pour cent. Les Indiens n'en savaient rien.

La chasse au castor

Les meilleures peaux de castor s'obtenaient en hiver, quand la fourrure est épaisse et que les animaux, tapis dans leurs huttes, sont faciles à prendre. Les pièges d'acier ne firent leur apparition qu'en 1797 (voir p. 138). Auparavant, le chasseur construisait une trappe : attiré par un appât, l'animal déclenchait un mécanisme. Celui-ci faisait tomber un rondin qui assommait l'animal. D'autres trappeurs découpaient des trous dans la glace pour attirer les castors à leur portée. Ou bien encore de la poussière jetée dans les évents de la hutte forçait les castors à se précipiter dans des filets tendus sous l'eau.

Sites et monuments historiques

PORT-ROYAL (N.-É.) Le premier établissement européen permanent au nord de la Floride (1605) a été reconstitué à l'Habitation de Port-Royal, parc historique national. Les bâtiments — la résidence du gouverneur, la salle de banquet où se réunissait l'Ordre de Bon-Temps et une pièce où se faisait la traite de la fourrure — sont entourés d'une palissade et d'un terre-plein pour les canons.

Autres sites et monuments

Advocate Harbour (N.-E.) (6) Pierre de Monts y trouva du cuivre en juin 1604.

Annapolis Royal (N.-E.) (4) On peut voir un buste de Pierre de Monts au parc historique national de Fort Anne.

Baie de Sainte-Marie (N.-E.) (3) En 1604, de Monts découvrit de l'argent et du fer sur la rive.

Ile de Sable (N.-E.) (11) Une plaque marque l'endroit où s'établit en 1598 une colonie de 40 Français, abandonnée en 1603. *Interdite au public.*

Ile Sainte-Croix (Maine) (1) Une plaque marque les vestiges de l'habitation où de Monts, Champlain et 77 hommes passèrent l'hiver 1604-1605.

Lequille (N.-E.) (5) Sur la rivière Allains, où Jean de Poutrincourt construisit le premier moulin à eau d'Amérique du Nord (1607), reconstitution d'un moulin français du XVIIe siècle.

Liverpool (N.-E.) (8) Dans le parc de Fort

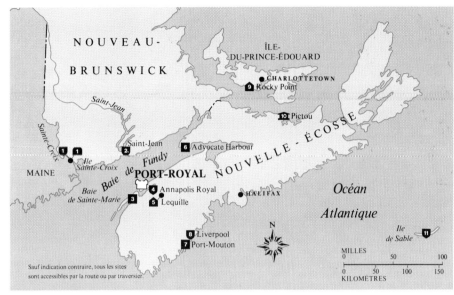

Point, un monument commémore l'arrivée de de Monts et de Poutrincourt en Acadie (6 mai 1604).

Pictou (N.-E.) (10) Au Musée micmac, objets que les Français troquaient avec les Indiens au XVIIe siècle : colliers, tissus, haches et pots de cuivre.

Port-Mouton (N.-E.) (7) De Monts passa le mois de mai 1604 dans cette baie pour y attendre un bateau de ravitaillement.

Rocky Point (I.-P.-E.) (9) Reconstitution d'un village micmac du XVIe siècle (avant l'arrivée des Blancs) au parc historique national du fort Amherst. Elle illustre les coutumes indiennes.

Saint-Jean (N.-B.) (2) Près du port, un monument commémore l'arrivée de Champlain le 24 juin 1604, jour de la fête de Saint-Jean-Baptiste qui donna son nom à la rivière.

En 1607, après que six hommes moururent d'épuisement au moulin à bras de Port-Royal, Jean de Poutrincourt fit construire le premier moulin à eau d'Amérique du Nord sur la rivière Allains. Une reconstitution d'un moulin français du XVIIe siècle se trouve au même endroit, à Lequille (N.-E.).

L'or des eaux de la terre neuve

Détail d'une carte de l'est du Canada (1690). Collection du musée de Terre-Neuve à Saint-Jean.

Les bateaux français mouillaient sur le Banc d'avril à juin. Pour lutter contre le froid, les pêcheurs se tenaient dans des barils, protégés par des tabliers de cuir. A l'abri du vent, les hommes vidaient le poisson sur le pont et le lançaient dans la cale où il était recouvert de couches de sel.

La morue était si facile à prendre qu'un panier jeté à la mer en sortait plein : c'est du moins ce que disait Jean Cabot à propos de sa « terre neuve » en 1497. Les pêcheurs arrivaient chaque printemps d'Angleterre, de France, d'Espagne et du Portugal, mais il fallut attendre plus de 100 ans pour que les premiers colons s'installent sur les côtes de Terre-Neuve.

En 1610, John Guy arrive avec 39 Anglais sur l'emplacement actuel de Cupids. Pour les pêcheurs anglais, ce sont des intrus qui occupent les rives dont ils ont besoin pour sécher le poisson. Ils incendient les maisons, détruisent les moulins et saccagent les récoltes. Certains colons ripostent, « tentant [les pêcheurs] avec du vin et des femmes » et détruisent leur matériel. Londres interdit finalement tout établissement à moins de 10 kilomètres des côtes et décide que le premier capitaine qui arrivera dans un port chaque année deviendra son tout-puissant « amiral de pêche ». Les colons restent. En 1677, on compte plusieurs douzaines de hameaux sur la côte Atlantique de la péninsule d'Avalon.

Entre-temps, la France a fortifié Plaisance (aujourd'hui Placentia) sur le côté ouest de la péninsule. En novembre 1696, Pierre Le Moyne d'Iberville y prend le commandement d'une troupe de 120 soldats, miliciens et Indiens. Son objectif : chasser les Anglais de Terre-Neuve. Iberville traverse la péninsule et prend Ferryland à revers. Avec 300 nouveaux soldats qui débarquent à Ferryland, il remonte jusqu'à la pointe nord de la péninsule, brûlant et pillant tout sur son passage. Il détruit 36 hameaux, tue 200 personnes et en laisse des centaines d'autres sans foyer avant de quitter Terre-Neuve en mars 1697.

Au cours de l'été, 2 000 soldats anglais arrivent à Saint-Jean. Les colons reconstruisent leurs villages. En 1713, le traité d'Utrecht donnera l'île à l'Angleterre.

Pendant deux ans, Peter Easton fut la terreur des pêcheurs et des colons de Terre-Neuve. Cet ancien marin anglais se tourna vers la piraterie en 1604 et arriva à Harbour Grace vers 1611, avec 10 navires armés. Il construisit un fort (représenté à gauche sur un tableau quelque peu fantaisiste). Puis il recruta des pêcheurs — parfois de force — et commença à piller les bateaux de pêche. Dans la baie de la Conception, il prit deux bateaux et 100 hommes; à Saint-Jean, il dépouilla 30 bateaux; à Ferryland, il saccagea maints navires. (La colonie de Cupids est épargnée, en échange de deux cochons.) Easton devint connu sous le nom d'amiral Pirate. Gracié par Jacques Ier qui l'invita à rentrer en Angleterre, il décida plutôt de piller les gallions espagnols en Méditerranée, puis, riche à millions, il s'établit en Savoie. Il acheta un palais, épousa une riche héritière et reçut le titre de marquis. Le musée de la baie de la Conception à Harbour Grace se trouve sur l'emplacement même du fort que le marquis pirate avait édifié.

La chasse aux Indiens

Les Beothuks de Terre-Neuve s'enduisaient d'ocre rouge (à droite) et les descriptions qu'en firent les Européens donnèrent naissance à l'appellation de Peaux-Rouges.

Ce peuple paisible et hospitalier fut graduellement exterminé par les pêcheurs et les colons blancs. Le massacre commença par un malentendu. En novembre 1612, John Guy et un groupe de colons rencontrent des Beothuks à la baie de la Trinité. Colons et Indiens mangent, boivent de la bière ensemble. Ils sympathisent tant qu'ils décident de se rencontrer l'année suivante. Mais un bateau de pêche armé arrive au lieu convenu avant Guy. L'équipage, ne sachant rien du rendez-vous, prend peur en voyant les Beothuks gesticuler sur le rivage et tire du canon sur eux. Les Indiens se vengent en essayant de s'emparer du matériel de pêche des Européens. Ceux-ci les pourchassent, puis anéantissent des villages entiers pour voler leurs pelleteries. La tuerie devient un sport.

Interdite en 1769, la boucherie se poursuivra quand même et le dernier des Beothuks, une jeune femme du nom de Nancy Shanawdithit, meurt à Saint-Jean en 1829.

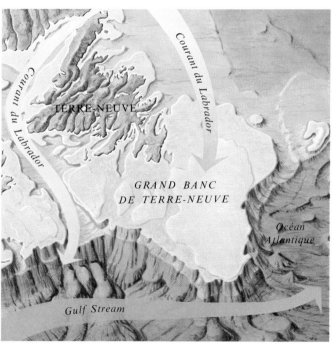

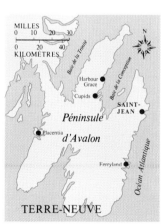

A gauche : Le courant froid du Labrador rencontre le Gulf Stream, agitant les minéraux du vaste plateau sous-marin appelé le Grand Banc. Dans ces eaux peu profondes (55 m), la lumière du soleil et les minéraux favorisent l'éclosion de microscopiques êtres vivants dont se nourrissent des milliards de morues.

Les pêcheurs anglais (ci-dessus) manquaient de sel. Il leur fallait faire sécher la morue à terre — parfois pendant des mois — pour la conserver. Le séchage était une course épuisante contre le mauvais temps et l'arrivée de l'automne. Les hommes pêchaient toute la journée; une nuit sur deux, ils prenaient du hareng au filet pour appâter la morue. Sur les pontons, on faisait parfois des journées de 22 heures. La morue était vidée en un tournemain avant d'être lavée et légèrement salée. Puis on la mettait à sécher sur des claies de bois comme celles qu'on peut encore voir dans les petits ports de la côte sud de Terre-Neuve. En guise de rémunération, parfois certains pêcheurs avaient droit à une petite partie des bénéfices.

A la recherche des « étranges choses du monde »

Les premiers touristes du Nouveau Monde arrivèrent en 1536. Selon un survivant, leur croisière prit fin dans le cannibalisme et la piraterie. Richard Hore, marchand de cuir londonien, affrète un navire pour emmener 30 gentilshommes à Terre-Neuve « voir les étranges choses du monde ». Ils longent les côtes sud et est de l'île qu'ils visitent, mais les difficultés commencent quand les vivres viennent à manquer. Au lieu de profiter de la réserve de poisson qui les entoure, les affamés se mettent à s'entre-dévorer. « S'il vous le faut savoir, dira plus tard un survivant, la viande grillée que je mangeai était un morceau de fesse d'homme. »

Hore et les survivants furent sauvés par l'arrivée d'un bateau de pêche français. Ils s'en saisirent, abandonnèrent son équipage et rentrèrent chez eux.

Un homme valeureux et sa précieuse colonie

Ignorant de la révolte qui grondait parmi ses hommes en juillet 1608, Samuel de Champlain se plaisait à contempler les bâtiments qui prenaient forme au bord du Saint-Laurent. Ce hameau naissant qu'il appelait l'Habitation était conçu pour servir à la fois de magasin, de halte pour les commerçants de fourrures qui remontaient le fleuve et de fort contre les Iroquois. Et surtout, ce serait la réalisation d'un rêve : ici, sur cette terre fertile, Champlain était venu fonder une communauté qu'il espérait voir un jour donner naissance à un puissant empire. De son vivant, l'Habitation connaîtra la famine, la défaite, la trahison et l'abandon. Pourtant, elle survivra à tous ces coups du sort.

Quelques semaines plus tôt, Champlain et ses 30 hommes avaient croisé des baleiniers basques qui faisaient le commerce des fourrures à Tadoussac. Ensuite, ils avaient remonté le Saint-Laurent. Le 3 juillet, les navigateurs débarquèrent à un « endroit où la rivière se rétrécit » (*kébec* en algonquin). C'est là que se trouve aujourd'hui Québec. Champlain avait déjà visité l'endroit lors de son premier voyage en 1603. Le sol lui avait alors paru riche et le grand promontoire excellent pour la défense. C'est à l'endroit où se trouve actuellement l'église Notre-Dame-des-Victoires que sa petite troupe était en train de construire un hameau.

Champlain ne ménageait pas ses hommes. Sous la chaleur, dévorés par les moustiques et les mouches noires, engourdis après des mois d'oisiveté en mer, ils commencèrent à murmurer. Jean Duval, un serrurier, tenta de les pousser à la révolte. Avec quatre autres mécontents, il complota d'assassiner Champlain et de vendre l'Habitation aux Basques de Tadoussac. Mais au jour

fixé pour l'attentat, l'un des conjurés vendit la mèche. Champlain renvoya celui-ci au travail, puis s'arrangea pour qu'un marin complaisant invite ce soir-là les conspirateurs à prendre quelques verres de vin à bord de son bateau.

Tandis qu'ils buvaient, Duval et ses complices furent soudainement entourés de marins demeurés loyaux envers Champlain. L'homme qui avait éventé le complot fut libéré, mais un jury d'officiers et de marins déclara les quatre autres coupables. Trois d'entre eux furent renvoyés en France, enchaînés. Quant à Duval, il reconnut sa faute et fut exécuté. Sa tête fichée au bout d'une pique fut placée à la vue de tous les travailleurs. Dorénavant, Champlain et les colons allaient vivre en bonne intelligence.

Mais en février une épidémie de scorbut et de dysenterie se déclara. Le chirurgien Bonnerme succomba avec plusieurs autres. En juin, lorsque les bateaux arrivèrent enfin de France avec des vivres et de nouveaux colons, il ne restait plus que huit hommes à l'Habitation.

Au milieu des splendeurs du printemps planait encore le souvenir d'un hiver de désespoir. C'est alors que Champlain décida de faire une expédition en territoire iroquois. Depuis longtemps les Français s'étaient engagés auprès des Algonquins et des Hurons à maîtriser les Iroquois. Or ceux-ci continuaient leurs incursions. Champlain jugea que le temps était venu d'intervenir comme il l'avait promis.

En juillet 1609, accompagné d'une poignée de Français, Champlain se mit en route. A 112 kilomètres en amont de Québec (à l'endroit où se trouve aujourd'hui Batiscan), il rencontra plusieurs centaines d'Algonquins et de Hurons. Français et Indiens se dirigèrent vers le sud, en longeant la « rivière des Iroquois » (le Richelieu). Champlain fut obligé d'abandonner son embarcation au rapide de Chambly et tous ses compagnons français, sauf deux, rebroussèrent chemin. Les trois braves et environ 60 Indiens poursuivi-

Samuel de Champlain, le « père du Canada ». Cette statue de Vernon March se trouve dans le parc Couchiching Beach, à Orillia (Ont.).

On amène la voile tandis que Champlain, de retour d'un voyage d'exploration sur le Saint-Laurent, salue ses compagnons de l'Habitation. Le bâtiment de planches de noyer, dont le plan avait été établi par Champlain, fut construit par une trentaine d'hommes en trois mois seulement.

Champlain nous a laissé ce dessin de la bataille de Ticonderoga en 1609. Champlain est au centre, entre ses alliés algonquins et hurons (à gauche) et les Iroquois. C'est lors de cette bataille qu'on inaugura les armes à feu.

Champlain portait-il les cheveux longs et une barbe? Peut-être, mais le seul portrait que nous ayons de lui (en haut) est un faux de 1854, inspiré des traits d'un fonctionnaire français ayant vécu au XVIIᵉ siècle. Quant au dessin de la bataille de Ticonderoga où Champlain s'est représenté lui-même (détail ci-dessus), il n'est pas très éclairant.

rent l'expédition en canot jusqu'à un lac « de grande étendue », semé de « belles îles, qui, écrit l'explorateur, sont basses et remplies de très beaux bois et prairies ». Champlain lui donna son nom.

Le groupe avançait avec prudence, voyageant la nuit, se cachant le jour. Le soir du 29 juillet, alors qu'ils approchaient d'un cap sur la rive ouest (sans doute le promontoire près de Ticonderoga), des cris s'élevèrent dans la nuit. Ils venaient de tomber sur une bande d'Iroquois Agniers qui faisait route vers le nord. On parlemente (la guerre a son protocole) et il est convenu « qu'aussitôt que le soleil se lèverait, écrit Champlain, ils nous livreraient le combat : ce qui fut accordé par les nôtres ».

A l'aurore, les alliés de Champlain purent débarquer sans encombre. Cachés au milieu d'eux se trouvaient les trois Français, armés d'arquebuses.

Champlain raconte la scène : « Je vis sortir les ennemis de leur barricade, qui étaient près de 200 hommes forts et robustes à les voir, ... à la tête desquels il y avait trois chefs. Les nôtres... me dirent que ceux qui avaient trois grands panaches étaient les chefs... et que je fisse ce que je pourrais pour les tuer... Ils n'avaient pas encore aperçu mes compagnons, qui s'en allèrent dans le bois avec quelques sauvages. Les nôtres commencèrent à m'appeler à grands cris et pour me donner passage, ils s'ouvrirent en deux et me mis à la tête, marchant quelque 20 pas devant, jusqu'à ce que je fusse à quelque 30 pas des ennemis, où aussitôt ils m'aperçurent et firent halte en me contemplant et moi eux. Comme je les vis ébran-

Etienne Brûlé, premier coureur de bois

Au mois de juin 1611, comme il avait été convenu un an plus tôt, le jeune Etienne Brûlé vint à la rencontre de Champlain au Sault Saint-Louis (rapides de Lachine, près de Montréal). Il arrivait d'un séjour d'un an au pays des Algonquins. Champlain vit venir son jeune agent vêtu et basané comme les Indiens. Il avait appris leur langue et vu bien du pays.

Ce jeune paysan français était arrivé en Nouvelle-France en 1608. Après deux années à Québec, il avait demandé à vivre parmi les Indiens. Champlain, désireux de former des interprètes et d'obtenir des renseignements sur les contrées de l'Ouest, le confia au chef Iroquet pour un an. Quand il retrouva Champlain en 1611, il avait remonté le cours de l'Outaouais et s'était enfoncé en plein cœur de la Huronie.

Brûlé fut le premier Blanc à explorer les lacs Ontario, Erié et Supérieur. Il aurait aussi découvert le lac Michigan et visité le premier le site des villes actuelles d'Ottawa et de Toronto. Il fut le premier Européen à descendre les rapides de Lachine.

A force de côtoyer les Indiens, il finit par devenir un homme des bois comme eux. L'histoire perd souvent sa trace, mais il semble avoir vécu parmi les Hurons jusqu'à sa mort, à 41 ans. Il tomba un jour aux mains des Iroquois et, selon la légende, usa d'un stratagème pour échapper à la torture. Alors que l'un de ses ravisseurs arrachait une médaille bénite que Brûlé portait au cou, le ciel s'obscurcit et le tonnerre se mit à gronder. Brûlé fit croire que l'orage était un signe divin, et les Iroquois le libérèrent.

En 1629, il passa à l'ennemi et servit les Anglais qui capturèrent Champlain et la colonie de Québec. Lorsque Champlain rentra en Nouvelle-France en 1633, il apprit que les Hurons, après avoir torturé Brûlé, l'avaient tué et mangé. Nous ignorons tout des raisons qui les poussèrent, mais les Indiens n'avaient sans doute pas pardonné à Brûlé d'avoir trahi leur ami Champlain. Le chef français leur assura le pardon, car le traître ne pouvait plus être considéré comme un Français.

Brûlé n'a laissé ni notes, ni journaux, ni lettres. On le voit parfois apparaître dans les écrits de Champlain et des pères jésuites — qui n'appréciaient guère ses débauches. Sa figure traverse l'histoire comme l'Indien se faufile dans la forêt, énigmatique et à peine visible.

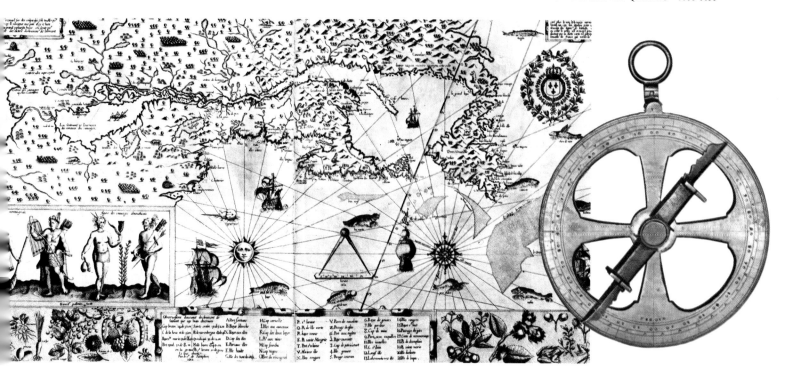

Cette carte de la Nouvelle-France, aujourd'hui au Musée de la Société historique de New York, fut dressée par Samuel de Champlain qui fit peut-être ses relèvements au moyen de cet astrolabe que l'on aperçoit en médaillon. L'instrument de cuivre porte l'inscription : « Paris, 1603. » Il fut trouvé en 1867 près de Cobden (Ont.) par un fermier qui, le croyant sans valeur, le vendit à un Américain pour la modique somme de $5. Le journal de Champlain ne fait pas mention de la perte d'un astrolabe, mais l'explorateur avait bel et bien remonté l'Outaouais en 1613, au-delà du site actuel de Cobden. Une réplique de l'astrolabe est exposée au musée national des Sciences et de la Technologie, à Ottawa.

Champlain (en rouge) prend congé d'Etienne Brûlé, en 1615, près de la capitale huronne de Cahiagué. Brûlé et 12 guerriers hurons traverseront le territoire des Iroquois pour chercher l'aide des Susquehannahs et attaquer avec Champlain un fort onontagué, près de ce qui est aujourd'hui Syracuse (N.Y.). Tableau de Rex Woods.

ler pour tirer sur nous, je couchai mon arquebuse en joue, et visai droit à un des trois chefs, et de ce coup il en tomba deux par terre, et un de leurs compagnons qui fut blessé, qui quelque temps après mourut. J'avais mis quatre balles dedans mon arquebuse... Les Iroquois furent étonnés... Comme je rechargeais, l'un de mes compagnons tira un coup de dedans le bois, qui les étonna derechef de telle façon, voyant leurs chefs morts, qu'ils perdirent courage et se mirent en fuite... »

Champlain ne pouvait prévoir les conséquences de l'escarmouche de Ticonderoga. C'était sans doute la première fois que les Iroquois se trouvaient la cible d'armes à feu. Dorénavant, tout Indien voudra son fusil et les grandes batailles rangées céderont la place aux embuscades et à la guerre de coups de main.

Parmi les alliés indiens de Champlain, la bataille de Ticonderoga fit grandir la renommée du chef français. Mais ce fut le contraire au sein des Iroquois, chez qui elle fit naître de la rancune envers les Français de même qu'un sentiment de défaite. Pour les Français, cette alliance militaire que scellait la bataille permettait la pénétration de la région du lac Champlain et du territoire de la vallée du Richelieu.

Champlain avait hâte d'explorer la région du lac Huron où vivaient ses alliés. Mais ses obligations l'empêchèrent de s'y rendre. Il partit une première fois pour la Huronie en 1613, mais dut bientôt rebrousser chemin. Les Hurons murmuraient que le chef français ne tenait pas sa promesse. Aussi ils apportaient de moins en moins de fourrures à l'Habitation.

Enfin, en juin 1615, Champlain rencontra les Hurons au Sault Saint-Louis (les rapides de Lachine, sur l'île de Montréal) et promit de se joindre à eux pour frapper au cœur du territoire iroquois. Il se mit en route le 9 juillet, accompagné de l'interprète Etienne Brûlé, d'un autre Français et de 10 Hurons.

Ils remontèrent l'Outaouais, passèrent l'endroit où s'élèvera un jour la capitale du Canada, se frayèrent un chemin au travers des portages embroussaillés, traversèrent le lac Nipissing et descendirent les eaux vives de la rivière des Français jusqu'au lac Huron. Puis ils prirent au sud, le long de la côte est de la baie Georgienne et, le 1er août, mirent pied à terre environ six kilomètres au nord de Penetanguishene. Le 3 août, à Carhagouha (près de Lafontaine en Ontario), Champlain et sa bande rencontrèrent 12 soldats français arrivés en Huronie une semaine plus tôt.

Traversant les collines et les riches forêts de la Huronie, Champlain allait de village en village. Il exhortait les chefs à presser leurs attaques contre les Iroquois. A la mi-août, à Cahiagué, sur le lac Simcoe (près de l'actuelle ville de Warminster), un conseil de guerre se réunit pour préparer la campagne contre la tribu iroquoise des Onontagués.

La troupe de 500 Hurons et de 14 Français ne se mit en marche qu'en septembre. Brûlé et 12 Hurons étaient partis en avant pour demander l'aide des Susquehannahs, une tribu qui vivait au sud du territoire iroquois, dans l'actuelle Pennsylvanie.

S'enfonçant vers le sud, les canots descendirent la rivière Trent jusqu'à la baie de Quinte, puis traversèrent le lac Ontario. La troupe entra

« *Le dernier voyage d'Hudson* », par John Collier. Au printemps 1611, des mutins abandonnèrent Henry Hudson, son fils John et sept hommes à la dérive sur les eaux de la baie de James. Personne ne les revit jamais plus — si ce n'est peut-être Nicolas de Vignau. Les mutins regagnèrent l'Angleterre où ils furent accusés de meurtre, mais acquittés.

Nicolas de Vignau a-t-il vu Henry Hudson?

« J'ai été jusqu'à la mer du Nord, déclara l'interprète Nicolas de Vignau à Champlain, à l'automne 1612, et j'ai vu l'épave d'un vaisseau. »

Vignau avait passé l'hiver précédent avec les Algonquins de l'île aux Allumettes sur l'Outaouais, près de Pembroke, en Ontario. C'est avec eux, affirma-t-il, qu'il avait visité ce qui est aujourd'hui la baie de James. On racontait que les Indiens avaient tué quelques naufragés anglais (Vignau prétendit avoir vu leurs scalps) et fait un enfant prisonnier.

Décidé à voir la mer du Nord, Champlain part avec Vignau en mars 1613. Ils ne dépasseront pas l'île aux Allumettes. Les Indiens, vieux amis de Champlain, l'informent des rapides dangereux et des tribus hostiles qui l'attendent. Et ils se retournent contre Vignau, l'accusant de mensonge. Champlain questionne Vignau et l'interprète avoue qu'il n'a jamais fait ce voyage. « Ces paroles, dit Champlain, ne me contentèrent pas

beaucoup, étant émerveillé de l'effronterie et méchanceté de ce menteur. »

Mais Vignau a peut-être dit la vérité. Un groupe d'Anglais se trouvait probablement sur la baie de James à l'époque. L'explorateur Henry Hudson et huit membres de son équipage avaient été abandonnés par des mutins l'été précédent. L'épave aurait pu être celle de leur embarcation et le prisonnier, le fils d'Hudson. Quant aux Indiens de l'île aux Allumettes, ils avaient des raisons pour contredire son récit : en tant qu'intermédiaires pour le commerce des fourrures, ils ne voulaient pas que les Français aillent au nord et traitent directement avec les autres tribus.

Vignau et Champlain redescendirent l'Outaouais. Aux rapides de Lachine, près de Montréal, Champlain laissa Vignau « à la garde de Dieu ». On n'entendit plus jamais parler de ce « fieffé menteur » qui n'a peut-être jamais menti.

La chute du Paresseux, dans le parc provincial Mattawa River (Ont.), coupe le cours capricieux de la rivière. Champlain remonta le Mattawa en 1615 pour se rendre à la baie Georgienne et en Huronie. On passe la chute de 9 m par le portage du Paresseux (ci-dessous), l'un de ceux qui jalonnent cette rivière de 56 km de long.

en terre iroquoise près de Stony Point et se dirigea à pied vers un fort onontagué, non loin de l'actuelle ville de Syracuse. Ils avaient prévu d'attaquer à l'aube.

Mais alors qu'ils approchaient du fort, quelques Hurons tombèrent dans une embuscade tendue par les Onontagués. L'effet de surprise prévu par les Français était raté. Seul un siège pourrait avoir raison des Iroquois.

Champlain vit bien que la partie serait difficile. Le fort onontagué était protégé sur trois de ses côtés par un lac et des cours d'eau. De plus, il était entouré de palissades de neuf mètres surmontées de galeries. Le chef français harangua alors ses troupes.

Il faut construire une « machine de guerre », leur dit-il, « un cavalier... sur lequel on poserait quatre ou cinq de nos arquebusiers, qui tireraient force arquebusades par-dessus leurs palissades et galeries... cependant, nous donnerions ordre d'avoir des ais pour faire une manière de mantelet, pour couvrir et garder nos gens des coups de flèche et de pierre ». On avancerait ainsi à couvert pour mettre le feu aux palissades.

Le premier agriculteur

Un an plus tôt, la forêt vierge couvrait presque tout le pied du rocher. En cette année 1618, on pouvait voir des rangs de blé, de maïs, de pois et de fèves qui s'étendaient devant l'Habitation. Ces travaux agricoles que Champlain découvrit à son retour étaient l'œuvre de Louis Hébert, apothicaire et médecin par profession et agriculteur par vocation.

Avec pour seuls outils une hache, une pioche et une pelle, Hébert et son domestique avaient planté un potager de quatre hectares destiné à nourrir la petite colonie. On donna plus tard à Hébert deux terres : une à l'endroit où se dresse maintenant la basilique Notre-Dame à Québec, l'autre le long de la rivière Saint-Charles. Aujourd'hui, bien sûr, il ne reste plus trace des champs cultivés par Hébert. Mais on peut voir au parc Montmorency une statue du bon fermier. Louis Hébert mourut en 1627.

La scène qui représente l'assaut d'un fort onontagué (près de Syracuse, N.Y.) à l'automne 1615 est l'œuvre de Champlain. La défaite de Champlain et de ses alliés hurons montra qu'un fort bien protégé pouvait résister aux armes à feu, même quand les coups étaient tirés d'un « cavalier ».

Les Indiens voulaient attendre le retour de Brûlé et des Susquehannahs. Champlain refusa. Les Hurons durent se mettre immédiatement au travail et construire le cavalier.

Le 11 octobre, sous une pluie de flèches et de pierres, 200 hommes poussèrent le cavalier vers le fort. Trois Français y sont perchés et ouvrent le feu, forçant les Onontagués à s'enfuir des galeries. Mais peu à peu les choses se gâtent. Champlain se trouve à la tête d'hommes qui « ne font que ce qui leur semble bon », qui crient si fort « qu'on ne se pouvait entendre ». Les Indiens abandonnent les mantelets pour mettre le feu à la palissade, mais contre le vent. Champlain ordonne aux Français de tirer de leur mieux. Au bout de trois heures, les Hurons abandonnent.

Français et Hurons se retirèrent avec leurs blessés et attendirent les Susquehannahs pendant une semaine. Champlain tenta sans succès de conduire à nouveau ses hommes à l'attaque. Le 18 octobre, deux jours avant l'arrivée de leurs alliés Susquehannahs, ils abandonnèrent la partie.

La défaite fut cuisante. D'autant plus que Champlain avait deux blessures aux jambes qui l'obligèrent à voyager dans « un certain panier », porté à dos d'homme.

Arrivé au lac Ontario, Champlain demanda un canot et quelques Indiens pour regagner le Saint-Laurent. Impossible, lui répondit-on. Il trouva enfin quatre volontaires, mais cette fois-ci, on refusa de lui donner un canot. Champlain dut capituler : « Leur dessein était de me retenir avec mes compagnons en leur pays, tant pour leur sûreté, craignant leurs ennemis, que pour entendre ce qui se passait en leurs conseils et assemblées, que pour résoudre ce qu'il convenait faire à l'avenir contre leursdits ennemis, pour leur sûreté et conservation. »

En faisant route vers la Huronie, les Indiens chassèrent le cerf. Champlain, fasciné par un étrange oiseau, se perdit dans les bois pendant trois jours. Quand le groupe arriva enfin à Cahiagué, le mois de décembre était déjà bien avancé. L'hiver promettait d'être long et pénible. Champlain passait beaucoup de temps dans la maison de son ami, le chef Darontal, et conversait de longues heures avec le père Le Caron. Il visitait les villages voisins et étudiait les mœurs indiennes. Il ne repartira que le 20 mai 1616 pour arriver à l'Habitation au début de juin. Les habitants du hameau crurent voir un revenant.

Les explorations de Champlain étaient maintenant terminées. Mais son rêve se matérialisa pourtant en 1618 lorsqu'il proposa à Louis XIII et à la chambre du commerce de Paris de faire de Québec une grande agglomération fortifiée. Le fleuve Saint-Laurent, argumente-t-il, est « le moyen de parvenir facilement au royaume de Chine et des Indes orientales, d'où l'on tirerait de grandes richesses ». Et vu sa commodité, cette route serait empruntée par tous ceux qui voudraient aller en Orient. Québec lèverait alors des droits très importants.

Le projet eut la faveur du roi et de la chambre. Quand Champlain partit pour le Canada en 1620, le roi l'avait nommé lieutenant du vice-roi Montmorency. Un ordre royal lui demandait de « faire tous les ouvrages qu'il jugera nécessaire pour l'établissement des colonies que nous désirons planter audit pays ». Pour la première fois, il emmena avec lui sa femme, Hélène Boullé, âgée d'environ 22 ans.

Mais la réalité n'était guère souriante après deux ans d'absence. Louis Hébert, le seul qui tentait vraiment de cultiver la terre, était harcelé par les trafiquants de fourrure. On vendait des armes aux Indiens. Mais le pire, c'était l'état dans lequel Champlain trouva l'Habitation : « Si désolée et ruinée qu'elle me faisait pitié. »

Sans tarder, il se remet à l'ouvrage, fait réparer l'Habitation. Puis il entreprend la construction du fort Saint-Louis, sur le cap Diamant. Doré-navant, Champlain se consacrera à l'administration de cette colonie qui, 12 ans après sa fondation, a toujours besoin de l'aide de la France pour survivre. Il persuade des Indiens de s'installer près de Québec et de cultiver la terre, arbitre les querelles entre les tribus, cherche sans succès à faire la paix avec les Iroquois, apaise la jalousie des traiteurs, ouvre des routes, dirige la construction au cap Tourmente d'une habitation destinée à des éleveurs de bétail.

En 1624, il construisit une nouvelle Habitation à Québec, cette fois en pierre, sur l'emplacement de l'ancienne. Mais la nouvelle demeure ne suffit pas à retenir son épouse. Le 15 août 1624, Champlain l'accompagna en France où elle décida de rester. Deux ans plus tard, Champlain revint à ses véritables amours : sa colonie.

Une autre menace se faisait sentir : les Anglais! Selon les rumeurs, la France et l'Angleterre étaient en guerre. Champlain commença à s'inquiéter quand, au printemps 1628, les navires de ravitaillement n'arrivèrent pas. En juillet, six navires anglais commandés par David Kirke

Une épouse mineure et trois filles : Foi, Espérance et Charité

Le marié, dans la quarantaine, venait de rentrer de Nouvelle-France, victorieux d'une bataille contre les Iroquois. La mariée avait 12 ans. Lorsque Hélène Boullé, fille d'un riche secrétaire de Louis XIII, épousa Samuel de Champlain le 27 décembre 1610, il fut entendu que l'union ne serait pas consommée avant qu'Hélène n'ait 14 ans.

L'affection de Champlain pour sa jeune épouse (dont il donna le nom en 1611 à l'île Sainte-Hélène, près de Montréal) était sans doute toute paternelle. Hélène resta 10 ans à Paris pour arriver à Québec en 1620, jeune épouse de 22 ans. A cette époque, son mari était dans la cinquantaine. L'humble Habitation de Champlain dut la consterner, tout comme le manque d'une compagnie de son rang.

Les Indiens étaient attirés par la beauté et la douceur de la jeune femme. On raconte qu'elle portait souvent un miroir pendu à une chaîne : se voyant dans ces profondeurs argentées, ses naïfs élèves croyaient qu'elle portait leur image sur son cœur.

Hélène de Champlain resta quatre ans en Nouvelle-France. De retour en France, elle s'occupa des intérêts de la colonie. Convertie au catholicisme, elle entra chez les ursulines en 1645, 10 ans après la mort de Champlain, puis fonda

un couvent à Meaux. Elle mourut le 20 décembre 1654.

Ce mariage n'avait pas donné d'enfants. Quatre ans après le départ d'Hélène, Champlain adopta trois petites Indiennes de 11, 12 et 15 ans qui lui furent offertes en présent pour le remercier des vivres qu'il avait donnés à une bande indienne affamée. Il les nomma Foi, Espérance et Charité, et les aima comme ses propres filles.

Foi revint bientôt à son peuple, mais Espérance et Charité restèrent avec Champlain jusqu'à ce qu'il rentre en France en 1629, après avoir remis Québec aux Anglais. Il demanda en vain de pouvoir emmener avec lui ses filles adoptives. Lorsqu'il revint à Québec en 1633, elles étaient retournées à la vie indienne. Celui qui avait tant chéri sa colonie n'eut pas le bonheur d'y fonder une véritable famille.

QUEBEC

A . Le Fort
B . les Recollets
C . La plate forme
D . Les Jesuittes
E . La Cathedralle
F . Le Seminaire
G . l'Hostel Dieu
H . Léveché
I . La Redoute
K . Le magasin apoudre

Québec vu du Saint-Laurent : gravure du XVIIe siècle et photographie contemporaine.

ravagèrent Cap-Tourmente et bloquèrent le Saint-Laurent. Trois navires français de ravitaillement furent capturés et le quatrième dut rentrer en France. Kirke exigea finalement la reddition des Français.

Champlain, qui n'avait que quelques barils de biscuits, un peu de pois secs et de fèves, et pas assez de poudre pour défendre la colonie, envoya une réponse de gentilhomme. Les soldats et les vivres ne manquent pas, affirma-t-il. Pour lui, la reddition était impensable, « sachant très bien..., écrit-il, que nous ne serions pas dignes de paraître hommes devant notre roi ».

Kirke, sûr que la colonie ne passerait pas l'hiver, s'en retourna en Angleterre. A son insu, 11 marins français avaient franchi le blocus et apportaient de grandes nouvelles : le cardinal de Richelieu venait de former une nouvelle Compagnie des Cent-Associés, dont Champlain était devenu actionnaire. Dorénavant, promet Richelieu, de 200 à 300 colons arriveront chaque année.

La nouvelle tant attendue arrivait trop tard. Kirke revint en juillet 1629. La colonie était affamée. Champlain capitula.

Le 24, il quitta sa chère Habitation en promettant que s'il y revenait un jour, il construirait une église en l'honneur de la Vierge. Ironie du sort : Québec s'était rendu *après* que l'Angleterre et la France eurent signé la paix.

A peine Champlain fut-il de retour en France qu'il implora le roi et Richelieu de le laisser repartir. Mais la France ne rentra en possession de sa colonie qu'en 1632, avec le traité de Saint-Germain-en-Laye.

Champlain ne revint à Québec qu'en 1633, après avoir donné à sa femme tous les biens qu'il possédait en France — preuve qu'il ne pensait plus jamais y revenir. Suivirent alors les années qui furent les plus heureuses et les plus fécondes de toute sa vie.

Il mit aussitôt ses hommes à l'œuvre. Pour accomplir son vœu, il fit bâtir une église sur le site de l'actuelle basilique Notre-Dame. En août 1634, il fit reconstruire Québec et l'Habitation. Il agrandit les fortifications, bâtit un fort sur une île à Deschambault, fonda une autre habitation à Trois-Rivières. A mesure que de nouveaux colons arrivaient sans cesse plus nombreux renforcer la colonie de Nouvelle-France, Champlain se sentait revivre.

Même si la menace iroquoise était plus grande que jamais, il demeurait optimiste. Il gardait une entière fidélité envers ses alliés indiens et les traitait comme des égaux. « Nos garçons se marieront à vos filles, dit-il aux Algonquins, et nous ne serons plus qu'un peuple. »

Hélas, ce bonheur fut de bien courte durée. En octobre 1635, Champlain est frappé par la paralysie et doit rester confiné dans le fort qu'il a construit. Il meurt le jour de Noël et est enterré avec toute la pompe que pouvait lui offrir la petite colonie. Le jésuite Paul Le Jeune prononça une oraison funèbre « où je ne manquai point de sujet », dit-il. Lorsque les Hurons, ses fidèles amis, arrivèrent l'été suivant, ils apportaient des présents pour aider leurs alliés français « à sécher leurs pleurs ». Malheureusement la France fut plus avare de compliments et d'hommages. Champlain fut vite oublié.

A sa mort, la colonie comptait à peine 200 habitants, bien moins que les populations hollandaises et anglaises, au sud. Mais elle avait pris racine. Elle allait continuer de croître et avec elle la légende de celui qui l'avait fondée.

« Soldat, découvreur et géographe », écrit l'historien Gustave Lanctôt, « il... conquit à la France un 'nouveau monde'... Sans lui, visionnaire des lendemains, la colonie de Québec n'aurait peut-être jamais existé. A lui revient la gloire unique d'avoir été, dans tous les secteurs,... le père de la Nouvelle-France. »

Sites et monuments historiques

QUÉBEC L'Habitation construite par Champlain en 1608 était située sur l'actuelle place Royale, les principaux bâtiments étant à peu près à l'endroit où se trouve l'église Notre-Dame-des-Victoires. Les fondations de la seconde Habitation (1624) ont été retrouvées en face de l'église. Elles reposent sur les vestiges d'un village algonquin vieux de 2 000 ans.

Egalement à Québec (12)

BASILIQUE NOTRE-DAME La basilique dessert la plus ancienne paroisse du Canada et se trouve sur l'emplacement de l'église Notre-Dame-de-la-Recouvrance, construite par Champlain en 1633.

MONUMENT DE CHAMPLAIN Une statue du fondateur de Québec marque le site du fort Saint-Louis (1620).

MONUMENT DE LOUIS HÉBERT Une statue représentant le premier fermier du Canada (1617), sa femme et leur gendre Guillaume Couillard, premier colon permanent du Canada (1613), se trouve dans le parc Montmorency.

Autres sites et monuments

Batiscan (Qué.) (10) Champlain y rencontra les Algonquins et les Hurons à l'été 1609.

Cobden (Ont.) (6) Un monument rappelle la découverte à cet endroit d'un astrolabe que, dit-on, Champlain aurait perdu au cours d'une expédition en 1613.

Deschambault (Qué.) (11) Ruines d'un petit fort construit par Champlain en 1634, sur une île du Saint-Laurent.

Lachine (Qué.) (8) Brûlé et Champlain furent les premiers Blancs à descendre les rapides. Lieu de rendez-vous des Français et des Indiens.

Lafontaine (Ont.) (1) Une croix marque le site de Carhagouha, village huron où Champlain rencontra le père Le Caron en août 1615.

Orillia (Ont.) (3) Dans le parc Couchiching Beach, une belle statue de Vernon March, représentant Champlain en compagnie d'Indiens et d'un commerçant de fourrures, surplombe la route qu'emprunta l'explorateur pour combattre les Onontagués en 1615.

Ottawa (7) On peut voir au musée national des Sciences et de la Technologie une copie d'un astrolabe qui aurait appartenu à Champlain. A la pointe Nepean, une statue de Champlain domine l'Outaouais que l'explorateur remonta en 1613 et 1615.

Parc provincial Mattawa River (Ont.) (5) Une plaque marque le portage du Paresseux, emprunté par Champlain lors de son voyage en Huronie (1615).

□ Site principal (Ruines) ▲ Edifice(s) historique(s) ▣ Musée ● Monument ■ Ruines ◆ Autre point d'intérêt ■ Site non indiqué

Tadoussac (Qué.) (13) La maison fortifiée que construisit Pierre Chauvin en 1600 — premier poste de traite du Canada — a été reconstituée à l'embouchure du Saguenay. Champlain débarqua pour la première fois non loin de là, à la pointe aux Alouettes, en 1603.

Ticonderoga (N.Y.) (9) Une plaque, au-dessous du fort Ticonderoga, marque l'endroit où Champlain et ses alliés indiens livrèrent une fameuse bataille contre les Iroquois en 1609.

Toronto (4) A Discovery Point, près de l'embouchure de la rivière Humber, une pierre gravée rappelle la mémoire d'Etienne Brûlé, premier Blanc à avoir vu le lac Ontario.

Warminster (Ont.) (2) Cahiagué, le grand village huron où Champlain passa l'hiver 1615-1616, se trouvait non loin de Warminster.

Une reconstitution d'une maison fortifiée construite en 1600 par le commerçant et colon Pierre Chauvin se dresse à Tadoussac (Qué.). Son négoce ayant prospéré cet été-là, Chauvin laissa 16 hommes — les premiers colons de la vallée du Saint-Laurent depuis que Roberval avait abandonné Charlesbourg-Royal en 1543 — passer l'hiver dans sa maison. Cinq seulement survécurent avant l'arrivée des secours, l'année suivante.

Un grand rêve
qui s'achève en hécatombe

Le voyage était long et épuisant : plus de 300 lieues à parcourir en canot d'écorce sur des rivières aux multiples rapides; des portages en forêt sous l'assaut des mouches noires; des nuits à la belle étoile, l'estomac noué par la faim. Les voyageurs venus de Québec atteignaient finalement une petite rivière qui se jette dans la baie Georgienne. Puis ils engageaient leurs embarcations dans un chenal artificiel qui menait jusqu'à une palissade de rondins. Là se trouvait la mission de Sainte-Marie, un îlot de civilisation française et de foi catholique au cœur même du territoire des Hurons.

Sainte-Marie au pays des Hurons, sur la rive est de la rivière Wye, près de l'actuelle ville de Midland, en Ontario, était un important poste de commerce des fourrures. En 1639, les missionnaires jésuites en firent leur port d'attache. Avant eux d'autres Français étaient venus en Huronie. Etienne Brûlé, sans doute en 1610-1611, fut le premier Européen à explorer la région située entre la baie Georgienne et le lac Simcoe. Samuel de Champlain passa l'hiver 1615-1616 au village de Cahiagué, près de l'actuelle ville de Warminster, en Ontario. A leur suite, un grand nombre de commerçants et de coureurs de bois s'aventurèrent dans la région de la baie Georgienne, attirés surtout par l'appât du gain. Les jésuites, eux, y étaient venus pour répandre la foi chrétienne.

En France, les gens dévots s'intéressaient à la découverte du Nouveau Monde. Ils rêvaient de voir ce continent devenir chrétien et français et encourageaient l'envoi de missionnaires. En

Sainte-Marie au pays des Hurons est reconstituée dans tous ses détails sur les rives de la rivière Wye, près de Midland (Ont.). La mission occupée par les jésuites n'aura duré que 10 ans; les prêtres la détruisirent en 1649 pour qu'elle ne tombe pas entre les mains des « infidèles ». Ci-dessus : un chenal artificiel qui permettait aux canots de remonter de la rivière Wye jusqu'à l'intérieur de l'enceinte.

43

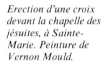

La Nouvelle-France racontée par les jésuites

Les *Relations* que les jésuites envoyaient du Canada fascinaient les lecteurs français et stimulaient l'immigration en Nouvelle-France.

Déjà les récits de Champlain et *Le grand voyage du pays des Hurons* (1632) du récollet Gabriel Sagard avaient éveillé l'intérêt du public. Mais les *Relations* suscitèrent dans la métropole un véritable mouvement de sympathie envers l'œuvre missionnaire et firent avancer, par ricochet, la cause de la colonisation. Ne pouvait-on pas lire dans les *Relations* de 1635 un appel à l'immigration? « Pourquoi, écrit le père Le Jeune, les grands bois de la Nouvelle-France ne pourraient-ils pas bien fournir de navires à l'Ancienne? Qui doute qu'il n'y ait ici des mines de fer, de cuivre et d'autre métal? ... tous ceux qui travaillent en bois et en fer trouveront ici de quoi s'occuper. »

Mais avant tout les *Relations* voulaient faire connaître les progrès de l'évangélisation des peuplades du Nouveau Monde. C'est d'ailleurs grâce aux dons des lecteurs que les pères purent fonder près de Québec une mission comprenant un hôpital, une chapelle et une école, ainsi qu'à Notre-Dame-des-Anges un pensionnat pour les enfants indiens. Toutefois, celui-ci fut un échec : quelques élèves tombèrent malades et moururent; nombre d'autres prirent la clé des champs.

Encore une fois, avec l'aide de leurs bienfaiteurs, les jésuites ouvrirent des missions à Sillery, près de Québec, en 1637, et à Trois-Rivières, trois ans plus tard. En 1640, plusieurs centaines d'Indiens avaient été baptisés et les missions étaient florissantes.

Les *Relations* du début des années 1630 faisaient bien augurer de la Huronie. Elles inspirèrent des dons pour la fondation de postes de mission et, en 1639, du fort Sainte-Marie. Mais celles des années 1640 prirent une note très sombre avec le récit des attaques iroquoises, du massacre des Hurons et de la capture et du martyre des huit missionnaires jésuites.

Les *Relations* de Nouvelle-France (publiées annuellement de 1632 à 1673) demeurent un témoignage historique exceptionnel.

Erection d'une croix devant la chapelle des jésuites, à Sainte-Marie. Peinture de Vernon Mould.

Huronie, plus précisément, ce furent les récollets qui arrivèrent les premiers en 1615. Puis les jésuites suivirent. Ils étaient prêts à tous les sacrifices, et même au martyre, pour faire rayonner la foi catholique parmi les nations indigènes.

De 1625 à 1629, le jésuite Jean de Brébeuf travailla aux côtés des récollets, vivant et voyageant avec les Hurons et apprenant leur langue. Le récollet Gabriel Sagard décrivait ainsi leur vie en mission : « Il se faut résoudre à endurer et pâtir, outre le danger de périr en chemin, plus que l'on ne saurait penser, tant de la faim... que pour coucher toujours sur la terre nue par les champs, marcher avec grand travail dans les eaux et lieux fangeux, et en quelques endroits par des rochers et bois obscurs et touffus, souffrir les pluies sur le dos,... et la morsure d'une infinie multitude de mousquites *(sic)* et cousins, avec la difficulté de la langue pour pouvoir s'expliquer suffisamment, et manifester ses nécessités, et n'avoir aucun Chrétien avec soi pour se communiquer et consoler au milieu de ses travaux. »

En 1634, Brébeuf et deux autres jésuites, les pères Antoine Daniel et Ambroise Davost, prirent en main la mission des récollets chez les Hurons. D'année en année, le nombre des « robes noires » augmentait. En 1635 arrivèrent Pierre Pijart et François Joseph Le Mercier, puis Isaac Jogues, Paul Ragueneau, Pierre Joseph Chaumonot, Jérôme Lalemant et bien d'autres.

Les mœurs des Amérindiens surprenaient grandement ces missionnaires éduqués à l'européenne. Ils s'étonnaient de voir les Hurons loger à plusieurs familles dans une même « longue cabane ». Jérôme Lalemant s'offusquait en ces termes : « Si vous les allez trouver dans leurs cabanes... vous y trouverez une petite image de l'Enfer, n'y voyant pour l'ordinaire que feu et fumée, et des corps nus deçà et delà noirs et à demi rôtis, pêle-mêle avec les chiens, qui sont aussi chéris que les enfants de la maison, et dans une communauté de lit, de plat et de nourriture avec leurs maîtres. Tout y est dans la poussière, et si vous entrez dedans, vous ne serez pas au bout de la cabane, que vous serez tout couvert de noirceur, de suie et d'ordure. » Ils supportaient difficilement leur libre conduite, leurs superstitions et la torture à laquelle ils se livraient sur leurs prisonniers de guerre.

Mais les Hurons possédaient leur propre culture. C'était un peuple d'agriculteurs. Pour défricher la terre, ils faisaient des brûlis. Entre les souches, les femmes plantaient du maïs, des fèves, des citrouilles, du tabac, des tournesols et du

Un figurant prend la place d'un prêtre jésuite derrière le lutrin de l'église Saint-Joseph, dans l'enclos huron de Sainte-Marie au pays des Hurons, près de Midland (Ont.). Un autre, habillé en donné (missionnaire laïc), tisonne le feu dans la cuisine des jésuites.

Jean de Brébeuf vécut parmi les Hurons pendant plus de 20 ans, avant de mourir martyr en 1649, alors que les Iroquois décimaient la nation huronne. Sa mort au poteau de torture vint accomplir un songe où il s'était vu subir le martyre. Le grand missionnaire jésuite fut proclamé saint patron du Canada en 1940.

Cette vision d'un massacre des Hurons par les Iroquois est l'œuvre de Joseph Légaré (1795-1855), premier peintre d'histoire canadien.

chanvre. Ils étaient sédentaires, mais quand le sol s'appauvrissait, tout le village se déplaçait pour aller défricher une autre portion de forêt. Leur nourriture de base était la sagamité, sorte de bouillie de farine de maïs et d'eau relevée de poisson, de viande ou de fèves. On mettait les ingrédients dans des pots d'argile ou des bols d'écorce de bouleau où l'on plongeait des pierres chauffées pour bouillir l'eau. Par ailleurs les Hurons étaient une nation puissante. Leur pays était un centre de traite important, au point que le huron était devenu la langue du commerce.

Même si les Indiens se moquaient des usages européens, ils adoptèrent rapidement les outils de métal et les ustensiles apportés par les Français et les Anglais. De même, le pain leur devint indispensable et ils acquirent un vif penchant pour l'eau-de-vie.

La fête des morts : un rituel huron

Tous les 12 ans, les Hurons se rassemblaient à Ossossanë (13 kilomètres au nord-ouest d'Elmvale, en Ontario) pour donner la dernière sépulture à leurs morts. Selon leurs croyances, les deux âmes des défunts vivaient dans leur dépouille jusqu'à la fête des Morts. Après ce jour, l'une des âmes partait vers la terre des esprits et l'autre restait dans les ossements.

Une semaine avant la cérémonie, on exhumait les corps de leur tombe temporaire. Les dépouilles étaient nettoyées, ornées de plumes et de colliers, puis enveloppées dans des peaux de castor. Une grande fête suivait. Ensuite on transportait les restes à Ossossanë pour les déposer dans une grande fosse tapissée de fourrures. On les recouvrait de peaux de castor et on comblait la fosse avec de la terre, des pierres et des pieux. Les linceuls de peaux étaient ensuite taillés en morceaux et lancés aux assistants, en souvenir des morts.

Résolument, les jésuites essayaient de prêcher la foi chrétienne à ce peuple. Les missionnaires convertissaient peu d'adultes, mais instruisaient les enfants, soignaient les malades et baptisaient les mourants. Cependant, malheureusement, les Européens avaient apporté avec eux des maladies inconnues au Nouveau Monde (petite vérole, typhus, etc.), qui ravageaient maintenant les Hurons. En 1639, des 30 000 habitants de la Huronie, il n'en restait plus que 12 000. Aussi les Hurons avaient beau jeu de blâmer les robes noires, associant à la mort des leurs le baptême chrétien administré aux agonisants.

En partageant ainsi la vie quotidienne des Hurons, les jésuites avaient beaucoup de peine à observer la règle de leur ordre. Aussi caressaient-ils l'espoir de créer une vraie communauté chrétienne qui deviendrait un exemple de vie civilisée. En 1639, ils fondèrent donc un établissement permanent au village d'Ossossanë (13 kilomètres au nord-ouest d'Elmvale, en Ontario), qu'ils baptisèrent Sainte-Marie. La palissade extérieure de la mission entourait deux enclos : l'un réservé aux Français, l'autre aux Hurons. Le côté français comptait des habitations et des étables, une grange, des ateliers et la chapelle des pères. Du côté indien se dressaient d'autres habitations : l'hôpital, un cimetière et l'église Saint-Joseph. L'hôpital était bâti à l'écart des maisons des prêtres pour permettre aux femmes d'y être soignées, tout comme les hommes et les enfants, sans gêner les pères. Enfin, des champs cultivés s'étendaient devant la palissade.

Il n'y avait généralement qu'une poignée de pères jésuites à Sainte-Marie. Ils y faisaient une halte avant de repartir dans les missions éloignées. Souvent des soldats et des trappeurs y venaient. Il s'y trouvait aussi des fermiers et des artisans, laïcs pieux qui portaient le titre de « donnés » parce qu'ils consacraient plusieurs années de leur vie au service de Dieu. En mars 1649, trois prêtres résidaient à Sainte-Marie, accompagnés de quatre convers, de 23 donnés, de sept domestiques, de quatre jeunes garçons et de huit soldats. Quinze autres prêtres étaient dispersés dans les autres missions huronnes.

Les Hurons affectionnaient le père Brébeuf (Echon, comme ils l'appelaient), qui s'intéressait à leurs coutumes et avait appris aisément leur langue, pourtant difficile au dire du père Paul Le Jeune qui se lamentait de faire « des conjugaisons, déclinaisons, quelque petite syntaxe, un dictionnaire, avec une peine incroyable ».

Au début, les jésuites pensèrent que la religion des Hurons était celle du mal et que leurs « sorciers » étaient les suppôts de Satan. Il fallait faire

Les ouvertures dans les toits des cabanes huronnes laissaient la lumière entrer et la fumée s'échapper, comme dans cette reconstitution à Sainte-Marie. Ces cabanes atteignaient parfois 60 m de long. Des foyers intérieurs, environ tous les deux mètres, servaient à la cuisine et au chauffage. Chaque foyer était partagé par deux familles.

Parmi les objets exposés à Sainte-Marie, on peut voir (de gauche à droite) une réplique d'une ceinture huronne brodée de perles, un hochet de sorcier fait avec une carapace de tortue, du blé d'Inde, des colliers de coquillages et d'argile et des pots de terre.

table rase des anciennes croyances pour laisser croître la vraie foi. Mais à mesure qu'ils comprirent mieux leur langue et leur culture, ils virent que les Hurons croyaient en un Dieu tout-puissant et en l'au-delà, bien qu'ils n'eussent aucune idée de l'enfer. Les jésuites tentèrent donc de les catéchiser à partir de celles de leurs croyances qui n'étaient pas contraires à la foi chrétienne et d'éliminer les autres. Ce n'était guère facile. « Chasse-t-on au ciel, va-t-on à la guerre, fait-on des fêtes? » Et le Huron de riposter quand on lui répondit qu'il n'y avait rien de terrestre dans le ciel des chrétiens : « Alors je n'irai pas. Il n'est pas bon d'être oisif. »

Le ciel devait sembler bien solitaire aux Hurons qui croyaient qu'après leur mort, sans exception, ils seraient tous réunis avec les membres de leur famille. Or les jésuites enseignaient que seuls les baptisés pouvaient aller au ciel. A un prêtre qui tentait de sauver l'âme d'une mourante dont les enfants ne s'étaient pas convertis, l'Indienne répondit : « Je choisis l'enfer si, comme vous le dites, mes enfants s'y trouvent. »

Les pelletiers français n'étaient pas tous des chrétiens scrupuleux. Si la chasteté est une si bonne chose, demandaient les Hurons, pourquoi tous les chrétiens ne la pratiquent-ils pas?

Pour difficiles que fussent les rapports entre les robes noires et la majorité des Indiens, les ennemis des Hurons étaient les ennemis des jésuites. Pendant toute l'existence de Sainte-Marie, les Hurons furent menacés ou attaqués par les cinq tribus iroquoises : Tsonnontouans, Onontagués, Goyogouins, Onneiouts et Agniers qui voulaient enlever le monopole de la traite des fourrures. Les Iroquois multipliaient les embuscades. C'est à l'occasion de l'une de ces manœuvres qu'en 1642 le donné René Goupil et le père Isaac Jogues furent capturés par les Agniers. Goupil fut mis à mort tandis que Jogues fut torturé et mutilé avant d'être délivré par les Hollandais. Mais quatre ans plus tard le missionnaire jésuite tombera encore aux mains des Iroquois et cette fois trouvera la mort.

En 1645, pour obtenir un peu de répit, les Hurons conclurent une paix provisoire avec les Iroquois. Moins d'un an plus tard, les Iroquois étaient à nouveau sur le sentier de la guerre, frappant de plus en plus profondément dans le pays huron et dévastant des villages entiers.

Avec des vivres pour plusieurs années, Sainte-Marie était relativement sûre derrière sa palissade. Mais les avant-postes étaient vulnérables.

L'assaut fut donné tôt un matin de juillet 1648. Le père Antoine Daniel, chargé de la mission de Saint-Joseph II à Teanaostaiaë (environ 25 kilomètres à l'ouest d'Orillia, en Ontario), venait de dire sa messe. Le premier cri de guerre sema la panique. Quelques Hurons coururent chercher leurs armes, d'autres tentèrent de s'enfuir. Le père Daniel baptisait à la ronde. Il fut transpercé de flèches, puis atteint d'un coup de fusil. Son corps et ceux de ses fidèles se consumèrent dans le brasier de l'église incendiée.

Une armée iroquoise de 1 200 hommes passa l'hiver de 1648 près de la frontière huronne. Dans la nuit du 15 mars 1649, les Iroquois se faufilèrent jusqu'à Saint-Ignace II (près de Waubaushene, en Ontario) et attaquèrent avant l'aube. Ils ne perdirent que 10 hommes alors que de nombreux Hurons furent capturés ou tués. Continuant sur leur lancée, les Iroquois attaquèrent Saint-Louis (près de Victoria Harbour, en Ontario), tôt le même matin. Le village fut pris et incendié. Brébeuf et Gabriel Lalemant se trouvaient parmi les prisonniers. Ils furent emmenés à Saint-Ignace II.

Dans l'après-midi, les Iroquois poussèrent une pointe à Sainte-Marie et brûlèrent d'autres villages. Puis ils rentrèrent à Saint-Ignace II pour s'occuper des prisonniers.

Brébeuf et Lalemant moururent après d'horribles tortures. Parmi leurs tortionnaires, des Hurons renégats aspergèrent Brébeuf avec de l'eau bouillante : « Nous te baptisons afin que tu sois bienheureux dans le ciel... Remercie-nous de

Isaac Jogues : sous une frêle apparence, une âme de héros

Le père Jogues subit des tortures si longues et si effroyables aux mains des Agniers qu'il en vint à désirer la mort. Mais il survécut à ce supplice et employa le reste de sa vie à servir son Dieu.

Un jour du mois d'août 1642, à Teonontogen (près de Schenectady, dans l'Etat de New York), après avoir été battu, mutilé et brûlé, Jogues reçut en pitance un épi de maïs. Quelques gouttes de pluie y étaient restées : il les recueillit et baptisa deux Hurons, compagnons de captivité. Alors âgé de 35 ans, Isaac Jogues trouvera la mort quatre ans plus tard. Ces quatre années furent une longue agonie.

Jogues était tombé avec une bande de Hurons dans une embuscade tendue par les Agniers, près de Sorel. Après les avoir amenés à Teonontogen, les Agniers les torturèrent et une Indienne coupa le pouce gauche de Jogues. Le donné René Goupil subit un sort aussi cruel.

La plupart des Hurons furent massacrés, alors que les Français furent faits prisonniers. Tandis que les Agniers discutaient de leur mise à mort, Jogues baptisait les bébés mourants et Goupil enseignait aux enfants à faire le signe de la croix. Un jour que Goupil marchait en compagnie de Jogues, il fut assailli par deux Agniers. L'un d'eux tira une hache de dessous une couverture et tua Goupil. Le donné était devenu le premier des

huit martyrs jésuites. Jogues s'agenouilla alors pour recevoir le coup de grâce, mais il eut la vie sauve. Les Indiens le donnèrent à quelques familles comme valet de chasse.

Pendant l'hiver 1642-1643, la forêt fut sa chapelle. Il s'agenouillait en haillons, transi de froid, devant une croix qu'il avait sculptée lui-même. Au risque de sa vie, il confessait et baptisait ses compagnons de torture.

Au bout de 13 mois, Jogues s'échappa et rentra en France. A cause de ses mains mutilées, il ne fut plus autorisé à célébrer la messe. Plus tard, le pape le rétablit dans ses privilèges de prêtre. Il revint au Canada en 1644.

On ne lui permit de repartir chez les Agniers qu'en 1646. Ceux-ci l'accusent bien vite, avec le donné Jean de La Lande, d'être responsable d'une invasion de chenilles qui ravage le maïs. Le 18 octobre, à Ossernenon (aujourd'hui Auriesville, dans l'Etat de New York), ils se saisissent de Jogues et de La Lande, les dévêtent et les battent. On écorche le dos et les bras de Jogues. Dans la nuit même, un Indien lui enfonce une hache dans le crâne, puis le décapite. La Lande est massacré au matin.

Avant la fin de la décennie, cinq autres missionnaires jésuites qui exerçaient leur ministère en Huronie y subiront le martyre.

Le martyre des jésuites Jean de Brébeuf et Gabriel Lalemant, tel que l'a imaginé le peintre espagnol Francisco de Goya.

Le scalp : une invention des Blancs

A l'origine, le scalp n'était pas une coutume amérindienne. L'initiateur d'une telle pratique en Amérique du Nord serait un gouverneur de la Nouvelle-Hollande qui donnait aux Indiens des primes pour les scalps qu'ils rapportaient.

Ce gouverneur considérait les scalps comme la preuve irréfutable de la mort des victimes. Les Indiens apprirent la leçon. Au XVIIIe siècle, les Français payaient les scalps des Anglais, les Anglais payaient ceux des Français, et chacun payait les scalps des alliés indiens de l'autre.

L'usage du scalp remonterait aux Scythes. Nombre d'historiens affirment que le scalp était inconnu des Indiens d'Amérique du Nord avant l'arrivée des Européens. D'ailleurs très peu de tribus d'Amérique du Nord adoptèrent cette coutume qu'ils attribuaient aux Blancs.

Toutefois, dans certaines tribus, le scalp des ennemis devint un trophée nécessaire à qui voulait obtenir rang de guerrier. Dans d'autres, il donna lieu à un rituel pour apaiser les morts. On levait généralement les scalps sur les cadavres, mais il arrivait que des prisonniers soient scalpés vivants. Parfois même les victimes étaient renvoyées dans leur village : manœuvre évidente d'intimidation.

Ce reliquaire du musée de l'Hôtel-Dieu de Québec contient des ossements de trois jésuites martyrisés en 1649 : Jean de Brébeuf, Charles Garnier et Gabriel Lalemant.

tant de bons offices, car plus tu souffriras, plus ton Dieu t'en récompensera. » Il mourut après quatre heures d'agonie. Lalemant fut torturé toute la nuit jusqu'à ce qu'un Iroquois, fatigué du jeu, lui fende le crâne.

Le 19 mars, inexplicablement, les Iroquois, craignant une attaque des Hurons, se retirèrent aussi vite qu'ils étaient venus. Les prisonniers qui ne pouvaient marcher furent attachés à des pieux dans les cabanes auxquelles on mit le feu.

A Sainte-Marie, les jésuites avaient vu la fumée monter de Saint-Louis, et ils savaient ce qu'elle signifiait. Les Iroquois avaient eu l'avantage de la surprise, du nombre et des armes. Les Hurons prirent peur. Tout l'été, ils incendièrent et abandonnèrent leurs villages. Certains cherchèrent refuge auprès d'autres tribus. Ils furent massacrés ou réduits en esclavage par les Iroquois en maraude. C'est au cours d'une de ces escarmouches que Charles Garnier et Noël Chabanel trouvèrent la mort.

Les habitants de Sainte-Marie s'enfuirent dans l'île de Saint-Joseph (aujourd'hui l'île Christian), dans la baie Georgienne. Ils y fondèrent la mission Sainte-Marie II, sans pouvoir effacer le souvenir de la première mission : « Il nous fallut abandonner ce lieu, que je puis appeler notre seconde Patrie et nos délices innocentes, puisqu'il avait été le berceau de ce Christianisme, qu'il était le temple de Dieu et la maison des serviteurs de Jésus-Christ; et crainte que nos ennemis trop impies ne profanassent ce lieu de sainteté et n'en prissent leur avantage, nous y mîmes le feu nous-mêmes et nous vîmes brûler à nos yeux, en moins d'une heure, nos travaux de neuf et de dix ans. »

De 6 000 à 8 000 fugitifs s'entassèrent pour l'hiver dans l'île aride de Saint-Joseph. Les vivres étaient rares. Le printemps venu, il ne restait plus qu'une centaine de Hurons qui demandèrent aux jésuites de les emmener à Québec.

Au début de l'été, 40 Français bien armés quittèrent Montréal dans l'espoir de sauver la Huronie. Il était trop tard. Sur leur route, ils rencontrèrent les derniers survivants de la fière nation huronne qui cherchaient refuge loin de leur patrie ravagée.

Des huit saints martyrs d'Amérique du Nord, cinq moururent en Huronie : Brébeuf, Garnier, Lalemant, Daniel et Chabanel. Les trois autres — Jogues et les donnés Goupil et de La Lande — trouvèrent la mort dans le territoire qui correspond aujourd'hui à l'Etat de New York. Les reliques des pères Brébeuf et Lalemant sont conservées à Québec. Quant au sanctuaire des Martyrs, à Midland, il domine une reconstitution fidèle de la mission de Sainte-Marie au pays des Hurons qui fut si chère aux jésuites.

Sites et monuments historiques

MIDLAND (Ont.) Reconstitution de Sainte-Marie au pays des Hurons, au bord de la rivière Wye. On entre par une galerie ornée d'illustrations de C. W. Jefferys qui relatent l'histoire de la Huronie. On peut y voir aussi un film sur la vie en Nouvelle-France. A l'intérieur de la palissade se trouvent des maisons, un hôpital, une forge, une cuisine, une cabane huronne et une chapelle contenant le tombeau de Jean de Brébeuf.

Egalement à Midland (3)

MUSÉE HURON Diorama de la Nativité où des chefs hurons offrent des fourrures à l'Enfant Jésus. Objets hurons.

SANCTUAIRE DES MARTYRS Près de l'église construite par les jésuites en 1926, une petite grotte est dédiée à Notre-Dame de la Huronie, patronne de Sainte-Marie, et aux jésuites martyrs.

VILLAGE HURON Reconstitution d'un village du XVIIᵉ siècle dans le parc Little Lake. On y voit une longue cabane bordée de couchettes, et dont l'allée centrale est jalonnée de foyers. Toujours à l'intérieur de la palissade, se trouvent aussi une cabane de sorcier, une étuve et des fosses qui servaient de garde-manger.

Autres sites et monuments

Elmvale (Ont.) (5) La fosse d'Ossossanë, où les Hurons enterraient les morts, se trouvait à 13 km au nord-ouest. L'endroit est indiqué. A proximité était situé le village huron d'Ossossanë où les jésuites se réunirent en 1639 pour fonder leur mission de Sainte-Marie.

Ile Christian (Ont.) (1) Une plaque indique les ruines de Sainte-Marie II, où les jésuites et les Hurons qui survécurent aux attaques iroquoises trouvèrent refuge pendant l'hiver 1649-1650.

Lafontaine (Ont.) (2) Une croix de pierre marque le site de Carhagouha, village où les récollets, puis les jésuites, évangélisèrent les Hurons.

Minesing (Ont.) (pas sur la carte) Objets hurons dans le musée du comté de Simcoe : poteries, pipes de terre, pointes de flèches et couteaux.

Québec (pas sur la carte)

MUSÉE DE L'HÔTEL-DIEU Un reliquaire contient une partie du crâne de Jean de Brébeuf et des ossements de Charles Garnier et de Gabriel Lalemant. D'autres ossements des martyrs jésuites sont conservés dans la chapelle des jésuites.

PARC HISTORIQUE NATIONAL CARTIER-BRÉBEUF Monument à la mémoire de Jean de Brébeuf, qui aurait construit une maison à proximité en 1626.

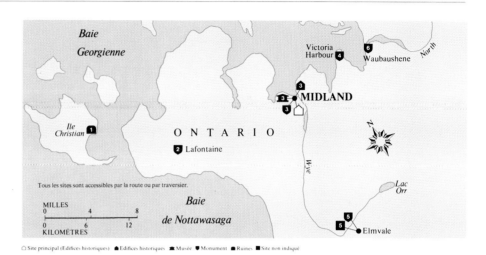

Tous les sites sont accessibles par la route ou par traversier.

MILLES 0 ___ 4 ___ 8

KILOMÈTRES 0 ___ 6 ___ 12

○ Site principal (Edifices historiques) ● Edifices historiques ▲ Musée ● Monument ■ Ruines ■ Site non indiqué

VIEILLE MAISON DES JÉSUITES Devant une maison de pierre de deux étages, qui date à peu près de 1700, se trouvent les fondations de la maison des jésuites (1637) où vécurent six des saints martyrs canadiens. Musée consacré à l'histoire des jésuites en Amérique du Nord : girouette du collège des Jésuites (1635) et haches forgées pour l'ordre au XVIIᵉ siècle.

Victoria Harbour (Ont.) (4) Saint-Louis, village huron et mission jésuite où les Iroquois capturèrent Jean de Brébeuf et Gabriel Lalemant en 1649, se trouvait à 3 km au sud.

Waubaushene (Ont.) (6) A 6 km au sud, site de Saint-Ignace II où Jean de Brébeuf et Gabriel Lalemant furent torturés et mis à mort.

« Jesous ahatonhia... »

Vers 1640, le père Jean de Brébeuf composa un noël en langue huronne. Le manuscrit de Brébeuf, *Jesous ahatonhia* (Jésus est né), s'est perdu, mais le noël était entré dans la tradition orale du peuple qui avait connu la mission de Sainte-Marie. Il était chanté à Québec par les Hurons qui prirent la fuite après les attaques iroquoises de 1649. Un siècle plus tard, le père de Villeneuve, lors d'un séjour à l'Ancienne-Lorette, entendit les Hurons chanter le cantique et le transcrivit. Voici deux strophes traduites en français par le notaire Paul Picard de la tribu des Hurons de Lorette.

Trois chefs se donnèrent parole
En voyant l'étoile au firmament;
Et ils convinrent de suivre l'étoile.
Jésus est né!

Ces chefs firent des offrandes :
En voyant Jésus ils furent heureux...
Ils Le saluèrent et lui parlèrent
Jésus est né!   [*sincèrement.*

Le grand dessein du sieur de Maisonneuve

Les plaques du socle de cet obélisque de 12 m, place Royale, rappellent les noms de certains des premiers colons de Mont- réal : Hébert, Caillot, Laimery, Damien..., ainsi que ceux de La Dauversière et des mem- bres de la Société de Notre-Dame de Mont- réal. A l'arrière-plan se dresse l'ancienne douane (1838), aujourd'hui occupée par des bureaux.

PREMIÈRE MESSE À VI

52

Lors d'un voyage d'exploration, en 1611, Champlain avait découvert, sur la rive sud d'une grande île du Saint-Laurent, à 250 kilomètres en amont de Québec, un site qu'il avait jugé favorable à la colonisation. Il l'avait baptisé Place Royale. Le 17 mai 1642, un groupe de colons français — 40 fermiers et artisans, six femmes, des soldats, quelques enfants, en tout une soixantaine de personnes — débarquait au dit lieu. Sous la conduite de Paul de Chomedey, sieur de Maisonneuve, ils venaient jeter les bases d'un établissement.

Ces gens étaient animés d'une foi ardente. Leur premier geste fut de célébrer la messe sur un simple autel orné de rameaux de cerisiers en fleur. Toute la journée, l'hostie consacrée à la messe resta exposée. Et cette nuit-là, sur l'autel, des fio-les remplies de « mouches luisantes » firent office de lampes du sanctuaire. Le lendemain, dimanche, le jésuite Barthélemy Vimont, pasteur du groupe, prononça un sermon qui fera plus tard figure de prophétie : « Ce que vous voyez, dit-il en paraphrasant l'Evangile, n'est qu'un grain de moutarde... et je ne fais aucun doute que ce petit grain ne produise un grand arbre, ne fasse un jour des merveilles. »

Le projet que l'on voyait ainsi prendre forme en Nouvelle-France avait été longuement mûri dans la mère patrie. L'initiateur en était Jérôme Le Royer de La Dauversière, receveur d'impôts sans fortune, mais homme fervent qui brûlait de fonder une mission au pays découvert par Cartier.

L'abbé Jean-Jacques Olier fit don à La Dau-

Maisonneuve a inspiré les artistes. Ci-dessous, statue de 3 m du sculpteur Philippe Hébert, qui se dresse sur la place d'Armes, à Montréal. Ci-contre, vitrail de T. A. Lafuengruen, Première messe à Ville-Marie 1642 (Maisonneuve, en bleu, est agenouillé derrière l'officiant). Ce vitrail se trouve à l'entrée de la chapelle de l'Hôtel-Dieu, à Montréal. « Votre œuvre est l'œuvre de Dieu », déclara le père Barthélemy Vimont aux fondateurs. Le verrier a devancé l'histoire puisque, en réalité, les Indiens, lors de la première messe de Ville-Marie, n'avaient pas encore été en présence du groupe des fondateurs.

Jeanne Mance, l'ange de Ville-Marie

Jeanne Mance avait la vocation d'infirmière, la nature d'une femme d'affaires, le tempérament d'une aventurière et la réputation d'être un ange.

Convaincue que Dieu l'appelait en Nouvelle-France, elle réunit des fonds pour aller y fonder un hôpital. Elle partit en même temps que Maisonneuve qu'elle suivit à Ville-Marie. En 1642, elle installa un petit hôpital dans le fort et, en 1645, construisit l'Hôtel-Dieu.

En dépit des épreuves, elle restait bravement à la tête de son hôpital. Avec un dévouement inlassable, elle soignait les victimes des attaques iroquoises, Indiens aussi bien que Français.

Lors de l'une de ces escarmouches, le chef agnier, surnommé La Barrique, fut grièvement blessé. Les Français le transportèrent à l'hôpital où il guérit grâce aux soins attentifs que lui prodigua Jeanne Mance. Par sa douceur, l'infirmière avait réussi à gagner la confiance du chef indien.

Pendant tout l'hiver 1655, les Agniers, et parmi eux le frère de La Barrique, pour venger leur chef qu'ils croyaient mort, multiplièrent les attaques contre Ville-Marie. Un jour que le tocsin avait sonné quatre fois, La Barrique demanda qu'on le transporte sur les lieux du combat. En apercevant son frère, le chef s'écria : « C'est moi, ton frère, et tu veux tuer mes meilleurs amis. »

Le combat cessa aussitôt. L'infirmière angélique venait de procurer à Ville-Marie quelques précieux instants de répit.

Le peintre Le Ber fit le portrait de Marguerite Bourgeoys en 1700, quelques heures après la mort de la religieuse. C'est le seul portrait exact que nous ayons de la première institutrice de Montréal. Il est conservé à la maison mère de la Congrégation Notre-Dame, à Montréal.

versière de 100 pistoles d'argent (soit $5 000) et, en 1640, ils fondèrent ensemble la Société de Notre-Dame de Montréal. Au cours des 25 années qui suivirent, les généreux donateurs de la société fournirent 600 000 livres (soit $3 millions) au projet. Une tranche de 75 000 livres servit à acheter des vivres et des outils pour la seigneurie que la société venait d'acquérir sur l'île de Montréal. Puis on choisit un soldat issu de la noblesse, Maisonneuve, pour diriger l'expédition.

La Dauversière sillonna ensuite l'Anjou, l'Aunis et la Normandie dans le but de recruter des hommes célibataires. Moyennant un salaire, le gîte et le couvert, ceux-ci avaient pour charge de défendre la mission et de défricher la terre pendant trois ans. Une infirmière de 34 ans, du nom de Jeanne Mance, se proposa comme volontaire. Avec en poche 1 200 livres que lui avait données une bienfaitrice, elle se rendit à cheval à La Rochelle. Au moment où elle arrivait, deux petits navires s'apprêtaient à lever l'ancre.

L'expédition prit la mer au mois de mai 1641, Maisonneuve et 25 hommes à bord d'un navire, Jeanne Mance et 12 hommes sur un autre. Un troisième navire était déjà parti de Dieppe avec une jeune fille et 10 hommes, dont deux étaient accompagnés de leur famille. Les trois navires touchèrent Québec à la fin de l'été.

Le gouverneur Huault de Montmagny ne prisa guère le projet des nouveaux venus. Il pensait que le choix de Place Royale était risqué, les Iroquois étant installés aux environs. Il leur proposa de s'établir à l'île d'Orléans, qu'il considérait comme un territoire plus fertile et plus défendable. Maisonneuve s'obstina quand même dans son choix. Il irait à Place Royale « même si tous les arbres de cette île devaient se changer en autant d'Iroquois ».

Le groupe passa l'hiver à Québec. Marie-Madeleine de La Peltrie, bienfaitrice du couvent des Ursulines de Québec, vint les rejoindre et s'embarqua avec eux le 8 mai 1642 pour la future Ville-Marie. Neuf jours plus tard, ils accostaient à Place Royale.

Dès les premiers jours, on se mit à la construction d'une palissade d'une centaine de mètres de côté, bordée d'un fossé. On bâtit des maisons et une chapelle. On planta du maïs et des pois. Puis des pièces d'artillerie furent mises en place.

Le 28 juillet, le village accueillait ses premiers visiteurs indiens, des Algonquins. Douze nouveaux colons arrivèrent en août. Ils apportaient avec eux un tabernacle et des vases sacrés, dons de la Société de Notre-Dame. Ils avaient aussi des vivres, des armes, des lits, de la vaisselle, des médicaments, deux bœufs, trois vaches et 20 brebis.

La fête de l'Assomption, le 15 août, fut célébrée en grande pompe, salves de canon à l'appui, et le petit avant-poste reçut officiellement le nom de Ville-Marie.

Après la fête, Maisonneuve alla visiter les bois avec quelques Indiens. Arrivés au mont Royal, un vieil Indien se tourna vers lui et lui dit : « Voilà les endroits où il y avait des bourgades remplies de très grandes quantités de sauvages; les Hurons... ont chassé nos ancêtres de cette contrée. » Un autre Indien prit de la terre entre ses doigts en disant : « Les blés d'Inde y venaient très bien... Regardez la bonté de la terre, elle est très excellente. »

Quelques semaines plus tard, la neige recouvrait la terre. Les colons s'entassèrent alors

dans une grande maison et quatre plus petites. Personne ne tomba malade, fait exceptionnel pour des colons nouvellement arrivés. On y vit un signe de Dieu.

Mais dans la nuit de Noël, le Saint-Laurent, pris par les glaces, sortit de son cours. Les eaux montèrent dangereusement. Maisonneuve dressa une croix sur laquelle il cloua un écriteau où l'on pouvait lire que, si les colons étaient épargnés, il irait planter une autre croix sur le mont Royal. A minuit, la crue du fleuve diminuait. Maisonneuve fit ouvrir un chemin et, le 6 janvier 1643, fête de l'Epiphanie, il chargea une croix sur ses épaules et alla la planter au sommet de la montagne. Après plus de trois siècles, une croix se dresse toujours sur le mont Royal, pour remémorer le « miracle de Ville-Marie » et le vœu de Maisonneuve.

A l'époque de Cartier, l'île de Montréal était peuplée d'Iroquois. Hochelaga était une grande bourgade de 3 000 habitants. Plus tard, les Iroquois abandonnèrent l'île et s'installèrent au sud, dans l'actuel Etat de New York. Les Hurons vivaient à l'ouest; à l'est et au nord de Montréal étaient installés les Algonquins. Les Hurons faisaient le commerce à Montréal et les Algonquins à Trois-Rivières et à Québec.

Les Iroquois voulaient la maîtrise du Saint-Laurent, qui les reliait aux tribus de l'Ouest dont ils troquaient les fourrures à Fort Orange (Albany, Etat de New York) contre des mousquets et des outils hollandais. Ils décidèrent d'en chasser les Français et de supprimer les Algonquins et les Hurons.

Le 9 juin 1643, coup de théâtre! 30 Iroquois surprennent six bûcherons à Ville-Marie et en

La légende du « loup solitaire »

On n'en finirait pas de relater les prouesses du chef algonquin Pieskaret, la terreur des Iroquois. La plus célèbre est peut-être celle-ci.

Trompant la vigilance des habitants d'un village agnier, Pieskaret se glissa une nuit dans une maison et tua tous les occupants dans leur sommeil. Ensuite, il alla se cacher sous un tas de bois, aux abords du village. Il renouvela son exploit le lendemain. Mais la troisième nuit, il fut découvert. Avec son agilité proverbiale, il prit la fuite, les Agniers à ses trousses. Après des heures, les poursuivants abandonnèrent, épuisés. Pendant qu'ils dormaient, Pieskaret les tua eux aussi.

L'on raconte aussi que Pieskaret, devenu chrétien, ne se méfiait de personne. En mars 1647, alors qu'il chassait seul près de Trois-Rivières (depuis le traité de paix de 1645, les Iroquois pouvaient y chasser), il rencontra six Iroquois. Il conversa franchement avec eux et leur apprit l'existence de deux villages algonquins près de Nicolet. Soudain, traîtreusement, l'un des Iroquois l'assaillit par-derrière et le tua. C'étaient les éclaireurs d'une bande de 1 000 Iroquois. A l'aube, ils attaquèrent les villages algonquins dont Pieskaret avait parlé en toute confiance.

La croix lumineuse de 30 m, qui fut érigée en 1924 sur le mont Royal à Montréal, fut financée par une vente de timbres qui rapporta $10 000 et par un don de $26 000, provenant de la Société Saint-Jean-Baptiste de Montréal. Ci-dessus, un pot de pharmacie en faïence, ayant appartenu à Jeanne Mance. Il est exposé dans le musée de l'Hôtel-Dieu, à Montréal.

Mme de La Peltrie, dont on voit ci-dessus un portrait d'après C. Huot, aurait troqué cette horloge contre un bœuf pour nourrir les ursulines de Québec et leurs élèves. L'horloge est aujourd'hui dans la maison Pierre-du-Calvet, à Montréal.

scalpent trois. Deux autres sont brûlés le lendemain tandis que le troisième réussit à s'échapper. Un siège de 22 ans venait de commencer.

Tout l'été, les Iroquois harcelèrent les travailleurs aux champs. Maisonneuve envoyait les hommes en groupe, sous bonne garde; la cloche de la chapelle annonçait leur départ et leur retour. Tous les matins, avant de partir, les hommes recevaient la sainte communion. Un ingénieur militaire, Louis d'Ailleboust, arriva en septembre avec 40 fermiers-soldats et fit élever deux bastions. On dressa les chiens à faire la ronde pour détecter les ennemis.

Pendant tout le deuxième hiver, les Iroquois en maraude continuèrent de harceler les Français. Bien des colons voulaient riposter, cependant Maisonneuve refusait « qu'une poignée de monde, peu expérimentés au bois » s'aventurent ainsi. On murmurait que Maisonneuve avait plus de piété que de bravoure.

Le 30 mars 1644, Pilote, le chien de Mme de La Peltrie, signala la présence des Iroquois. Pour retrouver son autorité, Maisonneuve partit à la tête de 30 de ses hommes, à travers des champs enneigés, jusqu'à une colline qui deviendra plus tard la place d'Armes. Les coups de feu crépitèrent, mais les Indiens étaient forts d'environ 200 hommes. Chaussés de raquettes, ils se déplaçaient plus facilement. Deux colons furent tués, un troisième blessé, deux autres capturés. A court de munitions, Maisonneuve ordonna la retraite. Les colons firent volte-face et s'enfuirent

à toutes jambes. Maisonneuve, un pistolet dans chaque main, resta seul face à l'ennemi. Soudain, un chef iroquois l'attaque. Maisonneuve tire et le manque. Alors que l'Indien lui saute à la gorge, le Français fait feu de son deuxième pistolet et atteint son adversaire à la tête. Les Indiens ramassèrent le corps de leur chef et s'enfuirent. Désormais, le courage de Maisonneuve ne sera plus mis en doute.

Les témoins de l'époque nous racontent comment les Iroquois s'embusquaient « des journées entières chacun derrière sa souche » ou dans les hautes herbes si bien « qu'un pauvre homme à 10 pas de sa porte n'était point en assurance ». Le livre des morts était « marqué en lettre rouge par la main des Iroquois », ennemi qui « fond comme un oiseau sur sa proie... fait la guerre en larron et... attaque en vaillant homme ». Pour se concilier les Iroquois, les Hurons, jadis amicaux, entraînaient parfois des Français sans méfiance hors des remparts où ils étaient tués et scalpés par des Iroquois embusqués. Par la prière et le jeûne, Ville-Marie suppliait Dieu de mettre fin à ces horreurs.

Une trêve est déclarée en 1645 à l'occasion d'un échange de prisonniers négocié par le gouverneur général Montmagny à Québec. Mais en 1646 les Iroquois, enflammés par les récits que faisaient les Hurons de la sorcellerie des prêtres, renouvelèrent leurs attaques. « La nuit, on n'eut pas osé ouvrir sa porte et le jour on n'eut pas osé aller à quatre pas de sa maison sans avoir son fusil, son épée et son pistolet. » La plupart des colons de Ville-Marie vivaient à l'extérieur du fort; Maisonneuve les obligea à venir se réfugier la nuit à l'abri des bastions. L'hôpital de Jeanne Mance, fondé en 1642, se trouvait à l'extérieur du fort. En 1645, on le transforma en redoute fortifiée, armée d'un canon. La chapelle voisine fut percée de meurtrières et devint un magasin de munitions.

Mais les colons tombaient toujours sous les balles et les tomahawks des Iroquois. Pris de peur, plusieurs quittèrent les lieux. A la mi-été 1651, le village ne comptait plus qu'environ 150 personnes. Maisonneuve comprit alors qu'il devait recruter de nouveaux combattants. Jeanne Mance le pressait d'utiliser les 22 000 livres que lui avait données la bienfaitrice de son hôpital. Il partit pour la France le 5 novembre 1651, sachant que Ville-Marie était perdue s'il échouait.

Il ne reviendra pas avant deux ans. Pendant son absence, Ville-Marie survivra, mais connaîtra une période de terreur et de carnage.

Québec croyait que les jours de Ville-Marie étaient comptés et que le village serait détruit, comme Sainte-Marie au pays des Hurons (voir p. 42). Au printemps 1643, on était presque sûr que la fragile colonie était anéantie. On envoie un bateau. Le commandant a reçu ordre de n'aller à terre qu'après s'être assuré que Ville-Marie est toujours en mains françaises. Il mouille à bonne distance, dans une épaisse brume. L'équipage effrayé devine à peine le fort. De la rive, on voit une ombre que certains prennent pour un bateau fantôme. Personne n'ose approcher. Le bateau bat en retraite et l'on est maintenant sûr à Québec que Ville-Marie n'est plus, « ce qui fit un peu rire » les colons quand on leur raconta le fait.

Mais la situation finit par s'éclaircir. En juin 1653, l'une des cinq nations iroquoises, les Onontagués, trouvant la guerre trop coûteuse, fit la paix avec Ville-Marie. Maisonneuve revint le 22 septembre avec 105 recrues, engagées pour cinq ans. L'équipement de la troupe avait épuisé non seulement les 22 000 livres de l'hôpital (qui seront plus tard un brandon de discorde), mais un nouveau don de 20 000 livres de la bienfaitrice de Jeanne Mance et 35 000 livres données par la Société de Notre-Dame de Montréal.

Les Agniers, les plus féroces et les plus combatifs des Iroquois, poursuivirent leurs attaques avec les Onneiouts et même avec certains Onontagués. En mars 1658, Maisonneuve ordonna aux colons de n'aller aux champs qu'en cas d'absolue nécessité et seulement là où la retraite était facile. Il construisit des redoutes aux quatre coins du village et fit creuser un puits dans la cour du fort, car il était devenu trop dangereux d'aller chercher de l'eau au fleuve. En 1659, un autre puits fut creusé dans l'enclos de l'hôpital et l'on construisit un moulin fortifié.

Cette statue évoque l'exploit de celle qu'on surnomma Parmanda. Assaillie par trois Indiens, elle frappa l'un d'eux, malgré l'indécence, à un endroit sensible. Un Français la trouva gisant sur le sol. Le voyant penché sur elle, elle le gifla. « Parmanda, je croyais qu'il voulait m'embrasser », dit-elle.

Radisson mijote un festin et un plan d'évasion

Au cours de l'hiver 1657-1658, la mission de Sainte-Marie-de-Gamentaa fut cernée par des Iroquois. Les Français qui s'y trouvaient (une cinquantaine environ) craignaient d'être massacrés au printemps lorsque les postes du Saint-Laurent seraient attaqués.

Ils ne pouvaient espérer de secours, la mission étant située au cœur du territoire des Onontagués, tribu iroquoise, à près de 370 kilomètres de Montréal et à 190 kilomètres de Fort Orange, établissement hollandais devenu aujourd'hui Albany.

Deux ans plus tôt, un groupe de soldats français et de jésuites avaient fondé la mission, à la demande même des Onontagués qui espéraient que la présence d'un fort français les protégerait de leurs ennemis. Mais les Agniers, autre tribu iroquoise, faisaient tout pour troubler la paix. Ils avaient déjà commencé à monter les Onontagués contre leurs hôtes et protecteurs français.

Alors, tout l'hiver, les Français préparèrent en secret leur évasion. La nuit, dans le grenier de la mission, ils construisirent deux bateaux et huit canots. Puis, le 19 mars, suivant l'idée du jeune Pierre-Esprit Radisson (voir p. 63), ils invitèrent toute la population mâle du village à une grande fête, autour d'un feu dressé devant la porte de la mission. Selon le plan, les hôtes ne mangeraient rien et gaveraient leurs invités.

Les Indiens engloutirent mets après mets : porc, poisson, venaison, poulet, tortue, blé d'Inde. Ils demandaient grâce, mais on leur en servait encore. « Nous n'épargnâmes ni le son des tambours ni les instruments de musique, raconte un témoin. C'était à qui jetterait des cris plus perçants...; les sauvages... chantaient et dansaient à la française, et les Français à la sauvage... On distribua des présents à ceux... qui menaient plus de bruit, pour étouffer celui qu'une quarantaine de nos gens faisaient au dehors, dans le transport de tout notre équipage. Tout l'embarquement étant fait, le festin se finit à point nommé, les convives se retirent, et le sommeil les ayant bientôt abattus, nous sortîmes de notre maison..., et nous embarquâmes à petit bruit, sans dire adieu à nos sauvages. »

A leur réveil, les Indiens se retrouvèrent seuls, tandis que la neige recouvrait les traces des fugitifs. Trois Français se noyèrent alors qu'ils s'enfuyaient vers le lac Ontario; les autres arrivèrent à Montréal le 3 avril, deux semaines après le festin.

Vue à vol d'oiseau de Ville-Marie, tirée d'un ouvrage publié en 1884. Le fort à quatre bastions (A) se trouvait au nord et à l'est de l'intersection des actuelles rues Saint-Pierre et de la Commune. De l'autre côté de la rivière Saint-Pierre, tarie depuis, une route menait à la résidence du gouverneur (C) puis — sur le tracé de la rue Saint-Paul — à l'Hôtel-Dieu (B).

Des traces d'or subsistent sur la robe de cette Vierge d'ivoire qui a peut-être appartenu à Maisonneuve. Il l'aurait léguée au séminaire des Sulpiciens quand il quitta Ville-Marie en 1665. La statuette et son triptyque se trouvent au musée de l'église Notre-Dame, dans le vieux Montréal.

Les espoirs de Ville-Marie semblaient comblés en mai 1663 lorsque quatre Iroquois vinrent proposer la paix en s'offrant comme otages. Mais la nuit venue, ils tuèrent un homme, assommèrent deux femmes et enlevèrent trois fillettes.

Au plus fort de la terreur, Ville-Marie s'accrochait à sa vocation missionnaire. On convertissait les Indiens qui y cherchaient refuge. Les prêtres enseignaient aux hommes un jour, aux femmes et aux enfants le lendemain.

A partir de 1648, les terres qui entouraient le fort furent distribuées. On espérait ainsi encourager la colonisation. Mais les colons se montraient plus sensibles aux gratifications de 100 à 1 000 livres, sommes assez rondelettes à l'époque, qui leur étaient accordées.

En 1664, 60 maisons se dressaient entre le Saint-Laurent et l'actuelle rue Saint-Antoine, entre ce qui est aujourd'hui la rue McGill et les abords du marché Bonsecours et de la rue Saint-Denis. L'avant-poste prit progressivement le nom de Montréal.

Comme partout en Nouvelle-France, la fourrure y servait de monnaie d'échange. Chaque fois que les Iroquois interceptaient les flottilles algonquines et huronnes en route pour la foire aux pelleteries de la mi-été, Ville-Marie devait se passer d'autant de vivres et d'outils.

En 1665, la population de Ville-Marie s'élevait à 500 habitants, tout comme celle de Québec. Elle comprenait des ferronniers, des menuisiers, des tonneliers, des charpentiers et des fermiers. Tous avaient droit aux soins médicaux gratuits. La bourgade disposa d'une école dès 1658.

Il n'y avait qu'un enfant d'âge scolaire lorsque l'institutrice Marguerite Bourgeoys arriva en 1653. Au lieu d'enseigner, elle se mit donc à laver et à repasser le linge des pauvres et à partager sa nourriture avec eux. Les Iroquois avaient abattu la croix de la montagne; Marguerite la fit reconstruire. Elle fit aussi édifier une chapelle à la Vierge, hors du fort (sur l'emplacement de l'ac-

Dollard des Ormeaux : héros ou aventurier?

En avril 1660, 17 jeunes Français, quatre Algonquins et 40 Hurons vont attaquer les bandes de chasseurs iroquois de l'Outaouais. Le chef de l'expédition, Adam Dollard des Ormeaux, a 25 ans. Le 1er mai, ils campent près d'un fort algonquin, aux rapides du Long Sault, près de l'actuel village de Carillon, au Québec. Le lendemain, 200 Onontagués descendent la rivière pour rejoindre une armée iroquoise qui se masse afin d'aller attaquer Ville-Marie, Trois-Rivières et Québec.

On échange des coups de feu de part et d'autre. Les Français et leurs alliés se réfugient dans le fort. Ils repoussent deux assauts, mais sont cloués sur place pendant six jours. L'eau, les vivres et les munitions commencent à manquer. Le septième jour, 500 Agniers et Onneiouts arrivent. L'assaut reprend de plus belle. Vingt-six Hurons désertent. Désespérés, les hommes de Dollard lancent deux canons de fusil, chargés de poudre jusqu'à la gueule, comme s'il s'agissait de grenades. Leur dernière arme, un baril de poudre muni d'une mèche enflammée, retombe en arrière et explose dans le fort. Les Iroquois se précipitent et découvre les cadavres de Dollard et de la plupart de ses compagnons. Cinq hommes vivent encore, mais un seul d'entre eux en réchappera. Dollard a été proclamé héros et martyr. On disait qu'il était allé vers une mort certaine pour détourner les forces iroquoises qui essayaient d'anéantir Ville-Marie. Des historiens affirment au contraire que Dollard était un pur aventurier qui rencontra par hasard une bande iroquoise, alors qu'il cherchait gloire et fortune en tendant des embuscades à de petites troupes d'Indiens qui transportaient des fourrures.

Mais, indifférent aux querelles historiques, le monument de Dollard se dresse fièrement à Carillon.

tuelle chapelle Notre-Dame-de-Bon-Secours). Enfin, elle ouvrit son école dans une ancienne étable de 5 mètres sur 10.

Marguerite Bourgeoys fonda la Congrégation Notre-Dame. Marie Barbier, native de Montréal, vint bientôt se joindre à la fondatrice et à ses postulantes françaises. Les religieuses hébergeaient les filles du roi (voir p. 83) qu'elles préparaient « à former des familles ». La porte du couvent portait l'enseigne : Filles à marier. (La congrégation emménagea en 1668 à la ferme Saint-Gabriel, dans l'actuel quartier Pointe-Saint-Charles à Montréal.)

A Québec, on tuait, volait et brûlait. Rien de tel à Ville-Marie. La sainteté du village transforma bien des colons, « changés comme le linge qu'on met à la lessive ». Non pas qu'il n'y eût

point de « péchés publics », comme l'écrivait la sœur Morin.

A partir de 1664, Ville-Marie put élire ses « juges de police ». Jusqu'alors, le « grand juge » avait été Maisonneuve. Il obligeait les querelleurs à payer les frais d'hospitalisation de leurs victimes, et les médisants à se déclarer mutuellement personnes d'honneur. En 1648, il ordonna l'exécution d'un soldat, pour « immoralité ». Sur l'intervention des jésuites, le coupable fut gracié, mais à condition qu'il devienne bourreau à Québec. Un homme qui avait fait des propositions malhonnêtes à une femme mariée fut condamné à la confiscation de sa terre — la moitié au profit des enfants de la femme offensée, l'autre au bénéfice de l'église.

Mais le plus grand scandale de Ville-Marie fut

Les moulins de la Nouvelle-France (celui-ci, construit vers 1700, se trouve à la pointe du Moulin sur l'île Perrot, près de Montréal) ne servaient pas qu'à moudre le grain. Ces massives tours de pierre — parfois hautes de 8 ou 9 m — se transformaient en forts. Les murs épais de 1,22 m étaient souvent percés de petites fenêtres que les colons transformaient en meurtrières.

Un personnage austère, bouillant, mais un pasteur zélé

Le premier évêque de Québec, François de Laval, vivait comme un saint et attendait de la Nouvelle-France qu'elle suivît son exemple.

Il s'imposait des privations, dormait sur un lit dur habité par les puces et mangeait de la nourriture faisandée. Il réprouvait les amusements et tempêtait contre l'ivrognerie, les plaisirs de la chair et les habits élégants. Même la fille du gouverneur ne pouvait danser qu'avec des compagnes et seulement en présence de sa mère. Mais les colons admiraient sa générosité envers les pauvres et ils ne doutèrent jamais de sa sincérité, ni de son zèle.

Mgr de Laval arriva en Nouvelle-France en 1659. Il était évêque de fait, si ce n'était en titre. Le pape l'avait nommé vicaire apostolique (évêque titulaire), alors que le sulpicien Gabriel de Queylus avait été désigné vicaire général par l'archevêque de Rouen. Tant que sa nomination ne fut pas confirmée par Rome, en 1674, l'autorité de Mgr de Laval fut contestée.

Il s'indignait d'affronts réels et imaginaires. Un jour, deux écoliers furent corrigés pour ne pas l'avoir salué. Il se querellait aigrement avec les gouverneurs, les sulpiciens et les récollets. Il fulminait contre les colons qui vendaient de l'alcool aux Indiens, les menaçant d'excommunication et réclamant les plus lourdes peines civiles pour certains des citoyens les plus riches et les plus respectés. Il avait peu d'amis en haut lieu.

Mais pendant les 23 années de son épiscopat, l'Eglise de la Nouvelle-France n'a cessé de grandir. A son arrivée, Québec comptait cinq paroisses; il en fonda 30 autres. Plusieurs écoles et couvents ouvrirent leurs portes. Pour soutenir l'œuvre des missionnaires qui allaient prêcher l'Evangile de l'Atlantique jusqu'aux Grands Lacs et même dans la vallée du Mississippi, il leva une dîme spéciale.

En 1663, il fonda le séminaire de Québec, institution qui était très chère à son cœur. Elle est encore bien vivante aujourd'hui. Sa crypte contient les restes du fondateur, décédé en 1708. Certains des bâtiments actuels remontent à 1678.

La maison Saint-Gabriel, couvent de Marguerite Bourgeoys à Pointe-Saint-Charles, à Montréal, fut reconstruite en 1698 sur les fondations de l'édifice de 1668.

l'adultère commis — un dimanche, à l'heure des vêpres — par le riche traiteur Jean Aubuchon et Marguerite, épouse du chirurgien Etienne Bouchard. La sentence de Maisonneuve fut aussi remarquée que l'offense : Aubuchon fut condamné à 600 livres d'amende et au bannissement. Quant au mari de Marguerite, on lui dit qu'il pourrait tenir celle-ci « enfermée le reste de ses jours, si mieux, il n'aime la remettre entre les mains de ses père et mère ». Les Bouchard se réconcilièrent et eurent de nombreux enfants.

En 1665, Maisonneuve rentra en France pour résoudre un différend avec Mgr François de Laval, évêque de Québec.

La querelle avait pour objet les 22 000 livres données par la bienfaitrice de Jeanne Mance et qui avaient servi à trouver des recrues 12 ans plus tôt. La Société de Notre-Dame de Montréal avait cédé ses biens montréalais à l'ordre des Sulpiciens en 1663 et Laval ordonna aux sulpiciens de rembourser les 22 000 livres à l'hôpital. Un tribunal de Paris débouta Laval qui refusa cependant d'accepter le jugement. Pour apaiser l'évêque, dont il avait rejeté les demandes, Maisonneuve se retira à Paris en 1669. Il y mourut en 1675.

Entre-temps le régiment d'élite Carignan-Salières — 100 officiers et 1 000 mousquetaires, piquiers et grenadiers conduits par le marquis de Tracy — débarquait à Québec en juin 1665. Quinze mois plus tard, 300 bateaux transportant 600 soldats, 600 habitants volontaires (110 de Montréal) et 100 Hurons et Algonquins remontaient la rivière des Iroquois — le Richelieu — jusqu'au lac Champlain. A l'approche de cette armée sur le pied de guerre, les Iroquois s'enfuirent.

Tracy incendia leurs villages et leurs récoltes. Une croix portant les armes de France fut plantée sur les ruines du village principal — une forteresse entourée de trois palissades de six mètres de haut. L'été suivant, les Iroquois envoyèrent des émissaires à Québec.

Pendant les 20 années de paix qui suivirent, Ville-Marie put s'épanouir. En 1685, sa population atteignait 1 720 habitants. Un an seulement après la campagne de Tracy, l'austère mission s'était transformée en la prospère capitale de la traite en Nouvelle-France. Ses foires aux pelleteries (voir p. 72) attiraient de grandes flottilles de canots qui descendaient l'Outaouais chaque été.

Devant la vieille palissade de la bourgade, on pouvait voir déambuler une foule bigarrée d'habitants, d'Indiens, de prêtres, d'officiers et de marchands.

Sites et monuments historiques

MONTRÉAL Un obélisque de 12 m se dresse sur la place Royale, à peu près à l'endroit où le sieur Chomedey de Maisonneuve fonda Ville-Marie le 17 mai 1642. Une plaque porte les noms de certains des premiers colons. Juste au nord du monument, des plaques marquent les sites du premier marché (1657) et de la résidence de Maisonneuve (1663-1665).

Egalement à Montréal

AUBERGE LE VIEUX SAINT-GABRIEL (6) Les restes d'une habitation de deux étages construite vers la fin du XVIIᵉ siècle forment l'aile sud. On y trouve une cheminée en pierre des champs du XVIIᵉ siècle et un tunnel où femmes et enfants se réfugiaient pendant les attaques iroquoises.

CHAPELLE NOTRE-DAME-DE-BON-SECOURS (12) Edifice construit en 1773 sur les fondations d'une chapelle édifiée en 1657 par Marguerite Bourgeoys. On peut y voir des peintures et des fresques représentant mère Bourgeoys et Maisonneuve. Musée au sous-sol.

CONGRÉGATION NOTRE-DAME (8) Au centre Marguerite-Bourgeoys (musée), on peut voir des écrits de la fondatrice de l'ordre ainsi qu'un portrait que le peintre Pierre Le Ber exécuta quelques heures après la mort de la religieuse. La dépouille de Marguerite Bourgeoys est conservée dans un tombeau de marbre, dans une salle voisine. Au nord de l'édifice, une plaque commémore la béatification de la religieuse en 1950. A l'est, deux tours de pierre subsistent d'un fort où Marguerite Bourgeoys et ses disciples auraient enseigné.

CROIX DU MONT ROYAL (9) Une croix lumineuse de 30 m commémore l'érection d'une croix de bois par Maisonneuve en 1643, lorsque Ville-Marie échappa à une inondation.

ÉGLISE NOTRE-DAME (3) L'une des plus grandes églises du Canada, elle s'enorgueillit de 11 vitraux qui décrivent l'histoire de Montréal. Dans le musée, argenterie du XVIIᵉ siècle et autres objets historiques.

HÔTEL-DIEU DE MONTRÉAL (10) L'hôpital actuel est de 1861. Dans le musée, on peut voir un pot de pharmacie ayant appartenu à Jeanne Mance, d'autres qui datent de 1663 et une cloche qui annonçait les attaques des Iroquois. Dans la chapelle, un vitrail commémore la première messe dite à Montréal (17 mai 1642). Bronze représentant Jeanne Mance et un colon blessé, à l'entrée de l'avenue des Pins.

MAISON PIERRE-DU-CALVET (11) Une horloge du XVIIᵉ siècle, ayant appartenu à Mme de La Peltrie, une des fondatrices du

couvent des Ursulines de Québec, est exposée dans ce musée.

MAISON SAINT-GABRIEL (7) Reconstruite en 1698 sur les fondations de 1668, cette maison où Marguerite Bourgeoys fonda le premier couvent de Montréal est aujourd'hui un musée. On peut y voir une cheminée de 1668 et une table qui a appartenu à Marguerite Bourgeoys.

PLACE D'ARMES (2) Monument de granit et de bronze qui représente Maisonneuve à l'endroit approximatif où il repoussa les Iroquois le 30 mars 1644. A ses pieds, statues de Charles Le Moyne (fondateur de Longueuil), de Lambert Closse (lieutenant de Maisonneuve), de Jeanne Mance (fondatrice de l'Hôtel-Dieu) et d'un Iroquois. Aux côtés de Le Moyne, le fameux chien de garde Pilote.

PREMIER HÔPITAL (4) Plaque à l'endroit où l'Hôtel-Dieu, fondé en 1642 par Jeanne Mance, fut rebâti en dehors des fortifications en 1645.

PREMIÈRE ÉCOLE (5) Un bas-relief représentant Marguerite Bourgeoys entourée

d'enfants indique le site de l'étable qui lui servit d'école en 1658.

SÉMINAIRE SAINT-SULPICE (1) Plaque à la mémoire de Jérôme Le Royer de La Dauversière, qui fut l'un des initiateurs de la fondation de Ville-Marie. L'édifice du séminaire n'est pas ouvert au public.

Autres sites et monuments
(pas sur la carte)

Carillon (Qué.) Un monument de pierre représentant Adam Dollard des Ormeaux et ses 16 compagnons se dresse sur le site probable de leur bataille avec les Iroquois, en 1660. Dans le parc Carillon situé tout près, des monolithes rappellent le célèbre combat.

Ile-Perrot (Qué.) Un moulin de pierre semblable à ceux de Ville-Marie se dresse à l'extrémité est de l'île. Le moulin et la maison voisine furent construits vers 1700.

Québec La crypte de la chapelle du séminaire de Québec contient les restes de François de Laval, premier évêque de la Nouvelle-France.

Un siècle de conflits sur la « baie du Nord »

L'impatience animait le Français qui se tenait à la proue du *Nonsuch*. Son navire longeait la côte est de la baie d'Hudson. Médard Chouart, sieur des Groseilliers, brûlait de se venger contre la Nouvelle-France. Depuis des jours, il scrutait la côte impénétrable pour y déceler le moindre signe de vie. Enfin, le 22 septembre 1668, il découvrit un filet de fumée qui montait au-dessus de la cime des épinettes. Les Indiens étaient là. Sans doute avec des fourrures.

Le navire vibra de tous ses 10 mètres quand ses canons tirèrent une salve. Les Indiens sortirent du sous-bois et quelques hommes du *Nonsuch* mirent pied à terre. Le capitaine Zachariah Gillam racontera plus tard qu'ils y firent « quelque menu commerce ». Quand Groseilliers remonta à bord, son regard s'arrêta sur les fourrures entassées contre le bastingage. Il les avait troquées à bon compte.

Groseilliers était Français, mais il travaillait pour les Anglais. Lui et ses fourrures avaient sauvé par deux fois la Nouvelle-France de la ruine financière. Mais, pour toute récompense, on l'avait condamné à une amende et on avait saisi ses peaux. Les fourrures ramenées à Montréal et à Québec sur l'Outaouais et le Saint-Laurent étaient faciles à intercepter et à taxer. Aussi Groseilliers avait-il proposé une route maritime pour la traite, que la bureaucratie de la Nouvelle-France avait refusée. Indigné, le trafiquant français s'était cherché des commanditaires à la cour du roi Charles II d'Angleterre. La Nouvelle-France paierait le prix fort pour lui avoir tenu la dragée haute. Mais Groseilliers ignorait que ce voyage du *Nonsuch* serait à l'origine d'un empire : la Compagnie de la Baie d'Hudson.

Groseilliers, 47 ans, et son beau-frère, Pierre-Esprit Radisson, 25 ans, avaient charmé la cour d'Angleterre, en 1666, par leurs récits. Dans les tavernes de Londres, les financiers avaient prêté l'oreille aux dires des deux aventuriers : les fourrures abondaient sur les rives d'une grande baie inconnue où l'on pouvait arriver par la mer, en contournant le territoire français du Saint-Laurent.

Dix ans plus tôt, racontait Groseilliers à ses auditeurs, il avait ramassé pour 15 000 livres de fourrures ($37 500). Il avait ainsi sauvé Québec du désastre, mais les collecteurs d'impôts l'avaient dépouillé de sa fortune.

Les Indiens Cris lui avaient parlé d'une « baie du Nord » qui pourrait être accessible par la mer. En 1659, lui et Radisson avaient en vain essayé de l'atteindre. Mais ils étaient rentrés avec 60 canots chargés de fourrures. Pour toute récompense, les deux aventuriers avaient écopé de quelques amendes et d'une peine de prison. En mars 1668, les commerçants londoniens se décidèrent. Ils armèrent le *Nonsuch* et le *Eaglet*, celui-ci emprunté à Charles II. Les navires appareillèrent le 5 juin, mais une tempête força le *Eaglet* à regagner son port d'attache.

Le *Nonsuch* traversa l'océan, remonta la côte du Labrador, passa le détroit d'Hudson et entra dans la baie. Après une escale chez les Indiens le 22 septembre, il se rendit à la baie de James.

Le 29 septembre, les voyageurs découvrirent une rivière qui fut baptisée rivière Rupert pour rendre hommage au prince qui avait commandité le voyage. Le *Nonsuch* fut halé à terre. On construisit une maison de rondins, entourée d'une palissade, qui prit le nom de Fort Charles, en l'honneur de Charles II. (Elle deviendra Fort-Rupert; la Compagnie de la Baie d'Hudson y fait toujours commerce.) Groseilliers sillonna la région pour parlementer avec les Indiens. Au printemps, 300 vinrent avec des fourrures.

Le *Nonsuch* repartit le 12 août 1669, chargé de pelleteries. La route de la baie était donc non seulement navigable, mais aussi très profitable. En

Des fiches enfoncées dans le renard de timonerie permettaient de suivre le cap et la vitesse du navire. Les trous de la rose des vents (en haut) étaient disposés en cercles correspondant aux huit demi-heures d'un quart de quatre heures; on mettait une poule toutes les demi-heures pour indiquer le cap. Les fiches de la section rectangulaire indiquaient la distance en brasses (à gauche) et la vitesse en nœuds (à droite). A la fin du quart, on consignait les données dans le journal de bord.

Le Nonsuch *fut le premier navire à faire commerce dans la baie d'Hudson, en 1668. Cette copie du brick, construite en Angleterre en 1968, est exposée au musée de l'Homme et de la Nature du Manitoba, à Winnipeg.*

L'ouverture de la traite : cérémonie, défilé, beuverie

C'était l'eau-de-vie, le tabac, les mousquets et les vivres qui attiraient les Indiens chaque été au fort. Ceux-ci annonçaient leur arrivée — parfois à 50 canots de front — par une fusillade de mousquets. Cette salve inaugurait chaque année la saison du troc des fourrures dans les forts de la Compagnie de la Baie d'Hudson.

Tout d'abord, chefs et agents de la compagnie s'asseyaient en silence et fumaient le calumet de paix. Puis les Indiens de haut rang ouvraient la palabre. Ensuite il y avait un défilé.

Pour identifier ses clients indiens, la compagnie donnait aux chefs un costume complet : culottes, bas, chemise de dentelle, pourpoint de drap, chapeau à plumes et écharpe de couleur. (Ce tableau d'Adam Sherriff Scott représente le défilé qui ouvrait la saison à York Factory. Le chef, aux côtés du gouverneur, porte un habit écarlate, un bas rouge et un bas bleu.)

L'agent de la compagnie entamait les transactions par les mots « *Come and trade* ». « *Open the window* », répondait l'Indien. La réplique consacrée était : « *The window is open.* » Alors s'ouvrait le guichet de la salle de traite.

Pendant plusieurs jours, le fort ne vendait que de l'eau-de-vie. Chants, danses et querelles duraient fort tard dans la nuit. Après deux ou trois jours, les réjouissances prenaient fin.

Chefs indiens et agents de la compagnie se réunissaient à nouveau et les Indiens offraient en cadeau des peaux de castor. Puis, Blancs et Indiens s'asseyaient en cercle pour fumer encore le calumet. La cérémonie terminée, on revenait au guichet pour deux semaines de troc.

Cette réplique du Non-such, *navire de la Compagnie de la Baie d'Hudson, a été réalisée selon les méthodes et avec les outils du XVIIᵉ siècle. Elle est exposée au musée de l'Homme et de la Nature du Manitoba, à Winnipeg. Sa coque de chêne, ses mâts de pin et sa voilure de 180 m² sont fidèles au modèle original.*

mai de l'année suivante, le groupe appelé « le Gouverneur et la Compagnie des Aventuriers d'Angleterre faisant commerce dans la baie d'Hudson » reçut une charte royale lui accordant pouvoir de vie et de mort sur les sujets de la « terre de Rupert », le droit de maintenir une marine et de faire la guerre — ainsi qu'un monopole commercial perpétuel sur la baie.

Mais voici qu'un autre personnage entre en scène : le quaker Charles Bayly, homme intègre et entêté, qui purgeait une peine d'emprisonnement à la tour de Londres pour avoir refusé de faire serment d'allégeance à Charles II. La Compagnie de la Baie d'Hudson, qui voyait en lui des qualités de gouverneur, le fit relâcher. En septembre 1670, il arriva à Port Nelson, sur la rive ouest de la baie d'Hudson. Il construisit des postes sur la baie de James, à l'embouchure des rivières Albany et Moose. Les Indiens s'y précipitèrent. Montréal et Québec virent alors leur commerce décliner.

Pour se tirer de ce mauvais pas, Paris s'adressa à nuls autres que Groseilliers et Radisson. Les deux compères se rallièrent à la cause française, moins par patriotisme que dans l'espoir d'obtenir un meilleur profit.

Les deux Français partirent en reconnaissance et virent que les postes anglais le long de la baie étaient construits « pour résister au froid et non aux armes de ceux qui pourraient les attaquer de la terre ». En 1682, Radisson, à bord du *Saint-Pierre*, et Groseilliers, accompagné de son fils Jean-Baptiste Chouart, à bord du *Sainte-Anne*, quittèrent Québec pour Port Nelson. S'ils arrivaient à s'emparer de l'estuaire pour la Compagnie du Nord nouvellement créée par la France, ils domineraient toute la baie.

Deux autres expéditions se dirigeaient en même temps vers Port Nelson : le *Rupert* de la Compagnie de la Baie d'Hudson, commandé par Zachariah Gillam, et un navire de Boston, le *Bachelor's Delight*, piloté par le fils de Gillam, Benjamin. (Père et fils ignoraient probablement tout de leurs projets respectifs.)

Radisson (debout) et Groseilliers, partis à la recherche de la « baie du Nord », ne revinrent qu'avec des fourrures et furent punis pour leur initiative. De dépit, ils se tournèrent vers les Anglais et contribuèrent à fonder la Compagnie de la Baie d'Hudson. Tableau de Frederic Remington.

Le 18 ou le 19 août, le *Bachelor's Delight* arriva sur le Nelson. Le 20, Radisson et Groseilliers remontèrent l'embouchure de la rivière Hayes. Les Français ne virent pas le *Bachelor's Delight*, ancré à quelque distance.

Le 26, Radisson entendit un canon et découvrit le *Bachelor's Delight*. Il fit accroire à Benjamin Gillam qu'il avait 50 hommes à son bord et qu'une commission du roi de France le chargeait de construire un fort et de chasser les étrangers. Benjamin le crut sur parole.

Plus tard, Radisson aperçut le *Rupert*. Il intercepta le navire pour empêcher Zachariah de découvrir son fils. Radisson mentit une nouvelle fois. Il persuada le capitaine qu'il disposait de 300 hommes et de deux navires — et qu'il en attendait un troisième. Gillam et son passager, John Bridgar, qui devaient construire un poste sur le Nelson, prirent peur. Mais ils ne pouvaient rebrousser chemin. Zachariah mouilla l'ancre à l'embouchure de la rivière.

Le 21 octobre, une tempête poussa le *Rupert* dans la baie où il coula. Gillam et neuf marins se noyèrent. Bridgar et 14 survivants passèrent l'hiver dans un fort construit à la hâte. Radisson maintenait bien la supercherie. Lorsque Benjamin Gillam visita le poste français au printemps, il fut emprisonné et Radisson s'empara de son fort. Entre-temps, Bridgar avait appris que Benjamin Gillam était sur le Nelson. Quand il arriva au fort, Radisson s'empara de lui.

Radisson, Groseilliers et leurs prisonniers partirent pour Québec sur le *Bachelor's Delight*,

laissant la garde de Port Nelson au fils de Groseilliers. Pour la troisième fois, Québec taxa leur cargaison de fourrures.

Groseilliers ne retournera jamais plus à la baie d'Hudson. Quant à Radisson, il reprit du service à la compagnie en 1684. Il revint à la baie la même année et trompa son neveu Chouart, qui le pensait encore à l'emploi de la France. Chouart lui céda le poste et les fourrures. Radisson y demeura jusqu'en 1687, puis retourna en Angleterre. Le coureur de bois mourut à l'été 1710.

Le fort Moose (plus tard Moose Factory, Ont.) fut construit par le gouverneur Charles Bayly en 1673. Ce tableau de Will Davies peint l'arrivée des premières femmes blanches, en 1683.

La bataille du 5 septembre 1697 sur la baie d'Hudson, vue par le peintre Norman Wilkinson. Le Pélican *(au centre) tire à bout portant sur le* Hampshire, *au large de Fort York.*

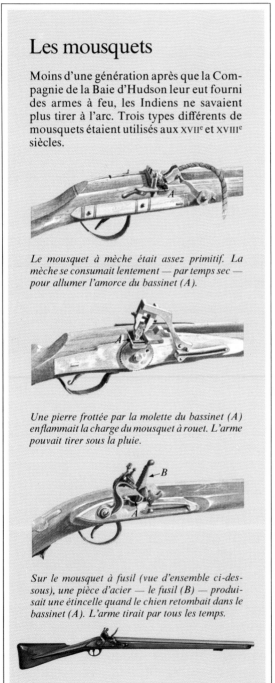

Les mousquets

Moins d'une génération après que la Compagnie de la Baie d'Hudson leur eut fourni des armes à feu, les Indiens ne savaient plus tirer à l'arc. Trois types différents de mousquets étaient utilisés aux XVIIe et XVIIIe siècles.

Le mousquet à mèche était assez primitif. La mèche se consumait lentement — par temps sec — pour allumer l'amorce du bassinet (A).

Une pierre frottée par la molette du bassinet (A) enflammait la charge du mousquet à rouet. L'arme pouvait tirer sous la pluie.

Sur le mousquet à fusil (vue d'ensemble ci-dessous), une pièce d'acier — le fusil (B) — produisait une étincelle quand le chien retombait dans le bassinet (A). L'arme tirait par tous les temps.

Il fallut deux ans pour que les Français ripostent — par terre cette fois. Le 30 mars 1686, le chevalier Pierre de Troyes quitta Montréal avec plus de 100 hommes et 35 canots. Une récompense était promise à qui capturerait Radisson.

Les débuts de l'expédition furent périlleux. Arrêtés par le rapide du Long Sault, Pierre Le Moyne d'Iberville et son frère Sainte-Hélène s'enfoncèrent jusqu'à la ceinture dans l'eau glacée pour tirer les canots. Transis de froid, les soldats suivirent, tantôt baignant jusqu'au cou dans les eaux bouillonnantes, tantôt aveuglés par les bourrasques de neige.

Ils remontèrent l'Outaouais, puis suivirent l'Abitibi. Le 18 juin, à l'embouchure de la rivière Moose, ils découvrirent le fort de la Compagnie de la Baie d'Hudson. Le soir venu, Iberville et deux compagnons partirent en reconnaissance et allèrent même jusqu'à enfoncer un écouvillon dans la gueule d'un canon pour s'assurer qu'il n'était pas chargé. Mais rien, pas même une sentinelle ne se montra.

A l'aube du 21, les forces de Troyes attaquèrent. Les soldats anglais, surpris en chemise de nuit, se rendirent. Le 3 juillet, les Français s'emparèrent du fort Charles et d'un navire d'approvisionnement de la compagnie.

Puis les Français se dirigèrent vers Fort Albany. Des sentinelles virent approcher la flottille de canots, et, croyant qu'il s'agissait d'Indiens venus pour faire du commerce, tirèrent une salve de canon. Le gouverneur Sergeant refusa de se rendre, mais ne fit rien pour empêcher les Français de débarquer un canon.

Ils attaquèrent le 25 juillet, alors que Sergeant et son épouse prenaient leur souper. Une balle siffla sous le nez de Mme Sergeant qui perdit connaissance. Le bombardement reprit le lendemain. Une heure plus tard, les Français lancèrent un vibrant « Vive le roi! » Les Anglais sortirent d'une cave, les portes du fort s'ouvrirent, Sergeant présenta les armes et se rendit.

Les Français étaient maintenant maîtres de toute la baie d'Hudson et d'une grande partie de la baie de James. Sept ans plus tard, ils abandonneront Moose Factory et le fort Charles lorsque les Anglais reprendront Fort Albany.

Par deux fois les Anglais ont été chassés de la baie et par deux fois les Français ont perdu leur emprise sur ce terrain. En 1697, Pierre Le Moyne d'Iberville revint à bord du *Pélican* dont les sabords découvraient 44 canons. Il conduisit quatre autres navires dans le détroit d'Hudson, mais l'un coula et les autres se perdirent. Le 5 septembre, il mouilla l'ancre à Port Nelson où la Compagnie de la Baie d'Hudson avait établi le fort York (aujourd'hui York Factory). Sur les entrefaites, trois navires anglais apparurent : le *Hampshire* (52 canons), le *Royal Hudson's Bay* (32 canons) et le *Dering* (30 canons). Iberville attaqua, mit le *Dering* hors de combat et tira pendant deux heures sur les autres navires.

Les voiles du *Pélican* se consumèrent dans les flammes, sa dunette s'écroula, sa proue fut emportée, tandis que le pont ruisselait du sang des blessés. Alors que le *Hampshire* s'apprêtait à éperonner, Iberville vira de bord. Les deux navires se frôlèrent : le capitaine du *Hampshire* leva son verre à la santé de son ennemi et Iberville en fit autant. Quelques secondes plus tard, le *Hampshire* s'éventrait sur un haut-fond, tandis que le *Royal Hudson's Bay* se rendait.

Les murs extérieurs du fort Prince-de-Galles (près de Churchill, au Manitoba) ont été restaurés et donnent une idée de la puissance massive de cette grande forteresse de la Compagnie de la Baie d'Hudson. Elle ne fut attaquée qu'une seule fois, par une flotte française, en 1782. La garnison de 39 hommes, commandée par Samuel Hearne, se rendit sans tirer un seul coup de feu.

Iberville, le maître de « la petite guerre »

Par une glaciale nuit de février 1690, 210 soldats français et guerriers indiens — dont l'un des chefs était Pierre Le Moyne d'Iberville — s'étaient glissés dans un village anglais endormi : Corlaer, devenu aujourd'hui Schenectady. Ils avaient franchi plus de 300 kilomètres pour faire « la petite guerre » aux Anglais et venger le massacre iroquois de Lachine (voir p. 77).

Corlaer abritait 400 colons et 24 soldats. Les assaillants ayant trouvé la porte ouverte, ils se précipitèrent dans le village, attaquèrent la garnison et mirent le feu aux bâtiments. Les colons furent massacrés au pistolet et à la hache. « Les cruautés commises », écrit un contemporain, « aucune plume ne saurait les écrire, ni aucune langue les exprimer; les enfants étaient lancés vifs dans les flammes, et leur tête fracassée contre portes et fenêtres ».

Quelles que fussent les atrocités qu'il a commises, on a dit d'Iberville qu'il était le premier héros canadien. C'était le troisième des 12 fils de Charles Le Moyne (venu sans un sou en Nouvelle-France en 1641 et décédé en 1685 après s'être enrichi dans la traite des fourrures).

Il naquit à Montréal en 1661. Ce combattant féroce était d'une « beauté peu coutumière ». Il était aussi cruel en amour qu'à la guerre. A 25 ans, un tribunal le reconnut coupable dans un procès en reconnaissance de paternité, mais il ne fut pas obligé d'épouser la femme et négligea de subvenir aux besoins de sa fille.

En 1696, il ravagea Terre-Neuve (voir p. 30). Il commanda sa dernière expédition en 1706, laquelle se termina par la prise de l'île Nevis dans les Caraïbes, que tenaient les Anglais. Il mourut quatre mois plus tard à Cuba, de la fièvre jaune.

Lorsque les « forains » montréalais s'attaquèrent au monopole de la Compagnie de la Baie d'Hudson dans le Nord-Ouest, la compagnie construisit Cumberland House. Le fort a disparu, mais Cumberland House existe toujours. (Ci-dessus : tableau de Franklin Arbuckle représentant la construction du fort.)

Ouest (voir p. 132). A partir de 1763, forts de l'appui des négociants de la Nouvelle-Angleterre, mécontents du monopole de la compagnie, les marchands montréalais créèrent des postes à l'ouest pour intercepter les flottilles indiennes avant qu'elles n'arrivent aux postes anglais. Les résultats furent immédiats.

Les fourrures que les Indiens apportaient à la compagnie n'étaient plus que « les rebuts des marchands canadiens », se plaignait un agent de Fort York. De 30 000 peaux de castor de première qualité, son commerce était tombé en une seule année à 18 000 peaux.

Pourtant, la compagnie hésitait à ouvrir des postes à l'intérieur des terres, de crainte de nuire au commerce des postes du littoral.

Quand les agents de la compagnie s'engagèrent enfin dans les terres pour négocier avec les Indiens, il était trop tard. En 1772, deux agents réunirent 160 canots remplis de fourrures à destination de Fort York, mais les Indiens leur firent faux bond pour s'adresser aux marchands du lac des Cèdres, au nord du lac Winnipegosis.

En 1774, la survie de la compagnie était en jeu. Samuel Hearne (voir ci-dessous) partit en reconnaissance sur le Saskatchewan et choisit un site sur le lac Pine Island (environ 80 kilomètres à l'ouest du Pas) pour y fonder un poste, Cumberland House. Jamais les commerçants ne s'étaient aventurés aussi loin vers l'ouest. Cumberland House changea la destinée de la compagnie. Au point de rencontre de trois territoires indiens, il donnait sur plusieurs grandes voies navigables.

La compagnie avait devancé les marchands et comptait bien conserver son avance, poussant toujours à l'ouest à mesure que ses rivaux la rattrapaient. Les « négociants de la baie », paternalistes et timorés, cédèrent la place à des hommes d'affaires entreprenants. C'était là le prélude à un demi-siècle de luttes à couteaux tirés avec les marchands canadiens.

Trois jours plus tard, le *Pélican* et sa prise furent dévastés par la tempête. Mais les trois navires d'Iberville qui s'étaient perdus surgirent à l'improviste. Fort York fut pris le 13 septembre et rebaptisé Port-Bourbon.

Les Français avaient reconquis la baie d'Hudson, mais leur victoire sera inutile : le détroit d'Hudson sera bloqué par la marine anglaise jusqu'en 1713, année du traité d'Utrecht qui rendra définitivement la baie d'Hudson aux Anglais.

La compagnie fit construire une grande forteresse, le fort Prince-de-Galles, aujourd'hui Churchill, mais ses murs de pierre furent impuissants contre une nouvelle menace, celle des « forains » de Montréal — commerçants indépendants qui formeront plus tard la Compagnie du Nord-

La découverte de la rivière Coppermine

Le cuivre se ramassait à fleur de terre, au-delà des Barren Grounds où une grande rivière qu'aucun Blanc n'avait vue se jetait dans des eaux glacées. C'est ce que prétendait le chef chipewyan Matonabbee qui, pour prouver ses dires, présenta un morceau de minerai de cuivre aux agents de la Compagnie de la Baie d'Hudson, au fort Prince-de-Galles.

Samuel Hearne, un employé de 24 ans, fut alors envoyé en expédition pour découvrir la fameuse rivière.

C'était un voyage de 1 450 kilomètres au travers de l'une des régions les plus désolées de la terre. Par deux fois Hearne dut rentrer au fort, après avoir été dépouillé par ses guides cris.

Il repartit le 7 décembre 1770, cette fois avec Matonabbee. En cours de route, des dizaines d'Indiens se joignirent à eux et Hearne apprit avec consternation que ceux-ci s'en allaient faire la guerre à leurs ennemis, les Inuit.

Le 13 juillet 1771, le groupe atteignit le Coppermine. Deux jours plus tard,

les Indiens découvrirent un camp d'une vingtaine d'Inuit, près d'une chute. Hearne assista impuissant à leur massacre. Il nomma l'endroit Bloody Fall.

Les Indiens l'emmenèrent ensuite voir le cuivre. Après des heures de recherche, ils ne trouvèrent que quelques misérables blocs.

La découverte du Coppermine par Hearne fut contestée jusqu'au moment où Sir John Franklin (voir p. 216) découvrit des squelettes d'Inuit à Bloody Fall.

Sites et monuments historiques

WINNIPEG Des répliques du *Nonsuch*, premier navire marchand de la baie d'Hudson (1668), et du quai Deptford de Londres se trouvent au musée de l'Homme et de la Nature du Manitoba.

Autres sites et monuments

Churchill (Man.) (2) Des remparts de pierre, vestiges du fort d'où partit Samuel Hearne pour le Coppermine en 1771, se trouvent dans le parc historique national du fort Prince-de-Galles. Sur un rocher, on peut voir cette inscription : « Sl. Hearne, July ye 1, 1767. » *Accessible uniquement par train.*

Cumberland House (Sask.) (1) Un monument marque le site du premier poste de la Compagnie de la Baie d'Hudson à l'intérieur des terres (et le plus ancien établissement blanc de la Saskatchewan), fondé par Samuel Hearne en 1774.

Fort Albany (Ont.) (4) Vestiges d'un fort construit en 1684 par la Compagnie de la Baie d'Hudson. *Accessible par avion spécial.*

Fort-Rupert (Qué.) (6) Le *Nonsuch* y mouilla en septembre 1668. L'équipage construisit le fort Charles (plus tard Rupert House) et y passa l'hiver. *Accessible uniquement par avion.*

Lachine (Qué.) (8) Le musée historique de Lachine est l'une des plus vieilles maisons du Canada; ses fondations furent jetées vers 1670 par Charles Le Moyne, fondateur et seigneur de Longueuil.

Longueuil (Qué.) (9) Le musée historique Charles-Le-Moyne, inspiré d'un fort construit à proximité par Le Moyne en 1685, expose des mousquets ainsi qu'un manuscrit accordant aux descendants de Charles

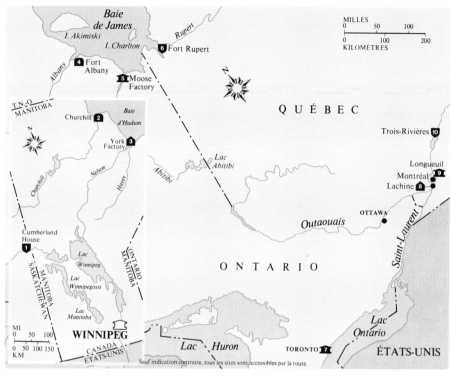

Le Moyne la jouissance de la seigneurie de Longueuil.

Moose Factory (Ont.) (5) Les débuts de ce poste de traite (le plus vieil établissement blanc de l'Ontario, fondé en 1673) sont retracés dans un musée qui raconte le développement du commerce de la fourrure dans la baie d'Hudson. *Accessible uniquement par train.*

Toronto (7) Au Musée royal de l'Ontario,

exposition d'objets datant des débuts de la Compagnie de la Baie d'Hudson.

Trois-Rivières (Qué.) (10) Pierre-Esprit Radisson et Médard Chouart des Groseilliers y vécurent. Une plaque marque l'endroit de la maison de Groseilliers.

York Factory (Man.) (3) Entrepôt à fourrures (v. 1835) sur le site d'un poste de la Compagnie de la Baie d'Hudson (1682). *Accessible uniquement par avion.*

La construction de ce manoir (aujourd'hui le musée historique de Lachine) fut commencée vers 1670 par le négociant de fourrures Charles Le Moyne, qui était à cette époque l'homme le plus riche de la Nouvelle-France.

Une paix chèrement acquise par un gouverneur impétueux

ous la chaleur écrasante de la mi-juillet, un spectacle impressionnant se déroulait devant les yeux des Iroquois. Un homme dominait le tableau : Louis de Buade, comte de Frontenac, ancien courtisan et militaire, et depuis, gouverneur de la Nouvelle-France.

Frontenac était entré en fonction l'année précédente, en 1672. On lui avait donné l'ordre de consolider les établissements du Saint-Laurent. Mais il était homme à saisir l'intérêt qu'on pouvait tirer du commerce des fourrures! Au lieu d'obéir aux ordres, il décida de se tourner vers l'Ouest, de maîtriser les terribles Iroquois et de construire un poste sur le lac Ontario. Il ne mit pas de temps à se faire connaître : suffisant avec les administrateurs, partial avec les marchands, autoritaire avec les paysans. Il avait même obligé des fermiers à le suivre dans son expédition à la rivière Cataraqui. C'est là qu'on le retrouve, agissant avec le faste et la splendeur du pouvoir.

Ils étaient près de 500 Iroquois à attendre sur la rive, impressionnés par le grand nombre d'embarcations qui s'approchaient. D'abord les canots des éclaireurs, puis deux grandes barques, peintes en rouge et en bleu, armées de canons et chargées de vivres et, suivant derrière, les canots où se trouvaient Frontenac et ses aides. Le reste de la flottille (outre les deux barques, il y avait 120 canots) amenait des Indiens, des coureurs de bois et des soldats armés et casqués. Les épées et les cuirasses brillaient au soleil.

Les Iroquois avaient proposé à Frontenac de le rencontrer dans leur maison du conseil. Refus impérieux du gouverneur : « C'est au père à dire

Sur ce tableau d'Adam Sherriff Scott, le gouverneur Frontenac arrive à Cataraqui (Kingston) en 1673 pour intimider les Iroquois et construire le premier fort Frontenac. Ci-dessus, vestiges du second fort Frontenac, reconstruit par La Salle en 1677. Il fut partiellement démantelé par les Français en 1689 pour qu'il ne puisse tomber aux mains des Iroquois, puis fut reconstruit en 1695 par Frontenac. Il fut pris par les Anglais en 1758.

La foire de Montréal attire les Indiens

« Les canots s'en viennent! » C'est par ces mots que dans tout Montréal se répandait la nouvelle de l'ouverture de la foire aux pelleteries. Pendant deux semaines, on échangerait des marchandises et on festoierait.

Jusqu'en 1678, le commerce avait été irrégulier : les Indiens apparaissaient de temps à autre à l'établissement ou troquaient leurs peaux avec les coureurs de bois, au cœur de la forêt. Pour garantir les arrivages, on créa donc la foire.

Plusieurs centaines d'Algonquins, de Hurons et d'Outaouais dirigeaient leurs embarcations chargées de fourrures vers un pré fangeux, appelé place Royale. Ils étaient accueillis par le gouverneur de la Nouvelle-France. Sur la place, les marchands dressaient leurs éventaires de couteaux, haches, mousquets et vêtements bariolés.

La foire commençait le lendemain. On discutait ferme : huit couteaux ou deux haches contre une peau de castor; un mousquet contre six. Dans la cour de l'Hôtel-Dieu, on servait aux Indiens du ragoût de chien, de castor, d'ours et de maïs, relevé de fruits, et aussi de l'eau-de-vie qui contribuait fort à les attirer. Toute la nuit, ils par-

couraient la ville hurlant et bataillant. Finalement, les Indiens s'en allaient, emportant leurs nouvelles possessions, et parfois, en plus, la rougeole ou la variole.

Mais les attaques iroquoises rendirent bientôt le voyage dangereux. Le gros du commerce se fit alors au fort Frontenac, sur le lac Ontario, et au fort Saint-Louis, sur l'Illinois.

Le Collège de commandement et d'état-major des Forces canadiennes de Kingston se trouve sur le site de Cataraqui, où Frontenac prit pied en 1673. Le fort Frontenac avait accès à tous les réseaux fluviaux qui irriguent la région des Grands Lacs et commandait toutes les routes de la traite des fourrures dans l'Ouest.

aux enfants où tenir conseil. » La politique et la négociation attendraient qu'une scène plus digne des participants soit mise en place.

Frontenac ordonna donc à ses hommes de construire un fort de bois qui serait un exemple de la détermination française. Il voulait que l'ouvrage soit bâti en un temps record pour impressionner les sauvages. Quatre jours plus tard, le fort Frontenac était terminé et sur le spacieux pavillon réservé au gouverneur flottait un grand drapeau fleurdelisé en soie blanche brodée d'or (le blanc symbolisait la paix; l'or, la puissance et la richesse).

Frontenac, assis à l'ombre d'un dais, présida majestueusement la cérémonie. La coutume française voulait que l'on s'adresse aux chefs indiens en les appelant « frères », mais Frontenac, par la bouche de son interprète, commença sa harangue aux chefs des cinq nations iroquoises par ces mots : « Mes enfants ». Il s'était d'ailleurs donné le nom d'Onontio, ou « père commun de toutes les nations ». Il leur demanda « de ne plus retenir les Hurons esclaves parmi eux... ». Il les exhorta « à se faire chrétiens et à recevoir les instructions que les robes noires [Jésuites] leur donneraient de maintenir la paix qu'ils avaient faite avec les Français... ». Il leur promit « de leur faire porter toute sorte de marchandises » qu'il leur donnerait « au meilleur prix ». « Je n'en-

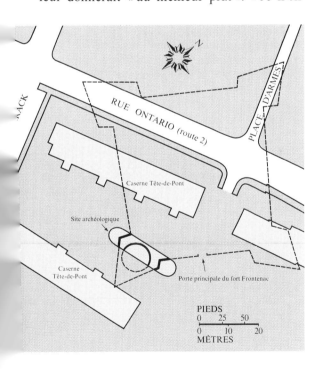

Les fondations tricentenaires du fort Frontenac construit par La Salle (pointillé ci-dessus) sont recouvertes par la ville de Kingston. On a découvert les ruines du bastion sud-est dans la cour de la caserne Tête de Pont (photo page de gauche) qui héberge le Collège de commandement et d'état-major des Forces canadiennes. Toutes les fouilles ont été exécutées par les Forces armées canadiennes.

Seule à Paris, la comtesse éloignait les créanciers

Anne de la Grange, comtesse de Frontenac, ne vint jamais en Nouvelle-France.

Fille unique d'un riche membre du Conseil privé du roi de France, elle avait 16 ans lorsqu'en 1648 elle s'amouracha du futur gouverneur, alors âgé de 26 ans. Officier de l'armée, Frontenac possédait de bonnes relations mais dépensait sans compter. Le père d'Anne jura qu'elle n'épouserait jamais ce coureur de dot. Mais le couple se maria en secret, espérant que le père finirait par accepter leur union. Loin de céder, il déshérita sa fille.

Ni l'un ni l'autre n'était fait pour une vie frugale et ils accumulèrent d'énormes dettes. Leur fils, François-Louis, né en 1651, fut élevé par des serviteurs.

Pendant les deux séjours que fit Frontenac à Québec, Anne resta à Paris pour s'occuper des dettes. Elle aimait les intrigues de la cour où elle était célèbre pour son esprit. Elle confiait les projets de son mari à des auditeurs influents et s'employait à défendre sa réputation compromise.

Ce mariage dura 50 ans, mais fut davantage une union de convenance que d'amour. En 1699, la comtesse apprit la mort de son mari, survenue à Québec l'année précédente. On lui aurait remis un coffret d'argent contenant le cœur du vieux soldat. Elle l'aurait refusé en disant : « Je ne veux point d'un cœur mort qui, lorsqu'il battait, ne m'appartenait point. »

Cette armoire de pin du musée des Beaux-Arts de Montréal est l'œuvre d'un artisan de la Nouvelle-France. Elle date de la fin du XVIIᵉ siècle. De style Louis XIII, elle mesure un peu plus de 2 m de haut.

tends point, ajouta-t-il, que vous soyez traités autrement qu'en Français. »

Les Iroquois regardaient et écoutaient, hostiles à ces intrus qui pénétraient dans le territoire qu'ils cherchaient à dominer. De leurs places fortes dans l'actuel Etat de New York, armés de mousquets fournis par les Anglais, ils avaient lutté pendant des années contre les Français, les Hurons et les autres alliés indiens des Français. Mais les Anglais étaient sur le point de se rendre aux Hollandais de New York. Les Iroquois risquaient ainsi d'être privés de leur source de mousquets et de munitions. Sans les Anglais, ils ne pourraient combattre à la fois les Français et leurs autres ennemis, les Susquehannahs et les Mohicans. Ils fumèrent donc le calumet de paix avec Frontenac et, au cours des quatre longues journées de palabres qui suivirent, ils se résignèrent à mettre de l'eau dans leur vin.

Puisqu'ils étaient ses enfants, répondirent-ils à Frontenac, ils comptaient bien qu'il leur accorderait son appui militaire. Ils promirent d'envisager la possibilité de devenir chrétiens comme il le leur avait demandé. Ils se dirent heureux de la

Au combat, les guerriers iroquois ne portaient généralement qu'une bande de toile autour des reins et étaient chaussés de mocassins. Ils se peignaient le corps en ocre rouge.

Joseph-Antoine Le Febvre de La Barre (ci-dessous) remplaça Frontenac en 1682. Il mena 1 250 hommes contre les Iroquois, mais, à court de vivres et ayant perdu beaucoup de combattants, il fut forcé de conclure une entente humiliante avec les Indiens.

création d'un poste sur la rivière Cataraqui, qui leur éviterait d'aller porter leurs pelleteries jusqu'à Montréal, mais ils insistèrent pour obtenir de bons prix.

C'était la première fois que Frontenac se mesurait aux habiles diplomates de la confédération iroquoise. L'arrogant gouverneur se rendit compte qu'il les avait mésestimés. Il écrivit à son supérieur en France : « Vous auriez assurément été surpris, monseigneur, de voir l'éloquence, l'habileté et la finesse avec lesquelles tous leurs députés s'adressèrent à moi. » Les Iroquois lui donneront d'autres occasions d'apprécier leurs talents. Des années de conflits sanglants avaient précédé la cérémonie du fort Frontenac, en 1673. D'autres allaient suivre qui mettraient le gouverneur à dure épreuve.

Frontenac était le petit-fils d'un secrétaire d'Etat et le filleul de Louis XIII. Il entra dans l'armée dès l'adolescence, fit plusieurs campagnes au cours de la guerre de Trente Ans, devint colonel d'un régiment à 20 ans et l'équivalent d'un général de brigade à 24 ans.

Quand il n'était pas en service actif, il vivait à la cour de Versailles. Il y fit d'énormes dettes, au point qu'à un moment il eut 36 créanciers auxquels il devait chacun 24 000 livres ($60 000). Mais à cette époque d'extravagance, c'était moins là une flétrissure qu'une preuve de charme. Comme le dit l'historien W. J. Eccles : « Quiconque peut emprunter une telle somme à autant de personnes doit posséder de grands pouvoirs de persuasion. » En prenant la charge de gouverneur de la Nouvelle-France, à l'âge de 50 ans, il pensait pouvoir enfin fuir ses créanciers.

Son arrivée à Québec fut des plus spectaculaire. Il descendit majestueusement du navire, précédé d'une garde de 20 hommes. Son costume haut en couleur, sa prestance, sa fière allure mar-

Dans l'espoir de réduire l'ivrognerie à Québec en amenant les colons à boire de la bière au lieu de l'eau-de-vie, l'intendant Jean Talon fit construire une brasserie à Québec en 1668. Ses caves, toujours situées sous une brasserie, sont aujourd'hui transformées en un musée consacré au XVIIᵉ siècle.

La Salle découvre Lachine et non la Chine

On le traitait de fou et de présomptueux, mais il continuait de croire qu'il découvrirait la Chine de l'autre côté de l'Amérique du Nord. A son arrivée en Nouvelle-France en 1667, Cavelier de La Salle avait 23 ans. Il reçut une terre près de Montréal que les gens du coin, par dérision, appelaient « la Chine ». Il la vendit pour financer une expédition sur l'Ohio qui, croyait-il, le mènerait en Orient. Mais il n'avait pas la trempe d'un coureur de bois ni d'un navigateur et se montrait dur avec ses hommes. Il dut rebrousser chemin au lac Ontario.

Pour financer de nouvelles explorations, La Salle se tourna vers la traite de la fourrure. Il construisit un fort à Niagara et remplaça par une construction de pierre le fort de bois édifié par Frontenac à Cataraqui. En 1678, accompagné de 30 hommes et avec la bénédiction de Louis XIV, il alla revendiquer les Grands Lacs et le Mississippi au nom de la France, mais aussi au profit de son commerce. En 1679, il construisit sur le lac Erié un navire de 45 tonneaux, le *Griffon*, premier bateau à être lancé sur les lacs. Arrivé au fort Crèvecœur (près de Peoria, dans l'Illinois) en 1680, il apprit que le *Griffon* avait sombré dans le lac Huron. Il se rendit en canot et en raquettes jusqu'au Niagara : le navire et sa cargaison de fourrures étaient bel et bien perdus. Un autre bateau qui lui apportait des provisions de France coula dans le Saint-Laurent. Une fois à Montréal, il apprit que ses hommes avaient détruit Crèvecœur.

Infatigable, La Salle organisa une nouvelle expédition en 1681, suivit le Mississippi jusqu'à son embouchure pour ne trouver, au lieu de la Chine, que des marécages infestés d'alligators. Le 9 avril 1682, il prit cependant possession de la Louisiane au son des coups de feu et des cantiques. Le roi ne prisa guère cette initiative. La Salle, disgracié, fut rappelé en France.

Mais à force de mensonges et de vantardises, il persuada le roi de le renvoyer, cette fois par mer, pour coloniser le delta du Mississippi. Il se querella avec ses hommes et ne put trouver l'embouchure du fleuve. Il continua ses recherches par voie terrestre. Ses hommes en eurent assez. Le 19 mars 1687, l'un d'eux le tua d'un coup de fusil.

quaient la confiance et la force. Il paraissait bien décidé à gouverner, selon ses propres mots, en « haut et puissant seigneur ».

Peu de temps après, il installa un de ses amis, Cavelier de La Salle, au fort Frontenac et lui confia l'exploitation des fourrures de l'Ouest. La Nouvelle-France se divisa alors en deux factions : les favoris du gouverneur et ses ennemis.

Par la suite, Frontenac fit arrêter François-Marie Perrot, gouverneur de Montréal, parce qu'il défiait son autorité. Il fit de même pour François de Salignac de la Mothe-Fénelon, abbé sulpicien qui l'accusait de forcer les habitants au travail et d'opprimer ceux qui s'opposaient à lui. Le Conseil souverain (voir p. 82) s'en rapporta au roi et lui envoya les accusés. Perrot fut rétabli dans ses fonctions et fit la paix avec Frontenac. Fénelon ne revint pas en Nouvelle-France; le roi avait jugé que Frontenac et Fénelon étaient tous deux en faute, mais il avait blâmé plus sévèrement le gouverneur.

Un nouvel intendant, Jacques Duchesneau, devint président du Conseil souverain. Pendant trois ans, Frontenac essaya d'intimider et de dominer ses membres, mais sans succès. Finalement, il ne fut pratiquement plus chargé que des affaires militaires. Il n'en continua pas moins cependant de tyranniser le clergé, de faire des arrestations arbitraires et de prononcer des jugements.

Une querelle notoire l'opposa à Mgr François de Laval au sujet de l'eau-de-vie. L'évêque avait déclaré que ceux qui vendaient de l'eau-de-vie aux Indiens se rendaient coupables de péché mortel. Frontenac accusa alors le clergé d'empiéter sur l'autorité royale et d'essayer de contrôler la traite des fourrures. Appuyé en France par Jean-Baptiste Colbert, ministre responsable des colonies et anticlérical, Frontenac soutint que l'eau-de-vie était essentielle à la traite et que si les Indiens n'en recevaient pas, ils iraient à Albany chercher à meilleur prix les marchandises des Anglais et, bien entendu, leur rhum.

Pour débattre de la question, le roi convoqua en 1678 une assemblée. Frontenac inspira le choix des participants et Colbert leur donna des instructions partiales. La majorité statua que la prohibition n'aurait pour effet que de remplacer l'eau-de-vie française et le catholicisme romain par le rhum anglais et le protestantisme.

Toutefois, un an plus tard, le roi émit un édit qui limitait la vente d'alcool aux Indiens dans les établissements français et en interdisait le transport dans les villages indiens. Frontenac ne se soucia guère de faire appliquer ce décret : pour faire prospérer le commerce des fourrures, il fallait tolérer le trafic de l'eau-de-vie. Et Frontenac tenait à tout prix à développer un réseau de postes de traite sur les Grands Lacs et le Mississippi.

Colbert, au contraire, croyait qu'une économie forte et diversifiée dans la vallée du Saint-Laurent importait plus que la traite des fourrures dans l'Ouest. Il fit organiser des foires aux pelleteries à Montréal pour attirer les Indiens et éviter

La maison de l'explorateur Louis Jolliet (1683) abrite aujourd'hui la gare inférieure du funiculaire qui relie la basse ville à la haute ville, à Québec. En 1673, accompagné du missionnaire jésuite Jacques Marquette, Jolliet descendit le Mississippi jusqu'en Arkansas. En 1694, il explora la côte du Labrador.

Une nuit d'hiver de 1704, quelque 200 Canadiens et 140 Indiens attaquèrent Deerfield (Mass.). Ils tuèrent 69 personnes et firent 111 prisonniers.

Jacques-René de Brisay de Denonville, gouverneur de la Nouvelle-France, arriva en 1685. Il s'employa à rendre la colonie prospère et à y mettre de l'ordre. Après quatre ans d'efforts pour conclure la paix avec les Iroquois, il subit un cuisant échec. Ceux-ci, qui étaient sur le point de signer un traité, massacrèrent des dizaines de colons à Lachine, près de Montréal.

que les fermiers ne se transforment en coureurs de bois. Cependant, il approuvait les expéditions françaises dans l'Ouest et dans le Sud, lesquelles pourraient contribuer à bloquer le passage aux puissances rivales. Frontenac se déclara prêt à mettre en œuvre la politique du Saint-Laurent, mais il s'empressa d'exploiter à souhait le règlement en faveur de l'exploration.

Sa désobéissance allait le perdre. Excédé par son manque de pouvoirs, par les attaques des conseillers de l'intendant Duchesneau qui pourchassaient ses favoris, il exigea d'être président du Conseil souverain. Il essuya un refus. Frontenac eut beau frapper sur la table, tempêter, rien à faire. En désespoir de cause, il exila le procureur de la colonie et deux conseillers.

En mars 1681, le fils de Duchesneau, âgé de 16 ans, se disputa avec un serviteur de Frontenac. Le père envoya son fils s'excuser auprès du gouverneur. Mais le jeune Duchesneau exigea au contraire que Frontenac lui présente des excuses.

Fou de rage, le gouverneur donne un coup de canne au jeune homme. Duchesneau père, craignant que son fils ne soit pris de force, arme ses serviteurs et barricade sa maison. Frontenac clame à la rébellion. Mgr de Laval tente de faire la paix, mais le jeune homme, qui s'est réfugié à l'évêché, est finalement pris et enfermé pendant un mois, bien que le roi ait interdit à Frontenac d'emprisonner qui que ce soit, sauf les coupables de sédition ou de trahison.

Peu de temps après, Frontenac arrêta arbitrairement un conseiller, sous prétexte que celui-ci avait envoyé sans passeport un navire dans sa propriété de Gaspé. Le roi, à bout de patience, rappela Frontenac et Jacques Duchesneau. Frontenac quitta la Nouvelle-France à la fin de 1682, après 10 années d'un règne tumultueux.

Frontenac soutenait que l'excellence de son administration avait eu pour effet de maîtriser les Iroquois. Il le répéta souvent à la cour de France et il le croyait sans doute. Mais il se faisait illusion.

L'hostilité des Iroquois avait au contraire grandi au cours du régime de Frontenac. Les cinq nations avaient fait la paix avec les Mohicans et les Susquehannahs. Elles avaient par conséquent les mains libres pour guerroyer contre les Français. Les Anglais, qui avaient repris New York en 1674, voulaient des fourrures et poussaient les Iroquois à dominer le commerce de l'Ouest. Le conflit devenait inévitable.

On avait bien prévenu Frontenac que les alliances indiennes s'effondraient. Mais il avait continué de prêter foi aux propos pacifiques des Iroquois et n'avait rien fait pour aider ses alliés indiens ou pour prévoir une attaque contre la colonie. Ses successeurs allaient payer la rançon de sa négligence.

Le premier, Joseph-Antoine Le Febvre de La Barre, tenta d'attaquer les Iroquois. L'échec fut total et on le rappela l'année suivante.

Le second, le marquis de Denonville, mena une attaque contre les Iroquois en 1687. Les Indiens continuèrent quand même à harceler les comptoirs et les établissements proches de Montréal. En dépit de cela, on continuait de rêver de paix. Le 5 août 1689, Denonville était à Montréal. Il attendait les chefs iroquois qui, pensait-il, accepteraient de signer un traité. Au même moment, 1 500 Iroquois attaquaient Lachine, trois kilomètres seulement à l'ouest. Ce fut l'un des massacres les plus sanglants qu'ait connus la Nouvelle-France au cours de toute son histoire.

Après quatre ans de lutte, Denonville était épuisé. Il demanda à être remplacé pour raisons de santé. Frontenac, alors âgé de 67 ans, et à nou-

Massacre à Lachine sous une tempête de grêle

Le ciel de Lachine était menaçant en cette nuit du 4 août 1689. Les 77 colons et leurs familles se sentaient pourtant en sécurité dans leurs fermes blanchies à la chaux. Naguère, les Iroquois les avaient souvent forcés à se réfugier à l'abri des palissades voisines, mais une trêve avait été signée l'été précédent. Le gouverneur Jacques-René de Brisay de Denonville se trouvait à Montréal, à 14 kilomètres de Lachine, pour signer une paix durable. Il ignorait que la France et l'Angleterre étaient à nouveau en guerre, mais les Iroquois le savaient et leurs alliés anglais les avaient armés pour reprendre leurs attaques contre la Nouvelle-France.

Un peu avant l'aube, le tambourinement de la grêle, bientôt percé par les cris des Iroquois, réveilla les habitants du village. Quinze cents guerriers étaient descendus sur Lachine. Ils tuèrent au hasard, fracassèrent le crâne des enfants, brûlèrent les maisons et les étables. Enflammés par l'eau-de-vie des colons, ils attachèrent les prisonniers à des poteaux et les écorchèrent vifs. Quelques hommes tuèrent leurs épouses et leurs enfants pour leur épargner cette torture.

Les rares survivants réussirent à se rendre à Montréal. Denonville envoya à leur secours Philippe de Rigaud, chevalier de Vaudreuil, avec 300 hommes auxquels on ordonna de rester derrière les palissades. Vaudreuil suivit ces ordres à la lettre et refusa de sortir délivrer les 90 prisonniers français alors que leurs ravisseurs indiens étaient trop ivres pour combattre.

Plus tard dans la journée, les Iroquois se retirèrent sur la rive sud du Saint-Laurent. De Lachine, on pouvait voir les grands feux qui célébraient leur victoire; les colons savaient que les prisonniers seraient brûlés vifs. Sur les 90 prisonniers, 48 s'échappèrent; les autres disparurent.

Kateri Tekakwitha, de la tribu des Agniers, fut baptisée à 19 ans. Persécutée pour sa foi chrétienne, elle se réfugia en 1677 dans une mission jésuite à Caughnawaga, près de Montréal. On rapporte qu'à sa mort, à 24 ans, son visage ravagé par la variole devint d'une beauté miraculeuse. Beaucoup prétendent avoir été exaucés par celle qu'on surnomma le «lys des Agniers». Elle a été déclarée vénérable en 1941.

veau criblé de dettes, usa de son influence pour ravoir le poste de gouverneur. Il était convaincu, une fois de plus, qu'il pourrait s'attacher les faveurs des Iroquois et obtenir la paix. Mais la Nouvelle-France chancelait sous les attaques. Le massacre des fermiers dans leurs champs, des femmes et des enfants dans les maisons, saignait à blanc la colonie.

Frontenac riposta en lançant trois expéditions contre les établissements anglais. Il voulait leur montrer, à ces pourvoyeurs d'armes, ce que c'était que de subir la « petite guerre ».

A la manière indienne, ses hommes firent des raids contre Corlaer, Salmon Falls et le fort Royal. Ils attaquèrent à l'improviste, incendièrent les villages, tuèrent ceux qui résistaient et exterminèrent le bétail. Les succès de la guérilla ne purent qu'encourager la population de la Nouvelle-France, excédée d'avoir subi massacres et destructions. Ils impressionnèrent également les alliés indiens des Français. Mais au lieu de donner la leçon aux Anglais, les opérations de Frontenac poussèrent ceux-ci à s'unir pour attaquer sérieusement la Nouvelle-France.

En 1690, une flotte anglaise fit voile vers la Nouvelle-France. Frontenac l'apprit à Montréal et partit pour Québec avec plus de 200 hommes. Il en prit d'autres en route et, lorsqu'un messager l'informa que les Anglais étaient déjà à Tadoussac, il fit dire à Louis-Hector de Callières, gouverneur de Montréal, de se précipiter à Québec avec tous les hommes qu'il pouvait réunir.

« Vive Frontenac! » crièrent les gens de Québec lorsqu'ils virent arriver le vieillard aux yeux

Un botaniste français donne son nom à une plante canadienne

La sarracénie pourpre (*Sarracenia purpurea*) doit son nom à Michel Sarrazin, premier homme de science canadien. Médecin des armées, il sillonna les bois, les champs et les fondrières de la Nouvelle-France.

Sarrazin a 26 ans lorsqu'il arrive à Québec en 1685. Il y pratiquera la médecine jusqu'à sa mort en 1734, mais l'histoire se souvient surtout de lui comme d'un botaniste qui, au risque de tomber dans les embuscades iroquoises, parcourait les bois pour étudier des espèces inconnues en Europe. Il voulait améliorer l'agriculture de la colonie et aurait fait du sirop d'érable une industrie majeure qui contribua à réduire les importations de sucre. Il envoyait des masses de notes, de croquis et de plantes indigènes à ses collègues de Paris, ainsi que des échantillons de pierres et de minéraux.

Sarrazin s'intéressa aussi à la faune du Canada. Avec son scalpel et une loupe, il étudia l'anatomie du castor, du rat musqué, du porc-épic et de la mouffette. Il disait de celle-ci que « son odeur épouvantable était capable de faire un désert de tout un canton ».

L'émissaire des Anglais (en rouge sur ce tableau de Marc-Aurèle de Foy Suzor-Côté) exige que Québec se rende à la flotte anglaise, en octobre 1690. Frontenac répond : «Je ne vous ferai pas tant attendre... non, je n'ai point de réponse à faire à votre général que par la bouche de mes canons et à coups de fusils.» Les Anglais seront battus.

de feu, prêt à vivre la plus belle heure de sa carrière. A son grand soulagement, les voiles anglaises n'étaient pas encore en vue.

Si William Phips, l'aventurier anglais qui commandait la flotte, avait attaqué plus tôt, Québec serait sûrement tombé. Mais aucun des 2 000 hommes à bord de la trentaine de navires qu'il dirigeait ne connaissait le Saint-Laurent. Lorsque la flotte cargua enfin les voiles, le 17 octobre, Phips découvrit une forteresse prête au combat et le drapeau fleurdelisé flottant fièrement sur la résidence du gouverneur.

Phips envoya un émissaire, le major Thomas Savage, pour demander la reddition. On promena longtemps le major, les yeux bandés, d'une palissade à l'autre. Goguenards, les habitants faisaient un tintamarre du diable pour donner l'impression d'une grande force. Dans la salle du conseil, on débarrassa Savage de son bandeau. C'est alors qu'il découvrit Frontenac dans toute sa splendeur. Le gouverneur avait une fois encore soigné la mise en scène. La salle était pleine d'officiers, vêtus comme pour le lever du roi : broderies d'or et d'argent, rubans et chapeaux à plumes, perruques poudrées.

Frontenac ordonna qu'on lise la lettre de Phips. On y disait que les incursions contre les colons anglais mettaient ceux-ci dans la nécessité de cette expédition pour leur propre sécurité et satisfaction. La lettre se terminait ainsi : « Votre

réponse positive, dans une heure, par votre trompette-major, avec le retour du mien, est ce que je vous demande sur le péril qu'il pourra s'ensuivre. »

Frontenac défia les Anglais. Quelques jours plus tard, Phips met pied à terre avec 300 hommes sur la grève de Beauport, près de l'embouchure de la rivière Saint-Charles. Frontenac, le gros de ses forces massé à l'arrière, les laisse s'approcher. Quand ils commencent à monter, ils se trouvent soudain couchés en joue par des tireurs d'élite cachés derrière des palissades, des rochers et des arbres. Les pertes françaises sont faibles alors que les Anglais marquent un temps d'hésitation. Leur élan est brisé.

Phips tourne son canon vers le rocher, mais son propre drapeau est emporté par un boulet. Alors qu'il flotte sur l'eau, de jeunes Français dans un canot d'écorce cherchent à s'en emparer sous une grêle de plomb. L'un d'eux saute à l'eau, se saisit du drapeau et revient à la nage.

La canonnade continue. Les boulets français déchirent les voiles, brisent les mâts, éventrent les coques, blessent et tuent. Ceux de Phips terrifient les réfugiés et les blessés du couvent des Ursulines, mais font plus de bruit que de mal.

A court de poudre, Phips comprend qu'il ne pourra percer les défenses de Québec. Bon nombre de ses hommes sont malades. Frontenac n'a qu'à attendre que les glaces ferment le fleuve.

Les Anglais passent la nuit dans la boue et les broussailles de la grève de Beauport, trempés, grelottants, affamés. Au matin, ils essaient d'engager le gros des forces de Frontenac. C'est un échec. Les assaillants battent en retraite dans le désordre, laissant derrière eux cinq de leurs six pièces d'artillerie.

Frontenac est acclamé comme un sauveur. Le drapeau capturé est promené dans toute la ville. On fait un immense feu de joie.

Malgré cette victoire, l'année suivante fut l'une des plus noires de la Nouvelle-France. Les vivres, les munitions et le vin — Frontenac craignit même d'être réduit à boire de l'eau — se firent rares. Avec le printemps, les Iroquois revinrent massacrer les fermiers dans les champs.

Frontenac tentera encore de les amener à la paix, mais sans succès. Il revint une fois de plus à la petite guerre, frappant les Iroquois et les établissements anglais. La guérilla devint littéralement un mode de vie.

Dans son château de Québec, Frontenac oubliait la menace iroquoise. Il recevait comme un prince, charmait les dames et donnait des pièces de théâtre. Il se querella de nouveau avec l'intendant (Bochart de Champigny) à propos de la traite de l'Ouest. Mais quand les Outaouais, anciens alliés des Français, firent alliance avec les Iroquois, sa réponse ne se fit pas attendre.

Soldats, miliciens et Indiens se rassemblèrent

Sur cette gravure, qui illustre la bataille de Québec de 1690, on voit les canons de Frontenac qui tirent depuis la Citadelle. Derrière eux se dresse le château Saint-Louis (résidence du gouverneur), là où se trouve le Château Frontenac.

le 4 juillet 1696 sur l'île Sainte-Hélène. Le gouverneur de 74 ans était commandant en titre. Plus de 2 000 hommes remontèrent le Saint-Laurent jusqu'au fort Frontenac. Pendant six jours, ils armèrent le fort. Puis ils traversèrent le lac Ontario et s'enfoncèrent dans le territoire des Onontagués. Les Français portagèrent autour des rapides et des chutes de la rivière Onondaga jusqu'à ce qu'ils découvrissent, au petit matin, un village perdu dans le lointain, à un jour de marche.

Le lendemain, le gros de l'armée avança, le gouverneur Callières de Montréal monté sur un cheval qu'il avait amené par bateau et le vieux Frontenac porté dans un fauteuil. Ils trouvèrent le village vide, sa palissade en cendres. Les Onontagués n'avaient laissé derrière eux qu'un vieux chef. Frontenac autorisa ses Indiens à le brûler au poteau.

Pendant trois jours, les forces de Frontenac ravagèrent les récoltes, détruisirent les caches de vivres. Ils incendièrent un village onnéiout. La petite guerre, la famine et la maladie avaient déjà commencé à décimer les Iroquois. La destruction de leurs vivres fut le coup final. Forts de 2 800 guerriers en 1689, ils n'en compteront plus

Sir William Phips partit de Nouvelle-Angleterre en août 1690 pour attaquer Québec. Retardé par la brume et connaissant mal le Saint-Laurent, il n'arrive que le 17 octobre et devra battre en retraite huit jours plus tard.

Une fillette de 14 ans tient le fort de Verchères

En 1692, Madeleine de Verchères défendit la seigneurie de son père contre les Iroquois. Elle était à l'époque âgée de 14 ans. Trente ans plus tard, elle écrivit un récit de l'événement où elle prétend avoir couru depuis les champs, poursuivie par 45 Indiens, et avoir défendu le fort pendant sept jours avec l'aide d'un vieillard et de ses deux jeunes frères. Toutefois, en 1699, elle avait raconté les faits autrement. Elle s'était libérée, dit-elle, d'un Iroquois qui l'avait empoignée par son foulard, puis était entrée dans le fort qu'elle avait défendu pendant deux jours avec l'aide d'un soldat. Quel récit faut-il croire? Quoi qu'il en soit, Madeleine était courageuse. En 1722, lorsque son mari fut attaqué par deux Indiens, elle lui sauva la vie en mettant l'un des assaillants hors de combat.

L'église Notre-Dame-des-Victoires se dresse sur l'emplacement de l'Habitation de Champlain, place Royale à Québec. Baptisée Notre-Dame-de-la-Victoire après la défaite des Anglais en 1690, elle prit son nom actuel après une autre victoire en 1711.

que 1 300 en 1698. Au contraire, les pertes subies par les 13 000 habitants de la Nouvelle-France étaient plus que compensées par l'arrivée des immigrants. Les Iroquois, épuisés et trop peu nombreux, devront demander la paix. Ce que Champlain avait tenté 81 ans plus tôt (voir p. 36), Frontenac venait de l'accomplir.

En 1701, grâce à sa subtile diplomatie, Callières, successeur de Frontenac, réussit à faire la paix avec les Iroquois et obtint même un cessez-le-feu général entre les tribus indiennes, de l'Atlantique au Mississippi. Signé en grande pompe à Montréal, dans une atmosphère de fête, le traité stipulait que les Iroquois resteraient neutres, engagement qu'ils respectèrent. Quant aux populations anglaises d'Amérique, elles étaient ainsi privées de leurs alliés et de leurs combattants de première ligne.

Frontenac ne vit jamais la paix pour laquelle il s'était battu. Il mourut en 1698, après avoir passé ses derniers jours immobilisé dans un fauteuil et occupé à se réconcilier avec l'intendant Champigny et avec le Créateur. Malgré ses défauts, il avait aidé la Nouvelle-France à traverser ses années les plus tragiques.

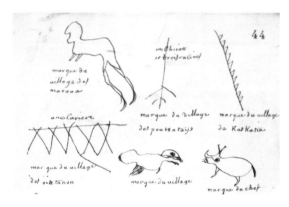

Le successeur de Frontenac, le gouverneur Louis-Hector de Callières, signa un traité à Montréal en 1701. Le document porte les signatures de 38 chefs indiens. Les Iroquois y promettaient de faire la paix avec les tribus alliées des Français.

Sites et monuments historiques

KINGSTON (Ont.) Les vestiges du fort Frontenac, reconstruit par La Salle en 1677, se trouvent sous la caserne Tête-de-Pont et la rue Ontario. Le fort de pierre remplaça la place forte construite par Frontenac en 1673. Les fondations des murs sud et est, le bastion sud-est et une entrée ont été mis au jour dans le périmètre de la caserne (interdite au public). L'endroit où Frontenac et les Iroquois se rencontrèrent se trouve au sud de la caserne, sur la rue Ontario, entre les rues Princess et Brock.

Autres sites et monuments

Lachine (Qué.) (1) Un monument dédié à La Salle, fondateur de Lachine en 1667, se dresse à côté de la mairie. Des plaques décrivent le massacre des colons par les Iroquois, les 4 et 5 août 1689.

La Pérade (Qué.) (4) A 14 ans, Madeleine de Verchères défendit un fort contre les Iroquois en 1692 (voir Verchères), puis vécut dans un manoir avec son époux, le seigneur de La Pérade. Les ruines de la maison se trouvent près de la rue Sainte-Anne et du chemin des Iles.

Montréal (2) Les foires aux pelleteries du XVIIᵉ siècle se tenaient sur la place Royale, premier marché de Montréal (1657). Sur l'île Sainte-Hélène, les gouverneurs La Barre, Denonville et Frontenac rassemblèrent leurs forces en 1684, 1687 et 1696 avant d'envahir le territoire iroquois. Au musée de l'Ile-Sainte-Hélène, on peut voir un canon de l'expédition britannique de 1690 contre Québec, un sauf-conduit militaire de 1682, ainsi que des mousquets et des casques du XVIIᵉ siècle.

Québec (5)

ASSEMBLÉE NATIONALE Sur la façade, statues de Frontenac, de Louis Jolliet et de l'intendant Jean Talon.

BASILIQUE NOTRE-DAME Les restes de Frontenac reposeraient dans une crypte de cette église qui dessert la plus ancienne paroisse du Canada (1659).

COUVENT DES URSULINES Le plus vieux couvent du Canada (1642) servit d'abri pendant le siège britannique de 1690. Dans le musée Centre-Marie-de-l'Incarnation, on trouve une pharmacie, une infirmerie et une salle de classe du XVIIᵉ siècle.

ÉGLISE NOTRE-DAME-DES-VICTOIRES Construite en 1688 et nommée église de l'Enfant-Jésus, elle fut rebaptisée en l'honneur des victoires françaises contre les Britanniques en 1690 et 1711.

MAISON JOLLIET Dans cette maison (1683) résida Louis Jolliet. Avec Jacques Marquette, il découvrit le cours supérieur du Mississippi en 1673.

MUSÉE DU FORT Spectacle son et lumière du siège de 1690 et maquette de 42 m² de Québec au XVIIIᵉ siècle.

REDOUTE DU CAP DIAMANT Les plus vieilles fortifications de la ville (1693) se trouvent à l'extrémité nord-est de la Citadelle. Au musée du Royal 22ᵉ, on peut voir l'un des plus vieux documents du Canada — un acte de 1679 signé par Frontenac — et un boulet de canon de 1682.

SÉMINAIRE DE QUÉBEC Dans le musée, on peut voir un canon britannique utilisé lors du siège de 1690. L'aile de la procure remonte à 1678.

VOÛTES JEAN-TALON Un musée aménagé dans les voûtes de la brasserie construite par Jean Talon en 1668 expose une intéressante collection d'armes et de meubles du XVIIᵉ siècle.

Tobermory (Ont.) (pas sur la carte) Des madriers découverts au large de l'île Russel dans la baie Georgienne, en 1955, pourraient provenir du *Griffon*, premier navire à naviguer sur les Grands Lacs.

Verchères (Qué.) (3) Une statue de Madeleine de Verchères rappelle l'exploit de l'héroïne qui, en 1692, défendit le fort de son père contre les Iroquois.

Le couvent des Ursulines de Québec fut fondé en 1642 par Mme de La Peltrie et Marie de l'Incarnation. L'évêque François de Laval y vécut pendant deux ans après son arrivée en 1659. Le couvent abrite un musée historique.

81

Louis XIV, le Roi-Soleil : le monarque le plus puissant de son époque.

Les enfants du Roi-Soleil

« Le roi [considère] tous ses sujets du Canada, depuis le premier jusqu'au dernier, comme s'ils étaient presque ses propres enfants », disait un mémoire royal adressé à Jean Talon. Le Roi-Soleil avait 25 ans lorsqu'en 1663 il prit en main les affaires de la Nouvelle-France. Il commença par évincer la Compagnie des Cent-Associés (voir p. 40) qui, après 36 ans d'administration, laissait la colonie avec une maigre population d'à peu près 2 500 habitants, et créa un Conseil souverain composé du gouverneur, de l'évêque, de l'intendant et de cinq colons.

Le roi était désireux de voir la population augmenter. Aussi le premier intendant qu'il nomme, Jean Talon, prend-il, dès son arrivée en 1665, des mesures pour promouvoir l'immigration et les mariages. Il paie aux immigrants le prix de la traversée et leur donne une terre, des fournitures et des outils. Il ordonna aux pères des jeunes filles qui, à 16 ans, ne sont pas mariées de se présenter tous les six mois pour « s'expliquer ». Il interdit la pêche, la chasse et la traite des fourrures aux hommes célibataires. Il accorde aux parents de 10 enfants une allocation de 300 livres ($750) par an. En 1673, la population a plus que doublé.

« J'espère qu'en peu de temps le pays ne désirera rien de l'ancienne France que très peu de choses du nécessaire à son usage, s'il est bien administré », écrit Jean Talon à Louis XIV. L'intendant encourage les fermiers à cultiver le houblon et le chanvre. Il fonde une brasserie à Québec (voir p. 74). La colonie commence à prospérer.

Il fallait également assurer l'ordre dans la colonie grandissante. Le roi émet des règlements interdisant les assemblées où l'on discute de politique, punissant sévèrement le blasphème et défendant aux femmes de sortir après neuf heures du soir.

Enfin le roi se souciait du bien-être des colons : « Les riches doivent nourrir les pauvres. » Suivant les règles du système seigneurial, les seigneurs, « personnes de rang », recevaient des terres le long des principaux cours d'eau et étaient tenus de les faire défricher et cultiver par des fermiers. Ils devaient posséder un manoir et construire un moulin. Les fermiers payaient aux seigneurs un impôt minime, le cens (environ $35 par an pour 40 hectares). Cependant, bien souvent, les censitaires vivaient mieux que leur seigneur.

Les miliciens payaient eux-mêmes leurs armes.

Les seigneurs divisaient leur fief en longues bandes pour que chaque fermier ait accès au cours d'eau qui en faisait partie (ci-dessus, la vallée du Richelieu, près de Saint-Denis). Certains fermiers du Québec sont encore liés par des contrats conclus au XVIIe siècle. Les habitants (à gauche) cultivaient leur lopin de terre. Ils devaient moudre leur blé au moulin seigneurial et y laisser le quatorzième minot. Au Jour de l'An, ils allaient tous au manoir rendre hommage à leur seigneur.

Des murs de pierre pour l'isolation

Les maisons de pierre des XVIIe et XVIIIe siècles en Nouvelle-France étaient fraîches l'été et chaudes l'hiver. Pour être plus stables, leurs murs liés simplement au mortier devaient avoir plus d'un mètre d'épaisseur. La pente des toitures réduisait les accumulations de neige. Le rez-de-chaussée n'était souvent qu'une grande salle et l'on mansardait les combles.

XVIIIe siècle, Deschambault

Les « filles du roi » étaient des orphelines ou des filles de ferme qu'on envoyait en Nouvelle-France pour trouver mari. L'intendant Jean Talon exigeait qu'elles soient « fortes et saines » et « qu'elles n'aient rien de rebutant à l'extérieur ». Chacune recevait une dot du roi (généralement quelques animaux, deux barils de viande salée et 11 écus — environ $85). Lorsqu'elles débarquaient (à gauche, à Québec), les hommes célibataires les attendaient sur la rive et « choisissaient leurs épouses, comme un boucher le fait d'une brebis dans un troupeau de moutons ». Les plus rondelettes étaient les plus appréciées : elles avaient plus de chance de résister aux rudes hivers canadiens. Certains mariages étaient célébrés aussitôt, mais le plus souvent les religieuses s'occupaient des filles pendant une semaine ou deux avant qu'elles se marient. Elles pouvaient refuser un prétendant (une fois mariées, elles ne pouvaient obtenir la séparation que si le mari les battait avec un bâton plus gros que son poignet), mais la plupart ne faisaient pas la fine bouche : il n'y avait guère d'avenir dans la colonie pour une fille du roi célibataire.

La Corriveau châtiée

Le crime était sévèrement puni en Nouvelle-France, comme le montre l'histoire de la Corriveau, qui inspira cette statue d'Alfred Laliberté. En 1763, Marie-Josephte Corriveau tua son second mari à coups de hache tandis qu'il dormait. Elle fut pendue et son cadavre fut mis dans une cage de fer, puis exposé à un carrefour de Lévis. A cette époque, le vol, l'incendie criminel et le viol étaient punis de mort.

Les premiers soldats de métier de la Nouvelle-France arrivèrent en 1683. C'étaient les Troupes de la Marine, ainsi nommées parce que l'administration de la colonie relevait du ministère de la Marine et des Colonies (à gauche : des figurants costumés en Troupes de la Marine au vieux fort de l'île Sainte-Hélène, à Montréal). Tout ce qu'on leur demandait pour être enrôlés, c'était de mesurer 1,45 m et d'avoir suffisamment de dents pour manger les biscuits de l'armée. A court d'armes et de vivres, ils s'engageaient souvent comme garçons de ferme quand la solde tardait à venir. Les principales troupes de la Nouvelle-France furent en fait celles de la milice, fondée en 1669 (extrême gauche). Les hommes valides de 16 à 60 ans faisaient l'exercice tous les mois, mais ne recevaient ni solde ni uniforme. Certains se peignaient le visage et portaient des plumes au combat, comme le faisaient les Indiens.

Jean Talon, que les historiens ont appelé « le grand intendant », était d'une élégance raffinée, ce qui ne l'empêchait pas d'administrer très sérieusement la colonie. « Je sacrifie tout à mon travail », écrit-il. Son imagination, son énergie et sa constance ramenèrent la prospérité en Nouvelle-France. Celui qui encouragea la croissance démographique, en particulier en interdisant aux célibataires de pêcher, de chasser et de trapper, mourut en France, en 1694, célibataire.

XVIIe siècle, Ile d'Orléans

XVIIIe siècle, Boischatel

Fatigués de la ferme, bien des jeunes gens en Nouvelle-France se sont faits coureurs de bois et ont partagé la vie des Indiens. Certains ne sont jamais revenus. D'autres rentraient de leurs randonnées chargés de riches fourrures et dépensaient tout leur argent en vêtements criards, en fêtes et en femmes. En 1680, on en comptait environ 600 dans une colonie qui manquait de main-d'œuvre. Les coureurs de bois ont été accusés de corrompre les Indiens avec de l'eau-de-vie et d'exercer une mauvaise influence sur la jeunesse. L'intendant Talon parlait d'eux comme de « volontaires faisant le véritable métier de bandit ». Le gouvernement et le clergé les ont mis hors la loi. Pourtant ils ont contribué à rendre accessible l'intérieur des terres et à maintenir les relations avec les Indiens. Grâce à eux, le commerce des fourrures s'est développé. Deux des plus célèbres, Radisson et Groseilliers, ont participé à la création de la Compagnie de la Baie d'Hudson. Radisson décrivait ainsi leur vie « Nous étions des César, n'ayant personne pour nous contredire. »

Cette reconstitution des quartiers des officiers britanniques (1797), au parc historique national du fort Anne, à Annapolis Royal, se dresse au milieu des ouvrages de défense construits par les Français plus d'un siècle auparavant. Le fort, dont les vieux canons sont toujours pointés vers la mer, était à l'origine dans l'établissement français de Port-Royal.

Port-Royal, au confluent des rivalités coloniales

Une fois de plus, en 1636, on vit renaître Port-Royal. Fondé en 1605 (voir p. 22) sur les rives pittoresques du bassin de l'Annapolis, le petit établissement acadien avait connu une existence précaire et avait souvent changé de mains. En 1632, le traité de Saint-Germain-en-Laye l'avait rendu à la France en même temps que le reste de l'Acadie.

En 1636, Charles Menou d'Aulnay, qui était chargé des affaires de l'Acadie, décida d'y établir sa capitale. Ancien officier de marine, d'Aulnay entendait bien diriger tout le territoire acadien, lequel comprenait à ce moment-là la majeure partie des provinces Maritimes et du Maine.

D'Aulnay concéda à chacune de ses 40 familles de colons un lopin de terre dans la fertile vallée. Il fit construire un manoir, deux moulins et des navires. La colonie était protégée par une batterie de 60 canons; il la dota d'un fort que défendaient 300 soldats. Il eut même une pensée pour ses ennemis et fit construire un cachot à leur intention.

Le gouverneur d'Aulnay régnait en seigneur féodal, mais n'hésitait pas à travailler aux champs avec les colons. Il faisait la traite des fourrures avec les Micmacs et tolérait la présence des missionnaires capucins.

Il n'ignorait pas que les colons anglais installés au sud étaient les ennemis jurés des Français. Mais il avait un autre rival bien plus proche : Charles de Saint-Etienne de La Tour qui commandait le fort Sainte-Marie, de l'autre côté de la baie de Fundy (aujourd'hui Saint-Jean, au Nouveau-Brunswick). Celui-ci convoitait le monopole de la traite des fourrures.

La Tour vivait en Acadie depuis déjà 26 ans. Après la destruction du premier Port-Royal en 1613, il s'était enfui dans les bois. Par la suite, lui et Charles de Biencourt avaient partiellement reconstruit Port-Royal. A la mort de Biencourt en 1623, La Tour édifia le fort Saint-Louis, au milieu des récifs de la pointe Baccaro, à l'extrême

Charles d'Aulnay vendit ses biens afin de pourvoir sa colonie de Port-Royal de navires et de canons. Il livra un combat épique pour devenir le maître incontesté de l'Acadie. Il mourut noyé quelques années plus tard.

Pour £1 350, une motte de terre et un titre de baronnet

Le poète écossais Sir William Alexander, favori de la cour de Jacques Ier d'Angleterre, s'indignait. Il y avait une Nouvelle-France, une Nouvelle-Angleterre, une Nouvelle-Espagne. Pourquoi pas une Nouvelle-Ecosse?

En 1621, le roi lui donna la vaste région qui comprend aujourd'hui les Maritimes et la Gaspésie — terres revendiquées par l'Angleterre depuis que Samuel Argall avait mis à sac Port-Royal en 1613 (voir p. 28). L'acte de donation, rédigé en latin, désignait le pays sous le nom de *Nova Scotia*.

Deux expéditions infructueuses coûtèrent à Alexander quelque £6 000. En 1624, le roi approuva un stratagème pour attirer des colons. La petite noblesse écossaise pourrait désormais obtenir le titre de baronnet de la Nouvelle-Ecosse en versant la modique somme de £1 350. Au château d'Edimbourg, un lopin de terre fut déclaré sol de la Nouvelle-Ecosse et le demeure encore aujourd'hui. Chaque baronnet recevait son titre, 6 475 hectares et une motte de terre, symbole de ses nouvelles possessions.

Les Ecossais se firent tirer l'oreille, mais, en 1629, les premiers baronnets envoyèrent pourtant des colons qui se transformèrent à l'occasion en corsaires: Charles Ier, fils de Jacques, les autorisa à « faire prise de tous les navires et biens français et espagnols, en mer et sur terre ».

Quatre ans plus tard, les colons furent renvoyés chez eux. Le roi Charles, criblé de dettes, avait épousé la sœur de Louis XIII, roi de France, et troqua la Nouvelle-Ecosse et d'autres terres contre 400 000 écus ($240 000).

---

sud de la Nouvelle-Ecosse. Six ans plus tard, lorsque la France se trouva à nouveau en guerre avec l'Angleterre, le fort de La Tour fut le seul à ne pas se rendre à l'ennemi.

Quand la France récupéra ses colonies en 1632, La Tour devint gouverneur des régions voisines de son fort (rebaptisé Fort La Tour) et du nouveau fort Sainte-Marie. Quelques années plus tard, alors que les Français attaquaient les Anglais à Pentagouet (aujourd'hui Castine, dans l'Etat du Maine), La Tour refusa de servir sous les ordres de d'Aulnay. Ce fut l'amorce d'une querelle mémorable entre les deux rivaux.

La Tour se heurtait à un homme aussi ambitieux que lui. Cependant, d'Aulnay avait l'avantage d'être mieux né et de compter des appuis plus nombreux à Paris. Chacun était maître d'une partie de l'Acadie; chacun la voulait tout entière.

Ignorant tout de la géographie acadienne, Versailles ne fit qu'envenimer les choses en établissant un partage. D'Aulnay reçut une partie du Nouveau-Brunswick, à l'exception du fort Sainte-Marie; La Tour obtint la Nouvelle-Ecosse, à l'exception de Port-Royal. Les deux rivaux avaient donc leur quartier général dans une région gouvernée en principe par l'autre.

D'Aulnay avait montré sa volonté de s'établir en Acadie en prenant pour épouse Jeanne Motin. La Tour riposta en envoyant quérir Françoise-Marie Jacquelin qui arriva de France en 1640.

Marie persuada La Tour de s'allier avec les Bostonnais. C'en était trop pour Versailles qui prit le parti de d'Aulnay. La Tour fut déclaré traître et, en avril 1645, alors que celui-ci se trouvait à Boston, d'Aulnay attaqua le fort Sainte-Marie avec 200 hommes.

Marie et ses hommes luttèrent à cinq contre un et tinrent le fort pendant trois jours. Mais sous le feu d'une frégate de 16 canons et trahie par une sentinelle qui guida l'ennemi au travers des palissades, elle dut finalement se rendre. On lui promit la vie sauve pour tous, mais pas un survi-

vant de la garnison n'échappa à la pendaison. Le cœur brisé, elle mourut moins de trois semaines plus tard.

D'Aulnay rentra à Port-Royal, maître incontesté de l'Acadie. Des lettres patentes confirmaient son titre de « gouverneur dans toute l'Acadie, du Saint-Laurent à la mer, jusqu'en Virginie ». La Tour s'installa à Québec où il fit le commerce des pelleteries.

La Tour y serait sans doute resté si le canot de d'Aulnay n'avait pas chaviré près de l'embouchure de l'Annapolis, en mai 1650. D'Aulnay trouva la mort dans l'accident. On raconte qu'il fut tiré la tête sous l'eau jusqu'au rivage par un Indien qu'il avait frappé trois jours plus tôt.

La mort de d'Aulnay donnait le champ libre à La Tour. Il partit pour la France et rentra bientôt, sans le sou, mais porteur du titre de gouverneur de l'Acadie et officiellement lavé de ses crimes. Peu après, il se maria à la veuve de d'Aulnay.

Poursuivi par un créancier tenace, le couple s'enfuit au fort Sainte-Marie. En 1654, les Anglais attaquèrent le fort. En trois jours, les 170 hommes de Robert Sedgwick prirent le fort Sainte-Marie et Port-Royal.

La Tour fut fait prisonnier et fut envoyé en Angleterre. Il revint en 1656, cette fois avec des associés anglais dans l'intention de faire du commerce des fourrures. Il se retira finalement à la pointe Baccaro avec sa famille. Les Anglais étaient devenus maîtres de l'Acadie.

Marie La Tour supplie Charles d'Aulnay d'épargner ses hommes, après la reddition du fort Sainte-Marie (aujourd'hui Saint-Jean, N.-B.) en avril 1645. Tous furent pendus. D'Aulnay était désormais le maître de l'Acadie.

En fait, il y avait deux Acadie : celle des ambitieux qui se disputaient le pouvoir et celle des petites gens qui voulaient tout simplement vivre en paix. Ces colons paisibles, pour la plupart originaires de l'ouest de la France, formaient une petite population de 250 habitants. L'Angleterre, qui ne s'était jamais vraiment intéressée à l'Acadie, n'y avait pas envoyé de colons.

En 1667, la France se fit remettre tout le territoire acadien conquis par l'Angleterre. Les Français s'avancèrent alors vers le bassin des Mines, de l'autre côté de l'isthme de Chignectou. Ils y fondèrent Grand-Pré, Piziquid et Cobequid (Windsor et Truro en Nouvelle-Ecosse), ainsi que Beaubassin (à la frontière du Nouveau-Brunswick et de la Nouvelle-Ecosse).

En principe, les colons dépendaient de Paris et de Québec. Mais Paris les ignorait ou presque et Québec était accaparé par les guerres iroquoises.

Les habitants en vinrent à vivre par eux-mêmes, indifférents à toute autorité. « Ils vivent comme de vrais républicains », rapporte un fonctionnaire, « sans reconnaître d'autorité royale ni judiciaire. » Cette colonie de laissés-pour-compte donna naissance au peuple acadien.

Les malheurs de Nicolas Denys

Depuis son arrivée à La Hève (aujourd'hui La Have) en 1632, la malchance poursuivait Nicolas Denys, dit la Grande Barbe. Tout d'abord, en 1635, on lui retira son droit d'exploiter le bois, ce qui l'empêcha de faire fonctionner la scierie qu'il avait fondée un an plus tôt. Ensuite il bâtit plusieurs postes de pêche et de traite en Acadie, qui ne lui rapportèrent guère. En 1653, Emmanuel Le Borgne — un marchand qui réclamait les terres de Denys à Saint-Pierre et Nipisiguit (Bathurst, au Nouveau-Brunswick) — le fit jeter en prison. Au cours de l'hiver 1668-1669, les flammes détruisirent son poste de traite de Saint-Pierre, aujourd'hui St. Peters en Nouvelle-Ecosse.

Avec l'incendie, c'en était trop. Alors âgé de 70 ans, Denys ferma boutique et prit la plume. Sa *Description géographique et historique des costes de l'Amérique septentrionale*, qu'il publia en 1672, est un document fort pittoresque sur l'Acadie au XVIIe siècle.

Malgré tous ses malheurs, Denys se disait content de sa vie mouvementée : « Je crois n'avoir pas complètement perdu mon temps », écrit-il.

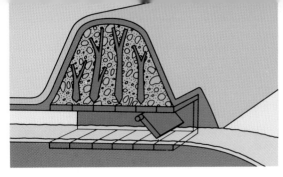

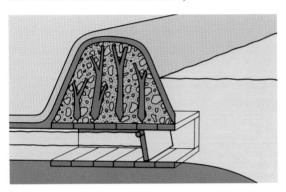

Les Acadiens asséchèrent les marécages du bassin de l'Anna-polis avec des digues de 3,6 m de large et contenant des « aboi-teaux » (barrages dont les vannes se fermaient à marée mon-tante et s'ouvraient à marée descendante).

Les digues construites par les Français (ci-des-sus : près de Wolfville, N.-E.) retenaient les marées de la baie de Fundy le long du bassin de l'Annapolis. Ces digues de pierre et de bois permirent aux Acadiens de gagner des milliers d'hectares sur la mer.

La terre d'Acadie était généreuse. Les fruits, les baies sauvages, le gibier, le poisson, tout y abondait. Les bestiaux se promenaient libre-ment, sans clôtures pour les arrêter. Le lin, le chanvre et les légumes poussaient bien. Les colons arrivaient à subvenir à leurs besoins.

Les Acadiens se mariaient jeunes. Bons vivants, ils se plaisaient à boire ensemble leur cidre et leur bière d'épinette. A temps perdu, ils faisaient un peu de contrebande avec leurs voi-sins de la Nouvelle-Angleterre.

Certains les trouvaient paresseux; l'abon-dance leur donnait la joie de vivre. D'autres les disaient obstinés; ils avaient leur propre façon de vivre. Certains les croyaient pauvres et arriérés; ils se contentaient de leur sort. Mais tous admi-raient leur sens pratique, leur entrain et leur hos-pitalité.

Malheureusement leur destin était lié à celui de la Nouvelle-France et de la Nouvelle-Angle-terre. Ces deux colonies rivales grandissaient face à face et l'Acadie, prise entre les deux, faisait les frais de leurs querelles.

En effet, les Français installés dans la vallée du Saint-Laurent étaient sans cesse harcelés par les Iroquois, nation alliée des Anglais. Frontenac avait riposté en s'attaquant aux établissements frontaliers de la Nouvelle-Angleterre. Les colons anglais n'eurent même pas besoin d'aller jus-qu'au Saint-Laurent pour tirer vengeance : ils s'attaquèrent à l'Acadie. Pendant 20 ans, la côte atlantique fut le théâtre d'une succession sans fin d'attaques et de pillages.

En 1689, une nouvelle guerre franco-anglaise raviva les hostilités en Amérique du Nord. L'Acadie allait encore être touchée. Le gouver-neur Meneval fut pris de découragement. Il était prêt à retourner en France, même sans autorisa-tion, « aimant mieux cent fois demeurer trois ans à la Bastille qu'une seule semaine à Port-Royal ». C'est dire combien l'Acadie était mal préparée pour se défendre et manquait de secours.

Un navire finit par arriver avec à son bord l'in-génieur Saccardy, chargé de bâtir un fort. Il n'eut pas le temps de l'achever avant que le bateau reparte. Quand, en mai 1690, les sept navires armés de Phips jetèrent l'ancre dans le bassin de l'Annapolis, Meneval n'avait que ce fort insuffi-sant et 70 soldats. Il tira le canon pour le rappel des Acadiens; il n'en vint que trois. Le gouver-neur dut se rendre.

Les miliciens de Phips saccagèrent les mai-sons, détruisirent les récoltes, incendièrent le fort et massacrèrent le bétail. Ensuite ils filèrent atta-quer Québec (voir p. 78). A leur retour, ils emme-nèrent à Boston Meneval, deux prêtres et une cinquantaine de soldats.

Après avoir formulé une plainte pour recou-vrer quelques objets auxquels il tenait (deux robes de chambre ornées de dentelle, trois perru-ques neuves et quatre bonnets de nuit), Meneval récupéra quelques vieux habits. L'Acadie fut recouvrée plus facilement. Les Bostonnais, qui n'avaient pas les moyens de la défendre, la laissè-rent retomber aux mains des Français.

En 1696, les Bostonnais passèrent de nouveau à l'attaque. En août, ils firent voile au nord, con-duits par Benjamin Church, un soldat de 57 ans si dévot qu'il se croyait le bras vengeur de Dieu, et si gras qu'on dut un jour l'aider à enjamber des troncs d'arbres. Ses hommes incendièrent les maisons de Beaubassin.

Une autre guerre franco-anglaise faisait rage lorsque Church revint en 1704 avec 14 navires de transport, trois bâtiments de guerre et 700 hommes. Il incendia Grand-Pré, prit Cobequid et Piziquid et ravagea encore Beaubassin. Puis il mit le siège devant Port-Royal.

Le fort avait été réparé, mais ses fortifications n'étaient que des ouvrages de terre consolidés par des madriers. Le gouverneur Mombeton de Brouillan, entouré d'à peine 200 soldats, refusa pourtant de se rendre. Church décida de retourner à Boston, convaincu, écrit-il, « que nous étions inférieurs aux forces de l'ennemi ».

Daniel d'Auger de Subercase prit le gouvernement de l'Acadie en 1706. Il trouva le fort de Port-Royal bien décrépi, les habitants divisés, les vivres et les fonds si maigres qu'il fit acheter en secret des vêtements pour ses officiers à Boston. Il s'empressa de demander des renforts. Soixante hommes arrivèrent de Québec le 5 juin 1707, un jour avant que John March, colonel de la milice du Massachusetts, n'entre dans le bassin avec 20 navires et 1 600 hommes.

Dès que les Bostonnais eurent débarqué, Subercase multiplia les sorties. Les assaillants se découragèrent, incendièrent quelques maisons, puis, en juillet, levèrent l'ancre.

Mécontentes, les autorités de la Nouvelle-Angleterre renvoyèrent la flotte en août. Subercase, fort cette fois de l'appui de Pierre Morpain, un jeune corsaire de Saint-Domingue qui lui fournit des vivres, des étoffes et des munitions, les battit une fois de plus. Penauds, ils rentrèrent à Boston où l'on se moqua d'eux.

Port-Royal pavoisait, mais sa situation était désespérée. Les secours n'arrivaient plus de France. Le roi menaçait d'abandonner l'Acadie « si elle continuait d'être une telle charge ». Subercase vendit ses meubles et son argenterie pour payer ses hommes et faire réparer le fort. Il fit don de ses draps et de ses chemises aux malades. Il se plaignait d'être entouré d'officiers malhonnêtes, négligents ou déséquilibrés, ce qui lui fit dire un jour qu'il avait « autant besoin de petites maisons [asiles] que de casernes ».

Pendant ce temps, les Bostonnais continuaient à s'enrichir en commerçant avec l'Acadie. « Personne, grognait Subercase, ne pouvait souffrir davantage que moi à voir les Anglais poursuivre si froidement leur commerce à notre barbe. » Il captura des navires en mer, mais les incursions de Port-Royal, ce « nid de pillards », mirent la Nouvelle-Angleterre en fureur. Longtemps, elle avait refusé l'aide militaire des Anglais; cette fois, elle se décida à y recourir pour chasser définitivement les Français.

Six navires et 500 marins anglais vinrent grossir la flotte bostonnaise. Le 5 octobre 1710, 36 navires avec 2 000 hommes pénétrèrent dans le bassin de Port-Royal.

La bière d'épinette

La bière d'épinette était à la fois une boisson et un remède contre le scorbut.

On mettait à bouillir les bourgeons, les rameaux et les branches écorcées de l'épinette. Puis on ajoutait de la mélasse, du miel ou du sirop d'érable. Le mélange était alors porté à ébullition, après quoi on le laissait refroidir. Une fois refroidi, on y ajoutait un ferment. En moins d'une semaine, la bière était prête. On faisait également de la bière de sapin ou de pin — et probablement de cèdre blanc, la plante qui avait guéri du scorbut les hommes de Jacques Cartier en 1536 (voir p. 17).

A Terre-Neuve, on corsait la bière d'épinette avec du rhum et de la mélasse pour en faire une boisson très enivrante appelée « callibogus ».

Evangéline, *l'émouvant poème de Henry Wadsworth Longfellow sur la dispersion des Acadiens, inspira ce tableau des fiançailles de l'héroïne avec Gabriel. Un notaire (à droite) les accompagne. La dispersion (voir p. 100) et le personnage d'Evangéline restent des souvenirs vivants à Grand-Pré, en Nouvelle-Ecosse.*

Une poudrière du bastion sud-ouest du fort Anne subsiste encore depuis les jours où le fort était aux mains des Français, sous le nom de Port-Royal. Elle fut construite en 1708 avec des pierres amenées de Caen (France) à fond de cale, et qui servirent de lest durant la traversée.

Subercase n'avait pas 300 hommes. Il n'osa pas les faire sortir des retranchements, de peur qu'aucun ne puisse revenir. Les Anglais attaquèrent Port-Royal sur deux côtés, creusèrent des tranchées et assiégèrent le fort délabré. Pendant sept jours, Subercase les retint avec six canons et deux mortiers. Finalement, les Acadiens du fort demandèrent la reddition. Un conseil de guerre décida que la capitulation était inévitable.

Les soldats français sortirent tambour battant, arme à l'épaule, étendard au vent. Mais ils étaient si affamés, si déguenillés et si jeunes pour la plupart, que même les vainqueurs les prirent en pitié.

C'était la fin de la domination française à Port-Royal. Le fort fut rebaptisé Fort Anne, du nom de la reine d'Angleterre, et le village devint Annapolis Royal. Les soldats et fonctionnaires français rentrèrent dans leur pays.

Pour les quelque 1 700 Acadiens vaincus, il n'y avait plus qu'une alternative. En vertu du traité d'Utrecht, ils devaient choisir entre le serment d'allégeance à la couronne d'Angleterre et l'exil. Ils auraient pu aller s'installer dans la vallée du Saint-Laurent ou sur l'île du Cap-Breton, mais leur attachement à l'Acadie était trop fort. La plupart décidèrent d'y rester. Ils allaient payer chèrement leur fidélité.

Le Nouveau-Brunswick, colonie fantôme des Hollandais

En 1674, le corsaire Jurriaen Aernoutsz réclama avec force une partie du Nouveau-Brunswick pour le compte de la Hollande.

La Hollande et la France étaient en guerre. Le gouverneur hollandais de Curaçao, dans les Antilles, chargea Aernoutsz de faire voile au nord avec sa frégate, *The Flying Horse*, et 50 corsaires pour harceler les Français sur l'Atlantique Nord. A New York, un aventurier de Boston, John Rhoades, convainquit Aernoutsz qu'il pourrait facilement chasser les Français de l'Acadie. Aernoutsz le prit comme pilote.

Ils foncèrent d'abord sur le fort Pentagouet et capturèrent la garnison. Puis ils pillèrent les établissements français de la côte, chassant les colons dans les bois. Ils remontèrent la rivière Saint-Jean et prirent le fort Jemseg. A chaque étape, Aernoutsz laissait une bouteille renfermant un message qui déclarait que le territoire appartenait désormais à la couronne hollandaise.

Ils vendirent leur butin à Boston, gardant leurs prisonniers pour obtenir une rançon. Aernoutsz rentra à Curaçao et Rhoades tenta d'administrer la « Nouvelle-Hollande » depuis Boston. Cependant, les hommes qu'il avait laissés en Acadie se bataillaient avec les commerçants de la Nouvelle-Angleterre. Rhoades fut accusé de piraterie et fut banni du Massachusetts. Les Français reprirent leurs possessions.

Pendant près de 100 ans, les Hollandais ne cessèrent d'affirmer que les gens de Boston les avaient privés de leur « colonie ».

Sites et monuments historiques

ANNAPOLIS ROYAL (N.-E.) Des fortifications de terre, construites vers 1690, à
l'époque où la place forte était aux mains
des Français, subsistent dans le parc historique national du fort Anne. La porte
d'une poudrière de 1708 (le plus vieux
bâtiment du Canada, hors du Québec) a
connu 15 sièges : la charnière supérieure
est française, l'autre est anglaise. Port-
Royal fut reconstruit à cet endroit dans les
années 1630, après la destruction du premier établissement. En 1710, les Anglais
rebaptisèrent la ville Annapolis Royal et le
fort devint Fort Anne. Dans une reconstitution du quartier des officiers (1797), on
peut voir des armes et des meubles du
XVIIIe siècle.

Egalement à Annapolis Royal (3) La maison Delancey-Barclay-Banks serait la plus
ancienne habitation de la ville. Ses fondations dateraient de 1709.

Autres sites et monuments

Amherst (N.-E.) (7) L'établissement acadien de Beaubassin, ravagé par Benjamin
Church en 1696 et en 1704, puis détruit par
un incendie en 1750, se trouvait sur la presqu'île de Chignectou. Une plaque à Fort
Lawrence, 6 km au nord-ouest, rappelle
l'histoire de Beaubassin.

Bathurst (N.-B.) (pas sur la carte) Une
stèle rappelle la mémoire de Nicolas
Denys qui y fonda en 1652 un poste de
pêche et de traite (Nipisiguit).

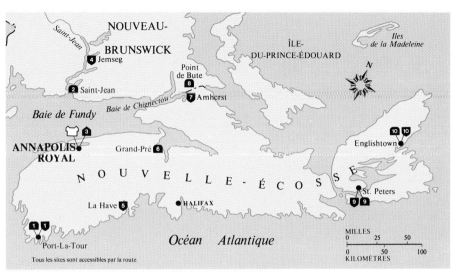

Tous les sites sont accessibles par la route.

⬡ Site principal (Fort) ⬢ Edifice historique ⬤ Monument ▪ Ruines

Englishtown (N.-E.) (10) On peut y voir
des fortifications de terre aménagées par
les Français en 1713 pour défendre
Sainte-Anne qui prit le nom de Port Dau-
phin. Sainte-Anne, fondée en 1629, fut la
première colonie française de l'île du
Cap-Breton.

Grand-Pré (N.-E.) (6) Cette petite localité
était un important établissement acadien
aux XVIIe et XVIIIe siècles. Des vestiges de
digues datant de cette période subsistent
dans le parc historique national de

Grand-Pré. Une église commémorative
évoque des traits de la culture acadienne.

Jemseg (N.-B.) (4) Le fort Jemseg (1659)
fut capturé par les Hollandais en 1674.

La Have (N.-E.) (5) Une stèle marque le
site du fort Sainte-Marie-de-Grâce où
Charles d'Aulnay et Nicolas Denys fondèrent une colonie en 1632.

Point de Bute (N.-B.) (8) A 3 km au nord,
on peut voir les vestiges d'une cale sèche
creusée par les Français à la fin du XVIIe ou
au début du XVIIIe siècle pour réparer les
navires. Des digues de terre de 6 m de haut
entourent un bassin qui chevauche la
rivière La Coupe.

Port La Tour (N.-E.) (1) Une stèle marque
le site du fort Saint-Louis que Charles La
Tour construisit vers 1627 à la pointe Baccaro, 5 km au sud. Des vestiges du fort
Temple, première place forte anglaise sur
la côte de l'Acadie (1658), subsistent sur la
baie Barrington, au nord-ouest de Port La
Tour.

Saint-Jean (N.-B.) (2) Une petite éminence sur le côté est du port (près de Main
Street) marque l'emplacement du fort
Sainte-Marie, construit en 1631 par Charles La Tour.

St. Peters (N.-E.) (9) Des monticules de
terre sont les seuls vestiges du poste de
traite de Nicolas Denys, détruit par l'incendie qui eut lieu au cours de l'hiver
1668-1669. Un musée relate les adventures
du célèbre négociant. Une plaque retrace
les débuts de l'agglomération.

*Ce musée se trouve sur l'emplacement du poste de
Saint-Pierre construit par le négociant Nicolas
Denys, aujourd'hui St. Peters (N.-E.), en 1650.*

L'imprenable Louisbourg contre l'artillerie anglaise

A 25 m du sol, une fleur de lys couronne la tour du bastion du Roi, à Louisbourg. L'unique aiguille de l'horloge marque les heures; la cloche annonce les heures et les demi-heures.

La forteresse de Louisbourg se dressait menaçante dans les brouillards et la bruine de l'Atlantique, symbole d'une lutte à mort qui se livrait en Europe, à des milliers de kilomètres. Ses fortifications massives s'élevaient sur les terres sauvages du Cap-Breton, en bordure d'une vaste région qui, au milieu du XVIIIe siècle, ne comptait encore qu'une poignée de colons. La forteresse était entourée de murs de pierre de trois mètres d'épaisseur et de neuf mètres de haut qui découvraient 148 gueules de canons. Elle avait coûté si cher — l'équivalent de $200 millions — que Louis XV avait pu dire qu'il s'attendait à voir un jour ses tours apparaître à l'horizon.

Avec le traité d'Utrecht de 1713, la France avait cédé à l'Angleterre la baie d'Hudson, Terre-Neuve et une grande partie de l'Acadie. Les Français conservaient une vaste région sur le Saint-Laurent et les Grands Lacs, et des possessions jusqu'au Mississippi. En Acadie même, il leur restait l'île Royale (aujourd'hui l'île du Cap-Breton). Ils eurent l'idée d'y construire une ville fortifiée pour empêcher l'accès à leurs territoires par l'Atlantique.

La construction de Louisbourg, ville qui devait servir à la fois de forteresse et de centre commercial, commença en 1720 et dura des dizaines d'années. Son port s'étendait sur trois kilomètres et était protégé par un étroit goulet facile à défendre. La place forte couvrait 40 hectares.

Toutefois, les progrès de l'artillerie rendaient ce genre de fortifications vulnérables. Mais les Français comptaient sur les avantages naturels du site de Louisbourg pour compenser cette faiblesse. Sur une île qui dominait l'entrée du port, ils installèrent une batterie de 30 canons. Sur le côté nord-est du port, ils en dressèrent une autre (la Grande Batterie) qui comprenait 28 pièces de 42 livres. La baie de Gabarouse, quelques kilomètres au sud, était également bien défendue et

La ville fortifiée de Louisbourg, sur l'île du Cap-Breton, abritait le palais du Gouverneur, des casernes, des maisons, un hôpital, des arsenaux et des magasins. La rive était défendue par des ouvrages de terre, des fossés, des palissades, 200 canons et 20 mortiers. La reconstitution d'un cinquième de la ville fortifiée a été entreprise en 1961.

on espérait que les rivages marécageux empêcheraient les ennemis d'approcher leurs canons jusqu'aux murailles.

Cependant, pour diverses raisons, la construction du fort s'avéra difficile. Des buttes dominaient le site; l'humidité empêchait le mortier de prendre; les matériaux et la main-d'œuvre devaient être importés de France. Enfin, il n'y avait aucune bonne terre arable à des kilomètres à la ronde. Malgré ces nombreux inconvénients, les Français persistaient à voir dans Louisbourg une forteresse imprenable.

La situation des Louisbourgeois n'était guère plus reluisante, même si une société élégante d'officiers déambulait dans les rues. Alors que la population manquait du nécessaire, les marchands vendaient à grand profit des vins fins, des vêtements luxueux, voire même des matériaux de construction. L'alcoolisme était devenu un fléau social et le goût du jeu, une plaie économique. La ségrégation des classes se manifestait même dans les maisons de débauche : les riches

Ce puits à l'intérieur du bastion du Roi, à Louisbourg, a été reconstruit là où se trouvait l'original. Le seau de bois est l'une des nombreuses pièces qui ont été découvertes sur les lieux de l'ancienne forteresse.

Des femmes costumées en habits du XVIIIᵉ siècle bavardent dans une rue reconstituée de Louisbourg. A l'arrière-plan, on voit la porte Frédéric, principale voie d'accès au port. L'arche de pin est coiffée d'un toit d'ardoise.

Un phare à l'huile de baleine

Le premier phare du Canada fut construit à Louisbourg. Sa tour ronde de 21 mètres marquait l'entrée du port. Une cuve d'huile de baleine alimentait des mèches portées par des flotteurs de liège. Le feu de la lanterne était visible à 29 kilomètres.

C'est le roi Louis XV qui commanda ce phare. Pour financer sa construction, on leva un droit de passage sur les navires. Le phare entra en service le 1er avril 1734, mais il fut détruit deux ans plus tard dans un incendie si violent qu'il fit fondre une cuve de fer.

Une nouvelle tour de 20 mètres fut achevée en juillet 1738. Les mèches étaient cette fois suffisamment séparées pour réduire la chaleur et le réservoir d'huile

était entouré d'eau. Des canonniers anglais la détruisirent en 1758.

L'année suivante, les Britanniques construisirent un phare (qui est aujourd'hui le plus ancien du Canada) sur l'île Sambro, au large de Halifax. Pour son financement, on imposa une taxe sur les alcools et on organisa une loterie. Les capitaines se plaignaient souvent qu'il leur fallait tirer le canon avant qu'on n'allume la lanterne et que les vitres étaient obscurcies par la fumée. Aujourd'hui, le phare a été rehaussé et l'huile de baleine a été remplacée par une lampe à incandescence.

Sur les ruines du premier phare de Louisbourg s'élève maintenant ce phare de béton (à droite), construit en 1923.

---

avaient la leur et les moins fortunés en fréquentaient une autre. L'hôpital des Frères de la charité, trop rudimentaire, ne parvenait pas à soigner tous les malades qui s'y présentaient. Tout respirait la monotonie, et l'épais relent de la morue qui séchait sur les « vignaux » s'imprégnait partout.

Quant aux soldats, ils n'étaient pas mieux partagés. Mal payés et mal nourris, ils vivaient dans des quartiers non chauffés, si pleins de vermine que l'été ils en profitaient pour aller dormir sur les remparts. Pour compléter leur maigre solde (souvent en retard), ils s'engageaient comme hommes à tout faire. Leurs officiers tenaient les cantines et prélevaient une part des profits des maisons de débauche. En 1744, ils finirent par se mutiner.

La même année, une troupe française descendit sur Canso, petit port anglais à 80 kilomètres au sud-ouest. Elle était à peine revenue avec son butin qu'une nouvelle mutinerie éclata, cette fois parce que le gouverneur avait autorisé les officiers à vendre aux soldats, à des prix exorbitants, la morue que ceux-ci avaient maraudée dans les pêcheries de Canso.

Les hommes mirent à sac les boutiques, menacèrent leurs officiers et, baïonnette au canon, forcèrent l'intendant François Bigot (voir p. 106) à payer l'arriéré de leur solde. Les officiers écoutèrent leurs doléances, promirent beaucoup et ne firent rien.

Le 29 avril 1745, le gouverneur Louis Dupont, sieur du Chambon, donna un bal. La bonne société dansa toute la nuit, tandis que 560 soldats, 1 400 miliciens et 2 000 civils dormaient. A l'aube, Louisbourg s'éveilla au son du canon. La forteresse subissait son premier siège.

Les attaquants, au nombre de 4 000, étaient venus de la Nouvelle-Angleterre avec une flottille de vieux navires marchands et de bateaux de pêche. La plupart n'avaient aucune expérience de la guerre. Parmi eux, des étudiants de Harvard s'étaient engagés pour une rasade de rhum. Sûrs que l'artillerie française tomberait entre leurs mains, ils avaient amené des boulets trop gros pour leurs propres canons. William Pepperell, commandant de la milice de Boston, était à leur tête.

Sir Peter Warren, de la Royal Navy, les avait rejoints à Canso avec trois bâtiments de guerre et d'autres navires. Le 30 avril, ils sont au large de Louisbourg.

Tandis que Warren bloque la place, ses hommes, à bord de baleinières, bravent le ressac, les récifs, la glace ainsi que le feu des Français. Ils

Les touristes s'étonnent parfois de la mauvaise tenue des soldats français de la forteresse de Louisbourg. Pourtant, les figurants ne font que représenter fidèlement les attitudes de ces soldats indisciplinés, mal payés et maltraités qui formaient la garnison de l'époque.

Le gouverneur recevait
avec faste. Ici, une salle
à manger richement
meublée de Louisbourg.

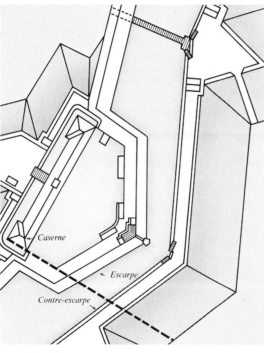

Caserne

Escarpe

Contre-escarpe

débarquent sur les rives de la baie de Gabarouse, traversent les vasières avec leurs canons et commencent à pilonner la forteresse du haut d'une colline.

Du Chambon rappelle ses hommes au fort et coule des navires pour bloquer le port. Puis il commet une grave erreur : il abandonne la Grande Batterie sans détruire ses canons. Deux jours plus tard, les Bostonnais s'en servaient pour tirer les gros boulets qu'ils avaient apportés avec eux. Le premier coup tua 14 personnes. Puis ils ouvrirent le feu du haut d'une autre butte qui dominait le fort.

Les soldats français insultaient les assaillants, leur criaient que des femmes suffiraient à tenir Louisbourg contre des soldats de leur acabit.

Faute d'expérience, les Bostonnais char-

Les défenses de Louisbourg semblaient absolument imprenables. Derrière le massif parapet, à l'abri du feu ennemi, se trouvaient un large terre-plein pour les canons et des banquettes, sorte de plates-formes où les tireurs prenaient place. De l'autre côté du grand fossé s'étendaient les ouvrages extérieurs : un passage couvert où les troupes pouvaient circuler, d'autres banquettes de tir, un second parapet et le glacis en pente douce.

Caserne
du bastion
du Roi

Terre-plein

Banquette

Parapet

Enceinte de la
forteresse

Escarpe

Fossé

Contre-escarpe

Passage couvert

Banquette

Glacis

Ouvrages extérieurs

geaient leurs canons jusqu'à la gueule. Les pièces explosaient parfois au milieu des servants et la poudre se dépensait vite. Ils combattaient pieds nus, en haillons, dans l'humidité et le froid. Bientôt leur bel entrain tomba. Pourtant la chance était avec eux.

En effet, le marquis de la Maisonfort, à bord du *Vigilant* armé de 64 canons, se lança à la poursuite d'une petite frégate qui l'amena tout droit au milieu de l'escadre de Warren. Dans la mêlée, le marquis perdit son navire, 1 000 barils de poudre, 20 canons et quatre mois de vivres qu'il apportait à Louisbourg.

Puis le sort favorisa une fois de plus les Bostonnais : sous les eaux, à quelque distance du rivage, ils découvrirent 10 canons à moitié enfouis dans le sable qui étaient tombés d'un navire quelques années plus tôt. Les soldats sortent les canons de

Sur cette vue de Louisbourg en 1731, par Etienne Verrier et son fils, on peut voir le premier phare du Canada (extrême gauche) trois ans avant sa construction. Verrier avait travaillé à en dresser les plans.

L'escadre qui ne tira pas un seul coup de canon

27 septembre 1746. Les restes d'une escadre française mouillent à Chibouctou (aujourd'hui Halifax). Le duc d'Anville (à droite), son commandant de 37 ans, vient de mourir après avoir perdu 1 135 soldats.

L'escadre — 7 000 hommes et 800 canons à bord de 71 navires — s'était massée à Brest pour venir à la rescousse de Charles Edouard Stuart d'Ecosse. Après la défaite du prince à Culloden, d'Anville avait fait voile sur Chibouctou pour rejoindre une escadre française et aller reprendre Louisbourg et Annapolis Royal. Le marquis de la Jonquière, nommé gouverneur de Québec, l'accompagnait.

La flotte avait essuyé maintes tempêtes et le voyage avait duré 100 jours. Le scorbut, le typhus et la variole avaient fait rage. Un navire coula; un autre prit feu. Près de la moitié de la flotte subit des avaries.

Le 10 septembre, d'Anville jette l'ancre dans ce qui est aujourd'hui le bassin de Bedford pour apprendre que l'escadre des Indes est rentrée en France. Le reste de sa flotte arrive le 27 et d'Anville meurt le même jour.

Le 13 octobre, cinq navires repartent pour la France avec les malades. Ceux qui peuvent encore se tenir debout s'en vont attaquer Annapolis Royal où des bâtiments de guerre les attendent. La Jonquière rentre en France avec ce qui reste de la grande flotte. Près de 2 400 hommes sont morts, sans même avoir combattu. L'escadre n'a pas tiré un seul coup de canon.

l'eau et se mettent à tirer contre la batterie de l'île. Le 15 juin, ils touchent sa poudrière. La batterie se rend.

La forteresse était maintenant prise sous un feu croisé. Les vivres et la poudre manquaient. Presque tous les bâtiments avaient été touchés et les défenses mises hors de combat.

Du Chambon décida de négocier avec les attaquants qui lui promirent que les Français conserveraient leurs biens personnels. Bigot s'enfuit avec le trésor royal — quatre millions de livres — dans ses « effets personnels ».

La Nouvelle-Angleterre célébra sa victoire au son des canons et des volées de cloches. Pepperell fut fait chevalier. Warren, pour sa part, ordonna que le drapeau français continue à battre sur Louisbourg : navires après navires tombèrent dans son piège.

Trois ans après la victoire, sans consulter les combattants, les Anglais restituèrent la forteresse de Louisbourg et tout le Cap-Breton à la France. La mort dans l'âme, les Bostonnais virent la mère patrie leur dérober leur triomphe. C'est alors que les Anglais construisirent une place forte pour faire pendant à Louisbourg : Halifax, dans la baie de Chibouctou.

En juin 1749, l'honorable Edward Cornwallis arriva à Chibouctou. La colonie anglaise de la Nouvelle-Ecosse s'organisa rapidement. En moins d'une semaine, 13 navires avaient apporté 2 576 passagers, des matériaux de construction, des semences, du bœuf et du porc salé, des canons, de la poudre, une pompe à incendie,

La *Gazette* de Halifax, premier-né des journaux

Le premier journal du Canada, la *Gazette* de Halifax, ne comptait qu'une seule page. Son éditeur, John Bushell, était un imprimeur de Boston. Le premier numéro parut le 23 mars 1752 et contenait à peine 100 mots qui donnaient les nouvelles locales (deux décès; le prix du bœuf à 5 et 6 sous la livre) et les nouvelles internationales reprises de journaux anglais. On pouvait y lire des annonces aussi surprenantes que celle-ci : « Chez Elizabeth Render, près de la nouvelle maison du Révérend Tutty sur la rue Barrington : pension pour écoliers, nettoyage de ganses d'or et d'argent et empesage des habits de deuil. »

En 1734, Bushell s'était associé à Boston avec Bartholomew Green, fils de l'imprimeur du premier journal d'Amérique du Nord, le *News Letter* de Boston. Green partit pour Halifax en 1751 où il ouvrit la première imprimerie du pays. Il mourut quelques mois plus tard. Bushell vint prendre la relève et lancer la *Gazette*. Lui et son journal étaient criblés de dettes, mais la *Gazette* sera publiée jusqu'en 1843. Elle survit aujourd'hui avec la *Royal Gazette* de la Nouvelle-Ecosse.

Edward Cornwallis (ci-dessus), gouverneur de la Nouvelle-Ecosse, fonda Halifax en 1749 (ci-contre, aquarelle de C. W. Jefferys). La plupart des colons de Cornwallis étaient de pauvres Londoniens attirés par la promesse de rations gratuites pour un an. Cornwallis fit abattre la forêt et construire une ville fortifiée pour faire pendant à la forteresse de Louisbourg.

l'équipement complet d'un hôpital et même une sage-femme.

Cornwallis écrit que « le nombre de colons... actifs et laborieux, aptes à entreprendre et poursuivre un nouveau travail de colonisation, est bien mince. On ne compte en tout que 100 soldats et pas plus de 200 marchands, marins et autres colons capables et ayant à cœur de travailler ». Il fonda sa petite ville au pied d'une colline. Elle était ceinturée d'une palissade jalonnée de fortins de casemates. Près du sommet de la colline, un fort flanqué de bastions abritait 100 hommes.

A la tombée de la première neige, l'agglomération dc Halifax comptait déjà 300 maisons, dont une demeure de pierre pour un riche officier et une simple maisonnette de bois pour Cornwallis. Les gens vivaient encore à bord des navires ou sous la tente. « De voir les gros flocons de neige, relate un témoin de l'époque, tomber sur les tentes de ceux qui avaient coutume d'être au chaud à Newcastle et à Londres aurait suffi à émouvoir un cœur de pierre. » Le typhus fit près de 1 000 victimes.

De nouveaux immigrants arrivèrent : tout d'abord des gens de la Nouvelle-Angleterre, puis des protestants des pays rhénans et de la France. En septembre 1750 est fondée l'église St. Paul, la première église protestante du Canada. Le gouverneur Cornwallis présidait le conseil qui administrait la Nouvelle-Ecosse. Annapolis Royal (voir p. 90) était supplantée. Mais Halifax était la capitale d'une colonie bien particulière : le nombre des habitants francophones dépassait largement celui des Anglais.

Les ordres de Cornwallis étaient clairs : il fallait peupler la colonie avec des sujets britanniques et forcer les Acadiens à reconnaître la couronne d'Angleterre et à se convertir au protestantisme. Dans les trois mois, ils devaient prêter serment d'allégeance à Sa Majesté britannique. Militaire dans l'âme, Cornwallis ne doutait point que ses ordres seraient exécutés. Il se méprenait sur l'obstination des Acadiens et sur leur volonté de rester indépendants. A leur tour, les Acadiens croyaient pouvoir faire entendre leur voix auprès des nouvelles autorités. Ils se trompaient.

Pendant plus d'un siècle, les Acadiens avaient été leurs propres maîtres. De quelques centaines d'âmes à l'origine, leur population avait grossi près de 40 fois. Quand l'Acadie était tombée aux mains de l'Angleterre en 1710, la plupart des habitants avaient refusé de s'installer dans les territoires français.

Pendant 40 ans, on leur avait ordonné de prêter le serment d'allégeance. Leur réponse avait toujours été la même : ils le feraient si on leur garantissait qu'ils n'auraient jamais à prendre les armes contre les Français ou leurs alliés indiens. Pour Cornwallis, la situation de sa colonie se résumait en ces termes : c'étaient les Acadiens qui possédaient les meilleures terres et leurs amis indiens ne se faisaient pas prier pour scalper les colons anglais, moyennant espèces sonnantes et trébuchantes que leur versait Louisbourg.

Tuque, manteau en étoffe de laine, mitasses et jarretières indiennes : un fusilier des Compagnies franches en tenue d'hiver (milieu du XVIIIe siècle). Les crampons de fer qu'il porte à la main lui servaient à marcher sur la glace. Sa cartouchière était fixée à sa ceinture fléchée. Au corps à corps, il préférait sa hachette à l'épée ou à la baïonnette.

La victoire à Grand-Pré après une longue course

Un jour de janvier 1747, un Acadien du nom d'Arsenault arriva à Beaubassin, porteur de très mauvaises nouvelles pour les Canadiens français qui y passaient l'hiver. Les gens de la Nouvelle-Angleterre avaient pris Grand-Pré, à 320 kilomètres de là, et devaient attaquer Beaubassin au printemps. Quinze jours plus tard, 240 Canadiens et 60 Indiens reprennent la route d'Arsenault, comptant bien surprendre l'ennemi.

Leur chef est Nicolas Coulon de Villiers, petit-fils de Madeleine de Verchères (voir p. 80). Ses hommes tirent leurs traîneaux dans les fourrés couverts de neige et avancent sous la morsure de la poudrerie, grignotant une maigre ration, dormant où ils peuvent — souvent sur la neige molle. Le 11 février, après trois semaines de route, ils sont à Gaspéreau, prêts au combat. L'ennemi se trouve à moins de deux kilomètres.

Les Bostonnais sont commandés par Arthur Noble qui a fait la campagne de Louisbourg en 1745. Ses 500 hommes logent chez l'habitant, dans 24 maisons acadiennes qui s'échelonnent sur 2,4 kilomètres, le long du grand pré d'où la localité tire son nom.

A 3 heures du matin, les hommes de Coulon attaquent 10 maisons. La première est prise en 10 minutes, mais Coulon est grièvement blessé. Le lieutenant Daniel-Marie Liénard de Beaujeu dira plus tard : « Tous nos gens ont fait des merveilles : 21 cadavres et trois prisonniers sont la preuve du courage du détachement. » Noble, surpris au saut du lit, refuse de capituler et est tué. Au matin, les survivants se rendent et promettent de ne pas porter les armes dans la région pendant six mois.

Avant de partir, les Bostonnais invitèrent les officiers français à dîner. Ils avaient du rhum, du sucre, des citrons et de la noix muscade. Ils en firent un punch qui releva fort bien l'ordinaire de l'armée : lard salé et biscuits de mer. C'est ainsi que la bataille de Grand-Pré se termina par une fête où l'on félicita les Canadiens, selon Beaujeu, « de leurs manières polies et de leur habileté à faire la guerre ».

Le magasinier qui vendit les secrets de Beauséjour

En 1753, l'Acadie jouissait d'une paix incertaine. Entre les deux camps ennemis, une auberge (sur l'emplacement actuel de Point de Bute) accueillait aussi bien les officiers français du fort Beauséjour que les officiers anglais du fort Lawrence. Thomas Pichon (à droite), le magasinier du fort Beauséjour, homme menteur et vantard, fréquentait l'établissement. C'est probablement là qu'il rencontra le capitaine George Scott, commandant du fort Lawrence, auquel il vendit les secrets de Beauséjour.

Tantôt il utilisait des Acadiens sans méfiance qui allaient au fort Lawrence acheter des marchandises anglaises. Tantôt il glissait ses messages à des officiers anglais auxquels il donnait des leçons de français.

Lorsque les Anglais attaquèrent Beauséjour en 1755, Pichon était là, encourageant les défenseurs à mettre bas les armes. Quand le fort se rendit, Pichon était parmi les prisonniers qu'on emmena à Halifax. Il déclara à ses compagnons de captivité qu'on l'enverrait bientôt à Louisbourg. Ils lui confièrent alors des lettres, des rapports et même des plans d'évasion. Le « prisonnier » s'empressa de les remettre aux Anglais.

Après sa trahison, Pichon partit pour l'Angleterre où, sous le nom de Thomas Tyrell, il toucha une rente annuelle de £200.

En se servant des prêtres comme intermédiaires, la Nouvelle-France réclamait elle aussi ces terres et la fidélité des Acadiens. « Nous sommes ici, dirent deux d'entre eux aux Anglais d'Annapolis Royal, pour les affaires de la France. » Le plus fanatique de tous, l'abbé Jean-Louis Le Loutre, missionnaire chez les Indiens d'Acadie, excitait chez ses ouailles la haine des Britanniques. A maintes reprises, les Indiens de ses missions s'attaquèrent aux colons anglais d'Annapolis et de Halifax. En 1750, ils rasèrent Beaubassin pour forcer les Acadiens qui y habitaient à émigrer en territoire français.

Des troupes françaises furent envoyées à l'embouchure du Saint-Jean et à l'isthme de Chignectou. Au dire des Français, c'était là la limite du territoire cédé aux Britanniques en 1713. Ces troupes construisirent un fort à Beauséjour et un autre du côté opposé de l'isthme. Des forts anglais leur firent bientôt face. Une fois de plus, les Acadiens étaient pris dans l'étau de deux forces ennemies.

Cornwallis quitta le pays en 1752, poursuivi par les récriminations des Anglais : les Acadiens possédaient les meilleures terres; ils vendaient leurs légumes à Louisbourg et non à Halifax; en raison des attaques indiennes, on ne pourrait attirer en Acadie des colons britanniques. Certains Acadiens avaient aidé les troupes françaises dans le passé et le feraient sûrement encore; la puissance française grandissait à Louisbourg; on créait une « nouvelle Acadie » plus au nord. Pendant deux ans, les rivaux s'affrontèrent, sachant que la seule issue serait de recourir aux armes, ce qu'on fit en 1754. Le lieutenant-gouverneur de la Nouvelle-Ecosse était alors Charles Lawrence, militaire jusqu'à la moelle. Il décida de chasser les Français de Chignectou.

En juin 1755, Robert Monckton lança 2 000 Bostonnais et 250 soldats britanniques à l'assaut du fort Beauséjour qui était commandé par Louis Du Pont Duchambon, sieur de Vergor, fils de celui qui avait livré Louisbourg 10 ans plus tôt. Beauséjour fut capturé par les Anglais après trois jours de combat.

Gaspéreau, le second fort de l'isthme, tomba sans coup férir. Les 200 Acadiens capturés à Beauséjour comptaient sur le pardon promis par Monckton. Mais pour Lawrence, le « pardon » signifiait seulement qu'ils échapperaient à la pendaison. Les délégués acadiens des Mines furent mis en demeure de prêter le serment de fidélité. Ils refusèrent et on les enferma. Puis vint l'ultimatum; les Acadiens qui refusaient de prêter le serment seraient déportés. Nouveau refus des délégués. C'est alors que Lawrence donna ces ordres dont le souvenir assombrit l'histoire du Canada.

A Chignectou, à Grand-Pré, à Annapolis Royal, sous le soleil d'été, les troupes, baïonnettes au canon, rassemblèrent les Acadiens médusés. Poussés à bord des navires comme un

L'église St. Paul est le plus ancien édifice de Halifax. Sa construction remonte à la fondation même de la ville, en 1749 (gravure de 1764, d'après un dessin de 1761). Aujourd'hui perdue au milieu des autoroutes et des grands immeubles, l'église St. Paul est un des hauts lieux de l'histoire de la Nouvelle-Ecosse, depuis l'époque de Charles Inglis, premier évêque anglican de la province.

troupeau, ils furent emmenés vers le sud et disséminés dans toutes les colonies anglaises. Plusieurs familles furent séparées. On incendia les villages.

Pour le colonel John Winslow, qui était chargé de l'opération à Grand-Pré, les déportations furent « très désagréables ». Charles Lawrence n'y vit qu'une nécessité militaire; il fut promu gouverneur.

Comme le rapporte un témoin, au début de l'année 1756, « l'un des plus beaux pays du monde était ravagé et vide ». Pas complètement pourtant.

Les expulsions, qui continuèrent sporadiquement jusqu'en 1762, déracinèrent de 8 000 à 10 000 personnes. Nombre d'Acadiens allèrent rejoindre ceux qui s'étaient enfuis dans les bois. Avec leur chef Charles Deschamps, sieur de Boishébert, ils menèrent la vie dure aux Anglais qui n'osaient plus sortir de leurs forts.

En mai 1758, Halifax salua dans l'allégresse l'arrivée de 27 000 soldats et marins britanniques. Lors de la déclaration de la guerre (de Sept Ans) en 1756, le Premier ministre William Pitt

Des Acadiens qui ont refusé de prêter le serment d'allégeance attendent les bateaux qui les emmèneront en exil. La Dispersion des Acadiens, toile d'Henri Beau, *fait partie de la collection de l'Université de Moncton.*

avait promis un empire à George II. Il fallait prendre Québec et tout d'abord Louisbourg qui barrait la route.

Augustin de Boschenry de Drucour, gouverneur de Louisbourg, ne connaissait que trop bien les points faibles de son retranchement et les déplorait. Comme le gouverneur britannique l'avait dit en 1748, « le plan général des fortifica-

Le fort Beauséjour fut le premier à tomber sous la poussée anglaise qui prit fin avec l'expulsion des Acadiens en 1755. Ci-dessus : quelques vestiges dans le parc historique national d'Aulac (N.-B.). Beauséjour fut rebaptisé Fort Cumberland et les Anglais renforcèrent ses retranchements qui sont toujours visibles. Cumberland fut attaqué sans succès en 1776 par des partisans de la révolution américaine.

tions est exécrable et les ouvrages encore plus mal exécutés et si mal situés que pratiquement toute élévation de terrain ou petite éminence en domine une partie ou l'autre ».

Pourtant, Louisbourg était plus puissante que jamais. Drucour disposait de 3 000 soldats français, sans compter les miliciens canadiens. Les remparts découvraient 219 canons et 17 mortiers. Treize bâtiments de guerre, 3 000 marins et 544 canons défendaient la mer. La Grande Batterie avait été détruite, mais celles de l'île et de la baie de Gabarouse étaient bien protégées. La place avait des vivres pour un an.

Le 2 juin, la brume du matin laissa entrevoir les premières voiles d'une escadre ennemie. Le lendemain, les eaux fourmillaient de 160 navires, armés de 1 842 canons.

Les Anglais essayèrent pendant près d'une semaine de débarquer dans la baie de Gabarouse. James Wolfe, temporairement général de brigade, découvrit une crique déserte, à l'abri du feu des Français. Il y conduisit ses hommes qui chargèrent à la baïonnette. Quatre heures plus tard, les troupes françaises battaient en retraite.

Les attaquants étaient beaucoup mieux entraînés que lors du siège de 1745, même si quelques-unes de leurs batteries étaient servies par des « buandières » qui, comme il arrivait souvent à l'époque, suivaient les soldats. Ils pilonnè-

rent les bâtiments français amarrés dans le port. Seule la frégate *Aréthuse* de Jean Vauquelin riposta. Vauquelin essuya le feu aussi longtemps qu'il put, puis franchit le barrage ennemi pour gagner le large.

Chaque matin, Mme Drucour, la femme du gouverneur qu'on surnommait La Bombardière, allait aux remparts tirer le canon. Le 8 juillet, son vaillant époux envoya des troupes charger les lignes anglaises dans le noir, à la baïonnette. Peine perdue! Les Britanniques avaient déjà encerclé la forteresse. Postes à seulement 180 mètres, ils démolirent les casemates les unes après les autres. Les maisons s'écroulèrent.

Le 26 juillet, les Français se résignèrent à la capitulation. Dans l'espoir de sauver Québec, Drucour avait soutenu le siège aussi longtemps qu'il l'avait pu. Il ne se rendit qu'après avoir perdu le quart de ses hommes et presque toute son artillerie. En sept semaines, les Anglais avaient réussi à s'emparer du plus grand fort d'Amérique.

Impatient d'attaquer Québec, Wolfe se plaignait qu'on perdait du temps à « cueillir des fraises ». Mais les Britanniques durent alors se contenter de chasser les Acadiens de l'île du Prince-Edouard, de la vallée du Saint-Jean et des forêts du nord. En 1760, les Anglais raseront complètement la ville-forteresse.

Est-ce pour rire ou y a-t-il vraiment une souris, une abeille ou une couleuvre dans les herbes? Tous les étés, des enfants se joignent aux figurants qui font revivre l'ancienne place forte de Louisbourg. Leurs vêtements, copies fidèles d'originaux du XVIIIᵉ siècle, sont fabriqués par les gens du pays.

Sites et monuments historiques

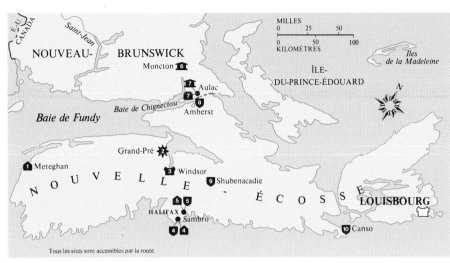

Tous les sites sont accessibles par la route.

□ Site principal (Fort) ✳ Attractions multiples 🏠 Édifice(s) historique(s) 🔲 Musée ◆ Monument 🚩 Fort ■ Ruines

LOUISBOURG (N.-E.) La forteresse fut détruite par les Anglais en 1760. Sur son emplacement, on a réalisé la plus vaste reconstitution historique du monde, le parc historique national de Louisbourg. On peut y voir une cinquantaine d'édifices, des charpentes noircies qui évoquent l'atmosphère d'un siège ainsi que d'imposantes fortifications de pierre. Cet ensemble représente le cinquième de la ville telle qu'elle fut pendant sa courte durée.

BASTION DU ROI Autrefois le plus vaste édifice du Nouveau Monde, on peut y voir les appartements du gouverneur, les quartiers des officiers et des soldats, une chapelle, une prison et une école d'artillerie.

HÔTEL DE LA MARINE On y sert des plats typiques du XVIIIe siècle.

KENNINGTON COVE Une stèle marque l'endroit où les troupes de James Wolfe débarquèrent au cours du siège de 1758.

MUSÉE DE LA FORTERESSE DE LOUISBOURG On peut y voir les plans du premier fort ainsi que diverses salles consacrées aux sièges de 1745 et 1758. On y décrit aussi les étapes de la reconstruction de Louisbourg.

PHARE DE LOUISBOURG Une plaque de plomb provenant du premier phare du Canada (1734) est posée sur le nouveau phare, construit en 1923.

Autres sites et monuments

Amherst (N.-E.) (8) Une stèle à 2,5 km au nord-ouest indique l'emplacement du fort Lawrence. Construit par les Anglais en 1750-1752 pour faire pendant au fort Beauséjour de l'autre côté de l'isthme de Chignectou, il fut abandonné après la capture de Beauséjour en 1755. Beaubassin se trouvait sur l'isthme.

Aulac (N.-B.) (7) Les murs, les bastions et les casemates de la place forte construite en 1750-1755 par les Français du côté de l'isthme de Chignectou qui leur appartenait ont été restaurés dans le parc historique national du fort Beauséjour. (Le poste fut rebaptisé Fort Cumberland par les

Ces toitures de Louisbourg rappellent les jours heureux d'une ville provinciale française du XVIIIe siècle. On recouvrait les toits d'écorce, de planches, de bardeaux ou d'ardoise. Les murs étaient de bois ou de colombages.

Anglais qui le capturèrent en 1755.) Le musée contient une collection d'armes et d'uniformes du XVIIIe siècle.

Canso (N.-E.) (10) Une stèle relate les débuts de la ville, rasée par les soldats de Louisbourg en 1744. Des forces anglaises s'y regroupèrent l'année suivante avant de prendre Louisbourg.

Caraquet (N.-B.) (pas sur la carte) Le Village historique acadien, qui retrace la vie des Acadiens revenus dans la région après leur déportation en 1755, a été créé avec une quarantaine de bâtiments restaurés provenant de différentes régions de la province. Ils comprennent une taverne, une école, une chapelle, cinq fermes et plusieurs kilomètres de digues restaurées. Le Musée acadien de Caraquet possède une collection de meubles du XVIIIe siècle. En août se tient un festival de chansons et de danses folkloriques.

Grand-Pré (N.-E.) (2) Dans le parc historique national de Grand-Pré, une chapelle évoque l'église où l'on donna lecture aux Acadiens de l'avis d'expulsion de 1755. A l'extérieur, statue de bronze d'Évangéline, l'héroïne du poème de Longfellow. Près du parc, un monument marque l'endroit où se déroula la bataille de Grand-Pré en 1747. Près de Horton Landing, une croix rappelle l'embarquement des Acadiens.

Halifax (5) A l'intérieur de Province House, on peut voir la table où Edward Cornwallis dressa avec ses conseillers les

plans de Halifax, en 1749; une plaque rappelle l'installation de la première presse du Canada sur laquelle fut imprimée, en 1752, la *Gazette*, premier journal du pays. L'église St. Paul, construite en 1749 avec des madriers expédiés de Boston, est le plus ancien édifice de Halifax. Les restes de certains des fondateurs de la ville reposent dans le cimetière St. Paul. A côté du bassin de Bedford, à Rockingham, une stèle marque l'endroit où la malheureuse escadre du duc d'Anville, envoyée de France pour reprendre l'Acadie, mouilla l'ancre en 1746.

Meteghan (N.-E.) (1) La Vieille Maison, demeure acadienne construite vers 1760, est un musée privé où l'on peut voir divers objets du XVIIIe siècle.

Moncton (N.-B.) (6) Parmi les collections du Musée acadien de l'Université de Moncton, on peut voir une pierre angulaire d'une église construite à Beaubassin (voir Amherst) en 1723 et une boussole ayant appartenu à un Acadien déporté. Reconstitution d'une étable, d'une école et d'une échoppe de cordonnier.

Ottawa (pas sur la carte) Au Musée canadien de la guerre, mortier et canon de bronze dont on se servit à Louisbourg. Armes du XVIIIe siècle.

Sambro (N.-E.) (4) Le plus vieux phare du Canada, construit en 1759, fonctionne toujours sur l'île Sambro.

Shubenacadie (N.-E.) (9) Une borne marque l'endroit où l'abbé Le Loutre, l'ennemi juré des Anglais, avait son quartier général en 1738.

Windsor (N.-E.) (3) On peut y voir une redoute de bois construite par les Anglais en 1750, dans le fort Edward.

Un tournant de l'histoire sur les Plaines d'Abraham

Dans les années 1650, quand Abraham Martin, ancien pilote du roi, menait paître ses vaches sur les Hauteurs de Québec, il était loin de se douter que son paisible champ de pacage deviendrait, cent ans plus tard, un champ de bataille. Familièrement, on appelait cet endroit les « Hauteurs d'Abraham ».

C'est là que, le 13 septembre 1759, le général James Wolfe conduisit ses soldats dans un ultime effort pour s'emparer de Québec avant l'hiver. A la grande surprise de Montcalm, ils avaient escaladé la falaise de l'anse au Foulon. L'armée de Wolfe, alignée sur deux rangs, s'étirait sur presque un kilomètre. Le flanc droit était posté près de la falaise tandis que le gauche se tenait sous le feu des Canadiens et des Indiens embusqués dans les bois, du côté de la rivière Saint-Charles.

La bataille des Plaines d'Abraham, estampe des Archives publiques du Canada, représente tout à la fois l'escalade de la falaise de l'anse au Foulon par une avant-garde anglaise et la bataille qui s'y déroula.

Face aux Anglais, sur une petite éminence, cinq régiments français (Guyenne, Béarn, Royal Roussillon, La Sarre et Languedoc) étaient flanqués par la milice canadienne. Monté sur un cheval noir, le marquis de Montcalm brandit son épée : « Etes-vous préparés, mes enfants? » lança-t-il. « Vive notre général! Vive le Roi! » répondirent ses hommes.

Tambour battant, les Français s'élancèrent pour livrer une bataille qui se préparait depuis des années.

L'attaque de Québec était en effet devenue inévitable depuis le traité d'Utrecht de 1713 qui avait reconnu à l'Angleterre la maîtrise des mers et lui avait donné la baie d'Hudson, Terre-Neuve et la majeure partie de l'Acadie. Pour achever sa conquête du Nouveau Monde, l'Angleterre avait dû défaire les Français sur l'île Royale (île du Cap-Breton) pour s'attaquer ensuite à ceux de la vallée du Saint-Laurent. Elle trouvait facilement du renfort dans ses colonies de l'Atlantique qui se sentaient à l'étroit et voulaient à tout prix agrandir leur territoire.

Pour protéger le golfe du Saint-Laurent, la France avait construit en vain la forteresse de Louisbourg (voir p. 92). Il lui fallut ensuite renforcer par des retranchements de pierre les fortifications de bois de Montréal et de Québec. Le fort Chambly protégeait la vallée du Richelieu, au sud de Montréal; on lui ajouta le fort Saint-Frédéric. On restaura les vieux forts des Grands Lacs, du Mississippi et du lac Champlain, et on en ajouta de nouveaux.

Au cours de la période qui s'étend entre le traité d'Utrecht et la guerre de Sept Ans, l'économie de la Nouvelle-France connut un grand essor. Des chantiers navals s'ouvrirent à Québec, ainsi que des goudronneries et des scieries sur le Saint-Laurent. Les Forges du Saint-Maurice (près de Trois-Rivières), financées par Louis XV, fabriquaient des poêles, des pots, des socles de charrue, des outils et des ancres. En 1734, le chemin du Roy, première route entre Montréal et Québec, fut achevé. Entre 1721 et 1739, les récoltes de blé, de chanvre et de lin triplèrent. La culture du tabac fut implantée au cours des mêmes années. Les arrivées plus nombreuses d'immigrants et un taux de natalité élevé portèrent à 74 000 habitants la population de la Nouvelle-France vers 1755. On colonisa jusqu'au lac Champlain et le long de la Chaudière, en direction du Maine.

Les récits de l'époque décrivent une société québécoise dont l'élégance et les mœurs étaient calquées sur celles de la France. Pourtant, les Canadiens se distinguaient des Français par leur

Le cap Diamant, où se trouve actuellement la Citadelle de Québec, était gardé en 1759 par cette redoute. Construite par le gouverneur Frontenac en 1693, l'épaisseur de ses murs atteignait 2,13 m à la base. Elle fut ensuite englobée dans les fortifications de la Citadelle, édifiée par les Anglais entre 1820 et 1832.

Bigot : favori de la Pompadour et fonctionnaire corrompu

Au cours de l'été 1759, la population assiégée de Québec dut se contenter d'une maigre ration de pain, à laquelle s'ajoutait parfois de la viande de chien ou de chat. Pendant ce temps, l'intendant François Bigot et ses grands fonctionnaires (la « Grande Société ») menaient grand train et faisaient bonne chère. Le 13 septembre 1759, alors même que les troupes anglaises escaladaient la falaise des Plaines d'Abraham, l'intendant de la Nouvelle-France jouait aux cartes dans son château (Charlesbourg-Est).

Bigot abusait de son poste pour dépouiller aussi bien Louis XV que les colons, à tel point qu'on appela le magasin où il gardait ses marchandises, « la friponne ».

Il importait ou réquisitionnait des marchandises au nom du roi, puis les vendait aux colons avec un bénéfice éhonté. Il faisait payer au roi les rations de miliciens qui n'avaient jamais été appelés sous les drapeaux. Il soudoyait les officiers pour leur faire signer de faux reçus, puis facturait au gouvernement dix fois le prix des marchandises. Les colons devaient donner six jours de corvée par an; la corvée était en principe au service du roi, elle l'était plus souvent à celui de Bigot.

Versailles ne regardait pas de trop près les comptes de Bigot, car il était le favori de la Pompadour, maîtresse du roi. On racontait d'ailleurs qu'elle touchait sa part des bénéfices.

L'intendant avait pour maîtresse Angélique Péan, épouse d'un fonctionnaire. Le couple Péan collaborait aux malversations de Bigot.

Quand Québec tomba, Bigot put s'enfuir en France avec son butin. Mais il n'en profita guère. On fit de lui un bouc émissaire et il dut payer l'équivalent de $2 500 d'amende et restituer une fortune représentant $3 750 000. Il fut exilé en Suisse.

Ce buste de Pierre de La Vérendrye fait partie d'un monument qui se dresse à Trois-Rivières, sur l'emplacement de la maison où il naquit en 1685. La Vérendrye et ses fils explorèrent le nord-ouest de l'Ontario et poussèrent jusqu'aux Prairies. Ils furent les premiers Blancs à voir les Rocheuses. Le commerce que permit la chaîne de forts qu'ils construisirent fut vital pour la Nouvelle-France au début du XVIIIᵉ siècle.

esprit d'aventure et d'indiscipline, reflet des vastes espaces du nouveau pays. Cette différence allait se manifester avec plus d'acuité au moment de la guerre de Sept Ans : les miliciens canadiens et les soldats français ne s'entendront pas sur la manière de combattre.

Les pelleteries demeuraient la principale richesse. Depuis 1717, la traite, naguère le monopole de quelques fortunés, était ouverte à tous les colons. Cependant la baie d'Hudson étant aux mains des Anglais, il fallait chercher d'autres sources d'approvisionnement. Mais les traitants anglais faisaient une concurrence farouche sur les Grands Lacs et les rivières du Sud.

La vallée de l'Ohio fut le premier champ de lutte. En 1749, des commerçants anglais formèrent la *Ohio Company of Virginia* qui revendiquait 200 000 hectares. La Nouvelle-France riposta en envoyant Coulon de Jumonville planter partout des bornes aux armes de Louis XV et construire quatre forts, dont le fort Duquesne. Les Anglais répliquèrent en édifiant le fort Necessity, à 105 kilomètres au sud-ouest du fort Duquesne (Pittsburgh). Le 28 mai 1765, le lieutenant-colonel George Washington, accompagné de 150 Virginiens, y attaquèrent les 31 Français qui s'y trouvaient. Coulon de Jumonville tomba avec neuf de ses hommes. Le 3 juillet, les Français, menés par le frère de Jumonville, attaquèrent Necessity et forcèrent le futur président des Etats-Unis à signer une déclaration où il reconnaissait « l'assassinat » de Jumonville.

Officiellement, la France et l'Angleterre étaient en paix, ce qui n'empêchait pas l'Angleterre de décimer la marine française. Au cours de la seule année 1755, elle captura 300 navires français. Ces pertes affectaient grandement la Nouvelle-France qui dépendait encore de la

mère patrie. Celle-ci lui envoyait des vivres et des secours en échange de pelleteries.

Enfin, l'Angleterre déclara la guerre le 17 mai 1756. Comme tous les autres conflits européens, celui-ci allait avoir des échos en Amérique du Nord.

Montcalm était parti de France le 3 avril, accompagné de son second, le chevalier de Lévis, et des colonels Louis-Antoine de Bougainville et François-Charles de Bourlamaque. Dès son arrivée, il prit le commandement des troupes françaises régulières d'Amérique.

Le 14 août, il rasa le fort Oswego, dans l'Etat de New York et, l'année suivante, il s'empara du fort William Henry sur le lac George. En juillet

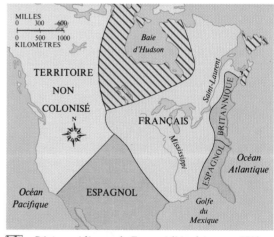

▨ *Régions cédées par la France à l'Angleterre en 1713*
Au début du XVIIIᵉ siècle, Le Moyne d'Iberville étendit le territoire de la Nouvelle-France à la baie d'Hudson et Cavelier de La Salle, au golfe du Mexique. Quand l'Acadie et la baie d'Hudson furent cédées à l'Angleterre, la Nouvelle-France se tourna vers l'ouest et Pierre de La Vérendrye s'avança tout près des Rocheuses.

1758, il tint le fort Ticonderoga, sur le lac Champlain, contre une armée supérieure à la sienne.

Mais cette même année, William Pitt prit la conduite de la guerre en Angleterre. Bien décidé à briser la France en la frappant dans ses colonies, il porta les effectifs britanniques en Amérique du Nord à 23 000 soldats. La Nouvelle-France n'en avait que 6 800. Louisbourg tomba le 26 juillet 1758. Le fort Frontenac (Kingston, en Ontario) fut pris le 25 août. Le fort Niagara fut isolé. Quant au fort Duquesne, il ne pouvait plus être défendu et, le 23 novembre, les Français le détruisirent. Le Saint-Laurent était sans défense et les vivres se faisaient rares. Ce qui restait de la Nouvelle-France était menacé.

Montcalm demanda alors des renforts à la France, mais le ministre Berryer lui répondit « qu'on ne cherche point à sauver les écuries quand le feu est à la maison ». Le roi savait bien que la survie de la colonie dépendait de l'appui naval de la France, mais la défense de la métropole devait passer avant tout. En février 1759, le marquis de Vaudreuil, gouverneur de la Nouvelle-France, apprit qu'on n'enverrait plus de vaisseaux de guerre au Canada.

La guerre avait miné l'économie de la colonie qui prospérait quelques années plus tôt. Chaque nouveau soldat était une bouche de plus à nourrir. Chaque habitant en uniforme était un fermier de moins. La plupart des navires de ravitaillement envoyés de France au printemps 1758 avaient été capturés par les Anglais.

En 1759, tous les forts des Grands Lacs et du lac Champlain étaient tombés. La Nouvelle-France, qui embrassait autrefois les actuelles provinces Maritimes et qui s'était étendue jusqu'à la baie d'Hudson, le golfe du Mexique et les Rocheuses, ne comptait plus que la Louisiane et quelques positions précaires dans la vallée du Saint-Laurent.

Les Anglais arrivèrent devant Québec le 25 juin 1759, avec 168 vaisseaux, 13 500 marins et 8 500 soldats. Son coup d'éclat à Louisbourg, l'année précédente, avait valu à Wolfe de diriger le siège de Québec.

Depuis un mois, Québec renforçait ses fortifications. Des milliers de Canadiens, enfants, hommes et vieillards, avaient répondu à l'appel aux armes lancé par Vaudreuil. Ils étaient 16 200 défenseurs. Le 12 juillet, les canons anglais commencèrent à tonner de l'autre côté du fleuve. Mais Wolfe doutait qu'un bombardement vienne à bout de Québec. Il fallait livrer bataille aux Français et, donc, débarquer. Il pensait que le meilleur endroit était la grève de Beauport, entre les rivières Saint-Charles et Montmorency, mais ce poste était bien défendu.

Le 26 juillet, Wolfe débarqua donc, avec 2 000 hommes, à l'est de la rivière Montmorency. A l'aube, 800 Indiens attaquèrent le camp anglais, tuant et blessant 200 hommes avant de s'enfuir. Le 31, Wolfe essaya de débarquer sur la rive ouest de la Montmorency, mais il fut repoussé par Montcalm et perdit 443 hommes. Ses canons installés sur la rive sud rasèrent les maisons de Québec, mais Wolfe savait qu'il perdait du temps. Il fallait agir avant l'hiver ou se résigner à abandonner le siège. Le 9 septembre, alors qu'il rentrait d'une nouvelle tentative de débarquement, il aperçut, le long des falaises du Foulon, le lit d'un ruisseau asséché.

La place Royale de Québec, qui comprendra 75 édifices restaurés, nous livre une image de la Nouvelle-France.

Les chauffeurs se relayaient sans interruption toutes les six heures autour des fourneaux des Forges du Saint-Maurice, à Trois-Rivières. De 1730 jusqu'en 1883, les forges prospérèrent et en 1741 elles étaient l'industrie la plus importante de la Nouvelle-France. Elles employèrent jusqu'à 300 hommes qui fondaient le minerai de fer des tourbières avoisinantes.

Français et Anglais : au combat en grand style

Au XVIIIe siècle, les fantassins français et anglais avaient grande allure. Les fusiliers français portaient un justaucorps gris blanc (manteau à longs pans que l'on remontait aux côtés), un gilet à manches longues aux couleurs du régiment, une chemise de lin blanc, des culottes et des bas de laine. Leurs guêtres de toile blanche se boutonnaient. Les fusiliers portaient épée et baïonnette à la ceinture. Pour les campagnes d'hiver, ils chaussaient des mocassins et des raquettes et endossaient de gros manteaux de laine écrue. Les grenadiers, soldats d'élite entraînés à prendre d'assaut les barricades, étaient armés de sabres. On les encourageait à porter la moustache, interdite dans les autres régiments.

Le fusilier anglais portait une tunique, un gilet et des culottes rouges. La tunique était doublée aux couleurs du régiment. Les grenadiers arboraient un haut bonnet pointu aux armes de la Maison de Hanovre et des épaulettes rouges passementées aux couleurs du régiment.

Anglais et Français étaient lourdement chargés. Un soldat britannique portait une trentaine de kilogrammes, souvent la moitié de son poids : vêtements (5,9 kg), armes et munitions (9 kg), matériel, et la ration de biscuits, de lard salé et de pois pour six jours (14,5 kg).

Sur les Plaines d'Abraham, les troupes françaises faisant dos à Québec (en haut à gauche) affrontèrent les soldats anglais qui avaient escaladé la falaise (à droite), au cours d'une bataille qui décida du sort du Canada. « L'honneur qui peut revenir aux défenseurs du Canada, écrivit un officier britannique, doit aller aux hommes qui, luttant pour leur terre natale selon leurs traditions, permirent aux troupes régulières de France de s'échapper. »

Fusilier français, 1755-60

Grenadier anglais, 1758-67

Dans la nuit du 12 au 13 septembre, Wolfe organisa une diversion vers Beauport, puis fit débarquer ses troupes près de l'anse au Foulon. Vingt-quatre habits rouges escaladèrent la falaise en suivant le ruisseau. Sur le plateau, les gardes étaient endormis dans leurs tentes. Les troupes britanniques avançaient, à deux soldats de front. Dès les premières lueurs du jour, elles étaient en place sur les Plaines d'Abraham.

Montcalm refusa d'abord de croire que les soldats anglais étaient « là où ils n'ont point le droit d'être ». S'il avait attendu les troupes de Bougainville, cantonnées à Cap-Rouge, l'ennemi aurait été pris dans un étau. S'il était resté dans les murs de la ville, la glace aurait finalement forcé Wolfe à lever le siège. Montcalm lança pourtant ses troupes à l'attaque.

Wolfe l'attendait de pied ferme. Ses soldats se tenaient impassibles sous la grêle des canons français. Mais les troupes de Montcalm avançaient de plus en plus dans le désordre; ses réguliers se heurtaient aux miliciens canadiens. Ceux-ci se jetaient à terre pour recharger leurs armes et zigzaguaient d'un buisson à l'autre pour se mettre à couvert.

Les armées n'étaient plus qu'à 35 mètres l'une de l'autre lorsque Wolfe donna l'ordre de tirer. La salve retentit comme un coup de canon. Les habits rouges tirèrent une deuxième fois puis rechargèrent à nouveau. Quand la fumée se dissipa, ils constatèrent que les lignes ennemies étaient jonchées de cadavres et de blessés.

Wolfe ordonna alors de charger et s'élança avec ses grenadiers. D'abord blessé au poignet, il fut ensuite touché au ventre. Mais il continuait à combattre, emporté par la ruée. Soudain, une balle l'atteignit en pleine poitrine. On vit le général s'affaiser; le sang coulait à flots de sa bouche. On le transporta à l'arrière, mais il refusa d'être soigné. Au moment de mourir, il apprit la défaite des Français.

Alors qu'il ralliait ses troupes, Montcalm fut blessé grièvement. Ses soldats le maintinrent en selle et l'amenèrent jusqu'à la porte Saint-Louis. Des femmes vinrent à son secours. « Ce n'est rien, ce n'est rien, dit Montcalm, ne vous affligez pas pour moi, mes bonnes amies. »

Il mourut le lendemain sans avoir vu les Anglais entrer dans Québec. On l'enterra dans un cratère creusé par un obus anglais, sous la chapelle du couvent des Ursulines. « Avec lui, écrit une religieuse, c'est la Nouvelle-France qui entre au tombeau. »

La partie n'était pourtant pas encore gagnée. La ville de Québec, ses remparts intacts, n'était pas perdue. La brève bataille des Plaines n'avait pas suffi à écraser l'armée française. Tandis que les Anglais mettaient le siège devant la ville, Bougainville et Lévis se préparaient à contre-attaquer. Mais la population effrayée et affamée supplia Ramezay, le commandant de la garnison, de déposer les armes. Il se rendit le 18 septembre, au moment même où George Townshend, le successeur de Wolfe, pensait battre en retraite avant l'hiver. Les Anglais entrèrent dans la ville le lendemain.

Wolfe (en haut) méprisait ses compagnons d'armes : « Des gredins et des canailles », disait-il. Pour Montcalm, le Canada était un lieu « où les coquins s'enrichissent et les honnêtes gens se ruinent ».

Ennemis de leur vivant, réconciliés dans la mort

James Wolfe ne rêvait que de gloire. Son adversaire, le marquis de Montcalm, n'aspirait qu'à revoir sa patrie.

« Je crois que j'aurais dû renoncer à tous mes honneurs pour vous rejoindre, mais le roi doit être obéi », écrivait Montcalm à sa femme. Dans une autre de ses lettres, on peut lire : « Je désire ardemment la paix. »

Quant à Wolfe, il dit un jour : « Je préfère bien davantage écouter le tambour et la trompette que tout autre son plus doux. » Il eut cette autre réflexion : « Je sacrifierais un bras ou une jambe pour être en possession de Québec. »

Montcalm ne comprenait pas les Canadiens et déplorait que leur milice ne se conforme pas aux traditions de l'armée française.

Wolfe, soldat depuis l'âge de 14 ans, était un enragé de la guerre. On le soupçonna même parfois de déséquilibre mental. « Si cela est vrai, s'exclama George II, j'espère bien qu'il mordra quelques-uns de mes généraux. »

Les deux ennemis connurent la mort dans le même combat. La dernière parole de Wolfe fut celle d'un vainqueur : « Dieu soit loué. Je peux maintenant mourir en paix. » Quant à Montcalm, il demanda à ses officiers venus chercher des ordres qu'on le laisse en paix. La dépouille de Wolfe fut emmenée en Angleterre; Montcalm, qui avait tant voulu revoir sa patrie, fut enterré à Québec.

Un obélisque dans le jardin des Gouverneurs à Québec célèbre les deux généraux. Il y est inscrit : « Le courage leur a donné une mort commune, l'histoire une gloire commune, la postérité un monument commun. »

Après leur victoire à Québec en 1759, les soldats anglais passèrent un hiver terrible, harcelés par la population. Les sentinelles mouraient de froid à leur poste. Ci-contre, des soldats écossais sur le qui-vive escortent une troupe qui ramène du bois de chauffage à son cantonnement.

Québec passa un sombre hiver sous la domination anglaise. Il faisait si froid que les religieuses prirent pitié des Écossais en kilt et leur tricotèrent des pantalons de laine. Vaudreuil gouvernait depuis Montréal où Lévis, le nouveau commandant en chef, mûrissait ses plans pour reconquérir Québec. Au printemps, espérant que le premier navire qui arriverait serait français, Lévis partit pour Québec. Le 28 avril 1760, le commandant de la garnison, James Murray, répéta l'erreur de Montcalm et sortit au devant de Lévis à Sainte-Foy. Après deux heures de combat, les Anglais furent mis en déroute. Lévis assiégea ensuite la ville, tout en surveillant le Saint-Laurent avec inquiétude.

Une voile apparut enfin le 9 mai. C'était une frégate anglaise. Lévis continua tout de même d'espérer. Le 15, trois autres bâtiments britanniques mouillèrent devant Québec. Lévis se replia alors sur Montréal. Vaudreuil écrira amèrement : « La vue d'un seul pavillon français aurait opéré la reddition de la ville de Québec. » L'été suivant, trois armées britanniques — 16 000 hommes en tout — s'avancèrent sur Montréal. Le fort Chambly tomba le 1er septembre. Derrière son mince rempart, Montréal ne pouvait résister. Vaudreuil capitula. Les Anglais entrèrent dans la ville le 8 septembre.

La guerre de Sept Ans prenait fin en Amérique. Les Canadiens espéraient que les terres conquises leur seraient restituées. Mais le traité de Paris ne donna à la France que les îles Saint-Pierre et Miquelon, ainsi que des droits de pêche à Terre-Neuve. La Nouvelle-France n'était plus.

Les canons de Signal Hill, dernier espoir de la Nouvelle-France

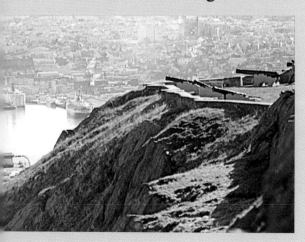

Le 8 mai 1762, quatre navires français parvinrent à franchir le blocus anglais de Brest, à l'ouest de la France, et firent voile vers Saint-Jean, dans la province de Terre-Neuve. Le comte d'Haussonville se trouvait à bord avec 700 soldats. Leur mission : établir une base en Amérique du Nord pour reprendre plus tard la Nouvelle-France.

Les Anglais avaient des batteries des deux côtés de l'entrée du port de Saint-Jean. Ils avaient également construit le fort William sur la pente qui domine la ville, mais le promontoire de Signal Hill (à gauche) n'était pas fortifié. Les Français débarquèrent le 24 juin à Bay Bulls, 32 kilomètres au sud, et pri-rent Saint-Jean trois jours plus tard. D'Haussonville fit monter immédiatement des canons sur Signal Hill.

Mais la France n'envoyait pas de renforts. Au matin du 15 septembre, une armée de 1 500 soldats anglais venus de Halifax, de Louisbourg et de New York, qui avait débarqué à Torbay deux jours plus tôt, parvint à Cuckold Cove, sur le versant nord de Signal Hill. Les Anglais déjouèrent les sentinelles, capturèrent les canons des Français et les pointèrent sur la garnison en contrebas. Après trois jours de bombardement, d'Haussonville se rendit. Ce fut le dernier combat entre troupes françaises et anglaises.

Sites et monuments historiques

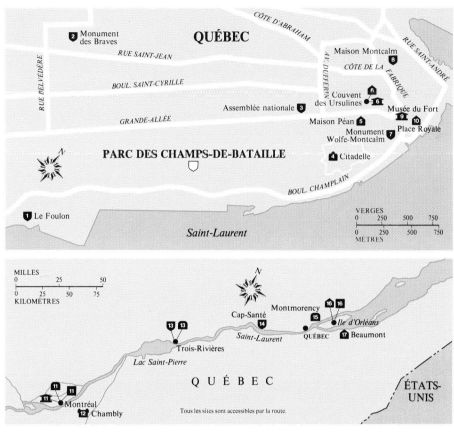

Site principal (Monument) ● Edifice(s) historique(s) ▲ Musée ◆ Monument ⬛ Fort ⬛ Ruines ⬛ Site non indiqué

QUÉBEC Dans le parc des Champs-de-Bataille, des stèles marquent le site de la bataille de 1759. Un obélisque indique l'endroit où Wolfe trouva la mort. Le monument à Jeanne d'Arc rappelle la mémoire de ceux qui combattirent sur les Plaines d'Abraham et à Sainte-Foy, au printemps suivant. Une statue de Montcalm se dresse là où le général fut mortellement blessé.

Egalement à Québec

ANSE AU FOULON (1) Une plaque indique l'endroit où les hommes de Wolfe commencèrent leur escalade de la falaise, le 13 septembre 1759.

ASSEMBLÉE NATIONALE (3) Sur la façade, on peut voir les statues des généraux Wolfe, Montcalm et Lévis ainsi que de l'explorateur Pierre de La Vérendrye.

CITADELLE (4) La redoute du cap Diamant (1693) et une poudrière (1750) témoignent du régime français.

COUVENT DES URSULINES (6) Le crâne de Montcalm est conservé au musée Marie-de-l'Incarnation. A proximité se trouve la chapelle où son corps fut enterré dans un cratère creusé par un obus.

MAISON MONTCALM (8) Rue des Remparts, une plaque marque l'emplacement de la maison où Montcalm vécut de décembre 1758 à juin 1759. La résidence reçut le nom du village natal de Montcalm, Candiac.

MAISON PÉAN (5) La demeure du 59 rue Saint-Louis aurait été habitée par Angélique Péan, maîtresse de l'intendant François Bigot. Montcalm y mourut le 14 septembre 1759.

MONUMENT DES BRAVES (2) Une colonne de pierre s'élève sur les lieux de la bataille de Sainte-Foy (aujourd'hui le parc des Braves) de 1760.

MONUMENT À WOLFE ET MONTCALM (7) Une colonne de pierre de 15 m dans le jardin des Gouverneurs rappelle la mémoire des deux généraux.

MUSÉE DU FORT (9) Les batailles des Plaines d'Abraham et de Sainte-Foy sont reconstituées en son et lumière à partir d'une maquette de la ville de Québec au XVIIIe siècle.

PLACE ROYALE (10) Plus de 30 maisons ont été restaurées ou reconstruites dans ce qui était le centre commercial de la Nou-velle-France. L'hôtel Chevalier (1752), dont un mur contient toujours un boulet de canon datant de 1759, est un musée de mobilier du XVIIe siècle. Les expositions de la Maison Fornel (1724) décrivent la vie militaire et l'administration coloniale. Visites organisées depuis la Maison Le Picard (1763).

Autres sites et monuments

Beaumont (Qué.) (17) L'église de Saint-Etienne-de-Beaumont était construite depuis 26 ans lorsque les troupes de Wolfe affichèrent sur sa porte un ordre de reddition. Des villageois déchirèrent l'avis et des soldats incendièrent la porte. L'église ne fut pas touchée.

Cap-Santé (Qué.) (14) Une borne, à 4,83 km à l'est, marque l'emplacement du fort Jacques-Cartier, dernière place forte de la Nouvelle-France qui se rendit un an, jour pour jour, après la bataille des Plaines d'Abraham.

Chambly (Qué.) (12) Le fort Chambly était l'un des maillons de la chaîne de bastions qui protégeait la Nouvelle-France. Ses murs datent de 1709-1711 et ont été partiellement reconstruits.

Ile d'Orléans (Qué.) (16) Wolfe avait son quartier général dans une maison de Sainte-Pétronille. Le manoir Mauvide-Genest (1734), à Saint-Jean, porte les marques des boulets anglais. L'église de Saint-François (1734) fut réquisitionnée pour servir d'hôpital aux soldats anglais.

Montmorency (Qué.) (15) Les vestiges de deux redoutes construites par Wolfe ont été découverts dans le parc de l'Hydro-Québec, près de la chute.

Montréal (11) Une partie des murailles, datant de 1724, est conservée dans la brasserie des Fortifications. Sur la place d'Armes, 3 122 officiers et soldats français déposèrent les armes le 8 septembre 1760. Au musée de l'Ile-Sainte-Hélène, on peut voir une maquette de Montréal au XVIIIe siècle, un acte signé par Montcalm, ainsi que des tambours, des casques et des armes de l'époque de la bataille des Plaines d'Abraham.

Saint-Jean (T.-N.) (pas sur la carte) La bataille de Signal Hill, dernière rencontre entre les troupes françaises et anglaises (15-18 septembre 1762), est reconstituée tous les étés.

Trois-Rivières (Qué.) (13) Au parc historique national des Forges-du-Saint-Maurice, on peut voir les vestiges de la première fonderie du Canada. Un buste de La Vérendrye marque l'endroit de sa maison natale.

Les Canadiens combattent aux côtés des Anglais

Guy Carleton, qui dirigea la défense de Québec contre l'invasion américaine, était né en Irlande (1724). Soldat de l'armée britannique dès l'âge de 18 ans, il se battit à Québec en 1759 et fut blessé à peu près au moment où mourait son ami James Wolfe. Nommé gouverneur en 1768, il s'efforça de s'attacher les faveurs des Canadiens français et put compter sur leur loyauté quand les Américains attaquèrent en 1775.

La tempête faisait rage sur les remparts de Québec, dans la nuit du 30 décembre 1775. Guy Carleton, commandant de cette place forte britannique — la dernière au Québec qui ne soit pas tombée aux mains des Américains — essayait de voir si tout était prêt dans la basse ville. Derrière les barricades des rues Champlain et du Sault-au-Matelot, les défenseurs de Québec attendaient. Carleton était sûr que l'envahisseur attaquerait avant l'aube.

Deux mois plus tôt, ce gouverneur de la plus grande colonie américaine de Sa Majesté déambulait paisiblement à Montréal. Puis, soudain, les armées américaines des 13 colonies rebelles eurent raison de ses garnisons de la vallée du Richelieu et de Montréal. Et, en cette nuit du 30 décembre, Carleton savait que les troupes des généraux américains Richard Montgomery et Benedict Arnold étaient aux portes de Québec et se lanceraient bientôt à l'attaque.

En 1760, quand la Nouvelle-France succomba devant les armées anglaises, 55 000 Canadiens passèrent sous la domination britannique. Par leur langue, leur religion, leur nationalité, ils n'avaient aucune affinité avec les Anglais et craignaient donc de voir leur mode de vie changer brusquement. Mais les conquérants hésitaient à réorganiser une colonie qui, par traité, pourrait être restituée à la France lorsque la guerre prendrait fin en Europe. Aussi, les militaires qui administraient la colonie, et qui par ailleurs se faisaient un devoir de parler français, décidèrent-ils de maintenir le droit civil de France et de tolérer l'Eglise catholique.

Mais la guerre de Sept Ans se termina en 1763 et l'Angleterre conserva le Québec. La France abandonnait presque volontiers une colonie dont elle n'avait jamais pu tirer profit. Pour les

Les miliciens canadiens (coiffés de tuques) et les fusiliers anglais défendent Québec. Les Américains ont descendu la rue du Sault-au-Matelot, mais ne peuvent franchir la barricade qui bloque l'étroite rue.

C'est ici, rue du Sault-au-Matelot, dans la basse ville de Québec, que l'invasion de 1775-1776 fut refoulée. Les Américains se trouvèrent pris entre la barricade et les troupes britanniques qui chargeaient à l'autre bout de la rue.

colons français, l'humiliation était totale. Conquis par les Anglais, délaissés par leur propre roi, ils se trouvèrent presque ruinés lorsque la France n'honora ses dettes qu'à demi et que le papier-monnaie qu'elle avait mis en circulation au Québec perdit à peu près toute valeur.

Les marchands de la Nouvelle-Angleterre, quant à eux, n'avaient aucunement l'intention de voir leurs anciens ennemis reprendre du poil de la bête. Durant des années, ils s'étaient heurtés à la concurrence des Canadiens. Ils pouvaient maintenant s'emparer de tout le commerce du Saint-Laurent. A l'automne de 1763, ils s'installaient déjà à Montréal.

Puis vint la Proclamation royale de 1763. Le Québec, comme toutes les colonies anglaises, allait avoir un gouverneur général et une assemblée de représentants élus. La religion catholique serait tolérée mais, conformément au droit britannique, les catholiques ne pourraient ni tenir une charge publique, ni faire fonction de jurés. Les commerçants bostonnais, frais arrivés, étaient comblés. En tant que protestants, ils allaient pouvoir dominer la Chambre d'assemblée. Le Québec était à leur merci.

Ils avaient compté sans celui qui allait devenir gouverneur général. James Murray n'appréciait guère ces commerçants parvenus. Il se sentait plus à l'aise avec la classe dominante française, le clergé catholique et les seigneurs dont il partageait les idées d'ordre et d'autorité. Il décida de gouverner sans assemblée.

Les marchands avaient cependant de solides appuis à Londres et Murray fut rappelé en 1764. Mais son successeur, Guy Carleton, refusa lui aussi de laisser les marchands dominer les Canadiens français. Il sentait la révolte gronder dans les autres colonies américaines et escomptait que l'appui des Canadiens serait un jour précieux pour le gouvernement britannique.

Les Anglo-Américains de Montréal réagirent très mal à l'Acte de Québec de 1774 et aux droits qu'il garantissait aux Canadiens français catholiques. Un mécontent barbouilla ce buste de George III sur la place d'Armes (il se trouve aujourd'hui au musée McCord de Montréal) et y accrocha un chapelet de pommes de terre. La croix du chapelet portait ces mots : « Voici le Pape du Canada et le stupide Anglais. »

Les marchands bombardèrent l'Angleterre de pétitions, demandant que le Québec soit administré à la façon des autres colonies. Sans vergogne, ils s'employaient à diviser les Canadiens et à mener campagne contre Carleton.

En 1774, l'Angleterre confirmait par l'Acte de Québec la position de Carleton. On reconnaissait aux catholiques tous les droits politiques et la

Un Yankee détestable perd une oreille

Le Bostonnais Thomas Walker (à gauche) arriva à Montréal vers 1763 et rallia bien vite les rangs des marchands de la Nouvelle-Angleterre qui dénonçaient la complaisance des autorités britanniques à l'endroit des Canadiens.

Walker, qui était devenu juge de paix, s'opposait vivement au logement des troupes chez des particuliers. Un soldat se présenta un jour chez un ami de Walker et lui demanda l'hospitalité. Le marchand refusa, mais le soldat s'installa quand même. Walker fit emprisonner le pauvre diable. Peu après, six soldats masqués firent irruption chez lui, le battirent et le laissèrent inconscient après lui avoir coupé une oreille.

Tout montrait qu'il s'agissait de soldats du 28e régiment, mais personne ne fut puni et Walker accusa le gouverneur James Murray de protéger ses assaillants.

Quand les Américains envahirent le Québec, le gouverneur Guy Carleton, successeur de Murray, accusa Walker de trahison. Dans la nuit du 5 octobre 1775, 30 soldats cernèrent sa ferme de L'Assomption et le firent prisonnier.

Walker passa un mois enfermé avant d'être dirigé sur Québec, mais des Américains le libérèrent en cours de route. De retour à Montréal, alors occupé par les Américains, sa femme et lui se montrèrent odieux envers leurs sauveurs.

La Nouvelle-Ecosse se brouille avec ses cousins

La crainte que George Washington avait de la puissance maritime anglaise, les incursions des corsaires de Nouvelle-Angleterre, l'éloquence d'un jeune évangéliste, voilà autant de raisons qui écartèrent la Nouvelle-Ecosse de la révolution américaine.

En 1776, plus de la moitié des 20 000 Blancs qui habitaient la Nouvelle-Ecosse avaient de proches parents en Nouvelle-Angleterre, mais seuls les 2 000 habitants de Halifax se prononçaient ouvertement en faveur de l'Angleterre (leur subsistance dépendait de la Royal Navy).

Le colonel Jonathan Eddy, un fermier yankee installé à Chignectou, poussait George Washington à attaquer la Nouvelle-Ecosse, clé des routes maritimes de l'Atlantique Nord. Mais Washington refusa : il avait trop de respect pour la Royal Navy. Dépité, Eddy réunit une petite bande en Nouvelle-Angleterre et parvint à convaincre quelques nouveaux Ecossais de les rejoindre, puis mit le siège devant le fort Cumberland (l'ancien fort Beauséjour des Français). Trois semaines plus tard, deux compagnies des Royal Marines de Halifax mettaient les rebelles en déroute.

En novembre 1775, des corsaires américains avaient pillé Charlottetown et saccagé d'autres ports. Lorsque 50 corsaires menés par un certain Benjamin Cole débarquèrent à Liverpool en 1780, un ancien colon de Nouvelle-Angleterre, Simeon Perkins, ameuta la population. Cole fut capturé et gardé en otage dans la maison de Perkins (à gauche, aujourd'hui convertie en musée) jusqu'à ce que les prisonniers des corsaires soient libérés. Puis Perkins donna 24 heures aux corsaires pour s'en aller, ce qu'ils firent.

L'évangéliste puritain Henry Alline, qui était arrivé en Nouvelle-Ecosse dans les années 1760, avivait lui aussi les sentiments anti-américains. Pendant huit ans, il battit la campagne, tonnant que Dieu avait ordonné à ses ancêtres d'aller en Nouvelle-Angleterre accomplir sa volonté. Mais quand la Nouvelle-Angleterre devint, selon Alline, pécheresse et rebelle, Dieu mena son fidèle en Nouvelle-Ecosse : c'est là que son Eglise allait renaître. La prédication d'Alline, à une époque où les liens avec la Nouvelle-Angleterre se relâchaient déjà, contribua à unir les gens de Nouvelle-Ecosse et à les détacher de leurs cousins du Sud.

---

liberté religieuse. On autorisait l'Eglise catholique à percevoir la dîme, devenue illégale après la conquête. Le droit civil resterait français et le régime seigneurial serait maintenu. Le droit pénal deviendrait britannique.

C'était une loi généreuse à une époque d'intolérance religieuse. Elle reçut l'appui du clergé et des seigneurs. Mais l'Angleterre avait tort de croire que le petit peuple l'accepterait. Les colons français étaient aussi touchés par les idées d'indépendance du Nouveau Monde que les colons anglais, et ils s'opposaient résolument à la dîme.

L'Acte de Québec avait d'autres adversaires. A l'automne 1774, un Congrès continental se réunit à Philadelphie, et les délégués des 13 autres colonies anglaises protestèrent contre le rétablissement des frontières du Québec le long de l'Ohio et du Mississippi. Ils reprochèrent aussi à l'Angleterre de soutenir un peuple et une Eglise qu'ils avaient combattus pendant un siècle.

Nombre d'Américains cependant se souvenaient encore des miliciens de la Nouvelle-France qui avaient livré d'âpres combats contre ceux de la Nouvelle-Angleterre, et ils n'avaient guère envie de semblables affrontements. Aussi, tout en souhaitant que l'Angleterre vînt à bout du fait français et catholique, souscrivirent-ils à une « Lettre adressée aux habitants de la Province de Québec », pressant les Canadiens de se rallier à leur cause.

Au printemps 1775, les Bostonnais de Montréal se demandaient s'ils allaient faire front commun avec le congrès de Philadelphie quand ils apprirent que les miliciens américains et les troupes anglaises en étaient venus aux prises à Lexington, au Massachusetts. C'était la guerre.

Fort Chambly, aujourd'hui Chambly (Qué.), fut capturé par les Américains en 1775 qui l'incendièrent l'année suivante. Trois des murs ont été reconstruits. La maison au toit rouge se trouve sur l'emplacement du poste de garde.

Pierre du Calvet, riche marchand français (et partisan des Américains), vivait dans cette maison du vieux Montréal. Il se vantait d'être le seul créancier canadien du Congrès américain à avoir été remboursé. Mais sa collaboration avec les forces américaines qui occupèrent Montréal en 1775-1776 lui valut trois ans de prison.

Cette aquarelle de la fin du XVIIIe siècle — une vue de Montréal depuis l'île Sainte-Hélène — se trouve à la Galerie nationale du Canada à Ottawa. Elle est l'œuvre de Thomas Davies, officier de la Royal Artillery, l'un des nombreux peintres militaires que comptaient les troupes britanniques en Amérique du Nord. A l'école des meilleurs aquarellistes de l'époque, les officiers de l'artillerie et du génie apprenaient à dessiner fidèlement les positions militaires. Leurs œuvres sont des documents importants du début de l'histoire de la peinture canadienne. Davies se distingue par sa sensibilité, son souci du détail et la richesse de ses couleurs.

Le fort Ticonderoga et Crown Point, deux postes britanniques sur le lac Champlain, tombèrent lors d'attaques à l'improviste. Le Richelieu était ouvert aux envahisseurs américains.

Le gouverneur Carleton demanda immédiatement des volontaires pour grossir les rangs des 800 soldats anglais qui ne suffiraient certes pas à défendre le territoire.

A travers toute la colonie, les seigneurs et les prêtres exhortèrent les gens à s'enrôler : ils se heurtèrent à une indifférence obstinée. Pourquoi s'immiscerait-on dans une querelle d'Anglais? Carleton comptait sur des milliers de volontaires; il n'en recruta qu'une centaine.

Tandis que Carleton fulminait, le général Richard Montgomery menait 2 000 soldats de New York dans la vallée du Richelieu où il rallia quelques partisans canadiens. Au début de septembre, il était en face du fort Saint-Jean, à un jour de marche de Montréal.

Mais à Saint-Jean, dans le froid et sous la pluie, 600 soldats anglais et canadiens résistèrent aux Américains pendant deux mois. Leurs ordres étaient de tenir jusqu'à la dernière extrémité. Des vivres et des munitions arrivaient chaque semaine du fort Chambly. C'est alors qu'un détachement américain, après avoir contourné Saint-Jean, parvint à prendre Chambly et à s'emparer d'assez de poudre et de canons pour forcer

la garnison du fort Saint-Jean, dépourvue de vivres, à capituler le 2 novembre. Elle avait perdu 20 hommes. Des 2 000 soldats de Montgomery, la moitié avaient péri.

Dix jours plus tard, Pierre du Calvet, marchand et juge de paix, s'affairait dans sa maison de la rue Bonsecours à Montréal quand des explosions secouèrent soudain les vitres des fenêtres. C'était l'armée de Carleton qui, trop faible pour tenir la ville, détruisait armes et munitions avant de s'enfuir à Québec. Surpris, du Calvet ne tarda pourtant pas à poursuivre ses préparatifs pour accueillir les Américains victorieux.

Les premiers entrèrent au moment même où Carleton faisait voile vers Québec. D'autres avaient descendu le Richelieu jusqu'à Sorel où ils attendaient Carleton. Sa capture mettrait fin à la résistance canadienne.

Alerté, Carleton se déguisa en habitant canadien et, en compagnie de Jean-Baptiste Bouchette, un capitaine du Saint-Laurent qu'on surnommait « le Tourte », sauta dans une baleinière. Sans ramer, sinon avec les mains, tous deux glissèrent au milieu des brouillards du fleuve, à quelques mètres des sentinelles américaines. Arrivés près des îles de Sorel, le Tourte et Carleton, n'ayant plus rien à craindre, sortirent les rames et purent gagner Trois-Rivières.

Carleton arriva à Québec le 19 novembre, avec deux armées à ses trousses. Parti du Maine, le général Benedict Arnold était parvenu à Lévis, en face de Québec, en descendant la Chaudière. La traversée des marécages et des forêts lui avait causé de lourdes pertes : près de la moitié de ses 1 100 hommes avaient péri.

À court de vivres, les survivants étaient réduits à manger du savon et de la graisse et à mastiquer des mocassins bouillis. Ils traversèrent le fleuve le 14 novembre mais, repoussés par l'artillerie, se retirèrent à Pointe-aux-Trembles (aujourd'hui Neuville) pour attendre les troupes de Montgomery. Celles-ci arrivèrent de Montréal le 3 décembre, après une semaine de marche. Rares étaient les Canadiens qui s'étaient joints à elles. La plupart hésitaient à se battre pour les Anglais, mais les Américains ne les enthousiasmaient pas davantage.

En fait, Carleton gagnait des appuis. Il disposait maintenant de 1 800 hommes, dont plus de la moitié étaient volontaires. Il avait en outre expulsé de Québec tous ceux dont la loyauté était mise en doute; c'étaient, pour la plupart, des marchands anglais.

Les Américains, déjà décimés par la petite vérole, étaient coincés par le temps. S'ils campaient tout l'hiver hors de la ville, ils risquaient de mourir de froid. Le printemps pourrait amener la Royal Navy, ainsi que des renforts pour Carleton.

Carleton savait tout cela et, lorsque la tempête se déchaîne le 30 décembre, il est sur les remparts, persuadé que les Américains attaqueront dans la nuit. Il s'allonge tout habillé pour prendre un peu de repos en attendant l'assaut.

À 4 heures du matin, le 31 décembre, l'assaut est donné. Benedict Arnold mène 700 hommes à travers les bourrasques de neige vers la porte du Palais, au nord de la ville.

Au même moment, de l'autre côté de la ville, des miliciens postés dans une maison de la rue Champlain entendent des bruits venant de la rue. Ils se précipitent dans la tempête et, aux ordres du capitaine Chabot, mitraillent une ligne de New-Yorkais, à 40 pas devant eux. Montgomery tombe, mortellement blessé. Ses 350 soldats prennent peur et s'enfuient à toutes jambes, abandonnant leurs blessés.

Dans toute la basse ville, derrière les murs et les barricades, la milice canadienne-française et les Royal Highland Emigrants, les matelots anglais et les soldats réguliers sont aux aguets.

Ignorant de la déroute de Montgomery, Arnold s'approche de la porte du Palais quand, soudain, l'éclair rouge d'une salve de mousquets déchire la nuit. Les Américains dévalent la côte de la Canoterie et la rue Sous-le-Cap jusqu'à la basse ville où Arnold tombe, touché à la jambe.

Pourtant, ses hommes emportent une première barricade, s'emparent de quelques mai-

Richard Montgomery (en haut) et Benedict Arnold combattirent tous deux pour et contre les Anglais. Montgomery servit dans l'armée britannique en Amérique avant de commander des troupes américaines en 1775. « Le Québec est à nous », dit-il à ses hommes quelques instants avant de mourir sous le feu de la milice canadienne. Arnold fut parmi les derniers Américains à s'enfuir du Québec. Moins de cinq ans plus tard, il conduisait des troupes britanniques contre ses anciens compagnons américains. Il mourut à Londres en 1801.

Le premier roman écrit au Québec

Frances Brooke arriva à Québec en 1763, surtout pour avoir l'œil sur son mari, qui était aumônier des troupes anglaises. Elle livra ses impressions du pays dans un roman, *Histoire d'Emilie Montague*, le premier à être écrit en Amérique du Nord. Le livre fut publié en Angleterre en 1769.

Le roman raconte une histoire d'amour entre Emily et un officier britannique à la retraite qui possède des terres au Québec. L'intrigue est mince, mais l'auteur, par le biais d'un échange de lettres, célèbre avec enthousiasme les paysages « exaltants, pittoresques, romantiques » de la province. « Le tonnerre, écrit-elle, est plus terrifiant et magnifique qu'en Europe, l'éclair plus éclatant et plus beau. » Ses sentiments sont partagés à l'égard des paysans canadiens, « braves, intrépides, actifs aux champs, mais paresseux et oisifs à la maison ». L'un de ses personnages dit que « l'exécrable climat du Québec est l'ennemi de la beauté, vous rend les cheveux gris et les mains rouges ».

sons de la rue du Sault-au-Matelot, et s'élancent contre la barricade principale. Ils ne la franchiront jamais. Aiguillonnés par Charles Charland, 200 miliciens contre-attaquent et reprennent les maisons. Puis les troupes de Carleton franchissent la porte du Palais et prennent les Américains à revers. Après quelques heures, 400 Américains se rendent, et nombre d'autres, dont Arnold, s'échappent en traversant le fleuve gelé. Arnold a perdu 100 hommes; Carleton, sept.

A l'aide de renforts (1 200 hommes arrivèrent entre janvier et mars), Arnold assiégea Québec, mais sans trop d'espoir. Il n'était d'ailleurs pas le seul : entre-temps 100 prisonniers américains rallièrent les forces de Carleton.

Déçu de cette défaite, le Congrès continental fut en outre stupéfait d'apprendre que la domination répressive des Américains à Montréal dressait les Canadiens contre la révolution.

En avril 1776, on envoya Benjamin Franklin examiner la situation à Montréal, mais il était trop tard. En mai, lorsque la Royal Navy arriva à Québec avec 10 000 hommes et des munitions, les Américains levèrent le siège et s'enfuirent vers Montréal. Près de Trois-Rivières, un cultivateur, Antoine Gautier, conduisit délibérément

un détachement d'Américains dans un marécage. Ils y furent mitraillés par les canons de la marine et les réguliers britanniques. Aux Cèdres, 400 Américains se rendirent à une troupe de 40 réguliers anglais et de 200 Indiens.

Le 15 juin, Arnold ordonna à son armée d'incendier Montréal, mais les habitants eurent facilement raison des flammes.

Défaits, les Américains se replièrent sur le Richelieu et le lac Champlain où ils reçurent des renforts. Mais le 11 octobre, Carleton attaqua Arnold à l'île Valcour. Deux jours plus tard, il anéantissait la flotte américaine à Crown Point. Arnold cependant parvint à gagner Ticonderoga, qui restera aux mains des Américains.

Même s'il avait pu être dicté par un certain opportunisme politique, l'Acte de Québec n'en constituait pas moins une reconnaissance des droits fondamentaux des Canadiens français, faisant du Québec une colonie distincte des autres colonies anglaises. Aussi fut-il vivement contesté par ces dernières qui virent là une raison supplémentaire de se libérer du joug britannique. Mais, du même coup, l'Acte de 1774 avait contribué à la consolidation d'un front commun contre l'envahisseur américain.

L'indépendance américaine coûte cher aux Canadiens

Les Américains ne firent aucune conquête durant leur guerre d'Indépendance et pourtant ils se taillèrent la part du lion lors de la conférence de paix qui mit fin au conflit. En effet, pour reprendre le commerce avec ses 13 anciennes colonies, ainsi qu'avec la France et l'Espagne, l'Angleterre fit alors d'importantes concessions.

Le traité de Versailles de 1783 céda aux Américains tous les territoires compris entre les Grands Lacs et la rivière Ohio (la majeure partie de l'Illinois, de l'Indiana, du Michigan, de l'Ohio et du Wisconsin). Autrefois partie de la Nouvelle-France, ce territoire riche en pelleteries avait été réuni au Québec par l'Acte de Québec de 1774. Les Américains obtinrent aussi accès aux riches pêcheries de la Nouvelle-Ecosse et de Terre-Neuve, et le droit d'aller à terre pour sécher le poisson et prendre du bois de chauffage. Les habitants de ce qui est aujourd'hui le Canada n'eurent pas voix au chapitre.

Sites et monuments historiques

QUÉBEC Au carrefour de la rue du Sault-au-Matelot et de la rue des Sœurs, une barricade brisa l'élan des envahisseurs américains en 1775. Les maisons de la rue du Sault-au-Matelot sont construites sur les fondations de celles d'où les Canadiens et les Anglais chassèrent les Américains. Une autre barricade, au carrefour des rues Sous-le-Cap et Saint-Jacques, fut prise par Benedict Arnold qui y fut blessé. Une plaque rappelle sa défaite.

Également à Québec (13)

BOULEVARD CHAMPLAIN Une plaque marque l'endroit où le général américain Richard Montgomery fut tué.

CÔTE DE LA CITADELLE Près de la porte Saint-Louis, une plaque marque le lieu où Montgomery fut enterré. En 1818, sa dépouille fut transportée à l'église St. Paul de New York.

MUSÉE DU FORT Le siège de 1775-1776 est reconstitué, avec son et lumière, sur une maquette de Québec au XVIIIᵉ siècle.

Autres sites et monuments

Aulac (N.-B.) (3) On peut encore voir les vestiges du fort Beauséjour, qui s'appelait Fort Cumberland en 1776 lorsqu'il fut assiégé par des colons pro-américains conduits par Jonathan Eddy.

Chambly (Qué.) (9) Dans le parc historique national du fort Chambly se trouve la place forte qui se rendit aux envahisseurs américains en 1775.

Charlottetown (4) Un monument de granit dans le vieux cimetière protestant marque l'emplacement de la tombe du gouverneur Phillips Callbeck qui fut enlevé par des corsaires américains, en novembre 1775. Au musée Seven Brothers, un diorama décrit le raid des corsaires.

Les Cèdres (Qué.) (6) Une troupe britannique y captura 400 Américains en 1776.

Liverpool (N.-É.) (1) La maison de Simeon Perkins fut construite en 1766-1767 par un ancien marchand du Connecticut qui, en 1780, ameuta la population contre les corsaires américains. Convertie en musée, on y trouve une collection de meubles du XVIIIᵉ siècle ainsi qu'une copie du journal de Perkins.

Montréal (8) Le château de Ramezay, construit en 1705, servit de quartier général aux envahisseurs américains en 1775-1776. Devenu aujourd'hui un musée, on peut y voir la tabatière d'un officier américain et un portrait de Sir Guy Carleton. La Maison Calvet, rue Bonsecours, qui appartenait à Pierre du Calvet est devenue un musée qui contient une collection de meubles du XVIIIᵉ siècle.

Ottawa (5) Au musée canadien de la Guerre, on peut voir le carrosse de Guy Carleton et un cornet à poudre représentant des scènes du siège de Québec.

Sainte-Anne-de-Bellevue (Qué.) (7) Les ruines du manoir de Senneville, incendié par les troupes américaines en 1776, se trouvent à 1,5 km au nord. Situées sur une propriété privée, on peut les apercevoir du lac des Deux-Montagnes.

Saint-Jean (Qué.) (10) Une plaque marque l'emplacement du fort Saint-Jean dont la résistance retint, pendant 55 jours, la marche de Montgomery sur Montréal. Collections d'armes, d'uniformes, de médailles et de documents, au musée du Collège militaire royal.

Saint-Paul-de-l'Ile-aux-Noix (Qué.) (11) L'île aux Noix était une place forte britannique qui tomba devant Montgomery en 1775. Les Américains en déroute s'y regroupèrent en 1776. (L'île fait partie du parc historique national du fort Lennox; le fort date de 1819-1828.)

Trois-Rivières (Qué.) (12) Une plaque marque l'endroit de la bataille de Trois-Rivières où les Américains furent battus en 1776.

Wolfville (N.-É.) (2) Les sermons et le journal du pasteur évangéliste Henry Alline, dont les exhortations contribuèrent à éloigner des Américains les habitants de la Nouvelle-Ecosse, sont aujourd'hui conservés dans la bibliothèque Vaughan de l'Université Acadia.

Les ruines du manoir de Senneville se trouvent près de Sainte-Anne-de-Bellevue (Qué.). Les Américains y eurent une garnison en 1775. Arnold détruisit le manoir avant de s'enfuir.

Pirates avec la sanction du roi

En juillet 1756, William Knox partit de Halifax sur son cotre, le *Sea Flower,* pour attaquer les navires marchands français, au large de l'île du Cap-Breton. L'approbation tacite du gouverneur de la Nouvelle-Ecosse légalisait ce qui était en réalité de la piraterie, même si l'Angleterre et la France étaient en guerre. Trois mois plus tard, des instructions royales arrivaient d'Angleterre, encourageant les gens de la Nouvelle-Ecosse à attaquer de la sorte les vaisseaux ennemis.

Ils ne se le firent pas dire deux fois. De 1756 à 1815, de la Nouvelle-Angleterre aux Caraïbes, des milliers de corsaires harcelèrent les Français, les Espagnols, les Hollandais et les Américains. Leurs premiers bâtiments étaient des goélettes de pêche et des navires marchands armés en grande hâte. Mais ils ne tardèrent pas à construire des navires plus légers, conçus tout spécialement pour la course.

L'armateur d'un corsaire devait obtenir une lettre de marque. Sans elle, le capitaine et son équipage risquaient d'être pendus pour piraterie. Même ainsi, les règles étaient strictes. On ne pouvait attaquer que des navires ennemis ou ceux qui commerçaient avec l'ennemi. Les vaisseaux capturés étaient amenés à Halifax, où la Cour de la vice-amirauté décidait s'ils étaient de « bonnes prises ». Les capitaines devaient tenir un journal de bord et signaler les mouvements ennemis.

La plupart des prisonniers étaient mis à fond de cale dans leur propre navire et emmenés à Halifax. Les bonnes prises étaient vendues aux enchères, mais les frais de cour étaient fort élevés et l'armateur n'obtenait parfois qu'un tiers des bénéfices qu'il devait ensuite partager avec le capitaine et l'équipage. Enos Collins amassa cependant une fortune suffisante pour fonder la première banque de la Nouvelle-Ecosse (Halifax Banking Company). Quand il mourut à 97 ans, c'était l'homme le plus riche de l'Amérique du Nord britannique, avec une fortune de six millions de dollars.

Le corsaire Rover, *un brick de 16 canons de Liverpool (N.-E.), était pris au piège : faute de vent, il se trouvait entre la côte du Venezuela et une goélette espagnole puissamment armée, la* Santa Rita, *remorquée par trois galères, également armées. Nous sommes le 10 septembre 1800. Les 36 hommes d'équipage qui peuvent encore combattre prennent leurs sabres d'abordage. On pointe les canons et on charge les mousquets tandis que la* Santa Rita, *avec à sa proue une véritable armée de marins, s'approche du* Rover *par l'arrière, sans cesser de tirer. Alors qu'elle n'est plus qu'à 15 m et qu'elle s'apprête à l'abordage, 24 hommes du* Rover *sortent les avirons qu'ils ont cachés à la vue des Espagnols et mettent le brick par le travers de la* Santa Rita. *Les corsaires tirent une première bordée. Puis ils virent à 180 degrés et la seconde bordée balaie les galères qui s'enfuient, désemparées. Pendant toute une autre heure, le canon tonne. Finalement, le grand mât de la* Santa Rita *s'écroule. Les corsaires abordent et les Espagnols se rendent. Cinquante-quatre d'entre eux sont morts. Sur le* Rover, *personne n'est blessé. Après avoir réparé la* Santa Rita, *les corsaires l'emmènent jusqu'à Liverpool.*

Ce journal de bord du corsaire Dart *de Saint-Jean (N.-B.) fait état de 25 courses et de cinq captures au cours d'un seul mois de 1813.*

Les canons des corsaires furent finalement plantés gueule en terre aux carrefours des rues (ici, à Milton, près de Liverpool) pour protéger les jardins des roues de voiture.

Plus de 200 corsaires américains furent capturés durant la révolution américaine (ci-dessus, le brick britannique Observer chasse le Jack du Massachusetts, au large de Halifax en mai 1782), mais les villes côtières des Maritimes étaient souvent attaquées. En juin 1782, les femmes de Chester (N.-E.) dont les maris étaient au bois s'habillèrent de jupons rouges en guise de tuniques, s'armèrent de manches à balai à la place de mousquets et firent croire aux Américains qu'elles étaient des soldats anglais. Les corsaires n'osèrent accoster.

Les cargaisons capturées étaient gardées dans le magasin des Corsaires (ci-contre, tel qu'on le voit à Halifax) avant la vente aux enchères. L'inventaire d'une prise comprenait 12 barriques de gin, 4 000 pièces de cuir et 12 pierres tombales de marbre.

L'appât du gain, la gloriole et quelques bonnes rasades de rhum poussaient les pêcheurs, les matelots, les aventuriers et les déserteurs à se faire corsaires. Les recruteurs publiaient des annonces dans les journaux (à droite, dans la Nova Scotia Gazette) ou mettaient des placards sur les portes des tavernes. Les nouveaux engagés défilaient dans les rues, armés de sabres, coiffés de chapeaux à rubans, au son des fifres et des tambours. Le maître d'équipage, portant le drapeau britannique, précédait la marche. On comptait parfois jusqu'à 80 hommes pour un seul voyage, car il fallait un équipage pour les navires capturés. On engageait aussi de jeunes garçons pour transporter la poudre et les munitions du magasin aux canonniers du pont. Tous dormaient dans des hamacs, dans la puanteur

et la chaleur des entreponts. L'eau croupissait et les vivres (biscuits et lard salé) s'avariaient souvent. Les navires étaient très insalubres et bien des matelots moururent de malaria dans les Caraïbes. S'ils étaient pris, ils risquaient des années de maladie, de privations et de tortures dans d'immondes cachots.

Le plus terrible des navires corsaires de Nouvelle-Ecosse, durant la guerre de 1812, commença par faire la contrebande des esclaves, sous le nom de Black Joke. *Prise par un navire de ligne anglais, la fine goélette fut achetée par Enos Collins, marchand de Liverpool et ancien corsaire. Après l'avoir désinfectée, il la baptisa* Liverpool Packet. *Sous le commandement du capitaine Joseph Barss de Liverpool (ci-contre), elle sillonna les mers de Terre-Neuve au cap Cod, capturant plus de 30 navires américains en neuf mois. Finalement pris par les Américains, le* Packet *fut repris par les Anglais et racheté par Collins. Pendant la durée de la guerre, ses prises totalisèrent près de 100 bâtiments.*

Le voyage de la revanche

En 1799, le corsaire Tom Freeman de Liverpool avait 23 ans. Fait prisonnier, il est jeté dans un cachot en Haïti, puis sauvé par la Royal Navy qui l'enrôle de force. Il s'échappe un an plus tard. En 1803, capitaine du navire marchand *Goodfortune*, il est capturé par un corsaire français et contracte la malaria à Antigua. En 1812, alors qu'il rentre paisiblement d'un voyage dans les Caraïbes, un bâtiment américain s'empare de son navire. C'en est assez. Freeman rentre à Liverpool, achète un petit bâtiment de guerre qu'il baptise *Retaliation (La Revanche)*, puis écume les côtes de la Nouvelle-Angleterre, forçant les bateaux américains contre les récifs. En quelques semaines, il rapportera des prises de plus de $30 000.

Une pierre en bas de la rue King, à Saint-Jean (N.-B.), marque l'endroit du débarquement des premiers réfugiés loyalistes en 1783. Ci-dessous, un tableau d'Adam Sherriff Scott commémore cet événement. Les établissements loyalistes se développèrent à l'embouchure du Saint-Jean et la ville fut la première du Canada à se constituer en municipalité en 1785.

Des colons anglais trouvent refuge au Canada

Les Américains qui prirent le parti des Anglais durant la révolution de 1776 se donnaient le nom de « loyalistes ». Leurs adversaires cependant les considéraient comme traîtres à la cause de l'indépendance et leur firent payer cher leur attachement à la couronne britannique.

Dans tous les Etats-Unis, on pillait, on incendiait, on confisquait leurs biens. Ils se virent refuser le droit de voter, de vendre des terrains, de poursuivre des créanciers, d'être avocats, médecins ou maîtres d'école.

La situation des loyalistes devint très précaire. Nombre d'entre eux furent battus, certains furent assassinés et d'autres exécutés. A ceux qui s'élevèrent contre une telle persécution, George Washington répondit froidement que si ces Américains avaient le sens de l'honneur ils se suicideraient du premier au dernier.

Entre 1776 et 1783, années de la guerre de l'Indépendance, 40 000 d'entre eux se réfugièrent dans les territoires restés britanniques. La plupart s'établirent en Nouvelle-Ecosse, qui comprenait alors une bonne partie du Nouveau-Brunswick et une fraction du Maine. Des milliers d'autres s'installèrent dans la vallée du Saint-Laurent et au bord des Grands Lacs.

En 1783, la guerre prit fin avec la victoire des rebelles. Le nombre des réfugiés augmenta encore après que Sir Guy Carleton, commandant des forces britanniques, eut déclaré qu'il ne livrerait la ville de New York que lorsque le dernier loyaliste en serait parti.

Au début de mai, sept navires transportant 3 000 réfugiés mouillaient dans la baie de Fundy, au large de l'embouchure du Saint-Jean. On avait dit aux arrivants que leur pays d'adoption était la terre promise, mais le paysage qui s'offrait à leur vue ressemblait plutôt à la terre de Caïn : une forêt touffue, quelques clairières, une péninsule rocheuse et, à marée basse, les battures vaseuses de la baie de Fundy.

Ce premier groupe de loyalistes débarqua le 18 mai (une plaque sur une pierre en rappelle aujourd'hui l'endroit); quelque 11 000 autres en firent autant au cours des mois suivants.

Ils eurent à faire face à un pays hostile et désolé. « La terre la plus rude que j'aie jamais vue », dira l'un d'eux. Des années plus tard, une loyaliste se souviendra encore du désespoir qui l'étreignit lorsque les navires repartirent pour New York, pour y chercher d'autres réfugiés. Son enfant dans les bras, elle escalada une colline. Alors que le vent gonflait les voiles dans le lointain, « un tel sentiment de solitude me saisit que je m'assis sur la mousse humide, mon enfant sur les genoux, et me mis à pleurer, alors que je n'avais pas versé une larme de toute la guerre ».

Durant l'été et l'automne, sur l'emplacement actuel de Saint-Jean, ils plantèrent des tentes, défrichèrent des terres et construisirent quelques cabanes.

Les réfugiés formaient un ensemble singulièrement disparate : fermiers et avocats, charpentiers et pasteurs, artisans et commis, soldats et esclaves, illettrés et diplômés d'université. Ils constituaient par ailleurs le premier groupe important d'immigrants anglophones dans un pays qui comptait moins de 150 000 Blancs, la plupart d'ascendance française. Leurs établissements allaient donner naissance aux provinces du Nouveau-Brunswick et du Haut-Canada (Ontario) et, un jour, à une bonne partie du Canada.

Le plus paradoxal dans cet exil, c'était que les loyalistes avaient eu beaucoup de choses en commun avec leurs frères ennemis américains : un grand attachement à leur pays, du respect pour la mère patrie, et une forte réprobation des mesures coloniales britanniques mises sur pied en 1760, après la débâcle du régime français.

Mais les révolutionnaires croyaient à l'insurrection armée, tandis que les loyalistes, eux, pensaient que le temps, le bon sens et la raison régleraient les différends. Les rebelles proclamaient

Ces armes de George III, qui surmontent la porte ouest de l'église anglicane Trinity à Saint-Jean (N.-B.), furent apportées clandestinement au Canada en 1776. Des loyalistes les avaient dérobées dans la Salle du conseil de l'ancienne colonie du Massachusetts, à Boston.

Ward Chipman, un loyaliste du Massachusetts, était inspecteur général des troupes britanniques durant la guerre de l'Indépendance. Il fut solliciteur général du Nouveau-Brunswick, de 1784 à 1808 et, en 1823, devint président et commandant en chef de la province. Il est mort à 69 ans, n'ayant présidé qu'une seule session de l'Assemblée.

que George III n'avait plus droit à leur loyalisme puisqu'il avait rogné leurs libertés et forcé « la taxation sans la représentation ». Les loyalistes se refusaient à renier leur allégeance au roi.

Des milliers de loyalistes cherchèrent la protection des Anglais pendant la guerre et, désemparés, vécurent des années d'angoisse. L'incompétence des chefs militaires anglais, le mépris des Britanniques pour les colons et les soldats qui n'étaient pas rompus aux disciplines de l'armée britannique devinrent pour eux autant de sources d'irritation.

Les frustrations atteignirent un paroxysme en 1783, lorsque le parti Whig, depuis longtemps favorable aux rebelles, prit le pouvoir à Londres et fit une paix qui n'apportait qu'une faible protection aux loyalistes. Le Congrès devait inviter les 13 Etats à rendre aux loyalistes leurs biens et leurs droits civils, mais ceux qui tentèrent de rentrer furent persécutés par leurs anciens voisins.

La grande majorité des immigrants loyalistes s'installa en Nouvelle-Ecosse, surtout parce que la région donnait sur la mer, principale voie de communication à l'époque. Bien que le gouvernement de la Nouvelle-Ecosse eût essayé pendant longtemps d'attirer des colons, le gouverneur Sir John Parr était fort mal préparé à accueillir un tel afflux de population.

Plusieurs semaines après l'arrivée des pre-

La vie de pionniers que menaient les soldats de l'ancien régiment des King's American Dragoons a été recréée au village historique de Prince William (N.-B.), à 37 km de Fredericton, sur le fleuve Saint-Jean.

miers loyalistes à Saint-Jean, le colonel Edward Winslow relatait qu'ils « étaient entassés en un endroit, sans abri, totalement ignorants du lieu où ils échoueraient ». Lorsque les régiments loyalistes arrivèrent à l'automne, ils ne trouvèrent aucune terre à leur disposition. C'est la mort dans l'âme que Winslow entendit leurs doléances : « Monsieur, nous avons servi pendant toute la guerre, et Votre Honneur sait combien fidèlement. On nous a promis des terres... Qu'on nous laisse seulement un lopin qui soit nôtre. »

Voyant l'hiver venir, des centaines s'établirent à la baie de Belleisle, 48 kilomètres en amont de l'embouchure du Saint-Jean, et construisirent 17 maisons, une école et une église. Le village prit le nom de Kingston. En pleine forêt, l'audacieux major John Coffin se construisit une maison; au bout de huit jours, il était confortablement installé sur une terre de 2 428 hectares qu'il appellera le manoir Alwington.

Ceux-là étaient prêts pour l'hiver. Pour d'autres, moins entreprenants ou arrivés trop tard, la situation était tragique. A Saint-Jean, des milliers s'entassaient dans des tentes. A Halifax, les baraquements, les magasins et même les cabines des navires étaient encombrés de réfugiés. Des exilés venus des Carolines, s'étant aventurés à l'est de Halifax, se trouvèrent bientôt à court de vivres; sur une colline qui prit le nom de Mount Misery, ils attendirent l'arrivée d'un navire de ravitaillement. Quand enfin les secours arrivèrent, la neige avait déjà recouvert 40 cadavres.

Mrs. Lewis Fisher, la femme d'un soldat, raconte son odyssée sur une des rives du Saint-Jean : « Nous plantâmes nos tentes à l'abri des bois, les recouvrant tant bien que mal de branches d'épinette. Nous faisions le feu sur de grosses pierres. Nos tentes n'avaient d'autre plancher que le sol et nous essayions d'empêcher la neige d'y pénétrer en tendant un grand tapis en travers de la porte. Comment nous passâmes cet hiver, je ne sais trop. Bien des femmes et des enfants moururent, ainsi que quelques hommes. »

A la misère vinrent bientôt s'ajouter l'envie, le doute, l'amertume et la discorde. Les soldats regardaient d'un mauvais œil ceux qui n'avaient pas combattu. C'est ainsi que 55 vétérans, arguant de leurs sacrifices sous les drapeaux, demandèrent qu'on leur concède 2 000 hectares chacun. Plus de 600 autres s'opposèrent farouchement à leurs prétentions, déclarant qu'ils s'étaient « davantage distingués par les faveurs renouvelées du gouvernement que par la grandeur de leur souffrance ou l'importance de leurs services ». Non contents de se quereller entre

Bien des loyalistes qui s'enfuirent des Etats-Unis durent abandonner les terres que leurs familles possédaient depuis des générations. Certains furent chassés à coups de pierres par leurs voisins. Leur triste sort a inspiré l'illustrateur américain Howard Pyle dans ce tableau de 1901, Tories on their way to Canada.

eux, les loyalistes s'en prenaient aussi à ceux qui les avaient précédés, les « Bluenoses » comme ils les appelaient, contestant leur loyauté à la Couronne, traitant de pirates les nantis de Halifax. Le gouverneur Parr dira un jour des loyalistes qu'ils ne sont qu'une « maudite bande de chiens », « des gens qui s'entre-déchirent comme des requins ».

Les beaux jours de Shelburne

Au cours du printemps et de l'été de 1783, 10 000 loyalistes débarquèrent dans un petit village de pêcheurs de la Nouvelle-Ecosse, Port Roseway, pour y fonder une ville où ils comptaient bien vivre dans une élégante prospérité.

A l'automne, près de 800 maisons étaient construites et le gouverneur John Parr rebaptisa l'endroit Shelburne, du nom du secrétaire d'Etat britannique qui avait négocié la paix (et l'exode des loyalistes) avec les rebelles américains. Ce choix fut-il de mauvais augure? Le drapeau britannique fut hissé à l'envers au cours de la cérémonie d'inauguration.

Grâce aux subventions du gouvernement cependant, Shelburne prospéra. On investit des millions de livres dans la pêche, l'agriculture et l'exploitation des forêts. Les colons ouvrirent des boutiques, des tavernes et construisirent de splendides demeures. La bonne société s'habillait avec élégance et donnait de brillantes réceptions.

Mais la plupart n'avaient aucune connaissance pratique. Par ailleurs, la terre était trop rocailleuse pour l'agriculture et les règlements restreignaient le cabotage. Pourtant les colons ne cessaient d'arriver, et le chômage sévissait. Menant toujours grand train, gaspillant leurs fortunes, les loyalistes s'accrochaient à leurs rêves. Ceux qui les avaient précédés en Nouvelle-Ecosse appelaient ces nouveaux venus les « gueux dansants de Shelburne ».

Les subventions du gouvernement prirent fin en 1787. La population de Shelburne se dispersa dans d'autres villages de la colonie. Les boutiques fermèrent. Les belles maisons furent soit vendues, soit abandonnées ou mises en pièces pour faire du bois de chauffage.

Aujourd'hui, Shelburne est une petite ville de 2 700 habitants. Une stèle marque l'endroit où débarquèrent les loyalistes en 1783. La maison Ross-Thomson (à droite), construite ce premier été, abrite un musée.

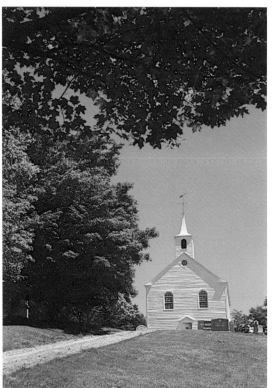

La vieille église St. Edward à Clementsport (N.-E.) a peu changé depuis sa construction par les loyalistes en 1786. Elle est encore ouverte au culte une fois l'an, en août.

Chaque année, en juillet, la population de Saint-Jean s'habille en costumes d'époque pour commémorer l'arrivée des loyalistes en 1783. Une coutume veut que pendant ces fêtes on serve du thé, en mémoire des colons qui pouvaient rarement s'offrir ce luxe.

Pour le moment, il leur tend cependant une main secourable. Les loyalistes commencent à défricher les lots de 40 à 200 hectares qu'on leur concède. Avec les encouragements de Parr, soutenus par les Anglais qui fournissent outils et vivres, ils fondent Wallace, Parrsboro, St. Stephen et St. Andrews. Un groupe fonde Sydney en 1784, sur l'île du Cap-Breton, qui aura pendant 36 ans un statut de province.

D'autres loyalistes demandèrent une colonie pour eux seuls : ils espéraient se gouverner eux-mêmes et récompenser les dévouements individuels par diverses charges officielles. Ils rêvaient d'une colonie paisible et policée, administrée par le gouvernement « le plus civil » du monde. C'est ainsi qu'en août 1784 la Nouvelle-Ecosse fut limitée à l'isthme de Chignectou et que fut formée la nouvelle province du Nouveau-Brunswick. Dominée par les loyalistes, celle-ci le fut sans aucun doute; paisible, certes pas. Les réfugiés qui s'étaient installés à Saint-Jean s'opposaient à ce que l'on développât l'intérieur du pays. A leur grand dam, le nouveau gouverneur, Thomas Carleton, fonda sa capitale à 120 kilomètres en amont, à la pointe Sainte-Anne, rebaptisée Frederick Town (plus tard, Fredericton).

Carleton avait amené de Londres ses amis aristocrates pour qu'ils administrent son nouveau domaine. Lors de la première élection à la

Guillaume et Edouard, les princes de Halifax

Le prince Guillaume et le prince Edouard, fils de George III, laissèrent leur empreinte sur Halifax à la fin du XVIIIe siècle : Guillaume (le futur Guillaume IV) surtout par ses scandales et Edouard (plus tard duc de Kent) par ses amours malheureuses avec une jolie Française.

Guillaume était un jeune écervelé de 21 ans quand il arriva à Halifax en 1786. Au cours des trois années suivantes, il passa son temps à la chasse, à la pêche et aux combats de coqs. Ses nuits, il les commençait à boire et les terminait dans les bras de Frances, l'ambitieuse épouse de John Wentworth, inspecteur général des forêts du roi en Amérique du Nord. Wentworth n'y voyait pas d'objection, mais la respectable population de Halifax s'en offusquait. Le scandale atteignit son comble en 1791 lorsque le prince nomma Wentworth gouverneur de la Nouvelle-Ecosse.

Edouard, qui était militaire, fut envoyé à Halifax en 1794, à l'âge de 26 ans. Fort pieux, il se levait de grand matin et jouait le rôle de parfait « mari » pour sa charmante Julie de Saint-Laurent, une roturière qu'il ne pouvait épouser. Ils passaient le plus clair de leur temps ensemble dans une villa du bassin de Bedford. Julie pouvait marcher pendant des heures le long des sentiers qui décrivaient les lettres de son nom, autour d'un étang en forme de cœur. Le pavillon du prince (ci-dessous), rotonde où l'on faisait de la musique pour les deux amants, subsiste encore.

Avant de rentrer en Angleterre en 1800, Edouard donna à la ville une horloge qui, encore aujourd'hui, marque les heures sur Citadel Hill. En 1814, il dut épouser une princesse allemande et donner un héritier au trône d'Angleterre. Il eut une fille, la future reine Victoria.

La petite histoire des clôtures

Les pionniers construisaient souvent leurs premières clôtures au moyen des souches qu'ils avaient dû déraciner pour défricher leurs terres. Posées de côté, les souches formaient de parfaits enclos, d'une solidité à toute épreuve.

Les fermiers entouraient aussi leurs prés avec des clôtures à claire-voie. La plus facile à construire était la claire-voie en zigzag qui ne nécessitait pas de pieux. Cependant elle faisait perdre beaucoup de terrain et permettait aux mauvaises herbes de s'accumuler. Quand on la remplaçait par une clôture droite, les voisins se querellaient souvent à propos du tracé, d'autant plus que les premiers bornages étaient faits la plupart du temps à la hâte et étaient par conséquent plus ou moins exacts.

Les murets de pierres sèches n'avaient pas besoin de fondations, les pierres pouvant suivre les mouvements du sol au dégel. Les blocs trop gros pour être transportés à bras étaient hissés sur des sortes de traîneaux tirés par des bœufs. Si les pierres manquaient pour terminer la clôture, quelques perches suffisaient à la compléter.

Souches

Claire-voie droite

Pierres sèches

Claire-voie en zigzag

Pierres et perches

Le cimetière loyaliste de Saint-Jean (N.-B.) est traversé par une promenade qui fait le tour du quartier historique. La plus vieille pierre date de 1784, la plus récente de 1848.

Chambre d'assemblée, des loyalistes des régions pauvres furent élus, battant des candidats plus aptes qu'eux à former un gouvernement de gentilshommes. Le scrutateur décida alors d'annuler un nombre suffisant de votes pour faire élire des députés plus convenables. Après tout, c'était la démocratie intégrale qui avait fomenté la révolution : il importait donc d'en brider les excès! De son côté, la majorité cherchait à tenir les cordons de la bourse, alors aux mains du gouverneur et de ses conseillers.

Il s'ensuivit une série de querelles qui firent se dresser les loyalistes les uns contre les autres.

Pendant ce temps, en Nouvelle-Ecosse, après l'échec de Shelburne (voir p. 125) qui avait marqué la fin du rêve loyaliste, anciens et nouveaux colons s'unissaient, mais pour former de nouveaux clans qui se combattaient encore.

Si, tant bien que mal, la vie s'organisait, bien des colons se déclarèrent mécontents des terres qu'ils avaient reçues par tirage au sort. Quelques-uns, dont six membres de la première Assemblée du Nouveau-Brunswick, rentrèrent aux Etats-Unis quand ils apprirent que les esprits s'étaient calmés. Des officiers quittèrent le pays après avoir été informés que leur demi-solde pouvait leur être payée ailleurs. Plus tard, poussés par la « fièvre du Niagara », d'autres s'en allèrent à l'ouest du Québec et jusqu'à l'actuelle province d'Ontario, là où les terres étaient bonnes et les perspectives d'avenir plus souriantes.

Le régime français n'avait jamais vraiment tiré parti de cette région, pas plus que les Anglais après la défaite française de 1760. Ceux-ci avaient même attisé le mécontentement en l'unissant au Québec et en en faisant une vaste réserve indienne, fermée aux Blancs. Mais les loyalistes qui arrivaient demandaient des terres. Sir Frederick Haldimand, gouverneur de Québec, dut trouver une solution.

La majeure partie des bonnes terres de la vallée du Saint-Laurent étaient aux mains des Canadiens français. Les futurs Cantons de l'Est, selon Haldimand, étaient trop proches de l'Amérique républicaine. Quelques loyalistes s'instal-

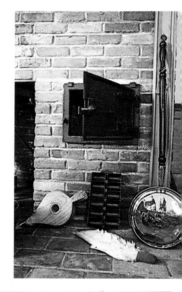

Une maison construite en 1787 par Frederick Stickles, un loyaliste de Gagetown (N.-B.), abrite aujourd'hui le musée de Queens County. Dans un coin de la cuisine, quelques ustensiles de l'époque : soufflet, moule à petits pains, bassinoire et plumeau.

Le chef agnier Joseph Brant plaide la cause de ses frères

Depuis l'époque de Champlain, les Iroquois étaient les ennemis du Canada, mais en 1776-1779, sous la conduite du chef agnier Thayendanegea (Joseph Brant), plusieurs milliers d'entre eux émigrèrent au Canada, tout à fait pacifiquement.

Pendant la lutte franco-anglaise, la plupart des Iroquois s'étaient alliés aux Anglais. Ils leur étaient restés fidèles durant la révolution américaine et sortaient donc perdants du conflit.

Né en 1742, Brant avait étudié dans une école protestante et s'était rendu à Londres en 1775. George III lui avait donné l'assurance que les droits territoriaux des Iroquois seraient respectés.

Quand la révolution éclata, nombre d'Iroquois voulaient rester neutres, mais Brant les rallia à la couronne. La paix venue, ils perdirent leurs terres et

Brant décida que leur avenir était au Canada. Ils reçurent un territoire autour de la baie de Quinte. D'autres obtinrent 230 000 hectares le long de la Grande Rivière. En 1785, les Agniers y construisirent St. Paul, première église protestante de l'Ontario.

Brant fit un deuxième voyage en Angleterre pour réclamer de nouveaux dédommagements pour son peuple. Il refusa de baiser la main du roi George, déclarant qu'il était roi en son propre pays, mais n'en obtint pas moins tout ce qu'il demandait. En 1798, il reçut à titre personnel 1 400 hectares près de Burlington, en Ontario. Le musée Joseph-Brant qui s'y trouve est une reconstitution de la maison qu'il habitait.

Brant mourut en 1807. Ses dernières paroles furent : « Ayez pitié des pauvres Indiens. »

---

lèrent donc sur des terres du gouvernement autour de Sorel. D'autres s'établirent au nord-est de la péninsule de Gaspé et autour de la baie des Chaleurs.

En 1784, avec l'accord des Indiens, Haldimand décida d'ouvrir les territoires situés à l'ouest de l'Outaouais. Après un hiver de « mécontentement, de mésentente et de troubles de toutes sortes » dans des camps sur les rives du Saint-Laurent, près de 5 000 loyalistes furent

transportés dans les « établissements de l'Ouest » qui deviendront le Haut-Canada. Mais les arpenteurs n'ayant pas encore fini leur travail, les loyalistes durent patienter sous la tente. Un fonctionnaire relate qu'ils « ont à peine une graine de navet. Ils n'ont pas de froment et souvent même pas une couverture pour se protéger. La moitié d'entre eux n'ont pas encore reçu de haches ni de houes ».

Heureusement, les nouveaux colons avaient l'habitude de la vie dure. Ils abattirent des arbres et construisirent des cabanes; ils recouvrirent les toitures d'écorce, bourrèrent d'argile les interstices des murs, fermèrent les fenêtres avec du

La première maison d'un colon n'était souvent qu'une hutte de rondins, comme on peut le voir au Upper Canada Village, près de Morrisburg (Ont.). Le filage de la laine (ci-contre) y était une activité importante.

papier huilé. Quelques planches mal équarries faisaient office de porte.

Certains étaient venus avec leur mobilier qui contrastait brutalement avec les chaises, les bancs, les lits et les coffres rustiques que l'on fabriquait sur place. Chaque famille reçut, en plus d'une maigre ration, une bêche, une houe et une hache. Les autres outils étaient mis en commun : une faux pour cinq familles, une charrue pour deux. Le bétail n'était pas facile à garder au milieu des bois. En 1785, un canton ne possédait encore que deux chevaux et trois vaches.

Les Indiens apprirent aux nouveaux venus à se confectionner des bottes et des vêtements de daim. Pour les besoins du commerce, on dut parer au manque de monnaie par des billets à ordre. Les colons cultivaient le lin, plantaient des vergers, élevaient des moutons. On construisit quelques moulins. Quelques colons reçurent des moulins à bras portatifs. D'autres se servaient de souches d'arbre creusées avec des boulets de canon rougis au feu pour broyer le grain.

Les nouveaux colons ne cessaient d'arriver pendant ce premier été de 1784. Ceux qui n'eurent pas le temps de planter passèrent l'hiver dans le froid et la faim. Pourtant, dès l'été 1785, un fonctionnaire notait que les loyalistes « semblent en général extrêmement satisfaits... et ont amélioré leur sort bien plus rapidement qu'on ne l'eût pensé; ils ont tous des maisons confortables et ont défriché et ensemencé leurs terres ». En novembre, le révérend John Stuart écrivait depuis Cataraqui (aujourd'hui Kingston) : « La

L'une des plus vieilles constructions de Toronto est la cabane de John Scadding (ci-contre et ci-dessus). Régisseur de John Graves Simcoe en Angleterre, Scadding suivit son maître dans le Haut-Canada en 1792. Il s'installa sur la rivière Don en 1794 où il construisit sa cabane qui fut transportée au parc de l'Exposition en 1879.

ville grandit vite; elle compte plus de 50 maisons, certaines fort élégantes... Le nombre de gens à l'ouest de notre ville dépasse les 5 000 et nous recevons chaque jour de nouvelles recrues des Etats — nous sommes un peuple pauvre et heureux, industrieux comme nul autre. »

Mais les premières récoltes furent bien maigres. En 1788, la famine frappa : la sécheresse avait tout gâté et le gouvernement avait suspendu ses distributions de rations. On vit des enfants supplier les « voyageurs » de passage de leur donner des biscuits; on mangea du cheval, du chien, des racines. Il arriva même qu'un os de bœuf passât de maison en maison, chaque fois bouilli à nouveau. On ne comptait plus les morts.

Mais les établissements de Cornwall, de Kingston, d'Adolphustown et de Port Rowan survécurent, et en 1791, on créa la nouvelle province du Haut-Canada. John Graves Simcoe, un Anglais qui avait commandé un régiment loyaliste pendant la guerre, en fut nommé lieutenant-gouverneur. Il sillonna son vaste domaine en canot, puis en raquettes. Il fit construire des routes par les anciens soldats, fortifia les villages en prévision d'une attaque américaine, fonda de nouveaux établissements et rebaptisa de noms anglais les localités existantes : Niagara devint Newark, et Toronto prit le nom de York.

Simcoe avait un faible pour les solennités : dans une petite église de Kingston encore inachevée, il prêta en grande pompe son serment de lieutenant-gouverneur. S'il choisit un endroit sauvage pour y faire sa capitale, il lui donna avec fierté le nom de London, et celui de Thames (Tamise) à la rivière. Mais sa décision fut infirmée et on lui ordonna d'établir sa capitale à York (rebaptisée Toronto en 1834 — voir p. 180).

Cependant, l'apparat du pouvoir et la construction de routes, de forts et de villes ne lui suffisaient pas. Pour que le blé fasse du Haut-Canada le grenier de l'Angleterre, et que son économie se développe, il fallait encore des colons. Ce furent des Américains qui répondirent à son appel, et les loyalistes murmuraient que les serments de loyauté des nouveaux venus cachaient mal leur convoitise. Les Américains reçurent des terres gratuitement. Certains les revendirent aussitôt et rentrèrent chez eux. D'autres restèrent, mais on les tint longtemps en suspicion.

Les Américains et les nouveaux immigrants anglais dépassèrent bientôt en nombre les premiers loyalistes. En trois générations, la population atteignit la moitié de celle des 13 colonies américaines au début de la révolution. Quand la Confédération canadienne verra le jour en 1867, 84 ans seulement se seront écoulés depuis que le premier loyaliste abattit son premier arbre.

La contribution des loyalistes à la formation du Haut-Canada est consacrée dans la devise de l'Ontario : *Ut incepit fidelis sic permanet* (Fidèle elle fut, fidèle elle demeure).

Etrangement peut-être, cette fidélité envers la couronne devint l'un des éléments centraux de la vie canadienne. Pendant deux siècles, elle a constitué un bloc de résistance face à l'attraction des Etats-Unis. A plusieurs reprises, c'est elle qui a conduit les Canadiens à combattre aux côtés de l'Angleterre. Et c'est elle aussi qui a parfois entravé l'affirmation d'une identité nationale canadienne. Pourtant, on doit reconnaître avec l'historien Leslie Upton, que les loyalistes ont maintenu « avec l'Angleterre des liens qui furent la garantie de l'indépendance du Canada ». « Parce qu'ils étaient loyalistes, nous sommes Canadiens », écrira plus tard l'historien W. S. MacNutt.

Le lieutenant-gouverneur John Graves Simcoe (en uniforme des Queen's Rangers) et son épouse Elizabeth (dans le costume de ses ancêtres gallois) arrivèrent à York, aujourd'hui Toronto, en 1793. Alors que les soldats défrichaient la terre pour construire les habitations, les Simcoe, une gouvernante et leurs deux enfants vécurent dans une tente en attendant de pouvoir habiter une maison. Malgré tout, l'épouse du gouverneur aimait la rude vie du Haut-Canada. Son journal, illustré de croquis et de cartes, est un vivant récit des débuts d'un village de pionniers.

Les esclaves « marrons » découvrent une terre inhospitalière

La Jamaïque les avait bannis car ils troublaient la paix de cette colonie antillaise. Mais pour le gouverneur de la Nouvelle-Ecosse, John Wentworth, l'arrivée de ces 600 hommes, femmes et enfants de race noire, à Halifax, en juillet 1796, était un don de la Providence, car on manquait de main-d'œuvre.

Ceux qu'on appelait les « nègres marrons » descendaient d'esclaves qui s'étaient enfuis à l'intérieur du pays, au cours de la conquête de la Jamaïque par les Anglais en 1655. Ils terrorisèrent l'île pendant près de 150 ans. Mais en 1796, on les chassa et on les déporta. Par le fait même, on en faisait des hommes libres.

Un grand nombre travaillèrent aux fortifications qui dominent le port de Halifax. D'autres cultivaient la terre en bordure de la ville. Plusieurs s'engagèrent dans le Royal Nova Scotia Regiment où certains devinrent officiers. Presque partout, ces exilés arrogants étaient traités avec respect.

Maroon Hall, une vaste demeure de Westphal, était le haut lieu des combats de coqs, de la prostitution et du vaudou. Alexander Ochterlony, l'un des deux commissaires qui avaient accompagné les Jamaïcains, y tenait son harem. Les gens de Halifax s'inquiétèrent vite des excentricités et de la polygamie de leurs hôtes. Quant à ces derniers, ils firent connaissance sans plaisir avec les rigueurs de l'hiver canadien.

Wentworth les persuada de rester encore un an. Mais le deuxième hiver fut encore pire. Le gouverneur dut reconnaître que l'expérience était un désastre. Ochterlony fut remercié et l'autre commissaire démissionna. Au cours de l'hiver de 1798-1799, 19 Noirs moururent.

Pendant plus de deux ans, les anciens esclaves demandèrent qu'on les envoyât sous des cieux plus cléments; comme le dit l'un d'eux, jamais ils ne pourraient « s'implanter là où l'ananas ne peut le faire ». En 1800, les Jamaïcains furent envoyés en Sierra Leone.

Sites et monuments historiques

SAINT-JEAN (N.-B.) L'endroit où les loyalistes, réfugiés de la révolution américaine, débarquèrent en 1783 est marqué par une plaque. Une promenade de 5 km permet de visiter le cimetière loyaliste, d'anciennes résidences restaurées et la Maison loyaliste, construite en 1810 et aujourd'hui transformée en musée. Loyalist Days, un festival de cinq jours en juillet, commémore les origines de la ville.

Autres sites et monuments

Adolphustown (Ont.) (14) Dans le parc des Loyalistes, une stèle identifie l'endroit où 250 loyalistes débarquèrent le 16 juin 1784. Au musée du parc, on peut voir des cartes qui retracent l'histoire de l'agglomération. L'église méthodiste de Hay Bay, à 8 km au nord, date de 1792.

Brantford (Ont.) (10) Une statue, œuvre de Percy Wood, est consacrée à la mémoire de Joseph Brant, chef agnier qui conduisit à Brantford les Six Nations iroquoises en 1784. La tombe de Brant se trouve dans la chapelle de l'église St. Paul. Dans le parc Lorne, un cadran solaire marque le gué de la Grande Rivière (Brant's Ford) où les Six Nations s'installèrent.

Burlington (Ont.) (11) Le musée Joseph-Brant, consacré au chef indien, se trouve dans une reconstitution de la maison que Brant construisit en 1800.

Clementsport (N.-E.) (6) La vieille église St. Edward fut ouverte au culte en 1797, pour les loyalistes. On peut y voir des pièces de monnaie et des objets religieux de l'époque.

Fredericton (2) L'emplacement du camp où les loyalistes passèrent l'hiver de 1783-1784 est marqué par une stèle. Le vieux cimetière renferme des tombes de l'époque. Une promenade passe devant des résidences loyalistes, dont la maison de Jonathan Odell (1785). Collection de meubles au musée York-Sunbury.

Gagetown (N.-B.) (3) Le musée Queens County, aménagé dans une maison de 1787, est un site historique national.

Halifax (8)

ÉGLISE ST. GEORGE Cette église anglicane de style byzantin a été construite en 1800-1812.

ÉGLISE ST. PAUL Le plus vieil édifice de Halifax (1750) est la cathédrale du loyaliste Charles Inglis, premier évêque anglican de la Nouvelle-Écosse. Les dépouilles des gouverneurs John Parr et John Wentworth reposent dans des caveaux.

GOVERNMENT HOUSE La résidence du lieutenant-gouverneur de la Nouvelle-Écosse (fermée au public) fut construite

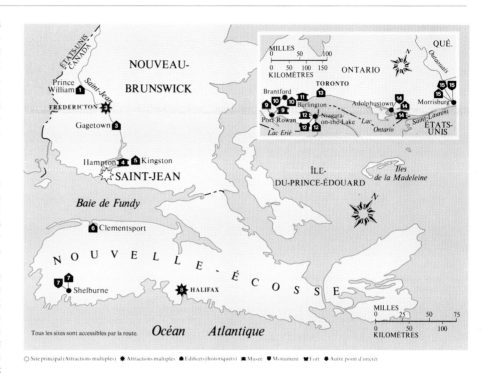

Tous les sites sont accessibles par la route.

◇ Site principal (Attractions multiples) ✹ Attractions multiples ⬟ Édifice(s) historique(s) ⬥ Musée ⬤ Monument ⬛ Fort ⬥ Autre point d'intérêt

en 1800-1805 pour le gouverneur John Wentworth.

HORLOGE DE LA VIEILLE VILLE Donnée par le prince Édouard (duc de Kent), elle fut installée en 1803 sur une tour de Citadel Hill.

PRINCE'S LODGE Une petite rotonde (fermée au public) subsiste de la villa construite au bord du bassin de Bedford par le prince Édouard pour sa maîtresse, Julie de Saint-Laurent. On peut y voir un étang en forme de cœur et les vestiges des sentiers qui dessinaient les lettres du nom de la bien-aimée.

TOUR PRINCE DE GALLES La tour Martello de 1796, site historique national, a été restaurée.

Hampton (N.-B.) (4) Collection d'objets de l'époque loyaliste, au musée Kings County.

Kingston (N.-B.) (5) L'église anglicane Trinity, construite par les loyalistes en 1789, conserve encore les bancs de l'époque. On peut y voir aussi le procès-verbal de la première séance du conseil des marguilliers.

Morrisburg (Ont.) (15) Le village du Haut-Canada (Upper Canada Village) comprend des bâtiments de l'époque loyaliste, dont la maison French-Robertson (1784-1820) et la maison Ross-Boffin (vers 1810). Des figurants costumés font revivre le village. Le monument à la mémoire des loyalistes représente, entre autres figures,

un soldat en loques qui dépose son fusil pour prendre une hache.

Niagara-on-the-Lake (Ont.) (12) La première capitale du Haut-Canada y fut fondée en 1792 sous le nom de Newark. La maison McFarland (1800) est aujourd'hui un musée de meubles loyalistes comme celui de la Société historique de Niagara. Certaines parties du fort George ont été restaurées dans leur état de 1796-1799.

Port Rowan (Ont.) (9) Le moulin Backhouse, construit par les loyalistes en 1798, est toujours en service. Au musée agricole Backus, on peut voir divers objets artisanaux du début du XIXᵉ siècle.

Prince William (N.-B.) (1) Un village loyaliste a été reconstitué dans un parc que font revivre des artisans en costume loyaliste. On peut y voir 55 bâtiments, dont une cabane de rondins, une forge, une menuiserie, une taverne et une construction de forme octogonale.

Shelburne (N.-E.) (7) Une stèle marque l'endroit où 10 000 loyalistes débarquèrent en 1783. La maison Ross-Thomson, construite cette même année, est un musée. Une partie de la maison recrée l'atmosphère d'un magasin de l'époque.

Toronto (13) La cabane de Scadding, maisonnette de rondins construite vers 1794, est meublée dans le style de l'époque (ouverte les après-midi en fin de semaine et pendant l'Exposition nationale canadienne).

Les rusés trafiquants écossais et les infatigables «voyageurs»

C'était un spectacle étonnant que ce fort qui surgissait du néant, en plein bois. L'été, ses hautes palissades retentissaient des rires, des cris et des jurons des « voyageurs » et de ces négociants en fourrures que seul le prix d'une peau de castor pouvait émouvoir.

Pour la Compagnie du Nord-Ouest, ce grand entrepôt du lac Supérieur, au beau milieu du continent, était le point de rencontre où chaque année les commerçants montréalais venaient rencontrer les « hivernants » chargés des fourrures prises durant l'hiver, loin au nord-ouest, dans « les pays d'en haut ». On s'y arrêtait, on y faisait la fête, puis chacun échangeait ses marchandises et prenait le chemin du retour.

Entre deux beuveries, on trouvait pourtant le temps de parler affaires : le prix payé pour les peaux, la concurrence avec la Compagnie de la Baie d'Hudson, les tribus indiennes avec qui l'on faisait commerce, les difficultés et les périls des explorations vers le Pacifique.

Le fort William était une étape, un gigantesque relais au début de la longue route qui menait vers l'ouest. Jusqu'en 1803, le rendez-vous avait été Grand-Portage, environ 72 kilomètres à l'ouest sur le lac (à la frontière actuelle du Minnesota). Mais après l'annexion de Grand-Portage aux Etats-Unis en 1794, les *Nor'Westers* redécouvrirent en territoire britannique la route centenaire des négociants français et construisirent le fort William à l'embouchure de la Kaministiquia (sur l'emplacement de Thunder Bay).

Tous ceux qui apercevaient le fort pour la première fois étaient stupéfiés. On l'eût été à moins :

Le fort William, cheville ouvrière de la Compagnie du Nord-Ouest au début du XVIIIe siècle, a été reconstruit à Thunder Bay (Ont.). Ci-contre : les pelleteries sont entassées en ballots de 40 kg avant d'être transportées en canot à Montréal. Ci-dessus : dans la Maison du Conseil, des figurants jouent le rôle des « bourgeois » qui présidaient aux destinés de la compagnie.

il avait fallu trois ans et un millier d'hommes pour le construire.

Les palissades du fort William atteignaient presque cinq mètres. Au centre se trouvait une grande salle commune où l'on dansait et festoyait. Près de cette salle s'élevait la Maison du Conseil où les « bourgeois » (associés de la compagnie) menaient leurs affaires. Deux bâtiments semblables se faisaient pendant, l'un pour les hivernants, l'autre pour les agents montréalais. En bordure de la Kaministiquia s'étendait un village indien où les voyageurs résidaient pendant leur séjour.

La Compagnie du Nord-Ouest naquit à Montréal en 1779 de la fusion de neuf compagnies rivales qui s'unirent pour résister aux restrictions du gouvernement colonial britannique. (Pendant la Révolution américaine, on interdit la navigation sur les Grands Lacs de peur que les marchandises ne tombent en mains ennemies.)

Un violoneux rejoue les airs qui faisaient danser les voyageurs, au grand rendez-vous annuel de Fort William.

La taverne de Jean-Marie Boucher, à l'extérieur de la palissade du fort William, était le premier arrêt des voyageurs qui arrivaient de Montréal ou du Nord-Ouest. Les hommes vivaient dans un village indien, non loin de là.

Les granges de Fort William, souvent couvertes de bardeaux de cèdre, rappellent le style architectural canadien-français. On y élevait bétail et volailles pour le fort.

La paix venue, elles établirent en 1784 une coalition encore plus puissante.

Les *Nor'Westers* s'emparèrent des routes de la traite française, abandonnées depuis la chute de la Nouvelle-France en 1760. Pour justifier leurs empiétements sur le domaine de la Compagnie de la Baie d'Hudson, ils se prétendaient les héritiers canadiens des Français. La Compagnie du Nord-Ouest était dominée par des rusés Ecossais : tout d'abord Simon McTavish, puis son neveu William McGillivray. Ils furent les principaux artisans d'une entreprise qui comptait des agents à Londres, des entrepôts à Montréal, des marchés en Europe et jusqu'en Extrême-Orient, des comptoirs disséminés en un réseau qui fut peut-être le plus grand au monde. A la belle époque de la compagnie, on trouvait des *Nor'Westers* des Grands Lacs au Pacifique, des sources du Mississippi jusqu'à l'Arctique.

Les canots qui arrivaient de l'est au fort William — du nom de William McGillivray — étaient manœuvrés par des Canadiens français de la vallée du Saint-Laurent, qu'on avait surnommés voyageurs. Tous les ans, des jeunes gens s'en allaient ainsi, attirés par les récits que venaient leur faire des hommes qui dépensaient et buvaient sans compter, vêtus de daim, chaussés de mocassins, coiffés de bonnets rouges, portant ceinture de soie et arborant quelquefois ces plumes qui distinguaient les « hommes du Nord », les hivernants du Nord-Ouest. Juste avant la débâcle du printemps, ils sillonnaient les

Scènes d'autrefois à Fort William : les « bourgeois » de la Compagnie du Nord-Ouest vivaient et s'habillaient comme ils l'auraient fait à Montréal. Ici, sur les marches de la grande salle, deux bourgeois écoutent les airs nostalgiques d'un cornemuseux écossais.

Ce tableau, « Canots dans le brouillard du lac Supérieur », est de Frances Anne Hopkins, épouse du secrétaire du gouverneur de la Compagnie de la Baie d'Hudson, George Simpson. Entre 1858 et 1870, elle accompagna plusieurs fois son mari dans ses voyages. La femme assise au centre du canot serait l'artiste elle-même ou l'épouse du gouverneur Simpson.

rives du Saint-Laurent, recrutant de jeunes gaillards suffisamment robustes pour perpétuer la légendaire endurance des *Nor'Westers*, mais pas trop grands pour pouvoir tenir et manœuvrer dans les canots surchargés de marchandises.

En mai, on les retrouvait en amont des rapides de Lachine, 15 kilomètres à l'ouest de Montréal. On calfatait les « canots de maîtres », embarcations de 11 mètres qui pesaient 275 kilogrammes. On y embarquait 2,75 tonnes de marchandises en « pièces » de 40 kilogrammes, ballots enveloppés d'une grosse toile nouée au sommet pour qu'un homme puisse les porter à dos. Chaque canot emportait aussi de l'alcool pour les voyageurs, des munitions, des bâches, de la corde, une hache, une marmite, une écope et des barils de lard salé. Le jour du départ, parents, amis et agents de la compagnie s'alignaient sur la rive pour assister au spectacle.

Le coup d'œil en valait la peine. Ils partaient, en groupes de quatre à huit canots, arborant le drapeau de la compagnie, tellement chargés que les plats-bords rasaient l'eau, au son des chansons françaises que scandaient les coups d'aviron. A la proue se tenait un « avant », rompu au passage des rapides, qui commandait le canot. Derrière lui prenaient place de six à huit voyageurs, parfois des passagers.

Le premier arrêt se faisait toujours après quelques kilomètres, à Sainte-Anne-de-Bellevue, à la

Les canots de la Compagnie du Nord-Ouest, en route pour Fort William, s'arrêtaient à la pointe au Baptême, sur l'Outaouais (près de Chalk River, Ont.), pour le « baptême » des novices.

pointe ouest de l'île de Montréal. On priait dans une chapelle consacrée à sainte Anne, protectrice des voyageurs. Puis on partait pour de bon : 560 kilomètres à remonter les eaux traîtresses de l'Outaouais. A la pointe au Baptême, les novices étaient baptisés *Nor'Westers*, devenant ainsi des employés attitrés de la compagnie. La tradition voulait aussi qu'ils régalent les anciens d'une rasade d'eau-de-vie.

Puis on continuait sur la Mattawa, le lac Nipissing et la rivière des Français où enfin le courant emportait les canots.

On franchissait les rapides, parfois 130 kilo-

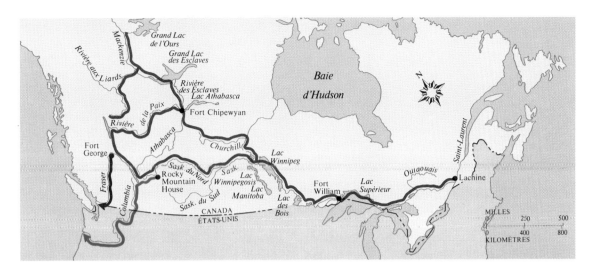

Les routes de la Compagnie du Nord-Ouest s'étendaient sur des milliers de kilomètres. Les explorations de Simon Fraser et de David Thompson étendirent le domaine de la compagnie jusqu'au Pacifique.

— Routes de la Compagnie du Nord-Ouest
— Simon Fraser (1808)
— David Thompson (1811)

mètres d'eaux vives, pour camper au crépuscule autour de la marmite où les pois et les fèves cuisaient avec le lard salé — d'où le nom de « mangeurs de lard » qu'on donnait aux voyageurs. Puis on allumait les pipes pour raconter les aventures de certains voyageurs qui avaient porté jusqu'à huit « pièces » sur le dos. On s'endormait enfin à l'abri des canots retournés, insoucieux des moustiques, de la pluie et du froid.

Tout le monde repartait à jeun, bien avant l'aube. On s'arrêterait au bout de 25 ou 30 kilo-

Au fort William (Thunder Bay, Ont.), on peut voir deux abris à canots où des artisans montrent comment on fabriquait les canots d'écorce.

Le portage : un travail d'équipe

La plupart du temps, les voyageurs préféraient se mesurer aux eaux vives. Pour contourner les hauts-fonds, les rapides et les chutes, on ne portageait qu'en cas d'absolue nécessité, afin de ne pas perdre de temps.

En eau peu profonde, on avançait à la perche si le courant était trop fort et le lit de la rivière assez ferme. Les voyageurs se tenaient debout dans le canot et remontaient le courant avec des perches de 2 à 3 mètres, à bouts d'acier. En eau plus profonde, on halait les canots : les hommes passaient des harnais et remorquaient l'embarcation depuis la rive. Un homme restait dans le canot pour le diriger.

Certains rapides se franchissaient à « demi chargé ». On débarquait sur la rive la moitié des 60 « pièces » (ballots de 40 kilogrammes) et l'embarcation allégée franchissait le passage difficile. On revenait ensuite chercher les ballots laissés en arrière.

Dans le cas des hauts-fonds ou des chutes, la « décharge » s'imposait. Les hommes portaient la cargaison sur leur dos et halaient le canot vide ou encore rentraient dans l'eau à mi-corps pour le remorquer.

Le portage où l'on transportait le canot et sa cargaison à dos d'homme était un véritable travail d'équipe. Avant que l'embarcation ne touche la rive, quelques hommes sautaient dans l'eau pour la maintenir pendant qu'on la déchargeait. Chaque voyageur transportait six pièces, deux à la fois, au moyen d'une courroie de cuir qui faisait reposer le poids du chargement sur le front du porteur. Le canot de 270 kilogrammes était porté par le « gouvernail », l'« avant » et deux pagayeurs. (Deux hommes suffisaient à porter les canots de 135 kilogrammes utilisés à l'ouest du lac Supérieur, comme sur ce tableau de Paul Kane qui représente un portage à Kakabeka Falls.)

Si le portage dépassait un kilomètre, on le divisait en tronçons de 500 à 800 mètres. Le canot et les premières pièces étaient laissés à une « pose », avec une sentinelle si l'on craignait une attaque indienne, puis les hommes retournaient chercher le deuxième chargement. Lorsque le chargement complet était parvenu à la « pose », on se rendait de la même façon à une deuxième « pose », et ainsi de suite jusqu'à la fin du portage.

Lard et pemmican : l'ordinaire des voyageurs de l'Ouest

Le grand air et les longues heures d'une rude besogne leur ouvraient l'appétit, mais les voyageurs devaient se contenter de la nourriture qu'ils pouvaient emporter avec eux. De Montréal à Fort William, on mangeait surtout des pois et des fèves, des biscuits et du lard salé. Une fois passé les lacs, c'était le pemmican, c'est-à-dire de la viande de bison, de caribou ou d'orignal séchée au soleil, broyée au pilon, mélangée à de la graisse et enveloppée en mottes de 40 kilogrammes dans une peau de bison. Un ou deux kilogrammes par jour suffisaient à sustenter un voyageur.

Mais le pemmican pouvait aussi se transformer en *rubaboo* : dans une soupe fumante de farine, on émincait le pemmican et peut-être un oignon sauvage ou un morceau de lard salé. Le « richeau » était une autre variante : du pemmican frit dans sa graisse et relevé de farine, de sel et de pommes de terre.

L'ordinaire des « mangeurs de lard » de l'Est était le même, matin et soir : une épaisse purée de pois qu'on mettait à bouillir dans un chaudron avec des tranches de lard et des biscuits émiettés. On mangeait à même le chaudron.

Si le mauvais temps retardait la troupe, on pouvait alors pêcher, chercher du miel ou des œufs, ou piéger un castor. L'Eglise décréta que la queue de castor rôtie pouvait se manger le vendredi, sans doute parce que, comme les poissons, les castors nagent.

Si les vivres venaient à manquer, les voyageurs devaient parfois se contenter de « tripe de roche », un lichen noir et coriace qui, lavé et bouilli, « devient un peu gluant, mais fait une soupe nourrissante ». L'alternative restait de mastiquer la résine d'épinette qui servait à calfater les canots.

La chasse aux castors (voir p. 28) fut facilitée par l'arrivée des pièges de fer, vers 1797. On les appâtait avec du castoréum, sécrétion des glandes du castor.

Une écluse construite en 1799 permettait aux canots de contourner les rapides de Sault-Sainte-Marie. Elle fut détruite 15 ans plus tard. Ci-contre, une réplique de l'ancienne écluse.

mètres pour prendre une collation qui serait souvent la seule avant la halte du soir.

Et c'est ainsi qu'ils s'engageaient sur le lac Huron jusqu'aux rapides de Sault-Sainte-Marie, contournés par une écluse construite en 1799, puis sur les eaux agitées du lac Supérieur où l'on s'efforçait de suivre la rive. Par beau temps, on cajolait « la Vieille » — l'esprit du vent — en jetant à l'eau tabac et colifichets. Puis on chantait : « Souffle, souffle, la Vieille. » Et, si elle se montrait complaisante, on hissait des voiles de fortune.

Un mois après le départ de Lachine, ils s'arrêtaient juste avant le fort William pour faire un brin de toilette. Les anciens piquaient des plumes aux couleurs vives sur leurs bonnets. Puis, chantant à tue-tête, ils débarquaient dans le tintamarre qui tous les ans secouait le fort.

Si les « hommes du Nord » n'étaient pas encore descendus des « pays d'en haut », ils n'allaient pas tarder. Après avoir parcouru 4 800 kilomètres en canot, depuis le fort Chipewyan sur le lac Athabasca, ils arriveraient chargés des fourrures des vallées du Saskatchewan et de l'Assiniboine, du Mackenzie et de la rivière de la Paix. Et ils oublieraient très vite qu'à l'occasion d'un troc ils avaient triché, engagé quelques bagarres, ou même tué des agents de la Compagnie de la Baie d'Hudson.

A bord de leurs canots, de moitié plus petits que ceux de Montréal, ils se présentaient dans toute leur gloire. Etre un homme du Nord, c'était mépriser les mangeurs de lard qui décampaient à l'automne pour rentrer à la ville. Être un homme du Nord, c'était arriver au fort William assoiffé de rhum, de bagarres et de femmes, pour flamber les gains d'une année dans un débordement de vie et de fête.

Le jour, on bavardait, on festoyait, on buvait; la nuit, selon un missionnaire, « les fureurs de l'Enfer se déchaînaient » alors qu'Indiens et voyageurs se disputaient les faveurs des Indiennes. Les fauteurs de trouble étaient mis dans un cachot qu'on appelait le « pot au beurre ». Il y eut même une douzaine d'Indiens tués au cours d'une seule saison.

Quant aux associés, ils faisaient bonne chère : bœuf, jambon, venaison, épis de maïs, vins et alcools. Puis ils donnaient un grand bal. Cornemuseux et violoneux accordaient leurs instruments tandis que les voyageurs, les Indiens bariolés de couleurs vives et les jeunes Indiennes dans leurs plus beaux atours prenaient place. Dans son jabot de dentelle, chaussé d'escarpins à boucle d'argent, le doyen des associés s'inclinait galamment devant la fille d'un chef, la conviant à ouvrir le bal. La fête durait jusqu'à l'aube.

Fin juillet, les mangeurs de lard rentraient à Montréal et les hommes du Nord dans leurs forêts. Le fort William retombait dans une douce somnolence.

En septembre, quatre mois après leur départ, les mangeurs de lard étaient de retour à Lachine. On transportait les pelleteries en charrette jusqu'à Montréal, puis on les chargeait sur les navires en partance pour Londres, dernière étape d'un long périple de 9 650 kilomètres.

Pendant ce temps, les hommes du Nord s'étaient éparpillés vers les avant-postes de la compagnie, observant un rituel particulier. Une cérémonie d'initiation avait lieu entre le lac Supérieur et le lac des Bois, à l'endroit où les eaux coulent vers la baie d'Hudson au nord, vers l'Atlantique à l'est et le golfe du Mexique au sud. William McGillivray fut témoin de la cérémonie en 1784. Il faisait alors son apprentissage de commis sur la rivière Rouge.

Les cris et les chants s'étaient éteints et les hommes s'étaient rassemblés. Le plus ancien, après avoir sorti son couteau de chasse, l'avait aiguisé et, ayant coupé un rameau de cèdre, avait ordonné à William McGillivray, le novice, de s'agenouiller. L'historienne Marjorie Wilkins Campbell rapporte la scène :

« McGillivray a enlevé son bonnet. Il tombe à genoux. Tout d'un coup, on l'asperge avec le rameau de cèdre plongé dans la rivière; sa tête et ses épaules sont trempées d'eau froide. Le guide lui ordonne de prononcer le traditionnel double serment. D'une voix aussi ferme qu'il le peut, McGillivray jure en français de ne jamais permettre à un nouveau venu de passer la « hauteur

Peter Pond : visionnaire et peut-être assassin

Peter Pond, le visionnaire irascible, ouvrit à la Compagnie du Nord-Ouest les plus riches réserves de pelleteries d'Amérique du Nord. Il n'est pas impossible non plus qu'il ait été un assassin.

Pond, né au Connecticut en 1740, commença à faire le commerce des pelleteries dans la vallée du Mississippi. Il tua un homme au cours d'un duel lorsqu'il arriva dans le Nord-Ouest canadien en 1775. S'enfonçant toujours plus profondément au cœur du pays, il fut le premier Blanc à voir l'Athabasca en 1778. Il hiverna à 65 kilomètres au sud du lac Athabasca où il découvrit des pelleteries.

Pond ramena ses fourrures à Grand-Portage, sur le lac Supérieur, l'année suivante, et fut accueilli dans les rangs de la Compagnie du Nord-Ouest. Mais au cours du printemps 1782, au lac La Ronge, en Saskatchewan, le *Nor'Wester* Jean-Etienne Wadin fut tué d'un coup de feu lors d'une querelle avec Pond et un commis. La veuve de Wadin demanda que Pond soit traduit devant les tribunaux, mais le Nord-Ouest échappait à la juridiction de Québec, et Pond garda sa liberté.

Il avait peu d'instruction (l'orthographe de son journal est fantaisiste), mais une curiosité insatiable. Sans fin, il interrogeait les Indiens sur les terres qui s'étendaient à l'ouest du lac Athabasca. A grand peine (il lui fallait parfois dégeler son encre), il dressa des cartes grossières et conclut, à tort, que le lac se déversait dans le Pacifique. Mais il n'allait jamais atteindre la mer. Au cours de l'hiver 1787, il est encore une fois compromis dans un meutre.

John Ross, marchand d'une compagnie rivale de Montréal, campait près du poste de Pond, sur le lac Athabasca. Pour avoir accusé les *Nor'Westers* de forcer les Indiens à faire commerce avec eux, il fut tué par l'un des hommes de Pond. Deux *Nor'Westers* furent jugés et acquittés. Cette fois, personne ne murmura que Pond avait le doigt sur la gâchette. Mais son humeur querelleuse l'éloigna des associés de la compagnie. En 1790, il vendit ses actions et rentra au Connecticut. Il mourut en 1807, oublié et miséreux.

Pond ne nous donna jamais sa version de la mort de Wadin. Les débuts de son journal furent conservés à cause de la curiosité de sa langue, mais la partie qui traite de ses années dans le Nord-Ouest servit à allumer un poêle de cuisine.

Les voyageurs de la Compagnie du Nord-Ouest juraient qu'un monstre dévoreur d'hommes avait son antre dans les profondeurs obscures de cette grotte, sur la rive nord de la Mattawa. Cette partie du cours de la Mattawa, sur la voie de canotage qui relie Montréal à Fort William, se trouve aujourd'hui dans le parc provincial Mattawa River.

« *Nous avons dû passer là où aucun être humain ne devrait s'aventurer* », *écrit Simon Fraser (à gauche) de ses explorations le long du Fraser, en 1808. Le tableau de John Innes représente les hommes de Fraser et leurs guides indiens suspendus aux parois du cañon de la rivière Black.*

des terres » sans se soumettre à cette cérémonie — et de ne jamais embrasser la femme d'un voyageur sans sa permission. » La cérémonie prend fin avec une salve de 12 coups de fusil et une tournée d'eau-de-vie aux frais des nouveaux membres. McGillivray n'est plus un novice; il sait « maintenant qu'il fait partie de cette centaine d'hommes qui chaque année font le long et périlleux voyage. Il ressent confusément l'émo-

tion de celui qui peut déclarer : « Je suis un homme du Nord! » Il était désormais des leurs. »

Un autre rituel se déroulait après le passage des eaux vives et turbulentes de la rivière Winnipeg. Sur le lac Winnipeg, les canots se faisaient la course jusqu'à épuisement.

Les gens de l'Athabasca étaient les plus redoutables. Ils défiaient tous les autres. Pendant des heures, ils se faisaient la course, parfois à 100 canots. La cadence normale de 40 coups d'aviron à la minute passait à 45, 50, 55, 65. La plus longue course dura 40 heures d'affilée et ne prit fin que sur l'ordre d'un « bourgeois ».

La traite de la fourrure était aussi vieille que le Canada. Elle attira des hommes toujours plus profondément au cœur du continent, à mesure que la trappe dépeuplait les territoires des castors. Pour étendre son réseau de comptoirs, la Compagnie du Nord-Ouest dut triompher de distances énormes.

A maintes reprises, les *Nor'Westers* essayèrent d'obtenir accès à la baie d'Hudson, pour expédier leurs fourrures en Europe et recevoir leur approvisionnement d'Angleterre. Montréal et Fort William auraient ainsi perdu leur place, mais les économies auraient été immenses.

Cependant, la Compagnie de la Baie d'Hudson n'avait pas l'intention de partager avec un rival son monopole centenaire sur les terres irriguées par la baie. Bien au contraire, elle avait envoyé des agents à l'intérieur des terres, abandonnant son ancienne politique qui avait été d'attendre les Indiens sur les rives de la baie.

Ces cheminées de pierre datant de 1866 sont les seuls vestiges des forts de Rocky Mountain House (Alb.). La Compagnie du Nord-Ouest avait construit les premiers bâtiments du poste en 1799. Les derniers tombèrent en ruine en 1885.

Hourra pour le pays sauvage!

Alexander Ross (1783-1856), dans *The Fur Hunters of the Far West*, relate les pittoresques souvenirs d'un vieillard qui fut autrefois voyageur dans « le pays sauvage ».

« Aucun portage n'était trop long pour moi et mon bout du canot ne touchait jamais le sol. J'ai sauvé la vie de 10 « bourgeois » et quand les autres s'arrêtaient pour portager et perdre du temps, je continuais. Rapides, cascades, ou chutes, je n'y voyais pas de différence. Les eaux traîtresses ou le mauvais temps n'ont jamais pu m'empêcher de pagayer et de chanter. J'ai eu 12 femmes et j'ai possédé jusqu'à 50 chevaux et six chiens de traîneau. Aucun « bourgeois » n'avait d'épouse mieux habillée que les miennes; aucun Indien, de plus beaux chevaux; aucun Blanc, de chiens mieux harnachés ou plus rapides. Je ne manquais de rien, et je dépensais tous mes gains à m'amuser ferme. Aujourd'hui, je n'ai qu'une chemise à me mettre sur le dos, et pas un sou pour en acheter une. Pourtant, si j'étais jeune, je serais fier de refaire le même métier. Il n'y a pas de vie plus heureuse et plus indépendante que celle du voyageur, pas d'endroit où un homme jouit d'autant de distractions et de liberté qu'en pays indien. Hourra pour le pays sauvage! »

Simon McTavish n'eut donc d'autre recours que de pousser ses hommes plus avant et d'inonder l'intérieur des terres d'une eau-de-vie bon marché, coupée de cinq volumes d'eau, le « lait des Pieds-Noirs », pour attirer les Indiens. Il fallait aussi compter avec la Pacific Fur Company de l'Américain John Jacob Astor, qui convoitait la côte ouest. Pour survivre, la Compagnie du Nord-Ouest devait s'étendre à l'ouest des Rocheuses et trouver par conséquent un passage à travers les montagnes.

En 1789, Alexander Mackenzie, un autre Ecossais, descendit jusqu'à l'embouchure du grand fleuve qui porte aujourd'hui son nom. Cependant, au lieu du Pacifique, c'est l'océan Arctique qu'il atteignit. Au cours d'un autre voyage, en 1793, il franchit les Rocheuses et devint le premier homme blanc à traverser le Canada jusqu'au Pacifique (voir p. 144). Mais il rentra sans découvrir de route utilisable pour le commerce.

En 1805, une expédition américaine menée par Lewis et Clark reconnut une route qui menait à l'embouchure du Columbia. Les *Nor'Westers* pensaient pouvoir utiliser le fleuve pour acheminer leurs marchandises. Les postes de l'Athabasca et du versant du Pacifique seraient approvisionnés depuis l'Angleterre, via le cap Horn; les pelleteries pourraient descendre le Columbia, et éviter ainsi le long périple de 6 400 kilomètres jusqu'à Montréal.

Simon Fraser, fils d'un loyaliste, et David Thompson se chargèrent de reconnaître le Columbia. Tous deux étaient dans le commerce des pelleteries depuis leur adolescence et avaient sillonné les Rocheuses en tous sens.

Le 28 mai 1808, Fraser quitta le fort George (aujourd'hui Prince-George, en Colombie-Britannique) avec 23 hommes, à bord de quatre canots. Ils se heurtèrent bientôt à des rapides infranchissables. Fraser et ses hommes portagèrent le long de ravins vertigineux où, selon Fraser, « nos vies tenaient à un fil, car la rupture d'une corde ou un faux pas de l'un des hommes aurait pu nous précipiter tous dans l'éternité ».

Il fallait se rendre à l'évidence : le fleuve était impraticable. Le 10 juin, ils construisirent un échafaudage pour mettre les canots à l'abri et enterrèrent le matériel inutile. Ils partirent vers la mer, à pied, et durent franchir des gorges sur des passerelles d'écorce et de racines qui se balançaient dans le vide comme « les haubans d'un navire ».

Le 14 juin, près de l'actuel village de Lillooet, en Colombie-Britannique, des autochtones ap-

Des plats d'étain et les marchandises d'un canot de la Compagnie du Nord-Ouest qui chavira en 1800 sur le Winnipeg ont été retrouvés plus de 160 ans plus tard. Ils sont aujourd'hui exposés au Musée royal de l'Ontario, à Toronto. On peut voir six manches de couteau, des limes, deux fers de hache, des balles de mousquet, du petit plomb, des lames de couteau et un pic à glace.

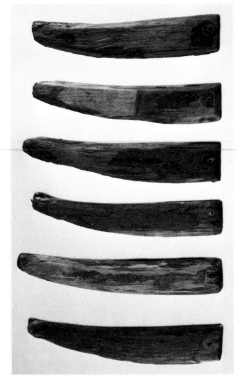

Cette maison de Sainte-Anne-de-Bellevue (Qué.) était la demeure d'un certain Simon Fraser de la Compagnie du Nord-Ouest, cousin éloigné du Simon Fraser qui découvrit le fleuve auquel on a donné son nom.

prirent à Fraser que, de là, le fleuve était navigable jusqu'à la mer. Fraser obtint d'eux des pirogues et, le 2 juillet, arriva au Pacifique, près de New Westminster, en Colombie-Britannique. Il fit le point et constata son échec : il n'était pas sur le Columbia et la route ne pouvait servir au commerce. Harcelé par les Indiens, à court de vivres, il battit le rappel de ses hommes qui menaçaient de se mutiner et, le jour même, remonta le fleuve qui porte aujourd'hui son nom pour retrouver, le 20 juin, les canots laissés en arrière. La troupe arriva au fort George le 6 août, sans avoir perdu un seul homme.

L'honneur de reconnaître le Columbia allait revenir à David Thompson. En 1807, il quitta Rocky Mountain House sur le Saskatchewan du Nord, remonta le Columbia et découvrit sa source. Thompson fonda des postes sur les territoires qui forment actuellement le sud de la Colombie-Britannique ainsi que les Etats de Washington, de l'Idaho et du Montana. En 1809, il apprit l'échec de Fraser. On lui ordonna alors de suivre le Columbia jusqu'à son embouchure.

Il consacra une année à explorer ses affluents puis, le 3 juillet 1811, il partit accompagné de neuf hommes. Douze jours plus tard, il franchissait le dernier méandre du fleuve pour découvrir que les hommes d'Astor étaient arrivés trois mois plus tôt par la mer et y avaient fondé un poste, le fort Astoria, que la Compagnie du Nord-Ouest acheta en 1814 lorsque la guerre de 1812 eut rendu impossible l'arrivée des approvisionnements américains par la mer. Thompson avait ainsi étendu de Montréal au Pacifique le domaine de la Compagnie du Nord-Ouest. Trois ans plus tard, il dressa une carte des Territoires du Nord-Ouest de la province du Canada, qui représentait l'empire de la compagnie à l'ouest de Fort William. En grande pompe, on la suspendit dans la grande salle du fort.

Les associés de la compagnie allaient pouvoir y tracer les progrès de la conquête d'un continent, le cours du fleuve Columbia, les périlleux voyages de Fraser et de Mackenzie, l'emplacement des multiples postes que les voies de canotage reliaient au fort William. En dépit de distances considérables et de difficultés innombrables, la Compagnie du Nord-Ouest avait mis sur pied l'une des entreprises les plus remarquables qu'ait jamais connues le Canada.

Après les pays d'en haut, la bonne vie de Montréal

McTavish, Frobisher, Pangman, Chaboillez, McGill, McGillivray, McLeod, Mackenzie, Montour, de Rocheblave, Richardson : autant de noms qui représentaient l'élite commerçante de Montréal à la fin du XVIIIᵉ et au début du XIXᵉ siècle.

C'étaient les barons de la fourrure. La plupart avaient connu la dure vie des pays d'en haut et, maintenant mariés pour la plupart à des Canadiennes françaises, ils menaient grand train à Montréal et rivalisaient d'hospitalité.

Joseph Frobisher et son épouse, Charlotte Joubert, recevaient à Beaver Hall, leur maison de campagne (sur l'emplacement de l'actuelle côte du Beaver Hall). Une allée décrivait une large courbe devant la maison qui se détachait sur un fond de peupliers de Lombardie, au-dessus de la ville trépidante et du large Saint-Laurent. Frobisher avait été l'un des premiers associés de la Compagnie du Nord-Ouest. Puis il avait fondé avec Simon McTavish la McTavish, Frobisher and Company qui avait eu la haute main sur les activités des *Nor'Westers*. A 43 ans, Simon McTavish avait épousé Marie-Marguerite Chaboillez, âgée de 18 ans. Ils vivaient dans une maison de pierre qui se dresse toujours au numéro 2327 de la rue Saint-Jean-Baptiste.

En 1785, 19 marchands qui avaient passé au moins un hiver dans le Nord-Ouest fondèrent le Beaver Club. Les membres recevaient une médaille d'or gravée à leur nom et portant la devise du club : « *Fortitude in Distress* » (Le courage dans l'adversité). On y faisait bombance : castors rôtis, pemmican, esturgeons et riz sauvage. On buvait à la traite, aux voyageurs, aux membres absents. A l'occasion, les membres s'asseyaient à terre sur deux rangs, chacun pagayant, qui avec une canne, qui avec des pincettes, hurlant en chœur les chansons gaillardes des voyageurs.

Le Beaver Club s'éteignit avec les barons de la fourrure dont le souvenir vit encore grâce aux institutions que certains d'entre eux contribuèrent à fonder. James McGill légua £10 000 (environ $50 000 à l'époque) et Burnside, sa propriété de 19 hectares, pour fonder un collège, qui, en 1821, devint l'Université McGill. John Richardson fut l'un des fondateurs de la Banque de Montréal, première banque permanente du Canada (1817).

Sites et monuments historiques

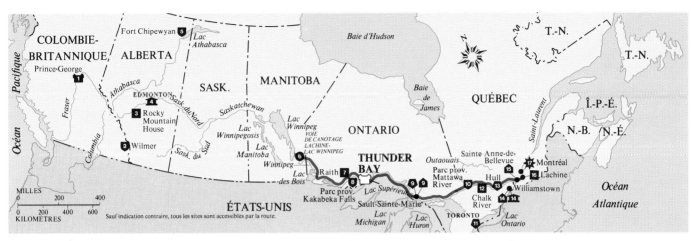

Site principal (Fort) ✳ Attractions multiples ♠ Edifices historiques ◼ Musée ♥ Monument ◻ Fort ● Route ◆ Autre point d'intérêt ■ Site non indiqué

THUNDER BAY (Ont.) Le fort William, quartier général de la Compagnie du Nord-Ouest à l'intérieur des terres, a été reconstitué dans le parc historique du fort William. Ses 42 bâtiments sont entourés d'une palissade au bord de la Kaministi-quia, à 14 km de l'emplacement original.

CANTINE SALOPE Dans ce restaurant à l'ancienne, repas typique des *Nor'Westers*.

CHANTIER DES CANOTS Dans le magasin, écorce, résine et racines d'épinette, avi-rons, bâches et autres objets qu'utilisaient les voyageurs.

MAISON DU CONSEIL Le bâtiment où se réunissaient les associés de la compagnie a été reconstruit.

Autres sites et monuments

Chalk River (Ont.) (12) Sur la pointe au Baptême, les voyageurs novices étaient baptisés *Nor'Westers*.

Edmonton (4) Au Musée provincial de l'Alberta, exposition d'objets provenant des forts de la compagnie.

Fort Chipewyan (Alb.) (5) Une stèle mar-que le site du poste le plus septentrional de la compagnie (vers 1804). *Accessible uni-quement par avion, bateau ou route d'hiver.*

Hull (Qué.) (13) Dans le parc Saint-Jean-de-Brébeuf, gradins et murets construits par les voyageurs pour portager.

Lachine (Qué.) (16) Le point de ralliement des canots en partance pour le fort Wil-liam se trouvait en amont des rapides de Lachine, près de la promenade du Père-Marquette.

Montréal (17) La demeure où Simon McTavish, riche *Nor'Wester*, conduisit sa jeune épouse canadienne-française, en 1793, se trouve au numéro 2327 de la rue Saint-Jean-Baptiste. Un monument à sa mémoire s'élève en haut de la rue Peel,

dans le parc du Mont-Royal. Au numéro 1085 de la côte du Beaver Hall, une plaque marque l'endroit où Joseph Frobisher, l'un des principaux *Nor'Westers*, construi-sit la demeure qu'il nomma Beaver Hall. La Maison Bertrand, au numéro 160 de la rue Saint-Amable, remonte à 1815; elle aurait servi d'entrepôt à la compagnie. Un canot d'écorce, un piège à castor de fer et un mousquet ayant appartenu à McTavish sont exposés au musée de l'Ile-Sainte-Hélène.

Parc provincial Kakabeka Falls (Ont.) (8) Le portage de la Montagne contournait la chute de la Kaministiquia, premier obsta-cle majeur en direction de l'Ouest. Une plaque marque le lieu du portage.

Parc provincial Mattawa River (Ont.) (10) Une plaque identifie la Porte de l'Enfer où bouillonnent les eaux de la Mattawa, ainsi qu'une grotte où, selon la légende, vivait un monstre.

Prince-George (C.-B.) (1) Dans le parc du fort George, on peut voir la palissade reconstituée d'un poste fondé par Simon Fraser en 1807. L'année suivante, Fraser atteignait le Pacifique en descendant le fleuve qui porte son nom.

Raith (Ont.) (7) Le lac Hauteur-des-Ter-res, près duquel les voyageurs novices étaient initiés aux rites des *Nor'Westers*, se trouve à 13 km au nord-ouest. *Le lac est accessible à pied seulement.*

Rocky Mountain House (Alb.) (3) Le site d'un poste construit en 1799 se trouve à 4 km au sud-ouest du parc historique national Rocky Mountain House. Le géo-graphe David Thompson quitta le poste en 1807 pour découvrir les sources du Colum-bia. Les vestiges du parc sont ceux d'un fort plus récent (1866).

Sainte-Anne-de-Bellevue (Qué.) (15) Une

maison de pierre de deux étages (1798) fut la demeure de Simon Fraser (cousin éloi-gné de l'explorateur du même nom). C'est aujourd'hui un restaurant, le Petit Café. L'église de Sainte-Anne-de-Bellevue au-rait été construite sur les fondations de la chapelle où les voyageurs venaient se re-cueillir et demander la protection divine avant le grand départ.

Sault-Sainte-Marie (Ont.) (9) Une an-cienne écluse de bois construite en 1799 a été reconstituée sur les terrains de l'Abi-tibi Paper Company. La Maison Ermatin-ger, construite par un associé de la compa-gnie en 1814, est aujourd'hui un musée et un site historique national.

Toronto (11) La carte du Nord-Ouest que David Thompson suspendit dans la grande salle du fort William en 1814 se trouve aujourd'hui dans la salle de lecture des Archives de l'Ontario.

Voie de canotage Lachine-lac Winnipeg (6) On peut encore suivre une bonne partie des voies navigables et des portages que remontaient les canots de la Compagnie du Nord-Ouest. Entre Montréal et Thun-der Bay, la Transcanadienne suit de près la route des voyageurs; les voies de canotage de l'Outaouais, de la rivière des Français et du Winnipeg étaient autrefois empruntées par les voyageurs.

Williamstown (Ont.) (14) Les collections du musée Nor'Westers and Loyalist ren-ferment notamment un bureau qui appar-tint à David Thompson, une tabatière de l'explorateur Simon Fraser et une presse à fourrure. La maison où vécut Thompson de 1815 à 1835 se trouve non loin de là; c'est une résidence privée.

Wilmer (C.-B.) (2) Une stèle marque l'em-placement de Kootenay House, poste construit par David Thompson en 1807.

Vancouver et Mackenzie explorent la côte du Pacifique

Alexander Mackenzie n'ignorait pas le prix qu'il lui faudrait payer pour explorer les vastes étendues sauvages du Canada, comme en témoignent ces lignes écrites à la veille de son épique voyage vers le Pacifique : «Je commence à croire que c'est pure folie de vivre dans un pays comme celui-ci, privé de tout confort qui puisse rendre la vie agréable, surtout quand on est apte à jouir de la vie dans une société civilisée.» Ce portrait, peint par Sir Thomas Lawrence, se trouve à la Galerie nationale du Canada, à Ottawa.

Un Indien de la tribu des Bella Bellas, sur la côte du Pacifique, racontait à qui voulait l'entendre qu'il avait été « attaqué » par des Blancs un jour de printemps 1793, sur les rives du chenal Dean, bras de mer qui s'enfonce dans les terres. Le chef des Blancs aurait tiré un coup de mousquet dans sa direction, un autre l'aurait frappé dans le dos, du plat de son épée.

Etrange histoire! Les seuls Blancs qui se trouvaient dans les environs à l'époque étaient le capitaine George Vancouver et son équipage. C'étaient des hommes animés de sentiments pacifiques et bien disposés envers les Bella Bellas et leurs cousins Bella Coolas. Vancouver, officier de la Royal Navy, avait établi la carte des côtes déchiquetées du Pacifique et essayait de trouver une route septentrionale entre le Pacifique et l'Atlantique — le passage du Nord-Ouest que l'on cherchait aussi de l'autre côté du continent.

Alors qu'il n'était qu'un jeune aspirant de 20 ans, Vancouver était déjà parti avec James Cook à la recherche de ce passage.

C'est d'ailleurs avec Cook, en 1778, que George Vancouver vit pour la première fois l'île qui porte son nom et qu'il rencontra les paisibles Indiens de la côte. L'expédition de Cook, la première mission européenne qui ait mis pied sur le territoire actuel de la Colombie-Britannique, remonta au nord vers le détroit de Béring où les glaces l'arrêtèrent. Elle fit alors voile vers Hawaï où, en février 1779, Vancouver fut témoin du meurtre de Cook par des autochtones.

Le journal de Cook aviva l'intérêt des commerçants européens pour le nord du Pacifique. En 1789, des navires espagnols pénétrèrent dans la baie de Nootka, sur la côte ouest de l'île de Vancouver, capturèrent des navires marchands anglais et installèrent une petite batterie de canons sur une éminence qui dominait le port. Mais quand l'Angleterre menaça de déclarer la guerre, l'Espagne abandonna Nootka. L'Amirauté envoya alors Vancouver prendre posses-

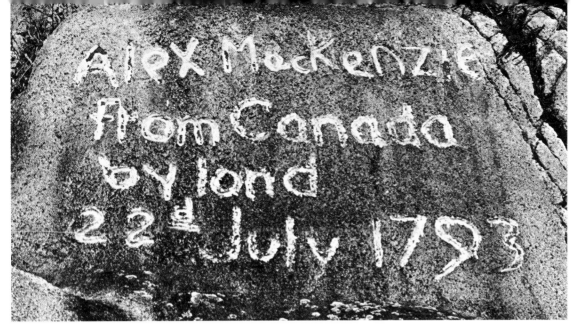

Cette inscription a été faite au ciment rouge sur un rocher que l'on croit être celui de Mackenzie, près de l'embouchure de la Bella Coola (ci-dessous), en Colombie-Britannique. Le mélange de teinture et de graisse utilisé par Alexander Mackenzie fut effacé par les intempéries en moins de 50 ans.

Cette estampe des Archives publiques, à Ottawa, représente la capture d'un navire marchand anglais par des Espagnols dans la baie de Nootka, sur l'île de Vancouver, en 1789. Pour éviter la guerre avec l'Angleterre, l'Espagne renonça au nord-ouest de l'Amérique du Nord.

Drake découvrit-il l'île de Vancouver dès 1579?

Francis Drake, le premier Européen qui visita la côte ouest de l'Amérique du Nord, se serait peut-être rendu jusqu'à l'île de Vancouver.

Lors du voyage qu'il fit autour du monde en 1577-1580, Drake traversa l'Atlantique sur le *Golden Hinde*, perdit les quatre navires qui l'accompagnaient dans le détroit de Magellan, puis remonta la côte ouest de l'Amérique du Sud, pillant et détruisant les navires et les établissements espagnols qu'il rencontrait.

Au printemps de 1579, Drake poussa au nord dans l'espoir de trouver un passage vers l'Atlantique. Il soutint qu'il avait atteint le 48e parallèle, c'est-à-dire presque la latitude de Long Beach sur l'île de Vancouver. Non loin de là, un pic de 2 200 mètres, qui dut lui servir de repère, a été baptisé Golden Hinde, du nom de son navire. Drake revint finalement vers le sud, mouilla dans la baie de San Francisco et revendiqua la Nova Albion — toute la côte au nord de San Francisco — au nom de la reine Elisabeth Ire.

Drake traversa le Pacifique en 1580 et rentra en Angleterre, où on l'accueillit en héros. Son voyage inspira celui qu'allait entreprendre James Cook 200 ans plus tard et donnait aux Anglais des prétentions à la possession de cette partie de l'Amérique du Nord.

sion du territoire. Il partit d'Angleterre le 1er avril 1791, à bord du *Discovery*, qui fit route avec un bateau auxiliaire, le *Chatham*.

Les deux navires entrèrent dans la baie de Nootka en août 1792. Vancouver y rencontra le capitaine Juan Bodega y Quadra, envoyé par l'Espagne pour négocier la cession. Ils se lièrent d'amitié et l'Anglais baptisa la grande île « Vancouver's and Quadra's Island ». (Le nom de Quadra fut plus tard abandonné, mais il désigne encore une île au nord du détroit de Géorgie.) L'Espagne allait se retirer de tout le nord-ouest de la côte du Pacifique.

Vancouver et son équipage passèrent l'hiver 1792-1793 à Hawaï pour revenir à la fin de mai 1793 au chenal Dean (nommé en l'honneur de Dean King, père d'un camarade officier). C'est là, s'il faut en croire le Bella Bella, que Vancouver aurait tiré sur l'Indien. Il explora les fjords jusqu'à l'actuel Bella Coola, puis poussa au nord dans les eaux de l'Alaska, sans trouver de passage vers l'Atlantique.

Miné par la tuberculose (dont il mourra en 1798), Vancouver rentra en Angleterre en 1794. Il avait parcouru 105 000 kilomètres en quatre ans et demi et dressé les cartes de 16 000 kilomètres de côtes.

Le 9 mai 1793, alors que Vancouver explorait la côte de l'Orégon, Alexander Mackenzie et quelques hommes s'embarquaient dans un canot de 7,6 mètres à Fort Fork, dans ce qui est aujourd'hui le nord de l'Alberta. Le groupe s'engagea sur la rivière de la Paix, dans l'espoir de gagner le Pacifique, par voie de terre.

Cet Ecossais de 29 ans avait une volonté de fer et l'âme d'un véritable chef. Il s'était lancé dans la traite de la fourrure à l'âge de 15 ans, puis s'était associé à une compagnie montréalaise qui fusionna avec la Compagnie du Nord-Ouest (voir p. 132). Il était vite devenu administrateur de la région de l'Athabasca pour le compte de la compagnie. Mais le transport des peaux à Montréal était coûteux. Les bénéfices seraient considérables si l'on pouvait expédier les pelleteries depuis la côte du Pacifique. C'est alors qu'il décida d'ouvrir la route vers l'océan.

Il partit pour Londres en 1791. Il y étudia la navigation et y apprit à utiliser le chronomètre. L'année suivante, il était de retour au Canada. Quelques mois plus tard, il partit du fort Chipewyan sur le lac Athabasca et se rendit à Fort Fork (près de l'actuel Peace River, en Alberta) où il passa l'hiver. Ce seraient 480 kilomètres de moins à faire au printemps.

Mackenzie entreprit son voyage de 1793 avec un commis de la Compagnie du Nord-Ouest, Alexander Mackay, six « voyageurs » canadiens-français et deux interprètes indiens. Dix jours plus tard, la petite troupe pénétrait dans le canyon de la rivière de la Paix, où la rivière des-

cend de 82 mètres sur une distance de 35 kilomètres. Mais Mackenzie, lui, remontait le courant! Son canot fut endommagé dès la première journée sur les eaux vives du canyon. On le répara avec de l'écorce et de la résine fondue.

La troisième nuit, les hommes épuisés voulaient rebrousser chemin. Mackenzie refusa net et, le lendemain matin, envoya des éclaireurs pour voir où se terminaient les rapides. Ils revinrent bientôt : la rivière était impraticable sur 15 kilomètres. Mackenzie distribua du rhum et du riz sauvage en prévision du long portage.

Le 22 mai, la petite expédition commença à escalader la montagne du Portage (près de l'actuel Hudson's Hope, en Colombie-Britannique). Les hommes abattaient les arbres sans les déta-

Ce coffre de marin, qui porte les initiales G.V., aurait appartenu au capitaine George Vancouver. Il est exposé dans une réplique de la poupe du Discovery, *le navire de Vancouver, au musée provincial de la Colombie-Britannique, à Victoria. Ci-dessus : un chronomètre qui servit à Cook et à Vancouver. L'instrument fait partie de la collection du National Maritime Museum of Greenwich, en Angleterre.*

Le Désappointement : un glorieux échec

Alexander Mackenzie tenta à deux reprises d'atteindre le Pacifique par voie de terre. Sa première tentative fut un glorieux échec.

Le 3 juin 1789, Mackenzie quitta le fort Chipewyan, sur le lac Athabasca, pour trouver une route vers la côte ouest.

Accompagné de 13 hommes, il descendit la rivière des Esclaves vers le Grand Lac des Esclaves. Des Indiens lui parlèrent d'une grande rivière au nord-ouest. Le 29 juin, il s'engagea sur ce fleuve, croyant qu'il le conduirait à travers les Rocheuses. A sa grande déception, il découvrit le 10 juillet que le fleuve s'élargissait en delta et que les Rocheuses étaient toujours à l'ouest. Cinq jours plus tard, il atteignait la mer de Beaufort.

Il rebroussa donc chemin, remontant le fleuve qu'il nomma le fleuve du Désappointement. Le 12 septembre, il rentra au fort Chipewyan, découragé. Il avait pourtant parcouru près de 5 000 kilomètres et découvert le deuxième fleuve d'Amérique du Nord, qui porte aujourd'hui son nom.

La vie prospère des Indiens de la côte ouest

Le cèdre et le saumon ont été à l'origine de la riche culture indienne que les Européens découvrirent sur la côte ouest du Canada au XVIIIᵉ siècle. C'était le domaine de plusieurs tribus : Haïdas, Tsimshians, Kwakiutls, Bella Coolas, Nootkas, Salishs et Tlinkits.

Dans les troncs des immenses cèdres qui poussaient sous ce climat doux et humide, on fabriquait des canots de 23 mètres de long où 50 hommes pouvaient prendre place pour chasser la baleine, loin au large. Ces troncs étaient aussi débités en pieux et poutres pour construire des maisons de 90 mètres de long qui abritaient 10 familles. On fendait le bois avec des outils de pierre pour fabriquer les planches qui recouvraient les habitations.

Le saumon abondait. En quelques semaines d'été, les Indiens en prenaient suffisamment pour se nourrir toute l'année. Leur alimentation était d'ailleurs fort variée : ormeaux, crabes, phoques, cerfs et autres animaux sauvages, ainsi que racines et baies. Pour la cuisine et les lampes, on se servait de l'huile d'un poisson, l'eulakane.

Une existence aussi facile ne pouvait que favoriser une expression artistique à la fois originale et variée : couvertures aux motifs géométriques élégamment colorés, masques et mâts totémiques représentant d'étranges animaux stylisés. Les chefs rangeaient leurs habits de cérémonie dans des coffres de cèdre délicatement ornés. Les riches se peignaient et se tatouaient le corps avec des huiles, des baies et des pigments tirés de la terre. On portait des boucles d'oreilles en cuivre et en jade. Les femmes se perçaient la lèvre inférieure pour y enfiler des morceaux de bois ou de pierre polie.

Pendant les mois pluvieux d'hiver, tout le village se réunissait pour regarder des représentations théâtrales où l'aigle (symbole du pouvoir), la baleine (esprit des hommes perdus en mer) et d'autres animaux racontaient la création du monde et l'histoire des grandes familles.

La hiérarchie sociale était basée sur la richesse. Les familles nobles se réservaient les territoires de pêche et de chasse, tandis que le menu peuple devait payer un droit pour aller y chercher sa nourriture. Les prisonniers de guerre devenaient les esclaves des chefs et des nobles.

Les puissants faisaient étalage de leurs richesses à l'occasion de grandes cérémonies, appelées « potlatchs » : l'hôte tuait quelques esclaves, brûlait des biens de grand prix et donnait de somptueux cadeaux à ses invités. Mais tout cadeau appelait sa contrepartie, encore plus extravagante, à l'occasion d'un nouveau potlatch encore plus grandiose que le précédent.

Ces maisons et mâts totémiques se trouvent à 'Ks... un village gitksan de la fin du XIXᵉ siècle, reconst... près de Hazelton (C.-B.).

Scènes de la vie des Indiens de la côte ouest, par Paul Kane. Ci-dessus : une Indienne Salish tisse une couverture bordée de motifs géométriques. Dans un village (ci-dessous), des saumons sont accrochés aux rebords des toits et sous les planchers surélevés des cabanes dont on ôtait les murs en été.

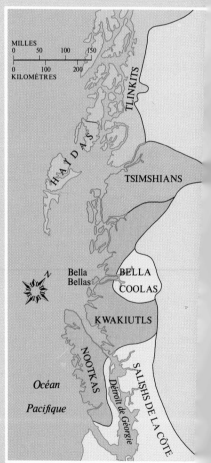

Carte des familles linguistiques des Indien côte vers la fin du XVIIIᵉ siècle.

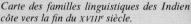

- Groupe tlinkit
- Groupe haïda
- Groupe tsimshian
- Groupe wakashan
- Groupe salish

Une histoire en images

Le mât totémique racontait une histoire, et ses animaux représentaient les emblèmes des tribus. Ces mâts servirent sans doute d'abord de piliers de charpente aux maisons, avant d'être plantés plus tard devant les résidences des chefs. Celui-ci (au parc Thunderbird, à Victoria) représente les totems de quatre tribus kwakiutls.

L'oiseau du tonnerre lançait des éclairs et créait le bruit de la foudre en battant des ailes. Lorsqu'il devint un homme, son fils monta au ciel pour prendre sa place.

L'ours grizzli, qui tient un bouclier de cuivre dans sa gueule, est le symbole de la richesse. Il est assis au-dessus d'une effigie qui le représente sous sa forme humaine, après être devenu le premier membre du clan.

Le castor à queue quadrillée apparaît sur de nombreux mâts totémiques avec un bâton entre ses énormes dents. La petite figure représente l'articulation de sa queue.

Dsonoqua la géante fut poursuivie par un homme qui la vit voler du poisson séché. Ils se marièrent et leur fils fonda plus tard la tribu.

Les figures des mâts étaient semblables dans leurs caractères essentiels; les détails reflétaient les légendes et mythes locaux.

cher des souches, pour faire des rampes où ils pourraient s'agripper. Pendant trois jours, on portagea à travers les bois de la montagne, en suivant le cours de la rivière.

Le 31 mai, 22 jours après le départ de Fort Fork, l'expédition avait franchi la principale chaîne des Rocheuses, mais se trouvait encore à 800 kilomètres de la mer. Bien des massifs montagneux la séparaient encore du Pacifique.

Le même jour, l'expédition atteignit une fourche où la rivière de la Paix se divisait en deux bras (aujourd'hui Finlay Forks). Les hommes avaient le choix entre le cours lent du bras nord-ouest (le Finlay) et les eaux impétueuses du Parsnip, au sud. Un Indien de Fort Fork leur avait dit que le bras nord-ouest se perdait dans les montagnes, tandis que l'autre menait à un portage qui les conduirait à une rivière « où les habitants construisent des maisons et vivent sur des îles ». Ses hommes auraient préféré le Finlay; Mackenzie choisit le Parsnip.

Après des jours et des jours, ils étaient presque arrivés aux sources de la rivière Parsnip et désespéraient de ne jamais trouver le portage. C'est alors qu'un Indien Sékani les y mena le 10 juin. Ils remontèrent un affluent de la rivière Parsnip jusqu'au lac Arctic puis, deux jours plus tard, franchirent les 817 pas qui les séparaient du lac du Portage. Passé ce point, les rivières coulaient vers l'ouest. Ils venaient de franchir la ligne de partage des eaux.

Les Sékanis parlèrent à Mackenzie d'une tribu de l'Ouest qui vivait dans des maisons, près d'une mer qu'ils appelaient le lac puant. La tribu faisait le commerce avec des Blancs qui arrivaient dans des bateaux aussi grands que des îles. Mackenzie en conclut que les Sakanis connaissaient l'océan Pacifique.

L'expédition continua sa route en descendant un cours d'eau que Mackenzie baptisa Bad River (rivière James). Le canot se fracassa sur des

Alexander Mackenzie était presque au terme de son voyage vers le Pacifique quand il traversa cette verdoyante vallée de la Colombie-Britannique (aujourd'hui la vallée du Mackenzie, dans le parc provincial Tweedsmuir). Au-delà de ces montagnes se trouve la Bella Coola qui le conduisit jusqu'à la mer.

rochers et un banc de gravier. Les hommes supplièrent Mackenzie de rebrousser chemin. Il attendit qu'ils prissent un peu de repos, puis sut les convaincre de continuer jusqu'au Pacifique. Un jour et demi plus tard, le canot était une fois de plus réparé. La petite troupe repartit. Dans la nuit, leur guide sakani prit la fuite.

Le 18 juillet, au nord-est de l'actuel Prince-George, en Colombie-Britannique, ils furent les premiers Européens à découvrir le fleuve que Simon Fraser explorera 15 ans plus tard.

En quatre jours, ils avancèrent de 130 kilomètres vers le sud, portés par les eaux du fleuve. Le 21 juin, des Indiens de la tribu des Carriers les accueillirent avec une pluie de flèches, mais Mackenzie parvint à les apaiser avec quelques cadeaux. Les Carriers l'informèrent que le fleuve était dangereux jusqu'à la mer. Le lendemain, un autre groupe d'Indiens lui conseilla de faire route à l'ouest. Le 23 juin, Mackenzie décida de gagner le Pacifique par voie de terre.

Ses hommes construisirent un canot et le cachèrent dans les bois (près de l'actuel Alexandria, en Colombie-Britannique), en prévision du retour. Puis ils partirent vers l'ouest, avec pour seule nourriture un peu de pemmican et parfois du poisson. Quelques jours plus tard, ils rencontrèrent d'autres Carriers, et il fallut à Mackenzie une journée de palabres pour les persuader de lui servir de guides.

La troupe marcha encore pendant 12 jours, sous la grêle, la neige et la pluie. Le 17 juillet, elle franchit enfin les dernières montagnes de la chaîne Côtière. Sans s'accorder de répit, elle continua d'avancer jusqu'à la tombée du jour et atteignit enfin une vallée encaissée où se blottissait un village indien, au bord de la rivière Bella Coola.

Hospitaliers, les Bella Coolas leur offrirent un festin de saumon. Ravi de l'accueil, Mackenzie baptisa l'endroit Friendly Village.

Puis les explorateurs descendirent la Bella Coola dans des canots qu'on leur avait prêtés et découvrirent de prospères villages de pêcheurs. La rivière les conduisit enfin dans une bourgade, sur le bras Bentinck-Nord, d'où Mackenzie « put apercevoir l'extrémité de la rivière qui se jetait dans un étroit bras de mer ».

Le 21 juillet, le groupe s'enfonça dans le chenal Dean aussi loin qu'il fut possible.

Après avoir parcouru plus de 1 300 kilomètres en 74 jours, ils devenaient les premiers Européens à avoir traversé le continent américain, au nord du Mexique. Le lendemain, Mackenzie mélangea de la teinture rouge et de la graisse fondue pour laisser sur un rocher son célèbre témoignage : « Alex Mackenzie from Canada by land 22d July 1793 ».

Mackenzie ne trouva pas les Bella Bellas très amicaux, sans doute à cause de cet incident qu'un des leurs racontait à propos des Blancs qui étaient venus la même année.

Alexander Mackenzie et le capitaine George Vancouver s'étaient manqués de sept semaines.

Un fieffé menteur aide l'Angleterre à conquérir du pays

Les mensonges d'un capitaine anglais du nom de John Meares — *Aïta-Aïta Meares*, « Meares le menteur », comme l'appelaient les Indiens — aidèrent les Anglais à s'emparer, en 1790, du territoire situé au nord de San Francisco.

Deux ans plus tôt, battant pavillon portugais pour ne pas avoir à payer les permis anglais, il avait commencé à faire illégalement le commerce des pelleteries sur la côte ouest de l'île de Vancouver. A Friendly Cove, il construisit un petit fort sur une terre qu'il prétendra plus tard avoir achetée à un chef indien, contre deux pistolets. Le chef soutiendra n'avoir jamais rien vendu, à part des peaux de loutre. Lorsque deux navires américains vinrent mouiller à Friendly Cove, dans la baie de Nootka, Meares raconta aux capitaines d'effroyables histoires sur les dangers de la côte du Pacifique et jura qu'il n'avait pas obtenu 50 peaux de toute la saison.

L'Espagne et l'Angleterre revendiquaient la côte. En 1789, les Espagnols saisirent le poste de Meares, ainsi que deux navires. Le braconnier, qui s'était servi du pavillon portugais, se rendit à Londres et réclama $650 000 à l'Espagne pour le tort qu'on lui avait causé. L'Angleterre, trop heureuse de ce prétexte, se prépara à la guerre. Mais la controverse fut réglée pacifiquement en 1790 : l'Espagne restitua les navires, versa $210 000 à Meares et accepta d'ouvrir la côte au nord de la Californie aux sujets britanniques.

Meares publia un récit de ses voyages, revendiquant pour lui-même des découvertes faites par d'autres. George Dixon, ancien capitaine de la baie de Nootka, écrivit un pamphlet où il dénonçait les hâbleries de Meares. En 1790, Meares avait perdu tout crédit en Angleterre mais l'Espagne s'était retirée de la future Colombie-Britannique.

Sites et monuments historiques

BELLA COOLA (C.-B.) Le rocher où Alexander Mackenzie aurait laissé le témoignage de sa traversée de l'Amérique du Nord — la première au nord du Mexique — se trouve dans le parc provincial Sir Alexander Mackenzie, 40 km au nord-ouest. L'inscription, tracée en 1793 et effacée depuis longtemps par les intempéries, a été refaite. *Parc accessible uniquement par bateau.*

Autres sites et monuments

Campbell River (C.-B.) (4) Exposition d'objets indiens au musée du Centenaire de Campbell River. A l'extérieur du musée, mât totémique de la tribu kwakiutl. A 6,5 km au sud, une plaque rappelle que George Vancouver fut le premier Européen à faire le tour de l'île de Vancouver en 1792.

Dawson Creek (C.-B.) (12) La découverte de la route de la rivière de la Paix par Mackenzie est commémorée par une plaque, à 50 km au nord.

Duncan (C.-B.) (5) A l'extérieur du musée Cowichan Valley Forest, une plaque marque l'endroit où James Cook abattit des arbres pour réparer le mât de l'un de ses navires en 1778.

Fort Chipewyan (Alb.) (pas sur la carte) Une plaque indique l'emplacement du fort de la Compagnie du Nord-Ouest d'où

Mackenzie entreprit ses deux voyages vers le Pacifique. *Accessible uniquement par avion, bateau ou route d'hiver.*

Friendly Cove (C.-B.) (2) C'est ici que débuta la querelle de la baie de Nootka qui opposa l'Angleterre à l'Espagne, lorsque les Espagnols capturèrent le poste et les navires du commerçant John Meares. George Vancouver et le capitaine espagnol Juan Bodega y Quadra s'y rencontrè-

rent en 1792 pour signer un accord. Une plaque rappelle l'événement. *Accessible uniquement par avion ou par bateau.*

Hazelton (C.-B.) (8) 'Ksan est la reconstitution d'un village gitksan du XIXe siècle : maisons de cèdre, fumoirs, mâts totémiques, pièges à poisson. On y montre comment les Indiens fabriquaient les vêtements et les ustensiles d'écorce.

Hudson's Hope (C.-B.) (11) Une plaque au barrage W.A.C. Bennett, 20 km à l'ouest, marque l'endroit où l'expédition de Mackenzie, en 1793, commença un portage de trois jours pour contourner le canyon de la rivière de la Paix.

Parc provincial Strathcona (C.-B.) (3) Le Golden Hinde, point culminant de l'île de Vancouver (2 200 m), pourrait avoir servi de repère à Francis Drake en 1579. La montagne a reçu le nom du navire de l'explorateur.

Peace River (Alb.) (13) Au musée du Centenaire de Peace River se trouve une maquette de Fort Fork où Mackenzie passa l'hiver de 1792-1793. On peut y voir la cheminée du fort.

Prince-George (C.-B.) (10) Une plaque rappelle le passage d'Alexander Mackenzie sur le Fraser.

Quesnel (C.-B.) (9) Un sentier de randonnée de 386 km entre le Fraser et Bella Coola suit la route de Mackenzie jusqu'au Pacifique.

Skidegate (C.-B.) (1) Le musée Queen Charlotte Islands renferme une collection d'objets haïdas.

Vancouver (7) Une statue de George Vancouver, premier Européen à naviguer dans la baie English (1792), se trouve devant l'hôtel de ville. Le musée d'Anthropologie de l'Université de Colombie-Britannique possède une importante collection de mâts totémiques et d'objets indiens. A l'extérieur se trouve une maison haïda. A Horseshoe Bay, une plaque rappelle la mémoire des navigateurs qui découvrirent la côte nord-ouest.

Victoria (6) La poupe du navire de Vancouver, le *Discovery*, a été reconstituée au musée provincial de la Colombie-Britannique. Dans le parc Thunderbird, on peut voir des mâts totémiques, des canots et une réplique d'une maison kwakiutl. Le musée maritime de Victoria renferme une maquette du navire de Cook.

La cabine du capitaine George Vancouver, dans la dunette du Discovery, *a été reconstituée au musée provincial de Victoria (C.-B.). L'ameublement est des plus simples : l'Amirauté, à l'époque, ne meublait pas les cabines des officiers.*

Le feu prend aux poudres le long de la frontière

En ce printemps de 1812, le Haut-Canada est plongé dans l'inquiétude. La guerre menace. Les habitants de Queenston, petit village blotti sur la rive du Niagara, se refusent pourtant à y croire. La rivière n'est large que de 230 mètres et, sur l'autre rive, ceux qu'on appelle les ennemis sont des amis de longue date, des parents même de ces 300 villageois canadiens. La guerre ruinerait le commerce, au moment précis où Queenston devient le plus actif des villages de la frontière du Niagara.

Le village est construit sur un plateau. Derrière, à une centaine de mètres au-dessus de la rivière, s'élèvent les hauteurs de Queenston. Au-dessous du village, le petit port fourmille de mâts. Sur la grand-rue se trouve la maison de James et de Laura Secord; Secord fait le commerce de la farine et de la potasse. Un peu plus loin est située la taverne d'Ingersoll, tenue par le père de Laura.

Le 18 juin, les rumeurs se précisent : les Etats-Unis ont déclaré la guerre à l'Angleterre. Queenston est aux premières lignes.

De part et d'autre de la frontière, bien des gens refusaient l'idée même d'une guerre. Mais pour ceux qui voulaient l'affrontement, les raisons ne manquaient pas.

Tout d'abord il y avait l'attitude impérieuse de l'Angleterre sur les mers. En guerre avec Napoléon, la Grande-Bretagne interdisait aux Etats-Unis, pourtant neutres, de faire du commerce avec la France, forçait les navires américains à rebrousser chemin et les arraisonnait à volonté pour rechercher les déserteurs anglais. Puis, il y avait le désir d'expansion des Etats-Unis. Le Canada leur paraissait une conquête logique et une proie facile.

La population canadienne, un demi-million d'habitants disséminés dans les Maritimes, le Bas-Canada et le Haut-Canada, ne savait trop ce qu'elle voulait. Certains étaient loyalistes, farouchement fidèles au roi. D'autres venaient à peine d'immigrer : si leur foyer se trouvait au Canada, leur cœur était toujours aux Etats-Unis. Près des deux tiers de la population était française, donc indifférente à l'Angleterre.

Militairement, le Canada faisait piètre figure. Au début de la guerre, environ 8 000 réguliers anglais et canadiens et moins de 20 000 miliciens faisaient face à 35 000 réguliers américains et à une milice de plusieurs centaines de milliers d'hommes. Les Canadiens avaient besoin d'un chef. Ils le trouvèrent en la personne du général Isaac Brock, qui administrait depuis octobre 1811 le gouvernement du Haut-Canada.

Brock était âgé de 42 ans et avait une stature impressionnante (1,88 mètre). Il avait été soldat de carrière de l'armée britannique pendant 26 ans et commandait des troupes au Canada depuis 1802. Au cours de cette décennie, il avait renforcé les piteuses défenses du Canada et reconnu tous les tours et détours de la frontière. Brock parlait couramment le français et se sentait à l'aise dans le Bas-Canada. Ses soldats l'avaient en haute estime.

Brock savait que la meilleure carte du Canada était de lancer une offensive éclair. Il ordonna au capitaine Charles Roberts de prendre le fort Michilimackinac, sur une île entre le lac Michigan et le lac Huron. En prenant Michilimackinac, puis le fort Détroit, Brock protégeait son flanc ouest, gagnerait la confiance des Indiens et raffermirait le moral du Haut-Canada. Roberts fonça sur Michilimackinac le 17 juillet avec 49

Ce figurant du parc historique national du fort Malden, à Amherstburg (Ont.), porte l'uniforme du Royal Newfoundland Regiment qui participa à la guerre de 1812. La corvette Détroit, vaisseau amiral du capitaine Robert Barclay, commandant anglais sur le lac Erié, fut construite à Amherstburg en 1813.

Le monument de Sir Isaac Brock s'élève à 56 m au-dessus des hauteurs qui dominent le village de Queenston, en face de Lewiston (N.Y.) que l'on aperçoit au premier plan.

Tecumseh, « l'Etoile filante » des Indiens Shawnis

Le 17 août 1812, salués par les canons de campagne anglais et les cris de 600 Indiens, un chef au port altier et un général anglais chevauchaient côte à côte. Ensemble, ils avaient pris le fort Détroit. Isaac Brock offrit ses pistolets et son écharpe à Tecumseh. Le Shawni lui offrit en retour sa ceinture fléchée.

Tecumseh (« l'Etoile filante ») était le chef courageux et éloquent d'une confédération de tribus indiennes installées entre l'Ohio et le Mississippi. Sur la rivière Tippecanoe, il avait bâti une grosse bourgade de huttes et de tipis qui, espérait-il, deviendrait un jour la capitale d'un Etat indien où son peuple vivrait en paix. Mais à l'automne 1811, le général américain William Henry Harrison saccagea la petite ville et massacra la plupart des habitants.

Tecumseh pouvait-il espérer l'aide des Anglais? Ses hommes avaient combattu pour eux pendant la guerre de l'Indépendance. Pourtant, lors du traité de Versailles, en 1783, les Anglais étaient revenus sur leur promesse d'aider à la création d'une patrie indienne. Mais Tecumseh avait confiance en Isaac Brock.

Après la prise de Détroit, Brock partit sur le front du Niagara où il devait trouver la mort. Le colonel Henry Procter, depuis lors à la tête des troupes anglaises à Détroit, était timoré et incompétent. En septembre 1813, il abandonna le fort et battit en retraite vers l'est.

Tecumseh traita Procter de « chien bedonnant qui s'enfuit la queue entre les jambes ». Honteux, Procter fit volte-face à Moraviantown, près de Thamesville, en Ontario. Au cours de la bataille qui suivit, le 5 octobre, les Anglais de Procter et les Indiens de Tecumseh furent battus. Tecumseh mourut au combat. Le traité de Gand ne donna rien aux Indiens.

On ne retrouva jamais la sépulture du grand chef indien. « L'Etoile filante » n'avait laissé aucune trace.

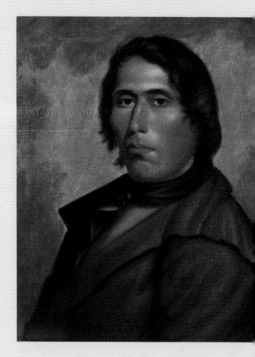

Sir George Prevost, gouverneur général des deux Canadas, fut rappelé en Angleterre en 1815. Disgracié en raison de son attitude pendant la guerre, il demanda à se défendre devant une cour martiale mais mourut une semaine avant le début du procès.

soldats, 380 Indiens et environ 200 « voyageurs ». Le commandant américain, qui n'avait pas encore eu vent de la guerre, rendit les armes.

Une petite victoire, sans doute, mais elle servit les fins de Brock. Cinq jours plus tôt, le général américain William Hull avait traversé la frontière et s'était présenté en libérateur, en ami qui offrait « la paix, la liberté et la sécurité », ou « la guerre, l'esclavage et la destruction ». Démoralisés, les Canadiens étaient sur le point d'opter pour la paix. Mais avec la victoire de Michilimackinac, les Indiens se mirent du côté de Brock. Leur réputation de scalpeurs terrifia Hull, qui rentra au fort Détroit.

Profitant de son avantage, Brock se rendit à Amherstburg pour rencontrer le chef shawni Tecumseh. « Voilà un homme! » s'écria Tecumseh. La nuit même, celui-ci dessina de mémoire un plan détaillé du fort Détroit. Hull avait plus de 2 000 hommes; Brock attaquerait avec 700 soldats et 600 Indiens.

Il rangea ses troupes face au fort et demanda la reddition des Américains. Hull refusa. Dans la nuit, les Canadiens traversèrent la rivière. Au petit matin, ils étaient devant la porte du fort, conduits par Brock monté sur un magnifique cheval gris. Hull se rendit sans coup férir.

Tandis que le Haut-Canada fêtait l'événement, Brock préparait l'attaque de Sackets Harbor, base navale située en face de Kingston, dans l'espoir de désorganiser les forces américaines sur le lac Ontario. Mais le gouverneur du Canada, Sir George Prevost, trop prudent, le retint et les Américains accoururent de partout avec des renforts. Au début de septembre, ils étaient 6 300 le long du Niagara, sur les 53 kilomètres qui séparent le lac Ontario du lac Erié. De l'autre côté de la rivière, les 1 500 soldats et 250 Indiens de Brock les attendaient de pied ferme.

Brock croyait que les Américains attaqueraient son quartier général, le fort George, près de Newark (aujourd'hui Niagara-on-the-Lake). Queenston, à 11 kilomètres au sud, fut donc laissé à la garde de 350 soldats seulement, armés de trois canons. Au milieu de l'orage, Brock conféra tard dans la nuit du 12 octobre avec ses officiers, puis donna ses ordres jusqu'à minuit. Il s'allongea pour prendre un peu de repos mais, à trois heures, il fut réveillé par le bruit d'une canonnade qui venait de Queenston.

Quatre heures du matin. On entendait toujours le canon dans le lointain. Un messager arriva au grand galop : à Lewiston, 24 canons américains pilonnaient Queenston, et des troupes yankees traversaient la rivière. Brock ordonna à son second, Sir Roger Sheaffe, de se tenir prêt.

Brock s'élança sur la route qui longe la rivière, jusqu'aux hauteurs de Queenston. Sa course dans la bourrasque allait sauver le Canada.

Un second messager vint à sa rencontre. Les Américains pressaient leur attaque sur Queenston, cria le soldat. Brock l'envoya à

Ce tableau de J. W. L. Forster (collection des Archives publiques du Canada) serait le seul portrait authentique du général Sir Isaac Brock. La tunique et la ceinture qu'il portait lors de la bataille des hauteurs de Queenston sont aujourd'hui au musée canadien de la Guerre à Ottawa. Au-dessous du col, on peut voir le trou de la balle qui le tua. La ceinture lui avait été offerte par Tecumseh.

Un portrait de George III orne le mess des officiers au fort George, près de Niagara-on-the-Lake. Le fort, détruit par les Américains en 1813, a été reconstitué.

Sheaffe : tous les hommes valides devaient marcher sur Queenston.

Brock arriva avant l'aube. Son ancien régiment, le 49e, contenait l'envahisseur sur les rives avec un feu roulant de mousquet et un misérable petit canon. La vue de Brock, massif dans sa tunique rouge, ceinture fléchée à la taille, redonna courage aux troupes qui l'acclamèrent.

A mi-pente, un unique canon de huit kilogrammes pilonnait la rive américaine. Deux kilomètres au nord, le troisième canon canadien, une pièce de 11 kilogrammes, tirait systématiquement sur l'ennemi. Sur l'autre rive, 2 000 soldats américains attendaient des bateaux. Si seulement les Canadiens pouvaient tenir jusqu'à l'arrivée de Sheaffe! Des cris et des coups de feu éclatèrent soudain derrière Brock. Une troupe de 350 fantassins américains sortit de nulle part. Elle avait escaladé la paroi escarpée des hauteurs de Queenston qui n'était pas gardée.

« Suivez-moi! » cria Brock. Il regroupa 200 hommes et dévala avec eux jusqu'au bas de la pente. La troupe s'abrita derrière une murette.

« Reprenez votre souffle, vous en aurez besoin! » Les soldats l'acclamèrent encore. Brock mit pied à terre, renvoya son cheval haletant avec une tape amicale et tira son épée. Baïonnette au canon, ses hommes enjambèrent le mur et escaladèrent la colline, droit sur l'ennemi.

Brock, toujours en tête, était une cible facile. Une balle le toucha au poignet, mais il continua. Soudain, un homme sortit d'un bosquet à 25 mètres, visa et toucha Brock en pleine poitrine. Le général mourut presque sur le coup.

Son ami et aide de camp, le colonel John Macdonell, prit la relève. Il rallia les troupes, mais tomba lui aussi, mortellement blessé. Les Canadiens battirent en retraite, portant à grand-peine leurs morts et leurs blessés.

La fusillade cessa sur les hauteurs de Queenston. De l'autre côté de la rivière, des centaines d'Américains tenaient toujours bon.

Vers midi, Sheaffe fonça sur Queenston avec une troupe aussi hétéroclite que la population du Haut-Canada : des Indiens, 300 réguliers, une batterie de canons de campagne tirée par des chevaux de ferme, 250 miliciens dont la « Compagnie des Noirs du capitaine Robert Runchey », formée d'anciens esclaves américains. Sheaffe se glissa le long d'un sentier indien et arriva sur les hauteurs, trois kilomètres derrière l'ennemi.

A trois heures, les envahisseurs étaient en difficulté. Les défenseurs du village de Queenston mitraillèrent les hauteurs. Les soldats de Sheaffe chargèrent à la baïonnette tandis que les Indiens se rapprochaient sur les flancs. Les Américains tirèrent encore quelques salves, puis un grand nombre prirent la fuite. Les autres rendirent les armes, près de l'endroit où se dresse aujourd'hui le monument de Brock.

Sir Isaac Brock fut enterré au fort George, près de Niagara-on-the-Lake. En 1824, sa dépouille fut transférée dans un caveau, sous la colonne qui s'élève sur les hauteurs de Queenston. Un ancien insurgé de la rébellion de 1837 fit sauter le monument en 1840. La colonne fut reconstruite en 1856, grâce à une souscription publique.

Cette gravure de la bataille des hauteurs de Queenston est la copie d'un tableau du capitaine James Dennis, qui commanda un détachement du 49e régiment de Brock au cours de la bataille. Les hauteurs dominent Queenston, à droite.

Environ 300 Américains furent tués ou blessés, près de 1 000 faits prisonniers. Sheaffe eut plus de prisonniers que de soldats. Les pertes anglaises et canadiennes furent minimes.

La bataille des hauteurs de Queenston venait d'unir les colonies canadiennes. Au cours de l'hiver, 600 hommes du 104e régiment d'infanterie partirent de Fredericton, au Nouveau-Brunswick, pour venir à la rescousse de Kingston et défendre le Canada. Mais le pays allait connaître un cuisant revers en 1813.

La défaite la plus humiliante fut la capture d'York, capitale du Haut-Canada. La ville était défendue par 300 réguliers, autant de miliciens et 100 Indiens commandés par Sheaffe.

Sheaffe avait fort bien secondé Brock sur les hauteurs de Queenston, mais il manqua d'initiative et d'inspiration à York. Brock, lui, aurait

Le général Sir Roger Sheaffe reçut le titre de baronnet pour le rôle qu'il avait joué dans la bataille des hauteurs de Queenston en 1812. Mais il fut relevé de son poste après le pillage d'York en 1813.

Après la bataille du lac Erié, la guerre des chantiers navals

La maîtrise du lac Erié et du lac Ontario donnait l'avantage à l'Angleterre lorsque la guerre de 1812 éclata. Les bâtiments armés de la Marine provinciale, un service de transport civil, permettaient de transporter rapidement les troupes, les vivres et les messages.

Mais les Américains commencèrent bientôt à construire des bâtiments de guerre et à armer leurs navires marchands à Sackets Harbor, sur le lac Ontario, et à Erié, sur le lac Erié.

La Royal Navy n'avait que six bâtiments de guerre sur les lacs Erié et Ontario. L'escadre se heurta de front à neuf navires américains à Put-in-Bay, le 10 septembre 1813. Après deux heures de combat, les Anglais se rendirent. Les Américains avaient la haute main sur le lac Erié.

Décidés à tenir le lac Ontario, les Anglais commencèrent à construire au chantier de Kingston (à droite) un bâtiment de 2 090 tonnes, le *St. Lawrence*, équipé de 112 canons sur trois ponts. Le navire patrouilla peu de temps le lac Ontario. Les Américains entreprirent de construire deux trois-ponts de 120 canons, et les Anglais aussi. Mais la guerre prit fin avant que les bâtiments ne soient achevés.

La guerre des arsenaux ne connut jamais de combat : personne ne voulait risquer la défaite.

deviné que la ville était menacée, car les Américains convoitaient le nouveau bâtiment de guerre, le *Sir Isaac Brock*, qui attendait d'être lancé dans un chantier naval, à l'endroit où se trouve aujourd'hui la gare Union de Toronto. Il aurait su défendre la ville.

Mais Sheaffe était mal préparé, ce 26 avril 1813, lorsque les sentinelles placées sur les hauteurs de Scarborough donnèrent l'alarme. A 40 kilomètres à l'est, une escadre de 14 navires transportant 1 700 soldats approchait. Quant à l'armée de terre américaine, elle était commandée par le vieux général Henry Dearborn, aussi encombrant pour ses jeunes et brillants officiers que Prevost l'avait été pour Brock.

Les premiers soldats américains débarquèrent sur la plage Sunnyside. Les 100 réguliers et miliciens que Sheaffe envoya à leur rencontre furent balayés sous le feu croisé des navires et des soldats postés sur la rive.

Sheaffe, croyant York perdu, décida de se replier sur Queenston. Il ordonna qu'on incendie

Bas-relief du monument de Laura Secord, sur les hauteurs de Queenston, représentant l'héroïne.

Billy et Laura, deux héros

Au printemps 1813, les troupes américaines avançaient. Si elles parvenaient à prendre la péninsule du Niagara et la base navale anglaise de Kingston, elles pourraient bien gagner la guerre. Les réguliers britanniques et la milice canadienne se replièrent sur les hauteurs de Burlington, à 16 kilomètres seulement à l'ouest du front ennemi. Mais le 5 juin, un jeune homme de 19 ans, Billy Green, de Stoney Creek, aida à briser l'élan des envahisseurs.

Green, qu'on appelait Billy Green l'Eclaireur, espionnait les Américains quand il rencontra son beau-frère, Isaac Corman, qui venait d'apprendre le mot de passe de l'ennemi (Will-Hen-Har, du nom du général William Henry Harrison). Green se mit en route pour les hauteurs de Burlington, avec tous les détails des positions américaines. Alors qu'il approchait des lignes ennemies, il oublia d'un coup le mot de passe. « Qu'à cela ne tienne », racontera-t-il des années plus tard, « je retroussai mon habit sur ma tête et trottai en travers de la route à quatre pattes, comme un ours. » Il atteignit les lignes britanniques vers 11 heures du soir. Le colonel John Harvey lança

une attaque dans la nuit même. Green mena les 700 soldats vers les positions américaines sur une colline voisine de la maison de James Gage (ci-dessus). « A l'aube, raconte Green, nous pouvions voir les Américains courir en tous sens. » Les pertes furent lourdes des deux côtés.

Alors qu'ils battaient en retraite, les Américains subirent une autre défaite. Laura Secord, une brave ménagère de 36 ans, avait entendu des officiers américains dans la taverne de son père, à Queenston, qui parlaient d'attaquer les Anglais à la maison de John De Cew, 19 kilomètres au sud-ouest. Peu avant l'aube du 22 juin, elle partit seule, à pied. A la tombée de la nuit, elle avertit le lieutenant James FitzGibbon de l'attaque imminente. Deux jours plus tard, dans un bois près de Beaver Dams, les hommes de FitzGibbon tendirent une embuscade aux Américains; 462 furent faits prisonniers.

Contrairement à la légende, Laura Secord ne s'était pas mise en route avec une vache; ce détail fut inventé par W. C. Coffin, son biographe. Elle n'en fut pas moins une véritable héroïne. Quant à Billy Green, il mourut oublié.

le *Sir Isaac Brock* et le magasin de munitions du fort (plus de 400 barils de poudre).

Les Américains n'étaient plus qu'à quelques centaines de mètres du fort, apparemment abandonné, quand le magasin sauta dans une effroyable explosion. Une pluie de pierres, de madriers et de débris tua 38 Américains et en blessa 222. Les pertes des Américains dépassaient maintenant 300 morts et blessés, plus de deux fois celles des défenseurs d'York. Fous de rage, les Américains s'élancèrent, incendièrent l'édifice du Parlement et saccagèrent la ville. Onze jours plus tard, ils repartaient sur leurs navires.

Dearborn ne sut pas tirer parti de son avantage militaire : il abandonna York et laissa intacte la voie du Niagara. York se relèverait bientôt et le Canada prendrait sa revanche.

Depuis le début de la guerre, les Américains lorgnaient du côté de Montréal. S'ils s'en emparaient, ils auraient la haute main sur le Saint-Laurent, artère vitale pour le Haut-Canada. En septembre 1813, ils lancèrent finalement une double attaque contre Montréal.

Le général Wade Hampton arriva par le sud avec 4 200 hommes. A l'ouest, le général James Wilkinson commandait une troupe de 8 000 hommes.

A la fin d'octobre, Hampton n'était plus qu'à 56 kilomètres à l'ouest de Montréal, sur la rivière Châteauguay. La victoire eût été acquise sans la remarquable petite troupe de voltigeurs canadiens-français conduite par le lieutenant-colonel Charles-Michel de Salaberry.

Tandis que Salaberry se retranchait sur un méandre de la rivière Châteauguay, on levait des renforts. A Kingston, le gouverneur Prevost convoquait en effet « Red George » Macdonell et son régiment d'élite canadien-français.

« Quand pouvez-vous partir pour Châteauguay? » lui demanda Prevost. « Dès que les hommes auront fini leur dîner, monsieur! » répondit Red George. Et la troupe partit à vive allure pour rejoindre Salaberry le 25 octobre, veille de la bataille. Salaberry avait eu le temps de faire construire des parapets et des barricades.

Une patrouille informa Hampton que Salaberry n'avait que 350 hommes en première ligne, la plupart des miliciens, et qu'il pouvait être pris à revers. Première erreur des Américains.

En pleine nuit, Hampton envoya 1 500 hommes dans les bois pour encercler Salaberry. Les éclaireurs se perdirent dans l'obscurité. Au matin, ils n'étaient pas derrière, mais juste à côté des positions de Salaberry. Pire encore, ils avaient perdu tout contact avec Hampton. Salaberry se rendit compte de la confusion et ouvrit le feu sur les éclaireurs.

Macdonell, trop loin à l'arrière, fit sonner le clairon et pousser de grands cris. Effrayés, les Américains pensèrent qu'ils étaient tombés dans un piège. Les éclaireurs s'enfuirent, pris de panique. Puis toutes les forces de Hampton se retirèrent. Salaberry et ses voltigeurs avaient mis en fuite un ennemi quatre fois plus nombreux.

Pendant ce temps, les forces de Wilkinson avançaient lentement vers l'est, le long du Saint-Laurent, talonnées par le lieutenant-colonel Joseph Morrison, qui n'avait jamais combattu au Canada mais que ses hommes admiraient. Sa troupe faisait face à un ennemi dix fois plus nom-

Sur ce tableau d'Owen Staples, les navires américains s'approchent d'York. On les vit arriver des hauteurs de Scarborough (en haut et à droite) alors qu'ils faisaient voile vers l'ouest pour débarquer dans la petite baie, à l'extrême gauche. Les Américains avancèrent ensuite en direction de l'est pour attaquer la capitale du Haut-Canada.

Les commerçants restent bons amis

Les villages de St. Stephen, au Nouveau-Brunswick, et de Calais, dans le Maine, de part et d'autre de la rivière Sainte-Croix, auraient dû être ennemis pendant la guerre de 1812. Ils optèrent pour l'amitié, à tel point que Calais salua l'indépendance américaine le 4 juillet 1813 avec de la poudre à canon donnée par St. Stephen.

En général, les habitants des Maritimes s'entendaient à merveille avec les gens de la Nouvelle-Angleterre. Puisqu'on voulait poursuivre le commerce de part et d'autre, le gouverneur de la Nouvelle-Écosse, Sir John Sherbrooke, donna des « permis d'importation » pour que les navires américains puissent franchir le blocus de la Royal Navy au large de la côte américaine.

En 1814, les Anglais envahirent le nord-est du Maine et furent accueillis à bras ouverts par des gens qui ne demandaient pas mieux que de redevenir sujets britanniques pour le plus grand bien du commerce.

En moins d'une année, la douane de Castine perçut £13 000 de droits. Quand la guerre prit fin et que les Anglais se retirèrent, on fit don du « fonds de Castine » à la Nouvelle-Écosse. Il servit à fonder l'Université Dalhousie à Halifax.

breux, mais elle était composée des meilleurs soldats de la colonie : les voltigeurs, les *Fencibles* (également des soldats réguliers canadiens-français) et le 49e régiment de Brock.

Dans la nuit du 10 novembre, les armées étaient toutes proches l'une de l'autre, à 32 kilomètres à l'ouest de Cornwall. Morrison, cantonné dans la ferme de John Crysler, capitaine de la milice, décida de prendre l'initiative. Avec les bois d'un côté, l'eau de l'autre et un terrain relativement plat sur l'avant, c'était, pour la première fois de la guerre, un champ de bataille idéal pour l'armée anglaise. La grande force de ses troupes était leur extraordinaire discipline qui les faisait combattre épaule contre épaule sur deux rangs (voir p. 215). Cette discipline de fer tenant bon comme toujours, elles formaient une « mince ligne rouge » presque invincible.

Le jour se leva, gris et terne. Morrison envoya trois compagnies de voltigeurs et une trentaine d'Indiens pour provoquer les Américains. Ils découvrirent bientôt une patrouille à environ deux kilomètres du gros des troupes britanniques. Un Indien tira un coup de mousquet. Les Américains ripostèrent par une grêle de balles qui força les voltigeurs à battre en retraite. Sans tarder, Wilkinson lança 2 000 réguliers à l'attaque. Les Anglais rencontrèrent les Américains à deux heures de l'après-midi et les prirent sous un feu meurtrier. Comme à l'exercice, un peloton tirait pendant que l'autre rechargeait. Au milieu de l'après-midi, l'attaque américaine fut brisée dans son élan et se transforma bientôt en déroute. La nuit et l'orage arrêtèrent les Anglais dans leur poursuite. Malgré tout, les pertes des

Anglais et Canadiens subirent de lourdes pertes dans la région du Niagara en 1814. En juillet, au cours de la bataille de Lundy's Lane (à droite), ils perdirent 900 de leurs 3 000 hommes; les pertes américaines s'élevèrent à 1 000 hommes sur des effectifs de 4 000 soldats.

Américains s'élevèrent à 102 morts et 237 blessés, à peu près le double de celles de Morrison.

L'énorme armée de Wilkinson était encore presque intacte, mais elle était bel et bien battue. Comme le claironna le *Quebec Mercury*, l'invasion américaine « se termina dans la déconfiture et la disgrâce la plus complète ». Montréal était sauvé. L'espoir renaissait pour le Haut-Canada.

Mais la guerre s'éternisait sur la frontière. En 1814, les Américains décidèrent de prendre la péninsule du Niagara. Le 25 juillet, le général Jacob Brown avançait triomphalement vers Burlington où il croyait que le nouveau commandant canadien, Gordon Drummond, était cantonné. Mais il apprit en route que les Anglais venaient de prendre Lewiston et il décida de virer sur Queenston. A son insu, Drummond arriva de l'autre côté.

Les éclaireurs des deux groupes se rencontrèrent, à leur plus grande surprise, à un carrefour du nom de Lundy's Lane. Drummond y installa sept canons, sur une petite colline à environ deux kilomètres du Niagara. La bataille commença à six heures du soir. La batterie fut prise et reprise

Près de Châteauguay (Qué.), un monument rappelle la bataille où les voltigeurs canadiens du lieutenant-colonel Charles-Michel de Salaberry barrèrent la route de Montréal aux Américains, en octobre 1813. Tableau de H. de D. Holmfeld.

maintes fois au milieu des éclairs que lançaient les baïonnettes, des détonations des mousquets et des cris des mourants.

Ce n'est que vers minuit que les Américains se replièrent sur Chippawa. Epuisés, Canadiens et Britanniques s'endormirent sur le champ de bataille, dans un silence que troublaient à peine les gémissements des blessés et le grondement lointain des chutes du Niagara. Personne n'avait gagné la bataille de Lundy's Lane, la plus sanglante de toute la guerre, mais une fois de plus le Haut-Canada avait refusé de céder.

L'Angleterre en avait maintenant fini avec Napoléon. Elle se tourna vers les Américains. A la mi-août, une flotte anglaise arriva dans la baie de Chesapeake avec 4 000 soldats qui battirent facilement la milice américaine. Le 24 août, les Anglais entraient dans Washington. Ils ne blessèrent personne et ne touchèrent pas aux biens privés, mais le souvenir d'York était encore cui-

Après avoir été emprisonnés sous cette trappe au moulin d'Ancaster, 17 traîtres comparurent devant les « assises sanglantes » de 1814. Huit furent pendus.

sant. Il fallait punir l'ennemi. Le dîner du président Madison et de son épouse fumait encore sur la table quand les Anglais mirent le feu à la résidence présidentielle et à d'autres édifices publics. Puis ils repartirent vers leurs navires. La résidence, repeinte pour couvrir les marques de fumée, devint la Maison-Blanche.

L'Angleterre aurait pu avoir la main plus lourde mais, après deux ans et demi de combat, les deux côtés étaient prêts à faire la paix. Le Canada avait gagné la guerre : les invasions américaines avaient été arrêtées et les Canadiens avaient capturé le fort Michilimackinac, le fort Niagara (en face de Niagara-on-the-Lake) et une partie du Maine. Mais le Canada perdit la paix. Le traité de Gand, signé par les Anglais la veille de Noël 1814, ne faisait que rétablir le statu quo. Pas un mot ne fut prononcé sur les causes de la guerre. Les grandes décisions sur les droits de pêche, les forces navales des Grands Lacs et la frontière internationale étaient reportées.

L'ancienne frontière, le 49e parallèle, fut confirmée : victoire pour les Américains. L'Angleterre cédait le territoire qu'elle avait conquis.

Le sacrifice des 8 600 Canadiens et Anglais tués et blessés pendant la guerre avait-il été vain? Et que dire de celui des Indiens, décimés par la guerre et la maladie? Que dire aussi des ruines du Haut-Canada? Pourtant cette guerre cruelle avait eu un résultat positif. Pour la première fois dans l'histoire du Canada, les habitants des Maritimes, du Bas-Canada et du Haut-Canada, les Canadiens de toutes les classes et de toutes les allégeances politiques s'étaient unis pour combattre un ennemi.

La Royal Navy fait la lutte avec un canot et deux barques

A l'aube du 14 août 1814, les canons du brick américain *Niagara* et des goélettes *Tigress* et *Scorpion* commencèrent à tonner sur la baie Georgienne. Leur cible, mouillée non loin, était le *Nancy* (à droite), dernier bâtiment britannique sur les Grands Lacs.

Le *Nancy* ravitaillait les soldats du fort Michilimackinac, un poste-clé entre le lac Michigan et le lac Huron. Le plan des Américains était de capturer le *Nancy* et de bloquer l'arrivée des vivres au fort. Tapis dans une casemate construite en toute hâte, le lieutenant Miller Worsley et son équipage ripostèrent. Lorsque la défaite devint inévitable, Worsley incendia son navire qui s'enfonça bientôt dans les eaux.

A Willow Depot, poste anglais à 15 kilomètres à l'ouest de Barrie, en Ontario, Worsley parvint à se procurer un canot et deux barques. En huit jours, lui et ses hommes franchirent 612 kilomètres à la rame jusqu'à Michilimackinac.

Worsley s'était juré de venger le *Nancy*. La chance lui sourit le 3 septembre. Le *Scorpion* patrouillait le lac Huron, tandis que le *Tigress* mouillait dans le chenal de False Detour, au nord-est de l'île Mackinac, où il espérait intercepter des canots de la Compagnie du Nord-Ouest. Worsley et 77 hommes montèrent à son bord en pleine nuit et s'emparèrent du navire.

Le *Scorpion* arriva dans la soirée du lendemain. A l'aube, le *Tigress*, battant pavillon américain, avança vers le *Scorpion*, vira soudainement de bord et l'aborda. Quelques instants plus tard, 50 hommes prenaient d'assaut le pont du *Scorpion*. Les deux bâtiments battaient l'Union Jack quand ils arrivèrent au fort Michilimackinac avec des vivres pour un an. Les Anglais eurent la maîtrise des lacs Huron et Supérieur jusqu'à la fin de la guerre.

Une coque qui serait celle du *Nancy* ainsi qu'une copie de sa figure de proue (en haut et à gauche) sont exposées au musée de Wasaga Beach.

Sites et monuments historiques

QUEENSTON (Ont.) Un petit cénotaphe dans le parc des hauteurs de Queenston marque l'endroit où le général Isaac Brock fut tué au combat. Une colonne de 56 m s'élève au-dessus de sa tombe. Sur le piédestal, une plaque donne les noms des soldats et Indiens qui tombèrent devant l'envahisseur américain. On peut aussi visiter la maison de Laura Secord à Queenston, devenue aujourd'hui un musée où sont exposés des meubles du XIXᵉ siècle.

Autres sites et monuments

Amherstburg (Ont.) (1) Les vestiges du fort Malden, où Brock et le chef schawni Tecumseh préparèrent l'attaque de Détroit en 1812, se trouvent dans le parc historique national du fort Malden. On peut encore voir des ouvrages de terre et une casemate (sur l'île Bois-Blanc), ainsi que le rocher du haut duquel Tecumseh exhorta ses guerriers au combat et se moqua cruellement du colonel Henry Procter, avant la bataille de Moraviantown où le chef indien fut tué.

Ancaster (Ont.) (12) Dans un moulin datant de 1790, une chambre souterraine servit de cachot à des traîtres pris pendant la guerre de 1812. Un étage du moulin est aujourd'hui transformé en musée.

Beauport (Qué.) (11) Une plaque identifie la maison natale de Charles-Michel de Salaberry, vainqueur de la bataille de Châteauguay.

Chambly (Qué.) (10) En face de l'hôtel de ville, on peut voir une statue de Salaberry. Son manoir se dresse non loin de là. Dans le parc historique national du fort Chambly, les murailles d'une place forte où des Américains furent emprisonnés pendant la guerre de 1812 subsistent encore.

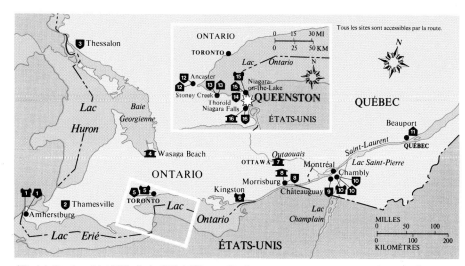

Châteauguay (Qué.) (9) Au sud-ouest, un monument marque l'endroit où Salaberry et 460 voltigeurs canadiens battirent 1 500 Américains.

Kingston (Ont.) (6) La principale base navale des Anglais durant la guerre de 1812 se trouvait à la pointe Henry, promontoire qui défendait le port de Kingston. Au fort Henry, on expose de l'équipement naval (1832-1836).

Morrisburg (Ont.) (8) Dans le parc du champ de bataille de la ferme de Crysler s'élève un obélisque qui rappelle la mémoire des hommes tués au combat. Dans le pavillon du parc, des dioramas expliquent le déroulement de la bataille.

Niagara Falls (Ont.) (16) Les tombes des soldats canadiens, anglais et américains tombés lors de la bataille de Lundy's Lane, de même que la tombe de Laura Secord, se trouvent dans le cimetière Drummond Hill. Au musée de Lundy's Lane, on expose des armes et des uniformes utilisés au cours de la bataille.

Niagara-on-the-Lake (Ont.) (15) Les bastions, la palissade, les quartiers et la poudrière du fort George, quartier général de Brock en 1812, ont été restaurés ou reconstruits au parc historique national du fort George. A 5 km au sud se trouve la Maison McFarland qui servit d'hôpital militaire. C'est aujourd'hui un musée de mobilier du XIXᵉ siècle.

Ottawa (7) Au musée canadien de la Guerre, on peut voir la tunique de Brock et la ceinture que lui offrit Tecumseh.

La Maison McFarland, à Niagara-on-the-Lake, fut construite en 1880 avec des briques faites à la main. Elle a subi des dégâts en 1812.

Stoney Creek (Ont.) (13) Deux plaques et une tour de pierre identifient le site de la bataille de Stoney Creek. Dans l'ancien quartier général des Américains, on peut voir des dioramas qui relatent le déroulement de la bataille. Dans le cimetière de Stoney Creek, un monument de granit rappelle la mémoire du lieutenant-colonel John Harvey, de Billy Green et d'Isaac Corman qui tous trois contribuèrent à la victoire britannique.

Thamesville (Ont.) (2) Un monument dans le parc de la ville rappelle la bataille de Moraviantown et la mort de Tecumseh.

Thessalon (Ont.) (3) Une plaque dans le parc Lakeside rappelle la prise des goélettes américaines *Tigress* et *Scorpion* dans le chenal de False Detour, 40 km au sud-ouest.

Thorold (Ont.) (14) Un monument à 2 km au sud-est marque l'emplacement de la bataille de Beaver Dams et rappelle l'exploit de Laura Secord.

Toronto (5) Deux canons sont les seuls vestiges qui subsistent du premier fort York, attaqué par les Américains et détruit par ses défenseurs anglais en 1813. Le fort actuel date de 1816. Dans une casemate, des diapositives et une carte décrivent l'attaque de 1813.

Wasaga Beach (Ont.) (4) Une épave noircie qui serait celle du *Nancy*, goélette anglaise qui préféra se saborder plutôt que de tomber aux mains des Américains, est exposée au musée des Grands Lacs. On peut aussi y voir une maquette du *Nancy* et une copie de sa figure de proue. Un spectacle son et lumière raconte l'histoire du *Nancy* et la capture de ses deux agresseurs, le *Tigress* et le *Scorpion*.

La tragique rencontre de Seven Oaks

Le conflit était sans doute inévitable entre Métis et colons : les premiers vivaient de la traite des fourrures et de la chasse aux bisons, les seconds entreprenaient de morceler l'immensité des plaines en petites fermes clôturées. Pourtant, personne ne cherchait à se battre en cette soirée du 19 juin 1816. Et c'est pure malchance si colons et Métis se rencontrèrent au bord de la rivière Rouge, à Seven Oaks, qui fait aujourd'hui partie de Winnipeg.

Les Métis, dirigés par Cuthbert Grant, un commis de 23 ans à l'emploi de la Compagnie du Nord-Ouest, transportaient du pemmican pour les hommes de la compagnie postés sur le lac Winnipeg, et faisaient de leur mieux pour éviter les colons. Curieux de voir de quoi il retournait, Robert Semple, gouverneur de l'Assiniboïa, sor-

tit avec 25 hommes du village qui s'élevait au confluent de la rivière Rouge et de l'Assiniboine, au cœur de Winnipeg. Soudain, les Métis à cheval et quelques Indiens formèrent un demi-cercle et débordèrent les colons venus à pied. Grant mit son mousquet à l'épaule et coucha le gouverneur Semple en joue.

François Boucher, un Métis, galopa jusqu'à Semple et les deux hommes échangèrent des injures. La colère monta. Semple saisit les rênes

Un groupe de Métis charge les colons de la rivière Rouge à Seven Oaks, lors d'un massacre qui se produisit presque par accident. Les esprits étaient échauffés, mais personne ne pensait vraiment à tuer avant cette tragique rencontre de juin 1816. Les Métis, menés par Cuthbert Grant (en haut, à droite), ne subirent aucune perte. Le gouverneur Robert Semple (en bas, à droite) et 20 colons furent tués.

Un mode de vie qui disparaît avec les bisons

Les Indiens des Plaines — Assiniboines, Pieds-Noirs, Cris des Plaines, Gros-Ventres et Sarcis — vivaient avant tout du bison.

Ils faisaient leurs délices de la langue, du foie, de la cervelle et de la bosse de cet animal dont ils découpaient la chair en lanières pour la mettre à sécher. Ils en faisaient ensuite du pemmican (voir p. 138). Les peaux des jeunes animaux étaient tannées pour fabriquer des mocassins, des jambières et des tuniques. Les peaux des animaux plus âgés servaient à recouvrir les tentes. Celles des animaux qu'on prenait en hiver, bien laineuses, servaient de sacs de couchage.

La peau du cou des mâles, épaisse de 2,5 centimètres, était séchée et durcie au feu pour en faire des boucliers. Avec le cuir vert,

on fabriquait des courroies. La panse et la vessie servaient de sacs pour porter la nourriture, la graisse et l'eau. Les tendons se transformaient en fil et en corde pour les arcs; les poils tressés du garrot et de la barbe, en cordages. Avec les os, on faisait des coupoirs, des grattoirs et des jouets. Les cornes devenaient des récipients à boire ou des cuillers. La queue se transformait en fouets, en ornements ou en chasse-mouches. La bouse séchée alimentait les feux.

Avant qu'on utilise les chevaux au début du XVIIIe siècle (les bisons étaient alors environ 40 millions), on tuait généralement les animaux après les avoir refoulés dans un enclos circulaire de 180 mètres de diamètre, percé d'une ouverture d'environ 60 mètres.

Des Assiniboines et des Cris attaquent un camp Pieds-Noirs en 1833. Le dessin est l'œuvre d'artiste suisse, Karl Bodmer.

Deux longues clôtures en forme d'entonn y dirigeaient les animaux. Les Indie déguisés avec des peaux de bison, po saient les troupeaux vers l'ouverture en a mant des feux. Les animaux se ruaient v le piège où ils étaient ensuite abattus.

Une autre méthode consistait à pous les animaux au bord d'une falaise d'où il précipitaient dans un ravin (à gauche).

En hiver, les bisons s'en allaient ver sud. Si la viande séchée et le pemmi venaient à s'épuiser, on mourait de fa Mais en été, quand la vie était facile, Indiens saluaient par la danse du se l'abondance retrouvée. Toutes les ba d'une tribu se réunissaient pour trois quatre jours de cérémonies et de fêtes. certaines tribus, un jeune guerrier attac un poteau par des lanières cousues à sa trine dansait jusqu'à ce que ses muscle déchirent ou qu'il s'évanouisse de fati

Pendant des siècles, les Indiens vécu en petites bandes, respectant leurs front tribales traditionnelles. Avec l'arrivée chevaux (amenés d'Amérique Central les Espagnols au XVIe siècle), la chasse à fut remplacée par des courses effréné dos de cheval. Les guerriers commenc à violer les frontières immémoriales cheval devint symbole de richesse, et l de chevaux une profession honorable.

L'introduction des armes à feu marq début du massacre des bisons qu'on a par milliers. Avec eux disparut le mo vie traditionnel des Indiens.

Répartition des Indiens des Plaines par group guistiques vers la fin du XVIIIe siècle.

☐ *Groupe algonquien*
☐ *Groupe sioux*
☐ *Groupe athapaskan*

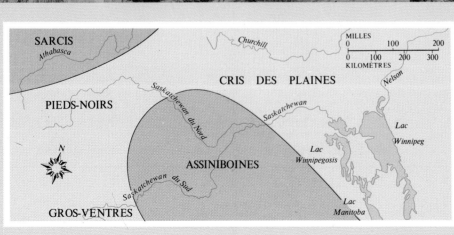

chemise de Pied-Noir (vers 1840), au musée national de ... me à Ottawa, est faite de deux peaux de cerf ou d'antilope ...es avec des tendons. Elle est ornée de plumes et de perles.

Ce tableau de Peter Rindisbacher représente le fort Douglas sur la rivière Rouge. Le fort fut le quartier général de la colonie de la rivière Rouge de 1812 à 1836.

du cheval de Boucher et le canon de son fusil. Voulant sortir des rangs des Métis, un Indien fut abattu par un colon surexcité. Grant tira aussitôt vers Semple et l'atteignit à la cuisse. Les colons se massèrent alors autour de leur chef, mais ils furent fauchés par une salve de mousquet. Tantôt à pied, tantôt à cheval, les Métis chargèrent.

Semple et 20 colons furent tués dans le massacre de Seven Oaks, l'incident le plus sanglant du conflit qui opposait deux modes de vie, celui des Nor'Westers et des Métis d'un côté, celui des fermiers de l'autre.

Cuthbert Grant était l'un des chefs de la « nouvelle nation », formée de ceux que les Anglais appelaient les demi-sang. C'étaient les Bois-brûlés (à cause de leur teint basané), ceux qui commençaient à se donner le nom de Métis.

Les Métis existaient depuis deux siècles. Les premiers furent les enfants de coureurs de bois français et de femmes indiennes. Plus tard, la descendance des négociants anglais et écossais vint grossir cette population, mais la plupart des Métis étaient francophones et catholiques. Ils chassaient le bison et vendaient du pemmican, denrée essentielle dans le Nord-Ouest.

Les liens étroits qui unissaient les Métis et les commerçants de la Compagnie du Nord-Ouest ou ceux de la Compagnie de la Baie d'Hudson furent menacés quand les colons commencèrent à envahir les plaines au début du XIXe siècle. Les fermes et les clôtures étaient incompatibles avec la vie errante des troupeaux de bisons.

La Compagnie du Nord-Ouest, voulant prendre l'avantage sur la Compagnie de la Baie d'Hudson, s'allia aux Métis pour résister aux colons. La Compagnie de la Baie d'Hudson

Ce monument de Thomas Douglas, comte de Selkirk, se trouve à Winnipeg. Philanthrope, Selkirk s'apitoya sur le sort des paysans des hautes terres d'Ecosse qui perdirent leurs moyens de subsistance lorsque les terres furent clôturées pour l'élevage des moutons. Il fonda des colonies en Amérique du Nord pour les sauver de la famine et de la misère.

...diens des Plaines tiraient leurs bagages sur des lanières ...es entre deux perches, le travois. Sur ce tableau de Karl ...er, un chien est attelé au travois.

167

Jean-Baptiste Lagimodière, voyageur et chasseur de bisons, arrive dans le salon de Lord Selkirk, à Montréal, en mars 1816. Il a voyagé pendant cinq mois, en canot et en raquettes, pour annoncer les attaques dont ont été victimes les colons de la rivière Rouge. Stupéfait, Selkirk demande : « Avez-vous donc marché tout ce temps-là? » « Non, répond Lagimodière, j'ai surtout couru ». Le tableau est d'Adam Sherriff Scott.

décida de rester dans l'expectative. Le conflit s'envenima bientôt dans la région de la rivière Rouge, aux environs de l'Assiniboine.

Ce territoire, l'Assiniboïa, faisait partie de la terre de Rupert, immense domaine placé sous l'autorité absolue de la Compagnie de la Baie d'Hudson qui le partagea cependant avec les Nor'Westers jusqu'en 1812, date de l'arrivée des premiers colons.

Thomas Douglas, comte de Selkirk, avait pris en pitié les misérables fermiers des hautes terres de son Ecosse natale. En 1803, il reçut des terres dans l'île du Prince-Edouard ainsi que dans ce qui est aujourd'hui l'Ontario, et encouragea les Ecossais à y émigrer. Puis il se tourna vers l'ouest, vers les vallées de la rivière Rouge et de l'Assiniboine. Il acheta des actions de la Compagnie de la Baie d'Hudson et obtint à titre personnel une région qui comprenait le sud du Manitoba actuel et les régions voisines de la Saskatchewan, du Dakota du Nord, du Minnesota et de l'Ontario. Les premiers colons partis pour la rivière Rouge arrivèrent à la baie d'Hudson en 1811.

Ils passèrent l'hiver près de York Factory, puis remontèrent le Hayes en bateau jusqu'au poste d'Oxford où ils embarquèrent un taureau et une vache qu'ils nommèrent Adam et Eve. Ils traversèrent ensuite le lac Winnipeg et s'engagèrent enfin sur la rivière Rouge. A l'été 1812, les bateaux accostèrent sur la rive bourbeuse, au confluent de la rivière Rouge et de l'Assiniboine.

Des charrettes grinçantes, bringuebalantes, mais solides

Les grincements des charrettes de la rivière Rouge épouvantaient ceux qui découvraient la prairie au début du XIXe siècle.

Ces charrettes entièrement en bois étaient fort simples : un plateau et des ridelles, un essieu, deux grandes roues et des brancards pour atteler un bœuf ou un cheval. La poussière s'infiltrait partout et aurait grippé les moyeux si on les avait graissés. Les roues tournaient donc à sec et le bruit qu'elles faisaient était effroyable.

Mais les charrettes pouvaient supporter un poids de 450 kilogrammes et restèrent pendant près d'un siècle le principal véhicule de transport de marchandises dans la prairie. Une hache, une scie, une tarière et un couteau suffisaient pour les construire et les réparer. N'importe quel arbre fournissait les pièces de rechange. Avec deux roues seulement, les charrettes risquaient moins de s'embourber. Pour leurs chasses aux bisons, les Métis formaient des convois de centaines de charrettes. « Entendre un millier de ces roues, disait un voyageur, est purement et simplement infernal. »

Ils baptisèrent l'endroit Point Douglas, du nom de leur bienfaiteur et, le 4 septembre, nommèrent leur chef, Miles Macdonell, gouverneur de l'Assiniboïa.

La nouvelle de l'établissement de Lord Selkirk sur la rivière Rouge stupéfia les associés de la Compagnie du Nord-Ouest. Ils en conclurent que la Compagnie de la Baie d'Hudson se servait des colons pour perturber les routes de traite des Nor'Westers. Mais ils allaient riposter, avec l'aide des Métis. Cuthbert Grant était leur homme.

Le père de Grant, qui était Ecossais, avait été associé de la Compagnie du Nord-Ouest. Sa mère était probablement mi-Française, mi-Cri. Elevé en Ecosse, Grant était venu au fort Espérance sur la rivière Qu'Appelle à l'âge de 19 ans pour remplir le poste de commis de la compagnie. Nourri de plusieurs cultures et vouant une loyauté à toute épreuve envers ses employeurs, Grant saurait rallier le peuple. En 1815, la compagnie lui donna le titre de capitaine général des Métis. Il mènerait le combat contre la Compagnie de la Baie d'Hudson.

Mais celle-ci n'entendait point se battre. Certains de ses employés, à titre personnel, aidaient parfois les colons, et les fermiers se réfugiaient dans les postes de la Compagnie de la Baie

Ce monument se dresse près de l'endroit du massacre de Seven Oaks (aujourd'hui dans Winnipeg, au carrefour de la rue Main et de l'avenue Rupertsland).

d'Hudson quand ils étaient attaqués par les Métis. En dépit de cela, les deux sociétés rivales partageaient le même point de vue sur les colons : ils représentaient une menace pour la traite.

Les premières années des fermiers en Assiniboïa furent difficiles. Les hivers longs et froids, les étés chauds et secs rendaient l'agriculture difficile. Ils en vinrent donc eux aussi à dépendre du bison. Durant l'hiver 1813-1814, leur condition était si misérable que le gouverneur Macdonell interdit toute exportation de nourriture, sauf sur son autorisation expresse. Il prohiba aussi la chasse qui éloignait les bisons du territoire des colons, envenimant ainsi les rapports avec les Métis. En effet, sa décision menaçait non seulement leur subsistance, mais encore leur sentiment d'appartenance à une terre qu'ils avaient occupée bien longtemps avant l'arrivée des colons. Son ordre eut encore un autre effet : la Compagnie du Nord-Ouest, qui devait penser à ses approvisionnements d'hiver, crut que les permis ne seraient accordés qu'à la Compagnie de la Baie d'Hudson.

Des bandes de Métis, poussées par Grant et par d'autres Nor'Westers, défièrent Macdonell et terrorisèrent les colons au point d'en persuader quelques-uns qu'ils ne pourraient jamais prospérer sur cette terre hostile. En juin 1815, 42 fermiers partirent à bord des canots fournis par la Compagnie du Nord-Ouest, en direction du Haut-Canada. Ceux qui restèrent eurent la vie dure : on tirait sur eux, on volait leur bétail, on brûlait leurs étables. L'exode continua jusqu'à ce qu'il ne restât plus que 16 colons. Macdonell capitula devant la Compagnie du Nord-Ouest et fut emmené à Montréal. Les derniers colons furent chassés de leurs terres par les Métis de Grant et se réfugièrent au poste Jack River, à l'extrémité nord du lac Winnipeg. Pour saluer leur départ, les Métis piétinèrent le jeune blé dans les champs et incendièrent leurs cabanes.

Mais les colons revinrent à la fin du mois d'août, avec 84 nouvelles recrues et 40 hommes de peine. Ils étaient accompagnés de Colin Robertson, un commis de la Compagnie de la Baie d'Hudson et ancien Nor'Wester, qui comprenait bien les Métis.

Au cours de l'automne et de l'hiver 1815-1816, Robertson réunit des Métis, leur servit à boire et leur parla des colons qui pourraient devenir un marché pour leur pemmican. Il s'acquit ainsi l'amitié et le respect des Métis et, le 17 mars, lorsqu'il prit le fort Gibraltar des Nor'Westers pour empêcher que son pemmican ne soit envoyé dans la région de l'Athabasca, pas un Métis ne s'y opposa. La Compagnie du Nord-Ouest n'était plus maîtresse de la région. Entre-temps, Lord Selkirk avait envoyé un nouveau gouverneur, Robert Semple, au fort Douglas.

La froideur de Semple anéantit bientôt la con-

Les ballades de Pierre Falcon content les grands moments de l'histoire des Métis. Du Saint-Laurent au Mackenzie, tous les voyageurs les chantaient par cœur. La plupart ne furent jamais écrites et se perdirent avec le temps. Deux de celles qui nous sont parvenues parlent de l'affrontement de Seven Oaks, en 1816.

Les maisons des Canadiens français, faites de troncs équarris emboîtés dans des poteaux verticaux, marquèrent les routes de la traite des fourrures sur le continent. Cette maisonnette se trouve au musée de l'Homme et de la Nature du Manitoba.

Le chef Peguis et sa bande de Sauteux se lièrent d'amitié avec les colons de Lord Selkirk. Ils leur servirent de guides et leur enseignèrent à chasser. Peguis signa un traité de paix avec Selkirk en 1817 et, en 1840, âgé d'environ 65 ans, il se convertit au catholicisme. Ce buste de Peguis tenant une bible se trouve au parc Kildonan à Winnipeg.

fiance que Robertson avait inspirée. Robertson s'efforça encore de détourner les Métis des Nor'Westers, mais les aides de Semple, agissant pour le compte des colons, traitaient les Métis avec hostilité. Quant à l'odieux décret qui prohibait l'exportation de pemmican, il restait toujours en vigueur.

Accompagné de 60 Métis, Grant partit de son quartier général, au confluent de l'Assiniboine et de la rivière Qu'Appelle, pour aller attaquer Grand Rapids et s'emparer de canots de la Compagnie de la Baie d'Hudson, chargés de pemmican dont les colons avaient un besoin urgent. Il espérait amener la cargaison aux associés de la Compagnie du Nord-Ouest qui attendaient sur le lac Winnipeg.

Le 19 juin, plusieurs kilomètres en amont du fort Douglas, Grant fit débarquer le chargement pour contourner le fort et éviter un heurt avec Semple.

En début de soirée, alors que les premières charrettes s'approchaient de la plaine à la Grenouille, au nord du fort Douglas, un Métis arriva au grand galop et annonça à Grant que Semple s'approchait avec une troupe de colons armés. Grant et nombre des siens rebroussèrent chemin pour se porter à la rencontre de Semple. Au débouché d'un fourré, à Seven Oaks, ils découvrirent Semple et ses 25 hommes.

Cinq colons seulement survécurent au massacre de Seven Oaks. L'un d'eux, John Pritchard, fut capturé. Le lendemain, Grant renvoya le pauvre diable au fort Douglas où il fit un récit horrible du massacre. Les colons n'avaient plus envie de se battre. Le 22 juin, ils abandonnèrent la colonie et se réfugièrent à Norway House, un

poste de la Compagnie de la Baie d'Hudson, à l'extrémité nord du lac Winnipeg.

Lord Selkirk, informé des attaques précédentes des Métis, arrivait déjà avec une armée privée, composée de soldats licenciés après la guerre de 1812. Il descendit sur le fort William, quartier général de la Compagnie du Nord-Ouest, s'en empara et y passa l'hiver. Ses hommes prirent deux autres postes de la Compagnie du Nord-Ouest pendant l'hiver et, en mai 1817, il continua sa route en direction de la rivière Rouge. Il reconstruisit un village à côté du fort Douglas et fit revenir les colons de Norway House.

A l'automne 1817, il repartit pour Montréal avec « une cargaison de criminels » : Métis, agents et commis de la Compagnie du Nord-Ouest. Accusations et contre-accusations se succédèrent, au point que les tribunaux durent bientôt se prononcer sur 200 poursuites. En 1819, l'affaire traînait toujours en justice, saignant à blanc Selkirk et la Compagnie du Nord-Ouest. C'est alors que la Compagnie de la Baie d'Hudson frappa un coup décisif : une goélette armée captura toutes les fourrures de la Compagnie du Nord-Ouest sur la rivière Saskatchewan.

Deux ans plus tard, les Nor'Westers, dont l'âpreté et l'audace avaient gagné l'Ouest au Canada, acceptaient d'être absorbés par la Compagnie de la Baie d'Hudson. Les Écossais de Montréal et leurs associés prirent place dans la grande salle de la compagnie, au fort William, pour entendre les conditions de leur reddition.

La chasse aux bisons : une opération d'une précision militaire

Les chasses semestrielles des Métis procuraient le pemmican, indispensable aux colons et aux commerçants. Les meilleures chasses se faisaient dans le territoire hostile des Sioux (aujourd'hui le Dakota du Nord) et prenaient donc l'allure d'opérations quasi militaires.

On élisait un président, ou chef de guerre, et dix capitaines. Chacun avait sous ses ordres dix « soldats » qui veillaient à l'ordre général. Dix guides élus se relayaient chaque jour pour diriger la troupe. Des règles strictes interdisaient le vol et empêchaient les hommes d'effrayer les troupeaux avant l'arrivée du gros de la troupe.

Les charrettes partaient peu après l'aube, suivant le drapeau du camp que portait le guide. Au bout d'une dizaine d'heures et d'une vingtaine de kilomè-tres, le guide abaissait son drapeau et l'on mettait les chariots en cercle, brancards vers l'extérieur, autour des tentes et des animaux. Les sentinelles se postaient dans des tranchées. (En 1851, à Grand-Coteau, au Dakota du Nord, 77 chasseurs métis battirent 2 000 Sioux en ne perdant qu'un seul homme.)

Lorsqu'on découvrait les bisons, les chasseurs montaient à cheval et commençaient à charger à environ trois kilomètres du troupeau. Ils « entrent dans le troupeau la bouche pleine de balles », raconte un témoin. « On fait tomber une poignée de poudre du cornet, on crache une balle dans la gueule du fusil, un coup de la main fait coller la balle humide à la poudre pendant la seconde qu'il faut pour refermer le canon, puis on tire à la volée. »

Les chasseurs poursuivaient pendant des kilomètres le troupeau affolé. Quatre cents chasseurs pouvaient tuer 1 500 bisons en deux heures (un tireur d'élite en tuait une douzaine). Puis les chasseurs se rassemblaient pour écorcher et dépecer leurs prises. Les charrettes emportaient la viande et les peaux jusqu'au camp où les femmes faisaient le pemmican et tannaient le cuir.

La grande chasse de 1840 fut des plus spectaculaires. Quelque 1 600 Métis (dont 400 enfants) dans 1 200 charrettes s'assemblèrent au mois de juin à Pembina, 95 kilomètres au sud de Winnipeg. En deux mois, on ramassa 450 tonnes de viande et de pemmican. Il en resta au moins autant sur place. Ce fut la plus importante chasse aux bisons de tous les temps.

La nouvelle compagnie s'appelait tout simplement la Compagnie de la Baie d'Hudson. Certains associés de la Compagnie du Nord-Ouest y trouvèrent leur place; d'autres, qui avaient été seigneurs et maîtres sur les rivières et les prairies, moururent dans la misère. Désormais, toutes les fourrures gagneront l'Atlantique par la baie d'Hudson. Montréal et le Nord-Ouest seront coupés l'un de l'autre pendant 60 ans et il faudra attendre le chemin de fer du Canadien Pacifique pour renouer la chaîne.

George Simpson (voir p. 226) croyait que l'influence de Grant pourrait être utile. En 1824, il lui donna un terrain sur l'Assiniboine et le nomma gardien des plaines. Grant et ses Métis construisirent Grantown, aujourd'hui Saint-François-Xavier. Le chef métis qui avait si longtemps combattu la Compagnie de la Baie d'Hudson fut chargé d'en faire respecter la loi.

Dans les années qui suivirent, la colonisation se poursuivit le long de la rivière Rouge presque jusqu'au lac Winnipeg, et le long de l'Assiniboine

Le premier livre en langue cri

A Norway House, 645 kilomètres au nord de Winnipeg, les hommes de la Compagnie de la Baie d'Hudson écoutaient, goguenards, le révérend James Evans. Le missionnaire anglais de 39 ans voulait apprendre à lire aux Cris et il demandait à la compagnie d'importer une presse à imprimer. La compagnie, préférant que les Cris restent analphabètes, rejeta sa requête.

Mais Evans était résolu et imaginatif. En 1840, las d'attendre le bateau à York Factory, il s'était initié au travail du métal et s'était construit un canot de fer-blanc qui l'avait conduit à Rossville, où il fonda une mission.

Tout aussi résolument, Evans étudia la langue cri et la réduisit à un alphabet syllabique de neuf signes, utilisés dans quatre positions différentes. Il grava des moules dans le chêne et fondit des caractères avec le plomb des balles de mousquet et des emballages de thé. De l'huile de poisson mélangée de suie lui servit d'encre; l'écorce du bouleau devint son papier. En 1841, il imprima 100 exemplaires d'un livre de cantiques, le *Cree Syllabic Hymn Book*, les relia en peau de cerf et les offrit aux chasseurs cris. Son alphabet est toujours utilisé.

---

jusqu'à Portage-la-Prairie. Les Métis continuaient à mener leur vie de chasseurs, tandis que les colons cultivaient les rives, chassaient ou conduisaient les lourds bateaux de la compagnie.

Mais la vie était dure. Les récoltes souffraient du vent, de la sécheresse et du gel. Les loups et les tempêtes de neige eurent raison du rare bétail. Au cours de deux étés consécutifs, 1818 et 1819, des nuages de sauterelles ravagèrent les récoltes. Durant le terrible hiver de 1825-1826, les chasseurs de bisons furent pris dans la pire tempête de l'histoire.

Le dégel survint soudainement à la fin du printemps et la rivière Rouge inonda les fermes. Puis, avec la baisse des eaux, les colons se remirent à l'ouvrage. La nature fut moins cruelle les années suivantes.

La Compagnie de la Baie d'Hudson voyait dans cette colonie semi-indépendante une menace à son propre commerce. En 1834, elle racheta le territoire de la rivière Rouge à la famille Selkirk. Une fois de plus, il fut rattaché à la terre de Rupert et gouverné par un conseil présidé par George Simpson. Habile, Simpson nomma Grant conseiller. Mais il construisit aussi une prison : signe des méthodes qu'il entendait employer.

La compagnie cherchait à tout prix à maintenir son monopole. Les fermiers et les Métis qui ne lui accordaient pas l'exclusivité étaient jetés en prison pour trafic illégal. Lorsque l'année était bonne, les colons offraient plus que la compagnie ne pouvait acheter. Si l'année était mauvaise, ils étaient à sa merci.

Colons et Métis commencèrent à faire du commerce avec les Américains qui leur vendaient bon marché des objets et du rhum que la compagnie ne pouvait leur fournir.

Avec le temps, la compagnie en vint à ne plus supporter ces atteintes à son monopole. Le 17 mai 1849, quatre Métis furent accusés de trafic illégal de fourrures au fort Garry. Le matin du jugement, plus de 300 Métis armés étaient rassemblés devant la cathédrale Saint-Boniface. L'un d'eux, Louis Riel, père du rebelle (voir p. 276), les exhorta à montrer à la compagnie qu'ils étaient maîtres chez eux. Ils se dirigèrent tous vers le palais de justice.

On annonça le premier verdict : le Métis Guillaume Sayer était reconnu coupable. Au-dehors, la police de la compagnie, peu nombreuse, faisait face à des centaines de Métis. Adam Thom, greffier, prononça la sentence : le tribunal libérait Sayer et les accusations portées contre ses trois compagnons étaient rejetées.

Quand la nouvelle se répandit, des cris s'élevèrent de partout : « Le commerce est libre! » La foule en délire tira des coups de feu en l'air. Le monopole de la Compagnie de la Baie d'Hudson venait de prendre fin.

Les années qui suivirent furent plus paisibles. L'Ouest des commerçants céda la place à l'Ouest des fermiers. En 1858, un chemin de fer américain atteignit St. Paul, au Minnesota, au sud-est du pays de la rivière Rouge. A Montréal, on parlait déjà d'un chemin de fer canadien qui rejoindrait la rivière Rouge, projet qui ouvrira l'Ouest, mais sonnera le glas de la nation métisse.

Sites et monuments historiques

WINNIPEG Une colonne de pierre marque l'endroit approximatif où les Métis tuèrent le gouverneur Robert Semple et 20 colons de la rivière Rouge lors du massacre de Seven Oaks, le 19 juin 1816.

Egalement à Winnipeg

CATHÉDRALE SAINT-BONIFACE (9) La basilique se trouve sur l'emplacement de la première église de l'ouest du Canada, construite en 1818. Sur ses marches, Louis Riel (père du rebelle) rassembla en 1849 plus de 300 Métis pour protester contre le monopole de la Compagnie de la Baie d'Hudson.

MONUMENT DE LORD SELKIRK (4) Une plaque rappelle le fondateur de la colonie de la rivière Rouge.

MONUMENT DE PEGUIS (11) Un buste du chef sauteux surmonte une colonne, dans le parc Kildonan.

MOULIN DE GRANT (3) Une réplique du moulin à eau construit par Cuthbert Grant en 1829 se trouve sur l'avenue Portage, au bord de la rivière Sturgeon.

MUSÉE DE L'HOMME ET DE LA NATURE DU MANITOBA (5) On peut y voir un diorama d'une chasse aux bisons, l'épée de Cuthbert Grant et une médaille d'argent offerte à Peguis, chef sauteux qui aida les survivants du massacre de Seven Oaks.

MUSÉE SAINT-BONIFACE (8) Dans une maison construite par les Sœurs Grises en 1846 sont conservés divers objets évoquant la vie des colons au début du XIXᵉ siècle; souvenirs de Jean-Baptiste Lagimodière.

PARC DU FORT GARRY (6) On peut voir une

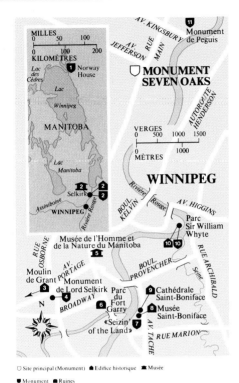

porte du Upper Fort Garry. Ce poste avait été construit par la Compagnie de la Baie d'Hudson en 1835, à l'ouest de l'endroit où se dressait le fort Gibraltar de la Compagnie du Nord-Ouest.

PARC SIR WILLIAM WHYTE (10) Une stèle identifie l'emplacement du fort Douglas,

construit par la Compagnie de la Baie d'Hudson en 1813 pour protéger la colonie de la rivière Rouge. Dans la Maison Ross, où William Ross ouvrit le premier bureau de poste de l'ouest du Canada (1855), on expose la table et les balances qui furent utilisées à l'époque.

« SEIZIN' OF THE LAND » (7) Une plaque rappelle la proclamation officielle de la colonie de la rivière Rouge, le 4 septembre 1812.

Autres sites et monuments

Eldon (I.-P.-E.) (pas sur la carte) La colonie de Lord Selkirk contient des répliques des cabanes construites par les paysans écossais à leur arrivée en 1803. L'église presbytérienne St. John à Belfast fut édifiée par les colons en 1823.

Norway House (Man.) (1) Les cendres de James Evans, qui inventa l'alphabet cri, reposent dans une stèle. Le livre de cantiques imprimé par Evans se trouve à la bibliothèque E. J. Pratt du collège Victoria (Université de Toronto). *Norway House n'est accessible que par avion.*

Selkirk (Man.) (2) Le musée du parc historique national du Lower Fort Garry renferme des objets de la Compagnie de la Baie d'Hudson et des colons de Selkirk. La Maison Fraser, typique de celles des colons de la rivière Rouge, fut construite vers 1835. L'église St. Peter de Dynevor (1853), à East Selkirk, s'élève à l'endroit où une mission anglicane fut fondée en 1831 pour les Indiens Sauteux.

Dans cette réplique du moulin construit par le chef métis Cuthbert Grant près de Grantown (Saint-François-Xavier, Man.), on moud aujourd'hui de la farine pour les touristes. Le moulin de Grant, dans la banlieue de Winnipeg, fut construit en 1829 sur des terres qui lui furent données par la Compagnie de la Baie d'Hudson.

173

Les Anglais se font à la vie dure

Les moulins, comme celui de Roblin (ci-dessus) au Village des pionniers de Black Creek à Toronto, étaient nombreux dans le Haut-Canada. Les moulins devinrent des lieux de rencontre et les maisons s'entassèrent alentour. En plein cœur de la saison, les meuniers étaient à la tâche dès deux heures du matin le lundi jusque tard dans la nuit du samedi, mangeant au travail, dormant sur les sacs. « Tué dans son moulin » était une épitaphe fréquente, car plus d'un meunier tomba ou se fit prendre dans les énormes engrenages. Les chandelles, les lampes à huile et le frottement des rouages de bois mettaient souvent le feu. Les inondations du printemps emportaient parfois tout un moulin.

John Langton s'installa en 1833 à Sturgeon Lake, au nord-ouest de Peterborough en Ontario. Il avait six voisins : quatre d'entre eux avaient étudié à l'université, le cinquième au collège militaire et le sixième, comme l'écrivait Langton à ses parents d'Angleterre, avait « une demi-douzaine de cuillers en argent et une épouse qui joue de la guitare ». C'étaient les « pionniers de bonne naissance », des Anglais peu fortunés qui avaient émigré entre 1815 et 1855 (voir p. 197). Nombre d'entre eux s'installèrent dans le bois, au nord du lac Ontario.

Certaines femmes tentèrent de continuer à vivre comme elles l'avaient fait autrefois. L'une d'elles ne pouvait recevoir de visiteur sans se mettre en tenue de « compagnie ». Une autre appelait sa bonne avec une clarine qu'elle tirait au moyen d'un cordon brodé. Mais la vie rude reprenait ses droits.

Bien des femmes travaillaient au défrichage de la terre. Faute de levure, elles cultivaient le houblon pour faire monter la pâte, puis cuisaient le pain dans des chaudrons. Elles remplaçaient le café par des racines de pissenlit, le thé par de la sauge, de la menthe et du caryer. Elles abattaient les animaux, faisaient des saucisses, fumaient les jambons, salaient le porc, et gardaient les abats pour faire le savon et les chandelles. Le gros savon, d'un brun vif, se fabriquait dans un énorme chaudron de fer où l'on mettait à bouillir de la graisse, des abats et des os avec de la lessive (fabriquée avec de la cendre de bois et de l'eau). Quand tout était prêt, on ajoutait quelques poignées de sel qui faisaient prendre le mélange que l'on découpait ensuite en carrés. Les chandelles de suif se confectionnaient avec des moules ou en trempant dans la graisse fondue des mèches de coton torsadé.

La maladie se soignait tant bien que mal, avec force prières. La recette d'un baume qui guérissait les entorses et les maux de reins commençait ainsi : « Prenez quatre crapauds vivants de bonne taille, mettez-les à bouillir dans l'eau jusqu'à ce qu'ils soient très tendres. » Certains colons usaient de la quinine contre la fièvre, mais le whisky et le brandy étaient des remèdes fort populaires.

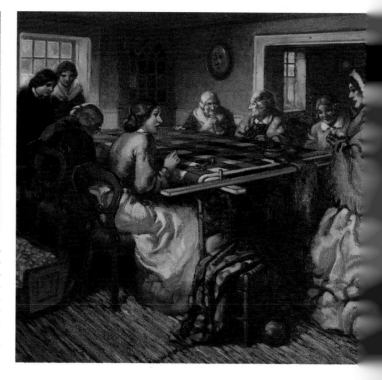

Les pionniers n'avaient guère de loisirs, mais le travail était une occasion de rencontrer ses voisins. Les femmes cousaient (à droite), tandis que les hommes défrichaient, construisaient des étables ou labouraient. Pour le défrichage, les hommes venaient de 25 à 30 km à la ronde avec leurs outils et leurs bœufs. Le whisky égayait la journée et une bonne partie de la nuit, si bien que ces grands travaux, selon Susanna Moodie, se terminaient « dans les réjouissances impies, les chansons grossières et les jurons blasphématoires ». Les réunions méthodistes (ci-dessus) rassemblaient aussi les colons pour toute une semaine. Les règles du camp étaient strictes, mais les mauvais plaisants se glissaient parfois dans les rangs de ces pieuses assemblées.

Les mille usages des plantes

Les pionniers faisaient feu de tout bois. Ils se servaient de la marguerite (en haut, à droite) pour soigner les coupures, les brûlures et la gangrène, et pour colorer le beurre. Ils utilisaient le gaillet (en bas, à droite) pour rembourrer les matelas et aussi pour cailler le lait et faire le fromage. L'ail (à gauche) mélangé au miel leur servait à soigner le rhume et l'asthme.

Un service régulier de diligences entre les principales villes du Haut-Canada fut ouvert en 1830, mais le voyage, au dire d'un passager, était « une punition d'une sévérité peu ordinaire ». Les routes étaient jonchées de pierres, de souches et de trous; aux endroits bourbeux, la chaussée était recouverte de rondins placés côte à côte. On conseillait aux passagers de porter un chapeau, mais les taches de sang au plafond des diligences n'étaient pas rares. Lorsqu'une voiture s'embourbait, les passagers descendaient et poussaient. Un voyage de 40 km pouvait prendre neuf heures. Les passagers offraient à boire au cocher à toutes les auberges (et elles étaient nombreuses), si bien que le voyage devenait parfois passablement mouvementé.

Lorsqu'un colon trouvait le temps de faire la longue route jusqu'au bureau de poste, il prenait le courrier de tout le canton et le distribuait à la sortie de l'église (ci-dessus). Le port était généralement payé par le destinataire. Le colon indigent se faisait lire ses lettres à haute voix au bureau de poste, les apprenait par cœur, puis déclarait qu'elles ne lui étaient pas destinées. Pour économiser le papier et payer moins cher l'affranchissement, on écrivait horizontalement et verticalement sur la même feuille.

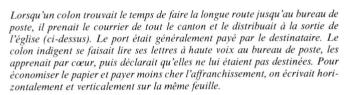

Il fallait parfois trois années pour défricher 12 hectares. Les arbres étaient abattus, brûlés ou encore saignés de leur sève par le retrait d'une large bande d'écorce autour du tronc. Les souches rendaient inutilisables un tiers du terrain défriché jusqu'à ce qu'elles pourrissent ou qu'on les arrache.

Deux sœurs anglaises partirent vivre dans le bois, puis racontèrent leurs aventures. Catharine Parr Traill et Susanna Moodie arrivèrent dans le Haut-Canada avec leurs maris en 1832. Catharine s'adapta de bon cœur à la vie du canton de Douro, au nord-est de Peterborough. Dans The Backwoods of Canada *(1836) et* The Female Emigrant's Guide *(1854), elle donna de sages conseils aux futurs immigrants. Susanna était moins enthousiaste. Dans* Roughing It in the Bush *(1852), elle dit s'être sentie comme un « criminel condamné... dont les seuls espoirs d'évasion sont les portes de la tombe ». Après avoir survécu à un incendie de forêt et à l'attaque d'un ours, elle écrivit en 1853 un livre plus enjoué,* Life in the Clearings.

Les nouveaux aristocrates du Haut-Canada

On était en juin 1836 et les élections provinciales venaient tout juste d'avoir lieu. De son château de Dundurn, la plus somptueuse résidence de tout le Haut-Canada, Allan Napier MacNab pouvait voir presque tout le comté de Wentworth qui l'avait réélu à l'Assemblée législative. Au sud-est se dressait Hamilton où il avait fait fortune en qualité d'avocat, constructeur et agent immobilier.

Les électeurs avaient donné une majorité écrasante aux candidats faisant partie du « Family Compact », l'élite sociale qui menait la province. Les bonnes relations, la fortune et l'éducation étaient autant de conditions nécessaires pour devenir membre de cette aristocratie fermée qui vouait une loyauté inébranlable à la Couronne. Le « Family Compact » se méfiait de quiconque aurait pu avoir des sympathies républicaines : commerçants de la classe moyenne, fermiers, artisans et ouvriers.

La révolution américaine était encore fraîche dans les mémoires et la Révolution française secouait toujours l'Europe lorsque le lieutenant-colonel John Graves Simcoe, premier gouverneur du Haut-Canada, débarqua en 1791 dans un pays presque vierge pour prendre la tête d'un gouvernement calqué sur celui de la Grande-Bretagne, pays pourtant autrement plus peuplé.

Le gouverneur représentait à la fois le roi et le Premier ministre. Son cabinet était le Conseil exécutif formé de notables qu'il consultait habituellement. Il y avait aussi un Conseil législatif inspiré de la Chambre des lords, mais dont les membres étaient nommés. Le seul organe élu était l'Assemblée législative, dont Allan Mac-Nab faisait partie.

Parmi les pionniers qui créèrent l'Ontario, une poignée seulement possédaient les qualités nécessaires pour occuper une charge publique. Ces hommes fondèrent des dynasties qui par la suite donnèrent naissance au « Family Compact ». La colonisation était le premier souci du gouvernement. La propriété foncière devint la principale source de richesse de cette nouvelle aristocratie qui avait le pouvoir de s'octroyer de vastes concessions et d'assurer ainsi l'avenir de sa descendance.

William Jarvis, par exemple, était officier quand il arriva à York, la capitale. Simcoe le nomma secrétaire de la province. L'un de ses fils était shérif du Home District, la région comprise entre York (plus tard Toronto) et le lac Simcoe; un autre faisait fonction de greffier et de surintendant des affaires indiennes. Un cousin s'occupait du cadastre et désignait les concessionnaires des terres de la Couronne.

D'Arcy Boulton était un autre de ces privilégiés. Il arriva à York en 1797 et fut successivement solliciteur général, procureur général et juge. Ces trois mêmes charges furent occupées plus tard par son fils, Henry John Boulton, de même que par son contemporain John Beverley Robinson. Ce dernier, né au Canada d'une famille loyaliste de Virginie, obtint sa première charge à l'âge de 22 ans (en 1813) et devint juge en chef avant même d'atteindre la quarantaine.

Le chef incontesté du « Compact » était John Strachan. Sans fortune aucune, il arriva dans le Haut-Canada en 1799. Il fut d'abord précepteur des enfants d'une riche famille de Kingston. Il fut ensuite ordonné pasteur anglican en 1804, puis nommé recteur de Cornwall et directeur d'une école primaire. Il épousa la belle veuve du riche traiteur montréalais McGill, et persuada son beau-frère James de léguer une partie de sa fortune pour fonder une université. C'est ainsi que l'université McGill vit le jour.

Une université d'Ecosse lui décerna un doctorat *honoris causa* en théologie. Cette distinction, déclara Strachan à ses amis écossais, « serait d'un

Ce candélabre de cristal, de style Régence, orne la magnifique table d'acajou de la salle à manger de Dundurn Castle, à Hamilton.

Dundurn Castle, à Hamilton, fut la somptueuse résidence de Sir Allan Napier MacNab (médaillon) qui le fit construire en 1832-1834. A gauche : l'entrée principale. En haut, à gauche : une porte de service. En haut, à droite : la cour.

Sir Peregrine Maitland était un militaire. Il ignorait tout des affaires civiles quand il devint gouverneur du Haut-Canada en 1818. Ses 10 années d'administration furent marquées par la persécution des réformistes et par le rejet des idées républicaines. Il fit suspendre la solde d'un officier qui avait chanté « Yankee Doodle » lors d'un concert de bienfaisance donné pour une troupe de comédiens américains.

grand avantage » dans le Haut-Canada, car « aucun autre peuple ne prise autant les distinctions ». Il se rendit à York en 1812 où il occupa les fonctions, à la fois de recteur de l'église St. James, de directeur de l'école primaire et d'aumônier de la garnison.

Lorsque les Américains incendièrent les édifices du Parlement d'York en 1813 et commencèrent à piller la ville, Strachan prit la parole au nom des citoyens et menaça les envahisseurs de représailles militaires. Le pillage cessa aussitôt et l'autorité morale de Strachan n'en fut qu'agrandie. En 1839, il devint le premier évêque de Toronto.

Strachan était membre du Conseil exécutif et du Conseil législatif. Son influence sur les différents gouverneurs fut déterminante, comme en témoigne ce jugement qu'il porta sur l'un d'eux : « Il est arrivé ici pénétré de certaines idées sur le pouvoir exécutif qui n'étaient pas étayées sur des faits suffisants, mais il voit aujourd'hui les choses plus clairement. » Le « Compact » s'arrangeait habituellement pour garder la haute main sur les élections à l'Assemblée législative (voir p. 208) : si un membre favorable au gouvernement était en danger de perdre son siège, on payait les aubergistes pour qu'ils offrent à boire aux électeurs, ou encore l'on promettait un bureau de poste au village.

Après la guerre de 1812, des officiers britanniques à la retraite vinrent grossir les rangs de l'aristocratie du Haut-Canada. Leurs fermes n'étaient pas aussi bien gérées que celles des autres émigrants, mais ils gardèrent vivant le loyalisme envers la Couronne. Ils devinrent bientôt juges de paix, forcèrent le respect de leurs concitoyens et complétèrent leur demi-solde grâce aux faveurs dispensées par les chefs du « Compact ».

Quand il entra dans la carrière, Allan MacNab n'avait que peu de fortune. Malgré cela, il avait fréquenté les bancs de l'école d'York avec les familles Boulton et Jarvis et, en 1813, il avait donné la preuve de sa loyauté lorsqu'il s'était engagé, à l'âge de 15 ans, dans le 49e régiment d'infanterie, l'ancien régiment du général Isaac Brock. Il s'était battu à Fort Niagara, Sackets Harbor, Plattsburgh et Black Rock, dans l'Etat de New York.

En 1820, toujours à York, il acheta et vendit des terres pour le compte de son ancien camarade d'école et protecteur Henry John Boulton. Il pratiqua le droit dans le cabinet du père de Boulton avant de s'installer à son compte à Hamilton en 1826. Il épousa une Boulton et s'anoblit d'office en ajoutant « of Dundurn » à son nom, bien avant de devenir propriétaire des Hauts de Burlington et de construire son château. (Dundurn — mot gaélique qui signifie le fort au bord de l'eau — est le fief du clan MacNab en Ecosse.) Il amassa une petite fortune à vendre des terrains, des maisons, ses conseils d'avocat et les faveurs du gouvernement.

MacNab connut trois splendides demeures à York, après la guerre. Celle de Strachan, au carrefour des rues Front et University, achevée en 1818, fut bientôt nommée le Palais. Ce fut la première maison de briques de la ville. La Grange, construite par D'Arcy Boulton fils, existe toujours. Meublée comme pouvait l'être la demeure d'un gentilhomme des années 1830, elle abrite aujourd'hui une partie du musée des Beaux-Arts de l'Ontario. L'hôtel particulier du juge William Campbell fut achevé en 1822, sept ans avant que ne commence la construction de Osgoode Hall. Il appartient aujourd'hui au Barreau de l'Ontario et est ouvert au public.

MacNab entendait bien damer le pion aux

Ce canal amena l'eau de la Grande Rivière (près de Port Maitland, Ont.) aux écluses Welland quand le canal Welland fut ouvert en 1829. La construction de l'ouvrage vida presque entièrement les caisses du Haut-Canada.

Quatre forteresses et le canal Rideau arrêtent les Américains

La guerre de 1812 (voir p. 152) avait pris fin, mais les Etats-Unis convoitaient toujours le territoire canadien. Pour décourager les invasions, l'Angleterre construisit quatre forteresses :
● Fort Lennox (1819-1828), sur l'île aux Noix, à 48 kilomètres au sud-est de Montréal, au milieu du Richelieu, pour garder la vallée qu'avaient autrefois empruntée les armées d'invasion.
● Au cap Diamant, à Québec, une citadelle de 16 hectares (1820-1832), qui absorbait les anciennes fortifications françaises, pour défendre les quartiers

généraux militaire et administratif des Anglais en Amérique du Nord.
● Sur Citadel Hill, à Halifax, un fort massif qui s'ajoutait à trois autres (1828-1856), pour garder l'entrée du golfe du Saint-Laurent.
● A Kingston, le fort Henry (1832-1836), pour protéger le canal Rideau et la base de la Marine provinciale dont les bâtiments gardaient les établissements du lac Ontario.

Le canal Rideau, entre Kingston et l'emplacement futur d'Ottawa, faisait lui aussi partie de ce réseau de défenses.

Construit en 1826-1832 par le colonel John By des Royal Engineers, il compléta la voie navigable qui reliait le Haut et le Bas-Canada par les rivières Cataraqui, Rideau et Outaouais.

Avec l'avènement du gouvernement responsable (voir p. 205), l'Angleterre cessa de construire des ouvrages de défense dans sa colonie. Mais les forteresses de pierre (qui subsistent encore) eurent leur utilité : les Etats-Unis n'intervinrent pas quand le Canada devint une nation en 1867 et s'étendit jusqu'au Pacifique en 1871.

Le fort Lennox

Le canal Rideau et le musée Bytown

Le fort Henry

bourgeois d'York. En 1832, deux ans après sa première élection à l'Assemblée législative, il acheta le plus beau terrain du quartier. Il y construisit Dundurn Castle, une villa de style italien mâtiné de style Régence. Mrs. Henry John Boulton, navrée que son hôtel soit éclipsé par les splendeurs de Dundurn, persuada son époux en 1833 de s'attacher les services du professeur de dessin du Upper Canada College, John Howard, pour donner à sa demeure quelques accents gothiques.

L'apparat était la constante préoccupation de ces aristocrates de fraîche date. L'épouse de William Dummer Powell, ancien juge, écrivait à l'une de ses amies en 1819 : « Dans un gouvernement aristocratique, il faut dépenser à la mesure de la charge qu'on occupe; il serait inconvenant que je reçoive la société en robe de coton, que j'offre à

mes invités une tranche de viande et du pudding, ou que je leur rende visite dans un chariot. »

Le modèle que l'on se donnait était la maison de campagne anglaise. Mais il fallait trouver des serviteurs. « Pour l'amour de Dieu, tâchez d'amener avec vous un serviteur ou deux », écrivait William Jarvis à un ami anglais. Les grands hôtels particuliers demandaient une petite armée de valets et de femmes de chambre pour amener l'eau du puits dans chaque chambre et s'occuper de douzaines de foyers.

Les visites étaient fréquentes, les repas somptueux. Le dîner commençait parfois dès quatre heures de l'après-midi, dans une profusion de plats de poisson et de gibier suivis de quelques rôtis servis à la lueur des chandelles, arrosés de vins et d'eau-de-vie. La bière, le cidre et le whisky que l'on fabriquait sur place n'étaient bons que

Les rues bourbeuses de la capitale

Au début du XIXe siècle, la capitale du Haut-Canada était surnommée Muddy York, York la boueuse. La ville qui deviendra plus tard Toronto avait été construite entre deux rivières, le Don et le Humber, qui transformaient ses rues en bourbier chaque printemps.

Les marchands maudissaient cette calamité : 90 pour cent de leur négoce se faisait avec les fermiers, le long d'une route de près de 100 kilomètres qui restait impraticable pendant des semaines. Ils se plaignaient aussi du système qui les forçait à vendre du coton, des clous et du thé anglais en échange de la farine des fermiers dont le prix était fixé à Londres.

York avait été fondé en 1793 dans une région sauvage. En 1803, le comte de Selkirk (voir p. 168) en parlait comme d'un « lieu isolé, presque coupé des deux extrémités de la colonie ». Cinq ans plus tard, un phare (à droite) fut construit à Gibraltar Point pour baliser le port. La population atteignait à peine 800 âmes en 1812.

Après la guerre de 1812, les immigrants arrivèrent en grand nombre à York et dans l'arrière-pays. En 1817, les marchands persuadèrent le révérend John Strachan et d'autres membres du « Family Compact » de créer une administration municipale. York put s'enorgueillir de chemins de planches et la rue Yonge fut même recouverte de macadam. Sous les pressions du gouverneur et des membres du « Compact », la Bank of Upper Canada fut fondée en 1821. Le *Frontenac*, premier vapeur construit au Canada sur les Grands Lacs, assurait un service régulier entre Kingston, York et Queenston.

En 1830, York avait 2 800 habitants. Les fermes à l'extrémité de la rue Yonge abritaient 27 000 personnes. En 1834, York devint Toronto.

Un escalier qui décrit une courbe élégante, une grande verrière, une statue dans une niche... symboles de la richesse du « Family Compact » à la Grange, dans la ville de Toronto.

pour les gens du commun. L'argenterie, la vaisselle et la verrerie venaient ordinairement d'Europe mais, à l'époque de la construction de Dundurn, les ébénistes du cru commençaient à fabriquer de beaux meubles.

Le train de vie de ces familles privilégiées qui abusaient sans vergogne de leur situation sociale irritait fort le menu peuple. Un fermier de l'époque nous a laissé ce témoignage : « L'auteur vit au Canada depuis qu'il est petit garçon; il n'a pas eu l'avantage de recevoir une éducation classique dans une école publique. La majeure partie de son temps, il l'a passée à s'occuper de sa chère famille, toujours plus nombreuse. Le plus souvent, il a dû construire ses routes et ses ponts, défricher ses terres, s'éduquer lui-même et éduquer ses enfants, réparer ses outils et, sauf en de rares occasions, n'avoir d'autre compagnie que celle de sa propre famille. Il s'est brisé les os en abattant des arbres, s'est lacéré les pieds en maniant la hache, a subi presque toutes les infortunes sauf la mort. Il a attendu jour après jour que viennent des temps meilleurs, en espérant que les gens du gouvernement s'occuperaient moins d'eux-mêmes et davantage des autres. Mais ses espoirs ont toujours été déçus. »

En 1817, l'Écossais Robert Gourlay arriva au Haut-Canada. Son épouse avait hérité de 350

Cette demeure géorgienne de Toronto fut celle de Sir William Campbell, juge en chef du Haut-Canada. Construite en 1822, elle a été restaurée et est ouverte au public.

La querelle des terres du clergé

L'archidiacre d'York, John Strachan, qui avait été longtemps le chef du « Family Compact », ne pouvait contenir sa peine en cette année 1827. L'animosité dont l'Eglise d'Angleterre était l'objet à propos des réserves du clergé lui « brisait le cœur ».

Trente-six ans plus tôt, l'Angleterre avait donné à l'Eglise anglicane un septième de chaque canton du Haut-Canada. Ces terres devaient être vendues (quand elles auraient pris de la valeur) afin d'encourager l'établissement d'un clergé protestant. A présent que Strachan voulait vendre au moins la moitié des réserves du clergé, l'Angleterre hésitait, craignant que la vente de plus du quart ne soit prématurée. D'autre part, les réformistes du Haut-Canada soutenaient que ces terrains, de 80 hectares chacun, la plupart encore en friche, empêchaient la colonisation. Les réformistes demandaient aussi que le bénéfice des ventes soit partagé avec les autres confessions religieuses.

Strachan souhaitait qu'on donne le statut d'église établie à l'Eglise d'Angleterre qui aurait pleins pouvoirs sur le produit de la vente des réserves. Il s'adressa au Colonial Office et fit valoir que les confessions « dissidentes » n'étaient en fait qu'une poignée de prêcheurs itinérants, imbus des idées républicaines et sans grand appui parmi le peuple. Sa thèse souleva un tollé général. Le méthodiste Egerton Ryerson (voir p. 202) prouva que c'était en fait l'Eglise d'Angleterre qui était en minorité, largement dépassée par les méthodistes, les presbytériens et les anabaptistes. Le « Family Compact » n'en insista pas moins pour que l'Eglise d'Angleterre fût seule bénéficiaire des ventes.

En 1838, 200 000 hectares avaient été vendus, mais la controverse n'en était que plus vive. Les réformistes de l'Assemblée législative demandaient maintenant qu'on consacre ces fonds à l'éducation. En 1854, surmontant enfin l'opposition du « Compact », l'assemblée décida d'en faire don aux municipalités nouvellement créées.

John Strachan, pilier du « Family Compact », devint le premier évêque anglican de Toronto en 1839. Son buste se trouve dans la cathédrale St. James. Strachan fut également le premier président (1827-1848) de King's College, aujourd'hui l'Université de Toronto.

hectares de terres près de London. L'arrivée de ce personnage attisa le mécontentement du peuple. Gourlay n'appréciait ni le régime ni son chef. Strachan, rappelait-il, n'était-il pas venu au pays en qualité de « domestique » d'un parent de son épouse?

Gourlay voulait encourager l'immigration. Pour recueillir des renseignements qu'il voulait envoyer en Grande-Bretagne, il dressa un questionnaire. Les réponses qu'il reçut lui donnèrent la conviction que le principal problème était celui des terres que les propriétaires et spéculateurs laissaient en friche. Du fait de ces vastes étendues de terres vacantes, la population était trop clairsemée et la construction des routes devenait impossible. Or, ces propriétaires qui négligeaient de cultiver leurs terres n'étaient souvent autres que l'Eglise d'Angleterre ou un membre du « Family Compact ». Chaque membre du Conseil exécutif recevait 2 000 hectares, chacun de ses enfants 485 hectares. Des concessions semblables allaient aussi à certains membres de l'Assemblée législative et de l'élite sociale. Un canton entier appartenait parfois à un seul homme.

Gourlay dénonça ce « misérable népotisme, ce ruineux favoritisme » et s'éleva contre le pouvoir qu'avait le gouvernement de disposer des terres, des charges, des pensions et permis, « d'offrir dîners et boissons à tous les quémandeurs et flagorneurs ». En 1818, il convoqua un congrès à York pour exiger des réformes du nouveau gouverneur, Sir Peregrine Maitland.

Le congrès fut fort paisible. Quatorze délégués seulement y participèrent. Mais il eut le malheur de rappeler au « Family Compact » que les révo-

*Archibald McNab —
The McNab, comme il
signait son nom arriva
dans le Haut-Canada en
1823, courtisa l'oligar-
chie et obtint une concession de plus de 3 000 hectares dans la vallée de
l'Outaouais. Il y fit venir
des colons qu'il dirigea
avec une poigne de fer,
exigeant des fermages à
perpétuité et leur refu-
sant le droit de quitter le
canton. Après 23 ans, un
arrêté en conseil mit fin à
son règne féodal.*

petite cellule, il ne pouvait prendre aucun exercice ni voir son avocat. Sa santé mentale et physique finit par se dégrader. De fausses preuves
furent présentées contre lui et le juge en chef
Powell le bannit du Haut-Canada.

Le « Compact » venait de créer un martyr.
Pendant 10 ans, le nom de Gourlay rallia tous les
adversaires du régime. En 1829, un parti réformiste voyait le jour et gagnait la majorité des sièges de l'assemblé au cours des élections de cette
année et de 1834. Mais le « Compact » détenait
encore la plupart des charges publiques.

Un nouveau gouverneur arriva en 1836. Sir
Francis Bond Head ne prisa guère les réformistes. Il se plaisait davantage en compagnie des
MacNab et Robinson. Il prit donc fait et cause
pour le régime du « Family Compact ».

Lors de l'élection de 1836, Head incita la population à élire des candidats loyaux au « Family
Compact », traitant les réformistes de canailles
yankees. Il nomma scrutateurs des hommes
acquis au gouvernement et envoya ses agents
dans les bureaux de vote pour soudoyer les électeurs en leur promettant des terres. Head et le
« Compact » obtinrent une victoire écrasante.

La rumeur avait couru que les radicaux de
Hamilton menaçaient d'incendier Dundurn
Castle. Aujourd'hui, ils étaient bel et bien battus.
Mais alors même qu'Allan MacNab se réjouis-
sait, William Lyon Mackenzie, l'un des plus radicaux des réformistes, songeait avec amertume
qu'il venait de subir sa première défaite en huit
élections dans le comté d'York. Peut-être la justice ne viendrait-elle que de la rébellion.

lutions américaine et française n'étaient pas si
lointaines. Furieux et inquiets, Strachan et John
Beverley Robinson persuadèrent Maitland d'interdire tout nouveau congrès. Le gouverneur
n'en resta pas là : il refusa d'octroyer des terres à
ceux qui avaient soutenu Gourlay.

Arrêté en décembre 1818, Gourlay fut accusé
de semer la discorde et fut mis en demeure de
quitter la province. Il refusa et fut emprisonné
jusqu'aux assises d'août 1819. Enfermé dans une

Un colonel mène sa colonie d'une main de fer

Le colonel Thomas Talbot, membre du
« Family Compact », buvait sec, était
revêche, despotique, impérieux et, en
un mot, détestable.

Né en Irlande, il arriva au Canada en
1790 à l'âge de 19 ans et fut nommé
secrétaire du gouverneur John Graves
Simcoe. En 1803, il fonda la colonie
Talbot sur les 20 000 hectares qu'on lui
concéda au sud de London. Il vivait à
Port Talbot, sur le lac Erié.

Talbot ne voulait personne d'autre
que de « sains sujets britanniques » sur
ses terres. Les indésirables étaient
éconduits sans autre forme de procès.

Pour obtenir la pleine propriété de
ses 80 hectares, un colon de Talbot
devait défricher et semer environ un
hectare, construire une maison, puis
défricher la moitié de la largeur d'un

chemin sur le devant de sa terre. Talbot
faisait les plans du canton au crayon et
effaçait les noms des colons qui ne lui
donnaient pas satisfaction ou enfrei-
gnaient les règles draconiennes qu'il
leur imposait. Il commençait à boire
dès 11 heures du matin et se faisait une
règle de ne jamais travailler après midi.

Mais le colonel était efficace. St.
Thomas fut fondé en 1817. En 1831,
Talbot comptait dans ses 29 cantons
6 000 familles de colons. La route de
Talbot (sur l'actuelle route 3) était la
meilleure du Haut-Canada.

A la longue, les excentricités du colonel devinrent de plus en plus gênantes.
En 1837, l'Assemblée législative lui
ordonna de remettre les plans de son
canton. Il mourut à Londres en 1853,
dans la solitude et l'amertume.

Sites et monuments historiques

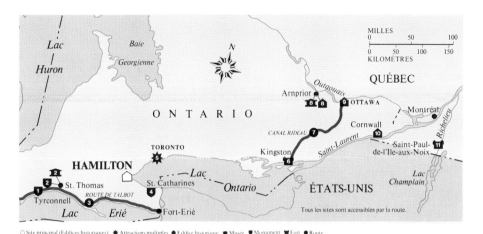

HAMILTON (Ont.) Dundurn Castle, de style Régence, fut construit en 1832-1834 par Allan MacNab, membre du « Family Compact ». Il y vécut dans la splendeur jusqu'à sa mort, en 1862. Parmi les 35 pièces restaurées, on peut voir la bibliothèque aux lambris de noyer noir où MacNab pratiquait le droit ainsi qu'une salle à manger qui s'enorgueillissait d'une grande table d'acajou et d'un candélabre aux 720 prismes de cristal. Le musée (dans le château) retrace les débuts de l'histoire de Hamilton. A côté, un bâtiment, qui est aujourd'hui le Cockpit Theatre, aurait servi aux combats de coqs.

Autres sites et monuments

Arnprior (Ont.) (8) Le musée d'Arnprior est consacré à Archibald McNab, un Ecossais tyrannique qui fit venir des colons dans la région à partir de 1823. On peut y voir une carte de la colonie de McNab en 1837. A 15 km au sud-ouest se trouve Waba Lodge, reconstitution de la villa d'été des McNab où l'on peut voir des meubles du XIXᵉ siècle.

Canal Rideau (7) Cette voie de 203 km qui relie Ottawa à Kingston fut construite à des fins militaires. Elle est aujourd'hui utilisée principalement pour la navigation de plaisance.

Cornwall (Ont.) (10) L'église Bishop Strachan Memorial rappelle le souvenir de John Strachan, pilier du « Family Compact », qui devint évêque anglican de Toronto en 1839.

Halifax (pas sur la carte) Une forteresse construite en 1856 se trouve dans le parc historique national de la Citadelle de Halifax. Il contient un musée militaire, un musée de la marine ainsi qu'un musée de meubles et d'instruments aratoires.

Kingston (Ont.) (6) Le fort Henry, achevé

en 1836, a été restauré. C'est aujourd'hui un musée militaire.

Ottawa (9) Le bâtiment que le lieutenant-colonel John By utilisa comme magasin, bureau et trésorerie pendant la construction du canal Rideau est aujourd'hui le musée Bytown qui retrace l'histoire du canal et d'Ottawa (anciennement Bytown).

Québec (pas sur la carte) La majeure partie de la Citadelle actuelle fut construite par les Anglais en 1820-1832. Dans le musée aménagé dans l'ancienne poudrière, on peut voir le plan original du quartier des officiers.

Route de Talbot (3) La route 3, qui longe le lac Erié, suit à peu près le tracé de la route de 483 km construite par les colons de Talbot.

St. Catharines (Ont.) (4) Une plaque dans le parc des Jardins du Centenaire relate la construction du premier canal Welland entre Port Dalhousie (aujourd'hui partie de St. Catharines) et Port Robinson en 1824-1829, ainsi que son prolongement jusqu'à Port Colborne.

Saint-Paul-de-l'Ile-aux-Noix (Qué.) (11) Le parc historique national de Fort Lennox a été aménagé sur l'île aux Noix, au milieu du Richelieu. La majeure partie du fort date de 1819-1828. Les anciens quartiers des officiers sont devenus un musée militaire.

St. Thomas (Ont.) (2) Une plaque sur le palais de justice de Elgin County rappelle la mémoire de Thomas Talbot qui colonisa les comtés de Kent, Elgin, Middlesex, Oxford et Norfolk au XIXᵉ siècle. Le musée Elgin County Pioneer lui est consacré.

Toute l'aristocratie de Toronto se réunissait à La Grange, la somptueuse demeure de D'Arcy Boulton fils. Ici, une vue de la salle à manger.

Toronto (5)

CATHÉDRALE ST. JAMES John Strachan officia dans quatre églises édifiées sur ce site, dont l'église actuelle qui fut construite de 1850 à 1853. En 1812, Strachan devint recteur de l'église St. James, la première de Toronto, qui s'élevait ici en 1803-1831.

COLBORNE LODGE Construite en 1836 par John Howard, le premier arpenteur officiel de la ville de Toronto, la maison renferme des meubles qui ont appartenu à la famille Howard, dont une baignoire et une douche faite de bois et de cuivre. La maison a pris le nom de Sir John Colborne, lieutenant-gouverneur du Haut-Canada (1828-1836).

LA GRANGE Cette majestueuse demeure de briques, construite en 1817 par D'Arcy Boulton fils, l'un des membres les plus en vue du « Family Compact », a été restaurée. Elle abrite aujourd'hui une partie des collections du musée des Beaux-Arts de l'Ontario.

MAISON CAMPBELL Cette demeure géorgienne, typique de celles des familles du « Compact », fut construite en 1822 par William Campbell qui était juge en chef de la Cour du banc du roi et président du Conseil législatif.

OSGOODE HALL La Law Society of Upper Canada fit construire ce bâtiment en 1829-1832 sur des terres achetées au juge en chef John Beverley Robinson. L'édifice abrite aujourd'hui la Cour suprême de l'Ontario.

PHARE DE GIBRALTAR POINT L'un des plus vieux phares des Grands Lacs (1808) se trouve sur l'île de Toronto. Une plaque relate son histoire.

Tyrconnell (Ont.) (1) Thomas Talbot est enterré dans l'église St. Peter, près de l'endroit où se trouvait le centre de la colonie de Talbot.

La colère explose
dans le Bas-Canada

La voiture de Louis-Joseph Papineau fit résonner les pavés de la petite place du village de Saint-Eustache, tranquille en cette journée d'octobre 1837. En route pour Montréal, le chef des « patriotes » — réformistes francophones du Bas-Canada — avait décidé de faire une halte chez son allié, le docteur Jean-Olivier Chénier, qui dirigeait les militants du comté des Deux-Montagnes. Les deux hommes avaient beaucoup de choses à se dire.

Le mécontentement agitait le Bas-Canada dont 80 pour cent des habitants étaient francophones. On assistait à des flambées de violence, souvent dirigées contre des compatriotes restés fidèles au régime britannique et qu'on appelait les « vendus » ou « chouayens » (du nom des déserteurs de la bataille de Chouagen en 1756).

Les commerçants chouayens n'avaient plus de clients; on s'emparait de leurs maisons. Plusieurs se portaient volontaires pour combattre aux côtés des réguliers britanniques.

Papineau fit part à Chénier de ses inquiétudes. La montée de la violence lui faisait peur. A son tour, Chénier lui annonça que les gens des Deux-Montagnes s'apprêtaient à destituer les juges de paix et les officiers de la milice qui avaient été nommés par le gouvernement. « Ils veulent les remplacer par les *élus du peuple* », ajouta l'ami de Papineau.

Une foule attendait Papineau à sa sortie de la maison de Chénier. Après un bref discours, il repartit vers Montréal, inquiet de la colère qui montait et qu'il ne pouvait plus contenir.

Mais ce chef patriote, qui était-il? Avocat, il

Louis-Joseph Papineau était fier et déterminé, mais il ne cherchait pas la violence. Lorsqu'il ne parvint plus à contenir le mouvement réformiste des patriotes dans le Bas-Canada, le massacre devint inévitable. Pour Papineau, la rébellion se termina dans l'exil.

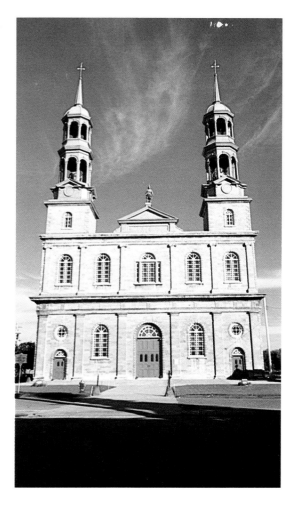

Les troupes britanniques (à gauche) affrontent les rebelles de Saint-Eustache, près de Montréal, le 14 décembre 1837. Des patriotes essaient d'échapper aux flammes en sautant des fenêtres de l'église. Une centaine de patriotes perdirent la vie et 120 autres furent faits prisonniers au cours de cette bataille sanglante qui mit fin à la rébellion de 1837. La lithographie date de 1840. L'église était alors en reconstruction. On peut encore y voir cependant des pierres qui portent des marques d'éclats d'obus (ci-dessus).

Conciliation, mais pas de concessions aux patriotes, déclara Lord Gosford quand il devint gouverneur du Bas-Canada en 1835. Quand l'Angleterre rejeta certains projets de réforme constitutionnelle, l'Assemblée refusa de payer les émoluments des administrateurs. Gosford prorogea le parlement colonial et démissionna en février 1838.

siégeait depuis 1809 à la Chambre d'assemblée du Bas-Canada dont il avait été « orateur » (président des débats) pendant nombre d'années. A son mariage en 1818, son père lui vendit la seigneurie de La Petite Nation, sur l'Outaouais, près de Montebello. Mais il passait le plus clair de son temps à Québec, siège du gouvernement, ou à Montréal, centre commercial en pleine expansion, dont la moitié des habitants étaient anglophones. En 1837, à l'âge de 51 ans, Papineau était devenu l'idole du Bas-Canada. Depuis son entrée à l'Assemblée, il avait toutefois combattu aux côtés des Anglais en 1812.

La Chambre d'assemblée était le seul organe élu de la colonie. Les membres du Conseil exécutif, sorte de Cabinet, et du Conseil législatif, la Chambre haute, étaient nommés par le gouverneur et ne relevaient que de lui. Le gouverneur, quant à lui, n'avait de comptes à rendre qu'au Colonial Office de Londres. Les lois adoptées par l'Assemblée pouvaient être abrogées par les conseils; l'Assemblée avait la faculté de lever des impôts, mais le gouverneur avait pleins pouvoirs sur les revenus des terres de la Couronne. Il avait aussi autorité sur la liste civile, c'est-à-dire les fonds qui servaient à payer les émoluments des fonctionnaires.

En 1792, l'Assemblée fit imposer l'usage du français dans ses débats en élisant un président unilingue. Mais elle n'avait aucun pouvoir sur les « Bureaucrates », ces fonctionnaires, Anglais pour la plupart, que nommait le gouvernement. Le parti réformiste de Papineau, qui compta au début de nombreux membres anglophones, fit campagne pour obtenir un Conseil législatif *élu*, afin de donner au Bas-Canada un gouvernement véritablement représentatif.

Mais il y avait bien d'autres sujets de mécontentement. La classe moyenne francophone constatait jour après jour que les postes supérieurs, aussi bien dans le domaine professionnel que dans la fonction publique, étaient accordés de façon presque automatique aux Canadiens anglais.

Pendant des années, l'Assemblée délibéra sur les revenus de la Couronne, les nominations du gouvernement et la liste civile. On accorda quelques charges à des francophones, mais pas suffisamment pour apaiser les esprits. Quand on comparait le gouvernement à celui de l'Angleterre où un parlement élu contrôlait toutes les recettes et les dépenses publiques, on trouvait que la Chambre avait peu de pouvoirs.

La fureur de Papineau ne connut plus de bor-

L'habitant : hospitalier, entêté et mauvais serviteur

La plupart de ceux qui visitaient les vallées du Saint-Laurent et du Richelieu au début du XIXᵉ siècle trouvaient les fermiers canadiens-français polis, pacifiques, hospitaliers, apparemment contents de leur vie, mais sans ambition particulière.

Rares étaient les habitants qui avaient reçu de l'instruction et, lorsque c'était le cas, les seules carrières qui leur étaient offertes étaient la prêtrise, la médecine et le droit. La plupart travaillaient la terre. La ferme procurait tous les produits et denrées essentiels : pain, viande, laine et cuir.

A l'occasion, les voisins se réunis-

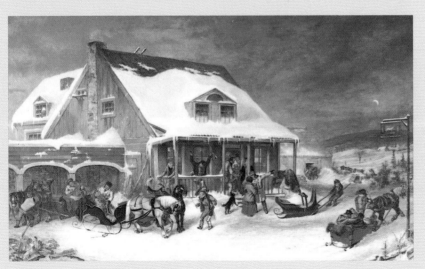

saient en hiver (ci-dessous : *Merrymaking*, de Cornelius Krieghoff). Ils arboraient la ceinture fléchée et la tuque de laine aux couleurs vives. La maison s'emplissait bientôt du son des violons, du martèlement des bottes et de la forte odeur du tabac canadien.

Mais le voyageur découvrait aussi parfois une autre caractéristique de l'habitant : « Ils sont fort mauvais serviteurs », écrira l'un d'eux. Fiers et indépendants, ils répugnaient à la domesticité. Leur obstination en faisait des sujets difficiles. Le même voyageur rappelait aussi que le prix de leurs moments de folle gaieté était une année entière de travail harassant, si bien « qu'ils paraissent vieux avant l'âge ».

Vers 1830, les habitants se sentirent menacés dans leur mode de vie. Les anglophones arrivaient de partout. Les gouverneurs demandaient que les écoles soient anglaises et voulaient un droit de veto sur le choix des curés. Lorsque les patriotes s'élevèrent contre le régime britannique, les habitants se rangèrent derrière eux. Un peuple fier était mûr pour la rébellion.

Cinq mille partisans de Louis-Joseph Papineau se rassemblèrent à Saint-Charles le 28 octobre 1837. Papineau prêcha la patience, mais les appels à la révolte couvrirent sa voix.

nes lorsqu'en 1822 un projet de loi visant à unir le Haut et le Bas-Canada fut présenté devant la Chambre des communes, à Londres. S'il était adopté, les Canadiens français deviendraient une minorité dans leur propre province. Papineau, accompagné de son ami et allié John Neilson, un Ecossais qui était rédacteur en chef de la *Quebec Gazette*, partit pour Londres. Il y trouva des appuis au Parlement et le projet fut abandonné. Papineau rentra au Bas-Canada pour continuer sa lutte contre le gouverneur George Ramsay Dalhousie et les bureaucrates.

Mais la véhémence verbale de Papineau, ainsi que le refus des patriotes d'accepter les nominations de complaisance aux conseils, lui coûtèrent progressivement l'appui des modérés anglophones tels que Neilson.

La violence éclata soudain lors d'une élection partielle à Montréal, au cours de l'été 1832. L'un des candidats était Daniel Tracey, un journaliste

Cette réplique de la John Molson, *locomotive qui inaugura en 1836 la première voie de chemin de fer du Canada, se trouve au Musée canadien du chemin de fer de Saint-Constant (Qué.). La voie reliait Laprairie et Saint-Jean, au Québec.*

patriote qui avait souvent attaqué le gouverneur et sa clique. Il avait d'ailleurs été emprisonné pour atteinte à la dignité de la Chambre d'assemblée, ce qui avait fait de lui un héros populaire. Au cours de la campagne et du scrutin qui dura un mois, les partisans de Tracey et de Stanley Bagg, le candidat de la communauté anglaise, firent feu de tout bois pour recruter des électeurs. La place d'Armes où se trouvait le bureau des élections était noire de monde lorsqu'on annonça la victoire de Tracey, le 21 mai. Tandis que ses partisans défilaient pour célébrer la victoire, les hommes de main engagés par les deux camps s'affrontaient à coups de gourdin. Des volontaires vinrent bientôt grossir leurs rangs. La bataille faisait rage sur la place.

Mais des troupes britanniques du fort de l'île Sainte-Hélène étaient postées sur les marches de l'église Notre-Dame. Elles avancèrent sur la foule. Malgré ce déploiement, la bagarre redoubla et les soldats ouvrirent le feu. La foule se dispersa, laissant derrière elle trois Canadiens français tués par des balles anglaises.

Deux ans plus tard, en 1834, les patriotes présentèrent 92 résolutions à l'Assemblée. Ils y dénonçaient la partialité des juges et la corruption du gouvernement, et exigeaient un gouvernement représentatif ainsi que la destitution du gouverneur Matthew Whitworth Aylmer. L'Assemblée adopta les résolutions par 56 voix contre 23 — et les 23 députés qui s'y opposèrent furent tous battus lors de l'élection générale qui suivit. Les résolutions furent envoyées à Londres et le gouvernement britannique délégua Archibald Acheson, comte de Gosford, pour remplacer Aylmer à son poste de gouverneur et prendre la tête d'une commission royale d'enquête sur la situation dans le Bas-Canada.

L'une des premières mesures de Gosford fut d'interdire les groupes armés privés. Il signait ainsi l'arrêt de mort du British Rifle Corps des bureaucrates qui reparut avec le Doric Club.

Une plaque sur cette maison de la rue Bonsecours, dans le vieux Montréal, indique qu'elle fut habitée par le chef patriote Louis-Joseph Papineau. L'édifice date du milieu du XVIIIᵉ siècle.

187

Cette statue d'un patriote, dans un parc de Saint-Denis (Qué.), rappelle la mémoire des 12 hommes qui y trouvèrent la mort le 23 novembre 1837, lors du premier affrontement de la rébellion du Bas-Canada.

Au cours de l'été 1836, les patriotes adoptèrent des résolutions inspirées de la Déclaration d'indépendance américaine, dont une qui préconisait le boycottage des marchandises anglaises. Abandonnant les vêtements importés, les patriotes arboraient fièrement, même à l'Assemblée, l'habit traditionnel des habitants, la tuque tricotée et la ceinture fléchée.

Le gouvernement britannique donna sa réponse aux 92 résolutions le 6 mars 1837, en présentant dix résolutions de son cru qui donnaient satisfaction à certaines exigences des patriotes.

Au cours de l'été 1837, de nouvelles réunions orageuses secouèrent le Bas-Canada. Le mouvement patriote possédait maintenant son drapeau — rouge, blanc et vert —, ses chants et son héros : Papineau. Devant les maisons des patriotes, on plantait partout des colonnes de la liberté, grands poteaux blancs surmontés du bonnet rouge de la révolution. Comme contrepartie au Doric Club des bureaucrates, les francophones fondèrent Les Fils de la Liberté. Les deux groupes sillonnaient les rues de Montréal, en quête d'un mauvais coup. On ne parlait plus que de rébellion armée.

Le 23 octobre se tint à Saint-Charles, sur le Richelieu, l'assemblée des six-comtés. Papineau et les grands orateurs du parti patriote haranguèrent une foule de 5 000 partisans. Inquiet de voir

Cette lithographie d'un capitaine de l'armée, Le passage du Richelieu la nuit, *représente sans doute les troupes qui marchèrent sur Saint-Charles en novembre 1837.*

tant de gens armés de fusils, Papineau tenta de convaincre les patriotes de ne pas recourir aux armes et de s'en tenir au boycottage économique. Mais le docteur Wolfred Nelson, le bouillant chef des patriotes du Richelieu, s'écria : « Je prétends que le temps est arrivé de fondre nos plats et nos cuillers d'étain pour en faire des balles. » Le docteur Cyrille-Hector Côté, de l'Acadie, près de Saint-Jean, fut encore plus violent : « Le temps des discours est passé, c'est du plomb qu'il faut envoyer maintenant à nos ennemis. » Devant une colonne de la liberté dédiée à Papineau, plusieurs jeunes gens jurèrent d'être fidèles à leur patrie, de vaincre ou de mourir.

Le 6 novembre, un affrontement se produisit entre les membres du Doric Club et les Fils de la Liberté, à Montréal. Le chef du groupe français, Thomas Storrow Brown, fut pris à partie; les bureaux du *Vindicator* furent saccagés. Le 12 novembre, le gouverneur Gosford interdit les assemblées et, le 16, il lança des mandats d'arrêt contre 26 chefs patriotes.

Mais les chefs s'étaient dispersés dans les villages de la vallée du Richelieu et dans la région des Deux-Montagnes. Des volontaires de la cavalerie et un juge de paix en capturèrent deux à Saint-Jean. En route vers Montréal, ils tombèrent dans une embuscade près de Longueuil. Les patriotes libérèrent les prisonniers et blessèrent quatre des volontaires.

Le général Sir John Colborne, commandant des forces britanniques dans le Bas-Canada, décida de prendre des mesures vigoureuses. Deux expéditions quittèrent Montréal le 22 novembre, en direction du Richelieu. Le colonel Charles Gore, avec 250 hommes, descendit le Saint-Laurent jusqu'à Sorel sur un vapeur; de là, il devait marcher sur Saint-Denis. Le lieutenant-colonel George Augustus Wetherall fit route avec 350 hommes sur Chambly, au sud-est de Montréal, pour descendre la vallée du Richelieu jusqu'à Saint-Charles, à 12 kilomètres au sud de Saint-Denis. Les deux troupes allaient écraser les rebelles dans un étau.

Alors qu'ils se dirigeaient vers Saint-Denis dans la nuit du 22 novembre, espérant surprendre les patriotes, les hommes de Gore furent ralentis par la neige et la pluie. Tôt le matin, près de Saint-Denis, des patriotes capturèrent un jeune lieutenant, George Weir, dit « Jock ». Les patriotes lui firent jurer qu'il ne tenterait pas de s'échapper. Le lieutenant, faisant fi de sa promesse, sauta de la charrette qui le transportait. Furieux, ses gardes le tuèrent à coups de baïonnette, d'épée et de fusil.

Bien avant que Gore n'arrive à Saint-Denis dans la matinée du 23, les cloches de l'église avaient averti Papineau et Nelson de l'avance de l'ennemi. Pour être sûr d'être libre lors des négociations qui suivraient la bataille, Papineau se rendit chez sa sœur, à Saint-Hyacinthe, 24 kilomètres plus au sud-est.

Avec 200 hommes, dont 109 seulement étaient armés, Wolfred Nelson prit position derrière les murs épais de la maison Saint-Germain sur le chemin du Roi. D'autres patriotes s'embusquèrent dans la distillerie du docteur Nelson, dans un magasin ou le long de la route. Armés seulement de bâtons et de fourches, ils n'avaient, pour toute pièce d'artillerie, qu'un vieux canon de parade qu'ils bourraient de ferraille jusqu'à la gueule.

Le premier coup de canon tiré par Gore tua deux patriotes dans la maison Saint-Germain, mais il n'y aura plus guère de dommages par la suite. Au bout de cinq heures, une seule maison était prise tandis que des centaines de rebelles arrivaient à Saint-Denis des villages voisins. Gore battit en retraite.

Wetherall était à 11 kilomètres au sud de Saint-Charles quand il apprit la défaite de Gore. Wetherall demanda des renforts à Chambly et, le 25, reprit sa marche vers Saint-Charles. A sa grande surprise, le colonel anglais n'aperçut qu'un rempart rudimentaire, fait de troncs et de

Wolfred Nelson, médecin et distillateur fortuné, haïssait passionnément la bureaucratie. Homme des grands enthousiasmes et des grandes colères, il fit de la politique toute sa vie. On l'exila aux Bermudes pour le rôle qu'il avait joué lors de la rébellion de 1837-1838. Il rentra au pays en 1843, fut réélu à l'Assemblée, puis devint inspecteur des pénitenciers provinciaux et maire de Montréal.

Une vague d'immigrants, une épidémie dévastatrice

Grelottants, certains si malades que leur visage était devenu bleu, deux cents miséreux débarquèrent du *Voyager* à Québec, le 7 juin 1832. En moins d'une semaine, 230 personnes étaient mortes — immigrants et habitants de la ville. C'était une épidémie de choléra.

Les immigrants affluaient dans le Bas et le Haut-Canada. La plupart, comme ceux du *Voyager*, étaient des cultivateurs irlandais qui avaient perdu leurs fermes ou des pauvres, venus des faubourgs des grandes villes, des gens dont l'Angleterre ne savait que faire. Le choléra ravageait l'Europe et, en avril, un poste de quarantaine fut ouvert à Grosse Ile, à 48 kilomètres en aval de Québec. Il fut bientôt encombré de malades.

A Québec, les pouvoirs publics nièrent d'abord l'existence même de la maladie (non sans envoyer leurs familles à la campagne) : les navires n'apportaient pas que des immigrants, mais aussi les marchandises commandées par les commerçants canadiens; et ils repartaient pour l'Angleterre chargés de bois à ras bords.

Les immigrants fortunés quittaient Québec pour les Cantons de l'Est ou le Haut-Canada. Les pauvres, souvent malades, parfois mourants, s'entassaient dans d'étroites maisons en bordure du fleuve, à Québec et à Montréal. Les hôpitaux de Québec n'eurent bientôt plus un lit de libre et l'on entassa les malades sous des tentes, sur les Plaines d'Abraham. Le hangar des immigrants fut rebaptisé l'hôpital des Emigrés. Les médicaments y étaient rares et les installations sanitaires inexistantes. Les malades se couchaient à deux ou trois sur un matelas trempé.

Les docteurs essayèrent les herbes et les élixirs — et même le canon (pour purifier l'air) — sans trouver de remède. Jour après jour, on chargeait les morts sur des charrettes pour les enterrer — souvent dans des fosses communes — et les recouvrir de chaux vive. Quand l'épidémie céda enfin en septembre, on dénombrait 3 600 morts à Québec et 4 000 à Montréal, environ le dixième de la population des deux villes.

Pour les Canadiens français, les responsables de l'épidémie étaient le gouvernement britannique qui se déchargeait de ses pauvres au Canada, les marchands assoiffés d'argent et les fonctionnaires coloniaux qui étaient de mèche avec les commerçants. Pour eux, tous ces gredins n'avaient qu'un seul nom : « les Anglais ».

branches d'arbre, entre la rivière et le manoir du seigneur Debartzch. Derrière ce retranchement, il y avait à peine 200 patriotes, dirigés par Thomas Storrow Brown.

Wetherall fit savoir à Brown que le village ne serait pas touché si on laissait passer ses troupes. Brown accepta, « à condition que les soldats déposent leurs armes ». Le message ne fut pas transmis et le combat s'engagea. Les hommes de Wetherall avancèrent et furent accueillis par des coups de feu. Les Anglais prirent position sur une colline et pointèrent leurs canons sur les rebelles, en contrebas. Un soldat anglais rendra un triste hommage aux patriotes : « Ils se sont bien battus, mais ils ont trop attendu pour se mettre à courir. » En moins d'une heure, plus de 30 patriotes étaient morts.

Wetherall rentra à Montréal avec 30 prisonniers, deux canons rouillés et une colonne de la liberté. Il avait perdu trois hommes.

Les patriotes se dispersèrent quand ils apprirent la nouvelle de la défaite de Saint-Charles. Certains de leurs chefs, dont Papineau et Brown, s'enfuirent aux Etats-Unis. Wolfred Nelson fut capturé alors qu'il tentait de prendre la fuite et fut jeté en prison à Montréal. La rébellion sur le Richelieu était écrasée.

La prison des Patriotes, où furent détenus les rebelles de 1837 et de 1838, se trouve au Pied-du-Courant, au bord du Saint-Laurent. C'est aujourd'hui un monument historique.

Cette statue de Jean-Olivier Chénier, chef des patriotes, se trouve place Viger, à Montréal. Chénier, qui avait juré de vaincre ou de mourir, fut tué à 31 ans, à Saint-Eustache, en 1837.

Une société secrète contre la domination britannique

Les yeux bandés, on le conduit dans une salle aux volets clos, éclairée par des chandelles. Il se met à genoux pour son initiation dans la société des Frères Chasseurs, qui s'est donné l'objectif de mettre un terme à la domination britannique dans le Bas-Canada.

Les rébellions des deux Canada ont été écrasées en 1837. Le docteur Robert Nelson, de Montréal, a tenté un autre soulèvement en février 1838, mais des informateurs ont averti à temps le gouvernement. Nelson décide alors de fonder une société secrète. Son emblème sera un fusil et un long poignard. Le nom de « chasseurs » vient de la réponse que donnent les adhérents quand on les trouve avec des armes.

Le quartier général se trouve à Montréal. Les loges se multiplient vite. Il en existe même de langue anglaise aux Etats-Unis (voir p. 200) qui attirent des sympathisants américains et des Canadiens fugitifs. Nelson, en fuite, dirige les activités depuis St. Albans, au Vermont.

Les chasseurs comprenaient d'authentiques conspirateurs républicains, quelques pauvres diables qui craignaient des représailles s'ils n'entraient pas dans le mouvement et plusieurs espions du gouvernement. A genoux, l'aspirant jure loyauté à la société, à ses membres et à ses objectifs — à défaut de quoi « puisse ma gorge être tranchée jusqu'à l'os ». On lui arrache enfin son bandeau et il se trouve entouré de chasseurs pointant fusils et couteaux contre son cœur.

Les chasseurs furent bientôt 50 000, classés en grades : Chasseurs, Raquettes, Castors et, enfin, Aigles. Le commandant en chef était le Grand Aigle Edouard-Elisée Mailhot, vétéran de 1837.

Mais lorsque Nelson déclara l'indépendance du Bas-Canada le 4 novembre 1838, il ne fut appuyé que par quelque 1 000 chasseurs, surtout à Napierville. C'est à peine si 250 mousquets et un canon purent franchir les barrages des autorités américaines alertées. Sans armes, les membres disparurent les uns après les autres. Les derniers attaquèrent les loyalistes et furent arrêtés sans grande effusion de sang. Le gouvernement emprisonna les chefs et en fit exécuter 12. Certains, dont Nelson, s'échappèrent aux Etats-Unis.

Les Anglais laissèrent des garnisons à Saint-Charles et à Saint-Denis. Le 4 décembre, on découvrit dans les eaux de la rivière le cadavre mutilé de Jock Weir. Cette macabre découverte ne fit que durcir l'attitude des Anglais à l'endroit des rebelles. « Souvenez-vous de Jock Weir! » devint le cri de ralliement de leurs troupes.

Mais dans le comté des Deux-Montagnes, les patriotes de Saint-Eustache et de Saint-Benoît étaient loin d'être vaincus. Les rebelles battaient la campagne, réquisitionnant vivres et armes. L'abbé Jacques Paquin, curé de Saint-Eustache, tenta de les dissuader de résister davantage, mais Jean-Olivier Chénier n'en garda pas moins la majorité de ses soldats.

Colborne quitta Montréal le 13 décembre avec 2 000 hommes. Le lendemain, alors que les Anglais approchaient de Saint-Eustache, un grand nombre des recrues patriotes, mal entraînées et encore plus mal armées, prirent la fuite. Chénier parvint pourtant à regrouper environ 200 hommes qui se postèrent dans le couvent, le presbytère et une autre maison près de l'église. Puis il se barricada dans l'église.

Les forces de Colborne encerclèrent le village : elles se heurtèrent à un feu nourri. Pendant deux heures, la troupe et l'artillerie ne purent venir à bout des patriotes. Mais la maison voisine de l'église fut incendiée et, à la faveur d'une épaisse fumée, les soldats de Colborne délogèrent les rebelles du couvent et du presbytère, et pénétrè-

Une stèle rappelle la mémoire des miliciens qui perdirent la vie lorsque les patriotes attaquèrent des loyalistes réfugiés dans cette chapelle, à Odelltown (Qué.) en 1838.

rent dans l'église. Les hommes de Chénier avaient démoli les escaliers et tiraient du haut du jubé. Les Anglais mirent le feu à l'autel, puis se retirèrent. Encerclés par les flammes, les patriotes sautèrent par les fenêtres et tombèrent aux mains des Anglais.

Chénier s'échappa par une fenêtre de la chapelle de la Vierge. Touché par une balle, il continua quand même à courir dans le cimetière. Atteint de nouveau, il mourut sur le coup.

Au moins 70 Canadiens français avaient péri dans la bataille. Environ 120 furent faits prisonniers. Colborne laissa ses soldats piller et incendier pendant une heure. Certains, ivres, titubaient dans les rues, affublés d'ornements sacerdotaux. Dans les ruines fumantes de l'église, s'entassaient des cadavres.

Le lendemain matin, l'armée de Colborne marcha sur Saint-Benoît. Elle y rencontra des patriotes qui brandissaient un drapeau blanc. A midi, 300 hommes déposèrent les armes. Une heure plus tard, des volontaires loyalistes arrivaient des villages de l'Outaouais et Colborne les laissa saccager et incendier Saint-Benoît.

Au début de 1838, environ 500 patriotes s'entassaient dans les prisons de Montréal. On en libéra 200 en janvier et 100 le 1er mai. Pendant ce temps, aux Etats-Unis, deux chefs rebelles, Cyrille-Hector Côté et Robert Nelson, frère de Wolfred, obtenaient des appuis et des armes. Le 28 février, Nelson et 300 hommes entrèrent au Canada et proclamèrent la république du Bas-Canada à Noyan, près du Vermont. Ils rentreront aux Etats-Unis dès le lendemain.

Le général Sir John Colborne — « le vieux brûlot » comme on l'appelait — était commandant en chef au Canada pendant la rébellion de 1837-1838. Il ne fit rien pour arrêter les atrocités commises par ses troupes après la chute de Saint-Eustache et la reddition de Saint-Benoît. Ce portrait se trouve au Upper Canada College de Toronto, qu'il fonda.

Cette aquarelle de Katherine Jane Ellice, aujourd'hui aux Archives publiques d'Ottawa, représente les rebelles qui prirent le manoir du peintre à Beauharnois, près de Montréal, en novembre 1838. « Les Canadiens doivent avoir leurs droits, leur déclara-t-elle. Ils ont souffert assez longtemps. » Les rebelles attendirent à Beauharnois des armes qui ne vinrent jamais. Ils s'enfuirent à l'arrivée d'une troupe de 1 500 Highlanders en provenance du Haut-Canada.

Il y eut encore un troisième été d'agitation, mais cette fois-ci dans la clandestinité. Lord Durham arriva en mai pour commencer son enquête (voir p. 206) et décréta une amnistie générale. Huit chefs patriotes, dont Wolfred Nelson, furent cependant exilés aux Bermudes. Seize autres qui se trouvaient aux Etats-Unis, notamment Louis-Joseph et Amédée Papineau, Cyrille-Hector Côté et Robert Nelson, reçurent l'interdiction de revenir au pays, sous peine de mort. Mais Lord Durham, malade, rentra en Angleterre dès novembre. Gosford avait résigné ses fonctions en février et Colborne se trouvait donc gouverneur et commandant en chef par intérim des forces britanniques au Canada, à la tête d'une colonie encore agitée par la rébellion.

Les 3 et 4 novembre, quelques escarmouches éclatèrent dans des villages au sud de Montréal mais, faute d'armes, le soulèvement général n'eut pas lieu. Le 4, à Napierville, Robert Nelson réitéra sa déclaration d'indépendance devant 800 partisans et fut proclamé président de la République. Il pouvait compter sur près de 3 000 hommes, dont 600 étaient armés.

Les armes ne manquaient pas de l'autre côté de la frontière. Dépêché avec 500 hommes pour aller les chercher, Côté fut défait le 6 novembre par des volontaires loyalistes à Lacolle. Il reprit le chemin de la frontière et ses hommes se dispersèrent, de même que ceux de Nelson, quand ils apprirent la nouvelle.

Le 9 novembre, avec environ 1 000 patriotes, Nelson se battit contre des volontaires loyalistes à Odelltown, juste au nord de la frontière américaine. Les loyalistes, réfugiés dans l'église, retinrent les rebelles pendant deux heures, puis se précipitèrent au dehors. Des renforts bien armés affluèrent vers le village. Nelson disparut. A la tombée du jour, 50 patriotes étaient morts, 50 blessés et bien d'autres avaient été faits prisonniers. Encore une fois, les volontaires incendièrent les maisons des rebelles et, encore une fois, Colborne ferma les yeux.

Sur plus de 800 patriotes emprisonnés en décembre 1838, 99 furent condamnés à mort, mais 12 seulement furent exécutés (à la prison des Patriotes de Montréal). Parmi ceux qui échappèrent à l'exécution, 58 furent déportés en Australie, deux bannis et 27 libérés. Six ans plus tard, les exilés furent amnistiés. Louis-Joseph Papineau rentra au Canada en 1845, retrouva sa place au Parlement, puis prit sa retraite en 1854 pour finir ses jours dans sa seigneurie en 1871. Wolfred Nelson fut également élu à l'Assemblée et devint maire de Montréal en 1854-1855. Robert Nelson fit une carrière de chirurgien à New York. Thomas Storrow Brown se lança dans les affaires à Montréal.

A Saint-Eustache, l'abbé Paquin avait reconstruit son église incendiée; le 14 octobre 1841, elle recevait la bénédiction de l'évêque de Montréal. Les deux hautes flèches de l'église et les murs meurtris par les éclats d'obus étaient devenus un monument aux compagnons de Louis-Joseph Papineau, ces patriotes des grandes espérances et des défaites de 1837.

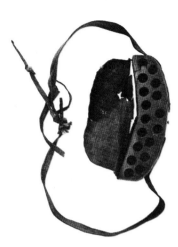

Des patriotes allaient au combat armés seulement d'une épée ou d'une fourche. Ceux qui avaient des fusils portaient leurs munitions dans une cartouchière de bois pendue à un baudrier. Celle-ci se trouve au musée McCord de Montréal.

Ranvoyzé : un sommet de l'orfèvrerie d'église

Certaines des plus belles pièces d'argenterie du monde virent le jour au Québec à la fin du XVIIIe et au début du XIXe siècle. Bon nombre d'entre elles servent encore au culte.

Le droit canon voulait que les objets du culte soient en argent ou en or. Dans l'isolement où se trouvait la Nouvelle-France, tout devait être fait sur place. Les orfèvres travaillaient aussi pour des clients fortunés : l'argent, monnaie d'échange, était transformé en vaisselle les jours de prospérité, puis refondu pour faire de la monnaie quand les temps devenaient plus durs. Pour fabriquer les objets du culte — chandeliers, ciboires et calices ornés de cannelures et de chérubins — on fondait de la monnaie ou des objets profanes.

La plupart des objets d'église étaient ainsi fondus, puis gravés. Mais François Ranvoyzé, un maître parmi les douzaines d'artisans qui œuvraient au début du XVIIIe siècle, réalisa certaines de ses meilleures œuvres en martelant des morceaux de métal, leur donnant ainsi une texture et un éclat remarquables. Le lingot était martelé en feuille, puis l'artisan façonnait sa pièce et soudait les bords de la feuille. Cet ostensoir de Ranvoyzé, aujourd'hui au musée du Québec, fut fabriqué en trois pièces.

Né en 1739, Ranvoyzé atteignit son apogée entre 1770 et 1790. Son apprenti, Laurent Amiot (1764-1838), et le Montréalais Pierre Huguet, dit Latour (1770-1817), poursuivirent cette tradition jusqu'au XIXe siècle.

On peut voir les œuvres de ces artistes au séminaire et à la basilique Notre-Dame, à Québec, ainsi qu'à l'église Notre-Dame de Montréal.

Sites et monuments historiques

SAINT-EUSTACHE (Qué.) Les murs de l'église Saint-Eustache, qui portent encore des traces d'éclats d'obus, ont été témoins de la plus violente bataille de 1837. Le 14 décembre, 250 patriotes, menés par le docteur Jean-Olivier Chénier, se barricadèrent pour résister à 2 000 soldats anglais, sous les ordres du général Colborne. L'église a été reconstruite quelques années plus tard, mais certaines parties de la façade sont originales.

Egalement à Saint-Eustache (2) Devant l'école du Sacré-Cœur, un monument rappelle la mémoire de Chénier.

Autres sites et monuments

Grosse Ile (Qué.) (pas sur la carte) Un monument marque l'endroit où fut ouvert un poste de quarantaine au début de l'épidémie de choléra de 1832.

Montebello (Qué.) (1) Louis-Joseph Papineau, qui inspira la rébellion du Bas-Canada, se retira en 1854 dans la seigneurie que son père avait achetée en 1804. Le manoir et la chapelle se trouvent sur les terrains du château Montebello, devenu un hôtel.

Montréal (3)

ÎLE SAINTE-HÉLÈNE Au musée de l'Ile-Sainte-Hélène, on peut voir des armes utilisées lors du soulèvement de 1837.

MAISON PAPINEAU Louis-Joseph Papineau y vécut périodiquement depuis sa naissance en 1786 jusqu'à sa fuite aux Etats-Unis en 1837. Construite vers 1750, cette maison, au numéro 440 de la rue Bonsecours, n'est pas ouverte au public.

MONUMENT DE CHÉNIER Une colonne de granit, surmontée d'une statue de bronze du chef des patriotes de Saint-Eustache, se dresse place Viger.

MONUMENT DES PATRIOTES Le docteur Jean-Olivier Chénier est enterré au pied d'une colonne de 18 mètres dans le cimetière Notre-Dame des Neiges. Le monument porte les noms de plus de 100 patriotes et rappelle la mémoire de ceux qui furent tués au combat, exécutés ou exilés, lors de la rébellion du Bas-Canada.

MUSÉE DE L'ÉGLISE NOTRE-DAME On peut y voir un bénitier ouvragé et une croix de l'orfèvre Pierre Huguet, dit Latour.

PLACE DES PATRIOTES La prison des Patriotes, où 145 patriotes furent détenus après le soulèvement de 1837 et 816 après la rébellion de 1838, est aujourd'hui la pro-priété du gouvernement du Québec. A proximité, un monument rappelle la mémoire des 12 rebelles qui furent pendus à la porte principale.

Napierville (Qué.) (5) Une plaque rappelle que Robert Nelson et 800 partisans y proclamèrent l'indépendance du Bas-Canada le 4 novembre 1838.

Odelltown (Qué.) (6) A côté de la chapelle d'Odelltown où s'étaient réfugiés 300 loyalistes le 9 novembre 1838, on peut voir un canon capturé aux patriotes et une stèle qui rappelle la mémoire des six loyalistes tués au combat.

Québec (9) On peut voir des objets de culte et des chandeliers d'église des orfèvres François Ranvoyzé et Laurent Amiot au séminaire de Québec et à la basilique Notre-Dame.

Saint-Charles (Qué.) (7) Un monument rappelle la grande assemblée patriote du 23 octobre 1837 et la bataille de Saint-Charles, 33 jours plus tard.

Saint-Constant (Qué.) (4) La *John Molson*, réplique de la locomotive qui inaugura la première voie de chemin de fer du Canada, se trouve au Musée canadien du chemin de fer. Louis-Joseph Papineau assista à l'inauguration du service, le 21 juillet 1836.

Saint-Denis (Qué.) (8) Une stèle marque l'endroit de la maison Saint-Germain où 200 patriotes repoussèrent les Anglais le 23 novembre 1837, lors de la bataille de Saint-Denis. Dans le parc de Saint-Denis, une statue d'un patriote honore la mémoire des 12 rebelles tués au cours de la bataille. Les troupes anglaises étaient cantonnées à la maison Cherrier, 190, rue du Cadastre.

Salle à manger du manoir de la seigneurie de Louis-Joseph Papineau, à Montebello (Qué.).

On a dit de William Lyon Mackenzie qu'il était un idéaliste sans projet défini, un critique qui ne savait comment instituer les réformes qu'il préconisait. Mais sa vision d'un gouvernement du peuple inspira d'autres hommes et lui conquit la loyauté d'une multitude d'admirateurs. Ses amis vinrent à la rescousse du rebelle criblé de dettes et lui achetèrent en 1858 la maison Mackenzie (à droite), sur la rue Bond, à Toronto. Mackenzie y mourut en 1861, à l'âge de 66 ans.

Réforme et terreur dans le Haut-Canada

Il fallait donc détruire le monument d'Isaac Brock, sur les hauteurs de Queenston! Sir Peregrine Maitland, lieutenant-gouverneur du Haut-Canada, venait d'apprendre, en ce jour de l'été 1824, qu'une urne contenant plusieurs documents était enfouie sous la pierre angulaire du monument dédié aux héros de la guerre de 1812 (voir p. 153). Parmi ces documents figurait un exemplaire de la première édition du *Colonial Advocate*, journal de William Lyon Mackenzie. Sur les ordres de Maitland, la maçonnerie fut démolie et l'urne retirée. Rien dans ce monument ne devait plus jamais rappeler Mackenzie.

Maitland détestait ce journal et son propriétaire, tout autant que celui-ci exécrait la manière dont le Haut-Canada était gouverné. Le *Colonial Advocate* se faisait le moyen d'expression d'un mécontentement grandissant et son tirage augmentait vite. Mackenzie déménagea même à York (aujourd'hui Toronto) pour se rapprocher de l'infâme gouvernement et mieux observer et dénoncer ses agissements.

C'est là, dans la capitale, qu'il se déchaîna pendant 13 ans contre les despotes qui « réduisaient les Canadiens à l'esclavage », effrayant parfois les modérés qui souhaitaient autant que lui l'avènement d'une réforme. Il finira par diriger une insurrection contre ce gouvernement autocratique, mais lorsque la démocratie sera enfin à portée de la main, il ne sera pas encore satisfait. Selon les termes de son biographe William Kilbourn, Mackenzie était un révolutionnaire possédé par un rêve impossible : le paradis sur terre.

William Lyon Mackenzie était né en Ecosse en 1795. A 20 ans à peine, il s'était déjà essayé au commerce et à la comptabilité, avait tenu un magasin général, conçu un fils illégitime, accumulé d'énormes dettes au jeu et lu près d'un millier de livres. Il arriva au Canada en 1820, ouvrit un commerce, d'abord à Dundas en Ontario, puis à Queenston, et se maria avec Isabel Baxter, une ancienne camarade d'école.

En 1824, il fonda le *Colonial Advocate* à Queenston pour dénoncer la « poignée d'hommes habiles, rusés et avides qui faisait de l'une des plus belles parties de l'Amérique un véritable désert ». De sa plume cinglante, il attaquait la clique dominante (voir p. 176), dénonçait la corruption de la poste, les réserves du clergé (voir p. 181), la politique de la Banque du Haut-Canada, les hommes d'église et les magistrats qui faisaient de la politique, l'animosité du Haut-Canada pour les Américains — bref, il s'élevait contre la moitié de la population de la province.

Armés de mousquets, de gourdins et de bâtons ferrés, les partisans de William Lyon Mackenzie marchent vers la taverne de Montgomery, point de rassemblement d'où ils vont attaquer Toronto. Mackenzie avait parlé d'une démonstration armée; bien peu avaient compris qu'il entendait se battre. A gauche : le bureau où Mackenzie compila des dossiers accablants sur les méfaits de ses ennemis et où il rédigea ses éditoriaux incendiaires, dans la maison Mackenzie, à Toronto.

Les acacias qui ornent la façade de cette maison de Queenston (Ont.) furent plantés par William Lyon Mackenzie. Il fonda le Colonial Advocate *alors qu'il y habitait, en 1823-1824.*

La politique n'intéressait guère Sir Francis Bond Head (un militaire écrivain qui n'avait même jamais voté) jusqu'à ce qu'il soit nommé à sa grande surprise au poste de lieutenant-gouverneur du Haut-Canada en 1836. Cette charge, peut-être destinée à Sir Edmund Head (plus tard gouverneur général du Canada), aurait été offerte par erreur à Sir Francis.

Mais la principale cible de Mackenzie était ce régime qui maintenait le pouvoir aux mains d'un gouverneur britannique et d'administrateurs nommés parmi les membres du « Family Compact »; ce conseil avait droit de veto sur les décisions de l'Assemblée élue. A l'époque où la Grande-Bretagne réformait ses institutions, où les Etats-Unis connaissaient la démocratie rudimentaire de leurs débuts, où l'Europe était agitée par la révolution, Mackenzie voulait que le pouvoir revînt au peuple. Mais il ne savait pas sous quelle modalité et par quel moyen.

Un soir de juin 1826, une quinzaine de jeunes gens des meilleures familles d'York saccagèrent les locaux de Mackenzie sur la rue Front, démolirent sa presse et jetèrent ses caractères d'imprimerie dans le port. Les tribunaux lui accordèrent une indemnité de £625. « On pourra en certains milieux dire que je suis la preuve que la liberté existe ici, dit Mackenzie. Bien au contraire : si j'ai réussi à survivre, des centaines d'autres ont été spoliés à tout jamais. L'issue d'un procès est aux mains du shérif; le shérif est sous l'autorité du gouverneur; le gouverneur est sous la tutelle de ses conseillers. »

L'incident donna de la notoriété à Mackenzie qui fut élu à l'Assemblée en 1828. Les électeurs d'York l'idolâtraient, mais ses opinions extrêmes et son impatience gênaient ses alliés réformistes — par exemple le docteur John Rolph et l'avocat Robert Baldwin (voir p. 207) — qui luttaient eux aussi pour un gouvernement « responsable » (où le pouvoir est entre les mains des représentants élus). Il avait le don de mettre en fureur le « Family Compact » dont les partisans le firent expulser de l'Assemblée à cinq reprises, la première fois en 1831.

Le 2 janvier 1832, les électeurs du comté d'York votaient pour élire un député à son siège devenu vacant. Mackenzie fit son entrée dans la cour de l'auberge Red Lion, à Yorkville, sur une carriole à deux étages et monta sur le *hustings*. Quelques instants plus tard, le candidat *tory* se désistait après que 119 électeurs sur 120 se furent prononcés contre lui. Aux acclamations de la foule, Mackenzie reçut une chaîne ornée d'une médaille d'or, d'une valeur de £250.

Puis, à la tête d'un cortège de 134 carrioles, il passa devant la résidence du lieutenant-gouverneur John Colborne (Maitland était devenu lieutenant-gouverneur de la Nouvelle-Ecosse) et les édifices du Parlement. Dans une carriole couverte, des enfants imprimaient sur une petite presse les souhaits de bonne année qu'adressait le député et lançaient les feuilles encore fraîches dans la foule. Et on reconduisit Mackenzie chez lui, à la lueur des flambeaux.

Le lendemain, il publia une violente attaque contre Colborne et arbora sa médaille devant l'Assemblée. On l'expulsa de nouveau le 7 janvier — cinq jours après l'élection — et il fut immédiatement réélu. Un jour de mars, on le roua de coups à Hamilton. Quelques jours plus tard, à York, il se mit de justesse à l'abri alors qu'une foule déchaînée prenait d'assaut le chariot d'où il parlait; une autre bande fracassa les fenêtres de son bureau.

Mackenzie organisa des pétitions en faveur d'une réforme du Haut-Canada et recueillit 25 000 signatures. Au mois d'avril suivant, il les porta en Angleterre où il resta 14 mois. Il gagna quelques points, mais perdit tout espoir de voir le gouvernement britannique aider les réformistes canadiens. Pendant son absence, il fut une fois de plus expulsé de l'Assemblée, puis, à son retour, reconquit son siège, mais fut encore évincé, cette fois par la force.

En mars 1834, Mackenzie fut élu maire de Toronto (la ville avait repris son premier nom). Il se montra mauvais administrateur et tout aussi prêt que le « Family Compact » à favoriser ses amis. Les réformistes perdirent les élections municipales de l'année suivante.

Les contradictions de la personnalité de Mackenzie étaient manifestes. Tout en prêchant sa croisade, ce réformiste n'hésitait pas à écraser

Le lamentable périple des immigrants

Pour la plupart des immigrants anglais qui vinrent s'installer au Canada au début du XIXᵉ siècle, le voyage fut un vrai cauchemar. A bord de navires sordides, ils étaient pendant deux mois tassés les uns contre les autres, harassés par le mal de mer et les tempêtes.

Des milliers vinrent pourtant — 264 000 de 1829 à 1839 —, poussés par le chômage et la pauvreté qui suivirent les guerres napoléoniennes et les débuts de l'industrialisation. L'illustration ci-contre parut dans le *Harper's Weekly* en 1858. Des armateurs, soucieux de remplir leurs navires qui partaient au Canada pour embarquer du bois (voir p. 308), entassaient jusqu'à 300 personnes dans l'entrepont de 8 mètres sur 23 d'un navire de 400 tonneaux. Une rangée de couchettes superposées courait de chaque côté, tandis que les effets des immigrants obstruaient l'allée centrale.

L'entrepont n'était éclairé et ventilé que par les écoutilles qui restaient fer-

mées la plupart du temps. Les installations sanitaires étaient rudimentaires, et le mal de mer très fréquent. L'exiguïté de l'entrepont le rendait impossible à nettoyer. Les rats étaient légion.

Jusqu'en 1823, les passagers devaient apporter leurs vivres avec eux et ils se trouvaient souvent à court avant la fin de la traversée. Ensuite, les navires furent obligés d'avoir des provisions pour chaque passager, mais elles étaient souvent avariées. L'eau, gardée dans des barriques de bois pendant des mois, avait un goût rance.

Pendant les tempêtes, les passagers s'entassaient sous le pont dont on fermait les écoutilles, avec pour tout éclairage quelques lanternes fumeuses. Le battement des vagues, les craquements de la coque et le tintamarre des ustensiles se mêlaient aux gémissements des malades. Bien des navires firent naufrage sur les récifs de la côte ou sur les icebergs au large de Terre-Neuve, et se perdirent corps et biens.

une grève des imprimeurs, ni à décrier les Juifs, les Noirs et les catholiques.

En 1834, les réformistes obtinrent la majorité à l'Assemblée et choisirent Mackenzie pour présider un comité d'enquête sur les griefs. Il rédigea un rapport de 533 pages condamnant le favoritisme qui déterminait un peu partout les nominations : aux postes, dans la magistrature, aux douanes, et même au sein de l'Eglise. En Angleterre, le secrétaire aux colonies, Lord Glenelg, prit connaissance du rapport et destitua le lieutenant-gouverneur Colborne.

Mackenzie était de plus en plus séduit par les institutions américaines. Le nouveau lieutenant-gouverneur, Sir Francis Bond Head, fera tout pour le pousser dans cette voie. Aventurier et ingénieur militaire de son état, Head était si peu qualifié pour ce poste qu'il fut le premier surpris d'y être nommé. Après avoir entendu longuement ceux qui réclamaient un gouvernement « responsable », il osait écrire en Angleterre que les « gens du Haut-Canada détestent la démocratie ». Au cours de l'élection de 1836, il prévint les électeurs de « ne pas chercher querelle à ceux qui vous donnent votre pain et votre beurre », accordant sans compter des faveurs à ceux qui se rangeaient de son côté. Ses partisans obtinrent une forte majorité.

C'était la première fois en huit élections que Mackenzie était battu. Dix-huit mois plus tôt,

La presse à platine que William Lyon Mackenzie manœuvrait à la main — l'une des meilleures armes du rebelle contre le pouvoir établi — est la pièce maîtresse de l'atelier d'imprimerie reconstitué dans la maison Mackenzie, à Toronto.

Après la rébellion de Mackenzie, le docteur John Rolph parvint à s'échapper de Toronto grâce à ses étudiants en médecine qui lui procurèrent un cheval. Arrêté par un détachement loyaliste, il fut libéré lorsque l'un de ses anciens étudiants se porta garant de sa loyauté. Rolph passa la frontière, fut amnistié en 1843 et rentra à Toronto. Il y fonda pour la deuxième fois une école de médecine et fut réélu à l'Assemblée.

écrasé par ses charges de maire et de député, accablé par la mort d'un de ses fils, il avait vendu l'*Advocate* (le mot *Colonial* avait disparu en 1833 du titre de son journal). Le 4 juillet 1836, soixantième anniversaire de la Déclaration d'indépendance des Etats-Unis, il fonda un autre journal, *The Constitution*, pour préparer « l'esprit du public à des actions plus nobles que celles auxquelles songent nos tyrans ». Au milieu de l'année 1837, il organisa des comités de vigilance, soutenant que l'oppression « justifie l'appel à la force ». Il fut menacé de meurtre et poursuivi par des bandes d'orangistes. Des gardes du corps armés l'accompagnaient partout. Fermiers et ouvriers déterrèrent leurs armes. Certains fondirent des balles.

Head prenait les mécontents pour des illuminés et, en octobre, il leur donna une preuve de son mépris total en envoyant ses troupes régulières au Bas-Canada où les patriotes canadiens-français s'étaient révoltés (voir p. 184). L'hôtel de ville de Toronto, où plusieurs milliers d'armes étaient entreposées, n'était gardé que par deux constables. Le 9 octobre 1837, un message des patriotes invitait Mackenzie à se rallier à leur cause. Il rencontra 10 partisans radicaux qu'il incita à s'emparer de Head, à prendre les armes et à établir un gouvernement provisoire. Mais la réunion prit fin sans qu'on eût décidé d'un plan. On chargea Mackenzie de voir si la rébellion pouvait compter sur des appuis suffisants dans la

Ces prisonniers — soupçonnés d'être favorables à Mackenzie — eurent la chance de rencontrer des soldats réguliers. Des centaines d'autres furent malmenés par des volontaires.

Les rebelles passent un hiver dans les bois

Pourchassés par les coureurs de primes, des milliers de rebelles de William Lyon Mackenzie se réfugièrent dans les bois du Haut-Canada en décembre 1837. Ils espéraient trouver asile aux Etats-Unis.

Le docteur Charles Duncombe, qui avait rejoint une troupe de rebelles à Scotland, passa une nuit caché dans un lit, entre un fermier et sa femme. Un autre soir, alors que des amis l'avaient mis au lit déguisé en grand-mère, il reçut les bonsoirs respectueux d'un détachement qui fouilla la maison de fond en comble pour le trouver. Après une fuite de quatre semaines, il rejoignit sa sœur à London en Ontario. Déguisé en « tante Nancy », on l'emmena en traîneau jusqu'au poste frontière de Sarnia. Des gardes de la milice l'escortèrent pour traverser la rivière Sainte-Claire jusqu'à la rive américaine. En sécurité, il s'écria : « Racontez à votre commandant que vous venez de faire traverser la rivière à Duncombe! »

Samuel Lount, l'un des chefs des rebelles, lutta pendant deux jours sur les eaux déchaînées du lac Erié à bord d'une petite embarcation. Le vent le ramena vers la rive, mais pour y être capturé et exécuté.

John Montgomery, propriétaire de la taverne qui était le quartier général des rebelles, fut reconnu coupable de haute trahison. « Ces parjures, tonna-t-il devant le juge, dont les serments m'enlèvent la vie ne mourront jamais de mort naturelle; et lorsque vous, monsieur, et les jurés seront morts et auront péri dans les flammes de l'enfer, John Montgomery vivra toujours sur la rue Yonge. »

Sa peine de mort fut commuée en exil. Gracié en 1843, il revint effectivement sur la rue Yonge et construisit une nouvelle auberge. Il mourut à 95 ans, bien après que deux de ses accusateurs se furent suicidés et que le juge et les jurés furent enterrés.

John Montgomery   *Charles Duncombe*

campagne; si c'était bien le cas, on pourrait alors fixer une date.

Le 7 décembre, faisant fi de ces projets, Mackenzie recruta des hommes pour un soulèvement. Selon ses dires, 5 000 hommes devaient se rassembler à la taverne de Montgomery, six kilomètres au nord de Toronto (à l'actuel carrefour des rues Yonge et Eglinton). Ils seraient menés par Samuel Lount, un forgeron, et le jeune capitaine Anthony Anderson. Les chefs réformistes Thomas Morrison et John Rolph, des modérés, étaient furieux de se trouver ainsi devant un fait accompli, mais ils n'avaient d'autre choix que de suivre Mackenzie. Ils exigèrent cependant un chef plus chevronné. Mackenzie leur envoya le colonel Van Egmond, un vieux soldat hollandais qui avait combattu sous Napoléon.

A Toronto, le colonel James FitzGibbon, héros de la guerre de 1812, supplia le lieutenant-gouverneur Head de prendre des mesures. « Je ne crains pas la rébellion », lui répondit Head qui l'empêcha de recruter des volontaires.

Le 24 novembre, ravi d'apprendre que les patriotes avaient battu les troupes britanniques à Saint-Denis, Mackenzie parcourut la campagne en distribuant des circulaires : « La terre promise est devant nous — pressons-nous pour nous en emparer. » Le samedi 2 décembre, FitzGibbon fit irruption dans la salle où Head et ses adjoints tenaient conseil. Il soutenait qu'un soulèvement était imminent. On rit de lui, mais on ordonna que deux régiments de milice soient constitués dès le lundi — et Head lança un mandat d'arrestation contre Mackenzie.

Inquiet des préparatifs de la milice et croyant que Head savait tout du plan, Rolph envoya un message à Mackenzie : s'ils passaient aux actes le lundi 4 décembre, 300 hommes suffiraient pour s'emparer de l'hôtel de ville. Le message arriva par erreur à Lount qui le prit pour un ordre et demanda à ses troupes de se réunir devant la taverne de Montgomery. Le dimanche, Mackenzie lui dit de s'en tenir au plan initial. Le lundi, les rebelles du Bas-Canada étant vaincus à Saint-Charles, Rolph décidait de tout annuler. Trop tard, répondit Mackenzie.

A huit heures du soir, des bandes d'hommes armés de fourches et de gourdins arrivent à la taverne, mais les fusils n'y sont pas. Mackenzie ordonne de passer à l'attaque : les hommes refusent d'avancer avant le jour. Il poste alors une sentinelle sur la rue Yonge pour empêcher qu'on alerte la ville. Accompagné de quatre hommes, il part en reconnaissance vers le sud et tombe sur le conseiller municipal John Powell, lui aussi parti en reconnaissance, et le capture. Powell lui donne l'assurance qu'il n'est pas armé et Mackenzie poursuit sa patrouille après avoir renvoyé le capitaine Anderson et le prisonnier à la taverne de Montgomery.

Entre-temps, le colonel Robert Moodie, parti de Richmond Hill pour alerter la ville, est mortellement blessé par la sentinelle de la rue Yonge. Le compagnon de Moodie s'enfuit au grand galop, rencontre Powell et Anderson, et leur crie : « Les rebelles ont tué le pauvre colonel Moodie et marchent sur la ville. » Powell sort un pistolet, tire sur Anderson et pique vers la ville pour donner l'alarme. Il rattrape la patrouille rebelle, couche Mackenzie en joue mais son fusil fait long feu. Il continue sa route vers Toronto et convainc enfin le lieutenant-gouverneur qu'une rébellion vient d'éclater.

Le colonel Robert Moodie, le seul Tory tué au cours de la rébellion de Mackenzie en 1837, est touché par les balles ennemies. Cette gravure du XIXᵉ siècle représente l'escarmouche devant la taverne de Montgomery (aujourd'hui dans le nord de Toronto).

L'île Navy, en amont des chutes du Niagara (vapeur d'eau à l'arrière-plan), fut le quartier général des rebelles de Mackenzie. L'île se sépara du Canada pendant quelques semaines.

Quatre bandes rouges et trois blanches, une galaxie d'étoiles blanches sur fond bleu... c'était le drapeau de la république éphémère que William Lyon Mackenzie proclama sur l'île Navy à la fin de la rébellion. On ignore la signification des bandes et des étoiles.

Mackenzie était dans un état d'exaltation fébrile. A midi, le mardi 5 décembre, on le vit descendre la rue Yonge sur un poney blanc, emmitouflé dans plusieurs manteaux pour se protéger des balles. Derrière lui avançait une armée de 800 hommes, chapeaux enfoncés jusqu'aux oreilles, mousquets et fourches à l'épaule. Alors que Head déplorait l'absence de ses trou-

pes et l'apathie des 12 000 citoyens de Toronto, 200 hommes armés, la plupart membres du « Family Compact », attendaient sur la place du marché.

Sur la colline Gallows, juste au-dessous de l'actuelle avenue St. Clair, Mackenzie rencontra Rolph et Robert Baldwin qui lui remirent un message : le lieutenant-gouverneur, se sachant surpassé en nombre et ignorant tout de la complicité de Rolph, promettait l'amnistie si les rebelles se dispersaient. Mackenzie exigea une promesse écrite. Elle ne vint jamais. Les renforts de la milice ne tardèrent pas à arriver de Hamilton et l'on ne parla plus de trêve.

Rolph voulait passer immédiatement à l'action. Au lieu de cela, Mackenzie perdait son temps à haranguer la foule. Aiguillonné par un autre message de Rolph, il donna finalement l'ordre d'avancer. A la tombée du jour, il s'approcha d'un détachement de 27 hommes que le shé-

Dans l'esprit de 1837, la guerre des chasseurs

L'esprit de 1837 n'était pas mort. Pendant toute l'année 1838, après la fuite de William Lyon Mackenzie, le « Family Compact » dut subir la sanglante guerre des patriotes. Au cours des procès qui suivirent, un jeune avocat de Kingston, du nom de John A. Macdonald, accepta d'assister un membre d'une force américaine d'invasion qui fut traduit devant une cour martiale.

Presque tous les fauteurs de troubles de 1838, ceux qu'on appelait les chasseurs patriotes, étaient Américains. Certains étaient des idéalistes, enflammés par les récits des exilés canadiens, d'autres étaient des aventuriers. La plupart haïssaient simplement tout ce qui était britannique.

En janvier, la goélette *Anne*, partie de Detroit, occupa l'île du Bois Blanc, bombarda le fort Malden, puis s'échoua; l'équipage fut capturé. En février, des Américains occupèrent l'île Pelée pendant quelques jours. En juin, d'autres traversèrent le Niagara et pénétrèrent au Canada; d'autres encore pillèrent des maisons à Sarnia.

La rencontre la plus sanglante fut la bataille du Moulin à Vent, près de Prescott, qui se déroula du 12 au 16 novembre. Une force de 400 hommes organisée par des loges de chasseurs (inspirées des frères chasseurs, voir p. 190) partit le 11 novembre d'Ogdensburg dans l'Etat de New York. La moitié des troupes, y compris le commandant, déserta. Le colonel Nils Von Schoultz (médaillon) prit la relève. Les attaquants débarquèrent à la pointe

du Moulin à Vent et s'abritèrent dans le moulin de pierre qui s'y dresse toujours. Les murs résistaient aux obus des soldats britanniques et des miliciens, mais Von Schoultz était complètement coupé de ses arrières. Le cinquième jour, les Anglais acceptèrent la reddition sans condition des 108 hommes. Dix-sept Américains et 16 Canadiens et Anglais étaient morts.

Le 3 décembre, 135 chasseurs attaquèrent Windsor, brûlèrent un cantonnement, prononcèrent des discours républicains, puis se heurtèrent à la milice sur la ferme (devenue le musée historique Hiram Walker) de François Baby. Dès la première salve, les chasseurs se dispersèrent, salués cependant

Cette aquarelle représente le moulin à vent, pr Prescott (Ont.), qui fut le théâtre de la batai plus sanglante de la rébellion des patriotes de A gauche : le chef rebelle Nils Von Sch Ci-dessous : le moulin (fermé au public).

rif William Jarvis avait posté derrière une clôture (sur la rue Yonge, au sud-est de la rue Maitland). Ils n'étaient plus qu'à quelques centaines de pas lorsque le détachement fit feu. Les hommes qui marchaient en tête de la troupe de Lount ripostèrent, puis se jetèrent à terre pour que ceux qui les suivaient pussent tirer. Convaincue que tous avaient été fauchés par les balles ennemies, l'arrière-garde s'enfuit. Le détachement du shérif en fit autant. Jarvis et Mackenzie rappelèrent leurs armées en déroute. Un rebelle fut tué, deux autres tombèrent mortellement blessés.

Le lendemain matin, alors que les miliciens ne cessaient d'arriver à Toronto, Rolph donna l'ordre aux rebelles de se disperser, puis partit aux Etats-Unis. Mackenzie attaqua une diligence, vola les passagers et pilla les sacs de poste. Des 500 hommes qui l'accompagnaient encore, 250 seulement possédaient des armes à feu. Lorsque le colonel Van Egmond arriva le jeudi 7 décem-

bre, on discuta longuement de stratégie. En fin de compte, 60 hommes furent envoyés au seul pont qui traversait le ravin du Don, pour couper la route de l'est qui menait à la ville. Quant aux autres, ils attendaient des renforts.

Dans l'après-midi, on vit arriver les colonels FitzGibbon et Allan MacNab (voir p. 176), accompagnés du lieutenant-gouverneur Head monté sur un énorme cheval, et de 600 miliciens suivis de deux pièces d'artillerie et de deux fanfares qui jouaient *Yankee Doodle* à tuc-tête.

En moins d'une demi-heure, tout était fini. Les rebelles s'enfuirent vers la taverne. Un boulet de canon défonça la fenêtre de la salle à manger et le mur opposé. Les rebelles prirent la fuite à toutes jambes. Mackenzie sauta sur un cheval et les rattrapa tandis que, triomphant, le lieutenant-gouverneur Head incendiait la taverne de Montgomery pour bien marquer la mort de « l'ennemi perfide », le réformisme.

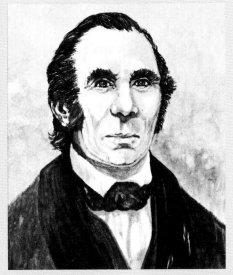

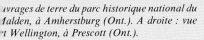
...vrages de terre du parc historique national du ...Malden, à Amherstburg (Ont.). A droite : vue ...t Wellington, à Prescott (Ont.).

Le pirate Bill Johnston, accompagné de 13 rebelles, incendia le vapeur Sir Robert Peel *près de Gananoque (Ont.), en 1838.*

5 000 spectateurs qui regardaient la ... du haut de leurs toits, à Détroit, de ...e côté de la rivière. Vingt-cinq envahis-... furent tués, 44 faits prisonniers. Les ...iens perdirent quatre hommes.

...tre-temps, au fort Henry de Kingston, ...ent de Macdonald (Daniel George) et ...Schoultz partageaient la même cellule. ...Schoultz avoua à Macdonald que l'at-...e n'avait été qu'une folle entreprise, ...il insista pour plaider coupable et fut ...amné à la pendaison.

Pendant la semaine qui suivit le procès, John Macdonald visita plusieurs fois Von Schoultz, l'aida à rédiger son testament, refusa pour lui-même tout paiement d'honoraires et demanda qu'on fasse l'honneur du peloton d'exécution à cet ancien officier.

La requête fut rejetée. Dix hommes (dont George) furent pendus à la prison de Kingston comme des criminels de droit commun. Von Schoultz, lui, fut exécuté au fort Henry — concession partielle que les autorités accordèrent à Macdonald.

Quatre jours plus tard, Mackenzie arriva à Buffalo où il fut accueilli en héros. Moins d'une semaine après, il proclamait la république sur l'île Navy, territoire canadien au beau milieu de la rivière Niagara.

Au Canada, une dizaine de milliers de miliciens arrêtèrent et terrorisèrent ceux qui avaient pris le parti des rebelles. On pillait et on brûlait leurs maisons. Sam Lount et un certain Peter Matthews furent pendus. Près de 100 rebelles furent déportés. Environ 25 000 quitteront le Haut-Canada pour échapper aux représailles des partisans du « Family Compact ».

Environ 2 500 miliciens se rassemblèrent à Chippawa, sur le Niagara — si près de l'île Navy que les deux camps se menaçaient du poing. Mackenzie fit construire des barraques dans les bois et barricada son quartier général avec des poteaux de barrière. Des recrues américaines, des munitions et des vivres ne cessaient d'arriver sur le vapeur *Caroline*. Dans la nuit, le capitaine Andrew Drew de la Royal Navy et environ 50 miliciens canadiens coupèrent les amarres du *Caroline*, qui se trouvait alors à Fort Schlosser, dans l'État de New York, et l'incendièrent.

Deux semaines plus tard, Mackenzie disposait de 300 à 400 recrues. Mais leurs querelles incessantes et les pressions des Etats-Unis, qui craignaient que l'Angleterre ne prît ombrage de l'appui accordé à Mackenzie, l'amenèrent à abandonner l'île Navy à la mi-janvier. Onze années difficiles l'attendaient. Il en pas-

sera une en prison, pour avoir violé les lois de neutralité américaines; au cours des autres, il sera journaliste, écrivain, employé de bureau et actuaire. Pendant près de quatre ans, il tint la rubrique de politique américaine du *New York Tribune*. S'il avait connu plus tôt les Etats-Unis, écrira-t-il, il « aurait été le dernier » à se rebeller. En 1849, un gouvernement réformiste autorisa Mackenzie à rentrer au Canada.

Trois ans plus tard, il devint membre de l'Assemblée canadienne et conserva son siège pendant sept ans. Le Canada avait maintenant un gouvernement « responsable ». Même s'il avait combattu pour cette cause, Mackenzie n'était pas satisfait : il voulait encore tout réformer. Le *Mackenzie's Weekly Message* sortait des presses quand Mackenzie trouvait de l'argent pour l'imprimer. En 1858, des amis lui achetèrent une maison de deux étages, sur la rue Bond, à Toronto. Il y vécut ses dernières années, dans une semi-réclusion, cherchant quelque consolation dans la Bible. Il mourut en 1861, à l'âge de 66 ans.

Sa légende ne cessa de grandir. On racontait comment les rebelles qu'on conduisait en prison s'arrêtaient devant la maison de Mackenzie et se découvraient, en signe de respect. Pour son biographe, William Kilbourn, Mackenzie était « l'incarnation des loyautés impossibles, l'espoir secret qu'on garde au cœur... ». Mais aucun gouvernement n'aurait pu véritablement le contenter, même pas, comme on l'a dit, « le gouvernement d'un ange ».

Le grand projet d'Egerton Ryerson

L'enseignement n'était ni obligatoire ni gratuit dans le Haut-Canada en 1830. Un enfant ne fréquentait l'école que si ses parents pouvaient payer l'instituteur. Celui-ci était souvent un ancien soldat ou un fainéant qui ne voulait pas faire de travail manuel. Les enfants, qu'on faisait travailler aux champs, ne fréquentaient les écoles à classe unique (semblables à cette reconstitution du Upper Canada Village à Morrisburg) qu'un an ou deux.

Les écoliers apprenaient les rudiments de la lecture, de l'écriture et de l'arithmétique. Mais les livres étaient rares et la plupart des écoles n'avaient ni tableau noir ni cartes.

Un ministre méthodiste, le révérend Egerton Ryerson (à gauche), contribua beaucoup à changer les choses. En 1846, après avoir étudié les méthodes d'enseignement utilisées dans plus de 20 pays, il rédigea un rapport où il demandait l'école obligatoire et gratuite pour tous, des instituteurs mieux formés et des programmes plus étoffés. Le rapport servit de base

aux *Common School Acts* de 1846 et de 1850 qui créaient des écoles financées en grande partie par les taxes foncières que tous devaient payer.

Plusieurs s'opposaient à payer l'instruction des enfants des autres, comme l'écrivait ce contribuable : « Je ne veux point être forcé à éduquer tous les moutards du voisinage. » A quoi Ryerson répondit qu'éduquer « tous les moutards du voisinage est précisément ce dont il s'agit ».

Sites et monuments historiques

TORONTO La maison Mackenzie que des admirateurs achetèrent au chef rebelle en 1858, neuf ans après son retour d'exil, et où il vécut jusqu'à sa mort en 1861, se trouve au numéro 82, rue Bond. Cette maison de deux étages a été restaurée et on peut y voir des meubles, une montre et une bible ayant appartenu à Mackenzie. Dans une petite imprimerie reconstituée, des copies de son journal, le *Colonial Advocate,* sont imprimées sur une presse manuelle dont il se servait.

Egalement à Toronto (8)

IMPRIMERIE DE MACKENZIE La maison où Mackenzie imprimait le *Colonial Advocate* se trouvait sur la rue Front. C'est là que les partisans du « Family Compact » détruisirent sa presse.

JARDIN DE SHARPE Le jardin d'où Mackenzie et ses rebelles tombèrent dans une embuscade tendue par le shérif William Jarvis, le 5 décembre 1837, se trouvait sur la rue Yonge.

NÉCROPOLE Un monument surmonte la tombe de Samuel Lount, chef rebelle pendu le 12 avril 1838. La tombe de Mackenzie est dans le cimetière.

TAVERNE DE MONTGOMERY Une plaque à l'angle de la rue Yonge et de l'avenue Montgomery marque l'emplacement du quartier général des rebelles lors de la rébellion de 1837. La ferme de Montgomery, où les loyalistes du lieutenant-gouverneur Sir Francis Bond Head mirent en fuite les rebelles le 7 décembre, se trouvait près de l'avenue Eglinton.

Autres sites et monuments

Amherstburg (Ont.) (1) Les vestiges d'une place forte attaquée par les chasseurs patriotes (des Américains qui espéraient « libérer » le Canada de la domination britannique au cours de la guerre des patriotes de 1838) se trouvent dans le parc historique national du fort Malden. A Elliott's Point, une plaque marque l'endroit où s'échoua la goélette *(Anne)* des envahisseurs américains.

Fort-Erié (Ont.) (5) Une plaque au bord du Niagara marque l'endroit d'où Mackenzie s'enfuit en bateau pour les Etats-Unis en 1837.

Kingston (Ont.) (10) La partie du fort Henry où John Montgomery, le propriétaire de la taverne de Montgomery, fut emprisonné en 1838, a été restaurée. On peut suivre le chemin qu'il emprunta pour s'échapper. La tombe du colonel Nils Von Schoultz, qui mena une attaque contre Prescott et fut pendu à Fort Henry le 8 décembre 1838, se trouve dans le cimetière catholique de Sainte-Marie.

Morrisburg (Ont.) (12) Des bâtiments du Upper Canada Village décrivent la vie en 1820 et 1830. On peut y voir, entre autres, la taverne de Cook, le magasin de Crysler et la maison d'un maître d'école.

Niagara Falls (Ont.) (6) L'île Navy, 5 km au sud, fut le quartier général du gouvernement provisoire de Mackenzie de décembre 1837 à janvier 1838. *L'île n'est accessible qu'en bateau.*

Prescott (Ont.) (11) Dans le parc historique national du fort Wellington, on peut voir la tour du moulin qui fut capturé le 12 novembre 1838 par le colonel Nils Von Schoultz et 200 chasseurs patriotes. Des terrassements et une casemate (1813), la cible de l'attaque des chasseurs, ont été restaurés.

Queenston (Ont.) (7) La maison où Mackenzie vécut en 1823-1824 et publia le *Colonial Advocate* a été reconstruite sur la rue York.

St. Thomas (Ont.) (3) Le dispensaire de Talbot, première école de médecine de l'Ontario, y fut fondé en 1824 par les docteurs Charles Duncombe et John Rolph, tous deux chefs de la rébellion du Haut-Canada en 1837. Le musée pionnier du comté d'Elgin renferme une collection d'instruments médicaux. Le cottage de Rolph se trouve à 1,6 km à l'ouest.

Scotland (Ont.) (4) Une plaque rappelle la mémoire du docteur Charles Duncombe qui vint rejoindre une troupe rebelle en décembre 1837 à Scotland, avant de s'échapper aux Etats-Unis.

Sharon (Ont.) (9) Le Temple de la Paix fut construit en 1825-1831 par une secte de quakers, les Enfants de la Paix. Nombre de ses membres encouragèrent la rébellion de 1837.

Windsor (Ont.) (2) Sur les terrains du musée historique Hiram Walker, une plaque indique l'emplacement de la bataille de Windsor, dernier affrontement de la guerre des patriotes. Le musée renferme le journal du colonel John Prince, chef de la milice canadienne, ainsi que ses pistolets de duel.

Les quakers dissidents qui construisirent ce Temple de la Paix à Sharon (Ont.) participèrent à la rébellion de Mackenzie en 1837.

Une caserne de pompiers de l'époque victorienne s'élève à l'emplacement du Parlement, place d'Youville, qu'incendièrent des émeutiers anglophones en 1849. L'Assemblée législative occupait une partie de l'édifice du marché Sainte-Anne.

L'ancien régime s'écroule dans les flammes et l'anarchie

Sous une grêle de pierres et d'œufs pourris, le carrosse de Lord Elgin quitte précipitamment le Parlement du Canada-Uni et traverse à toute allure la place d'Youville, à Montréal. En ce 25 avril 1849, le gouverneur général vient de sanctionner une loi qui indemnise ceux qui ont perdu leurs maisons et d'autres biens lors de la rébellion du Bas-Canada en 1837. La nuit venue, environ 1 500 Canadiens anglais se rassemblent au Champ-de-Mars. Non seulement, s'écrient les orateurs, cette assemblée dominée par les francophones a-t-elle le front de vouloir indemniser des rebelles, mais un gouverneur britannique vient maintenant d'approuver la décision. C'en est trop. Et lorsque Alfred Perry, chef des pompiers de Montréal, déclare que le temps n'est plus aux discours, on clame de partout : « Au Parlement! »

Des volées de pierres s'abattent bientôt sur les fenêtres de l'Assemblée qui est en séance. La foule se précipite à l'intérieur. On démolit les becs de gaz. Un homme s'avance vers le fauteuil de l'Orateur, Augustin-Norbert Morin, et annonce : « Je dissous ce Parlement français. » Un autre gaillard met le fauteuil en morceaux; un troisième lance la masse, symbole de l'autorité parlementaire, à travers une fenêtre. D'un coup de talon, Perry défonce un portrait de Louis-Joseph Papineau (voir p. 185). Le gaz qui s'échappe des becs brisés s'enflamme. Les draperies de velours prennent feu. Dans la confusion générale, un des membres de l'Assemblée propose enfin l'ajournement et, conduits par Morin, les députés sortent dans la rue. Ils contemplent le spectacle, tandis que les membres du Conseil législatif s'échappent en s'agrippant aux piliers de bois du balcon de l'étage et en s'y laissant glisser. Sir Allan MacNab (voir p. 177) sauve un portrait de Victoria, la reine dont on vient juste de détruire le Parlement. Malgré l'attitude de leur chef Perry, les pompiers tentent d'éteindre l'incendie. Mais on coupe les tuyaux et l'édifice

Ce portrait de Lord Elgin, gouverneur général du Canada de 1847 à 1854, est l'œuvre de Cornelius Krieghoff. Il est exposé au musée McCord, à Montréal — une ville qu'Elgin trouva « pourrie jusqu'à la moelle ». Mais les Canadiens français respectaient le courage du gouverneur qui donna son assentiment à un projet d'indemnisation des victimes de la rébellion, décision qui le rendit odieux à la population anglophone.

brûle presque toute la nuit, tandis que la foule célèbre ce qu'elle croit être une victoire des Anglais sur le Canada français.

L'administration autocratique des gouverneurs britanniques et de leurs conseillers avait poussé les deux Canada à la rébellion en 1837. L'Angleterre avait envoyé Lord Durham faire enquête. Dans son rapport, Durham avait recommandé l'union du Haut et du Bas-Canada, et préconisé aussi ce qu'avaient demandé les rebelles : un gouvernement responsable devant le peuple. Le Conseil exécutif (le Cabinet), déclarait Durham, devrait être constitué des membres du parti majoritaire de l'Assemblée élue.

L'Angleterre était d'accord pour réunir les deux colonies, dont Kingston devint la capitale (plus tard supplantée par Montréal), mais elle se refusa à approuver le principe d'un gouvernement responsable qui, pour elle, était synonyme d'indépendance.

Si, dans l'ensemble, les réformistes canadiens anglais se réjouissaient de l'union, les Canadiens français y voyaient le début de leur assimilation.

Ils avaient subi les défaites de 1837-1838, les insultes de Durham (qui recommandait de les « angliciser ») et le rejet du français comme langue officielle. L'union, telle que Londres l'entendait, les priverait désormais de tout pouvoir politique réel. Mais les politiciens et les journalistes français qui s'opposaient à l'union devaient bien admettre, selon les mots du réformiste Louis-Hippolyte LaFontaine, qu'il était « impossible de mouvoir et la ville et les campagnes, tant était grand le découragement où les avaient jetées les événements ».

LaFontaine avait été un ardent partisan de Papineau jusqu'à la rébellion. En 1837, il avait préféré le compromis au conflit, mais n'en fit pas moins campagne en faveur de l'amnistie des rebelles et de l'indemnisation de ceux qui avaient perdu leurs possessions.

En 1840, LaFontaine publia sa célèbre « Adresse aux électeurs de Terrebonne » dans laquelle il dénonce l'union comme « un acte d'injustice et de despotisme ». Mais il se refuse à réclamer le rappel de l'union, dont le résultat ris-

L'action conjointe de Robert Baldwin (en haut), chef réformiste du Haut-Canada, et de Louis-Hippolyte LaFontaine, son homologue du Bas-Canada, noua des liens entre les communautés anglaise et française. LaFontaine n'obtint pas de siège à l'Assemblée en 1841; Baldwin en remporta deux et se désista de l'un d'eux en faveur de son ami. En 1842, Baldwin perdit son siège; il fut alors élu député de Rimouski, qu'il n'avait jamais visité.

Durham n'y alla pas de main morte

Lorsque le Haut et le Bas-Canada se soulevèrent en 1837, l'Angleterre demanda à John George Lambton, premier comte de Durham, d'enquêter sur place. Durham, un politicien brillant qui vivait dans un luxe ostentatoire, fut nommé gouverneur du Bas-Canada et gouverneur en chef de l'Amérique du Nord britannique. En mai 1838, il prit possession de la résidence du gouverneur à Québec, amenant avec lui ses serviteurs, ses chevaux et ses voitures, sa vaisselle, ses meubles et des douzaines de caisses de champagne.

Mais cette pompe était trompeuse : Lord Durham entendait mener à bien sa mission. Il avait été l'un des auteurs du Reform Bill de 1832 en Angleterre, où on le connaissait sous le nom de « Radical Jack ». Ses conseillers recueillirent d'innombrables renseignements sur le pays. La maladie et l'opposition qu'il rencontrait en Angleterre le forcèrent à démissionner au bout de cinq mois. Son « Report on the Affairs of British North America » parut en 1839.

Durham soutenait que la principale cause du mécontentement des Canadiens était le conflit des races, « deux nations en guerre au sein d'un même Etat ». Selon lui, les Canadiens français devaient devenir une minorité et être systématiquement anglicisés. C'est dans ce but précis qu'il proposa l'union politique du Haut et du Bas-Canada. Un second problème, dont l'histoire montra qu'il était plus important que le premier, était la mauvaise administration des affaires publiques par une clique de privilégiés. Durham

recommanda de créer une administration responsable devant les élus du peuple.

L'Acte d'Union du 24 juillet 1840 entérinait la première recommandation de Durham, mais rejetait le principe d'un gouvernement colonial autonome. L'Angleterre n'était pas encore prête à céder le pouvoir. Lord Durham mourut cinq jours après l'adoption de l'Acte d'Union.

François-Xavier Garneau répondit par son Histoire du Canada *à* Durham *qui prétendait que les Canadiens français n'avaient pas d'histoire. Il vécut dans cette maison de Québec.*

querait de « nous laisser sans représentation aucune ». Les réformistes étaient majoritaires dans les deux Canada. S'ils travaillaient ensemble « dans un esprit de paix, d'union, d'amitié et de fraternité », ils pourraient persuader le pouvoir colonial de leur accorder un gouvernement représentatif.

LaFontaine entretenait des rapports étroits avec les réformistes anglophones. Un journaliste de Toronto, Francis Hincks, lui écrivit un jour que « vos compatriotes n'obtiendront jamais leurs droits » dans une Assemblée distincte. Mais dans l'association, « comme *Canadiens* », ils pourront forcer les autocrates à accepter un gouvernement démocratique. Les réformistes du Haut-Canada étaient dirigés par Robert Baldwin, un avocat qui avait persuadé Lord Durham de souscrire au principe d'un gouvernement responsable. Baldwin et LaFontaine formèrent la première alliance anglo-française qui mettra le Canada sur la voie de la Confédération.

L'entrée en vigueur de l'Acte d'Union fut proclamée en février 1841 et la première Assemblée conjointe eut lieu en juin de la même année. Le gouverneur général Poulett Thomson, Lord Sydenham, choisit son Conseil exécutif de 24 membres parmi les plus capables, selon les instructions de Londres. Mais il n'y avait, parmi

En vue de relier Montréal à Portland par rail, on commença en 1854 la construction du pont Victoria. Cette lithographie évoque la mise en place de la structure tubulaire centrale.

eux, que huit conseillers de langue française. Pour protester contre le sort fait à l'élément francophone, Baldwin démissionna. Le successeur de Sydenham, Sir Charles Bagot, comprit qu'il était impossible « de gouverner le Canada sans les Français » et qu'un gouvernement responsable « existait de fait ». En septembre 1844, il nomma LaFontaine au Conseil, qui accepta à condition que Baldwin et deux autres réformistes en soient aussi. Au grand déplaisir de Londres, Bagot donna son accord. En novembre, le Conseil était dominé par les réformistes et les Canadiens français y participaient pleinement.

LaFontaine et Baldwin s'attelèrent à la tâche. A l'automne 1843, ils proposèrent que l'Assemblée siège à Montréal. Ils renforcèrent ensuite leur pouvoir en nommant des hommes qui leur étaient favorables aux postes clés du gouvernement et essayèrent d'amener le nouveau gouverneur, Sir Charles Metcalfe, à leur soumettre pour approbation toutes les nominations qu'il pourrait faire. Metcalfe refusa et, en novembre 1843, tous les membres du Conseil, sauf un, donnèrent leur démission.

Pendant onze mois, la controverse fit rage. Deux partis nettement définis s'opposaient : d'un côté, les *Tories*, dont la figure de proue était Metcalfe ; de l'autre, les réformistes de Baldwin et de LaFontaine. L'élection d'octobre 1844 donna une majorité *tory* pour le Canada-Ouest et une majorité réformiste pour le Canada-Est. La scène politique se divisait donc selon des lignes de force raciales autant que politiques.

Pour raffermir le gouvernement, le gouverneur Metcalfe accorda à Draper ce qu'il avait refusé à LaFontaine et à Baldwin : le contrôle des faveurs politiques. Le gouvernement responsable s'était imposé de lui-même, sans l'approbation britannique. Mais la politique de Londres n'allait pas tarder à changer.

Ce tableau de la reine Victoria, par John Partridge, « portraitiste-peintre extraordinaire auprès de Sa Majesté », fut sauvé de l'incendie du Parlement de Montréal en 1849. Il se trouve aujourd'hui au Parlement d'Ottawa.

L'Angleterre, qui avait besoin de marchés à l'étranger pour les produits de son industrie et d'aliments bon marché pour ses travailleurs, avait pris fait et cause pour le libre-échange. Les tarifs douaniers qui protégeaient les produits coloniaux contre la concurrence sur le marché britannique furent progressivement abolis entre 1846 et 1849. Désormais, il n'était plus nécessaire de contrôler les affaires internes des colonies pour stimuler le commerce impérial.

Le dernier obstacle qui s'opposait encore à l'instauration d'un gouvernement responsable venait de disparaître. Mais avec lui s'écroulaient aussi les barrières derrière lesquelles le commerce canadien s'était jusqu'alors abrité. Selon l'historien W. L. Morton, ce fut « un choc aussi violent et un changement aussi révolutionnaire pour le Canada anglais que la conquête et la cession de 1759-1763 l'avaient été pour le Canada français ».

Un nouveau gouverneur, James Bruce, comte d'Elgin, ancien gouverneur de Jamaïque, arriva en janvier 1847. Le Colonial Office reconnaissait maintenant qu'il « n'était ni possible, ni souhaitable de poursuivre le gouvernement des provinces britanniques en Amérique du Nord en opposition avec l'opinion de leurs habitants ». La mission d'Elgin était de mettre en œuvre ce que son beau-père, Lord Durham, avait recommandé.

Elgin s'efforça de rester au-dessus des partis.

Peines et douleurs, quand chacun votait au vu et au su de tous

Avant que le scrutin secret ne se généralisât à la fin du XIXᵉ siècle, les élections étaient si violentes que les préparateurs de liniments les citaient comme une cause de « peines et douleurs ».

Seuls pouvaient voter ceux qui possédaient une propriété de campagne produisant un revenu de £12 l'an ou une propriété de ville rapportant £5, ainsi que les locataires qui payaient au moins £10 de loyer l'an. Mais l'aisance ne suffisait pas pour être électeur. Il fallait aussi du courage et de la suite dans les idées. D'abord, l'électeur devait parfois parcourir 80 kilomètres jusqu'au bureau de vote (un seul par circonscription). Les partisans des candidats tentaient d'acheter sa voix en lui offrant à boire à la taverne, ou en le menaçant d'une bonne bastonnade. Devant une foule tapageuse, il devait ensuite montrer son titre de propriété ou une autre preuve de sa qualité d'électeur, puis annoncer son choix. Le vote était inscrit sur un registre que chacun pouvait consulter. L'inscription servait de reçu si l'on avait acheté la voix. Ce tableau de Joseph Légaré représente une élection à Château-Richer, près de Québec.

Les bureaux de vote restaient ouverts pendant des jours, parfois des semaines. Pendant la première journée, les candidats montaient sur des estrades d'où ils haranguaient la foule. Puis les bandes rivales se retiraient dans les tavernes où elles offraient à boire à tout le monde. Pour pousser sa cause, on n'hésitait pas à engager des fiers-à-bras, à harceler les membres du parti opposé et même à falsifier des titres.

Plusieurs hommes furent tués dans le Haut et le Bas-Canada au cours d'affrontements entre bandes rivales à l'élection de 1841. Dans Terrebonne, circonscription du réformiste LaFontaine, le gouverneur décida que le vote se ferait dans un hameau perdu, le village anglais de New Glasgow. Quand LaFontaine et 850 partisans arrivèrent, ils trouvèrent la place bloquée par 700 hommes, gourdins au poing. LaFontaine rentra à Montréal, s'inclinant devant la « loi de la matraque ».

Le scrutin secret fut adopté au Nouveau-Brunswick en 1855, puis lors des élections fédérales après la Confédération, en 1874, et dans toutes les autres provinces en 1877.

Ce n'était pas facile. Si quelqu'un peut gouverner le Canada, écrira-t-il au secrétaire du Colonial Office, il peut gouverner n'importe quel pays. La politique n'était pas son seul souci. L'économie souffrait des effets d'une dépression mondiale et de la suppression du traitement préférentiel du régime colonial. Les faillites se multipliaient, le marché immobilier s'effondrait. Montréal, la capitale commerciale, vivait dans l'incertitude et l'amertume. Les succès remportés en Europe par les mouvements radicaux avivaient le malaise du Canada français. Louis-Joseph Papineau, de retour de Paris où il était en exil, plaidait la cause d'une union avec les Etats-Unis.

Au cours de la campagne électorale de l'hiver 1847-1848, l'adversaire de Baldwin, William Boulton, déclarait à qui voulait l'entendre qu'une victoire réformiste mettrait le Canada aux mains de ces « Français fumeurs de tabac, buveurs de goutte, mangeurs d'ail, étrangers dans leur sang, étrangers dans leur race et aussi ignorants que le sol qu'ils foulent ». Mais le parti réformiste obtint une nette majorité dans tout le pays.

Conformément au principe de la responsabilité ministérielle, c'est à LaFontaine, chef du parti majoritaire en Chambre, que Lord Elgin demanda de former le nouveau cabinet réformiste. En étroite collaboration avec Baldwin, LaFontaine assuma ses fonctions en mars 1848. Lorsque l'Assemblée se réunit en janvier 1849, Elgin s'y rendit en carrosse depuis Monklands, sa

Cette aquarelle de 1849 représente l'une des dernières séances de l'Assemblée du Canada, au marché Sainte-Anne, à Montréal. Des émeutiers incendièrent l'édifice en avril.

belle résidence à quelques kilomètres de Montréal. Coiffé d'un chapeau à panache blanc, resplendissant dans sa tunique bleue et argent, il s'installa sous un dais rouge et or pour lire le discours du trône, en anglais et en français. « Que je me sens soulagé d'entendre prononcer le discours du trône dans la langue de mes pères », s'exclama Denis-Benjamin Viger. Cette euphorie cependant allait être mise à rude épreuve.

Des indemnités d'un montant de £40 000 avaient été accordées au Canada-Ouest. Une commission royale avait recommandé que les victimes du Canada-Est soient elles aussi indemnisées. La proposition du premier ministre LaFontaine à cet effet — £100 000 d'indemnités — stupéfia les *Tories*. LaFontaine acceptait que

Lord Elgin fit venir ce fauteuil de bambou et de rotin à Monklands. On peut le voir aujourd'hui au musée McCord de Montréal.

Monklands, résidence de campagne du gouverneur général à Montréal de 1844 à 1849, est devenu le principal bâtiment de Villa-Maria, une école secondaire pour jeunes filles.

Cette maison de Mount Uniacke (N.-E.) était la résidence d'été de James Boyle Uniacke, chef tory qui démissionna du Conseil législatif de Nouvelle-Ecosse en 1837 pour se rallier au parti réformiste de Joseph Howe. Onze ans plus tard, Uniacke devint premier ministre de Nouvelle-Ecosse, au sein du premier « gouvernement responsable » de tout l'Empire britannique. La maison est aujourd'hui une annexe du Musée de la Nouvelle-Ecosse.

toute personne exilée ou reconnue coupable de participation à la rébellion ne recevrait pas d'indemnité, mais il était de notoriété publique que de nombreux rebelles n'avaient jamais été traduits devant les tribunaux. Les *Tories* prédirent la guerre civile. Le rédacteur en chef de la *Montreal Gazette* écrivit : « Si vous ne résistez pas, alors vous êtes prêts à tout accepter. »

L'Assemblée étudia la question dans un climat de fièvre, devant des galeries encombrées par la foule dont les cris couvraient parfois la voix des orateurs. Le projet de loi fut finalement adopté par une forte majorité.

Elgin pouvait exercer son droit de veto, ou renvoyer l'affaire à Londres. Mais il craignait de déclencher une autre rébellion s'il refusait de signer. En approuvant la loi, écrivit-il, « les désordres qui risquent de s'ensuivre pourront sans doute être réparés par le sacrifice de ma personne ». La scène était prête pour les événements du 25 avril. Elgin donna l'assentiment royal au projet de loi et s'enfuit à Monklands. Dans la nuit même, le Parlement — le marché Sainte-Anne de la place d'Youville — n'était plus qu'un immense brasier.

Les Canadiens anglais de Montréal (plus de la moitié des 55 000 habitants de la ville sont francophones) se déchaînent pendant quatre mois. Le 26 avril, LaFontaine est attaqué devant le marché Bonsecours qui abrite alors l'Assemblée et le Conseil exécutif. Il est sauvé par des soldats, mais la foule saccage sa maison.

Mission accomplie sans une vitre brisée

Lorsque le comté de Halifax l'élut à l'Assemblée de Nouvelle-Ecosse — le 13 décembre 1836, jour de son trente-deuxième anniversaire — le journaliste Joseph Howe promit qu'il s'efforcerait « d'être un homme, avec la grâce de Dieu », au cours des luttes qui l'attendaient. Il fut mieux que cela puisque, dans son combat pour obtenir un gouvernement responsable devant le peuple, il se révéla un grand homme. Il remporta la victoire en 1848 « sans un seul coup, sans une seule vitre brisée », comme il le déclara fièrement.

Howe était né près de Halifax. Il devint apprenti imprimeur à 13 ans. Dix ans plus tard, il achetait un petit journal, le *Novascotian*. En 1835, on l'accusa de diffamation pour avoir critiqué les magistrats de Halifax qui imposaient de trop lourdes amendes. Il se défendit lui-même devant une salle comble. (Ci-dessous : copie d'une statue de Howe, dans la bibliothèque de l'Assemblée législative. L'original se trouve devant Province House.) Avec éloquence, il fit une description saisissante des souffrances qu'imposait la corruption officielle et soutint que le droit de la presse était d'exposer ces injustices. Les jurés l'acquittèrent. Un an plus tard, il était élu à l'Assemblée.

Avec courage, il critiqua le Conseil qui se réunissait « en secret pour mener les affaires publiques ». En 1840, le fils d'un juge dont il avait mis en doute l'honnêteté le provoqua en duel. Son adversaire tira le premier et manqua son coup; Howe tira en l'air, puis s'éloigna, imperturbable.

Le parti réformiste fut élu en 1847. Lorsque l'Assemblée tint sa séance inaugurale en janvier 1848, Howe était devenu le secrétaire provincial de la première colonie britannique à obtenir un « gouvernement responsable ». Toute sa vie, il travailla pour la cause du peuple (voir p. 246).

Le gouvernement reste ferme, déterminé à répondre à la violence par la modération. Dans la résidence officielle du gouverneur, le Château de Ramezay, des milliers de personnes signent un document pour témoigner leur appui au gouverneur. Des centaines de Canadiens français demandent à s'engager dans la milice pour maintenir l'ordre, mais Elgin refuse leurs services : l'essentiel, écrit-il au Colonial Office, « est de prévenir un affrontement entre les deux races ». Pour apaiser les esprits, il est resté à Monklands. Mais lorsque l'Assemblée adopte une résolution où elle confirme sa loyauté, Elgin annonce qu'il la recevra officiellement au Château, à midi, le 30 avril.

Une pluie de légumes, de rats crevés et d'ordures accueille les députés et leur escorte militaire quand ils font leur entrée au Château de Ramezay. Elgin arrive par la rue Saint-Jacques dans un coupé fermé. Les grilles du Château se referment derrière sa voiture. Il se précipite à l'intérieur, portant une grosse pierre qui vient d'atterrir dans le coupé.

La foule a construit une barricade sur la rue Notre-Dame. La séance terminée, Elgin sort par une porte dérobée. Des douzaines de voitures le prennent en chasse et le rattrapent au carrefour des rues Saint-Laurent et Sherbrooke. Alors qu'il s'enfuit vers Monklands, son coupé est endommagé par des pierres et son frère blessé.

Au cours du printemps et de l'été, des bandes sillonnèrent les rues en quête de Canadiens français à qui faire un mauvais parti. Les avocats abandonnèrent leurs bureaux, les commerçants leurs boutiques, les femmes leurs foyers pour se joindre aux agitateurs. L'hôpital des Sœurs grises fut attaqué et sauvé par une contre-attaque des Canadiens français. Trois clients furent blessés par des tireurs dans un hôtel où des réformistes dînaient. Un concert tourna à l'émeute quand on y chanta *La Marseillaise*.

Le 15 août, la maison de LaFontaine fut à nouveau attaquée et ses grilles démolies. Mais LaFontaine et plusieurs de ses amis étaient aux aguets, l'arme au poing. Et lorsque la populace approcha de la porte, on tira des coups de feu de part et d'autre. Un des émeutiers, William Mason, fut tué et six de ses compagnons furent blessés. Les funérailles de Mason attirèrent des centaines de sympathisants et l'émeute fit rage pendant trois nuits. Selon la rumeur qui courait, LaFontaine serait assassiné s'il déposait à l'enquête sur la mort de Mason. LaFontaine fit sa déposition et trois bâtiments furent incendiés. Le

Sam Slick, inventeur de proverbes

Sam Slick est un personnage haut en couleur, irrévérencieux et fort en gueule, issu de l'imagination fertile de Thomas Chandler Haliburton, avocat et écrivain de Nouvelle-Ecosse. Sam, le Yankee vendeur de pendules, est le père d'innombrables proverbes qui sont passés dans la langue anglaise. Leur saveur populaire les rend intraduisibles : « The early bird gets the worm », « Jack of all trades and master of none » — autant d'aphorismes du bon Sam qui firent connaître Haliburton dans tout le monde anglophone.

Haliburton écrivait avec le sourire, mais son propos était sérieux. Ses compatriotes lui semblaient paresseux, ce qui lui fit dire un jour, par la voix de Sam, que « leur emblème devrait être un hibou et leur devise, *Il dort tous les jours de sa vie* ». Il aurait voulu que les habitants de Nouvelle-Ecosse aient autant d'initiative que leurs voisins de Nouvelle-Angleterre, même s'il trouvait que les Américains n'étaient souvent que des opportunistes vaniteux.

Les aventures de Sam Slick sont contées dans onze livres dont le premier,

The Clockmaker, publié en 1836, fait le récit des voyages de Sam en Nouvelle-Ecosse. Haliburton vécut dans cette maison de Windsor, en Nouvelle-Ecosse, aujourd'hui un musée. On peut y voir sur la cheminée une de ces pendules que les Anglais appellent « Sam Slick ». Haliburton devint juge de la Cour suprême de Nouvelle-Ecosse et mourut en Angleterre.

calme revint lentement avec la fin de l'été, tandis que le gouvernement réformiste était toujours au pouvoir et soutenait fermement Elgin. Les événements n'avaient fait qu'accroître le prestige de LaFontaine, mais les *Tories* du Canada anglais se sentaient trahis. Dans leur désespoir, ils se tournèrent contre l'Angleterre.

Les *Tories*, qui, en 1837, avaient accusé les rebelles de trahison pour avoir tenté d'introduire au Canada le système américain de gouvernement, proposaient maintenant une union avec les Etats-Unis. La culture canadienne-française serait effacée par l'énorme majoîrte anglophone; un vaste marché s'ouvrirait aux commerçants canadiens. Quatre journaux anglophones appuyèrent le mouvement annexionniste.

Le Manifeste annexionniste, publié en octobre, fut signé par 325 notables de Montréal, dont Alexander Tilloch Galt (qui sera plus tard l'un des pères de la Confédération) et John Abbott (futur premier ministre). Elgin mit la troupe en alerte, en prévision d'une invasion américaine. Mais le mouvement s'estompa, faute d'appuis. Les signataires du manifeste qui occupaient des charges officielles et qui ne se rétractèrent pas furent destitués.

Avant de rentrer en Angleterre en 1854, le gouverneur général Elgin se rendit à Washington pour négocier un traité de réciprocité. Les tarifs douaniers furent abolis pour de nombreuses marchandises : les marchés américains furent désormais ouverts et les matières premières bon marché que convoitaient les annexionnistes pouvaient arriver librement. L'économie canadienne, qui se rétablissait déjà après avoir perdu son statut privilégié sur le marché britannique, en bénéficia singulièrement.

Le régime LaFontaine-Baldwin avait pris fin en 1851 lorsque les deux hommes avaient abandonné la vie publique. John A. Macdonald, un jeune avocat *tory* qui n'avait pas signé le manifeste annexionniste, forma une nouvelle association avec le successeur de LaFontaine, George-Etienne Cartier. Elle mènera le pays à la Confédération, en 1867.

L'Assemblée du Canada-Uni se réunit dans ce bâtiment, aujourd'hui partie de l'Hôpital général de Kingston (Ont.), de juin 1841 à mai 1844, avant que Montréal devienne la capitale.

Sites et monuments historiques

MONTRÉAL C'est sur la place d'Youville que les *Tories* anglais lapidèrent le carrosse de Lord Elgin, gouverneur du Canada-Uni, et incendièrent le Parlement le 25 avril 1849. Les Ecuries d'Youville — d'anciens entrepôts — ont été restaurées dans le style de l'époque 1825-1860; elles abritent des bureaux, des boutiques et un restaurant.

Egalement à Montréal (4)

CHÂTEAU DE RAMEZAY Ce manoir de 1705, aujourd'hui un musée d'histoire du Québec, était la résidence officielle d'Elgin. C'est là qu'il reçut la déclaration de loyauté de l'Assemblée le 30 avril 1849 et qu'il fut attaqué pour la deuxième fois par une bande de *Tories*.

MARCHÉ BONSECOURS Cet édifice de pierre de taille, qui abrite aujourd'hui des services municipaux, accueillit le Parlement dans ses murs au cours du printemps et de l'été 1849, après l'émeute de la place d'Youville.

VILLA-MARIA Monklands, la résidence de campagne d'Elgin, est aujourd'hui le pavillon central d'une école privée pour jeunes filles. Construit vers 1790, on peut le voir au bout d'une allée, à l'extrémité est de l'avenue Monkland.

Autres sites et monuments

Dartmouth (N.-E.) (9) Le cabinet de Joseph Howe, journaliste et homme politique, a été reconstitué dans le musée de Dartmouth. On peut y voir un chapeau haut de forme, un bureau et un dictionnaire micmac qui lui appartinrent.

Halifax (8)

ARCHIVES PUBLIQUES On y expose les presses qu'utilisa Howe pour imprimer le *Novascotian* de 1827 à 1841, ainsi que son bureau de secrétaire provincial.

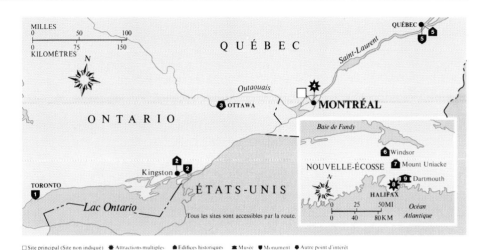

MAISON NATALE DE HOWE Au 5956 de Emscote Drive, une plaque marque l'emplacement de la maison (aujourd'hui démolie) où naquit le journaliste en 1804.

PROVINCE HOUSE La salle où Howe se défendit en 1835 contre une accusation de diffamation est aujourd'hui la bibliothèque de la plus ancienne Assemblée législative du Canada (1818). Le pupitre du bibliothécaire occupe l'endroit où se trouvait le banc du juge. Le premier « gouvernement responsable » du Canada, dont Howe fut le secrétaire provincial, se réunit dans cet édifice le 2 février 1848. A l'extérieur, on peut voir une statue de Howe, due à Philippe Hébert.

Kingston (Ont.) (2) Une plaque devant le pavillon central de l'Hôpital général de Kingston rappelle que la première Assemblée du Canada-Uni y siégea le 14 juin 1841. (L'hôpital, nouvellement construit, n'avait pas encore ouvert ses portes.) L'hôtel de ville de Kingston était destiné au Parlement mais, en 1844, avant que les travaux soient terminés, la capitale fut transférée à Montréal.

Mount Uniacke (N.-E.) (7) Uniacke House fut construite en 1813-1815 par Richard John Uniacke, l'un des piliers du pouvoir établi contre qui Joseph Howe déchaîna ses attaques. Elle devint ensuite la résidence d'été du fils d'Uniacke, James Boyle, premier ministre et solliciteur général du premier « gouvernement responsable » du Canada. La maison, aujourd'hui restaurée, est une annexe du Musée de la Nouvelle-Ecosse.

Ottawa (3) Le portrait de la reine Victoria, sauvé de l'incendie du Parlement de Montréal de 1849 par Sir Allan MacNab, se trouve près de l'entrée de la Chambre du Sénat, au Parlement d'Ottawa.

Québec (5) La maison de l'historien François-Xavier Garneau se trouve au 14, rue Saint-Flavien. Garneau écrivit une *Histoire du Canada* en quatre volumes pour répondre à Lord Durham qui prétendait que les Canadiens français étaient « un peuple sans histoire ». Les statues de Lord Elgin et des chefs réformistes Louis-Hippolyte LaFontaine et Robert Baldwin ornent la façade de l'Assemblée nationale.

Toronto (1) Au Parlement provincial, une plaque honore la mémoire de Robert Baldwin.

Windsor (N.-E.) (6) Clifton, la maison où Thomas Chandler Haliburton écrivit les aventures de Sam Slick, est aujourd'hui le Musée de Haliburton, annexe du Musée de la Nouvelle-Ecosse. Construite en 1834-1836, on peut y voir le bureau de l'écrivain.

Les Ecuries d'Youville, trois bâtiments du XIXᵉ siècle, sont place d'Youville, à Montréal.

La vie de garnison et la fièvre de l'uniforme

« Grâce, dans une large mesure, à la garnison et à la flotte », écrivait un civil anglais de Halifax en 1850, « vous pouvez trouver ici plus d'amusements qu'on en pourrait rêver pour une ville de même importance chez nous. »

Soldats et marins britanniques vinrent nombreux servir au Canada du milieu du XVIIIe siècle jusqu'à la fin du XIXe. La plupart n'eurent jamais à combattre, mais ils n'en apportèrent pas moins élégance, prestige et animation à plus d'une ville. Dans leurs tenues écarlates, les officiers à fières moustaches faisaient danser les jolies filles de l'endroit jusqu'au petit matin (à droite : bal militaire à Halifax, en 1869) et les musiques militaires jouaient dans les rues et les parcs.

Mais la vie de garnison n'était pas toujours rose. Malgré l'exercice, les grandes manœuvres, les tours de garde et les nombreuses corvées destinées à occuper ces hommes, il était difficile d'échapper à l'ennui. Incapables de mener le train de vie de leurs officiers, les simples soldats hantaient les tavernes mal famées et les maisons de passe de la rue Hogg (du nom d'un tenancier de maison close) et de la rue Knock Him Down (connue pour ses bagarres et ses assassinats), à Halifax. Dans ces quartiers, les salles de bal grouillaient de prostituées et de « filles légères » qui couraient l'uniforme. Le rhum coulait à flot et les esprits s'échauffaient souvent. On se battait à coups de poing et à coups de ceinture, et parfois les choses s'envenimaient. A Halifax, cinq civils furent attaqués à la baïonnette en 1813; l'un d'eux mourut de ses blessures.

Les troupes britanniques se retirèrent du Canada après la Confédération. Les dernières, à l'exception d'une garnison de Halifax, s'embarquèrent à Québec en novembre 1871.

Bien des soldats anglais en poste au Canada tentèrent de déserter aux Etats-Unis, au risque d'être condamnés à mort (à gauche : une exécution en 1824) ou marqués au fer rouge d'un « D » sur la poitrine et déportés en Australie, ou engagés pour 14 ans en Afrique. Pendant la guerre de Sécession, des racoleurs vinrent pousser les soldats à s'engager dans l'armée de l'Union. Certains d'entre eux allèrent jusqu'à utiliser des drogues avec l'aide de prostituées.

Les soldats anglais étaient fouettés s'ils se rendaient coupables de conduite « indigne d'un soldat », expression commode que les officiers interprétaient à leur guise (ci-dessous : reconstitution d'une flagellation au fort George, Niagara-on-the-Lake, Ont.). Jusqu'en 1812, un soldat pouvait être condamné à 1 200 coups de fouet. Par la suite, le maximum fut fixé à 300. Une centaine de coups était une punition légère. Les compagnons du supplicié devaient regarder la scène, tandis que les tambours maniaient la garcette; ceux-ci étaient d'ailleurs fouettés s'ils ne frappaient pas assez fort. Le prince Edouard, duc de Kent (voir p. 126), n'était pas tendre quand il commandait la place de Halifax. On dit que les habitants de la ville se plaignaient d'être réveillés chaque matin par les cris des soldats fouettés sur Citadel Hill.

Les soldats qui partaient pour l'Amérique du Nord britannique y restaient sept ans. Certains s'engageaient pour échapper à la pauvreté, d'autres à la justice de leur pays. Et pour la plupart, la vie militaire était certainement préférable à la vie civile. Pourtant, la solde n'était même pas d'un penny par jour. L'homme du rang devait partager une chambrée (souvent non chauffée) avec une centaine de compagnons, couché sur un matelas de paille, dans des draps que l'on changeait une fois par mois. Les toilettes n'étaient que « des fosses d'aisance ou de simples réservoirs ». (Ci-dessus : une chambrée du fort George, vers 1812, à Niagara-on-the-Lake, Ont.) La ration quotidienne était d'une livre de pain et d'une demi-livre de viande qu'on faisait cuire dans la chambrée. Sur 100 hommes, six étaient autorisés à vivre avec leurs femmes. Le couple s'installait dans la chambrée, avec pour toute intimité une couverture que l'on suspendait pour la nuit. Les femmes recevaient des demi-rations et leurs enfants encore moins. Elles faisaient la cuisine et la lessive pour les officiers et la troupe. Les veuves n'avaient droit à aucun secours et la plupart se remariaient sans tarder. En 1840, une femme eut trois maris en six mois.

Au fort Henry (Kingston, Ont.), des figurants se mettent en formation de combat. Le « carré » (ci-dessus), formé de deux ou quatre rangs, faisait face aux charges de cavalerie. La « ligne de l'ordre mince » (ci-dessous) fut la principale formation de combat pendant tout le XIXᵉ siècle. Toute l'armée, parfois 10 000 hommes, se formait sur deux rangs.

Les officiers britanniques — généralement des fils de bonne famille qui avaient acheté leur brevet — n'avaient pas la vie dure au Canada. Ils passaient le plus clair de leur temps à lire, à chasser et à pêcher (ci-dessus : Cabinet des trophées des officiers, de Cornelius Krieghoff). Chaque officier avait sa chambre, ses meubles et son ordonnance qui servait le thé, lavait les uniformes, nettoyait les armes et étrillait les chevaux. Au mess, on mangeait venaison et fromages fins, accompagnés de bons vins. La plupart tenaient des journaux dont certains furent publiés en Angleterre où ils firent la fortune de leurs auteurs; il y était plus question de vie sociale que de vie militaire.

Cinq shillings par jour, 10 jours par an

L'armée du Canada a vu le jour en 1855 « dans un mouvement d'enthousiasme patriotique », alors que les troupes britanniques se repliaient en Europe pour la guerre de Crimée. Le Parlement du Canada-Uni créait une « milice active » de 5 000 volontaires qui seraient entraînés et payés cinq shillings par jour pendant 10 jours chaque année. En 1864, la milice comptait près de 22 000 volontaires. On s'entraînait parfois à tirer mais, surtout, on écoutait les discours des politiciens. Aussi, en 1866, bon nombre des miliciens appelés à lutter contre les Féniens n'avaient jamais tiré même une cartouche à blanc.

Mais la vie de soldat avait encore de l'attrait pour certains. Le nouveau Dominion du Canada créa un ministère de la Milice et de la Défense en 1868 et porta à 45 000 le nombre des volontaires qui seraient entraînés chaque année. Les premières unités régulières, deux petites batteries d'artillerie formées en 1871, occupèrent les fortifications de Québec et celles de Kingston, en Ontario. A partir de 1880, les effectifs de la milice ne cessèrent d'augmenter (ci-dessous : officiers en grande tenue, 1898). Dès 1899, le Canada pouvait envoyer un contingent de soldats bien entraînés en Afrique du Sud (voir p. 338).

Bien avant la loi de la Milice de 1855, les hommes pouvaient être appelés sous les drapeaux, mais la plupart ne s'entraînaient guère. Ci-dessus : reconstitution d'une manœuvre de la milice en 1830, à Prince William (N.-B.).

Exploration et tragédies dans le lointain Arctique

En ce jour de mai 1847, convaincus d'être sur le point de découvrir le passage du Nord-Ouest qu'avaient cherché les explorateurs depuis des siècles, huit hommes de la Royal Navy avançaient péniblement sur la glace, au nord de la « terre » du Roi-Guillaume — c'est ainsi qu'ils l'appelaient, ne sachant pas qu'il s'agissait d'une île. Le lieutenant Graham Gore, le second maître Charles Des Vœux et six marins formaient l'avant-garde de l'expédition de Sir John Franklin.

D'autres explorateurs avaient reconnu la côte nord du continent américain, depuis le détroit de Béring jusqu'au golfe de la Reine-Maud, et même jusqu'à l'embouchure de la rivière Back (au sud de l'île du Roi-Guillaume). Franklin, qui naviguait d'est en ouest, se trouvait à moins de 160 kilomètres au nord-est de ce golfe, d'où il pourrait ensuite atteindre le Pacifique. Mais il n'était pas au bout de ses peines.

Le 24 mai, les deux navires de Franklin, l'*Erebus* et le *Terror*, étaient encore pris dans les glaces à l'extrémité nord du détroit de Victoria. C'est alors que Gore et ses hommes partirent en traîneau à la découverte d'une voie que pourraient emprunter les navires au moment du dégel.

Quatre jours plus tard, Gore laissa un message sous un amas de pierres à la pointe de la « terre » du Roi-Guillaume :

28 mai 1847. Les navires *Erebus* et *Terror* ont hiverné dans les glaces... en 1846-1847 à l'île Beechey... après avoir remonté le détroit de Wellington... et être revenus par la côte ouest de l'île Cornwallis. Sir John Franklin com-

Les navires Erebus *et* Terror *sont pris dans les glaces au large de l'île du Roi-Guillaume. Le 24 mai 1847, Sir John Franklin (à gauche) souhaite bonne chance au lieutenant Gore qui, avec sept compagnons, part à la recherche d'une voie que pourront emprunter les navires au moment du dégel.*

Pendant longtemps, la route de l'Orient resta introuvable

Les négociants londoniens de 1570 cherchaient une route qui les mènerait aux richesses de l'Orient en contournant l'Amérique du Nord, loin des bâtiments de guerre espagnols et des dangers du détroit de Magellan. Avec l'aide d'Élisabeth Iʳᵉ, ils armèrent des expéditions à la recherche du passage du Nord-Ouest.

Martin Frobisher fit route vers l'ouest en 1576. Il se rendit jusqu'à l'île de Baffin, dans une baie profonde (appelée aujourd'hui baie de Frobisher), qu'il prit pour l'entrée du passage. Il revint à Londres avec une pierre noire qu'il croyait être du minerai d'or. En 1577 et 1578, Frobisher commença à fouiller l'île Kodlunarn, dans la baie. Mais il ne rapporta en Angleterre que des amas de pyrite sans valeur. Il se découvrit finalement une vocation de corsaire dans l'Atlantique Sud.

John Davis explora, entre 1585 et 1587, les côtes du Labrador, de l'île de Baffin et du Groenland, des deux côtés du détroit de Davis. A son retour, il parla de l'abondance des morues au large du Labrador, mais la guerre de 1588 avec l'Espagne mit fin à ses explorations.

Henry Hudson fut chargé en 1610 de suivre les pas de Davis. A bord d'un petit navire de 55 tonneaux, le *Discovery*, il traversa le détroit et la baie qui portent son nom. Son navire, pris dans les glaces de la baie d'Hudson, fut le premier à hiverner dans le Grand Nord. Au cours d'une mutinerie, en juin 1611, Hudson et huit de ses hommes furent abandonnés sur une barque (voir p. 36). Le *Discovery* rentra en Angleterre, commandé par Robert Bylot.

William Baffin n'était qu'un pilote, mais ses cartes, ses journaux et ses observations astronomiques en firent l'un des plus grands navigateurs de l'Arctique. En 1615, en qualité de pilote, il conduisit dans la baie d'Hudson le navire d'Hudson, le *Discovery* (toujours commandé par Robert Bylot), et comprit que le passage du Nord-Ouest devait se trouver ailleurs. En 1616, encore à bord du *Discovery*, il fit le tour de la mer de Baffin, puis, vers le sud, il découvrit le détroit de Lancaster qui sera plus tard la clé du passage du Nord-Ouest.

L'importance de cette découverte ne fut pas comprise : les armateurs se découragèrent. Deux cents ans plus tard, la Royal Navy reprendrait cette longue quête.

Sir Humphrey Gilbert, soldat et navigateur anglais, fut parmi les premiers à croire à l'existence d'un passage au Nord-Ouest. Il ne se rendit jamais dans l'Arctique, mais un ouvrage qu'il écrivit en 1566, A Discourse of a Discoverie for a New Passage to Cataia (Chine), incita Martin Frobisher à entreprendre ses explorations en 1576.

mandant de l'expédition. Tout va bien. Une avant-garde de deux officiers et six hommes a quitté les navires le lundi 24 mai 1847. Gm. Gore, lieutenant et Chas. F. Des Vœux, second maître.

(La date de 1846-1847 était inexacte. Il s'agissait en fait de l'hiver 1845-1846.)

Mais tout n'irait pas aussi bien que Gore le pensait. La « terre » du Roi-Guillaume allait même être fatale aux hommes de Franklin.

A cette époque, la découverte du passage du Nord-Ouest paraissait imminente depuis déjà 30 ans. En 1818, le capitaine John Ross reprenait le voyage que William Baffin avait fait deux siècles plus tôt, franchissant la mer de Baffin pour pénétrer dans les eaux qui séparent l'île d'Ellesmere du Groenland.

En 1819, le lieutenant Edward Parry conduisit deux navires, le *Hecla* et le *Griper*, dans le détroit de Lancaster (à l'extrémité nord de la terre de Baffin) et poussa à l'ouest par le détroit de Barrow et le détroit du Vicomte-de-Melville. Après avoir navigué en eaux libres, il fut arrêté par les glaces dans le détroit de McClure, à l'entrée de la mer de Beaufort. Parry était néanmoins allé plus à l'ouest que tous ses prédécesseurs.

Ross revint en 1829 sur le *Victory*, premier vapeur à chercher le passage. Bloqué par les glaces, le navire fut abandonné en mai 1832 dans le golfe de Boothia. Mais en 1831, lors d'une expédition en traîneau le long de la côte ouest de la presqu'île de Boothia, le second de Ross, James Clark Ross, avait pris pour *une baie* les eaux que nous appelons aujourd'hui le détroit de Rae, qui mène au détroit de Simpson, au sud de l'île du Roi-Guillaume, puis au golfe de la Reine-Maud, clé du passage si longtemps cherché. James Clark Ross avait probablement été victime d'un mirage. Quoi qu'il en soit, les cartes que Sir George Franklin emporta avec lui quand il partit

Un monticule de pierres semblable à celui-ci abritait le seul message laissé par l'expédition de Franklin. Le lieutenant Graham Gore y relatait son voyage de 1847 et le capitaine Francis Crozier y annonçait la mort de Franklin.

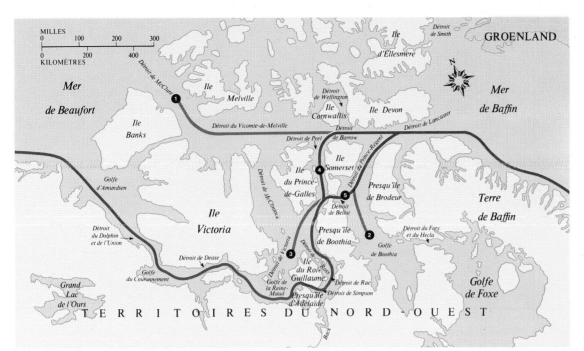

La route directe qui tra-
verse l'Arctique (détroits
du Vicomte-de-Melville,
de Barrow et de Lancas-
ter) est généralement
bloquée par les glaces.
Les explorateurs du XIXᵉ
siècle cherchèrent à con-
tourner la banquise, mais
sans succès. Pour trouver
la clé du passage, il fallait descendre au sud et à
l'est de l'île du Roi-
Guillaume.

▬▬ Voyages infructueux
❶ Edward Parry
(1819-20)
❷ John Ross (1829-33)
❸ John Franklin
(1845-?)
▬▬ Voyages réussis
❹ Roald Amundsen
(1903-06)
❺ Henry Larsen
(1940-42)

Malgré le froid et le scorbut, Parry décida de rester

Edward Parry (à droite) fut le premier explorateur de l'Arctique à passer l'hiver, de propos délibéré, au milieu des glaces.

Lieutenant de la Royal Navy, il n'avait que 29 ans quand il partit d'Angleterre avec le *Hecla* et le *Griper* en mai 1819 pour reconnaître le détroit de Lancaster. (Des années plus tard, on découvrira que c'était l'entrée du passage du Nord-Ouest.) Parry décida de rester sur place à la fin de la saison de navigation pour profiter pleinement de la saison d'été suivante. Début octobre, après avoir franchi près de 1 125 kilomètres dans le détroit, ses navires furent immobilisés à Winter Harbour, dans l'île Melville. Le froid, le scorbut et la monotonie seraient des ennemis implacables, mais Parry avait bien préparé son expédition.

Alors que la nuit de l'Arctique commençait à tomber, Parry fit tendre de grosses toiles en travers des ponts des navires et entasser de la neige jusqu'aux plats-bords. Les cheminées des cuisines serviraient à réchauffer l'intérieur.

Sans savoir que le manque de vitamines C provoquait le scorbut, Parry fit pourtant donner à son équipage du jus de lime, du vinaigre, des cornichons marinés, du pain frais, des confitures et des soupes. Malgré ces précautions, trois cas de scorbut se déclarèrent. Parry sema aussitôt de la moutarde et du cresson dans une boîte remplie de terre qu'il plaça sur les tuyaux de chauffage de sa cabine. Les graines germèrent au bout de cinq jours et les salades, riches en vitamines C, mirent rapidement fin au scorbut.

Parry ne voulait pas que ses hommes restent oisifs. Les équipages s'occupaient donc à faire fondre de la neige pour accroître les réserves d'eau, à procéder à des observations scientifiques, à casser la glace accumulée sur les navires et à construire une station météorologique. Si le temps était mauvais, ils prenaient un peu d'exercice sous les toiles tendues en travers des ponts.

Mais après 10 mois, le *Hecla* et le *Griper* se dégagèrent des glaces. En novembre 1820, Parry et ses hommes, sains et saufs, rentraient en Angleterre. Ils touchèrent une prime de £5 000 pour leur exploit. Plus tard, d'autres explorateurs prouveraient que les Européens pouvaient survivre comme le faisaient les autochtones. Parry avait réussi à passer l'hiver « à la mode anglaise », et John Franklin pensait en faire autant quand il partit en 1845. Cette fois, il n'y eut pas un seul rescapé.

de Londres le 19 mai 1845 indiquaient bel et bien qu'il s'agissait d'une « baie ».

On n'avait encore jamais vu de navires aussi bien équipés pour les eaux de l'Arctique que ceux de Franklin. Leur proue était renforcée de plaques de fer, leurs machines à vapeur permettraient d'avancer par temps calme, leurs cales regorgeaient de vivres pour trois années.

Fin juillet, un baleinier aperçut les deux navires amarrés à un iceberg dans la mer de Baffin, attendant que s'améliorent les conditions de navigation. Par la suite, seuls des chasseurs inuit devaient revoir les navires et leurs 130 hommes d'équipage.

En 1847, sans nouvelles de Franklin, l'Amirauté décida de ne pas s'inquiéter, puisque l'*Erebus* et le *Terror* étaient équipés pour un voyage de trois ans. En 1848, deux expéditions de recherche partirent cependant, l'une par l'Atlantique, l'autre par le Pacifique et le détroit de Béring. Elles ne trouvèrent aucune trace de Franklin.

Au cours de l'été 1850, six expéditions officielles et plusieurs autres privées se mirent en quête de l'*Erebus* et du *Terror*. Sur l'île Beechey, dans le détroit de Lancaster, où Franklin avait passé l'hiver de 1845-1846, on trouva un chiffon, un gant, des morceaux de corde, les ruines de quelques petits bâtiments et trois plaques funéraires.

Pendant les quatre années qui suivirent, 38 expéditions (33 par mer, cinq par voie de terre) fouillèrent les côtes et les îles de l'Arctique. Puis on apprit enfin ce qu'étaient devenus l'*Erebus* et le *Terror*.

En 1853-1854, le docteur John Rae, de la Compagnie de la Baie d'Hudson, faisait le relevé de la côte est de la presqu'île de Boothia quand des Inuit lui apprirent qu'au printemps 1848, une quarantaine d'hommes étaient passés loin à l'ouest, halant des traîneaux et un bateau vers le sud, sur la glace. Au cours de la même année, les Inuit avaient découvert 30 cadavres et quelques tombes sur la presqu'île d'Adélaïde, ainsi que cinq corps sur l'île du Roi-Guillaume. Rae fit rapport à l'Amirauté de ce qu'on lui avait dit : « D'après l'état de mutilation des cadavres et le contenu des chaudrons, il est évident que nos malheureux compatriotes ont été poussés à la dernière extrémité : le cannibalisme. » Rae racheta aux Inuit « quelques cuillers et fourchettes d'argent, une plaque de l'ordre du Mérite en forme d'étoile, et une petite plaque gravée au nom de Sir John Franklin, K.C.B ». L'Amirauté annonça dès lors que le dossier était clos.

Pourtant, cinq ans plus tard, espérant toujours que son mari avait survécu, Lady Jane Franklin organisa une expédition menée par le capitaine Leopold McClintock, qui avait participé aux recherches précédentes. Durant l'hiver 1859, alors qu'il descendait en traîneau la côte ouest de la presqu'île de Boothia, McClintock put rache-

La Royal Navy donnait à ses expéditions des formulaires imprimés où les officiers consignaient tous les détails de leurs voyages. Le seul qui nous reste de l'expédition de Franklin, en 1845, fut utilisé à deux reprises, d'abord par le lieutenant Graham Gore, puis, un an plus tard, par le capitaine Francis Crozier après l'abandon des deux navires de l'expédition. Le document se trouve au National Maritime Museum de Greenwich, en Angleterre.

ter à des chasseurs inuit « une plaque d'argent portant les armes ou initiales de Franklin, Crozier, Fairholme et M'Donald... des arcs et des flèches de bois anglais, un uniforme et d'autres boutons ». On lui montra « un grand traîneau fait de deux poutres de bois incurvées qui ne pouvaient provenir que d'un bateau d'importance ».

Les Inuit de l'île du Roi-Guillaume racontèrent à McClintock que, bien des années plus tôt, des Blancs avaient chargé sur des traîneaux la cargaison de deux navires pris dans les glaces. Sur la côte ouest, il découvrit une embarcation de 340 kilogrammes sur un traîneau qui en pesait 300, des outils, des meubles, des plaques de plomb, un paratonnerre et de nombreux articles de toilette. Il trouva aussi deux squelettes.

C'est le second du capitaine McClintock, le lieutenant Robert Hobson, qui découvrit le message laissé par Graham Gore le 28 mai 1847, alors que l'*Erebus* et le *Terror* avaient passé deux hivers dans l'Arctique. Mais on pouvait y lire en marge un second message :

25 avril 1848. Les navires *Erebus* et *Terror* ont été abandonnés le 22 avril, cinq lieues au NNO, ayant été bloqués depuis le 12 septembre 1846. Les officiers et marins, au nombre de

*Ce tableau de F.-E. Musin, au National Maritime Museum de Greenwich, représente l'*Erebus *au milieu des glaces.*

Ross a appris la leçon de l'Arctique : s'adapter pour survivre

Ils sont une vingtaine dans trois petits bateaux. Maigres et décharnés, ils ont survécu pendant quatre ans sur les glaces du golfe de Boothia, au large de l'extrémité nord-ouest de l'île de Baffin. Aujourd'hui, 26 août 1833, ils grimpent à bord d'un bâtiment britannique, l'*Isabella*, acclamés par l'équipage. Le capitaine John Ross et ses hommes, que l'on croyait morts depuis longtemps, ont appris la leçon de l'Arctique.

Ross et son neveu John Clark Ross avaient quitté l'Angleterre avec 21 hommes en 1829 pour chercher le passage du Nord-Ouest. Si leur expédition s'avéra un échec, ils furent cependant vingt à survivre dans l'Arctique plus longtemps qu'aucun Européen ne l'avait fait jusque-là.

Ils passèrent trois hivers sur la presqu'île de Boothia où leur paquebot à vapeur, le *Victory*, était pris dans les glaces. En janvier 1830, ils s'étaient liés d'amitié avec une bande d'Inuit. Sur l'illustration ci-contre, le capitaine John Ross a représenté un chasseur inuit, blessé à une jambe, à qui les Anglais avaient mis un pilon de bois.

Les explorateurs apprirent de leurs amis à construire des traîneaux et des iglous. Avec eux, ils chassèrent le phoque et l'ours, et mangèrent l'huile et la graisse des animaux qu'ils tuaient.

Ross abandonna le *Victory* en avril 1832 pour se diriger par voie de terre vers Fury Beach, 300 kilomètres au nord, où il devait trouver les bateaux et les provisions que l'explorateur Edward Parry avait cachés en 1825. Quand ses hommes, découragés, commencèrent à murmurer, Ross tira son pistolet et exigea l'obéissance. En juillet 1833, ils quittèrent Fury Beach pour le détroit de Lancaster, au nord de la terre de Baffin. C'est là qu'ils rencontrèrent leurs sauveteurs.

L'expédition de Ross avait montré comment les Européens pouvaient survivre dans l'Arctique. Douze ans plus tard, l'expédition de Franklin oublierait cette leçon, et pas un n'en réchapperait.

105, sous le commandement du capitaine F. R. M. Crozier, ont débarqué ici... Sir John Franklin est mort le 11 juin 1847 et les pertes de l'expédition à ce jour sont de 9 officiers et 15 hommes. F. R. M. Crozier, capitaine et premier officier. James Fitzjames, capitaine de l'*Erebus*. Nous partons demain le 26 pour la rivière Back.

On ne trouva jamais d'autre message.

Comment une expédition aussi bien préparée avait-elle pu se solder par l'une des plus terribles tragédies de l'Arctique?

Le premier été s'était passé sans histoire. La note de Gore disait que, après avoir franchi le détroit de Lancaster, poussé au nord et finalement fait le tour de l'île Cornwallis, l'expédition avait passé un premier hiver relativement confortable sur l'île Beechey.

Au cours de l'été 1846, l'*Erebus* et le *Terror* avaient sans doute fait voile à l'ouest par le détroit de Barrow et au sud par le détroit de Peel, entre l'île Somerset et l'île du Prince-de-Galles.

Début septembre, ils étaient au nord de la « terre » du Roi-Guillaume, à 160 kilomètres seulement au nord-est d'une côte déjà reconnue et d'une voie navigable (le golfe de la Reine-Maud, le détroit de Dease, le golfe du Couronnement, le détroit du Dolphin et de l'Union, le golfe d'Amundsen) qui les aurait menés au Pacifique. Franklin était sur le point de réussir.

Un canon du Victory *du capitaine John Ross est au musée de la GRC, à Regina. Le* Victory *fut le premier vapeur à pénétrer dans les eaux de l'Arctique (en 1829), mais il fut abandonné après trois ans dans les glaces. Son équipage attendit ensuite plus d'un an avant d'être sauvé.*

Les Inuit : ceux qui ne disent jamais au revoir

Immobile, le harpon dressé, le chasseur attend des heures qu'un phoque vienne respirer à la surface. Pour la famille inuit, le phoque est le symbole de la vie, car c'est de lui qu'elle tire la nourriture, les vêtements et l'huile qui sert de combustible.

D'un coup, le harpon s'enfonce : un autre sacrifice dans cette lutte sans fin pour survivre. Si le chasseur est malchanceux, le harpon heurte la glace et le phoque s'en va. « *Ayornamat* » (on n'y peut rien), murmurera-t-il en haussant les épaules. Et il cherchera un autre trou où il attendra longtemps, seul sur la glace.

Les autochtones de l'Arctique étaient appelés « esquimaux » (mangeurs de viande crue) par les Cris, leurs anciens ennemis. Mais eux-mêmes s'appelaient Inuit (les humains).

Les Inuit avaient appris à survivre. Pour faire du feu, ils heurtaient deux morceaux de pyrite dont les étincelles mettaient le feu à de l'herbe sèche. Pour fabriquer une marmite, ils mettaient un mois de travail patient à polir la pierre de savon. Pour coudre les peaux de phoque ou de caribou, ils utilisaient des tendons passés dans des aiguilles faites avec les os d'une oie ou d'une mouette. En hiver, la mère portait son bébé dans le capuchon de son parka. Surpris par la tempête, l'Inuit se recroquevillait dos au vent et attendait patiemment que la bourrasque s'apaise.

La graisse de baleine, la viande et le poisson se mangeaient souvent crus. Le bois charrié par les eaux, le seul qu'on trouvait

La patience était plus qu'une tradition chez les pêcheurs inuit : elle assurait leur survie. Ici, des pêcheurs guettent la truite et l'omble.

dans l'Arctique, servait à faire les harpons et les traîneaux. Faute de bois, on redressait dans l'eau chaude les andouillers d'un caribou. S'il n'y avait ni bois ni os, on fabriquait les traîneaux avec des lanières de viande gelée qui pourraient toujours se manger en cas de besoin.

Les Inuit disposaient d'une centaine de mots pour décrire la neige, mais ils n'en avaient aucun pour rendre la notion de chef. Le pouvoir venait de l'approbation de tous les membres de la communauté.

Il n'y avait pas de mauvais chasseurs, tout au plus des chasseurs « malchanceux ». Et si tous manquaient de chance, alors c'était la mort. Le cannibalisme leur faisait horreur, mais ils s'y résignaient en dernier ressort quand la survie était en cause.

Les Inuit avaient un tel sens de la fatalité que l'homme qui en avait tué un autre élevait les fils de sa victime comme ses propres

Une couche d'air chaud restait emprisonnée [dans] les vêtements amples des Inuit. Cette femm[e, sur] cette aquarelle de 1570) porte un bébé dans le [capu]chon de son parka.

enfants, sachant que les lois de la venge[ance] les conduiraient un jour à le tuer.

Ils vivaient au jour le jour, dans une [insouciance] qui étonnait les explorateurs europé[ens]. « Si vous saviez les horreurs que [nous] devons subir, vous comprendriez vous a[ussi] pourquoi nous aimons tant à rire. »

Les Inuit avaient plusieurs mots [pour] accueillir, aucun pour dire au revoir.

Les kayaks servaient à la chasse, mais les Inuit les utilisaient parfois pour voyager, surtout en eau douce. Certains ne pesaient que 10 kg.

Les inukshuks, *entassements de pierres à f[orme] humaine, servaient à repérer les routes migrat[oires] des caribous ou à évoquer quelque dieu.*

a construction d'un iglou

1 neige dure est taillée en gros blocs avec un couteau
voire. Le sommet de chaque bloc est légèrement incliné

rs l'intérieur, puis l'on découpe une rampe. On entasse
blocs sur la spirale en accentuant progressivement

ngle de la spire jusqu'à former un dôme. Un iglou tem-
raire avait environ 2 m de diamètre et 1,5 m de haut.
habitation d'hiver, d'environ 4,5 m de diamètre et de

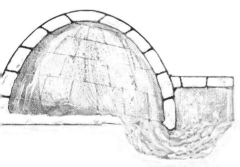

5 m de haut, comportait habituellement un tunnel d'en-
*e et une fenêtre fermée par un morceau de glace trans-
rente. On obstruait les fissures extérieures avec de la
ige. L'entrée faisait un coude pour emprisonner l'air
aud à l'intérieur.

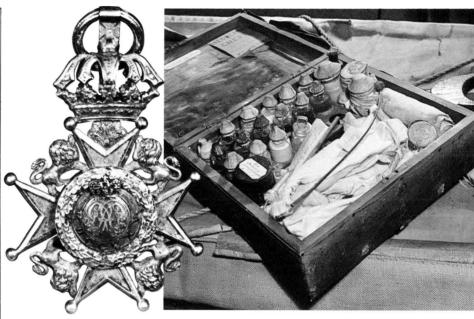

Cette croix, qui avait appartenu à Sir John Franklin, fut l'une des premières traces que l'on retrouva de l'expédition. Par la suite, on découvrit de l'argenterie, des montres, des fusils, puis, sous un tas de pierres, en 1859, une note confirmait la mort de Franklin 12 ans plus tôt. Au même endroit, on découvrit aussi ce coffre à médicaments.

Lady Jane Franklin supplia les gouvernements de Grande-Bretagne, de France, de Russie et des Etats-Unis d'envoyer des navires dans l'Arctique à la recherche de son mari. Elle dépensa la plus grande partie de sa fortune à financer les recherches, au point de vendre sa maison et d'emménager dans des chambres louées. Mais elle dut abandonner tout espoir lorsque le capitaine Leopold McClintock ramena à Londres, en 1859, un document qui confirmait la mort de Franklin en 1847.

En effet, s'il avait fait le tour de l'île du Roi-Guillaume par le détroit de Rae, il se serait trouvé en eaux libres. Mais à cause de l'erreur de James Clark Ross, les cartes de Franklin indiquaient que le détroit n'était qu'une baie, donc sans issue. La seule possibilité semblait alors d'emprunter le détroit de Victoria, à l'ouest de l'île. Mais Franklin ignorait que la banquise obstruait ce détroit à longueur d'année. Le 12 septembre, l'*Erebus* et le *Terror* étaient emprisonnés par les glaces.

Gore revint peut-être en juin 1847 pour annoncer qu'il s'était rendu sur la banquise jusqu'au sud de la « terre » du Roi-Guillaume. Ce même mois, alors que les vivres commençaient à manquer, Franklin mourut. Au cours de l'été, les navires se déplacèrent quelque peu avec les glaces avant d'être pris à nouveau pour un troisième hiver. Au printemps 1848, 14 hommes étaient morts. Les rares provisions étant maintenant avariées, les survivants décidèrent d'abandonner les navires. Leur intention était apparemment de haler des embarcations sur 400 kilomètres pour traverser la « terre » du Roi-Guillaume et la presqu'île d'Adélaïde jusqu'à l'embouchure de la rivière Back. Peu après leur départ, les explorateurs ajoutèrent leur message à celui de Gore.

Minés par le scorbut, la plupart périrent sur les plages de l'île du Roi-Guillaume. Certains atteignirent la baie de Chantrey, au bord de la presqu'île d'Adélaïde. C'est à cet endroit, appelé aujourd'hui Starvation Cove, que furent trouvés

La folie de Thomas Simpson : prélude à l'échec de Franklin

Thomas Simpson dressa les cartes de centaines de kilomètres de côtes dans l'Arctique et fut l'une des grandes figures qui illustrèrent la longue épopée du passage du Nord-Ouest. Mais son orgueil et son impatience, ainsi que l'épuisement physique et mental qui résulta de ses explorations, le conduisirent à la folie et à la mort, à l'âge de 31 ans.

Vers 1835, la Compagnie de la Baie d'Hudson décida de participer à la recherche du passage. Le gouverneur George Simpson (voir p. 226) choisit son cousin Thomas comme second de Peter Dease.

Les officiers de la Royal Navy avaient fouillé la mer, sans succès. Ils avaient reconnu une partie de la côte, mais des lacunes subsistaient sur leurs cartes, l'une sur la côte de ce qui est aujourd'hui l'Alaska, l'autre entre le golfe du Couronnement et le détroit du Fury et du Hecla, à l'est. Dease et Simpson tenteraient de compléter le relevé de la côte et de trouver le passage.

En 1836, Simpson franchit 2 100 kilomètres à pied depuis le fort Garry (Winnipeg) jusqu'au Grand Lac des Esclaves où il rejoignit Dease. Au printemps suivant, ils descendirent le Mackenzie, puis obliquèrent vers l'ouest jusqu'à la pointe Barrow, complétant ainsi le relevé de l'ouest de la côte.

En 1839, l'expédition atteignait l'île du Roi-Guillaume, quelque 950 kilomètres à l'est de la rivière Coppermine, avant d'être forcée de rebrousser chemin. Les explorateurs savaient qu'ils n'étaient pas loin du détroit du Fury et du Hecla, mais ils ignoraient que la presqu'île de Boothia leur fermait le passage et qu'il n'y avait pas de route directe jusqu'au détroit.

Simpson proposa une nouvelle tentative : descendre la rivière Back et pousser à l'est vers le détroit du Fury et du Hecla. Mais Dease était en congé et George Simpson ne voulait pas confier le commandement à son cousin. Le jeune Simpson fit appel de la décision devant les gouverneurs de la compagnie, à Londres. Bouillant d'impatience — il ne savait pas que la décision lui avait été favorable — il quitta le fort Garry avec l'intention de se rendre à New York, puis en Angleterre.

Arrivé au Minnesota, les effets de trois années de privation eurent raison de ce pauvre homme aux humeurs changeantes : on pense qu'il tua deux de ses compagnons métis avant de mettre fin à ses jours.

Sa folie a pu causer indirectement d'autres morts. Un quatrième voyage aurait pu permettre de corriger les cartes marines qui trompèrent Franklin et entraînèrent l'échec de son expédition de 1845.

Les squelettes de sept membres de l'expédition de Franklin furent découverts en 1931 sur une île de la baie de Douglas, au sud-est de l'île du Roi-Guillaume. On les a enterrés sur place et on y a érigé un tumulus.

les macabres vestiges dont les Inuit devaient plus tard faire à Rae la description.

Mais qui, finalement, a découvert le passage du Nord-Ouest? Cet honneur devrait peut-être revenir au lieutenant Graham Gore qui a sans doute poussé assez loin au sud pour découvrir que la « terre » du Roi-Guillaume n'était qu'une île et que seules les glaces du détroit de Victoria barraient la route vers le golfe de la Reine-Maud.

En fait, Robert McClure fut le premier qui traversa le passage. Au cours d'une expédition partie du Pacifique en 1852 à la recherche de Franklin, il laissa son navire au large de l'île Banks, traversa à pied les glaces de l'île Melville, puis continua sa route vers l'Atlantique à bord d'un autre navire.

Mais le premier navire à franchir tout le passage du Nord-Ouest fut le *Gjoa*, du Norvégien Roald Amundsen, en 1903-1906. Amundsen avait suivi la route de Franklin jusqu'à l'île Cornwallis, puis descendu le détroit de Peel, pour passer à l'est de l'île du Roi-Guillaume, avant de poursuivre sa route jusqu'à la mer de Beaufort.

Le deuxième navire à traverser l'Arctique fut la goélette *St. Roch*, de la Gendarmerie royale du Canada, commandée par le sergent Henry Larsen. Elle effectua le passage d'ouest en est en 1940-1942. En 1944, le *St. Roch*, qui faisait route en sens inverse, fut le premier navire à réussir le passage en une seule saison.

Roald Amundsen et Henry Larsen passèrent tous deux à proximité de Starvation Cove.

Un monument (offert par Lady Franklin) fut construit à la mémoire de Sir John Franklin et de ses compagnons en 1855, sur l'île Beechey, près des tombes de trois d'entre eux.

Sites et monuments historiques

ÎLE DU ROI-GUILLAUME (T.N.-O.) A environ 150 km au nord-ouest de Gjoa Haven se trouve Victory Point où l'expédition de Franklin abandonna ses navires le 22 avril 1848. C'est là qu'on découvrit le seul document laissé par l'expédition. On peut y voir le tumulus sous lequel aurait été trouvé le document en 1857. Les tombes de sept des hommes de Franklin sont à Gjoa Haven. Du matériel et des squelettes ont aussi été retrouvés sur les côtes ouest et sud-est de l'île. *Gjoa Haven n'est accessible que par avion.*

Autres sites et monuments

Calgary (pas sur la carte) Un chariot de bois utilisé par l'expédition d'Edward Parry au cours de l'hiver passé sur l'île Melville en 1819-1820 est exposé au centre Glenbow-Alberta.

Churchill (Man.) (pas sur la carte) Les vestiges du fort d'où partit John Rae en 1853 pour reconnaître la presqu'île de Boothia se trouvent dans le parc historique national du fort du Prince-de-Galles. *Accessible uniquement par train.*

Elizabeth Harbour (T.N.-O.) (5) On peut voir une chaudière du *Victory* de John Ross, premier vapeur de l'Arctique, là où le bateau fut abandonné en 1829. *Pas de service régulier de transport.*

Fury Beach (T.N.-O.) (3) On y expose des clous, des chaînes et des douves de tonneaux du *Fury* de Parry, écrasé par les glaces en 1825. Des vestiges d'une maison où John Ross et ses hommes passèrent l'hiver de 1832-1833 subsistent encore. *Pas de service régulier de transport.*

Greenwich, Angleterre (pas sur la carte) Le document laissé à Victory Point par l'expédition de Franklin, une des médailles de

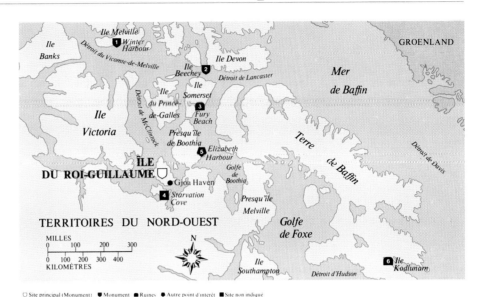

Site principal (Monument) ◯   Monument ◖   Ruines ◼   Autre point d'intérêt ●   Site non indiqué ◼

l'explorateur (donnée par des Inuit à John Rae) et des portraits des officiers de Franklin font partie de la vaste collection du National Maritime Museum consacrée aux explorations de l'Arctique.

Ile Beechey (T.N.-O.) (2) Un monument rappelle l'expédition de Franklin qui y passa l'hiver de 1845-1846. A côté du monument se trouvent les tombes de trois des compagnons de Franklin. *Pas de service régulier de transport.*

Ile Kodlunarn (T.N.-O.) (6) Des creux sur le sol marquent les endroits où Frobisher trouva ce qu'il croyait être de l'or en 1577 et 1578. A proximité sont les ruines d'une maison qu'il construisit. *Pas de service régulier de transport.*

Regina (pas sur la carte) Un canon de bronze du *Victory* de John Ross se trouve

au musée de la Gendarmerie royale du Canada. On peut y voir aussi une maquette du *St. Roch* (voir Vancouver) et la hune de vigie du navire.

Starvation Cove (T.N.-O.) (4) Les ossements découverts par des Inuit vers 1850 étaient ceux des compagnons de Franklin qui avancèrent plus au sud que les autres. Apparemment, tous moururent ici. *Pas de service régulier de transport.*

Vancouver (pas sur la carte) Le *St. Roch*, premier navire à traverser le passage d'ouest en est (1940-1942), se trouve au musée maritime de Vancouver.

Winter Harbour (T.N.-O.) (1) Une plaque rappelle qu'Edward Parry et les équipages du *Hecla* et du *Griper* passèrent à cet endroit l'hiver de 1819-1820. *Pas de service régulier de transport.*

Les chiens de traîneau, seule chance de survie dans l'Arctique

Le chien esquimau était indispensable à la survie des explorateurs.

Il descendait probablement de chiens amenés de Sibérie par les Inuit il y a environ 10 000 ans. Lorsque débuta l'exploration de l'Arctique, les chiens esquimaux mesuraient de 50 à 70 centimètres au garrot et pesaient de 27 à 39 kilogrammes. Ils savaient flairer le bœuf musqué, découvrir les trous des phoques dans la glace et éloigner les ours polaires. Ils avertissaient leurs

maîtres quand la glace était trop mince et ramenaient les chasseurs perdus dans la tempête. En une journée, les chiens pouvaient franchir 100 kilomètres en traînant jusqu'à deux fois leur poids.

Leurs larges pattes « en raquettes », recouvertes de fourrure, leur permettaient de courir facilement sur la neige et la glace. Ils mangeaient jusqu'à trois kilogrammes de viande ou de poisson par jour, mais pouvaient travailler des journées sans manger.

Trois hommes, trois forts et une nouvelle colonie

George Simpson, un Ecossais aussi exigeant avec ses hommes qu'il l'était envers lui-même, sortit de l'anonymat pour devenir le puissant gouverneur du plus vaste empire commercial de l'Amérique du Nord, celui de la Compagnie de la Baie d'Hudson.

Trois hommes exceptionnels, ainsi que trois forts de la Compagnie de la Baie d'Hudson, dominèrent les 35 années turbulentes qui virent la Colombie-Britannique devenir une colonie de la Couronne en 1858 et permirent au Canada de s'étendre plus tard jusqu'au Pacifique. Ces forts étaient ceux de Langley, de Vancouver (près de Portland, en Oregon) et de Victoria. Quant aux trois hommes, ils s'appelaient George Simpson, John McLoughlin et James Douglas. Ce dernier est considéré comme le père de la Colombie-Britannique et le fort Victoria est devenu la capitale de la province.

En 1824, la Compagnie de la Baie d'Hudson transportait ses fourrures vers le Pacifique en empruntant le cours du Columbia jusqu'au fort Vancouver. Le fort se trouvait dans le territoire de l'Oregon, qui appartenait conjointement à la Grande-Bretagne et aux Etats-Unis. Mais les Américains voulaient coloniser ce territoire et établir la frontière le long du 49ᵉ parallèle, dans le prolongement de la frontière à l'est des Rocheuses. George Simpson, gouverneur de la Compagnie de la Baie d'Hudson, devait alors trouver une autre voie navigable qui mènerait à un nouveau quartier général sur le Pacifique. Il envoya des éclaireurs reconnaître le Fraser.

Ils ne parcoururent qu'une quinzaine de kilomètres sur le fleuve, mais découvrirent « un cours d'eau noble et majestueux », regorgeant de saumons et riche en castors, qui traversait des terres fertiles. Les éclaireurs repérèrent un site et, trois ans plus tard, 25 hommes de la compagnie y construisaient une maison et un magasin à l'intérieur d'un enclos de 35 mètres sur 40, flanqué de bastions de rondins. Le 26 novembre 1827, le fort était baptisé du nom d'un administrateur de la compagnie, Langley. Il allait devenir le nouveau quartier général de Simpson.

George Simpson, que l'on appelait à son insu « le petit empereur », ne mesurait que 1,67 mètre, mais il avait toute la vigueur et l'arrogance d'un

Le fort Langley, qui fut le berceau de la Colombie-Britannique, a été reconstitué dans le parc historique national du fort Langley. Un des bâtiments de la Compagnie de la Baie d'Hudson subsiste encore (grande maison de la photo ci-dessous). Autrefois un atelier de tonnelier, c'est aujourd'hui un magasin. A gauche : marchandises et peaux à l'intérieur du magasin. A l'extrême gauche : un bastion qui servait de poste de garde et d'arsenal.

coq de combat. Le verbe haut — c'était là son arme favorite —, il n'hésitait pas à recourir à la force ni à fouetter à l'occasion un « voyageur » indocile. Sa journée commençait par une baignade dans l'eau glacée, parfois suivie d'une visite surprise en raquettes dans un fort éloigné. Enfant illégitime, il ne parlait guère de ses origines. Né en Ecosse, il était arrivé au Canada en 1820 comme employé de la Compagnie de la Baie d'Hudson. Un an plus tard, il était gouverneur du territoire du Nord, entre la baie d'Hudson et les Rocheuses, le plus riche en fourrures de tous les territoires de la compagnie.

En 1821, la Compagnie du Nord-Ouest et la Compagnie de la Baie d'Hudson fusionnèrent et celle-ci acquit le monopole de la traite de la fourrure. Pour célébrer l'événement, Simpson donna une grande fête à York Factory, sur la baie d'Hudson. Les *Nor'Westers* entrèrent en silence dans la grande salle à manger, refusant tout d'abord de se mêler à leurs hôtes. Simpson s'inclinait, souriait, serrait les mains et finit par briser la glace et persuader ses invités de s'asseoir. La conversation n'était guère facile car les *Nor'Westers* se trouvaient face à leurs rivaux de toujours, mais la diplomatie du nouveau gouverneur sut arrondir les angles.

Peu après, Simpson prouva qu'il pouvait être un administrateur efficace et implacable : il congédia la moitié de ses hommes et réduisit la solde des autres. On le voyait souvent quitter sa maison de York Factory (et plus tard celle de Lachine, au

Québec) pour inspecter les postes de traite dans l'Ouest, depuis Lower Fort Garry (aujourd'hui Selkirk, au Manitoba) jusqu'au fort Vancouver, dans l'Oregon. En 1826, il devint gouverneur de tous les territoires de la Compagnie de la Baie d'Hudson.

En 1827, il avait acquis la certitude que le Fraser était navigable de l'intérieur (Nouvelle-Calédonie) jusqu'à son embouchure. Mais il lui fallait encore prouver ses conjectures. Le 12 juillet 1828, moins d'un an après la construction du fort Langley, il quitta York Factory pour inspecter les postes de traite du district de la Nouvelle-Calédonie. On le vit donc partir à la tête d'une troupe bariolée de « voyageurs » canadiens-français qui brandissaient leurs avirons rouges et chantaient à tue-tête, tandis qu'un joueur de cornemuse écossais ouvrait le cortège. La troupe voyageait tous les jours de deux heures du matin jusqu'à huit heures du soir, avec un bref arrêt de 10 minutes à midi. Quand ils approchaient d'un poste de traite, les hommes revêtaient leurs uniformes bleus pour impressionner les Indiens et faisaient leur entrée dans un tintamarre de cornemuses et de coups de feu. Le 17 septembre, ils arrivèrent au fort St. James, sur le lac Stuart, principal poste de la Nouvelle-Calédonie. Puis ils firent environ 300 kilomètres en suivant le cours du Fraser jusqu'au fort Alexandria et se rendirent à cheval jusqu'au fort Kamloops, sur la rivière Thompson.

Début octobre, Simpson et ses hommes des-

Dans le magasin à fourrures de Lower Fort Garry, on peut voir une presse à fourrures qui servait à mettre les peaux en ballots de 40 kg. Le fort fait aujourd'hui partie d'un parc historique national à Selkirk (Man.).

cendirent le Thompson jusqu'à son confluent avec le Fraser, à Lytton. Leur plan était de suivre le Fraser jusqu'au fort Langley, dans de petites embarcations construites à la hâte. Mais le Fraser jonché de rochers s'encaissait dans un profond canyon. Plus d'une fois, malgré l'habitude de l'Iroquois qui dirigeait la manœuvre, les embarcations furent à un doigt de s'écraser sur les rochers, emportées par les eaux tourbillonnantes du fleuve.

Quand Simpson atteignit enfin des eaux plus calmes, près de l'océan, il comprit que le fleuve n'était pas une « voie de communication avec l'intérieur ». Le fort Langley ne pourrait jamais être le quartier général de la compagnie sur la côte du Pacifique.

Il fallait donc toujours transporter les peaux jusqu'au Pacifique par le Columbia et le fort Vancouver, quartier général de la compagnie dans la région. C'est John McLoughlin qui commandait le fort. Simpson l'y avait nommé en 1824 en raison de l'expérience qu'il avait acquise au contact des rivaux américains de la compagnie alors qu'il dirigeait un petit poste au lac à la Pluie (près du fort Frances, en Ontario).

Fils de fermier, McLoughlin était né en 1784 à Rivière-du-Loup, au Québec. Il avait reçu l'autorisation de pratiquer la médecine à l'âge de 19 ans et, la même année, était entré à la Compagnie du Nord-Ouest comme « apprenti médecin », moyennant un traitement annuel de £20. Par la suite, il était devenu associé « hivernant »

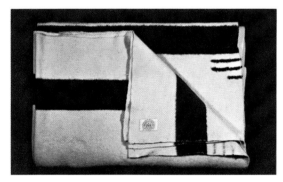

Les petites lignes noires, qu'on observe à droite de cette couverture de la Baie d'Hudson, sont des symboles de longueur et de poids. Ici : 1,27 m sur 3,35 m; 3 kg.

Le fort St. James, sur le lac Stuart, à environ 965 km au nord de Vancouver, fut construit par la Compagnie du Nord-Ouest en 1806 et devint un poste de la Compagnie de la Baie d'Hudson en 1821, quand les deux compagnies fusionnèrent. C'est aujourd'hui un parc historique national.

Mariages « à la façon du pays » dans le Nord-Ouest

Au début du XIXe siècle, les Blancs qui travaillaient dans le Nord-Ouest étaient à des milliers de kilomètres de toute femme blanche. Nombre d'entre eux prirent des épouses indiennes ou métisses. La femme enseignait à son mari la langue et les coutumes locales, réparait son canot, l'aidait à fabriquer ses pièges, dépeçait les prises et préparait les peaux. En échange, elle recevait nourriture et vêtements pour ellemême et ses enfants, et même parfois ces produits de luxe qu'étaient le thé et le sucre. Ces mariages « à la façon du pays » étaient rarement officiels, mais bien des couples restèrent unis pendant des années. La plupart des hommes finissaient cependant par être transférés ou rappelés. Certains restaient et s'improvisaient fermiers; d'autres partaient, abandonnant leur « famille » aux bons soins de la compagnie. Plusieurs trouvèrent (ou payèrent) un Indien ou un autre Blanc pour prendre leur place.

Au début, la Compagnie de la Baie d'Hudson s'opposa à ces mariages, craignant les dépenses qu'entraîneraient les enfants. Mais la Compagnie du Nord-Ouest encourageait ces liaisons et sa rivale de toujours fut obligée de lui emboîter le pas. Le gouverneur George Simpson, qui avait eu trois enfants au cours de ses voyages, se décida à prendre une métisse, Margaret Taylor, pour femme en 1826.

Mais Simpson partit en Angleterre en 1829, laissant derrière lui ce qu'il appelait sa « chose » aux soins d'un agent. Il revint avec une épouse anglaise, Frances. La pauvre femme tomba malade et rentra en Angleterre. Mais elle avait apporté au Nord-Ouest la « respectabilité » et les mariages « à la façon du pays » furent bientôt sanctionnés par les missionnaires.

Les bateaux d'York, construits à l'origine par la Compagnie de la Baie d'Hudson à York Factory, sillonnaient tout l'ouest du Canada au milieu du XIXᵉ siècle. Ces bateaux de bois transportaient autant de marchandises que plusieurs canots. A droite : reconstitution du fort Edmonton, sur le Saskatchewan.

de la compagnie, mais il se tourna vers la Compagnie de la Baie d'Hudson quand les *Nor'-Westers* furent au bord de la faillite.

Sous la direction de McLoughlin, le fort Vancouver devint le poste le plus important de la compagnie sur le Pacifique. Cependant, les Américains, qui s'intéressaient depuis peu au Nord-Ouest, faisaient à McLoughlin une concurrence féroce dans l'Oregon, et la confrontation allait devenir inévitable. Jusque-là, McLoughlin avait semblé inébranlable dans sa loyauté de Canadien, mais voilà que George

Simpson commença à se méfier de lui. Persuadé que le gouvernement américain était plus juste que celui de son propre pays, McLoughlin sympathisait avec les réformistes du Haut et du Bas-Canada. En outre, il encourageait l'immigration américaine alors que sa mission était de protéger les intérêts de la compagnie dans le district.

Si Simpson critiquait son agent pour la générosité dont il faisait preuve envers les colons américains, il ne le congédia point de crainte que McLoughlin ne fonde une compagnie rivale. En 1842, leur querelle prit un tour personnel quand

John McLoughlin réhabilite la mémoire de son fils

Les drapeaux étaient en berne au fort Stikine (près de Wrangell, en Alaska), et l'on était sans nouvelles du commandant du fort, John McLoughlin, Jr., quand le gouverneur de la Compagnie de la Baie d'Hudson, George Simpson, arriva le 25 avril 1842.

Quatre nuits plus tôt, raconta-t-on à Simpson, McLoughlin, fils de l'agent principal John McLoughlin, avait perdu la tête et quelqu'un l'avait tué en légitime défense; McLoughlin buvait sec et maltraitait souvent les hommes du fort, selon leur dire.

Simpson déclara à McLoughlin père que la conduite de son fils avait été déplorable et qu'il avait mal géré le fort. L'homicide était « justifiable » et aucune accusation ne serait portée.

McLoughlin, qui n'aimait pas Simpson, mena sa propre enquête et découvrit bientôt que son fils avait dû à lui seul contenir des hommes qui étaient les plus turbulents de la compagnie. Lorsque le jeune McLoughlin tenta de mettre fin à leurs bacchanales nocturnes, les hommes avaient décidé de le tuer. Il avait eu conscience du danger,

mais il était resté à son poste. Ses livres, en outre, étaient bien tenus, et c'est à peine s'il avait touché la provision d'alcool qui lui était allouée.

En 1843, convaincue par les protestations de McLoughlin, la compagnie réhabilita son fils. Mais l'antipathie de McLoughlin pour Simpson tourna bientôt à la haine. Par la suite, on accusa McLoughlin de compromettre les intérêts de la compagnie sur la côte du Pacifique et d'encourager l'immigration de colons américains dans ce qui deviendra plus tard l'Oregon.

Un bateau à aubes terrifie les Indiens de la côte

Ce n'était pas un grand navire, mais il ne manquait pas d'allure avec sa haute cheminée qui crachait la fumée et ses roues à aubes qui faisaient bouillonner l'eau. C'était le *Beaver*, un bâtiment de 31 mètres et de 109 tonneaux, premier vapeur à sillonner le Pacifique Nord.

Construit à Londres, le *Beaver* arriva au fort Vancouver (près de Portland, en Oregon) en 1836 et devint un instrument essentiel dans la lutte que menait la Compagnie de la Baie d'Hudson pour dominer la traite des fourrures dans le Pacifique Nord. Les voiliers américains ne pouvaient lui tenir tête. Si le vent tombait, les chaudières à bois et à charbon du *Beaver* continuaient à le faire filer ses 8½ nœuds. Et le vapeur pouvait pénétrer dans des goulets et des anses inaccessibles aux voiliers.

Le *Beaver* terrifiait les Indiens de la côte, qui croyaient que le bateau portait dans ses entrailles un démon du feu ou qu'il était gouverné par un sorcier. Frappés de stupeur, les Bella Bellas en firent une réplique grossière : une pirogue peinte en noir que des guerriers manœuvraient avec des rames rouge vif.

Le *Beaver* resta plus de 20 ans en service, permettant à la Compagnie de la Baie d'Hudson de réduire le nombre de ses forts dans le nord de la côte du Pacifique. En juillet 1888, le navire s'échoua sur des rochers à l'entrée du port de Vancouver. Il coula quatre ans plus tard.

McLoughlin accusa Simpson de ne pas avoir enquêté comme il l'aurait dû sur le meurtre de son fils dans un poste de la compagnie.

Tandis que continuait cette dispute, le district du Columbia changea du tout au tout. Neuf cents immigrants arrivèrent en chariots en 1843, portant la population du district à 1 200 âmes. Certains colons apportèrent avec eux leurs préjugés, menaçant d'expulser tout Blanc marié à une Indienne ou à une métisse. (L'épouse de McLoughlin avait du sang sauteux.) La rumeur courait chez les immigrants que les Anglais, appuyés par les commerçants de la Compagnie de la Baie d'Hudson et leurs alliés indiens, avaient tué 500 Américains. Quelques colons parlaient d'attaquer le fort Vancouver. A telle enseigne que McLoughlin lui-même informa le siège social de la compagnie à Londres que certains Américains, « désespérés et téméraires », avaient tenté de s'emparer de terres de la compagnie. En fait, dès 1843, soit trois ans avant que McLoughlin prenne sa retraite, des colons américains formèrent un gouvernement provisoire. Déçu par les Américains, mais encore plus amer envers ses supérieurs de la compagnie, McLoughlin décida de rester en Oregon lorsque l'Angleterre et les Etats-Unis signèrent en 1846 le traité de l'Oregon. En vertu de ce traité, les Etats-Unis obtenaient les territoires au sud du 49ᵉ parallèle et les eaux côtières au sud du golfe de Géorgie et du détroit de Juan de Fuca. Le fort Vancouver se trouvait aux Etats-Unis, l'île Vancouver demeurait britannique.

Le successeur de John McLoughlin au fort Vancouver fut son ancien adjoint, James Douglas, dont les origines étaient aussi obscures que celles de Simpson. Râblé, la peau très sombre, on racontait qu'il était mulâtre et fils illégitime. Né vers 1803, il avait commencé sa carrière comme commis de la Compagnie du Nord-Ouest et avait survécu par la suite au fusionnement avec la Compagnie de la Baie d'Hudson.

En 1843, Douglas construisait le fort Camosun (rebaptisé fort Victoria la même année) au sud de l'île Vancouver. Le fort était protégé par une palissade de 90 mètres sur 100, formée de pieux de sept mètres de long. Les Indiens qui avaient fait la coupe du bois furent payés en couvertures : une couverture pour 40 pieux.

Douglas était un administrateur d'envergure. En 1849, on le nomma à la tête du fort Victoria (le gouvernement anglais avait cédé l'île Vancouver à la Compagnie de la Baie d'Hudson en 1849, et le fort Victoria avait supplanté le fort Vancouver comme quartier général de la compagnie sur la côte du Pacifique). En 1851, toujours agent principal de la compagnie, Douglas fut promu gouverneur de l'île par l'Angleterre et cumula les deux fonctions.

En 1856, on découvrit de l'or dans la vallée du Columbia. Moins d'un an plus tard, on parlait de nouvelles découvertes le long du Thompson et du Fraser, en Nouvelle-Calédonie.

Un dimanche matin du printemps 1858, alors que les colons rentraient de l'église, environ 450 mineurs en provenance des placers épuisés de

John McLoughlin, agent principal de la Compagnie de la Baie d'Hudson, était soupçonné de sympathiser avec les Américains. Il n'en fit pas moins face à la concurrence des commerçants américains. Sous sa direction, le fort Vancouver (près de Portland, Oreg.) devint le plus gros comptoir de la Compagnie de la Baie d'Hudson sur la côte du Pacifique à la fin des années 1830.

Californie débarquèrent à Victoria, Ils avaient été parmi les premiers à apprendre que la Compagnie de la Baie d'Hudson avait déposé de l'or à l'hôtel des Monnaies de San Francisco. La ruée vers l'or du Fraser venait de commencer (voir p. 235). Vingt mille arrivants passèrent par cette ville de 400 habitants au cours de l'année, dormant sous la tente ou à la belle étoile. Six semaines après l'arrivée du premier bateau, 200 magasins avaient ouvert leurs portes pour les chercheurs d'or qui remontaient le fleuve.

Douglas ne pouvait attendre les instructions de Londres. Gouverneur de l'île Vancouver, il n'avait aucune autorité sur le continent, mais il prit sur lui d'assujettir les nouveaux venus à la loi britannique. Il créa un corps de police, nomma des juges pour faire régner un semblant de paix sur les champs aurifères, ainsi que des percepteurs pour recevoir les droits que devaient verser les mineurs. L'Angleterre proclama bientôt colonie de la Couronne le territoire qui s'étendait à l'ouest des Rocheuses et mit fin au monopole commercial de la Compagnie de la Baie d'Hudson. Douglas n'avait plus qu'à démissionner de la compagnie pour devenir gouverneur de la nouvelle colonie.

Le 19 novembre 1858, James Douglas arriva de Victoria au fort Langley. Il descendit du vieux vapeur de la Compagnie de la Baie d'Hudson, le *Beaver*, et débarqua sur les rives boueuses du Fraser tandis qu'on tirait une salve de 18 coups de canon et qu'on hissait l'Union Jack sur le fort. Devant une centaine de personnes, le juge Matthew Baillie Begbie donna lecture de la lettre de la reine Victoria qui nommait Douglas gouverneur de la Colombie-Britannique.

James Douglas fut longtemps agent principal de la Compagnie de la Baie d'Hudson. Il démissionna en 1858 pour devenir le premier gouverneur de la colonie de Colombie-Britannique. Il fut anobli cinq ans plus tard.

Des officiers coloniaux se préparent à quitter le fort Langley après l'assermentation du gouverneur James Douglas, le « père de la Colombie-Britannique », en 1858.

Anobli en 1863 pour les services qu'il avait rendus à la Couronne en contribuant à la fondation de la Colombie-Britannique, James Douglas mourut à Victoria en 1877. Quant à John McLoughlin, il mourut un an avant que la Colombie-Britannique vît le jour. Devenu citoyen américain, on lui décerna, à titre posthume, le nom de père de l'Oregon.

George Simpson, anobli en 1841, mourut en 1860 à Lachine, au Québec. Son fort se dresse toujours à Langley, en Colombie-Britannique.

Noël : des réjouissances nostalgiques

Dans tous les postes de la Compagnie de la Baie d'Hudson, du fort Vancouver à York Factory, Noël était jour de fête mais aussi de nostalgie. Avec un peu de chance, les hommes pouvaient manger du pudding au raisin et de la bosse de bison, servis pour l'occasion dans de la porcelaine au lieu des habituelles gamelles de fer-blanc. Quel que fût le menu, l'on tentait d'accommoder les traditions aux réalités du quotidien.

Une année, à York Factory, on abattit un bœuf de trait pour en faire un rosbif passable, tandis que les convives du fort Vancouver faisaient un somptueux dîner de « cygnes si gras qu'ils nageaient dans leur graisse ». La spécialité du fort Edmonton était le jeune bison, retiré avant terme du ventre de sa mère, que l'on faisait bouillir tout entier.

Paul Kane, qui a peint, de 1846 à 1849, des scènes de la vie des Indiens du Nord-Ouest, nous a laissé un récit du bal qui suivit les grandes fêtes de Noël au fort Edmonton, en 1847. C'était, disait-il, un pittoresque mélange d'Indiens aux visages peints, de « voyageurs » aux ceintures de couleurs vives, de métis « resplendissant de tous les ornements qu'ils avaient pu trouver ». Une jeune Cri « arborait assez de perles autour de son cou pour faire la fortune d'un colporteur ». Au son aigre d'un violon, Indiens et métis se mêlaient aux hommes de la Compagnie de la Baie d'Hudson pour danser à leur manière le *reel* écossais.

Sites et monuments historiques

FORT LANGLEY (C.-B.) Le poste de la Compagnie de la Baie d'Hudson où James Douglas fut assermenté premier gouverneur de la Colombie-Britannique le 19 novembre 1858 a été partiellement reconstitué dans le parc historique national du fort Langley. À l'intérieur de la palissade, on peut voir plusieurs maisons meublées dans le style des années 1850, dont une réplique de la grande maison reservée aux agents de la Compagnie. Les visiteurs peuvent observer des artisans fabriquer les tonneaux qu'on utilisait pour exporter le saumon et visiter un magasin de fourrures, de provisions en vrac et de matériel pour les mineurs (1840).

Autres sites et monuments

Campbell River (C.-B.) (1) Au musée du Centenaire de Campbell River, on expose une partie d'un mât totémique où est gravée l'effigie de William McNeill, capitaine du *Beaver*, premier vapeur à sillonner les eaux du Pacifique Nord.

Edmonton (pas sur la carte) Le dernier poste de la Compagnie de la Baie d'Hudson construit dans cette région en 1830 a été reconstitué dans le parc du fort Edmonton. On peut y voir une dizaine de bâtiments meublés dans le style de 1846, dont une réplique de la grande maison des agents, une tour de garde et le premier moulin à vent à l'ouest de la rivière Rouge. Des bateaux d'York sont amarrés sur le Saskatchewan du Nord.

Fort St. James (C.-B.) (6) Sur le site d'un poste de la Compagnie du Nord-Ouest construit en 1806 et repris par la Compagnie de la Baie d'Hudson en 1821 pour en faire le quartier général du district de la Nouvelle-Calédonie, on peut encore voir un magasin de fourrures et la maison d'un commis (vers 1880).

Kamloops (C.-B.) (7) Un ancien comptoir de la Compagnie de la Baie d'Hudson, construit en 1821 à l'intérieur du fort Kamloops, a été reconstitué dans le musée de la ville.

Ladner (C.-B.) (4) À English Bluff, 13 km au sud de Ladner, une colonne de pierre fut dressée en 1861 pour marquer le 49ᵉ parallèle, frontière entre le Canada et les États-Unis qu'avait établie le traité de l'Oregon en 1846.

Nanaimo (C.-B.) (2) Le Bastion, une casemate armée de deux canons d'époque, subsiste d'un fort de la Compagnie de la Baie d'Hudson construit en 1853 pour héberger des mineurs de charbon qui étaient venus d'Angleterre.

Selkirk (Man.) (9) Le quartier général de

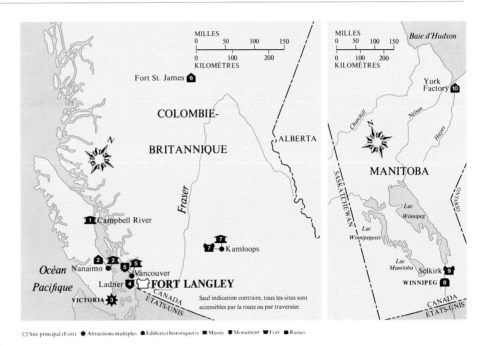

Site principal (Fort)   ✱ Attractions multiples   ▲ Édifice(s) historique(s)   ▪ Musée   ▮ Monument   ▬ Fort   ▪ Ruines

la Compagnie de la Baie d'Hudson de 1831 à 1837, dernier comptoir de pierre qui soit resté intact, se trouve dans le parc historique national de Lower Fort Garry. Commencé en 1930 par George Simpson qui voulait remplacer le premier fort Garry, 30 km en amont sur la rivière Rouge (aujourd'hui Winnipeg), le nouveau fort se révéla trop à l'écart et devint un centre d'approvisionnement. Dans le magasin à fourrures, on peut voir des pièges, des haches, des barils de whisky et des centaines de peaux. Des figurants cardent et filent de la laine; d'autres fabriquent du savon et des chandelles.

Vancouver (5) Sur la pointe Prospect, une stèle rappelle que le vapeur *Beaver* sombra non loin de là le 26 juillet 1888. Le musée maritime de Vancouver renferme une ancre, des morceaux de la coque et des agrès du *Beaver*, ainsi que des médailles frappées dans le métal du navire.

Victoria (3)

ÉCOLE DE CRAIGFLOWER La plus ancienne école à l'ouest des Grands Lacs (1855) est aujourd'hui un musée consacré à la vie des pionniers.

FORT VICTORIA Une plaque sur la rue du Gouvernement (intersection Courtenay) marque l'endroit où James Douglas fonda le fort Victoria.

MAISON DE HELMCKEN Construite en 1852 par le docteur J. S. Helmcken de la Compagnie de la Baie d'Hudson, cette maison de rondins est aujourd'hui un musée où l'on peut voir des meubles du XIXᵉ siècle et

les instruments du médecin. Helmcken fut le premier président de l'Assemblée législative de la colonie de l'île Vancouver (1856) et il prit part par la suite aux négociations qui aboutirent à l'entrée de la Colombie-Britannique dans la Confédération en 1871.

MANOIR DE CRAIGFLOWER Cette maison à deux étages, achevée en 1856, abritait le siège administratif d'une ferme de la Compagnie de la Baie d'Hudson qui approvisionnait le fort Victoria en viande, en fruits et en légumes. C'est aujourd'hui un musée et un site historique national.

MUSÉE MARITIME Deux maquettes du *Beaver* (la première représentant le navire en 1836, l'autre en 1880) sont exposées dans le musée, de même qu'un canon et une roue de gouvernail qui proviendraient du *Beaver*.

MUSÉE PROVINCIAL DE LA COLOMBIE-BRITANNIQUE On peut y voir notamment une maquette du fort Victoria, fondé par la Compagnie de la Baie d'Hudson en 1843.

Winnipeg (8) Dans le parc du fort Garry subsiste encore une porte du Upper Fort Garry, reconstruit par George Simpson en 1835.

York Factory (Man.) (10) Un magasin à fourrures, qui comprenait aussi un bureau d'affaires (vers 1835), subsiste du poste où des hommes de la Compagnie du Nord-Ouest et de la Compagnie de la Baie d'Hudson se rencontrèrent en 1821, à la suite du fusionnement des deux compagnies. *Accessible uniquement par avion.*

Une mine d'or pour Billy Barker

Billy Barker n'avait plus un sou. Dans la chaleur de ce mois d'août 1862, il creusait un puits de mine dans le roc et le gravier, au bord du ruisseau Williams, quelque part dans les chaînons du Caribou en Colombie-Britannique. Barker et ses six compagnons avaient déjà creusé 15 mètres en pure perte. Peut-être ne trouveraient-ils jamais une seule pépite en cet endroit; peut-être tout l'or était-il en amont où certains mineurs en ramassaient chaque jour pour $2 000 ou $3 000. Mais Barker ne voulait pas encore abandonner. Chaque nuit, il était agité par un rêve où le chiffre 16 revenait sans cesse. « Allons, courage! et creusons encore un peu », supplia-t-il ses compagnons.

Le lendemain, 21 août, Barker maniait le pic et la pelle, tandis que ses aides hissaient les seaux de gravier à la surface. Soudain, la chance tourna. A 16 mètres, il vit devant lui des pépites d'or aussi grosses que des œufs. Un filon! Cette nuit-là, Billy Barker donna une fête qui ne prit fin que lorsqu'il ne resta plus rien à boire.

Les prospecteurs accoururent au ruisseau Williams. Une petite ville poussa du jour au lendemain. En l'honneur de celui qui avait découvert le filon, on la nomma Barkerville.

La ruée vers l'or du Caribou avait commencé en 1858 lorsque des prospecteurs de Colombie-Britannique étaient venus changer de la poussière et des pépites d'or à l'hôtel des Monnaies de San Francisco. Les prospecteurs des placers épuisés de Californie s'étaient alors précipités vers Victoria, sur l'île Vancouver, afin d'y acheter l'équipement dont ils auraient besoin avant de

Barkerville, l'ancienne capitale de l'or du Caribou, doit son nom à Billy Barker (en médaillon), un marin venu de Cornouailles qui y découvrit un riche filon en août 1862. Dans la petite ville restaurée, on peut voir le cabinet d'un médecin (à gauche) et celui d'un dentiste qui offrait des extractions sans douleur. Le Barnard's Express assurait le service entre Barkerville et Yale.

235

En route vers le Caribou, les chercheurs d'or devaient se frayer un chemin dans l'étroit canyon du Fraser.

Cette peinture d'un mineur du Caribou est l'œuvre d'un artiste qui chercha de l'or, mais n'en trouva jamais. William Hind était de l'expédition de 1862 (voir page ci-contre). Après s'être essayé à la prospection, il revint au pinceau et ouvrit un studio à Victoria.

prendre la route du Fraser, où ils pensaient trouver l'Eldorado.

La neige avait été abondante au cours de l'hiver 1857-1858 et les crues du printemps furent particulièrement dévastatrices. Bien des hommes se noyèrent dans les eaux tumultueuses du Fraser, projetés hors des canots surchargés, des chalands et des radeaux de fortune que remorquaient des vapeurs asthmatiques. Au fort Hope, la route virait au nord pour s'engager dans le canyon du Fraser. Le vapeur *Umatilla* mettait cinq heures pour remonter les 24 kilomètres qui séparaient le fort Hope de Yale, alors que le retour, dans le sens du courant, ne prenait que 51 minutes.

Au-delà de Yale, les rapides rendaient la navigation extrêmement périlleuse. Il était moins risqué de suivre à pied les rives boueuses du Fraser. Quand les prospecteurs arrivaient enfin aux bancs de sable où ils espéraient trouver de l'or,

la crue des eaux les empêchait de se mettre au travail. Des milliers de mineurs rebroussèrent chemin, persuadés d'avoir été victimes d'une mystification. L'hiver venu, il ne restait plus que 3 000 des 25 000 hommes qui avaient remonté le Fraser.

Nombre d'entre eux poussèrent beaucoup plus au nord, au-delà de Soda Creek, escaladant des parois à pic, suivant d'étroites pistes indiennes, se frayant un chemin à travers la forêt. Chargés de matériel, ils devaient traverser de profonds ravins sur d'instables ponts de branches. Au printemps 1860, la plupart lavaient le gravier sur les rives des lacs Quesnel et Caribou. Une poignée d'hommes s'étaient aventurés jusqu'au fort George (aujourd'hui Prince-George), au nord, et sur le vaste plateau qu'enserrait un

« Cataline » Caux, le roi des marchands du Caribou

Passé Yale, où s'arrêtaient les bateaux qui remontaient le Fraser, les convois de mules étaient le seul moyen d'approvisionner les mineurs de Barkerville avant que la route du Caribou soit achevée, en 1865. Jean-Jacques « Cataline » Caux, roi des marchands, faisait la navette entre Yale et le Caribou.

Matériel hydraulique, farine, champagne? Il le livrait. Mauvais temps, incendies de forêt, rien ne l'arrêtait. Ses convois comptaient de 16 à 48 mules, portant chacune de 115 à 180 kilogrammes. Il lui fallait un mois pour franchir les 640 kilomètres entre Yale et Barkerville.

Natif du Béarn, en France, il fut surnommé Cataline, du nom d'une province espagnole voisine, la Catalogne. Il portait toujours un foulard de soie, mais jamais de chaussettes, même en

hiver. Il s'achetait une nouvelle chemise avant chaque voyage. Sur la route, il dormait à la belle étoile et se nourrissait de pain sans levain, de fèves, de gibier et de fines herbes crues marinées dans le vinaigre.

Cataline était fier de son amitié avec le juge Matthew Baillie Begbie (voir p. 239). A une époque où l'on critiquait le juge, on demanda à Cataline de prendre position. Il sortit un couteau mexicain de sa botte et répondit simplement : « Je suis avec le juge. » Begbie entendit parler de l'histoire et ne l'oublia pas. Quelques années plus tard, Cataline occupa un terrain du Caribou. On contesta ses droits parce qu'il était étranger. Begbie alla rencontrer Cataline sur la route, tint séance sur-le-champ et le naturalisa canadien sans autre forme de procès.

La route « la plus rapide et la plus sûre »

La route « la plus rapide, la plus sûre et la plus économique jusqu'aux mines d'or », voilà ce qu'offrait la British Columbia Overland Transit au printemps 1862. Plus de 200 hommes accompagnés d'une femme enceinte et de trois enfants partirent en mai du Québec et de l'Ontario vers le Caribou. Ils devaient voyager par chemin de fer jusqu'à St. Paul, au Minnesota, puis en chariot jusqu'aux Rocheuses. Passé le col de la Tête Jaune, ils descendraient le Fraser jusqu'aux gisements. Un véritable voyage d'agrément.

A St. Paul, quelques-uns rebroussèrent chemin. Les autres continuèrent à pied, en charrette et en vapeur jusqu'au fort Garry (Winnipeg). De là, ils poussèrent à travers la prairie jusqu'au col de la Tête Jaune où on dut abandonner les charrettes. L'expédition se fraya un chemin dans des forêts impénétrables (comme le montre ce tableau de William Hind). Fin août, elle atteignait enfin les eaux turbulentes du Fraser.

La plupart choisirent de suivre le fleuve à bord de canots et de radeaux. Le 10 septembre, ce premier groupe gagnait le fort George.

A Tête-Jaune-Cache, l'autre groupe était parti à travers bois vers la rivière Thompson qu'il fallut suivre en radeau; un homme se noya. Ils arrivèrent enfin au fort Kamloops le 13 septembre. Le lendemain, Mme Auguste Schubert donnait naissance à un enfant, le premier Blanc à naître au cœur de la Colombie-Britannique.

Rares furent ceux qui se rendirent jusqu'aux mines. Un seul trouva de l'or. La plupart restèrent dans l'Ouest, conquis par une terre « sans égale pour sa beauté et la salubrité de son climat ». Cette fois-ci, les agents de la British Columbia Overland Transit avaient dit vrai.

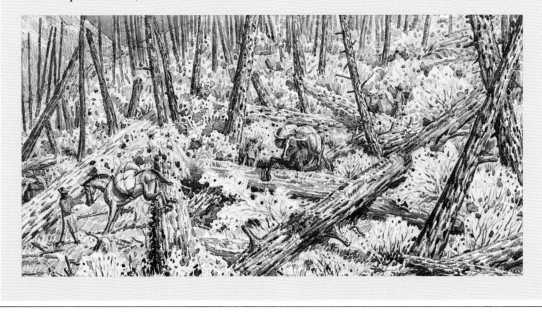

méandre du Fraser, à l'est. Partout, le cerf et le caribou pullulaient. On appela bientôt cette région le Caribou.

Par une soirée d'automne, quatre prospecteurs qui fouillaient un affluent de la rivière Bowron, au cœur du pays du Caribou, découvrirent soudain au milieu du gravier des pierres jaunes. Une seule batée donna pour $75 de pépites. La nouvelle se répandit et, en janvier 1861, 400 mineurs campaient dans des trous creusés dans la neige, au bord du ruisseau, attendant le printemps pour exploiter leurs concessions. En juillet, toute une ville était née.

On ne tarda pas à découvrir d'autres ruisseaux aurifères dans le Caribou : le Lightning, le Lowhee, la Grouse et la merveille des merveilles, le Williams. Mais après des débuts prometteurs, celui-ci s'appauvrit rapidement. On en vint même à l'appeler le ruisseau Humbug (des dupes).

Jusqu'alors, on avait trouvé les pépites d'or près de la surface. Personne n'avait creusé jusqu'à la roche-mère. Un prospecteur du nom de Jourdan décida de tenter l'expérience. Après 48 heures de travail, il ramena à la surface pour $1 000 de pépites. Le ruisseau Williams résonna bientôt du bruit des pics et des pelles. Certaines concessions produisirent 18 kilogrammes d'or en une seule journée. Avant les premières chutes de neige, une bourgade se dressait autour des excavations. On l'appela Richfield.

Au printemps 1862, la route du Caribou, bien qu'épuisante et souvent décourageante, fourmillait de prospecteurs, de marchands et de pauvres gens qui espéraient faire fortune.

Le mineur ramassait une batée de gravier. Il ôtait les galets, puis faisait tourner la batée dans l'eau pour laver la vase, l'or plus lourd restant au fond du récipient. Le résidu — poussières d'or, pépites et sable fin — était mis à sécher au soleil ou près du feu. Quand le sable était sec, le mineur soufflait dessus pour le chasser et, avec de la chance, découvrait quelques particules d'or.

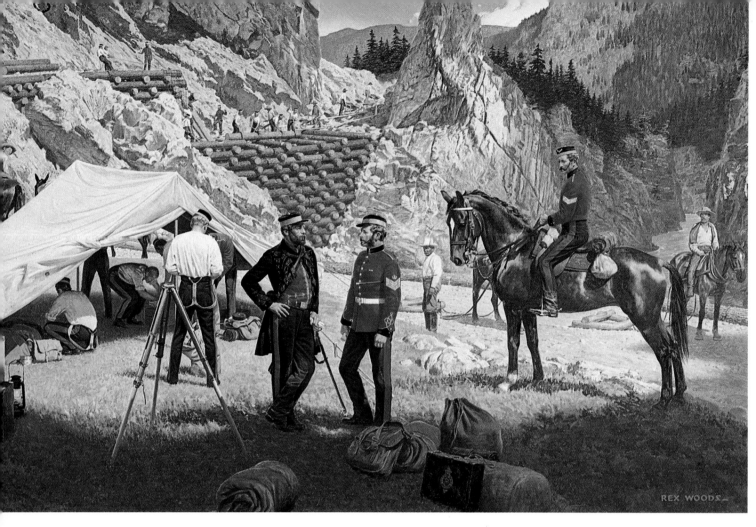

Les officiers du génie de l'armée anglaise dirigèrent la construction de la route du Caribou, dans le canyon du Fraser. Sur ce tableau de Rex Woods, des troncs d'arbres sont entassés pour former la chaussée et étayer la paroi du canyon.

Le gouverneur de la Colombie-Britannique, James Douglas, avait commencé à construire une route carrossable entre Yale et les champs aurifères. La construction avançait à grand-peine sur la paroi ouest du canyon. Les ingénieurs ouvraient le roc à la dynamite, suivis d'une multitude d'ouvriers, la plupart chinois (voir ci-dessous), armés de pioches et de pelles. Quand il devint impossible de continuer sur la rive droite, on lança un pont suspendu sur le canyon, près de

Spuzzum. La route continua ensuite le long des escarpements de la rive gauche. A l'automne 1862, Douglas vint inspecter les travaux. « Des cols de sinistre mémoire, si fameux dans l'histoire du pays, ont perdu leur aspect terrifiant », écrivait-il avec orgueil et non sans exagération.

Billy Barker arriva au ruisseau Williams l'été 1862. Les beaux jours des découvertes faciles étaient finis. Mais il fallait des capitaux et des hommes pour abattre les arbres, creuser les puits

A la recherche de l'or et de la paix céleste

Pour les milliers de Chinois qui quittèrent leur pays au XIXe siècle en quête de travail et d'un peu d'argent, l'Amérique du Nord était la « Montagne Dorée ».

Environ 25 000 Chinois arrivèrent en Californie au cours des années 1850; un grand nombre d'entre eux partirent pour le Caribou après 1858. En 1865, Barkerville et sa région en comptaient environ 5 000. Ils vivaient presque tous dans des cabanes, à un bout de la ville. Leur vie était organisée autour du *Chi Gung T'ong*, société secrète dont le temple servait de centre communau-

taire, de bureau d'embauche, de clinique et de tribunal. Le bâtiment existe toujours.

Ils vivaient souvent en solitaires, économisant tout leur argent pour rentrer chez eux. Ils travaillaient dans les mines abandonnées par des Blancs impatients, ou s'engageaient comme cuisiniers et blanchisseurs. Certains ouvrirent des commerces.

Près de la moitié retournèrent chez eux. Les ossements de ceux qui mouraient en Amérique étaient parfois envoyés en Chine pour que les esprits des défunts puissent enfin trouver la paix céleste.

de mine, construire des roues à aubes. Barker et six associés mirent en commun leurs ressources pour fonder une compagnie. Les seules concessions encore vacantes se trouvaient en aval du canyon Richfield. Les autres mineurs rirent de Barker. Selon eux, le canyon formait une augette naturelle qui arrêtait tout l'or. C'était perdre son temps que de chercher ailleurs. Barker creusa pourtant son puits et, à 16 mètres, marqua une date dans l'histoire. D'une concession longue d'à peine 180 mètres, il sut extraire pour $600 000 d'or.

Quatre mille mineurs furent bientôt à l'ouvrage sur les 3 000 concessions du ruisseau Williams, extrayant les $3 913 000 de métal précieux que produisit le Caribou en 1863. Mais la région avait été complètement saccagée. Les collines étaient dépouillées de tous leurs arbres et d'énormes amas de gravier s'entassaient un peu partout sur les rives.

C'est au milieu de cet énorme fouillis que le voyageur découvrait Barkerville, la ville qui se vantait d'être « la plus grande agglomération à l'ouest de Chicago et au nord de San Francisco ». De ville, Barkerville n'en avait cependant que le nom. Son unique rue, large de cinq mètres et toujours embourbée, semblait avoir été dessinée par un arpenteur en état d'ivresse. Les maisons et les trottoirs de bois étaient construits sur pilotis, car il arrivait que les amoncellements de gravier détournent le ruisseau vers la ville.

Pourtant, Barkerville ne manquait de rien. Un forgeron arriva le premier, bientôt suivi de banquiers, barbiers, ferblantiers, brasseurs, blanchisseurs et hôteliers. Les commerçants ouvraient les portes de leur boutique quand bon leur semblait, comme l'indique cette annonce parue dans *The Cariboo Sentinel* : « SALUT! LE VIEUX JACK N'EST PAS MORT! VIENT DE RENTRER D'UNE BELLE CUITE! Prêt à réparer BOTTES ET CHAUSSURES à BON MARCHÉ, si ARGENT COMPTANT. »

Les salaires étaient de $10 la journée, contre $2 « ailleurs ». Mais les prix étaient très élevés : les pommes de terre coûtaient 90 cents la livre, le beurre $3, les clous $1, la farine $300 le baril, le savon $20 la boîte, les bottes $50 la paire, le champagne au moins $16 la bouteille.

Les nombreux saloons étaient remplis de joueurs, de filles et de mineurs aux poches pleines. La plus grande fête fut sans doute celle que donna McMartin au saloon Shuniah. Il y dépensa $44 000 en or. Bues ou fracassées, toutes les bouteilles de champagne de l'établissement y passèrent. Il mit fin à la fête en lançant la dernière de ses pépites contre sa propre image, dans le miroir de $3 000 qui pendait au-dessus du bar. Il sortit dans la nuit, sans un sou.

Lorsque la route du Caribou arriva à Barkerville en 1865, certains mineurs firent venir leur femme. A son apogée, la ville compta jusqu'à 10 000 résidents permanents.

En 1866, huit Allemandes arrivèrent de San Francisco pour animer un des saloons. Le 16 septembre 1868, à 2 h 30 de l'après-midi, l'une des filles était occupée à repasser une robe dans la cuisine, lorsqu'un mineur entra pour tenter d'embrasser la belle. Au cours de la lutte qui s'ensuivit, il renversa un poêle qui mit le feu au toit de toile. Quelques minutes plus tard, le saloon n'était plus qu'un brasier.

Begbie et la justice au pays du Caribou

Au dire d'un mineur, le juge Matthew Baillie Begbie était l'homme « le plus grand, le plus intelligent, le plus beau et le plus détesté qui arriva jamais par la route du Caribou ». C'était bien jugé.

Begbie fit régner la loi dans le Caribou. Un jour, alors que la fenêtre de sa chambre d'hôtel à Clinton était ouverte, il entendit des hommes comploter sa mort dans la rue. Imperturbable, il leur vida son pot de chambre sur la tête.

Begbie avait 39 ans lorsqu'il arriva d'Angleterre, en 1858, pour exercer les fonctions de juge. Il parcourut l'arrière-pays à cheval, siégeant n'importe où : dans des cabanes, des écuries, des tentes et même en plein champ. Il pouvait être à la fois procureur, avocat de la défense et juge. Peu soucieux des lois écrites, il était passionnément épris de justice.

On le vit contester à l'occasion le verdict d'un jury. Un jour, un homme clairement coupable d'en avoir assommé un autre fut acquitté. Begbie grommela : « Accusé, les jurés viennent de dire que vous n'êtes pas coupable. Vous pouvez aller, mais je souhaite que le prochain homme que vous assommerez sera l'un des membres du jury. »

Begbie fut injustement surnommé « l'avocat de la potence ». La pendaison était la seule peine prévue pour les assassins et Begbie ne condamna jamais personne qui n'ait d'abord été reconnu coupable par un jury. Il tenta même parfois de faire commuer des peines de mort.

La justice immédiate et sans fioritures de Begbie sauva la colonie des incroyables excès du Far West américain. En 1870, il devint le premier juge en chef. Il fut anobli en 1875 et mourut en 1894. Selon ses vœux, on dressa une simple croix sur sa tombe, avec cette inscription : « *Seigneur, ayez pitié de moi, pécheur.* »

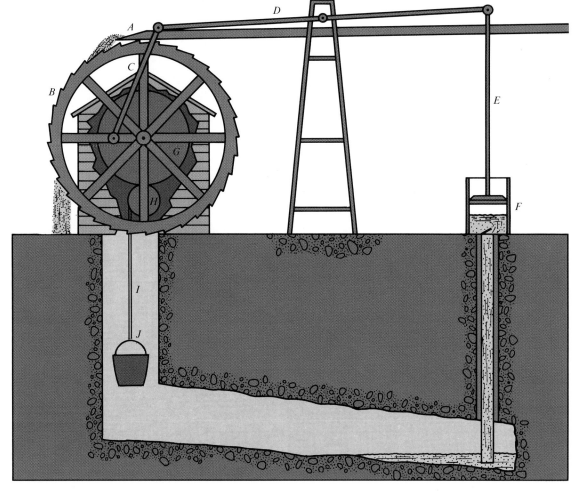

A Fort Steele (C.-B.), on peut voir une roue à aubes semblable à celles qu'on utilisait dans le Caribou. L'eau amenée par une canalisation (A) remplit les godets (B). Le poids de l'eau entraîne la roue qui actionne une bielle (C), un balancier (D), un piston (E) et une pompe (F). Quand la roue est en marche, elle fait aussi tourner un volant (G) et un treuil (H-I) pour remonter les seaux (J) de minerai à la surface.

Comme l'été avait été très sec, Barkerville fut bientôt la proie des flammes, le feu sautant d'une bâtisse à l'autre. On sonna l'alarme, mais chacun savait qu'on ne pourrait jamais arrêter l'incendie. Les gens se saisirent de ce qu'ils pouvaient emporter et s'enfuirent vers le ruisseau et les collines. Quelqu'un eut la bonne idée d'enlever 50 barils de poudre entreposés dans un magasin, sur le chemin des flammes. En un peu plus d'une heure, tout était ravagé. Selon le journal de Barkerville, *The Cariboo Sentinel*, le bilan du désastre, 116 maisons détruites, représentait une perte de $678 200.

Six jours plus tard, 30 nouvelles maisons s'élevaient le long d'une rue plus large, aux trottoirs bien alignés. Mais les jours de gloire de Barkerville étaient comptés. L'or était de plus en plus difficile à extraire et les petites compagnies de mineurs faisaient faillite ou étaient absorbées par de plus vastes entreprises, capables de faire les frais d'un équipement coûteux. Le mineur solitaire, armé de son pic, de sa pelle et de sa batée, était parti vers les affluents du Kootenay et du Columbia, à l'est, ou vers la Stikine et la rivière de la Paix, au nord.

Le gouverneur Douglas avait pris sa retraite en 1864, fier d'avoir réalisé son rêve : une grande route qui mènerait aux gisements d'or. Mais l'entreprise avait été coûteuse. En 1866, la dette de l'île Vancouver et celle de la Colombie-Britannique s'élevaient à $1 296 681. Par souci d'économie, on décida de fusionner les deux colonies : la Colombie-Britannique unie naquit donc le 19 novembre. Victoria fut choisie comme capitale le 24 mai 1868. Trois ans plus tard, alléchée par la promesse de John A. Macdonald de construire un chemin de fer qui relierait l'est du Canada à la côte du Pacifique, la jeune colonie devint une province et entra dans la Confédération canadienne, le 20 juillet 1871.

Le gouverneur Douglas fut anobli et s'installa à Victoria. Il y mourut à 74 ans. Prudent et avisé, il avait fait sa fortune en investissant dans les biens immobiliers, au lieu de se laisser prendre par la fièvre de l'or.

Billy Barker épousa une veuve qui lui coûta fort cher. Quand il eut les poches vides, elle partit chercher fortune ailleurs. Comme Douglas, Barker finit ses jours à Victoria à l'âge de 74 ans, mais dans un foyer de vieillards.

Sites et monuments historiques

BARKERVILLE (C.-B.) Soixante-quinze bâtiments des années 1860 (la belle époque de la petite ville) ont été restaurés ou reconstruits dans le parc historique de Barkerville : hôtels, saloons, bureau du « commissaire de l'or », remise de diligences et locaux du journal *The Cariboo Sentinel*. Dans le quartier chinois, on peut voir la cabane d'un trappeur et un centre communautaire. Les visiteurs peuvent prendre une diligence et tenter leur chance à la batée.

MINE DE BILLY BARKER Barker découvrit là son filon, le 21 août 1862.

MUSÉE HISTORIQUE DE BARKERVILLE On peut y voir une montre et une hache qui ont appartenu à Billy Barker, le mineur qui fut à l'origine de Barkerville.

RESTAURANT WAKE-UP JAKE Les visiteurs peuvent y goûter du pain de ménage et des ragoûts à l'ancienne.

THÉÂTRE ROYAL On y joue encore des vaudevilles semblables à ceux qu'on présentait aux mineurs.

TRIBUNAL DE RICHFIELD Deux kilomètres au sud, sur un tronçon de l'ancienne route du Caribou, se trouve le tribunal où présidait le juge Matthew Baillie Begbie. On peut y assister à un jugement.

Autres sites et monuments

Ashcroft (C.-B.) (9) Au musée d'Ashcroft, on peut voir des batées, des balances et des lampes de mineurs ainsi que divers objets chinois dont des instruments de musique, des bouteilles de vin et des pièces de mah-jong. Tout près, Ashcroft Manor, une halte célèbre sur la route du Caribou, accueille toujours les voyageurs.

Cache Creek (C.-B.) (7) Ce point marque l'extrémité sud de la nouvelle route qui mène à Barkerville. Par endroits, on peut deviner le tracé de l'ancienne route souvent délimité par deux rangées de clôtures. Hat Creek House, l'une des plus anciennes

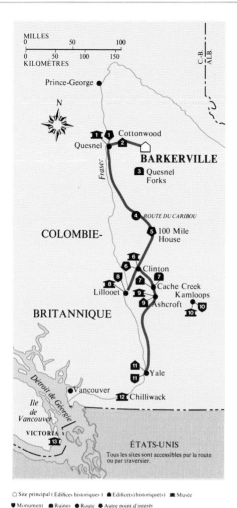

haltes de la route du Caribou, se trouve à 12 km au nord.

Chilliwack (C.-B.) (12) A la Royal Canadian School of Military Engineering, un musée retrace l'histoire de la construction de la route du Caribou.

Clinton (C.-B.) (6) Le musée historique South Cariboo renferme des échantillons de minerai, un crible de prospecteur et une copie des chariots qu'on utilisait autrefois sur la route du Caribou. En mai, le bal de Clinton fait revivre pendant deux jours la petite bourgade.

Cottonwood (C.-B.) (2) La seule halte routière qui subsiste entre Yale et Barkerville se trouve dans le parc historique provincial de Cottonwood House. L'auberge, les écuries et le magasin général (aujourd'hui un

A Barkerville, on peut visiter cette cabane de mineur qui fut reconstruite après l'incendie, en 1870. La plupart de ces cabanes étaient construites près des concessions, loin du centre de la ville. Celle-ci se trouve sur la grand-rue.

musée d'instruments aratoires) avaient été construits en rondins et remontent à 1864. L'auberge n'est pas ouverte au public, mais on peut voir son mobilier d'époque par les fenêtres.

Fort Steele (C.-B.) (pas sur la carte) Le parc historique du fort Steele est consacré à la ruée vers l'or du Kootenay, en 1864. On peut y voir une roue à aubes et le bureau d'une compagnie de traversiers, construit en 1864. Le musée renferme des batées et des augettes qui servaient au lavage des sables aurifères. Au ruisseau Wild Horse, 6 km à l'est, on peut encore voir les traces des fouilles des prospecteurs.

100 Mile House (C.-B.) (5) Une diligence qui faisait le service du Caribou est exposée devant l'auberge Red Coach.

Kamloops (C.-B.) (10) Au musée, collection de lanternes et de balances de prospecteurs. Sur la route du col de la Tête Jaune, 65 km au nord, une plaque commémore l'arrivée de l'expédition de 1862 qui traversa le continent.

Lillooet (C.-B.) (8) Une stèle marque le début de l'ancienne route du Caribou. Dans le musée se trouvent des soufflets qui servaient à ventiler les mines.

Quesnel (C.-B.) (1) C'est ici que la route du Caribou bifurquait à l'est vers Barkerville. Une roue à aubes se dresse toujours près du fleuve Fraser. Dans le musée Quesnel, on peut voir une balance, une bouteille à opium chinoise et du matériel utilisé par les mineurs.

Quesnel Forks (C.-B.) (3) Aujourd'hui une ville fantôme, c'était autrefois une halte importante sur le sentier qui menait au ruisseau Williams.

Route du Caribou (4) La route 1 de Yale à Cache Creek, puis la route 97 jusqu'à Quesnel et la route 26 jusqu'à Barkerville suivent à peu près le tracé de l'ancienne route du Caribou (640 km), achevée en 1865. Le premier tronçon, construit en 1861, reliait Lillooet à Clinton. De nombreuses haltes, 100 Mile House par exemple, tirent leur nom de la distance qui les séparait de Lillooet.

Victoria (13) Les collections du musée provincial de la Colombie-Britannique renferment un chariot de marchandises de la route du Caribou et une roue à aubes qui fonctionne toujours.

Yale (C.-B.) (11) Une stèle marque l'extrémité sud de la route de 640 km qui mène à Barkerville. L'église anglicane St. John the Divine, construite en 1860 après qu'on eut découvert de l'or dans un banc de sable près de la ville, renferme des objets de culte.

Du désaccord au compromis: un nouveau pays

Le 1er juillet 1867, Sir John A. Macdonald devint Premier ministre du Canada : «Je ne brigue pas les suffrages pour de l'argent, ni pour le pouvoir, mais pour mettre en œuvre ce que je crois être à l'avantage du pays.»

Il ne se passait jamais rien à Charlottetown. Et pourtant, un beau jour d'août 1864, les 7 000 habitants de cette petite ville ensommeillée n'en crurent pas leurs yeux. Les auberges bondées refusaient du monde. Pour la première fois depuis bien des années, un cirque était en ville, le Slaymaker and Nichols Olympic Circus.

Mais le cirque n'était pas la seule attraction. Dans l'Edifice colonial, siège du gouvernement, on allait étudier un projet d'union des colonies anglaises d'Amérique du Nord. La chambre dorée du Conseil législatif, avec ses hautes fenêtres, ses colonnes ioniques et sa longue table d'acajou, était prête à accueillir les délégués de la Nouvelle-Ecosse, du Nouveau-Brunswick et du Canada. Pourtant, les politiciens de l'Ile-du-Prince-Edouard ne s'intéressaient guère à l'événement et l'on avait cru suffisant, dans les circonstances, d'envoyer seulement le secrétaire provincial, William Henry Pope, accueillir les délégués. Le vapeur *Heather Belle* était en retard et Pope, fatigué d'attendre, rentra chez lui et manqua l'arrivée de la délégation de Nouvelle-Ecosse, le 31 août : quatre mandataires menés par le Premier ministre Charles Tupper.

Pope était pourtant là à 11 heures, le même soir, quand le *Prince of Wales* arriva à Charlottetown. A son bord se trouvaient les représentants du Nouveau-Brunswick, dirigés par le Premier ministre Leonard Tilley. Tant bien que mal, Pope trouva à les héberger.

Il ne manquait plus que les délégués du Canada. Tard dans la matinée du 1er septembre, Pope s'empressait vers le port quand il découvrit, à sa grande consternation, que le croiseur *Queen Victoria*, du gouvernement canadien, mouillait déjà dans la baie de Hillsborough. La seule embarcation qu'il put trouver pour l'y conduire était «une barque à fond plat avec un baril de farine à l'avant, deux jarres de mélasse à l'arrière et un vigoureux pêcheur» aux rames. Rassemblant toute sa dignité, Pope monta à bord.

Mais son amour-propre souffrit un peu lorsqu'il s'approcha du *Queen*. Voyant ce personnage « assis sur un baril », le cuisinier du navire l'interpella : « Ohé! du bateau, à combien les homards? »

Fort heureusement, les Canadiens étaient encore à s'habiller dans leurs cabines. Ils en sortirent bientôt et montèrent dans les deux canots du *Queen*.

La délégation était de taille : John A. Macdonald, le maître des manœuvres politiques, qui buvait un peu fort mais savait rester sobre quand il le fallait; George-Etienne Cartier, le Canadien français tenace et éloquent; George Brown, le journaliste puritain; Alexander Tilloch Galt, le magicien de la finance; et D'Arcy McGee, l'ancien rebelle irlandais qui envoûtait ses auditeurs. Trois autres ministres et trois assistants les accompagnaient.

De sa misérable barque, William Henry Pope murmura quelques salutations. C'est à grand-peine qu'il contenait sa surprise devant l'importance de la délégation : la ville étant bondée, il voyait bien que certains d'entre eux seraient forcés de revenir coucher à bord. Il les conduisit à la rive, puis jusqu'à l'Edifice colonial. Ensemble, ils gravirent les gradins de pierre de la chambre du Conseil législatif et les quatorze délégués des Maritimes se levèrent pour les présentations d'usage.

Cet élan qui poussait ainsi les colonies à se fédérer n'était pas le fruit du patriotisme, mais bien plutôt d'une longue série de frustrations. Les rébellions du Haut et du Bas-Canada en 1837 et 1838 avaient conduit l'Angleterre à unir en 1841 les deux colonies en une seule — le Canada-Uni — composée de deux sections, le Canada-Ouest (Ontario) et le Canada-Est (Québec). Si le gouvernement ne ralliait pas la majorité dans chaque section, l'Assemblée législative explosait en amères querelles entre Anglais et Français. John A. Macdonald, chef du Parti libé-

C'est dans l'Edifice colonial (aujourd'hui Province House) de Charlottetown qu'eurent lieu les premiers pourparlers officiels sur l'union des colonies anglaises d'Amérique du Nord. Derrière la table de ce qui est aujourd'hui la Chambre de la Confédération, une plaque rappelle l'événement : « Dans les cœurs et les esprits des délégués ... dans cette salle est né le Dominion du Canada. »

Des mécaniciens ivrognes, des voies mal entretenues

En bordure d'un marécage, en banlieue de Hamilton, en Ontario, deux massives culées d'un ancien pont tournant subsistent encore, vestiges de l'une des pires catastrophes ferroviaires de toute l'histoire du Canada (ci-dessous).

Cinquante-neuf personnes trouvèrent la mort, le 12 mars 1857, à cause de la rupture d'un essieu, alors que la petite locomotive à vapeur *Oxford* s'approchait à toute allure du pont qui enjambait le canal Desjardins. Emportée par son élan, la locomotive poursuivit sa course, arrachant au passage les planches du tablier du pont. La locomotive et trois wagons firent un plongeon de 18 mètres dans le canal.

Les accidents de chemin de fer étaient très fréquents à cette époque où l'on mettait en service des voies à peine terminées, où l'on confiait les locomotives à des mécaniciens incompétents, négligents et souvent ivres.

Le matériel ne valait pas mieux. Les signaux se donnaient au moyen de drapeaux et de lanternes, parfois même à la main. Les gardes-freins devaient sauter du toit d'un wagon à l'autre, en pleine marche, pour serrer les freins. L'attelage des wagons se faisait à la main et un employé risquait d'y perdre ses doigts ou même la vie. Les clôtures étant rares, le bétail déambulait souvent sur les voies : plus d'un mécanicien poussait alors sa locomotive à toute vapeur pour culbuter l'animal, au risque de dérailler. Les passages à niveau n'étaient pas protégés, les voies étaient mal empierrées, les ponts de bois branlants. On manquait de voitures et les passagers devaient souvent voyager en wagons de marchandises. Quant aux horaires, ils étaient passablement fantaisistes.

Les difficultés financières ne manquaient pas non plus. Les promoteurs recouraient aux services de vendeurs à la langue bien pendue pour écouler leurs actions, mais une bonne part des fonds provenait en fait des Etats-Unis. Avec la guerre civile américaine de 1861, cette source se tarit et la construction des chemins de fer marqua le pas.

Les voies se détériorèrent rapidement. La Great Western, par exemple, orgueil d'Allan MacNab du « Family Compact », était hors de service dès 1860, six ans après son inauguration.

Les accidents continuaient. Celui de Beloeil, au Québec, le 29 juin 1864, fut encore pire que celui du canal Desjardins. Il s'agissait une fois de plus d'un pont tournant qui resta ouvert à l'arrivée d'un train de passagers. Quatre-vingt-dix-sept immigrants allemands furent précipités dans les eaux du Richelieu. Une stèle rappelle la mémoire des victimes au cimetière Mont-Royal de Montréal. La tragédie de Beloeil aurait hâté l'utilisation du frein à air comprimé automatique, inventé en 1868 par Westinghouse.

A bord du croiseur Queen Victoria, *la délégation canadienne à la conférence de Charlottetown voit arriver William Henry Pope, secrétaire colonial de l'Ile-du-Prince-Edouard, le 1er septembre 1864. Selon certains documents, Pope serait arrivé dans une misérable barque, assis sur un baril de farine.*

ral-conservateur (mieux connu sous le nom de parti conservateur) et maître incontesté de la tactique parlementaire, avait réussi tant bien que mal à obtenir l'appui des deux Canada, mais les dissensions ne faisaient qu'augmenter. Le jour vint où il ne fut plus en mesure d'obtenir une nette majorité. En juin 1864, son gouvernement tombait, le quatrième en 13 mois. L'Union était impossible à gouverner.

Alors que Macdonald et Cartier essayaient une fois de plus de former un nouveau cabinet, George Brown, depuis toujours l'ennemi de Macdonald, fit soudain savoir qu'il serait disposé à participer à une coalition pour trouver une solution aux problèmes constitutionnels du Canada. Brown était le chef austère et moralisateur des réformistes du Canada-Ouest (une aile du parti libéral), ainsi que le propriétaire et le rédacteur en chef virulent du *Globe*, de Toronto. Mais Brown venait de faire là une extraordinaire concession politique, en plus de reléguer à l'arrière-plan l'aversion que lui causait l'aspect bon vivant de Macdonald. Quand on l'accusa de trahir son parti, Brown répondit que « les alliances de parti sont une chose et les intérêts de mon pays une autre ». Une fois formé le cabinet de coalition, dirigé par Sir Etienne-Paschal Taché, la

voie était libre pour considérer l'union du Canada-Uni, du Nouveau-Brunswick, de la Nouvelle-Ecosse et de l'Ile-du-Prince-Edouard, ou à tout le moins une nouvelle fédération du Canada-Est et du Canada-Ouest.

Tandis que le Canada se faisait à l'idée de cette nouvelle alliance politique, Arthur Gordon, l'ambitieux gouverneur du Nouveau-Brunswick, comprit qu'il pourrait trouver une place dans l'histoire en plaidant la cause d'une union des Maritimes. Son projet ne souleva guère d'enthousiasme, mais les trois assemblées législatives

Cette maison de Halifax, aujourd'hui un immeuble de rapport, fut celle de Charles Tupper alors qu'il était Premier ministre de la Nouvelle-Ecosse.

Cette lanterne appartenait au carrosse du prince de Galles (plus tard Edouard VII) lorsque celui-ci inaugura le pont Victoria, à Montréal, en août 1860. Avec ses trois kilomètres de long, ce premier pont jeté sur le Saint-Laurent fut une véritable prouesse technique pour l'époque. La lanterne est au musée de Lachine, près de Montréal.

se montrèrent disposées à en débattre. Elles n'avaient pas encore décidé du lieu et de la date de leur rencontre que le Canada leur demanda l'autorisation d'envoyer des délégués à la conférence des colonies maritimes, pour proposer une fédération de *toutes* les colonies.

Quand la conférence de Charlottetown commença ses travaux, le 1er septembre 1864, Tupper, Tilley et J. H. Gray, Premier ministre de l'Ile-du-Prince-Edouard qui présidait les débats, savaient que les Maritimes ne désiraient pas vraiment de changement. Comme le disait le *Morning Chronicle* de Halifax, elles étaient « portées par une vague de prospérité », à une époque où les grands voiliers faisaient la fortune de leurs ports (voir p. 256). Les Maritimes étaient naturellement tournées vers les marchés étrangers. Mais les Canadiens sentaient qu'il leur fallait aller de l'avant; ils savaient aussi que d'immenses perspectives s'ouvraient à l'ouest et que, comme le disait Macdonald, « si les Anglais n'y vont pas, les Yankees le feront ».

Du haut de la galerie du Conseil législatif, les Canadiens virent les délégués des Maritimes remettre à plus tard l'examen de la question d'une union des Maritimes et les inviter à exposer leur thèse. Tous prirent donc place autour de la longue table d'acajou.

Les Canadiens ouvrirent le feu avec Macdo-

Le premier timbre-poste de l'Amérique du Nord britannique, émis le 23 mai 1851 dans la Province du Canada, était gommé mais non dentelé. On découpait chaque timbre dans une grande feuille. Le motif est de Sandford Fleming, inventeur de l'heure normale.

Cette splendide maison de briques de Toronto appartenait à George Brown, propriétaire et fondateur du Globe, l'un des Pères de la Confédération. Battu aux élections de 1867, il consacra ses énergies à son journal, tout en restant l'un des piliers du parti libéral.

Joseph Howe : premier séparatiste du Canada

Joseph Howe — journaliste, orateur et politicien farouchement loyal à l'Angleterre et à la cause de l'indépendance de la Nouvelle-Ecosse — était l'ennemi juré de la confédération. Il fut en quelque sorte le premier séparatiste du Canada.

Howe avait gagné d'autres batailles (voir p. 210). Son journal, le *Novascotian*, était l'un des meilleurs de l'Amérique du Nord et il avait siégé pendant 25 ans à l'Assemblée provinciale (dont trois comme Premier ministre). En 1865, simple citoyen, il écrivit une série de douze lettres où il dénonçait le projet confédératif. Moins d'un an plus tard, il était le chef incontesté des anticonfédérationnistes. Submergée dans une union avec les autres colonies, soutenait-il, la Nouvelle-Ecosse perdrait à tout jamais son indépendance. A sa grande colère, le Premier ministre Charles Tupper, favorable à la confédération, refusa d'organiser un référendum sur la question.

Howe parcourut la province en tous sens. Il organisa une pétition monstre et conduisit plusieurs délégations à Londres pour tenter de rallier les parlementaires anglais à sa cause. Mais la Confédération vit le jour malgré tout.

Puisqu'il n'avait pu l'empêcher de naître, il la combattrait désormais de l'intérieur. Aux élections de septembre 1867, Howe obtint un siège à la Chambre des communes d'Ottawa (de même que 17 autres anticonfédérationnistes de Nouvelle-Ecosse). Howe partit une fois de plus en Angleterre, cette fois pour faire abroger la Confédération. Peine perdue. A son retour, il cachait mal son amertume : « Nous pouvons reconnaître la défaite finale [ou] être poussés ... à prendre les armes. » Mais il était réaliste et, fin 1868, il reconnut enfin que les cris poussés contre la Confédération n'avaient pas plus d'effet que « les cris des mouettes sur la côte du Labrador ».

Il contribua à négocier de meilleures conditions pour la Nouvelle-Ecosse au sein de la Confédération et devint ministre du gouvernement fédéral en 1869. Il rentra à Halifax en mai 1873, lieutenant-gouverneur de Nouvelle-Ecosse.

Eliza Grimason, une amie de toujours et une partisane de John A. Macdonald, tenait une auberge à Kingston (aujourd'hui la Royal Tavern) dont Macdonald fit son quartier général non officiel quand il devint Premier ministre. Mrs. Grimason dit un jour de son fidèle ami qu'il n'y avait «pas un homme comme lui sur toute la terre».

nald et Cartier, tous deux avocats, l'un pragmatique, plein de ressources, excellent meneur d'hommes, l'autre un ancien rebelle de 1837 qui était devenu le lien du Canada français avec les chemins de fer et la grande industrie. Les deux hommes exposèrent les grandes lignes de leur argumentation en faveur de la confédération. A eux deux, ils formaient un équilibre fascinant et délicat. Macdonald craignait d'accorder trop de pouvoir au niveau régional; la décentralisation politique avait, selon lui, conduit les Etats-Unis à la guerre civile. En fait, Macdonald aurait voulu un état unitaire. D'autre part, Cartier était fermement convaincu que les Canadiens français devaient avoir une assemblée législative dotée des droits nécessaires à la sauvegarde de leur langue et de leurs institutions.

Si la conférence fut témoin du désaccord entre Macdonald et Cartier, force lui fut aussi de constater que la solution résidait dans ces mêmes deux hommes, c'est-à-dire dans le compromis. Plusieurs années auparavant, Macdonald avait dit des Canadiens français : « Traitez-les comme une nation et ils agiront comme le fait généralement un peuple libre — généreusement. » Il convint que les Canadiens français devaient posséder leur propre assemblée législative si les pouvoirs principaux étaient attribués à un gouvernement central. Pour sa part, Cartier accepta le principe d'un gouvernement central prépondé-

rant pourvu que soient constituées de véritables assemblées législatives provinciales. Le compromis entre ces deux hommes devenait ainsi une synthèse de deux systèmes politiques : le parlementarisme britannique et le fédéralisme américain. On s'entendait pour unir des colonies sans les fusionner. Une fois conclu cet accord, Galt, le constructeur de chemin de fer, exposa les grandes lignes des arrangements financiers. Puis ce fut le tour de Brown qui, de sa voix grasseyante, parla des aspects constitutionnels du projet.

Le Canada offrait aux colonies maritimes la perspective d'un chemin de fer qui leur ouvrirait les marchés de l'Ouest, proposait un gouvernement central qui prendrait en charge leur dette publique, des assemblées législatives qui débattraient des affaires locales, la représentation proportionnelle à une Chambre des communes élue et une représentation au Sénat égale à celle des deux provinces du continent.

Les délibérations marchaient bon train, tandis que les délégués du Canada-Uni continuaient à faire leur cour dans une ronde sans fin de réceptions, de dîners et de bals. Le troisième jour de la

Un Irlandais reçoit la Croix de Victoria

La reine avait institué la Croix de Victoria pour récompenser les actes de « bravoure manifeste en présence de l'ennemi ». Dix ans plus tard, un Irlandais de 20 ans reçut la plus haute distinction de l'Empire loin de tout champ de bataille, à Danville, au Québec. La citation du simple soldat O'Hea faisait état d'un « courage manifeste dans des circonstances de grand danger ».

Dans l'après-midi du 9 juin 1866, un train parti de Québec s'était arrêté à Danville, transportant 800 immigrants allemands. Un des wagons était plein de munitions destinées aux troupes qui allaient combattre les Féniens. Quatre hommes d'un bataillon de fusiliers, dont O'Hea, avaient la garde du wagon.

Soudain, le jeune soldat vit que le wagon de munitions était en feu mais, quand il donna l'alerte, les employés de chemin de fer et les autres soldats prirent leurs jambes à leur cou. O'Hea se saisit des clefs du wagon en flammes et grimpa à bord. Défonçant les couvercles des caisses, il les jeta hors du wagon puis se rendit à 19 reprises puiser de l'eau pour étouffer les flammes.

O'Hea engagea seul la partie, et la gagna. Le soir venu, les munitions avaient été chargées dans un autre wagon et le train, auquel étaient toujours attachés les wagons d'immigrants allemands, poursuivit sa route. O'Hea reçut la seule Croix de Victoria jamais décernée au Canada.

---

conférence, lors d'un grand banquet offert par les délégués canadiens, à bord du *Queen Victoria*, l'un des convives s'écria : « Quiconque voudrait formuler des objections à l'union des colonies par les liens du mariage doit le faire sur l'heure, ou se taire pour toujours. » Personne ne souleva d'objection. « L'union, écrivit Brown à sa femme, fut donc officiellement conclue et proclamée. »

Brown allait peut-être un peu vite en besogne, mais l'enthousiasme était à son comble. La con-

John A. Macdonald habita cette maison de Kingston, Bellevue House, avant de devenir Premier ministre. Elle lui rappelait une pagode, disait-il. Une chambre (à droite) fut occupée par sa première épouse, Isabella, durant sa maladie.

George-Etienne Cartier était l'un des Pères de la Confédération. Mais il composa aussi des chants patriotiques, dont le célèbre « O Canada, mon pays, mes amours » qui faillit devenir l'hymne national. (Sa statue se trouve dans le parc du Mont-Royal.)

férence continua jusqu'au 8 septembre et les fêtes aussi. Aucune résolution ne fut adoptée, mais les délégués des Maritimes, selon Brown, étaient « unanimes à considérer la fédération de toutes les provinces comme hautement souhaitable, s'il est possible de définir des modalités satisfaisantes pour l'union ». Les délégués décidèrent de se retrouver à Québec en octobre pour donner corps au projet.

Par la suite, Macdonald prit la parole à l'occasion d'un banquet à Halifax : « Chacun admet que l'union doit se faire tôt ou tard. Je déclare maintenant que le moment est venu. Nous deviendrons une grande nation. »

La pluie maussade d'automne balayait Québec, capitale temporaire du Canada, quand les 33 délégués, dont deux de Terre-Neuve, se réunirent le 14 octobre 1864 dans la salle de lecture du Conseil législatif, un triste bâtiment de brique destiné à devenir un bureau de poste lorsque les édifices du Parlement d'Ottawa seraient prêts. La plupart des délégués étaient persuadés d'être parvenus à un accord sur les points essentiels à Charlottetown. Ils se trompaient et l'humeur des délégués était aussi maussade que le ciel de Québec. Jour et nuit, les débats se poursuivirent sur un ensemble de 72 propositions préparées par le cabinet du Canada-Uni.

On discuta du Sénat, des finances, de la répartition des pouvoirs entre les deux niveaux de gouvernement. On débattit longuement certaines allégations selon lesquelles les provinces ne seraient guère plus que des municipalités. On accorda enfin au français le rang de langue officielle au Parlement central et dans les tribunaux fédéraux. Et l'on fit du gouvernement fédéral ce que Macdonald, président de la conférence, voulait qu'il fût : prépondérant.

Au-dessus de la mêlée, Macdonald s'imposait comme l'homme de l'heure : jovial, ferme, bien informé, c'était lui le maître d'œuvre de ce pays naissant. On disait qu'il était l'auteur de 50 des 72 résolutions. Pourtant, son but était de limiter au strict minimum les conditions de l'union. Pour lui, la constitution « devrait être un simple squelette, un cadre qui ne nous entravera pas ». Avec passion, il plaidait pour qu'on attribuât au Parlement « les grands domaines de législation ». A tort, il crut que les pouvoirs des provinces s'estomperaient avec le temps. Et il trouvait encore le moyen de flatter les femmes et les filles des délégués, de danser et de bavarder avec elles aux réceptions.

Dix-sept jours plus tard, tout était fini et les résolutions initiales demeuraient pratiquement intactes. Certains délégués rentrèrent chez eux, d'autres participèrent à des réceptions à Montréal, Ottawa, Kingston, Belleville et Toronto. Il ne restait plus qu'à obtenir l'approbation des différentes assemblées législatives, puis à demander à l'Angleterre de ratifier cette nouvelle structure politique, unique parmi toutes ses possessions. Macdonald invita les assemblées législatives à se prononcer « d'un seul élan ».

Les délégués quittèrent Québec persuadés que l'union serait chose faite en moins d'un an, soit à l'automne 1865. Macdonald proposa que l'Assemblée du Canada-Uni débattît la question. Dans un long discours, Cartier se fit l'ardent défenseur du projet confédératif, auquel s'attaqua Antoine-Aimé Dorion qui appréhendait l'état de subordination dans lequel seraient placés les gouvernements provinciaux. Mis aux voix, le projet de constitution fut facilement adopté. Mais dans les Maritimes où la prospérité ne cessait de croître, l'opposition grandissait. « La confédération nous coûtera trop cher », se lamentaient les critiques, menés par l'ancien Premier ministre Joseph Howe. « Pourquoi nos impôts devraient-ils servir à défrayer la construction de chemins de fer et le maintien de forces armées qui ne profiteront qu'aux autres provinces? » Des élections furent déclenchées dans tou-

Mauvaises nouvelles : les « faiblesses » de John

« Mauvaises nouvelles, Sir John a eu une rechute », écrivait le gouverneur de la Compagnie de la Baie d'Hudson au Premier ministre anglais en avril 1870 : John A. Macdonald venait de retomber dans un de ses accès périodiques d'ivrognerie.

Les « faiblesses passagères » du Premier ministre le mettaient dans des situations embarrassantes, mais sa présence d'esprit le sauvait. Un jour qu'il chancelait trop pour se lever après un grand dîner, il prit le bras d'un libéral et lui dit : « Vous ne m'avez jamais encore donné votre voix. Le moment est venu de me soutenir. » A une réunion politique, alors qu'il se levait pour prendre la parole après un libéral, Macdonald vomit sur l'estrade. Reprenant sa contenance, il commença ainsi : « Mesdames et Messieurs, pardonnez-moi, mais... cet homme (*désignant son adversaire*) me rend malade. » A son compagnon de libations, D'Arcy McGee, Macdonald déclara : « Ecoutez, ce gouvernement ne peut se payer le luxe de deux ivrognes, alors cessez de boire. »

Devant l'Assemblée, un jour que le chef libéral George Brown le critiquait pour sa mauvaise habitude, il répondit que les députés « préfèrent John Macdonald saoul à George Brown sobre ».

Aucun esclave fugitif n'est plus connu que le révérend Josiah Henson qui arriva dans le Haut-Canada en 1830 et vécut dans cette maison de Dresden. Henson rencontra plus tard Harriet Beecher Stowe qui s'inspira de ses récits pour écrire La Case de l'Oncle Tom en 1852. L'accueil réservé par le Canada aux fugitifs jusqu'au moment de la guerre civile américaine était un symbole de l'indépendance canadienne et une sorte d'affront pour les Etats-Unis.

Une imposante statue de la reine Victoria — achetée en 1871 pour la somme de $10 000 — occupe la place d'honneur sous le grand dôme de la bibliothèque du Parlement, à Ottawa. La bibliothèque échappa à l'incendie de 1916 qui détruisit les autres édifices.

Les petits bacs du détroit de Northumberland étaient le seul lien entre l'île du Prince-Edouard et le continent pendant l'hiver. Pour franchir la glace, l'équipage et les passagers enfilaient des harnais et tiraient les embarcations. Un service de vapeurs, une des raisons qui conduisirent l'île à rejoindre la Confédération en 1873, fut inauguré en 1874.

tes les provinces de l'Atlantique pour trancher la question. Les électeurs prirent le parti de Howe et les trois premiers ministres favorables à l'union furent battus. Seul Tupper conserva son poste en Nouvelle-Ecosse pour avoir déclaré que l'union des colonies était devenue « impraticable ». Le rêve d'une confédération s'écroulait de toutes parts.

En avril 1865, la menace d'une annexion par les Etats-Unis lui donna cependant un regain de vie. La guerre civile américaine venait de se terminer. Les Nordistes victorieux et leurs millions de soldats maintenant oisifs allaient-ils attaquer les colonies et régner en maîtres sur toute l'Amérique du Nord?

Macdonald se rendit à Londres pour demander du secours et plaider la cause de la confédération. Selon l'historien Donald G. Creighton, c'était « la dernière bonne carte que le gouvernement canadien pouvait encore jouer dans une partie presque perdue ». Il n'obtint pas d'aide militaire, mais Londres s'engagea à pousser les colonies maritimes à entrer dans la confédération. Nombre d'électeurs des Maritimes avaient

Le second mariage de Macdonald, une nouvelle épreuve

Dans la matinée du 16 février 1867, alors qu'il était à Londres pour plaider la cause de l'union des colonies anglaises d'Amérique du Nord, John A. Macdonald déclara avec sa bonne humeur habituelle qu'il se sentait tenu en son âme et conscience de donner l'exemple. L'occasion : son mariage.

Macdonald avait 52 ans. La mariée était Susan Agnes Bernard (en bas, à droite), 31 ans, une élégante Londonienne qui était la sœur de son secrétaire Hewitt Bernard. Ils s'étaient rencontrés au Canada où Agnes avait vécu un an. Ils renouèrent leur amitié en 1866, alors que Macdonald dirigeait la délégation canadienne à la conférence de Londres. Intelligente et spirituelle,

Agnes savait recevoir et s'occupa tendrement de son mari jusqu'à sa mort.

Macdonald s'était marié une première fois en 1843 avec sa cousine Isabella Clark (à gauche). Moins d'un an plus tard, une maladie inconnue la clouait au lit jusqu'à sa mort en 1857. Elle lui donna deux fils. Le second, Hugh John, né le 13 mars 1857, devint Premier ministre du Manitoba en 1900.

Le second mariage de Macdonald ne fut pas sans épreuve. Agnes mit au monde une fille, Mary (en bas, à gauche), en 1869, mais la pauvre enfant était hydrocéphale et souffrait de spina-bifida (malformation qui affecte la moelle épinière). Impotente, elle vécut jusqu'à 64 ans.

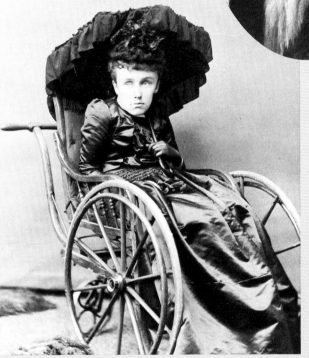

considéré jusqu'alors que l'union était un acte de déloyauté qui les conduirait à se séparer de l'Angleterre; aujourd'hui, l'Angleterre leur ordonnait l'union et précisait sans ambages qu'elle userait de tous les moyens, « sauf la coercition », pour parvenir à ses fins.

Une autre menace vint des Etats-Unis au printemps 1866, quand la Fraternité des Féniens attaqua plusieurs postes frontières, dans l'espoir de libérer l'Irlande du joug anglais en « faisant sauter » la confédération. Mais ces incursions convainquirent le Nouveau-Brunswick et la Nouvelle-Ecosse que la confédération était indispensable à leur survie.

L'Ile-du-Prince-Edouard et Terre-Neuve, hors de portée des coups des Féniens, refusèrent d'emboîter le pas. Une troisième conférence fut convoquée, cette fois-ci à Londres. Seuls le Canada-Uni, la Nouvelle-Ecosse et le Nouveau-Brunswick y prirent part.

Les délégués se réunirent au début du mois de décembre au Westminster Palace Hotel. Pendant trois semaines, les 16 délégués examinèrent de nouveau les 72 résolutions et y apportèrent quelques modifications. Le 21 décembre, ils présentaient un projet définitif à Lord Carnarvon, secrétaire au Colonial Office.

Lord Carnarvon se chargea de soumettre le projet de loi au Parlement impérial, qui le débattit sans enthousiasme et l'approuva, le 29 mars 1867, comme s'il se fût agi de quelque « bill privé unissant deux ou trois hameaux anglais ». Peu après, la reine sanctionna la nouvelle loi qui créait le Dominion du Canada. Il avait fallu aux Pères de la Confédération 30 mois de travail et trois conférences pour accomplir leur œuvre.

Le 1er juillet 1867, les rues boueuses, les cabanes de planches, les édifices flambant neufs du Parlement de la petite ville d'Ottawa résonnaient des salves de canons, des marches militaires et des cris de la foule applaudissant les feux d'artifice. Le Premier ministre Sir John A. Macdonald, qui venait d'être anobli par Sa Majesté, prêta serment avec les membres de son cabinet. « Désormais, déclara Cartier, nous avons rang parmi les nations. »

D'Arcy McGee, journaliste d'origine irlandaise qui devint l'un des Pères de la Confédération, fut assassiné d'une balle à la tête le 7 avril 1868, alors qu'il rentrait chez lui après une séance de nuit de la Chambre des communes, à Ottawa. Ses obsèques (ci-dessus) attirèrent des milliers de personnes à Montréal où il vivait la majeure partie de l'année. Patrick James Whelan, soupçonné par la police d'appartenir à la Fraternité des Féniens, fut reconnu coupable et exécuté (ce fut d'ailleurs la dernière pendaison publique au Canada). Par la suite, de nouvelles preuves jetèrent un doute sur sa culpabilité.

Les Féniens : « Rien d'autre à faire »

« Et nous irons prendre le Canada, car nous n'avons rien d'autre à faire. »

Le chant de marche des Féniens, société secrète dont les 150 000 membres américains luttaient pour libérer l'Irlande de la domination anglaise, décrivait son objectif : l'occupation de l'Amérique du Nord britannique, qui servirait de base pour attaquer les navires anglais et de monnaie d'échange lors des négociations.

La plupart des Féniens étaient des immigrants irlandais et des vétérans de la guerre civile américaine. La première attaque fut lancée au mois d'avril 1866 contre l'île Campobello, au Nouveau-Brunswick, située au large de Eastport, dans l'Etat du Maine. Mais elle fit long feu lorsque les douaniers arraisonnèrent le navire qui transportait les armes et les munitions.

Le 1er juin suivant, un millier de Féniens traversèrent le Niagara juste au nord de Fort-Erié, en Ontario. Le lendemain, ils se heurtèrent, au nord de Ridgeway, à un millier de miliciens des Queen's Own Rifles de Toronto (ci-dessous). Les Canadiens avaient l'avantage, mais leur commandant les fit battre en retraite lorsqu'il prit une bande de Féniens montés sur ches chevaux volés pour un détachement de cavalerie.

Par la suite, les Féniens occupèrent le fort Erié mais, informés de l'approche de 1 700 soldats britanniques, rentrèrent aux Etats-Unis le 4 juin.

Le 7 juin, une autre invasion fut facilement refoulée à Pigeon Hill, au Québec, par des miliciens de Montréal.

Ces escarmouches n'aidèrent pas la cause des Féniens. Mais elles démontrèrent la vulnérabilité de l'Amérique du Nord britannique et donnèrent un élan décisif à la Confédération.

Sites et monuments historiques

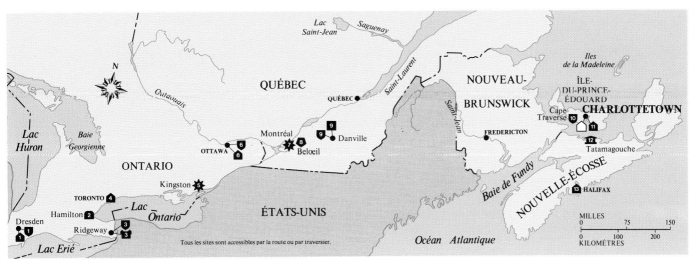

Site principal (Edifice historique) ✸ Attractions multiples ⬟ Edifices historiques ⬛ Musée ☗ Fort ⬛ Ruines ⬥ Autre point d'intérêt ⬛ Site non indiqué

CHARLOTTETOWN Province House, où les Pères de la Confédération se réunirent en septembre 1864, se trouve au bout de la rue Great George que les délégués remontèrent depuis le port. Une salle, aujourd'hui connue sous le nom de Chambre de la Confédération, renferme encore les sièges et la table où prirent place les délégués.

Egalement à Charlottetown (11) Government House, où les délégués festoyèrent pendant la conférence, est aujourd'hui la résidence du lieutenant-gouverneur de l'Ile-du-Prince-Edouard. Une plaque commémore l'entrée de l'île dans la Confédération en 1873. Abdgowan House, aujourd'hui abandonnée, se trouve au carrefour du chemin Mount Edward et de la rue de la Confédération. C'était la maison de William Pope qui y reçut les délégués pendant la conférence.

Autres sites et monuments

Beloeil (Qué.) (8) Le pont du chemin de fer enjambe le Richelieu à l'endroit où un train s'écrasa dans la rivière en 1864, causant la mort de 99 personnes.

Cape Traverse (I.-P.-E.) (10) Une réplique d'un bac qui faisait la navette entre l'île du Prince-Edouard et le continent à l'époque de la Confédération orne le socle d'une colonne de pierre.

Danville (Qué.) (9) C'est ici que se trouvait la gare où le soldat Timothy O'Hea éteignit un wagon de munitions en feu en 1866. O'Hea reçut la seule Croix de Victoria jamais décernée au Canada. Une plaque honore sa mémoire.

Dresden (Ont.) (1) La maison du révérend Josiah Henson, esclave fugitif qui servit de modèle au héros de *La Case de l'Oncle Tom*, fait partie du musée Uncle Tom's Cabin. On peut y voir la berceuse de Henson et son lutrin, ainsi que des fouets, des menottes et un boulet de fer. Henson est enterré près de la maison.

Halifax (13) Armdale, où Charles Tupper, Premier ministre de la Nouvelle-Ecosse, résidait à l'époque de la Confédération, est aujourd'hui un immeuble de rapport au carrefour de Tupper Grove et de l'avenue Armview.

Hamilton (Ont.) (2) Deux culées subsistent du pont tournant du canal Desjardins où un train s'écrasa en 1857.

Kingston (Ont.) (5) Jeune avocat, John A. Macdonald vécut dans la maison du 110-112, rue Rideau, de 1836 à 1843. Bellevue House, la maison où il habita en 1848-1849 avec sa première femme, Isabella, se trouve au 35, rue Centre. Restaurée, c'est aujourd'hui un site historique national où l'on peut voir de nombreux souvenirs du Premier ministre. La Royal Tavern, au 344, rue Princess, était tenue par une amie de Macdonald, Eliza Grimason, à l'époque de la Confédération. C'est là que le Premier ministre tenait nombre de ses réunions politiques et fêtait ses victoires. Macdonald et Mrs. Grimason furent enterrés dans des tombes voisines, dans le cimetière de Cataraqui.

Montréal (7)

MAISON CARTIER La maison de George-Etienne Cartier, chef de l'aile canadienne-française du parti conservateur à l'époque de la Confédération, se trouve au 460 est de la rue Notre-Dame.

MONUMENT DE CARTIER Une haute colonne surmontée d'une statue de Cartier se dresse dans le parc du Mont-Royal, près de l'avenue du Parc.

PONT VICTORIA Le premier pont jeté sur le Saint-Laurent (1859) permit de relier Toronto et Portland (Maine) par rail.

Ottawa (6) La bibliothèque du Parlement, vaste rotonde surmontée d'un dôme de 40 m de haut, est le seul vestige des premiers édifices du Parlement (1859-1876) qui furent détruits par un incendie en 1916. Sur la colline du Parlement, on peut voir les statues de Macdonald, de Cartier, de McGee et d'autres politiciens de l'époque. Au 142 de la rue Sparks, une plaque marque l'endroit où McGee fut assassiné.

Ridgeway (Ont.) (3) Une plaque marque l'endroit de la bataille de Ridgeway et rappelle la mémoire des miliciens qui se battirent contre les Féniens en 1866. Fort-Erié, occupé quelque temps par les Féniens, se trouve à 10 km à l'est.

Tatamagouche (N.-E.) (12) Au musée Sunrise Trail, on peut voir les registres de vote des élections fédérales de 1867 au cours desquelles le conservateur Charles Tupper battit le libéral William Annand dans la circonscription de Cumberland. Tupper fut le seul député de la Nouvelle-Ecosse favorable à la Confédération élu au Parlement cette année-là.

Toronto (4) La maison de George Brown, un des Pères de la Confédération, est au carrefour des rues D'Arcy et Beverly.

CIMETIÈRE MONT-ROYAL Une pierre marque la sépulture de 52 victimes de la catastrophe ferroviaire de Beloeil en 1864.

CIMETIÈRE DE NOTRE-DAME-DES-NEIGES Un caveau renferme la dépouille de D'Arcy McGee, l'un des Pères de la Confédération qui fut assassiné en 1868.

Les plaisirs de l'hiver

Dans le Canada du XIXᵉ siècle et tout particulièrement au Québec, les longs hivers étaient le temps des folles courses à patins, en carriole ou à raquettes. Toujours dehors, on organisait aussi des danses, des concerts et des pique-niques. Plutôt que de détester l'hiver et de s'acharner à le combattre, nos ancêtres avaient appris à l'aimer et à en tirer parti.

A cet égard, personne n'était plus enthousiaste que les officiers britanniques en poste au Canada. Dans leurs tenues écarlates, montés sur leurs pur-sang, ils se livraient volontiers à des courses hippiques avec les cavaliers canadiens, sur les rivières gelées du Québec. D'autres faisaient des régates sur les eaux encombrées par les glaces, dans de petits bateaux triangulaires à fond plat. Le Tandem Club de Montréal (fondé en 1830) organisait chaque semaine un défilé de chevaux et de traîneaux sur la place d'Armes, puis un pique-nique à la campagne.

A la patinoire Victoria de Montréal, les badauds, massés sur les galeries « comme des hirondelles sur une falaise », contemplaient à la lueur des becs de gaz le spectacle des patineurs évoluant au son des valses et des mazurkas. Un témoin nous dit même des dames de l'époque : « Oui, elles portent des culottes, du moins bon nombre d'entre elles. »

Le Club de raquette de Montréal (1840) organisait des défilés aux flambeaux, des batailles de boules de neige et des randonnées dans les villages des alentours où l'on allait prendre le café, chanter et danser à en perdre la tête. En 1833, Montréal organisa le premier carnaval d'hiver en Amérique du Nord : cinq jours de curling, de traîne sauvage, de hockey, de courses en carriole et de feux d'artifice.

Il faudra cependant bien des années encore avant que le ski ne se répande. Un homme attira beaucoup l'attention de la presse en 1879 quand il fit la route de Montréal à Québec sur des skis de 2,75 mètres, armé d'un seul bâton. Mais à Ottawa, un lord anglais qui s'essaya au ski fut l'objet de la « dérision universelle ».

Les photos de traîne sauvage, de hockey et de curling sont de William Notman.

Ce tableau de Cornelius Krieghoff, qui représente le cône de glace de la chute Montmorency, près de Québec (à droite : le cône, de nos jours), évoque les folles courses en carriole qu'il n'était pas rare de voir verser dans la neige. Les officiers de Québec emmenaient leurs belles à la campagne, emmitouflées dans des couvertures de bison et des pelisses d'ours. Ils se rendaient en traîneau jusqu'à la chute Montmorency pour y admirer ses sculptures de glace ou pour dévaler en traîne sauvage les 30 m du cône. On servait du whisky et « autres eaux fortes » dans un bar creusé dans la glace du cône. Des feux crépitaient près des tables de pique-nique où s'entassaient potages, volailles et rôtis, tandis qu'un orchestre jouait des quadrilles.

Les premiers patineurs virevoltaient sur les rivières et les étangs gelés, souvent au clair de lune. On construisit ensuite des abris pour empêcher la neige de tomber sur la glace. Les patins, de bois et de métal, étaient fixés aux bottes par des sangles. Les premiers patins entièrement en métal firent leur apparition à Halifax en 1861. Longtemps, les habitants d'Ottawa patinèrent à Rideau Hall (ci-dessous), résidence du gouverneur général.

La tuque, le manteau de laine et la célèbre ceinture fléchée de confection canadienne-française constituaient la tenue favorite des raquetteurs qui s'enfonçaient dans les bois en file indienne, faisant parfois 10 km à l'heure.

Dirigées avec les mains, les pieds ou des bâtons, les traînes sauvages dévalaient à toute allure le long des pistes aménagées sur les pentes du mont Royal, à Montréal. Il n'était pas de bon ton de descendre une pente naturelle, car c'était considéré comme « du sport poussé à la folie », propre à « chasser les humeurs noires et la dyspepsie ».

Les années 1880 furent la grande époque des palais de glace. Cette énorme construction domina le carré Dominion de Montréal en 1885, l'année de la rébellion du Nord-Ouest et de l'achèvement du Canadien Pacifique. On construisit cinq châteaux de glace sur le carré Dominion entre 1883 et 1889.

Ce sont les soldats de Wolfe qui introduisirent le curling au Canada en 1759. Un siècle plus tard, un habitant canadien-français décrivait ainsi l'étrange comportement des joueurs : « J'ai vu une bande d'Ecossais lancer des boules de fer grosses comme des boulets de canon, en criant « Soupe! Soupe! » [« Sweep! Sweep! »] et en riant comme des fous. Ils sont vraiment fous! »

Quiconque voulait participer à une partie de hockey à l'extérieur n'avait qu'à descendre sur la glace. La partie se terminait quand une équipe marquait trois buts, quand les soldats devaient rentrer à la caserne ou encore quand un joueur passait au travers de la glace et manquait de se noyer. Même lorsqu'on commença à jouer à l'intérieur vers 1870 (à gauche : la patinoire Victoria de Montréal en 1893), il n'y avait toujours pas de filet et pratiquement pas de vêtements protecteurs pour les joueurs, y compris le gardien de but.

L'époque des trois-mâts et des grands capitaines

Religieux, sévère et fier, William Dawson Lawrence ne connaissait pas l'échec. En 1874, il construisit l'un des plus grands voiliers du monde auquel il donna son nom. C'est en 1852 qu'il s'était lancé dans la construction de son premier navire, avec à peine une centaine de dollars. Il mourut riche en 1886, à l'âge de 70 ans.

L'année du lancement du *William D. Lawrence* (1874) n'avait encore jamais eu sa pareille dans l'histoire des chantiers navals du Canada. A elles seules, les provinces Maritimes construisirent 368 navires.

William Dawson Lawrence, de Maitland, en Nouvelle-Ecosse, s'était déjà acquis une solide réputation d'armateur lorsqu'il entreprit de construire un voilier plus grand que tous ceux qu'on avait jamais vus en Nouvelle-Ecosse. Le bâtiment fut mis en chantier devant sa maison, là où la Shubénacadie se jette dans la baie de Fundy. Le pari de Lawrence était risqué : doubler la taille d'un navire sans doubler ses frais d'exploitation. Il s'endetta de $27 000, allant jusqu'à hypothéquer sa maison pour payer les $107 000 que coûta la construction du voilier.

Soixante-quinze hommes y travaillèrent moyennant un salaire de 90 cents à $1,50 la journée. Pendant un an et demi, le chantier résonna des coups de marteau et des grincements de scie. Le beaupré et les trois mâts du navire dominèrent bientôt la maison.

Le bâtiment qui allait jauger 2 459 tonneaux mesurait 80 mètres de long; son grand mât s'élevait à 60 mètres. Les planches du pont avaient 45 centimètres d'épaisseur. Ses flancs massifs, renforcés, étaient plus épais que la longueur d'un bras d'homme.

Et c'est finalement le 27 octobre 1874 que le grand *William D. Lawrence* fut lancé. Bien des badauds pensaient qu'il ne tiendrait jamais la mer. Le lancement n'était pas une mince affaire : le bateau s'arrêterait-il sur ses couettes? Basculerait-il? S'enliserait-il dans la boue?

On le baptisa avec du cidre, au lieu du champagne traditionnel. Puis les ouvriers commencèrent à abattre à coups de masse les tins qui retenaient ses 3 500 tonnes, dont 365 tonnes de pierres qui lestaient les cales. Alors qu'il ne restait plus qu'un seul tin, le navire commença à descendre sur ses couettes et prit lentement de la

Le William D. Lawrence *(toutes voiles dehors sur ce tableau qui se trouve au musée de la Nouvelle-Écosse, à Halifax) fut presque construit sur le perron de l'armateur, sur les berges boueuses de la Shubénacadie, à Maitland (N.-E.). La maison de Lawrence, construite vers 1870, est aujourd'hui un monument historique national. Elle a été restaurée et est ouverte au public.*

Voiles carrées et voiles auriques

Les navires du XIXᵉ siècle arboraient d'énormes voilures. Les voiles carrées (pendues à des vergues horizontales) prenaient bien le vent, mais demandaient un important équipage dans le gréement. Les navires à voiles auriques avaient besoin de moins de matelots et se manœuvraient mieux près des côtes. Les grands voiliers évoluèrent au cours des années; voici des exemples :

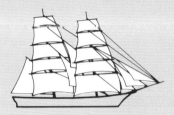

Brick (1865). Deux mâts à voiles carrées avec brigantine aurique.

Trois-mâts barque (1870). Misaine et grand mât carrés, artimon aurique.

Trois-mâts carré (1870). Voiles carrées aux trois mâts.

Brick-goélette (1870). Mât de misaine carré, grand mât aurique.

Barquentine (1875). Misaine carrée; grand mât et artimon auriques.

Goélette (1890). Deux mâts (ou plus) à voiles auriques.

vitesse. Lawrence vit l'ombre du trois-mâts quitter sa maison, puis entendit le rugissement de la foule quand il fut à flot. « Il est parti comme une chaloupe! » cria quelqu'un.

Lawrence l'accompagna au cours de son premier voyage qui dura deux ans, sept mois et sept jours : le navire transporta du bois en Grande-Bretagne, du charbon au Moyen-Orient et des engrais du Pérou en Europe. Lawrence rentra avec assez d'argent pour payer ses dettes. Son splendide navire allait bientôt l'enrichir.

Au début du XIXᵉ siècle, l'Angleterre s'était intéressée au bois de l'Amérique du Nord pour la construction de ses vaisseaux de guerre. Le Bas-Canada et les Maritimes comprirent vite qu'il y avait des fortunes à faire à transporter ce bois d'œuvre. De petits chantiers, le long du Saint-Laurent et plus tard autour de la baie de Fundy et dans l'Ile-du-Prince-Edouard, se mirent à construire d'énormes navires que l'on chargeait à ras bords de planches et de madriers. Certains n'étaient guère plus qu'un assemblage de pièces de bois que l'on démontait à l'arrivée dans les ports anglais pour en récupérer la membrure. Et les ingénieurs d'Europe tenaient en grand mépris ces rafiots, habitués qu'ils étaient à leurs splendides navires de teck et de chêne. Or, au milieu du siècle, un navire fut lancé qui changea la réputation des chantiers des Maritimes.

Un jour de 1850, James Smith, de Saint-Jean, au Nouveau-Brunswick, s'était dit que s'il existait un marché pour le transporteur de bois, il devait y en avoir un aussi pour le navire qui transporterait rapidement n'importe quelle grosse cargaison en n'importe quel point du globe. Et il commença à construire ce navire dans « le trou le plus perdu qu'on puisse imaginer »,

Les couples d'épinette s'élèvent au-dessus de la quille de chêne d'un navire en chantier à Saint-Jean (N.-B.). On travaillait tout l'hiver pour lancer le navire au printemps.

L'incroyable odyssée de Sarah

« Ma seule aide », écrira le capitaine John Wren, de St. Andrews, au Nouveau-Brunswick, à la fin de son odyssée de 72 jours, « fut cette femme » — Sarah Farrington. Son mari était cuisinier et elle-même femme de chambre à bord du *James W. Elwell*, de Saint-Jean. Le navire était parti du pays de Galles en 1872 à destination de Valparaiso.

Alors que le navire doublait le cap Horn, le second et le mari de Sarah se blessèrent à bord et moururent. Puis, alors que le navire remontait depuis 14 jours la côte du Chili, la cargaison de charbon prit feu. L'équipage combattit l'incendie pendant six jours, mais il fallut abandonner le bâtiment. Wren, 11 matelots et Sarah prirent place dans un canot de sauvetage.

Emportés par la tempête, ils firent voile au sud, puis à l'est par le détroit de Magellan, espérant être secourus. Au bout de trois semaines, deux hommes moururent; deux jours plus tard, deux autres encore. Les survivants mouraient un à un.

Au bout de 10 semaines, il ne restait plus que Wren, Sarah et deux matelots. Quand l'un d'eux mourut, le capitaine perdit tout espoir. Mais Sarah refusa de se décourager et parvint à redonner confiance à Wren qui, une fois de plus, appareilla et se remit à faire route. Et soudain, d'une voix éraillée, il cria : « Navire en vue! » « Chose étrange », dira Wren avec l'étonnement que les prouesses d'une femme pouvaient donner à un homme de l'époque, « la femme résista mieux que quiconque. »

l'anse Marsh, sur la baie de Courtenay, un marécage qui ne s'emplissait d'eau qu'à marée haute.

Jusqu'alors, les transporteurs de bois étaient ventrus, faits pour rouler et pour écraser les lames. Le *Marco Polo* de Smith, en revanche, avait de larges flancs qui s'effilaient à la quille, sorte de croisement entre un navire marchand et un yacht. Pour reprendre l'expression de Joseph Schull, il avait « le ventre d'un échevin sur les jambes d'une ballerine ».

Tout Saint-Jean regarda grandir ce trois-mâts de 1 625 tonneaux dont les trois ponts et les 56 mètres en faisaient le plus grand navire jamais construit dans la région. La membrure était déjà achevée quand une tempête jeta tout l'échafaudage à terre. « Voilà, disait-on, un navire qui refuse de naître. » James Smith fit nettoyer le chantier et reprit aussitôt les travaux.

Il attendit les grandes marées du printemps pour lancer son navire. Il y avait foule, le 17 avril 1851, quand la traditionnelle bouteille de champagne aspergea la figure de proue représentant le célèbre voyageur dont le vaisseau portait le nom. Les ouvriers abattirent les tins, mais le *Marco Polo* resta là, immobile. Les rires fusèrent. Puis quelqu'un découvrit un tasseau oublié. On l'enleva et le navire s'élança, frémissant de toute sa coque. Mais l'allégresse de la foule tourna bientôt à la consternation. La marée descendait déjà et le navire s'enlisa dans la boue. Il fallut deux semaines pour dégager le bâtiment, qui ne voulait pas prendre la mer.

Son premier voyage le conduisit en 15 jours à Liverpool avec une cargaison de bois, performance remarquable pour l'époque. Le capitaine mit un balai au grand mât pour indiquer que le

Le Marco Polo, *construit à Saint-Jean, battit les records de vitesse de son temps : il fit l'aller et retour entre l'Angleterre et l'Australie en moins de six mois, en 1852. Au voyage suivant, le capitaine jura « d'étonner le Tout-Puissant », mais il ne put battre son propre record. Avec les années, le* Marco Polo *revint à sa vocation première de navire marchand, mais on n'oublia jamais qu'il avait un jour été le navire le plus rapide du monde.*

Du haut de la coupole de sa maison, James Yeo Jr. pouvait suivre la construction des navires dans ses chantiers de Port Hill (I.-P.-E.). Trente-trois navires y furent lancés, à la grande époque de la marine à voile. La maison, Green Park, était le centre de la vie politique et sociale de la région. Elle a été restaurée et remeublée dans le style des années 1860.

navire était à vendre, car c'étaient là les intentions de Smith. Mais le bruit courait que la quille avait été faussée lors du lancement. Même si certains prétendaient qu'il n'en irait que plus vite, les acheteurs hésitaient. Le *Marco Polo* fut vendu à vil prix, à un certain Paddy McGee. Or les événements allaient rapidement changer sa destinée. En effet, des milliers d'hommes cherchaient à gagner les champs aurifères d'Australie, et James Baines, de la Black Ball Line, avait besoin d'un navire pour les y transporter.

Baines fit visiter le navire à son capitaine, James Nichol Forbes. Ce grand Ecossais de 31 ans passa cinq heures à examiner le navire. Bientôt, il n'eut plus aucun doute. Non seulement voulait-il le navire, mais il pariait aussi avec le capitaine du vapeur *Australia* qu'il le battrait sur la route de Melbourne. Qui plus est, le *Marco Polo* ferait en six mois le tour du monde (29 000 milles marins), qui prenait normalement huit ou neuf mois. Baines sourcilla un peu aux rires que soulevèrent les vantardises de son capitaine

Le prince de la pêche hauturière

Le *Bluenose II* (à droite) est un souvenir de l'époque glorieuse où la goélette n'était pas encore un voilier de course, mais un simple bateau de pêche de haute mer.

En 1880, une goélette était gréée de façon telle que quelques hommes suffisaient à la manœuvrer, même en plein hiver. Il lui fallait être rapide pour ramener au port le poisson qui s'accumulait dans ses cales. Une cuisine était aménagée à l'avant de la cale et les couchettes des matelots s'entassaient dans le gaillard d'avant. Les plus grosses goélettes, qui pouvaient atteindre 45 mètres de long, avaient de 20 à 30 hommes à leur bord.

La goélette avait fait son apparition au début du XVIIIe siècle, lorsque les colons, qui jusqu'alors pêchaient seulement sur la côte, s'étaient aventurés au large pour pêcher la morue. De la Nouvelle-Angle-terre au Labrador, la goélette avait fait fortune. Vers 1880, Terre-Neuve en comptait environ 330, la Nouvelle-Ecosse 200.

De mars à octobre, les goélettes partaient pour quatre à huit semaines. La journée commençait à la lueur des fanaux; on appâtait quelque 2 000 hameçons sur une corde de trois kilomètres, la harouelle, qu'on enroulait dans un baquet. A l'aube, les doris empilés sur le pont étaient descendus à la mer. Il y avait un ou deux hommes par doris; ils amarraient la harouelle pour la laisser ensuite traîner au fond. Après une heure ou deux, ils remontaient la ligne et décrochaient le poisson, qui était aussitôt nettoyé sur la goélette puis jeté dans la cale. Et l'on continuait ainsi jusqu'au coucher du soleil. Un bon voyage pouvait rapporter 45 tonnes de poisson, mais nombre de doris se perdaient dans le brouillard ou la tempête. Vers 1940, l[es] goélettes cédèrent le pas aux grands chal[an]tiers à coque d'acier. Elles disparure[nt] définitivement en 1963 quand la derniè[re] d'entre elles, le *Theresa E. Connor*, ne p[ut] prendre le large faute d'équipage.

La plus grande de toutes les goélettes f[ut] le *Bluenose*, lancé le 26 avril 1921 à Lune[n]burg, en Nouvelle-Ecosse. Il remporta [le] trophée international des pêcheurs cet[te] année-là et les quatre années suivantes.

On le vit une fois ramener plus de 1[?] tonnes de poisson, la plus belle pri[se] jamais débarquée à Lunenburg. En 194[?] il fut vendu comme caboteur dans l[es] Antilles et sombra sur un récif au larg[e] d'Haïti, quatre ans plus tard. Le *Blueno[se] II*, une copie de son prédécesseur, égale[ment] construit à Lunenburg, mouille dan[s] le port de Halifax.

260

mais, quand le *Marco Polo* leva l'ancre, toute l'Angleterre en parlait. Baines l'avait transformé en palace flottant : sa coque, noire à l'origine, avait été repeinte en blanc et ses soutes avaient été converties en cabines lambrissées.

Le *Marco Polo*, en route vers le cap de Bonne-Espérance, prit rapidement de l'avance sur l'*Australia*. Une nuée d'hommes, montés dans le gréement, exécutaient les ordres que Forbes aboyait, perché sur une vergue, les cheveux au vent. Les voiles se déchiraient en claquant comme des coups de canon. On les remplaçait immédiatement et le *Marco Polo* poursuivait sa route. Il franchit les 1 350 derniers milles en quatre jours, son équipage épuisé, ses 930 passagers muets de frayeur. Forbes criait comme un dément : « L'enfer ou Melbourne! » Le navire arriva à bon port dans la matinée du 18 septembre 1852, 76 jours seulement après avoir quitté Liverpool, avec une bonne semaine d'avance sur l'*Australia*. Pour toute récompense, Forbes fit jeter l'équipage en prison, l'accusant faussement d'insubordination. Il ne voulait tout simplement pas que ses marins désertent pour tenter leur chance dans les champs aurifères.

Trois semaines plus tard, on les relâchait et le *Marco Polo* repartait, en direction de l'est et en pleine période de tempêtes. Forbes se tenait debout sur la dunette, pistolets aux poings, admonestant les marins qui glissaient sur la glace des ponts et s'ouvraient les mains sur les cordages gelés. Ils doublèrent le cap Horn dans une tempête, franchissant pourtant 353 milles marins en un seul jour.

Le Royal William, *un vapeur à aubes muni de voiles, sorti des chantiers de Québec, fut le premier navire à traverser entièrement l'Atlantique à la vapeur, en 1833.*

Le 26 décembre 1852, les quais de Liverpool bruissaient d'une rumeur invraisemblable : on venait de voir le *Marco Polo* sur la côte. James Baines sortit en grande hâte et, au détour du dernier méandre de la Mersey, il aperçut son navire, la mâture dégarnie, la coque incrustée de sel, qui entrait lentement dans le port tiré par un remorqueur. Il avait fait le tour du monde en cinq mois et 21 jours. Entre les mâts flottait une bannière qui proclamait : « *Marco Polo, Fastest Ship in The World.* »

L'exploit du *Marco Polo* favorisa les ventes de navires canadiens, mais les Canadiens commençaient aussi à comprendre qu'il était dans leur intérêt d'exploiter eux-mêmes les navires qu'ils construisaient. L'or d'Australie et de Californie, la guerre de Crimée, une mutinerie en Inde, la révolution industrielle en Europe et, au cours des années 1860, la guerre de Sécession aux Etats-Unis furent autant d'événements qui grossirent le flux de personnes et de marchandises sur les mers du monde. Les armateurs se disputaient les cargaisons. La Nouvelle-Ecosse prit la tête du peloton. Pendant des années, elle n'avait construit que de petits navires; elle se mit à lancer des bâtiments de plus de 1 000 tonneaux.

Les chantiers se multiplièrent comme par magie. On y trouvait généralement de vastes entrepôts pour le séchage du bois : de l'épinette pour les planches, du merisier pour les quilles, du pin blanc pour l'ébénisterie, du pin jaune pour les ponts, des racines de mélèze pour les genoux des ponts. On y voyait aussi des ateliers de forge-

Les yeux de ce Turc — figure de proue du Saladin *(au musée maritime de la Nouvelle-Ecosse, à Halifax) — semblent hantés par le souvenir du massacre qui eut lieu sur le navire en 1844. Sur les 14 hommes d'équipage, huit furent égorgés en plein* Atlantique. *Les six autres échouèrent le bateau sur les côtes de Nouvelle-Ecosse. Quatre furent pendus, à Halifax.*

Toutes voiles dehors, le Research *du capitaine George Churchill, de Yarmouth (N.-E.), faisait la route de Québec à Greenock (Ecosse) au milieu de l'hiver 1866-1867, quand il fut pris dans une tempête qui emporta presque toute la voilure et le gouvernail. A force de bras, on tenta à sept reprises d'installer un nouveau gouvernail; sept fois la mer l'emporta. Mais le huitième tint bon. Le* Research *arriva à Greenock après 88 jours, tout son équipage sain et sauf et sa cargaison intacte.*

rons et de menuisiers, ainsi que des abris pour les artisans qui sculptaient les figures de proue et les motifs du bastingage et des roues de gouvernail. Les chantiers comptaient aussi une chaudière à vapeur et parfois un atelier pour les réparations.

Les navires de l'époque n'étaient pas construits à partir de plans, mais d'après une maquette à l'échelle de la moitié de la coque. Cette maquette était faite de couches de bois, empilées les unes sur les autres jusqu'à ce qu'on obtienne la forme voulue, une forme qui tienne bien la mer et qui permette de transporter beaucoup de marchandises. Puis on défaisait la maquette pour prendre les dimensions de chaque couche, les reporter à la bonne échelle et dessiner la forme des couples, des lisses et de la quille.

La membrure terminée, on la recouvrait de bordés cintrés à la vapeur. Puis on enfonçait de l'étoupe imbibée de goudron dans les joints, pour

les calfater. Le pont était recouvert de planches et l'on dressait enfin les mâts, non sans avoir mis une pièce d'argent sous leur pied afin de conjurer le mauvais sort. Une fois monté le gouvernail, le navire était lancé, et l'on aménageait les cabines, la maïence et le gréement avant que le trois-mâts ne prenne la mer.

Les capitaines étaient des hommes rudes, volontaires, aimant la propreté, fiers de la réputation de maîtres durs mais justes qu'ils s'étaient acquise de par le monde. La plupart des officiers étaient Canadiens. Quant aux matelots, c'étaient des étrangers ramassés là où leur dernier navire les avait laissés. Ces hommes, ivrognes et batailleurs, étaient souvent la lie de la société. Mais les capitaines confiaient à leurs officiers le soin de les dompter, d'homme à homme, aux poings s'il le fallait.

Le premier armateur de Nouvelle-Ecosse qui sut construire et exploiter de bons navires fut le

262

capitaine George McKenzie, de New Glasgow. En 1821, à 22 ans, il avait déjà été contremaître de chantier naval et s'était construit une goélette. Lorsqu'il mourut à 78 ans, 34 navires étaient sortis de ses chantiers, dont un de 1 465 tonneaux. McKenzie est à l'origine de la tradition qui veut qu'un capitaine et son second sachent tout faire à bord et soient à la fois marins, navigateurs, charpentiers, voiliers, gréeurs, débardeurs et agents maritimes. Sous sa direction, bien des fils de fermiers de Nouvelle-Ecosse devinrent capitaines au long cours.

Yarmouth, en Nouvelle-Ecosse, connut vite l'opulence. En 1876, ses 6 000 habitants possédaient à eux seuls 282 navires. Ses banques, ses compagnies d'assurances, ses fabricants de voiles et ses shipchandlers étaient riches.

Yarmouth était le port d'attache de David Cook, capitaine du *Sarah*, qui, en 1849, sauva les passagers et l'équipage d'un paquebot américain en flammes, au beau milieu d'une tempête dans l'Atlantique. C'était aussi le fief du capitaine Stanley Hatfield, massacré avec deux de ses officiers au cours de la mutinerie du *Lennie*, en 1875. Le maître commis avait alors conduit le navire près des côtes françaises et dénoncé les mutins par des messages placés dans des bouteilles.

En 1878, près de 4 500 navires étaient immatriculés dans les Maritimes, dont les deux tiers en Nouvelle-Ecosse. Mais les affaires déclinaient et l'on en rendit responsable la Confédération à laquelle s'étaient opposés la plupart des armateurs de Nouvelle-Ecosse. La cause était pourtant ailleurs. Dans le numéro du *Morning Chronicle* de Halifax qui annonçait le lancement du *William D. Lawrence*, on pouvait lire aussi une demi-douzaine d'annonces pour des services de vapeurs et un article qui relatait l'arrivée du premier train à Yarmouth. La vapeur et l'acier

Depuis 1830, le phare de l'île de Seal, à 29 km au large de l'extrémité sud de la Nouvelle-Ecosse, guide les navires qui font route vers la baie de Fundy. Il fut construit à l'instigation de deux familles qui s'étaient installées dans l'île pour aider les marins en détresse. Consternés par le nombre des naufrages, Edward Crowells, Richard Hickens et leurs femmes demandèrent au gouverneur de la Nouvelle-Ecosse, Sir Edward Kempt, de construire un phare. Crowells et Hickens reçurent £30 par an pour s'en occuper. Il fonctionna d'abord à l'huile de phoque, puis à l'huile minérale, aux vapeurs de pétrole et enfin à l'électricité, en 1959. C'est un bel exemple de phare de l'époque coloniale.

George McKenzie, de New Glasgow (N.-E.), l'un des grands constructeurs de navires de son époque, faisait filer ses bâtiments avec toute la toile qu'ils pouvaient porter, jour et nuit, beau temps, mauvais temps. Il ne perdit jamais un seul homme (on le vit une fois se jeter à la mer pour sauver un matelot qui avait passé par-dessus bord). Quand son frère mourut en mer, McKenzie ramena son corps conservé dans du rhum.

Les chasseurs d'épaves du cap de Sable

Le cap de Sable, extrémité sud de la Nouvelle-Ecosse, est depuis des siècles l'un des cimetières de l'Atlantique. Ses récifs meurtriers s'étendent sur plus de un kilomètre dans la mer. Et des centaines de navires ont sombré à cet endroit.

Le pire naufrage fut celui du 20 février 1860. Le vapeur *Hungarian*, parti d'Angleterre à destination de Portland, dans le Maine, se déchira sur un récif. Les 125 passagers et les 80 membres d'équipage périrent. La majeure partie de la cargaison fut cependant sauvée et les habitants du cap de Sable, comme tous les pauvres gens des mauvaises côtes du monde, ramassèrent cette manne tombée du ciel. Dès qu'un navire était en difficulté, les chasseurs d'épaves appareillaient

pour sauver des vies, bien sûr, mais aussi pour récupérer vivres et meubles. Jusqu'à récemment, rares étaient les maisons où l'on ne trouvait point d'objets provenant d'un naufrage.

Le plus beau jour, au cap de Sable, fut celui du « grand naufrage du fromage », le 30 décembre 1881. Les temps étaient durs et plusieurs malheureux étaient déjà morts de faim lorsque le *Moravian*, parti de Portland à destination de Halifax et de Liverpool, toucha le fond à l'île Mud. Passagers et marins furent sauvés, de même que 317 tonnes de fromage, 153 tonnes de lard, 49 tonnes de beurre, 1 108 quartiers de bœuf frais, 116 barils de porc, 448 barils de pommes et 29 285 boisseaux de blé.

révolutionnaient le transport. L'époque des grands voiliers de bois était révolue.

Vers 1870, l'Angleterre se mit à acheter des voiliers à coque d'acier ou des navires à vapeur. Ils coûtaient moins cher à assurer, duraient plus, transportaient davantage. Quelques chantiers des Maritimes parvinrent à survivre en construisant des navires de bois encore plus parfaits. Certains tentèrent d'utiliser l'acier, mais ne purent soutenir la concurrence des chantiers de Belfast et de la Clyde. Plus d'un majestueux trois-mâts fut vendu à vil prix. En 1900, le tonnage des bateaux canadiens n'était que la moitié de ce qu'il avait été en 1878.

Le *Marco Polo* n'était plus le navire le plus rapide du monde. En 1883, chargé de bois et ses cales inondées, il s'échoua au large de la plage de Cavendish, à l'Ile-du-Prince-Edouard, où l'on peut encore voir son épave. Il était revenu mourir dans les Maritimes.

La même année, le *William D. Lawrence* fut vendu à des Norvégiens. Encore amer des critiques dont il avait été la cible, William Dawson Lawrence écrivit à un journal et dressa un bilan détaillé de ce que son navire lui avait rapporté : $140 000, tous frais payés. Les profits des nouveaux propriétaires au cours des 15 années suivantes furent encore plus grands. Avant qu'il ne termine ses jours, transformé en un modeste chaland, on le vit encore une fois en Nouvelle-Ecosse, en 1890. Il mouilla à Parrsboro et les gens de Maitland organisèrent une excursion pour le contempler une dernière fois. Après cette escale, il leva l'ancre pour ne plus être jamais revu.

Quand il était enfant, à Halifax, il menait paître les vaches, vendait les légumes au marché et tricotait des chaussettes. Par la suite, il se lança dans le commerce du thé de Chine. En 1840, il avait amassé une vaste fortune dans le transport du bois. Plus tard, il obtint un contrat qui lui assurait l'exclusivité du service de poste entre Halifax et Liverpool : ce fut le début de la compagnie transatlantique de Samuel Cunard.

La chasse aux phoques : un mois sur les glaces

Partir sur la glace chasser le phoque était la seule chance de gagner quelque argent pour bien des gens de Terre-Neuve, à la fin du XIXe siècle. Mais pour une poignée de dollars, il leur fallait passer un mois effroyable en compagnie de 200 autres chasseurs, à bord d'un navire sordide, sans chauffage ni installations sanitaires. Ils devaient travailler de longues heures, manger leurs aliments crus, risquer tous les jours leur vie. La noyade n'était pas le seul danger : un geste maladroit, et le chasseur pouvait se blesser gravement avec son couteau. La plaie s'envenimait souvent; c'était ce qu'on appelait le « doigt de phoque ». Le traitement était simple : tremper la plaie dans du phénol. Si l'infection progressait, c'était l'amputation ou la mort.

Chaque capitaine suivait sa route jusqu'aux glaces du Labrador où l'on tuait chaque année, en mars, des centaines de milliers de phoques nouveau-nés, pour leur huile et leur fourrure. (Ci-dessous, la chasse de 1881.) Dès qu'on apercevait les phoques, tout le monde descendait sur la glace. Le pont était bientôt encombré de peaux glissantes. La chasse continuait pendant des jours et chaque peau valait $1.

Mais les pertes en hommes et en navires étaient effroyables. De 1810 à 1870, plus de 400 navires coulèrent et plus de 1 000 chasseurs perdirent la vie, noyés, écrasés par les glaces, gelés ou victimes du « doigt de phoque ». La plus grande chasse de tous les temps, celle de 1884, réunit 360 navires et 11 000 hommes : on prit 700 000 peaux.

Sites et monuments historiques

MAITLAND (N.-E.) C'est devant la maison de William D. Lawrence que fut construit le navire du même nom, entre 1872 et 1874. Jaugeant 2 459 tonneaux, ce fut le plus grand voilier de bois jamais lancé dans les Maritimes. Le portique de la maison et son double escalier rappellent la passerelle d'un navire. La maison, aujourd'hui site historique national, renferme des meubles de l'époque et une maquette de 2 m du grand navire de Lawrence. Maitland était un important chantier naval à la fin du XIXᵉ siècle.

Autres sites et monuments

Arichat (N.-E.) (14) Le musée LeNoir est une forge restaurée où l'on fabriquait des ancres, des chaînes et autres agrès. Le chantier de LeNoir se trouvait juste à l'ouest; à marée basse, on peut encore apercevoir les madriers qui servaient aux lancements.

Basin Head (I.-P.-E.) (13) Le musée des Pêcheries de Basin Head est consacré à la pêche côtière de la fin du XIXᵉ et du début du XXᵉ siècle. On peut y voir des cabanes de pêcheurs et, à côté d'un chantier de construction de doris, une conserverie désaffectée.

Cavendish (I.-P.-E.) (11) Les plongeurs peuvent encore voir l'épave du *Marco Polo*, « le navire le plus rapide du monde », lancé à Saint-Jean (N.-B.) en 1851. Le navire sombra en 1883, à environ 500 m de la plage de Cavendish.

Charlottetown (12) Beaconsfield (1877), la maison du constructeur de navires James Peak, abrite la Heritage Foundation de l'Ile-du-Prince-Edouard. Le musée Seven Brothers renferme des maquettes de navires et des instruments de navigation du XIXᵉ siècle.

Grand Harbour (N.-B.) (1) Le musée de l'île du Grand-Manan renferme des objets provenant de navires naufragés dans la région, ainsi que la lentille du premier phare construit sur le rocher Gannet (1832) à proximité.

Halifax (9) Le *Bluenose II,* copie de la fameuse goélette qui remporta de nombreuses courses internationales entre 1920 et 1940, est amarré à un quai de Halifax; des excursions à bord peuvent être organisées. Le musée maritime de la Nouvelle-Ecosse est consacré à la construction navale et à la marine à voile.

Ile du Cap-de-Sable (N.-E.) (4) Des centaines de navires firent naufrage sur les nombreux rochers de l'île. Au musée Archelaus Smith, de Centreville, sont exposés des objets provenant de ces navires, notam-

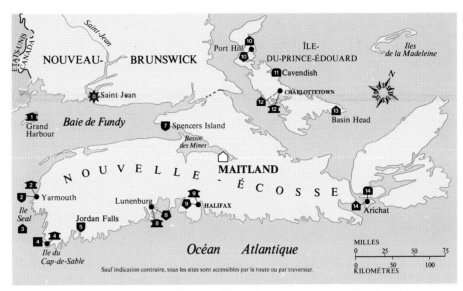

Sauf indication contraire, tous les sites sont accessibles par la route ou par traversier.

▢ Site principal (Edifices historiques) ✸ Attractions multiples ⬢ Edifice historique ◼ Musée ⬤ Monument ◾ Ruines ◆ Autre point d'intérêt ◼ Site non indiqué

ment du *Hungarian* (paquebot qui coula corps et biens en 1860 avec 205 personnes à bord).

Ile Seal (N.-E.) (3) Le phare de l'île remonte à 1830. *Accessible uniquement par bateau.*

Jordan Falls (N.-E.) (5) Une stèle de pierres, surmontée d'une ancre, rappelle la mémoire de Donald McKay, qui construisit de magnifiques clippers aux Etats-Unis vers 1885. McKay est né à Jordan Falls, le 4 septembre 1810.

Lunenburg (N.-E.) (8) Plusieurs navires restaurés mouillent au musée des Pêcheries de Lunenburg, dont le *Theresa E. Connor*, la dernière goélette canadienne à pêcher sur les bancs (en 1962) et qui fut construite au chantier de Smith and Rhuland (comme le *Bluenose*). On peut y voir une exposition sur la pêche hauturière, la barre du *Bluenose* et les trophées qu'il remporta. Tous les étés, des concours d'écaillage de pétoncles et de découpage du poisson sont organisés à l'occasion de l'exposition des pêcheries à Lunenburg. Une salle est consacrée à la mémoire des hommes et des navires de Lunenburg qui se perdirent sur les côtes de Nouvelle-Ecosse.

Port Hill (I.-P.-E.) (10) Le parc historique provincial de Green Park, à 3 km au nord-ouest, est consacré à la construction navale à l'Ile-du-Prince-Edouard vers 1850. On peut y voir un chantier avec sa forge, sa charpenterie, une scierie et une chaudière à vapeur, ainsi que la charpente d'un navire en construction. Green Park, la maison (1865) du constructeur de navi-

res James Yeo Jr., a été restaurée. La construction navale y est expliquée.

Saint-Jean (N.-B.) (6)

ANSE MARSH Le *Marco Polo* fut lancé près de la digue de Courtenay, au fond de la baie de Courtenay.

ÎLE PARTRIDGE La première corne de brume à vapeur du monde y fut installée en 1859 par Robert Foulis (dont une plaque rappelle la mémoire dans la rue Prince-William, à Saint-Jean). *L'île n'est accessible que sur autorisation des autorités municipales.*

MUSÉE DU NOUVEAU-BRUNSWICK On y trouve des sculptures qui ornaient la poupe du *Marco Polo*, une longue-vue, une lanterne et la cloche des repas.

«STRAIGHT SHORE» Le port de Saint-Jean, entre les chutes Réversibles et le pont du Port, était un grand centre de construction navale à la fin du XIXᵉ siècle.

Spencers Island (N.-E.) (7) Une stèle rappelle la *Mary Celeste*, un brick-goélette que l'on découvrit toutes voiles dehors au milieu de l'Atlantique en 1872, sans personne à bord. Le navire avait été construit dans le village en 1861.

Yarmouth (N.-E.) (2) Les tableaux et maquettes du musée de Yarmouth rappellent la grande époque de ce centre de construction navale, vers la fin du XIXᵉ siècle. Une carte indique l'emplacement des 20 chantiers que l'on pouvait alors y dénombrer. A environ 2 km au sud, un monument rappelle les grands chantiers navals de Nouvelle-Ecosse. Un autre, de l'autre côté du port, est élevé à la mémoire des marins de Yarmouth.

Fort Walsh, poste de la Police montée du Nord-Ouest en Saskatchewan, joua un rôle clé lorsque Sitting Bull et ses Sioux, pourchassés par les Américains, se réfugièrent en 1876 dans le territoire de leurs ennemis, les Pieds-Noirs. Le fort fut démoli en 1883, car les vivres qui y étaient entreposés incitaient les Indiens à quitter leurs réserves. Il a été partiellement reconstruit en 1942 et se trouve dans un parc historique national.

La Police montée
fait régner l'ordre dans l'Ouest

La vie d'un homme valait celle d'un cheval, et l'on pouvait s'acheter un cheval pour un gallon de whisky. Telle était la loi dans les comptoirs des Territoires du Nord-Ouest (aujourd'hui l'Alberta et la Saskatchewan), au cours des années qui suivirent la Confédération.

C'est dans ces « forts du whisky » que les marchands américains troquaient un fusil contre une pile de peaux aussi haute que le canon de l'arme. C'est là surtout qu'ils écoulaient leur « whisky ». Une peau de bison pouvait acheter une concoction d'un volume d'alcool dilué dans trois volumes d'eau, colorée de jus de tabac, relevée de vitriol, épicée de piment et de gingembre. Pour s'en procurer, les Indiens des Plaines (voir p. 166) troquaient non seulement des peaux de bison et des fourrures, mais aussi leurs chevaux, leurs vivres et même leurs femmes.

La brutalité et le meurtre étaient monnaie courante dans ces forts et aucun colon ne voulait aller vivre dans ces territoires sans foi ni loi. On avait bien proposé de créer un corps de police, mais Ottawa n'avait pas les fonds nécessaires. C'est alors qu'en mai 1873, 10 chasseurs de loups de Fort Benton, au Montana, franchirent la frontière et s'enfoncèrent dans les collines du Cyprès. L'ouest du Canada allait en être transformé à tout jamais.

Selon leur habitude, les chasseurs laissèrent dans la prairie un bison empoisonné à la strychnine et dépiautèrent les loups que la carcasse avait attirés. Puis ils rentrèrent au Montana. Ils campèrent à huit kilomètres de Fort Benton. Le lendemain, leurs chevaux avaient disparu.

Les 10 hommes suivirent les traces de leurs montures jusqu'aux collines du Cyprès et campèrent près d'un comptoir tenu par Abe Farwell, un trafiquant de whisky, au bord du ruisseau Battle (au sud de là où se trouve maintenant Medicine Hat, en Alberta). Des Assiniboines, conduits par le chef Petit Soldat, y campaient aussi. Ils déclarèrent aux Américains qu'ils n'avaient pas les

Avec une poignée d'hommes, l'inspecteur James Walsh maintint la paix lorsque les Sioux américains se réfugièrent dans les collines du Cyprès. Il devint l'ami de Sitting Bull. La presse l'avait surnommé le « chef du grand chef ».

chevaux volés, mais qu'ils avaient vu, la veille, un Cri passer avec plusieurs bêtes.

C'était un samedi soir. Chasseurs et Indiens burent plus que de raison. Vers midi, le lendemain, les chasseurs de loups, à l'abri d'une petite ravine, commencèrent à tirer sur les tipis avec leurs carabines à répétition. Par trois fois, les Assiniboines chargèrent, mais ils n'étaient armés que de vieux fusils à un coup qu'il fallait recharger par le canon. Un chasseur de loup fut tué; les autres continuèrent à tirailler jusqu'à ce que les derniers Assiniboines s'enfuient à la tombée du jour. Trente-six Indiens étaient morts, dont Petit Soldat.

Le récit de l'événement, publié le 11 juin au Montana, se répandit comme une traînée de poudre. Les journaux américains parlaient de ces chasseurs de loups comme d'une sorte d'avant-garde de la civilisation. Au Canada, on s'éleva contre cette « racaille » américaine et l'on prétendit qu'ils avaient massacré 200 Indiens. Le pays était en émoi : sa souveraineté avait été bafouée. Le Premier ministre, Sir John A. Macdonald, décida d'intervenir. Le 30 août, la Police montée du Nord-Ouest était fondée — « police », afin de persuader les Etats-Unis que sa mission était bel et bien civile, et non militaire.

On rassembla 150 recrues : commis, artisans, télégraphistes, bûcherons, policiers et soldats de l'Ontario, du Québec, du Nouveau-Brunswick et de la Nouvelle-Ecosse. La troupe devait s'entraîner tout l'hiver dans l'Est mais, sur la demande d'Alexander Morris, lieutenant-gouverneur des Territoires du Nord-Ouest, Macdonald décida de les faire partir sur-le-champ.

Les hommes se rassemblèrent en octobre à Collingwood, en Ontario, puis traversèrent en vapeur le lac Huron et le lac Supérieur jusqu'à Port-Arthur (aujourd'hui Thunder Bay), un tra-

Le lieutenant-colonel George Arthur French fut le premier commissaire de la Police montée. Il était dur avec ses hommes : un jour que ceux-ci se plaignaient d'être meurtris par leur selle, French leur fit distribuer une ration supplémentaire de sel, pour frotter leurs plaies. Mais il conquit leur respect. Lorsqu'il démissionna en 1876, ses hommes, qui gagnaient à peine $1 par jour, lui offrirent une splendide montre en or de $200.

Partis depuis 18 jours du fort Dufferin, lors de la longue marche de 1874, les hommes de la Police montée assistèrent à un service religieux près de la roche Percée (Sask.).

Avant l'époque des « forts du whisky », les colporteurs d'alcool offraient leur marchandise dans les camps indiens, comme sur cette illustration du Frank Leslie's Illustrated Newspaper.

jet de 800 kilomètres. De là, en pleine tempête de neige, ils franchirent à grand-peine les 725 kilomètres qui les séparaient du Lower Fort Garry, un poste de la Compagnie de la Baie d'Hudson, à 32 kilomètres au nord de Winnipeg. Les divisions A, B et C défilèrent en grande pompe au fort le 3 novembre, puis l'entraînement commença. « Nous travaillions sans cesse, de six heures du matin jusqu'au soir », écrira Samuel B. Steele, ancien officier d'artillerie, désormais chargé de dresser les chevaux et d'apprendre aux hommes à les monter. « La consigne était de

Le comptoir de Farwell, près de l'endroit où des Indiens Assiniboines furent tués par des chasseurs de loups américains en 1873, a été reconstitué dans le parc historique national du fort Walsh. A l'intérieur (ci-dessus), on peut voir le genre de marchandises que Farwell troquait avec du mauvais whisky contre les fourrures des Indiens.

poursuivre les manœuvres tant que la température ne descendait pas au-dessous de —36°C. »

Le lieutenant-colonel George Arthur French, de l'artillerie royale, fut nommé commissaire en octobre. Quant il vint prendre son poste au Lower Fort Garry, force lui fut de constater que rares étaient les hommes de sa « Police montée » qui pouvaient se tenir à cheval.

Lorsque French apprit que les forts de whisky étaient armés de canons et que les Pieds-Noirs pouvaient rassembler à eux seuls 2 000 guerriers, il demanda à Ottawa de porter ses effectifs à 300 hommes, « le minimum dicté par des considérations élémentaires de sécurité ». Son rapport n'était guère optimiste : « Si ces hors-la-loi et ces têtes brûlées sont à la hauteur de leur réputation, il nous faudra sans aucun doute utiliser nos armes et peut-être même engager de violents combats. » Ottawa se rangea à son avis et, en février 1874, French partit recruter de nouveaux hommes, âgés de 18 à 40 ans, « robustes, actifs, capables de monter à cheval et de lire et d'écrire l'anglais ou le français ». Ils se rendirent en chemin de fer de Toronto à Fargo, dans le Dakota du Nord, puis, après une marche de cinq jours, arrivèrent au fort Dufferin (près d'Emerson, au Manitoba) le 19 juin. Ils y furent accueillis par les 100 hommes des divisions A, B et C (50 avaient déserté ou avaient été licenciés).

On plaça les splendides pur-sang des nouvelles recrues dans un cercle de chariots, tandis que les chevaux mi-sauvages des divisions A, B et C étaient gardés à bonne distance. Dans la nuit du 20 juin, la foudre tomba au beau milieu des chevaux de Toronto qui, affolés, renversèrent les énormes chariots et s'enfuirent, piétinant tout sur

leur passage. Le lendemain, les hommes des divisions A, B et C enfourchèrent leurs broncos et, en moins de deux jours, retrouvèrent tous les fugitifs sauf un : les bêtes avaient parcouru de 50 à 80 kilomètres dans le Dakota avant de s'arrêter, épuisées.

Le 8 juillet 1874, la troupe quitta le fort Dufferin en un cortège long de quatre kilomètres. Sa destination était le fort Whoop-Up, près de Lethbridge, en Alberta. French ouvrait la marche, suivi de la division A avec 13 des 73 chariots, de la division B avec les forges portatives et les cuisines de campagne, puis de la division C avec les deux canons, les deux mortiers et les caissons de munitions. Ensuite, venaient les divisions D, E et F avec 114 charrettes. En tout, la troupe comptait 310 chevaux, 142 bœufs de trait et un important bétail.

Le troisième jour, un cheval mourut et une douzaine d'hommes désertèrent. Les fourgons de ravitaillement n'arrivaient pas à suivre le train et la faim, la soif, la poussière et les moustiques tourmentèrent bientôt la troupe.

Le 24 juillet, les *Mounties* arrivaient à l'emplacement de Roche-Percée, sur la rivière Souris (près d'Estevan, en Saskatchewan). « Quel changement depuis notre départ, raconte Jean d'Artigue. La troupe ressemblait à un corps d'armée en déroute. Sur plusieurs kilomètres, la route était jonchée de chariots brisés, de chevaux et de bœufs vaincus par la faim et l'épuisement. »

French décida de faire une halte de quatre jours et de diviser la troupe en deux. La première colonne, une division formée des hommes et des animaux malades, fit route vers le fort Ellis, à 137 kilomètres au nord-est. Les hommes y pren-

Charmant, volontaire et grand buveur, tel était James Macleod. Un ami disait de lui qu'il « formait une heureuse combinaison du gentilhomme de l'ancienne école, de l'homme du monde et de l'homme d'affaires ». Commissaire adjoint de la Police montée, il construisit le fort Macleod, premier poste de la Police montée dans l'Ouest. Il fut ensuite nommé commissaire. Il démissionna en 1887 et occupa alors une charge de juge dans les Territoires du Nord-Ouest jusqu'à sa mort en 1894, à l'âge de 58 ans.

Le fort Whoop-Up,
premier objectif de la
Police montée en 1874,
a été reconstruit près
de Lethbridge (Alb.).
Le fort avait son propre
drapeau, semblable au
drapeau américain.

draient des forces avant de se rendre à Fort Edmonton, à 1 300 kilomètres au nord-ouest, où ils iraient passer l'hiver.

Les cinq autres divisions s'ébranlèrent le 29 juillet. Mais les chevaux et les bœufs s'épuisèrent bientôt et les hommes durent se mettre à tirer les chariots et les pièces d'artillerie. Le 13 août, au lac Old Wives, la troupe rencontra ses premiers Indiens, une bande de Sioux dépenaillés et pouilleux. On fuma le calumet de la paix mais, lorsqu'on se sépara, toute la troupe des *Mounties* était infestée de poux.

Au lac Old Wives, French laissa sept malades, 28 chevaux, 14 chariots et du bétail avant de poursuivre sa route. Le 24 août, la troupe était en vue des collines du Cyprès. Elle y rencontra ses premiers bisons le 2 septembre et en tua cinq. Elle découvrit aussi que les animaux avaient transformé les points d'eau en bourbiers empestant l'urine. Mais les hommes avaient soif. Ils firent bouillir le liquide, y jetèrent quelques feuilles de thé et s'en abreuvèrent.

Le 10 septembre, la troupe arriva au confluent du Bow et du Saskatchewan du Sud. C'est ici, leur avait-on dit, à 1 300 kilomètres du fort Dufferin, qu'ils trouveraient le fort Whoop-Up. Mais de fort, il n'y en avait pas. (Il se trouvait en fait à 120 kilomètres plus à l'ouest, au confluent de l'Oldman et de la Sainte-Marie.) Ils étaient perdus.

Manquant de vivres, d'eau et de bois, la colonne fit route au sud jusqu'aux collines Sweetgrass; de l'autre côté de la frontière améri-

Un piètre interprète, mais un excellent éclaireur

Dans un flot ininterrompu de paroles, les chefs Pieds-Noirs remerciaient la Police montée d'avoir chassé les trafiquants de whisky. Le commissaire adjoint James Macleod écouta poliment, puis se tourna vers Jerry Potts pour qu'il lui traduise ces discours fleuris. « Ben contents que vous soyez ici », dit celui-ci simplement.

Potts était un piètre interprète, mais il fut sans doute le meilleur éclaireur que la Police montée ait jamais eu. Macleod l'avait engagé à Fort Benton, au Montana, en 1874, pour conduire les 150 hommes dépenaillés de sa troupe au fort Whoop-Up.

Potts travailla 22 ans pour la Police montée, sans jamais utiliser de carte ni de boussole. Il était capable de découvrir un repère qu'il n'avait jamais vu et de suivre, par tous les temps, la piste d'un trafiquant ou d'une patrouille perdue.

Son père était un Écossais qui faisait la traite des fourrures, et sa mère une Indienne de la tribu des Gens-du-Sang. Il apprit aux hommes de la Police montée les coutumes indiennes et rassura les Indiens sur leurs bonnes intentions. Il portait une veste, des pantalons et un chapeau comme les Blancs, des jambières, des mocassins et une ceinture à fourreau comme les Indiens. Il rêva un jour qu'un chat le protégerait du démon. A son réveil, il trouva un chat endormi au soleil, le tua et porta sa dépouille jusqu'à sa mort.

Jeune homme, il avait participé à des guerres indiennes et levé 16 scalps en un seul combat. Après une soûlerie, lui et George Star, un autre Métis, avaient coutume d'essayer, à 25 pas l'un de l'autre, de se couper les moustaches à coups de revolver. Sa soif était intarissable. S'il venait à manquer de whisky, il buvait à grandes lampées des potions médicinales. Quand sa première femme, une Crow, retourna chez les siens, il épousa deux sœurs Piegan et vécut avec elles dans un tipi près du fort Walsh. Il mourut en 1896, à l'âge de 56 ans. La Police montée lui rendit les honneurs militaires et fit tirer du canon.

Une promesse éternelle, « tant que les rivières couleront »

Depuis 1871, en six traités, tous les Indiens des Plaines du Canada, sauf les Pieds-Noirs, avaient cédé leurs territoires aux Blancs. Le traité n° 7 fut conclu en septembre 1877 devant un vaste rassemblement de Pieds-Noirs, sur les bords du Bow (près de Cluny, en Alberta). Si tout allait bien, de riches terres entre les collines du Cyprès et la frontière de la Colombie-Britannique — pratiquement tout le sud de l'Alberta — seraient cédées au gouvernement du Canada en échange d'un peu d'argent et de grandes promesses.

Plus de 4 000 Pieds-Noirs, Piegans, Stoneys, Gens-du-Sang et Sarcis dressèrent un millier de tipis sur un grand pré, au bord du Bow. Les *Mounties* arrivèrent, de même que le lieutenant-gouverneur des Territoires du Nord-Ouest, David Laird (un natif de l'île du Prince-Edouard), celui que les Indiens appelaient « l'homme qui parle sans détour ».

Les agents du gouvernement distribuèrent de la farine, du sucre et du thé. On organisa des jeux et des danses au son des tambours indiens. Mais le mécontentement grondait. Mi-sérieux, des guerriers en peinture de guerre fonçaient au grand galop sur les Blancs en tirant au-dessus de leurs têtes.

Les palabres commencèrent le 19 septembre. Laird déclara aux Indiens que le bison disparaîtrait bientôt. Il leur promit droits et privilèges « tant que le soleil brillera et que les rivières couleront ». Les Indiens disposeraient de réserves aménagées sur de bonnes terres, 2,5 kilomètres carrés par famille de cinq. Les chefs recevraient une rente annuelle de $25, les sous-chefs de $15. Les autres — hommes, femmes et enfants — recevraient $12 par tête à la

signature du traité et $5 un an plus tard. Les chefs obtiendraient une médaille, un drapeau et des vêtements neufs tous les trois ans. On donnerait aussi des munitions, du bétail, des outils et des semences — même des maîtres d'école.

Les délibérations durèrent trois jours. Patte-de-Corbeau, le plus grand des chefs Pieds-Noirs, annonça finalement la décision que tous attendaient. L'honnêteté et les efforts de la Police montée l'avaient convaincu. Il signerait le traité. Les autres chefs lui emboîtèrent bientôt le pas. Deux canons tirèrent une salve et la musique joua le *God Save the Queen*. Puis on versa $52 954 à 4 392 Indiens, hommes, femmes et enfants.

Mais les trafiquants de chevaux et de peaux de bisons accoururent pour mettre la main sur l'argent des Indiens. Certains les trompaient en leur rendant la monnaie avec des étiquettes de boîtes de conserve. Et, une fois de plus, les agents qui avaient fait tant d'impression sur Patte-de-Corbeau entrèrent en action. Chaque fois qu'on « passait » une étiquette, écrira l'inspecteur adjoint Cecil Denny, « nous devions pourchasser le coupable et le châtier ».

A Fort Macleod (Alb.), la plus ancienne agglomération du sud de l'Alberta, on peut voir une reconstitution du premier fort Macleod de la Police montée du Nord-Ouest.

caine, où ils dressèrent leurs tentes. « Rien dans le camp ne permet d'évoquer le brillant défilé de Dufferin, il y a quelques mois, raconte un homme. La sentinelle qui monte la garde devant les quartiers du commissaire a les pieds enveloppés de morceaux de jute et les haillons qui lui servent de vêtements flottent au vent. »

French et son adjoint, James Macleod, se rendirent à Fort Benton avec quelques hommes. Ils rentrèrent avec des vivres et un guide métis du nom de Jerry Potts.

French décida de diviser une fois de plus sa colonne. Macleod et 150 hommes iraient détruire le fort Whoop-Up, puis établiraient leur propre fort aux alentours. French et les autres, y compris ceux du lac Old Wives, passeraient l'hiver à la caserne de la Rivière-du-Cygne (près de Pelly, en Saskatchewan). Quand la troupe y arriva le 21 octobre, la caserne n'était pas prête. French n'y laissa que la division E et poursuivit sa route vers le sud-est. Le 7 novembre, après quatre mois d'une marche qui leur avait fait franchir plus de 3 000 kilomètres, il entrait à Winnipeg avec la division D.

Jerry Potts conduisit Macleod au fort Whoop-Up le 9 octobre. C'était un fort massif, entouré d'une palissade de pierre de quatre mètres. Deux des angles étaient flanqués de bastions munis de canons. Il y avait des barres de fer aux portes, aux fenêtres et même aux cheminées.

Macleod mit en place ses deux canons et ses deux mortiers. Puis il s'avança au petit trot vers la porte, accompagné de Potts. Ils furent accueillis par Dave Akers, un Américain qui avait fait la guerre avec les confédérés. « Je vous attendais », déclara-t-il à Macleod. La troupe accepterait-elle de partager son repas ?

Les Indiens avaient annoncé leur arrivée et les anciens propriétaires s'étaient empressés de vendre le fort à Akers avant de prendre le large. Il n'y avait plus une seule goutte de whisky dans la place. Et cette nuit-là, les hommes de la troupe se régalèrent de viande de bison.

Macleod tenta d'acheter Whoop-Up pour y installer son quartier général, mais Akers refusa les $10 000 qu'il lui offrait. La colonne partit construire le fort Macleod, à 45 kilomètres plus à l'ouest, sur une île de l'Oldman.

Le fort n'était pas encore terminé que la troupe lança sa première attaque contre les trafiquants de whisky. Un Pied-Noir raconta à Macleod qu'il avait échangé deux poneys contre neuf litres de whisky à un trafiquant de la coulée aux Pins. L'inspecteur Leif Crozier et 10 hommes furent chargés d'aller saisir toutes les fourrures et les peaux qui avaient pu être troquées contre de l'alcool. Ils rentrèrent avec cinq prisonniers, 16 chevaux, des fusils, des revolvers, des peaux de bison et deux chariots pleins de tonneaux d'alcool que l'on jeta.

Au cours de l'hiver 1874-1875, les descentes sur les comptoirs se multiplièrent. Les hommes de la troupe faisaient des couvertures, des manteaux et des bonnets d'hiver avec les peaux confisquées. Mais il devenait évident qu'il fallait fonder un nouveau poste pour freiner le trafic de l'alcool. En mai 1875, l'inspecteur James Walsh et la division B construisirent le fort Walsh, 255 kilomètres à l'est du fort Macleod, au bord du ruisseau Battle (près du lieu du massacre des collines du Cyprès, deux ans plus tôt).

Sitting Bull avait juré de ne pas revenir avec ses Sioux aux Etats-Unis « tant qu'il y aurait des chiens de prairie à manger ». Mais en 1881, quatre ans après son entrée au Canada, à la suite de la bataille de Little Big Horn au Montana, son peuple mourait de faim et le chef dut se rendre aux Américains. L'inspecteur James Walsh, de la Police montée, disait de son ami Sitting Bull qu'il était « le plus habile et le plus intelligent des Indiens de son temps, aussi ambitieux que Napoléon et brave à l'excès ».

Plus coureurs de bois qu'élégants cavaliers

Les *Mounties* avaient toute l'apparence d'un régiment d'élite quand ils quittèrent le fort Dufferin en 1874. Leur objectif était le fort Whoop-Up où ils allaient, en grand style, déloger les trafiquants de whisky : toques à passements d'or, culottes et gants à crispin d'un blanc immaculé, sabres au clair sous le soleil de juin. Le rouge de leur tunique devint symbole d'équité et d'amitié pour les Indiens. Certains de ces derniers pensaient que le rouge était le sang des ennemis de la Grande Reine blanche.

Neuf mois plus tard, ces beaux uniformes étaient en lambeaux. Les toques et les casques de parade avaient été remplacés par de grands chapeaux mous. Les tuniques et les pantalons étaient maintenant taillés dans des peaux de cerf grossièrement tannées. Bref, les hommes que le commissaire George French vit alignés devant lui quand il rentra à la caserne de la Rivière-du-Cygne, après plusieurs mois d'absence, ressemblaient plutôt à des coureurs de bois.

Le chapeau à grands bords ne servait pas seulement à protéger du soleil, mais aussi à puiser de l'eau, à donner à manger aux chevaux et à garder le tabac. Il annonçait déjà le chapeau Stetson qui deviendrait la marque distinctive de la Gendarmerie royale du Canada. Le Stetson fut officiellement agréé en 1901 et le gros drap des tuniques fut remplacé par la serge écarlate que la Gendarmerie royale porte encore pour les grandes occasions. On changea aussi la coupe de la tenue ordinaire — une simple veste brune.

1874   1878   1901

Extrême gauche : Les premiers uniformes de la Police montée se composaient de tuniques Norfolk et de culottes ajustées.

Au centre : A mesure que les uniformes tombaient en lambeaux, on s'adapta aux circonstances.

A gauche : Chapeau Stetson, culotte à bande jaune, bottes brunes et gants à crispin, l'uniforme actuel fut adopté au début du siècle.

Au printemps 1875, des mandats d'arrestation furent lancés contre les hommes soupçonnés du massacre des collines du Cyprès. On en captura sept, mais deux s'échappèrent. Les autres furent traduits devant un tribunal américain à Helena. On n'y aimait guère le Canada, et ils furent acquittés. Trois autres suspects furent arrêtés au Canada, jugés à Winnipeg en juin 1876 et acquittés faute de preuves. Personne ne fut puni pour le massacre, mais l'attitude de la Police montée avait fait impression sur les Indiens des Plaines : des Blancs arrêtaient d'autres Blancs pour avoir tué des Indiens.

Peu à peu, le trafic du whisky cessa. Les conflits entre les tribus diminuèrent au fur et à mesure que grandissaient l'admiration et le respect des Indiens pour la Police montée. Corbeau-Rouge, un chef Pied-Noir, disait de Macleod : « Il m'a fait de nombreuses promesses. Il les a toutes tenues. » « Si la police n'était pas venue, déclara Patte-de-Corbeau, chef de la confédération des Pieds-Noirs, à ses guerriers en septembre 1877, bien peu d'entre nous seraient encore vivants aujourd'hui. La Police montée nous a protégés comme les plumes d'un oiseau le protègent des gelées de l'hiver. »

En septembre 1877, les Pieds-Noirs, derniers Indiens des Plaines à abandonner leurs territoires, signèrent le traité no 7 et cédèrent 130 000 kilomètres carrés dans ce qui est aujourd'hui le sud de l'Alberta. Grâce à la Police montée, les Pieds-Noirs croyaient en la justice d'Ottawa. Une bataille qui s'était déroulée au Montana l'année précédente leur avait aussi montré qu'ils avaient besoin de sa protection.

En effet, le 25 juin 1876, Sitting Bull (Taureau-Assis) et les Sioux américains avaient battu le général George Custer sur la rivière Little Big Horn. Devant la fureur des Américains, de nom-

Les hommes de la Police montée furent cantonnés sous la tente pendant deux mois en 1879, tandis qu'on désinfectait les baraquements du fort Walsh.

Ah! la vie de caserne! Peu de livres, pas de femmes, mais des fèves!

Au cours du mois de janvier 1875, la température moyenne dans la nouvelle caserne de la Rivière-du-Cygne fut de —29°C. L'inspecteur Jacob Carvell, un Américain du Sud qui s'était battu avec les confédérés, demanda officiellement une provision de thermomètres : « Quand les hommes se mettent au lit, je pense qu'ils doivent savoir s'il fait assez froid pour se geler les oreilles si on ne les recouvre pas. »

La caserne de la Rivière-du-Cygne, quartier général de la Police montée, était une enfilade de baraquements mal construits, accrochés aux flancs d'une colline dénudée que battaient sans fin les vents du nord. Mais elle n'était ni meilleure ni pire que les postes de police de cette époque héroïque. La nourriture était médiocre et passablement indigeste. Bison, fèves, porc, crêpes épaisses et thé. L'alcool était interdit, sauf peut-être à Noël (mais on en faisait la contrebande toute l'année). Les livres étaient rares et encore plus les femmes.

La moindre lettre était un don de Dieu. On vit paraître cette annonce dans le *Montreal Star* : « Deux policiers esseulés désirent correspondre avec jeunes dames pour leur perfectionnement mutuel. »

On organisait des bals auxquels « toutes les filles demi-sang disponibles » étaient invitées. R. B. Nevitt, un jeune médecin du fort Macleod, écrivit à sa fiancée : « J'ai été la belle du bal, le seul qui puisse danser [comme cavalière] avec le moindrement de décence, et ma main fut donc très recherchée. » Les sports étaient variés, des courses à cheval et du criquet à la chasse aux serpents.

Quand ils avaient du vague à l'âme, certains de ces hommes qui étaient partis dans l'Ouest pour mettre fin au trafic du whisky se jetaient sur le même tord-boyaux que les trafiquants avaient autrefois vendu aux Indiens. Parfois du tafia de laurier coupé d'eau et relevé d'une quelconque potion médicinale. En cas de besoin, le *Mountie* allait même jusqu'à siroter du liniment à chevaux.

L'inspecteur Carvell revint sans doute à ses juleps de menthe. Après ce premier hiver à la rivière du Cygne, il partit en congé et déserta. Il le fit dans les formes, en envoyant une lettre officielle de démission depuis sa retraite de Boulder, au Colorado, et on ne le revit jamais.

L'inspecteur Francis Dickens, fils de l'écrivain Charles Dickens, fut l'un des premiers officiers de la Police montée. Il avait servi dans la Police montée du Bengale, en Inde, avant de rejoindre la Police montée du Nord-Ouest en novembre 1874.

breux Sioux, ennemis traditionnels des Pieds-Noirs, étaient venus se réfugier au Canada. En décembre, environ 2 000 d'entre eux campaient dans les collines de Wood, à 240 kilomètres des collines du Cyprès. Lorsque Sitting Bull arriva en mai 1877, ils étaient plus de 4 000 au nord de la frontière. L'inspecteur Walsh appréhendait une guerre entre les Indiens.

Accompagné de quatre agents et de deux éclaireurs, il se rendit dans l'énorme camp de Sitting Bull et déclara au grand chef qu'il devrait se plier à la loi de la Reine. Walsh et ses hommes passèrent la nuit dans le campement.

Le lendemain même, les Sioux purent voir la Police montée en action. Chien-Blanc, un guerrier de la tribu assiniboine (de la famille des Sioux), entra dans le camp avec trois chevaux volés. Walsh le désarma et lui dit qu'il l'emmènerait fers aux pieds au fort Walsh s'il n'admettait pas son larcin et s'il se refusait à restituer les bêtes. Chien-Blanc rétorqua que les chevaux erraient dans la prairie quand il les avait trouvés, mais les remit quand même à Walsh. Furieux de perdre la face, il murmura cependant : « On se retrouvera. » Walsh exigea que l'Indien retirât ses paroles. L'Indien s'exécuta. Le courage de Walsh lui gagna le respect de Sitting Bull qui devint son ami.

Les Sioux de Sitting Bull vivaient paisiblement au Canada, mais le gouvernement n'en craignait pas moins une guerre entre les Sioux et leurs ennemis jurés, les Pieds-Noirs. On était en 1879 et les bisons étaient déjà en voie d'extinction. Les Indiens souffraient de la faim. De nombreux Sioux partirent vivre dans les réserves américaines, mais Sitting Bull et quelques autres restèrent au Canada. On soupçonnait d'ailleurs Walsh de les y encourager.

En juin 1880, à la suite d'un différend sur les dépenses de la police, Sir John A. Macdonald força Macleod à démissionner. Un mois plus tard, Walsh fut muté au fort Qu'Appelle, en Saskatchewan. Il prit sa retraite à contrecœur en 1883, emportant avec lui son cheval, pour lequel il versa $150 au gouvernement.

Sitting Bull avait traversé la frontière pour se rendre à l'armée américaine, le 21 juillet 1881. Moins de 200 guerriers l'avaient suivi. La menace pathétique qu'il avait fait peser sur les plaines s'estompait à tout jamais.

En sept courtes années, la Police montée avait fait régner l'ordre dans l'Ouest.

Le fort Battleford, fondé en 1876 près de North Battleford (Sask.), fut le cinquième poste de la Police montée du Nord-Ouest et devint la capitale des Territoires du Nord-Ouest jusqu'en 1883. Cinq bâtiments de cette époque subsistent dans le parc historique national de Battleford (à droite). On peut y voir les quartiers des officiers (ci-dessus).

Sites et monuments historiques

PARC HISTORIQUE NATIONAL DU FORT WALSH (Sask.) Le poste de la Police montée du Nord-Ouest qui fut fondé en 1875 pour mettre fin au trafic du whisky a été partiellement reconstruit dans le parc. Les bâtiments du fort comprennent une caserne, la résidence du commandant, un atelier et une écurie. On y trouvera des armes, des selles, des pièces de harnais et des uniformes de la Police montée.

CIMETIÈRE DE LA POLICE MONTÉE Une pierre marque la tombe de l'agent Marmaduke Graburn, premier *Mountie* tué en service (1879). Un Indien du Sang, Enfant-Etoile, fut jugé deux ans plus tard, mais acquitté faute de preuves. A 19 km à l'ouest, une stèle marque l'endroit où fut découvert le corps de Graburn.

COMPTOIR DE FARWELL Dans cette reconstitution du magasin où Abe Farwell troquait son whisky, on peut voir des rangées de barils et des pots de médicaments. Un autre comptoir, celui de Solomon, a été reconstruit à proximité.

MASSACRE DES COLLINES DU CYPRÈS A 2,5 km au sud du fort Walsh, une plaque marque l'endroit où des chasseurs de loups américains massacrèrent des Assiniboines en 1873, ce qui entraîna la création de la Police montée du Nord-Ouest.

Autres sites et monuments

Calgary (1) A Central Park, une stèle rappelle la fondation du fort Calgary en 1875, poste de la Police montée qui fut à l'origine de la ville. Dans le Horseman's Hall of Fame, des scènes décrivent la signature du traité n° 7 de 1877, par lequel Patte-de-Corbeau et d'autres chefs de la confédération des Pieds-Noirs cédèrent 130 000 km² dans ce qui est aujourd'hui le sud de l'Alberta. Patte-de-Corbeau, le guide Jerry Potts et le commissaire James Macleod y sont représentés grandeur nature.

Cluny (Alb.) (2) A 5 km au sud, une stèle marque l'endroit du gué des Pieds-Noirs

où fut signé le traité n° 7 en 1877. Une croix de fer s'élève sur la tombe de Patte-de-Corbeau.

Emerson (Man.) (12) A 2,5 km au nord, une stèle marque l'emplacement du fort Dufferin d'où partirent les 275 hommes de la Police montée le 8 juillet 1874.

Estevan (Sask.) (9) Au sud de la ville se trouve une caserne restaurée de la Police montée (1886-1892). Des uniformes y sont exposés. A Roche-Percée, 24 km au sud-est, une stèle marque l'endroit où les *Mounties* se reposèrent quatre jours durant leur longue marche et assistèrent à un service religieux.

Fort Macleod (Alb.) (3) Une reconstitution du premier fort construit par la Police montée se dresse en bordure de la ville. Le premier fort Macleod (1874) se trouvait sur une île de l'Oldman, à environ 1,5 km à l'est. Au musée, on peut voir des armes et des uniformes de l'époque, ainsi qu'un diorama du fort.

Lethbridge (Alb.) (4) Au confluent de la Sainte-Marie et de l'Oldman, une stèle marque l'emplacement du fort Whoop-Up, haut lieu du trafic de whisky dans l'Ouest. On peut en voir la reconstitution dans le parc Indian Battle.

North Battleford (Sask.) (6) Cinq bâtiments subsistent du fort Battleford, poste de la Police montée fondé en 1876 : la maison du commandant, les quartiers des officiers, la caserne et un corps de garde.

Pelly (Sask.) (10) A environ 5 km au nord-ouest, une stèle marque le site historique national où fut construit en 1874 le premier quartier général de la Police montée, la caserne de la Rivière-du-Cygne (ou fort Livingstone).

Regina (8) Le musée de la Gendarmerie royale retrace l'histoire de la Police montée depuis ses origines. On peut y voir un des canons que la première colonne emmena avec elle dans l'Ouest, ainsi qu'un revolver qui aurait appartenu à Ed Grace (le seul Américain tué au cours du massacre des collines du Cyprès). La chapelle est ornée des drapeaux qui flottaient sur le fort Walsh entre 1875 et 1880.

Selkirk (Man.) (11) Le poste de la Compagnie de la Baie d'Hudson où des hommes de la Police montée passèrent l'hiver de 1873-1874 se trouve dans le parc historique national de Lower Fort Garry.

Warner (Alb.) (5) A 14 km au nord, une plaque rappelle la mémoire de l'éclaireur métis Jerry Potts, qui conduisit la Police montée à son arrivée dans l'Ouest et demeura son guide pendant 22 ans.

Wood Mountain (Sask.) (7) La caserne et la cantine du poste de Wood Mountain, place forte de la Police montée quand Sitting Bull et ses Sioux arrivèrent au Canada en 1876-1877, ont été reconstituées dans le parc historique de Wood Mountain. L'endroit où les Sioux établirent leur campement y est marqué par une stèle.

Ce poste restauré de la Police montée, construit entre 1886 et 1892, se trouve dans le parc régional de Woodlawn, près d'Estevan (Sask.).

La bataille de Batoche, un triste dénouement

C'était le 12 mai 1885. Depuis quatre jours, le village de Batoche, sur le Saskatchewan du Sud, à environ 80 kilomètres au nord de Saskatoon, s'était transformé en champ de bataille, alors qu'environ 850 miliciens de l'est du Canada s'opposaient à une poignée de 300 Métis. Mais les tireurs métis, embusqués dans des trous, semblaient invulnérables.

Les rebelles métis dont le rêve était de fonder leur propre nation (voir p. 167) avaient comme chef militaire Gabriel Dumont, un passeur de 47 ans, hier encore grand chasseur de bisons et habile combattant.

Un autre homme assistait au combat. Il n'avait pas d'arme et portait une croix. C'était Louis Riel, le chef spirituel des rebelles.

Le major général Frederick Middleton, chef des miliciens, ignorait que les Métis étaient presque à sa merci. Leurs munitions étaient épuisées et ils en étaient réduits à charger leurs armes avec des cailloux et des clous. Dans l'après-midi, désobéissant aux ordres de Middleton, des soldats impatients attaquèrent. Trop peu nombreux, les Métis ne purent se défendre. La bataille de Batoche était déjà terminée. Dumont prit la fuite aux Etats-Unis, mais Middleton ne revint pas bredouille. Il ramenait un prisonnier : Louis Riel, qui pourtant n'avait pas tiré un seul coup de feu.

Louis Riel, qui tenait son sang indien d'un de ses arrière-grands-parents, était né en 1844 à Saint-Boniface (aujourd'hui un quartier de Winnipeg), dans le territoire que la Compagnie de la Baie d'Hudson appelait la terre de Rupert (tout le bassin de la baie d'Hudson). Il grandit dans

La Prise de Batoche, lithographie inspirée d'un croquis dessiné par un artiste militaire. Les premières lignes des Métis (au premier plan, près des brancardiers) ont été emportées, mais les tireurs de Louis Riel (ci-contre) tiennent bon dans les trous qu'ils ont creusés jusqu'au village. La maison (6) entourée d'une clôture est celle du passeur Xavier « Batoche » Letendre. L'église Saint-Antoine-de-Padoue et son presbytère subsistent encore aujourd'hui (ci-dessus).

Le passeur commandant en chef

La défaite de Batoche avait marqué la fin de la rébellion du Nord-Ouest. Cependant, malgré les paroles rassurantes du major général Frederick Middleton qui s'était engagé à se montrer juste envers tous les Métis, Gabriel Dumont refusait d'abandonner la lutte. Le brillant stratège de Louis Riel avait déclaré : « Dites à Middleton que je suis dans les fourrés du bois et que j'ai 90 cartouches à gaspiller sur ses gens. » Mais lorsqu'il apprit la reddition de Riel, il comprit que les jeux étaient faits et s'enfuit aux Etats-Unis. Au cours de la lutte, le grand chasseur de bisons se révéla un chef intrépide. Cependant, il était réaliste et savait que l'époque de la grande liberté dans les plaines de l'Ouest était désormais révolue. Mais il avait vu en Riel le dernier espoir de son peuple et s'était joint à lui. Riel n'avait pas su tirer parti des grands talents militaires de Dumont.

Né en 1837 à Saint-Boniface, au Manitoba, Dumont combattit pour la première fois à 13 ans : pendant deux jours, lui et moins de 100 Métis tinrent en respect près de 2 500 Sioux. Comme tous les chasseurs métis, il pouvait tirer à la volée et recharger au grand galop. C'était un tireur d'élite qui connaissait la prairie « comme le mouton connaît sa lande ». D'après la légende, il aurait dit un jour dans leur langue à une bande de Pieds-Noirs hostiles : « Je suis Gabriel Dumont! J'ai tué huit Pieds-Noirs! » Les Indiens admirèrent tellement son audace et son courage qu'ils ne lui firent aucun mal.

En 1872, les bisons avaient presque disparu. Dumont s'essaya à l'agriculture, sur une terre située à environ 11 kilomètres de Batoche. Il fut élu président du gouvernement métis local, ouvrit un magasin et s'occupa du traversier du passage de Gabriel (traversée gratuite le dimanche pour ceux qui allaient à la messe), sur le Saskatchewan du Sud, à l'endroit où se dresse aujourd'hui le pont de Gabriel. Puis il entra dans la lutte que menait son peuple.

Pendant plusieurs années après sa fuite aux Etats-Unis, on le vit se produire avec le Wild West Show de William « Buffalo Bill » Cody, sous le nom de « Prince des Plaines », le tireur sans pareil. Le gouvernement canadien l'amnistia en 1886. En 1893, Dumont rentra à Batoche où il mourut en 1906, à l'âge de 68 ans.

une famille profondément religieuse et fut envoyé à 13 ans au collège de Montréal pour se préparer à la prêtrise. Mais il entra finalement à vingt ans dans un cabinet d'avocats. Son patron, Rodolphe LaFlamme, s'opposait à la confédération et Riel se plongea bientôt dans la politique nationaliste du Québec et dans le droit constitutionnel. En 1868, après un séjour de quelques années aux Etats-Unis, il rentra chez lui.

Les choses avaient bien changé. Upper Fort Garry, le comptoir de la Compagnie de la Baie d'Hudson, faisait toujours face à Saint-Boniface, de l'autre côté de la rivière Rouge, mais juste au nord du fort grandissait le village de Winnipeg où ne cessaient d'arriver des immigrants de la province canadienne de l'Ontario. Il n'y avait encore pourtant que 1 500 Blancs dans les Prairies, contre 10 000 Métis dont les trois cinquièmes étaient catholiques et francophones.

En avril 1869, la Compagnie de la Baie d'Hudson accepta un accord en vertu duquel le nouveau dominion du Canada se porterait acquéreur de la terre de Rupert. Le Canada convoitait ces terres fertiles. Pourtant, au mois d'octobre suivant, l'Angleterre n'avait toujours pas ordonné le transfert de souveraineté. Impatient,

Devant le musée Saint-Boniface de Winnipeg (ancien couvent construit en 1846), on peut voir quatre meules importées d'Ecosse et qu'utilisait le père de Louis Riel, qui était meunier.

Un groupe de colporteurs métis pose devant le photographe (vers 1872). Les colporteurs transportaient des marchandises depuis St. Paul (Minn.) jusqu'à la Rivière-Rouge.

le Canada envoya des arpenteurs au confluent de la rivière Rouge et de l'Assiniboine.

Depuis 1849, les Métis vivaient en paix avec la Compagnie de la Baie d'Hudson, cultivant leurs terres, faisant du commerce et chassant le bison. Et voilà qu'on allait remettre leur patrie à une nouvelle puissance étrangère. Personne ne les avait consultés et ils craignaient qu'on ne respecte point leurs droits et leur mode de vie.

Les fermes des Métis, sur le modèle des rangs du Québec, étaient disposées en étroites bandes d'à peu près trois kilomètres de long, en bordure d'un cours d'eau. Elles se prêtaient parfaitement à l'élevage du bétail. Mais les arpenteurs jalonnaient maintenant le territoire en carrés de 260 hectares, un morcellement plus approprié à l'agriculture. Le 11 octobre 1869, le fermier André Nault trouva des arpenteurs canadiens en train de faire des relevés sur sa terre. Il tenta de leur expliquer que la ligne qu'ils traçaient tomberait juste entre les bâtiments de sa ferme. Les arpenteurs, qui ne comprenaient pas le français, poursuivirent leur travail. Nault envoya alors chercher son cousin Louis Riel pour qu'il serve d'interprète. Riel arriva, entouré de 18 voisins et, en anglais, ordonna aux arpenteurs de quitter les lieux. Les travaux s'arrêtèrent là; on ne vint plus arpenter les terres des Métis.

Eloquent et cultivé, Riel devint bientôt le porte-parole de son peuple menacé. Quand les Métis se réunirent le 16 octobre à Saint-Norbert, juste au sud de Saint-Boniface, pour former le Comité national des Métis, Riel fut élu secrétaire. Entre-temps, William McDougall, qui avait été nommé lieutenant-gouverneur de la terre de Rupert, s'était mis en route pour venir occuper son nouveau poste. Un détachement de Métis vint à sa rencontre et lui remit un message du comité lui enjoignant de ne pas pénétrer sur le territoire métis sans sa permission. McDougall attendit juste au nord de la frontière américaine, à Fort Dufferin (un poste abandonné de la Compagnie de la Baie d'Hudson), mais son aide de camp, le capitaine D. R. Cameron, poursuivit sa route. A Saint-Norbert, il se heurta à un barrage dressé par les Métis, auxquels il ordonna « d'enlever cette méchante clôture ». Mais les Métis lui firent faire demi-tour.

La fureur de Cameron fut partagée par quelques Canadiens anglophones de Winnipeg (qui tenaient leur quartier général dans le magasin du docteur John Christian Schultz). Mais les Métis étaient bien plus nombreux et, le 2 novembre, avec 120 hommes, Riel occupa le fort Garry de la Compagnie de la Baie d'Hudson.

Riel, chef incontesté des Métis catholiques et

Tout jeune (ici à l'âge de 14 ans), Louis Riel manifestait déjà un caractère hautain et égocentrique. Un de ses compagnons de classe au séminaire de Montréal nous a laissé ce témoignage : « Emettre une opinion contraire à la sienne était s'exposer à sa colère. Il croyait tellement en son infaillibilité qu'il ne comprenait pas que tout le monde ne soit pas de son avis. »

John Schultz, chef d'un petit groupe de Canadiens anglophones qui s'opposèrent à Louis Riel, fut emprisonné lorsque les Métis s'emparèrent du fort Garry en 1869. Il s'échappa en janvier 1870, s'enfuit aux États-Unis, puis se rendit à Toronto. C'est là qu'il souleva l'opinion du Canada anglais contre Riel en racontant l'exécution de Thomas Scott, un de ses compagnons de captivité.

francophones, voulait aussi gagner à sa cause les Métis protestants de langue anglaise et les colons blancs. Le 6 novembre, il invita toutes les paroisses anglophones à désigner des délégués « pour considérer la situation politique de cette région et adopter les mesures qui seront considérées les meilleures pour le bien-être futur de celle-ci ». Dix jours plus tard se réunit la première Convention du peuple de la terre de Rupert. Le 26 novembre, le Premier ministre, Sir John A. Macdonald, envoie un télégramme à Londres pour informer le gouvernement britannique qu'il donne l'ordre d'interrompre l'occupation canadienne de la terre de Rupert, à moins que la Compagnie de la Baie d'Hudson ne puisse garantir la paix.

Ni Riel et le conseil de 12 membres, ni le lieutenant-gouverneur désigné, McDougall, n'ont connaissance de ce télégramme. Le 1er décembre, au cours d'une modeste cérémonie à Fort Dufferin, McDougall prend officiellement possession du pays. Il nomme le colonel John Stoughton Dennis gardien de la paix avec pouvoir de lever une troupe, puis se rend à Ottawa.

Le même jour, à Fort Garry, le conseil des Métis dresse une liste des droits qu'ils veulent maintenir après l'annexion. Les plus importants sont que le peuple élise sa propre assemblée législative, que l'anglais et le français soient utilisés à l'assemblée et dans les tribunaux, et que

Donald Smith (en rouge), de la Compagnie de la Baie d'Hudson, essaie d'apaiser les Métis de Fort Garry en leur expliquant la position du gouvernement d'Ottawa.

tous les « privilèges, us et coutumes existant à la date du transfert soient respectés ».

Schultz — dont le magasin de Winnipeg est maintenant transformé en arsenal — veut attaquer les Métis dans leur fort, mais le colonel Dennis le retient car il ne dispose pas d'effectifs suffisants. Le Métis prend l'initiative. Le 7 décembre, avec 200 hommes, il encercle le magasin de Schultz. Peu après, quelque 45 Canadiens sont faits prisonniers et prennent la route de Fort Garry. Schultz est parmi eux, de même que Thomas Scott, un manœuvre venu de l'Ontario avec une équipe de cantonniers. L'humeur batailleuse de Scott est bien connue, tout comme sa haine des catholiques et des Métis.

Le lendemain, Riel émet une déclaration empreinte de sa profonde connaissance du droit constitutionnel : lorsqu'un peuple n'a pas de gouvernement, il peut s'en choisir un; son conseil, seule autorité légale sur la terre de Rupert, est disposé à négocier avec le Canada des conditions « favorables à la bonne administration et à la prospérité de ce peuple ». Le colonel Dennis se replia vers l'Ontario.

La terre de Rupert demeurait toujours officiellement sous l'administration de la Compagnie de

« Voyageurs » canadiens sur les eaux du Nil

Le vicomte Wolseley avait réprimé la rébellion de la Rivière-Rouge en 1870 et avait pu apprécier l'habileté des « voyageurs » canadiens sur les eaux vives. Quatorze ans plus tard, alors qu'il se préparait à remonter le Nil jusqu'au Soudan pour secourir la ville assiégée de Khartoum, Wolseley eut recours à des Canadiens pour faire franchir à ses troupes les eaux tumultueuses en amont d'Assouan.

Il engagea donc 378 voyageurs et volontaires âgés de 18 à 64 ans — Français, Anglais, Indiens et Métis. La plupart connaissaient leur métier, mais quelques-uns n'étaient que des aventuriers auxquels on ne pouvait se fier sur des eaux dangereuses. On leur promit à tous $40 par mois, une ration quotidienne de rhum et le retour au bout de six mois.

Dès la deuxième cataracte, à 320 kilomètres d'Assouan, la progression des troupes de Wolseley dépendit entièrement des Canadiens. Lorsque les eaux du Nil étaient calmes, les soldats ramaient sous les ordres des voyageurs; quand le courant prenait de la vitesse, on halait les bateaux de la rive, tandis que les Canadiens restaient à bord pour les guider à la perche entre les rochers.

La mission fut un échec. L'avant-garde anglaise atteignit Khartoum deux jours trop tard pour sauver les Anglais assiégés qui furent massacrés par les Soudanais. Mais la contribution des Canadiens fut appréciée : leur présence, écrivit Wolseley, fut la preuve des « liens qui unissent toutes les parties de notre grand empire ».

Au retour, les voyageurs eurent l'effroyable tâche de descendre les cataractes du Nil. Malgré leur habileté, dix de leurs bateaux se fracassèrent sur les rochers et plusieurs hommes se noyèrent.

la Baie d'Hudson. Son représentant au Canada, Donald Smith, qui deviendra Lord Strathcona, convint avec le Premier ministre Macdonald qu'il fallait tenter de faire la paix avec les Métis. Smith arriva donc à Fort Garry le 27 décembre 1869. Sans tarder, il envoya son rapport à Macdonald : « Rien ne peut être plus grave que la situation présente, le pouvoir étant entièrement aux mains de M. Riel et de son parti. »

Smith conversa avec Riel pendant des heures. Le 7 février, il l'invita au nom du Canada à envoyer au moins deux « résidents » (et non des délégués du gouvernement provisoire) à Ottawa pour présenter le point de vue du peuple.

A la fin de mars, trois « résidents » allèrent donc rencontrer Macdonald pour s'entretenir avec lui de la liste des droits des Métis. Ils étaient inquiets de voir qu'on préparait une expédition militaire dans un territoire qui ne faisait pas encore partie du Canada. On leur assura que les intentions des Canadiens étaient pacifiques. Satisfaits et rassurés, deux résidents rentrèrent chez eux. Le troisième partit en Angleterre.

Pendant ce temps, Thomas Scott s'était échappé du fort tandis que le docteur Schultz, le 23 janvier, escaladait le mur de sa prison.

Le 10 février, Riel forma un second gouvernement provisoire. Thomas Scott fut repris le 17 février et c'est alors que Riel commit sa première

Le colonel Garnet Wolseley, commandant des troupes qui écrasèrent la rébellion de la Rivière-Rouge en 1870, était un vétéran des guerres anglaises en Chine, en Inde et en Crimée.

Thomas Scott fut exécuté à Fort Garry en 1870 (par un peloton d'exécution et non pas comme le montre l'illustration). Sa mort souleva le Canada anglais contre Louis Riel.

Louis Riel porta ce crucifix de bronze jusqu'à l'échafaud, le 16 novembre 1885 (aujourd'hui au musée de la Gendarmerie royale à Regina).

erreur. Scott, qui avait attaqué ses gardes métis, fut condamné à mort. « Nous voulions nous assurer, écrira Riel, que notre attitude était prise au sérieux. » Au lieu de cela, l'exécution du 4 mars lui valut la haine farouche du Canada anglais. Schultz parcourut l'Ontario en tous sens, poussant les protestants à venger Scott. Sur les murs de Toronto, des affiches proclamaient partout : « Hommes de l'Ontario! Le sang de Scott criera-t-il en vain vengeance? » Le colonel Garnet Wolseley quitta Toronto le 21 mai avec 800 volontaires et 400 soldats.

La troupe mit quatre jours pour se rendre en bateau jusqu'à Lakehead, puis 91 jours pour traverser la forêt et les marécages jusqu'à Fort Garry. Quand Wolseley y arriva enfin, le 24 août, Riel avait pris la fuite. Le colonel s'en réjouit, car, dit-il, « je n'aurais pu alors le pendre. » Quant à Riel, il laissa ce pathétique message : « Dites au peuple que celui qui commandait à Fort Garry hier encore est aujourd'hui un vagabond sans feu ni lieu. »

Mais Riel avait gagné. Le 15 juillet 1870, le district de la Rivière-Rouge devenait la province du Manitoba. Son nom, choisi par Riel et le gouvernement provisoire, signifie « l'esprit qui parle ». Une portion du territoire était réservée aux Métis; le français et l'anglais seraient également utilisés. Pourtant, en Ontario, on offrait une prime à qui capturerait Riel.

En 1873, le Métis fut élu au Parlement lors d'une élection partielle dans la circonscription de Provencher, au Manitoba. Craignant d'être arrêté, Riel n'occupa jamais son siège.

Au cours de l'élection de 1874, il conserva son siège sans même se rendre à Provencher. Il partit à Ottawa et parvint à signer le registre des députés et à prêter le serment d'allégeance, puis s'enfuit au Québec. A Ottawa, la rumeur courait qu'on l'avait vu en ville et lorsque la séance commença « il y avait plus d'une centaine de personnes armées de revolvers dans la foule des galeries du public ». Riel ne se présenta pas à la Chambre et fut exclu du Parlement.

Sur la route de la Saskatchewan par le Canadien Pacifique

Pour la plupart des miliciens qui allèrent mater la rébellion du Nord-Ouest en 1885, la pire épreuve fut le voyage en train, notamment le trajet de 407 kilomètres au nord du lac Supérieur, entre Dog Lake (près de White River, en Ontario) et Red Rock, où, sur une distance de 137 kilomètres, la voie n'était pas encore posée.

Pour certains, le voyage commença fort bien. Le 1er avril, quand les Queen's Own Rifles atteignirent la fin de la voie ferrée à Dog Lake, le Canadien Pacifique leur servit tout un festin : bœuf, saumon, homard, gâteaux et tartes. Puis, par une température de –31,5°C, les soldats franchirent en carrioles les 58 kilomètres d'une mauvaise route jonchée de cailloux qui les conduisit jusqu'à Birch Lake où reprenait la voie ferrée. On les entassa alors sur des wagons découverts qui roulèrent cahin-caha pendant 154 kilomètres sur une voie temporaire, posée directement sur la neige. La température tomba à –37°C et le train dérailla plusieurs fois. Suivit un trajet de 32 kilomètres sur la glace du lac Supérieur jusqu'à McKellar's Harbour, puis encore 32 kilomètres en wagons découverts jusqu'à la baie Jackfish, suivis d'un tronçon de 35 kilomètres parcouru à pied ou en traîneau jusqu'à Winston's Dock, après quoi le voyage se poursuivit en wagons découverts — 84 kilomètres cette fois, sans aucune nourriture et sous la pluie verglaçante, jusqu'à la baie Nipigon. Le 5 avril, ils firent les 11 derniers kilomètres qui les séparaient encore de Red Rock en pataugeant dans la boue. A partir de là, ils voyagèrent à bord de voitures chauffées.

Le 2 juillet, les troupes rentrèrent après avoir écrasé Louis Riel et ses rebelles. Le retour se fit dans des voitures confortables et les officiers purent même disposer de wagons-lits. Le tronçon du lac Supérieur avait été terminé le 28 mai. Aucun milicien n'était mort durant le voyage et la pneumonie, la bronchite et l'angine mirent plus d'hommes hors de combat que toute la campagne de la Saskatchewan.

La Garde du gouverneur général franchit 100 km sur les eaux gelées du lac Supérieur.

Le Métis était forcé de se déplacer constamment, vivant de la charité de ses amis. Il remporta une autre élection partielle en septembre 1874, mais fut à nouveau proscrit du Parlement en 1875. Il bénéficia enfin d'une amnistie, qui lui fut consentie à condition qu'il reste hors du pays pendant cinq ans.

Près de dix ans allaient s'écouler avant que Riel ne réapparaisse sur la scène politique canadienne. Durant ces années, une marée de colons protestants anglophones vinrent s'établir dans la région de la Rivière-Rouge. De nombreux Métis s'installèrent le long des bras nord et sud du Saskatchewan, dans les Territoires du Nord-Ouest (partie du Canada depuis 1870). Sous la direction de Gabriel Dumont, les Métis luttèrent pour obtenir leur propre gouvernement et la reconnaissance de leurs droits sur la terre qu'ils occupaient depuis des générations.

Louis Riel avait maintenant 39 ans. Devenu citoyen américain, il s'était marié et faisait une carrière de professeur. Il était toujours animé du même zèle religieux. Le 4 juin 1884, Gabriel Dumont et trois autres Métis vinrent le chercher pour régler leur différend avec le gouvernement fédéral. Trop occupé à la construction du Canadien Pacifique, le gouvernement n'écoutait pas les griefs des Métis. Ceux-ci avaient besoin d'un chef qui saurait se faire entendre.

Quelques jours plus tard, Riel partit avec sa femme et ses deux enfants. Il pensait ne s'absenter que pendant quelques mois.

Pendant les derniers mois de 1884, Riel travailla à rédiger une pétition qui énonçait les besoins des Blancs, des Métis et des Indiens. Le 16 décembre, il se mettait en route pour Ottawa. Le secrétaire d'Etat accusa réception de la pétition, mais Riel n'obtint aucune réponse. Macdonald nia avoir jamais vu le document.

Peu à peu, Riel perdit l'appui d'une partie de la population. Le clergé redoutait qu'il ne sape son autorité en se prétendant le « prophète » des Métis. Les colons anglophones craignaient que ses projets de gouvernement provisoire ne conduisent un jour à la rébellion.

Le 5 mars 1885, Riel et d'autres chefs métis prêtèrent un serment dans lequel ils juraient de sauver leur âme « en menant une vie vertueuse jour et nuit » et de sauver leur pays « d'un gouvernement inique en prenant les armes chaque fois que nécessaire ».

Le 18 mars, Riel entrait à Batoche à la tête d'une troupe de cavaliers, occupait l'église Saint-Antoine-de-Padoue et proclamait le gouvernement provisoire de la Saskatchewan. Le district possédait déjà un gouvernement légalement constitué à Ottawa. L'initiative de Riel était donc un acte de rébellion.

La première décision du nouveau gouvernement provisoire fut de lancer un ultimatum le 21 mars à la Police montée du Nord-Ouest, cantonnée à Fort Carlton : quitter le pays ou s'attendre à une « guerre d'extermination ». Le 26, le commandant du fort, Leif Crozier, envoie chercher

C'est du fort Carlton que venaient le détachement de la Police montée et les colons qui furent battus par les Métis de Gabriel Dumont à Duck Lake, le 26 mars 1885. (Ci-dessus : reconstitution du fort à Carlton, Sask.) Deux jours plus tard, un incendie rasa la plus grande partie du fort. Les Métis détruisirent et pillèrent ce qui en restait.

Surplombant Steele Narrows (Sask.), des tables d'orientation décrivent la dernière escarmouche de la rébellion du Nord-Ouest et le dernier combat militaire livré au Canada. Les Cris de Gros-Ours battirent en retraite de l'autre côté du lac Tulibee le 3 juin 1885, d'où ils tirèrent sur les troupes du major Sam Steele de la Police montée, postées sur l'autre rive.

Lorsque la rébellion du Nord-Ouest éclata en 1885, le père Albert Lacombe vivait dans l'Ouest depuis plus de 35 ans. Il avait fait la paix entre les Cris et les Pieds-Noirs, servi de médiateur entre les Gens-du-Sang et le Canadien Pacifique, s'était dépensé sans compter lors d'une épidémie de variole. Certains Indiens, notamment les Cris, participèrent à la révolte des Métis, mais le père Lacombe persuada les Pieds-Noirs de rester neutres.

des vivres dans un magasin de Duck Lake sur le sentier qui mène de Carlton à Batoche. Gabriel Dumont, à qui Riel a confié le commandement militaire pendant qu'il dresse les plans d'une grande société métisse, intercepte le détachement et lui fait rebrousser chemin à la pointe du fusil. Crozier et 98 hommes poursuivent Dumont et s'engagent dans une vallée encaissée défendue par quelque 300 tireurs d'élite métis. Dumont, maître de la chasse au bison, applique les tactiques qu'il connaît si bien. Quatre Métis, un Indien et 12 Blancs sont mortellement blessés.

Le 30 mars, 200 Cris commandés par le chef Poundmaker attaquent Battleford sur le bras nord du Saskatchewan. Ils pillent et incendient pendant quatre jours. Le 2 avril, la bande du chef cri Gros-Ours, conduite par son chef de guerre Esprit-Errant, massacre neuf Blancs à Frog Lake. Tout le long du Saskatchewan du Nord et jusqu'à Edmonton, les colons blancs se réfugient dans les forts de la Compagnie de la Baie d'Hudson et de la Police montée.

Les éclaireurs de Dumont l'informent de tous les mouvements ennemis dans la région de Batoche. Une seule ligne de télégraphe traverse le territoire. Une fois qu'elle sera coupée, les colons et la police des prairies ne pourront savoir que les secours approchent. Depuis le fort Qu'Appelle, le major général Frederick Middleton conduit 800 miliciens au nord-ouest, en direction de Batoche. De Swift Current, avec environ 700 hommes, le colonel William Otter marche sur Battleford. De Calgary, le major général Thomas

Dans les réserves : famine, massacre, rébellion, oubli...

En 1880, la plupart des Indiens de la prairie canadienne s'étaient installés à contre-cœur dans des réserves. Ils devaient compter sur les rations du gouvernement pour survivre. En 1883, ces rations furent très fortement réduites et des milliers d'Indiens moururent de faim ou de froid au cours de l'hiver.

A son retour dans les prairies en juin 1884, le chef métis Louis Riel promit aux Indiens de leur redonner leurs territoires et leur liberté. Les Indiens l'écoutèrent et certains — surtout les jeunes Cris des bandes des chefs Poundmaker et Gros-Ours — commencèrent à parler de violence.

Puis une grande nouvelle se répandit comme un feu de broussailles : la Police montée du Nord-Ouest venait d'être battue à Duck Lake. La police des Blancs n'était donc pas invincible!

Le 29 mars, Poundmaker et un groupe de ses hommes se dirigèrent sur Battleford pour réclamer des vivres. Terrifiés, les colons blancs se réfugièrent au fort Battleford, un poste de la Police montée, à un kilomètre et demi au nord-est, tandis que les Cris saccageaient le village.

Le 2 avril, Esprit-Errant, chef de guerre de Gros-Ours, fit une incursion à Frog Lake, comptoir de la Compagnie de la Baie d'Hudson, massacrant neuf Blancs et en faisant cinq autres prisonniers. Treize jours plus tard, il pillait le fort Pitt et faisait encore 50 prisonniers. Armée de vieux mousquets, la bande de Poundmaker réussit à battre un gros détachement de la milice et de la Police montée à Cut Knife Hill, le 2 mai. Des petites bandes pillèrent des postes et des fermes. Un convoi d'approvisionnement de la milice fut intercepté. Partout, les patrouilles de la police tombaient dans des embuscades.

Mais la rébellion de Riel fut écrasée à Batoche le 12 mai 1885. Deux semaines plus tard, Poundmaker se rendit. Esprit-Errant tenta de se suicider, puis fut traduit devant un tribunal. Gros-Ours, épuisé et à court de vivres, capitula le 2 juillet. A l'issue des procès qui leur furent intentés, Gros-Ours et Poundmaker furent envoyés en prison. Tous deux moururent dans l'année qui suivit leur élargissement. Le 27 novembre, devant le fort Battleford, Esprit-Errant et sept autres guerriers indiens furent pendus pour meurtre.

Poundmaker se rend au major général Frederick Middleton, au fort Battleford. « Vous ne m'avez pas pris, déclare le chef cri, je me suis rendu. Je voulais la paix. »

Bland Strange avance au nord avec 600 hommes, vers Edmonton, pour s'assurer de la neutralité des Pieds-Noirs.

Le 24 avril, le colonel Otter entre dans Battleford. Le même jour, le général Middleton tombe dans une autre embuscade tendue par Dumont : imprudemment, il s'engage dans la vallée encaissée de Fish Creek. Il y est bientôt pris sous le feu des Métis. Dumont et ses 150 hommes retarderont de deux semaines son arrivée à Batoche.

Quinze ans plus tôt, à la Rivière-Rouge, Riel avait fait preuve de décision. Aujourd'hui, la religion l'obsède. Alors que ses gens combattent, il choisit de nouveaux noms pour les jours de la semaine afin d'effacer le souvenir des dieux païens. Dumont savait que les tactiques de la guérilla et de la chasse au bison pouvaient démoraliser les troupes canadiennes. Mais Riel le retient et inscrit cette note le 29 avril dans son journal : « O mon Dieu! pour l'amour de Jésus...

A court de munitions, ce Métis est tombé là où les balles ennemies l'ont fauché à Batoche, le jour qui marqua la fin des espoirs de la nation métisse.

Louis Riel, le sauveur et prophète : coupable!

En ce mois de juillet 1885, Regina four-millait de journalistes et de curieux venus assister au procès de Louis Riel, accusé de haute trahison pour avoir fomenté une rébellion dans le Nord-Ouest au printemps précédent. Les trois hôtels de la ville étaient pleins à craquer. On fit revêtir à Riel un uniforme de la Police montée pour que la foule ne remarque pas son entrée dans la salle du tribunal.

Les avocats de Riel, tous trois du Québec, décidèrent que leur seul espoir était de plaider la démence. Riel s'y opposa résolument, mais il fut contraint par le juge à subir un examen médical. Un médecin conclut que « son esprit n'était pas sain »; un autre déclara qu'il était « parfaitement capable de distinguer le bien du mal ».

Puis on révéla que Riel avait été interné dans un asile du Québec en 1876-1878 : il s'y faisait appeler « prophète, pontife infaillible et prêtre-roi », et disait avoir été choisi comme le sauveur du peuple métis. Pendant des mois, il s'était débattu dans des crises d'agitation violente, suivies de périodes d'humble soumission.

Les avocats de Riel firent état des griefs des Métis, tout en continuant d'insister sur la démence de l'accusé. On permit enfin à celui-ci de prendre la parole. Aucun des six jurés ne comprenait le français, si bien que Riel dut s'exprimer en anglais. Il parla avec éloquence de sa « mission » d'unir les Métis, les colons et les Indiens du Nord-Ouest. « J'ai travaillé à améliorer la condition du peuple de la Saskatchewan, au péril de ma vie », déclara-t-il.

Il convainquit finalement les jurés qu'il était sain d'esprit, signant ainsi son arrêt de mort. Louis Riel fut pendu le 16 novembre 1885.

Ce triste monument s'élève à l'ombre de la cathédrale Saint-Boni-face, de Winnipeg : on y voit seulement le nom du chef des Métis, la date de sa pendaison et une simple croix.

accordez-moi la faveur de parvenir rapidement à un bon arrangement, à un bon accord avec le Dominion du Canada. Guidez-moi, aidez-moi à procurer aux Métis et aux Indiens tous les avantages qui peuvent maintenant être obtenus par la négociation. »

Le colonel Otter avait chassé de Battleford les Cris de Poundmaker quand commença le combat de Fish Creek.

Mais le 2 mai, à Cut Knife Hill, à 61 kilomètres au sud de Battleford, des tireurs indiens encerclèrent les hommes d'Otter, en tuant huit et en blessant 15. Les autres battirent en retraite sur Battleford, mais Middleton approchait déjà de Batoche.

L'assaut final n'allait plus tarder. Le vapeur *Northcote*, armé d'une mitrailleuse Gatling (utilisée pour la première fois au cours de la guerre civile américaine), appareilla à 7 heures du matin, le 9 mai, du passage de Gabriel. Une heure plus tard, alors que le navire était à la hauteur de l'église Saint-Antoine-de-Padoue, les hommes de Dumont firent tomber le câble du bac qui cisailla le mât et les cheminées du *Northcote*. Le navire dépassa Batoche, emporté par le courant. L'équipage parvint finalement à l'immobiliser

trois kilomètres en aval, trop loin pour qu'il puisse participer au combat.

Dans le village, la bataille dura quatre jours. Tous les matins, Riel organisait des cérémonies religieuses pour ses hommes.

Le 12 mai, les soldats chargèrent et la bataille prit fin, tandis que s'écroulait le grand espoir des Métis.

Riel se rendit à Middleton le 15 mai. Au cours de la première rébellion qu'il avait menée sur la rivière Rouge, seulement Thomas Scott et deux autres hommes étaient morts. Au cours de la seconde, sur les bras nord et sud du Saskatchewan, au moins 105 personnes perdirent la vie. Riel ne tira jamais un coup de feu. Mais il fut accusé de haute trahison et condamné à mort à Regina le 1er août. Après trois sursis d'exécution et un examen psychiatrique, il fut pendu le 16 novembre. L'un des jurés dira en 1925 : « Nous avons jugé Louis Riel pour trahison, mais il fut pendu pour le meurtre de Thomas Scott. »

La nation métisse avait perdu son général, Gabriel Dumont, et son prophète, Louis Riel. Les chefs indiens étaient tous en prison.

Désormais, les vastes et riches prairies appartiendront aux Blancs.

Sites et monuments historiques

BATOCHE (Sask.) Louis Riel, Gabriel Dumont et environ 300 Métis y furent écrasés le 12 mai 1885 par le major général Frederick Middleton et ses 850 miliciens. Cette défaite marqua la fin de la rébellion du Nord-Ouest.

ÉGLISE SAINT-ANTOINE-DE-PADOUE L'église qui fut le quartier général de Riel a été conservée. Les tombes de Dumont et de Métis, tués lors de la bataille, se trouvent dans le cimetière voisin.

SITE HISTORIQUE NATIONAL DE BATOCHE Des panneaux érigés à côté des vestiges des tranchées de Middleton décrivent la bataille de Batoche. Les trous où s'embusquèrent les Métis sont encore visibles. Dans le presbytère de l'église Saint-Antoine-de-Padoue, on peut voir le plumier et l'encrier de Riel, ainsi qu'un revolver ayant appartenu à Dumont.

VILLAGE DE BATOCHE Au milieu des ruines de la capitale des Métis subsistent les fondations de la maison et du magasin de Xavier « Batoche » Letendre, qui donna son nom à l'agglomération.

Autres sites et monuments

Calgary (1) Dans le centre Glenbow-Alberta, on expose des décorations et une selle ayant appartenu au colonel Garnet Wolseley qui écrasa la rébellion de la Rivière-Rouge, en 1870.

Carlton (Sask.) (9) Quatre bâtiments du fort Carlton, poste de la Compagnie de la Baie d'Hudson d'où partirent les 99 colons et *Mounties* qui furent battus à Duck Lake lors de la première bataille de la rébellion du Nord-Ouest (1885), ont été reconstitués dans le parc historique du fort Carlton.

Cumberland House (Sask.) (13) La chaudière du *Northcote*, qui servit contre les Métis à Batoche, se trouve dans le parc historique de Cumberland House.

Cut Knife (Sask.) (6) Dans la réserve Poundmaker, 16 km au nord, une stèle marque l'endroit de la bataille de Cut Knife Hill, en 1885, durant laquelle le chef cri Poundmaker repoussa les soldats et la police. Au musée Clayton McLain, de Cut Knife, on peut voir le sac à médecine du chef indien ainsi qu'une collection d'objets religieux.

Duck Lake (Sask.) (10) A 3 km à l'ouest, une stèle marque l'endroit de la bataille du 26 mars 1885. Les collections du musée historique de Duck Lake comprennent notamment une canne et une montre en or ayant appartenu à Dumont, ainsi que le fusil de chasse de Riel.

Emerson (Man.) (16) A 2 km au nord, une stèle marque l'emplacement du fort Duf-

ferin. C'est là que le lieutenant-gouverneur William McDougall proclama la souveraineté du Canada sur la terre de Rupert, le 1er décembre 1869.

Fish Creek (Sask.) (8) Sur la colline, on peut encore voir les trous creusés par les Métis qui tendirent une embuscade aux soldats de Middleton en 1885.

Frenchman Butte (Sask.) (5) Un bâtiment du fort Pitt, poste de la Compagnie de la Baie d'Hudson puis de la Police montée, qui fut abandonné aux Cris en 1885, a été reconstitué dans le parc historique du fort Pitt, 24 km à l'ouest.

Frog Lake (Alb.) (3) Dans un cimetière, 3 km à l'ouest, des croix de fer marquent les tombes des neuf hommes tués par les Cris lors du massacre de 1885.

Loon Lake (Sask.) (4) Dans le parc historique de Steele Narrows, 10 km à l'ouest, quatre plaques décrivent l'affrontement du 3 juin 1885 entre des éclaireurs de la Police montée et les Cris de Gros-Ours. Ce fut le dernier combat militaire en terre canadienne.

North Battleford (Sask.) (7) A 6 km au sud, dans le parc historique national de Battleford, on peut visiter cinq bâtiments du poste de la Police montée où 400 colons se réfugièrent en 1885. C'est là que Poundmaker se rendit après la bataille de Batoche. On peut y voir le bâton de guerre et la carabine du chef indien. Une dalle marque les tombes de huit Indiens qui furent pendus pour les meurtres qu'ils commirent durant la rébellion.

Prince-Albert (Sask.) (11) La tombe du Métis Joe McKay, interprète de la Police montée, qui aurait tiré le premier coup de feu lors de l'affrontement de Duck Lake,

se trouve dans le cimetière de l'église Sainte-Marie.

Regina (12) En été, une pièce de théâtre qui relate le procès de Riel est présentée trois fois par semaine à Saskatchewan House. Dans le musée de la Gendarmerie royale, on peut voir entre autres souvenirs le crucifix que Riel porta lorsqu'il fut conduit à l'échafaud.

St. Albert (Alb.) (2) Le musée du Père-Lacombe a été aménagé dans la chapelle construite par le missionnaire oblat en 1861. On y conserve sa bibliothèque, son bréviaire et divers objets qui rappellent son souvenir.

Selkirk (Man.) (14) Le 2e bataillon des fusiliers du Québec, parti pour écraser la rébellion de la Rivière-Rouge en 1870, était cantonné dans le poste de la Compagnie de la Baie d'Hudson qui se trouve dans le parc historique national du Lower Fort Garry. On peut encore voir des noms gravés sur le bois des portes.

Toronto (pas sur la carte) Au musée des Queen's Own Rifles de Casa Loma, on peut voir des menottes et une cagoule qui auraient servi lors de l'arrestation et de l'exécution de Louis Riel.

Winnipeg (15) Un portail de pierre est tout ce qui reste du Upper Fort Garry, le poste de la Compagnie de la Baie d'Hudson où Riel établit le quartier général de ses gouvernements provisoires de 1869 et 1870. Une simple pierre, près de la cathédrale Saint-Boniface, marque la tombe de Riel. Dans le musée voisin, on peut voir des objets personnels du chef métis. Au numéro 330 de River Road, à St. Vital, se trouve la maison où Riel prépara la rébellion de la Rivière-Rouge.

Le transcontinental devient réalité

Craigellachie de nos jours : c'est là que fut rivé le dernier tire-fond du Canadien Pacifique, en 1885. Les arbres que l'on aperçoit à droite sont peut-être les mêmes que ceux de la fameuse photographie (page ci-contre) où l'on voit Donald Smith river le dernier tire-fond.

Dans la brume matinale de ce samedi 7 novembre 1885, le photographe s'affairait derrière son encombrant appareil à trépied, dans le col de l'Aigle, en Colombie-Britannique. Il allait prendre la photographie la plus fameuse de l'histoire du Canada.

Il n'y eut pas de drapeau, pas de musique, pas de discours lorsque fut enfoncé le dernier tire-fond du transcontinental. Pourtant, cette banale cérémonie venait mettre un point final à une extraordinaire entreprise.

L'homme qui tenait la masse était Donald Smith, représentant de son cousin George Stephen, président du Canadien Pacifique. Douze ans plus tôt, alors qu'il était député conservateur, Smith avait quitté les rangs de son parti à propos du scandale du Pacifique et contribué à provoquer la chute du gouvernement de Sir John A. Macdonald. Derrière lui se tenait Sandford Fleming, membre du conseil d'administration. C'est lui qui avait dressé en 1864 le premier plan détaillé d'un chemin de fer « du Canada à l'océan Pacifique, en territoire britannique ». Il avait pris la direction des travaux de construction en 1871. A la droite de Fleming se tenait William Cornelius Van Horne, vice-président du Canadien Pacifique, qui avait achevé la construction du transcontinental en 46 mois (ce que d'autres n'avaient pu faire en plus de 10 ans).

Le métal tinta quand Donald Smith frappa le tire-fond qui se tordit. On le remplaça et, cette fois-ci, Smith l'enfonça dans la traverse. Il était 9 h 22, heure normale du Pacifique.

Pendant un instant, on entendit seulement le rugissement de la rivière de l'Aigle. Puis un vibrant hourra monta dans l'air. « Tout ce que je puis ajouter, dit Van Horne, c'est que le travail a été bien fait. » Les spectateurs s'écartèrent pour laisser la locomotive 148 et ses wagons franchir la traverse historique. Les personnalités officielles remontèrent à bord du train et, le lendemain, à 545 kilomètres du col de l'Aigle, ils attei-

Le grand moment (9 h 22 du matin, heure du Pacifique) à Craigellachie, le 7 novembre 1885 : Donald Smith prend la pose devant le photographe. Le premier train transcontinental se dirigera bientôt vers l'ouest jusqu'à Port Moody, sur le Pacifique.

gnaient le terminus du Pacifique, Port Moody, en Colombie-Britannique. Pour la première fois, des hommes venaient de faire entièrement en train la route de Montréal à la côte.

La fin de la guerre de Sécession, en 1865, venait de précipiter l'union politique de l'Amérique du Nord britannique (voir p. 242). En effet, après la guerre, certains jeunes vétérans américains du Nord parlèrent ouvertement de conquérir les territoires britanniques pour punir l'Angleterre d'avoir accordé son appui aux sudistes. Aussi, en mars 1867, le Parlement anglais adopta l'Acte de l'Amérique du Nord britannique qui créait le Dominion du Canada. Quelques semaines plus tard, le Conseil législatif de la Colombie-Britannique décidait « d'obtenir sans tarder l'admission de la Colombie-Britannique dans la Confédération canadienne ».

La Colombie-Britannique devint partie du Canada le 20 juillet 1871, les deux gouvernements ayant convenu de construire un chemin de fer qui relierait le réseau ferroviaire de l'est du Canada à la côte du Pacifique. On commencerait la construction aux deux bouts de la ligne dans les deux ans et les travaux seraient terminés 10 ans plus tard. Ils seraient financés par des capitaux privés, le gouvernement canadien se chargeant de faire des octrois de terres et d'accorder des subventions chaque fois que possible. Sandford Fleming fut nommé ingénieur en chef. « Tant que cette grande œuvre n'est pas terminée, déclara Macdonald, notre Dominion n'est guère plus qu'une entité géographique. »

Van Horne remercia à sa manière le chef Sapo-maxicow, Patte-de-Corbeau, qui facilita le passage du chemin de fer sur les terres des Pieds-Noirs. Le chef obtint le droit de circuler gratuitement sur toutes les lignes.

Le scandale du Pacifique de 1873 a fait tomber le gouvernement Macdonald. « Je reconnais bien volontiers, déclare Sir John sur cette caricature de Bengough, avoir pris cet argent pour corrompre les électeurs. Mais où est le mal ? »

Un chemin de fer « gros comme moi »

« Je mange tant que je peux, dit un jour William Cornelius Van Horne, je bois tant que je peux, je fume tant que je peux, et je me moque du reste. »

De tout le reste, sauf du Canadien Pacifique qu'il fit construire en quatre ans, alors que tout le monde pensait qu'il en faudrait au moins 10.

Van Horne était né dans l'Illinois, en 1843. Il avait commencé à travailler à 14 ans comme télégraphiste. A 38 ans, quand il fut nommé directeur général du Canadien Pacifique, on disait qu'il connaissait mieux les chemins de fer que quiconque sur le continent. Au cours des 10 années précédentes, le gouvernement canadien avait dépensé des millions et posé moins de 480 kilomètres de voie. Van Horne assura qu'il construirait 800 kilomètres de voie avant la fin de 1882 et tint sa promesse, poussant ses hommes sans relâche, les faisant travailler jour et nuit, même à Noël, sans ménager sa propre peine.

Soucieux du confort des passagers, Van Horne exigea que l'ébénisterie soit exécutée à la main.

Il aimait les choses, disait-il, « grosses comme moi » et dessina une ample couchette pour les wagons-lits. Il fit aussi construire les hôtels du Canadien Pacifique dans les plus beaux panoramas du Canada. Van Horne était amateur d'art et ses collections reflétaient ses goûts éclectiques, des porcelaines japonaises aux impressionnistes français. Il aimait dessiner, peindre, faire de la musique et cultiver des fleurs.

Il adorait jouer des tours à ses amis, mais détestait abandonner une partie de poker ou de billard sans gagner. Et il n'hésitait pas pour ce faire à jouer toute une nuit. Pour lui, le sommeil était « une perte de temps; de plus, on ne contrôle pas ce qui se passe ».

Il acheva la construction de son chemin de fer en 1885 et fut anobli en 1894. Il mourut à Montréal, le 11 septembre 1915. Le jour de ses funérailles, tous les trains du Canadien Pacifique s'immobilisèrent pendant cinq minutes pour lui rendre un dernier hommage.

Ravenscrag, « le rocher aux corbeaux » (aujourd'hui l'institut Allan Memorial de Montréal), était la résidence de Sir Hugh Allan (ci-dessus). Le riche Montréalais était propriétaire de la Montreal Ocean Steamship Company (Allan Line) et il fut l'un des principaux acteurs du scandale du Pacifique en 1873.

Deux groupes rivaux — l'un torontois, l'autre montréalais — demandèrent en 1872 au gouvernement de leur accorder le contrat de construction du chemin de fer. Macdonald leur proposa de fusionner, mais le groupe de Toronto refusa. Macdonald demanda alors à Sir Hugh Allan, chef du groupe montréalais et l'homme le plus riche du Canada, de former une société. Il promit de l'en faire nommer président s'il accordait son aide financière au parti conservateur lors des élections qui auraient lieu cette année-là. Les conservateurs restèrent au pouvoir et la Canadian Pacific Railway Company (à ne pas confondre avec le Canadien Pacifique) vit le jour en 1873. Son président était Sir Hugh Allan.

Puis ce fut le désastre pour les conservateurs. Un commis du bureau de John Abbott — confident et avocat d'Allan — vendit aux libéraux de Montréal, pour $5 000, des copies de documents faisant état de demandes d'argent pour la caisse électorale des conservateurs. Le 2 avril, l'opposition libérale à la Chambre des communes accusa le gouvernement de corruption. Une commission royale enquêta. La crédibilité du gouvernement Macdonald s'effrita, tandis que se multipliaient les révélations sur le « scandale du Pacifique ».

Abandonné par ses partisans et sachant qu'il serait tôt ou tard battu en Chambre, Macdonald démissionna le 5 novembre 1873, cédant la place au libéral Alexander Mackenzie.

La démission de Macdonald signait l'arrêt de mort de la compagnie d'Allan, la politique libérale voulant que la construction du chemin de fer soit financée par des fonds publics. Elle coïncidait également avec une dépression économique mondiale et les grands travaux furent retardés. On fit quelques tronçons en 1874, mais la cérémonie officielle du premier coup de bêche, à Fort William (aujourd'hui Thunder Bay, en Ontario), n'eut lieu que le 1er juin 1875.

En 1878, alors que les conservateurs étaient ramenés au pouvoir, la Colombie-Britannique menaça de se retirer de la Confédération si la construction de la ligne ne commençait pas en Colombie-Britannique avant le mois de mai 1879. On accorda donc en grande hâte des contrats pour la construction de 340 kilomètres de voie entre Port Moody, au fond de l'inlet Burrard (aujourd'hui dans Vancouver), et Savona.

C'est un Américain, Andrew Onderdonk, qui obtint le contrat et qui dut tracer la voie au-dessus du Fraser et du Thompson, là où l'on avait

Cette arche commémorative se trouve au sommet du col de Rogers. Le « Sentier de la voie abandonnée » s'enfonce à l'est, dans un terrain accidenté (à droite) qui montre bien les difficultés que durent vaincre les constructeurs du Canadien Pacifique.

ouvert à grand-peine la route du Caribou, 20 ans plus tôt (voir p. 238). Or la construction d'une voie ferrée était bien plus difficile, car il fallait éviter les pentes et les virages trop raides. Les ouvriers qui devaient forer les trous dans les parois où l'on enfoncerait l'explosif étaient descendus au bout de longues cordes. Entre Yale et les tourbillons de la Porte d'Enfer, on perça 14 tunnels sur un parcours de 32 kilomètres. Quatre-vingts kilomètres en amont de Yale, le chemin de fer dut traverser le Fraser à 43 mètres au-dessus de l'eau.

Tandis que les travaux avançaient en Colombie-Britannique, Macdonald cherchait des hommes auxquels il pourrait confier les 3 000 kilomètres de voie qui restaient à construire. Il les trouva : George Stephen et Duncan McIntyre, deux Montréalais d'origine écossaise. Le premier était président de la Banque de Montréal, le second, directeur général du Canada Central Railway. Le groupe qu'ils formèrent s'engageait à achever le chemin de fer, à l'équiper et à l'exploiter indéfiniment. Le gouvernement acceptait de lui verser $25 millions et de lui donner 10 millions d'hectares de terre des Prairies, ainsi que les 1 100 kilomètres de voie ferrée déjà achevée ou en cours de construction. Le 15 février 1881, le groupe formait le Canadien Pacifique.

McIntyre prit la direction générale de l'entreprise, mais il devint manifeste au bout de quel-

Un saloon à l'origine de Vancouver

Poussés par la soif, des bûcherons travaillèrent pour rien à construire le saloon de « Gassy Jack » Deighton (à gauche), un immigrant du Yorkshire célèbre pour son bagout, ancien prospecteur d'or et pilote de rivière. Deighton choisit judicieusement l'emplacement de son établissement, à quelques mètres des limites de Hastings Mill, un camp de bûcherons au bord de la baie English. C'était en 1867. Tandis que les bûcherons élevaient les murs, Gassy Jack vendait son alcool dans un chariot. En 24 heures, le saloon put ouvrir ses portes. Six ans plus tard, on en comptait trois autres au milieu des cabanes qui formaient la localité de Granville (ou Gastown). Les beuveries et les bagarres y étaient monnaie courante.

A 20 kilomètres à l'est, au fond de l'inlet Burrard, Port Moody était bien différent. C'était une ville modèle, où l'alcool était strictement interdit. En 1884, lorsque le directeur général du Canadien Pacifique, Van Horne, dé-

cida de construire le terminus ouest du chemin de fer sur l'inlet Burrard, Port Moody, qui avait reçu le train inaugural, était sûr d'être choisi. Mais Van Horne préféra Granville qui possédait plus de terrains vacants et où les navires de haute mer pouvaient plus facilement se rendre. Le gouvernement de la Colombie-Britannique lui donna d'ailleurs gratuitement 2 400 hectares. Port Moody tenta de refuser à Van Horne le droit de passage, mais dut bientôt reculer lorsque celui-ci menaça de « faire passer le chemin de fer au beau milieu de la baie, sur un pont ».

Van Horne rebaptisa Granville du nom de l'explorateur George Vancouver (voir p. 144). Il fallut attendre le 23 mai 1887 pour que le premier train de voyageurs y arrive, mais les colons accoururent et le prix des terrains tripla en quelques mois. Le magasin de la compagnie Hastings Mill (1865) subsiste toujours; le quartier est aujourd'hui en pleine rénovation.

que temps qu'il fallait un spécialiste des chemins de fer pour diriger les travaux de construction et l'exploitation. On choisit William Cornelius Van Horne, alors directeur général du Chicago, Milwaukee & St. Paul Railway. Il entra en fonctions au début de 1882, à l'âge de 38 ans, et construisit 800 kilomètres de voie dans l'année, contre les 215 kilomètres que la compagnie était parvenue à poser l'année précédente.

Van Horne, un organisateur-né, savait utiliser les hommes aussi bien que le matériel. Il inspectait fréquemment ses chantiers, exigeait des rapports quotidiens et demandait des explications pour tout retard. Des trains d'approvisionnement assuraient la progression constante des travaux. Chaque train transportait tout le matériel nécessaire pour poser « un mille » de voie : 352 rails de neuf mètres, 2 640 traverses de bois tendre, 704 éclisses, 1 408 boulons, rondelles et écrous, 10 560 tire-fond.

Si la main-d'œuvre bon marché se composait surtout de Chinois, la plupart des ouvriers venaient du centre des Etats-Unis et étaient des cheminots expérimentés qui rentraient chez eux pour l'hiver. Une première équipe s'occupait des travaux de terrassement et construisait le terreplein. Une autre posait les rails. On avançait ainsi d'environ quatre kilomètres par jour.

Quand le train d'approvisionnement arrivait, on commençait par poser les traverses sur le terre-plein, à 60 centimètres d'intervalle. Puis on déchargeait deux rails pour les boulonner avec des éclisses et les fixer aux traverses au moyen de tire-fond. Le train avançait alors sur les nouveaux rails et l'opération recommençait, 110 fois par kilomètre. Arrivaient ensuite les trains de ballast qui déversaient du gravier sur la voie, tandis que les ouvriers soulevaient un peu celle-ci pour tasser le gravier sous les traverses et mettre les rails à niveau.

Lorsqu'on arriva aux grandes plaines de la Prairie, à l'été de 1883, la construction commença à progresser à un rythme accéléré. Le 3 juillet, on posa près de 7,5 kilomètres de voie aux environs de Brooks, en Alberta. Le 7 juillet, on en posa exactement 9,5 kilomètres un peu à l'est de Bassano. Ce record fut battu le 28 juillet : 10,2 kilomètres, dans la région de Strathmore. Mais les travaux avançaient moins vite dans les marécages du bouclier laurentien où il fallait remblayer la voie avec des rochers, de la terre, des troncs et des souches d'arbres. Le muskeg était si profond par endroits que l'on devait aménager d'énormes matelas de troncs et de branches d'arbres pour consolider le remblai. Le terre-plein s'effondrait parfois au bout de quelques jours et il fallait alors tout recommencer.

Le coût des travaux était énorme et, en 1885, le Canadien Pacifique éprouvait de sérieuses difficultés financières. Toute l'entreprise et, avec elle,

Un cauchemar : six kilomètres de voie

Les Rocheuses furent un formidable obstacle pour les constructeurs du Canadien Pacifique. L'un des tronçons les plus difficiles fut peut-être la Grande Colline, six kilomètres de voie au col Kicking Horse, à l'ouest de la frontière de l'Alberta et de la Colombie-Britannique.

Les premiers plans prévoyaient de percer un tunnel de 425 mètres au travers du mont Stephen. La seule autre solution était de faire décrire des méandres à la voie, qui traverserait ainsi plusieurs fois le Kicking Horse et devrait gravir une pente de 4,5 pour cent (45 mètres par kilomètre) entre le lac Wapta et le champ de glace du même nom, le double de la limite admissible. C'est pourtant cette deuxième solution qu'on adopta temporairement pour gagner du temps.

Les ouvriers travaillaient 14 heures par jour, risquant leur vie sous les éboulements. Il fallut jeter huit ponts sur la rivière. Le 5 novembre 1884, la voie arriva à Golden, en Colombie-Britannique.

Trois embranchements de secours (illustration ci-dessous) permettaient d'aiguiller les trains emballés à contre-pente, pour les arrêter. Les trains de passagers devaient faire une halte au sommet, juste avant la descente, pour l'inspection des freins. Mais la montée n'était guère plus facile et il fallait parfois quatre puissantes locomotives pour tirer les wagons. Cette solution « temporaire » servit pendant 25 ans, jusqu'à ce que les deux tunnels en spirale soient achevés en 1909. La voie suit aujourd'hui un tracé en huit, de 13 kilomètres de long. La Transcanadienne passe sur l'ancien terre-plein de la voie.

Deux chandeliers et une pendule victorienne se reflètent dans l'énorme miroir d'acajou de cette salle du Mount Stephen Club de Montréal. La maison, au 1440 de la rue Drummond, fut construite entre 1880 et 1883 par George Stephen, président du Canadien Pacifique. C'est un club privé depuis 1925.

Et maintenant, comment respecter l'horaire?

Au Canada comme ailleurs, on réglait les horloges sur le soleil quand commença la construction du Canadien Pacifique en 1875. Comment le chemin de fer pourrait-il donc établir un horaire?

Sandford Fleming, ingénieur en chef du chemin de fer, trouva la solution en inventant « l'heure normale ». Le 8 février 1879, lors d'une conférence donnée à Toronto devant l'Institut royal canadien pour l'avancement des connaissances scientifiques, il proposa de diviser le monde en 24 fuseaux. Par convention, l'heure serait la même à l'intérieur de chaque fuseau. L'étalon serait l'heure de midi, à Greenwich (Angleterre). L'idée fut adoptée par 25 pays lors d'une conférence internationale, en 1884. Elle fut mise en application le 1er janvier 1885.

Le chasse-neige, inventé par J. W. Elliott de Toronto, permit au Canadien Pacifique de franchir les Rocheuses même en hiver. Au cours des trois premiers hivers qui suivirent l'achèvement de la voie en 1885, les avalanches et les bancs de neige pouvaient bloquer la voie pendant des mois. Les passages couverts (ci-dessous) offraient une certaine protection, mais ils s'avéraient insuffisants. L'apparition des chasse-neige en 1888 résolut tous ces problèmes. L'énorme souffleuse (sur l'illustration, au sommet du col de Rogers vers 1890) chassait non seulement la neige, mais les rochers et les arbrisseaux emportés par les avalanches.

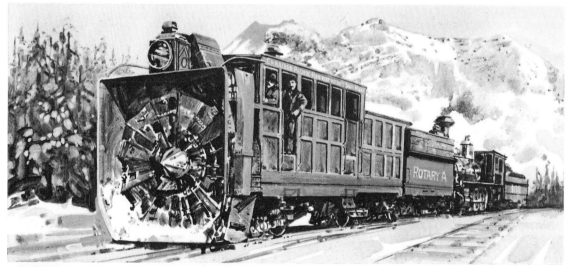

le rêve d'une liaison transcontinentale paraissaient compromis, Macdonald devant faire face à d'autres problèmes tout aussi pressants. C'est une autre crise qui sauva la compagnie.

Le 26 mars, les Métis de Louis Riel (voir p. 276) battirent un détachement de la Police montée du Nord-Ouest à Duck Lake, dans ce qui est aujourd'hui la Saskatchewan. Le ministre de la Milice demanda au Canadien Pacifique s'il pourrait amener à temps des renforts de l'Ontario pour écraser la rébellion. Van Horne répondit que oui. Et le chemin de fer s'acquitta de la tâche, bien qu'il manquât encore 135 kilomètres de voie sur quatre tronçons, au nord du lac Supérieur. Le Canadien Pacifique avait prouvé qu'il était indispensable et le gouvernement lui accorda les fonds dont il avait besoin.

Tout laissait prévoir qu'on pourrait terminer la voie avant la fin de 1885. L'emplacement de la dernière traverse fut choisi à la fin de septembre, lorsque les équipes d'Onderdonk se trouvèrent à court de rails, 27 kilomètres à l'est du lac Shuswap. Les ouvriers qui avançaient vers l'ouest se trouvaient encore à 69 kilomètres de là, à Albert Canyon. Et c'est dans la soirée du 6 novembre qu'ils aperçurent enfin l'extrémité des rails qui venaient de l'ouest.

Mais après ces quatre années de travail épuisant, personne n'avait le goût d'organiser la cérémonie d'inauguration. Qui enfoncerait le dernier tire-fond? « Qu'importe! » répondit Van Horne à un journaliste de Winnipeg. « Tom Mularky ou Joe Tubby pourront s'en charger, et la seule cérémonie qui me vienne à l'esprit serait de maudire le contremaître pour ne pas l'enfoncer plus vite. »

Tandis que patrons, contremaîtres et ouvriers s'assemblaient devant le photographe dans la matinée du 7 novembre, Van Horne proposa de nommer l'endroit Craigellachie, le « rocher d'alarme » en gaélique, point de ralliement du clan écossais de Grant qui était aussi celui de George Stephen et de Donald Smith.

Des observateurs passèrent l'hiver dans la chaîne Selkirk, en Colombie-Britannique, pour voir comment la voie se comporterait sous la neige et les avalanches (il tombe en moyenne 868 centimètres de neige par an au col de Rogers). Au début de 1886, les cheminots étaient de retour

« Au passage de certains ponts, écrivait un voyageur en 1886, nous avions vraiment l'impression de flotter en l'air, particulièrement sur le pont du Fer-à-Cheval. » Ce pont se trouvait près du lac Supérieur, quelques kilomètres à l'ouest de Schreiber (Ont.).

Pour $10 par semaine, gueule de bois ou pas

Ils travaillaient 10 et parfois 14 heures par jour, sept jours par semaine, par des températures qui pouvaient dépasser 38°C ou descendre à près de –40°C, forant, creusant, faisant sauter la roche, posant les traverses et les rails, enfonçant enfin les tire-fond d'acier.

Ils couchaient sous la tente, dans des wagons à bestiaux, dans des cabanes de rondins ou dans des wagons-dortoirs à trois couchettes superposées, se nourrissant de lard salé, de fèves, de bœuf fumé, de pommes de terre, de gruau, de mélasse et de thé. Le pain frais était un luxe. (Au parc national Yoho, on peut encore voir un four de pierre [à droite] qui servit à un camp de construction du Canadien Pacifique en 1884.)

Les avalanches, les éboulis, les effondrements et les explosions étaient fréquents. Les ouvriers portaient à dos des boîtes de 45 litres de nitroglycérine qu'une seule secousse suffisait à faire sauter. Sur un tronçon de 80 kilomètres, 30 hommes moururent dans des explosions de ce produit.

Le salaire moyen était de $10,50 par semaine. Certains ouvriers envoyaient presque toute leur paye chez eux. D'autres achetaient à prix d'or de l'alcool de contrebande que l'on cachait dans des boîtes de conserve portant des étiquettes de fruits ou de légumes, dans des barils marqués « gruau » ou « kérosène », dans les semelles des bottes, dans de fausses bibles. Certains gobaient des œufs crus pour les remplir ensuite d'eau-de-vie.

Dès l'aube, gueule de bois ou pas, les ouvriers devaient mettre la pelle, le pic ou la masse sur l'épaule, marcher jusqu'au bout de la voie et allonger encore un peu plus le chemin de fer qui relierait un jour tout le Canada.

Cette locomotive, exposée à Kitsilano Beach, à Vancouver, tira le premier train transcontinental qui arriva dans cette ville le 23 mai 1887. Elle fut construite à Montréal en 1886.

pour remettre les rails à niveau et construire des gares.

Le service régulier fut inauguré dans la soirée du 28 juin 1886, lorsque le Pacific Express quitta Montréal à destination de Port Moody. Les plus fortunés firent le voyage dans le wagon-lit *Honolulu*. Le train comptait aussi un wagon-restaurant, un wagon de première classe et deux wagons de colons. Le train arriva sans encombre à Port Moody à midi sonnant, le 4 juillet 1886, six jours après avoir quitté Montréal, à 4 652 kilomètres de là.

Le 13 juillet, Sir John A. Macdonald et son épouse firent le trajet en train spécial. Quand il arriva à Laggan (aujourd'hui Lac-Louise, en Alberta), Lady Macdonald demanda de monter dans la locomotive. On l'installa sur une boîte, rembourrée d'un coussin, et elle fut enchantée du voyage. A l'arrivée à Port Moody, Macdonald déclara qu'il avait craint un moment que le chemin de fer ne soit jamais terminé de son vivant et qu'il ne le voie « que du ciel ». « L'opposition, continua-t-il, a aimablement fait savoir que j'avais plus de chance de le voir de l'enfer. »

Le tour du monde, avec un seul billet

Pour augmenter le trafic du Canadien Pacifique, son directeur général William Cornelius Van Horne en fit un maillon d'un réseau ferroviaire et maritime qui reliait l'Europe à l'Orient. L'itinéraire était plus rapide que celui du canal de Suez et les voyageurs étaient assurés d'un service « entièrement britannique ».

Le premier service régulier du Pacifique fut inauguré en 1887. A l'aube du 14 juin, l'*Abyssinia*, affrété par le Canadien Pacifique, jeta l'ancre à Vancouver après deux semaines de navigation depuis Yokohama. On transborda dans un train 65 balles de soie grège périssable. La précieuse cargaison partit pour Prescott, en Ontario, traversa le Saint-Laurent en bac jusqu'à Ogdenburg, puis se rendit en chemin de fer à New York où elle fut embarquée sur un transatlantique. Elle arriva à Londres le 29 juin.

Deux ans plus tard, au grand dam des ports et des chemins de fer américains, Van Horne signa un contrat avec les gouvernements britannique et canadien afin d'assurer un service mensuel de trains et de navires « pour le transport des postes, troupes et marchandises de Sa Majesté, entre Halifax ou Québec et Hong-Kong », avec escale à Yokohama et Chang-hai. En 1891, la compagnie exploitait sur le Pacifique des navires britanniques : l'*Empress of China*, l'*Empress of India* et l'*Empress of Japan*. Mais elle voulait ses propres navires et elle absorba la Beaver Line de Montréal (15 navires) en 1903 et l'Allan Line de Montréal (18 navires) en 1915.

Au cours des années, la compagnie ajouta des hôtels, un réseau télégraphique et un service de messageries à ses activités. En 1924, quand ses navires commencèrent à relier Québec et Vancouver par le canal de Suez, « le plus grand réseau de voyages du monde » pouvait, comme l'avait espéré Van Horne, « transporter des passagers autour du monde avec un seul billet ».

Sites et monuments historiques

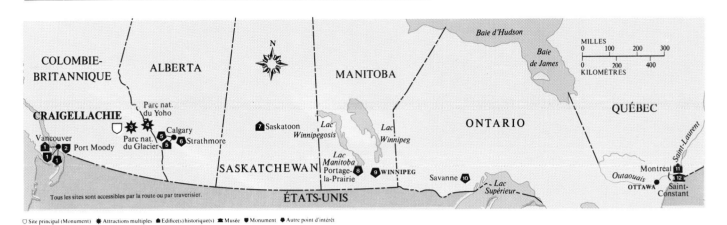

COLOMBIE-BRITANNIQUE · ALBERTA · N · *Baie d'Hudson* · *Baie de James* · MANITOBA · QUÉBEC

CRAIGELLACHIE · Parc nat. du Yoho · ③ ④ Calgary · ⑦ Saskatoon · *Lac Winnipegosis* · *Lac Winnipeg* · ONTARIO

Vancouver · Parc nat. du Glacier · ⑤ ⑥ Strathmore · *Lac Manitoba* · Montréal ⑪

① ② Port Moody · ⑤ · Portage-la-Prairie ⑧ · ⑨ WINNIPEG · Savanne ⑩ · *Lac Supérieur* · Outaouais · OTTAWA · Saint-Constant ⑫

SASKATCHEWAN · ÉTATS-UNIS

Tous les sites sont accessibles par la route ou par traversier.

MILLES 0 100 200 300 · 0 200 400 KILOMÈTRES

○ Site principal (Monument) ✳ Attractions multiples ▲ Édifice(s) historique(s) ▥ Musée ▮ Monument ◆ Autre point d'intérêt

CRAIGELLACHIE (C.-B.) Au col de l'Aigle, une stèle marque l'endroit où Donald Smith riva le dernier tire-fond du chemin de fer transcontinental le 7 novembre 1885. Une plaque en bordure de la Transcanadienne rappelle l'événement.

Autres sites et monuments

Calgary (5) Au parc Héritage, on peut voir la *CPR 76*, l'une des voitures qui transportèrent les personnalités lors de l'inauguration de la ligne, ainsi qu'une gare de rondins (1885) qui provient de Lac-Louise.

Montréal (11) Le Mount Stephen Club, au 1440 de la rue Drummond, fut construit en 1880-1883 par George Stephen. Ravenscrag, demeure de Sir Hugh Allan, homme-clé du scandale du Pacifique, est aujourd'hui l'institut Allan Memorial (1025, avenue des Pins). Shaughnessy House, manoir de pierre acheté par William Cornelius Van Horne, en 1882, se trouve au 1823 ouest, rue Dorchester. A l'angle des rues Peel et La Gauchetière, on peut voir une aile originale de la gare Windsor (1889).

Parc national Glacier (C.-B.) (3) Dans la région du col de Rogers, on peut encore voir des vestiges des passages couverts, des ponts et de la voie remplacés par le tunnel Connaught en 1916. Le « Sentier de la voie abandonnée », long de 1,5 km, suit certaines parties du tracé initial de la voie jusqu'au sommet du col de Rogers. On peut aussi voir les fondations de Glacier House, hôtel du Canadien Pacifique construit en 1886, à 3 km à l'ouest. Le sentier Avalanche Crest suit la route que prit le major Rogers en 1881, quand il découvrit le col qui porte son nom.

Parc national Yoho (C.-B.) (4) Le sentier Walk Into the Past suit une partie de l'ancien tracé de la voie ferrée sur la Grande Colline, dans la vallée Kicking Horse. On peut encore voir plusieurs embranchements de secours, à contre-pente. A l'extrémité ouest du lac Wapta, la Transcanadienne passe sur l'ancien terre-plein de la voie. On peut aussi voir un four de pierre (1884) qui servit aux équipes de construction dans la vallée. Une locomotive d'une compagnie minière de l'Alberta (1885), utilisée lors de la construction des tunnels en huit, en 1909, a été conservée. En bordure de la Transcanadienne, des belvédères permettent de voir ces tunnels.

Portage-la-Prairie (Man.) (8) La *CPR 5*, première voiture officielle de Van Horne, est exposée au musée du Fort-la-Reine.

Port Moody (C.-B.) (2) Une stèle rappelle l'arrivée du premier train de Montréal, le 4 juillet 1886. La ville ne fut le terminus du Canadien Pacifique que jusqu'en 1887, date à laquelle la voie fut prolongée jusqu'à Vancouver.

Saint-Constant (Qué.) (12) Parmi les 35

locomotives du Musée ferroviaire canadien se trouvent la *CPR 144* (construite en 1886 et identique à la locomotive du premier train qui arriva à Port Moody) et la *CPR 29* (construite en 1887 et utilisée jusqu'en 1960 — la dernière locomotive à vapeur du Canadien Pacifique en service passager). On peut y voir aussi le wagon de Van Horne, le *Saskatchewan*, à bord duquel il fit le voyage de Craigellachie et qui fit partie de son train funèbre en 1915.

Saskatoon (Sask.) (7) La gare de Saskatoon, centre administratif régional du Canadien Pacifique, a été construite en 1907. C'est un site historique national.

Savanne (Ont.) (10) Le marais Poland, 10 km plus à l'est, est l'une des régions marécageuses où il fallut faire d'énormes travaux de remblai.

Strathmore (Alb.) (6) C'est ici que fut établi un record de la construction ferroviaire canadienne : 10,2 km de voie en une journée, le 28 juillet 1883.

Vancouver (1) Gastown, un quartier de boutiques, de restaurants et de vieux bâtiments restaurés, n'était qu'un hameau de cabanes (baptisé du nom de « Gassy Jack » Deighton, tenancier d'un saloon), quand il fut choisi en 1884 comme terminus du Canadien Pacifique. Le magasin Hastings Mill, le plus ancien édifice de la ville (1865), est ce qu'il reste du camp des bûcherons qui construisirent le saloon de Deighton. C'est aujourd'hui un musée d'histoire locale. Une statue de Deighton se dresse sur la place Maple Tree, près de l'emplacement du saloon. A Kitsilano Beach, on peut voir la *CPR 374*, la locomotive du premier train de voyageurs qui arriva à Vancouver.

Winnipeg (9) La *Countess of Dufferin*, première locomotive des Prairies (1877), est exposée sur Main Street, juste au nord de l'édifice du Centenaire.

Le col de l'Aigle fut découvert en 1865 par l'arpenteur Walter Moberly qui suivit un vol d'aigles dans la vallée qu'emprunterait plus tard la voie.

C'est dans la paix de l'opulente maison victorienne des Bell, à Brantford, en Ontario (à droite, le salon), qu'Alexander Graham Bell inventa, en 1874, le téléphone. Ci-contre, le premier appareil qu'il construisit à Boston, en 1875.

L'éclosion d'une nation industrielle et moderne

Les trente dernières années du XIXe siècle furent marquées par une rapide expansion des industries canadiennes, depuis les fromageries jusqu'aux messageries maritimes, en passant par les mines de charbon, de fer, de cuivre et de nickel, les gisements de pétrole et les centrales hydro-électriques. Le gouvernement stimula sans hésitation ces jeunes industries qui se développèrent grâce aux énormes richesses naturelles du pays. Mais il ne faudrait pas oublier non plus le génie inventif d'une poignée d'individus audacieux. Le téléphone est sans doute l'invention qui illustre le mieux le dynamisme de cette époque de grands progrès.

Né en Ecosse, Alexander Graham Bell était arrivé au Canada avec ses parents en 1870. La famille s'était installée près de Brantford, en Ontario. Au cours de l'été de 1874, alors qu'il était rentré de Boston où il enseignait la physiologie vocale, ce jeune homme de 27 ans découvrit le principe du téléphone.

Il fallut deux ans à Bell pour construire son téléphone. Et c'est le 3 août 1876, dans le bureau du télégraphe de Mount Pleasant, en Ontario, qu'il entendit enfin la voix de son oncle David récitant le fameux « *To be or not to be...* » de Shakespeare, à trois kilomètres de distance, dans le bureau du télégraphe de Brantford. C'était la première fois que s'établissait une communication téléphonique intelligible. Une semaine plus tard avait lieu la première conversation interurbaine — de Brantford à Paris, 13 kilomètres au nord-ouest. La Bell Telephone Company of Canada vit bientôt le jour et comptait quatre abonnés en novembre 1877.

Le cinquième abonné fut le Premier ministre Alexander Mackenzie qui fit installer une ligne téléphonique entre son bureau et la résidence du gouverneur général. Pour marquer sa considération, la compagnie Bell antidata la demande du Premier ministre pour qu'il soit officiellement le premier abonné.

Alexander Graham Bell (ici, à 29 ans) dira plus tard de son invention : « Soyez-en assurés, le téléphone a été inventé au Canada, mais il a été fait aux Etats-Unis. La première transmission de la voix humaine par fil téléphonique entre un locuteur et un auditeur situés à des milles de distance a eu lieu au Canada. La première transmission par fil au cours de laquelle une conversation a été échangée sur la même ligne a eu lieu aux Etats-Unis. »

Depuis l'arrivée au pouvoir de Mackenzie en 1873, le Canada souffrait des effets d'une dépression mondiale dont on le rendait responsable. Et les élections de 1878 approchaient.

Dans le but d'éliminer les tarifs douaniers qui frappaient les marchandises canadiennes, Mackenzie avait demandé aux Etats-Unis de renouveler le traité de réciprocité de 1854 en l'étendant à toutes les provinces qui s'étaient réunies depuis la Confédération. Les tarifs douaniers augmentaient le prix des marchandises canadiennes sur le marché américain, alors que la réglementation douanière du Canada ne protégeait guère les industries du pays contre leurs concurrents du Sud. Pis encore, les Américains inondaient le Canada de leurs marchandises en les vendant à perte pour empêcher le développement d'une industrie qui leur ferait concurrence.

La demande de Mackenzie fut rejetée. Bien sûr, le chemin de fer de l'Ouest aurait encouragé la colonisation des Prairies et ouvert de nouveaux marchés, mais il n'était pas encore construit. Tous les ans, des milliers de Canadiens émigraient aux Etats-Unis. Le dernier discours du budget proclamait que « le temps n'est pas aux expériences ». En plein marasme économique, on aurait pu trouver slogan plus approprié.

Le 1er juillet 1876, les habitants d'Uxbridge, près de Toronto, s'étaient réunis au parc Elgin pour pique-niquer et célébrer la fête du Dominion. Sir John A. Macdonald, chef des conservateurs, devait y assister, mais personne ne s'attendait à ce qu'il exalte les foules. Depuis la défaite de son gouvernement, trois ans plus tôt, à la suite du scandale du Pacifique (voir p. 291), Macdonald faisait son purgatoire. Mais ce fut un homme radieux qui fit son entrée dans le parc, sous les bannières flottant au vent, accueilli par un arc de triomphe qui proclamait *Victory*.

Son étonnante mémoire des noms et des visages fit le bonheur des fermiers et des villageois venus festoyer. Quand l'orchestre attaqua le *Our Dominion*, la foule s'assembla autour de l'estrade pour écouter le discours du politicien. L'orateur eut un grand succès.

C'était un premier pas vers la prise du pouvoir. Macdonald en fut si content qu'il passa tout l'été à faire le tour des terrains de pique-nique de l'Ontario, diffusant son message d'Uxbridge.

Il blâmait les libéraux de Mackenzie pour n'avoir pas su encourager les industries ni freiner l'émigration massive, mais surtout pour s'être mis à genoux devant les Américains. « Nous ne sommes pas des mendiants », déclarait Macdonald. Si les Etats-Unis pouvaient protéger leurs industries avec des tarifs douaniers, le Canada pouvait en faire autant. Les villes se développeraient et offriraient de nouveaux marchés aux fermiers. Les tarifs douaniers subventionneraient la construction d'un chemin de fer qui transporterait les immigrants dans les Prairies où se développerait bientôt un énorme marché dont bénéficieraient les industriels du Canada.

C'était une déclaration d'indépendance économique. Macdonald l'exprima dans une formule : *National Policy*. Son appel fut entendu. Au cours de l'élection fédérale de 1878, la première à être tenue par voie de scrutin secret, les conservateurs de Macdonald obtinrent une victoire écrasante. L'année suivante, ils imposaient de lourds tarifs douaniers et les affaires se mirent à prospérer. L'économie connut quand même une rechute en 1883, mais la « politique nationale » n'en survécut pas moins. Le Canada s'urbanisait et s'industrialisait.

Il était cependant trop tard pour Alexander Graham Bell et ses associés qui n'avaient pu trouver d'appui financier au Canada. En 1879, trois ans à peine après qu'avait eu lieu la première communication téléphonique, le développement de l'industrie du téléphone était aux mains d'une compagnie américaine. Bell partit aux Etats-Unis et, en 1882, devint citoyen américain. Il conserva cependant une maison et un laboratoire à Baddeck, en Nouvelle-Ecosse.

Né en Ecosse, Alexander Mackenzie arriva dans le Haut-Canada en 1842, à l'âge de 20 ans. Il fut entrepreneur, puis rédacteur en chef du Lambton Shield, *journal réformiste. Il prit bientôt le parti de la Confédération et forma en 1873 le premier gouvernement libéral du Canada. Il demeura Premier ministre jusqu'au retour des conservateurs au pouvoir, en 1878. Mackenzie refusa par trois fois d'être anobli.*

Affiche électorale de 1891 : avec l'appui des fermiers et des ouvriers, sous la protection du drapeau anglais, Macdonald est sûr de la victoire de sa politique nationale.

THE OLD FLAG.
THE OLD POLICY.
THE OLD LEADER.

Ces ormes du parc Elgin à Uxbridge (Ont.) virent passer John A. Macdonald le jour du grand pique-nique du 1er juillet 1876 alors qu'il s'adressa à la foule en des termes qui surent la convaincre. Ce fut le début de la remontée étonnante du chef conservateur et de son parti.

Avant la période de la politique nationale, seuls le charbon de la Nouvelle-Écosse et le fer du Québec avaient été exploités (1672 et 1730). Le premier puits de pétrole commercial d'Amérique du Nord avait été foré en 1857 par James Miller Williams sur l'emplacement d'Oil Springs, en Ontario. Williams continua sur sa lancée et ouvrit la première raffinerie.

Au cours des travaux de terrassement du Quebec Central Railway dans les années 1870, on mit au jour de l'amiante à Thetford Mines. On commença l'exploitation du minéral en 1875 et les Cantons de l'Est se taillèrent bientôt la part du lion parmi les producteurs d'amiante du monde. Plus au nord, les travaux de construction du chemin de fer amenèrent aussi la découverte de gisements de cuivre et de nickel. Au début du XXe siècle, Sudbury était devenu le premier producteur de nickel du monde. En 1894, des prospecteurs découvrirent du fer sur la rive ontarienne du lac Supérieur et c'est ainsi que l'Algoma Steel Company vit le jour en 1901.

En 1896, une fonderie ouvrait ses portes à Trail, en Colombie-Britannique. A quelques kilomètres de là, Rossland ne cessait de grandir autour

Les incendies ravagent des villes entières

Le 20 juin 1877, les flammes détruisirent les deux cinquièmes de Saint-Jean, au Nouveau-Brunswick, et laissèrent 13 000 personnes sans abri, soit un quart de la population. C'était la dixième fois que les flammes ravageaient la ville en moins de 50 ans. L'incendie s'était déclaré dans un appentis (près de l'emplacement actuel de l'extrémité est du pont du Port) et fit rage pendant neuf heures.

Les villes grandissaient trop vite et le feu se propageait facilement d'une maison de bois à l'autre. Québec perdit ainsi un grand nombre d'édifices historiques, notamment, en 1834, le château Saint-Louis du gouverneur Frontenac qui datait de 1694. En 1852, deux incendies détruisirent 1 200 maisons à Montréal. La majeure partie de Vancouver fut rasée en 1886. Après l'incendie de Saint-Jean, les maisons furent reconstruites en brique. Les vestiges carbonisés d'une quincaillerie ont été transportés au cimetière loyaliste en souvenir du désastre.

Calixa Lavallée, de Verchères (Qué.), fut chef d'orchestre et directeur artistique du Grand Opera House de New York avant de revenir au Québec où il composa la musique de l'hymne national, O Canada. *On le joua pour la première fois sur les Plaines d'Abraham, à Québec, en 1880. Les paroles sont du juge Adolphe-Basile Routhier. La version anglaise est postérieure.*

*L'écluse de Peter-
borough (Ont.), cons-
truite en 1896-1904, est
toujours en service sur le
canal Trent-Severn. Elle
fonctionne comme deux
énormes ascenseurs
hydrauliques : quand une
section descend, l'autre
monte. La politique
nationale de John A.
Macdonald empêcha les
Américains de soumis-
sionner pour les travaux,
si bien que l'écluse, l'une
des grandes réussites
techniques de l'époque,
fut construite par des
Canadiens.*

de la mine LeRoi, une concession qu'un ancien cheminot, Eugene Topping, avait achetée pour $12,50 en 1891. Le minerai de plomb de LeRoi fut traité aux Etats-Unis jusqu'en 1901, date à laquelle on commença à le fondre au Canada. Aujourd'hui, la fonderie de plomb et de zinc de Trail est l'une des plus grandes du monde.

A New Glasgow, en Nouvelle-Ecosse, les ateliers de la Hope Ironworks avaient ouvert leurs portes en 1872 avec un capital de $4 000. Puis ils avaient fusionné avec d'autres sociétés pour former, en 1894, la Nova Scotia Steel Company. Ses hauts fourneaux utilisaient le fer de Terre-Neuve et le charbon de Nouvelle-Ecosse pour fabriquer de l'acier qui, sans tarifs douaniers protecteurs, n'aurait pu résister à la concurrence américaine sur les marchés du centre du Canada. Grâce

à la politique nationale, les hauts fourneaux employaient 6 000 ouvriers à la fin du siècle.

En 1892, Thomas Willson, de Hamilton, en Ontario, fut le premier à produire du carbure de calcium, substance qui sert à fabriquer l'acétylène. Le « soleil en bouteille » de Willson éclairait les chantiers de construction, les phares, les bouées et les lampes des premières automobiles. Quand l'éclairage se fit à l'électricité, l'acétylène connut un nouvel élan grâce à l'invention du chalumeau qui permettait de couper et de souder l'acier. Comme Bell, Willson constata que les financiers canadiens manquaient d'audace et c'est une société américaine, Union Carbide, qui exploita sa découverte.

Les fleuves et les rivières du Canada avaient conduit les premiers explorateurs au cœur du pays. Deux siècles plus tard, ils mirent le pays sur la route de l'industrialisation en fournissant de l'électricité. Lorsque la première centrale hydro-électrique du Canada fut inaugurée à Niagara Falls en 1905, une multitude d'usines vinrent s'installer dans la région.

Adam Beck, maire de London, en Ontario, et député au parlement de l'Ontario, avait compris que les propriétaires de la centrale de Niagara Falls pouvaient aussi bien favoriser leurs clients que les tenir à leur merci. En 1906, il remporta une bataille décisive en créant la Commission de l'énergie hydro-électrique de l'Ontario, qui par la suite est devenue le modèle des services publics dans le monde.

*Cette voiture à vapeur, construite en 1867 par Henry Seth
Taylor, de Stanstead (Qué.), est la première automobile
du Canada. On peut la voir au Centre des sciences de Toronto.*

James Miller Williams fora le premier puits de pétrole d'Amérique du Nord à Oil Springs (Ont.) en 1857. Cette réplique se trouve sur l'emplacement même du puits.

Les grandes villes possédaient depuis longtemps leurs transports en commun hippomobiles lorsqu'on tenta pour la première fois de construire des réseaux électrifiés. Les lignes électriques étaient enterrées, mais les fils se court-circuitaient à la première pluie. John J. Wright, de Toronto, trouva la solution. A l'Exposition nationale canadienne de 1883, à Toronto, la foule se pressait pour monter à bord d'un tramway électrique alimenté par câble aérien.

L'invention de Wright transforma le visage des grandes villes du monde. Désormais, il n'était plus nécessaire de vivre à côté de son lieu de travail, et, peu à peu, l'on vit de vrais quartiers résidentiels se développer loin de la poussière et du bruit des usines.

Des laiteries existaient à Ingersoll, en Ontario, depuis 1864 et à Missisquoi, au Québec, depuis 1869. Pourtant, jusqu'à l'avènement de la politique nationale, le Canada importait la majeure partie de ses produits laitiers. Avec l'aide des tarifs douaniers et de plusieurs inventions canadiennes (par exemple, une machine à emballer le beurre), le Canada commença bientôt à produire plus qu'il ne pouvait consommer et put ainsi exporter l'excédent. Dès 1900, il se classait neuvième parmi les producteurs de beurre du monde et premier parmi les producteurs de fromage. L'Angleterre, le pays du cheddar, était si loin derrière qu'elle demanda à des experts canadiens de moderniser ses fromageries.

Les villes canadiennes s'enorgueillissaient de

Similigravure et Bovril : inventions canadiennes

Le *Canadian Illustrated News*, publié à Montréal par Georges-Edouard Desbarats, fut le premier périodique du monde à reproduire une photographie. En effet, une photo du prince Arthur, troisième fils de la reine Victoria (et plus tard gouverneur général du Canada de 1911 à 1916), occupait presque toute la première page du numéro initial de la revue, paru le 30 octobre 1869. Jusqu'alors, les illustrations des périodiques et de la plupart des livres se limitaient aux dessins et aux gravures qui ne pouvaient rendre les nuances de la photographie. Desbarats inventa le procédé de la similigravure qui consiste à faire un cliché d'une photographie au travers d'une trame. L'image se transforme alors en une série de points faciles à imprimer qui reproduisent fidèlement les nuances de l'original. Cette technique est encore utilisée, mais son inventeur est oublié.

John Patch, de Yarmouth, en Nouvelle-Ecosse, inventa une hélice en 1833, à l'époque où les vapeurs étaient mus par des roues à aubes. Il aurait fait breveter son invention aux Etats-Unis où il se fit escroquer. Patch mourut dans la misère.

Un dentiste de Québec, Henri-Edmond Casgrain, construisit la première motoneige (ci-dessous) au cours de l'hiver 1897-1898. Il remplaça les roues avant de sa voiturette tricycle Léon-Bollée par des skis d'acier et le pneu arrière par une jante de bois à crampons.

Un diététicien de Montréal dont on ignore le nom inventa une boisson à base d'extraits de bœuf pour les fêtards qui participaient aux carnavals d'hiver des années 1880 (voir p. 254). Mais on lui préféra les boissons plus fortes. L'auteur partit en Angleterre où son breuvage, le Bovril, connut un immense succès.

Le docteur Abraham Gesner, de la Nouvelle-Ecosse, avait plus d'une corde à son arc : médecin, géologue, flûtiste, marin, homme de lettres, il était aussi inventeur. En 1846, il obtint par distillation du charbon une huile légère et transparente qui brûlait en produisant une flamme jaune clair. Il donna à son produit le nom de kérosène. Huit ans plus tard, il breveta un procédé de fabrication du kérosène à partir du pétrole. Ce fut le début de l'industrie pétrochimique.

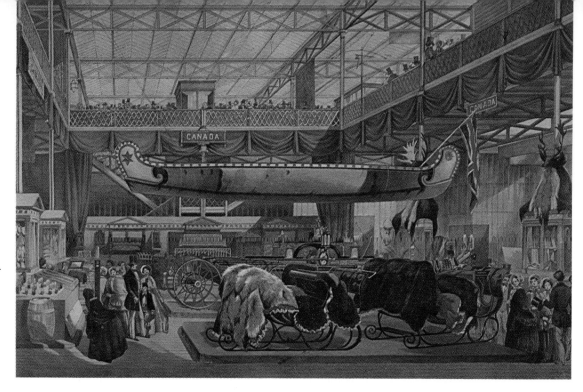

Le Canada avant la Confédération et la révolution industrielle, à la Grande Exposition des « arts pratiques » à Londres, en 1851 : artisanat indien, carrioles avec couvertures de fourrure, trophée de chasse, canot de voyageur...

leurs usines et de leurs machines, de leurs tramways et de leurs rues pavées. Mais rien n'égalait sans doute leurs services d'eau. Le 24 mai 1859, les pompiers de Hamilton, en Ontario, célébrèrent l'anniversaire de la reine par un déluge de jets d'eau qui dépassaient tous les bâtiments de la ville. Ce sont d'ailleurs ses pompes à vapeur qui ont fait de Hamilton une grande cité industrielle. Avant que les villes soient équipées de services d'eau, des quartiers entiers disparaissaient dans les flammes et le coût des assurances décourageait les industriels.

Les rues furent bientôt prises dans un cocon de fils électriques et de lignes téléphoniques. La

Massacre et vengeance à Biddulph

Un peu après minuit, le 4 février 1880, une trentaine d'hommes envahirent la ferme de James Donnelly, près de Lucan, en Ontario, et battirent à mort le fermier de 63 ans, sa femme, un de ses fils et une nièce. Ils incendièrent la maison avec du kérosène, puis se précipitèrent vers le village de Whalens Corners pour y tuer Will Donnelly (médaillon), un autre fils de James. Le jeune homme parvint à s'échapper, mais son frère John qui était en visite eut le malheur d'ouvrir la porte aux assaillants et fut abattu d'un coup de feu.

Le massacre était la conclusion d'une vingtaine d'années de violence à Lucan et dans le canton de Biddulph. Comme bien des habitants de ce village au nord de London, James Donnelly venait de Tipperary, en Irlande, où les temps étaient durs et les humeurs belliqueuses. Nombre de ces immigrants ombrageux n'apportaient pas simplement avec eux leurs espoirs et leurs rêves, mais aussi de vieilles rancœurs qui agitèrent longtemps le Canada.

Arrivé à Lucan, Donnelly se querella bientôt avec un voisin, à propos d'une terre. Le village se divisa en deux camps : les catholiques se rangèrent du côté de Donnelly et les protestants du côté de son voisin. En 1857, las des lenteurs de la justice, Donnelly enfonça un levier dans la tête de son voisin. Il se cacha pendant deux ans, puis passa sept ans en prison pour meurtre.

Les sept fils de Donnelly se battaient avec tout le monde à propos de terres, d'argent, de politique et de femmes. Ils ne s'excusaient jamais et se vengeaient des affronts qu'on leur faisait en mutilant les chevaux, en brûlant les écuries et en saccageant les récoltes. Deux fils de Donnelly furent tués durant les années 1870, l'un au cours d'une querelle, l'autre alors que, selon les témoins, il mettait le feu à un hôtel. Un comité de citoyens prit diverses mesures pour faire déguerpir la famille, mais ce fut peine perdue. C'est alors que les cinq Donnelly furent assassinés.

On enterra les victimes dans le cimetière St. Patrick de Lucan, sous une pierre tombale qui évoquait leur « assassinat ». A la suite de multiples actes de vandalisme, cette pierre a été remplacée en 1964 par une épitaphe plus discrète. Malgré les dépositions de témoins oculaires, personne ne fut reconnu coupable. Les jurés craignaient qu'un verdict différent « eût causé la pendaison de la moitié du canton ».

Les escaliers extérieurs devinrent un ornement des maisons montréalaises de la fin du XIXᵉ siècle. En plus de faire gagner de l'espace, ils servaient d'issue de secours.

politique nationale portait ses fruits — et faisait aussi ses ravages.

Car l'industrialisation et l'urbanisation coûtaient cher. Dans les Maritimes, le chemin de fer anéantit le cabotage, alors même que les vapeurs d'acier venaient de remplacer les grands voiliers de bois construits dans la région. Les industries du Cap-Breton bénéficièrent de la protection douanière, mais les habitants des Maritimes durent payer plus cher les biens manufacturés. Des milliers quittèrent leur province natale, en quête d'un emploi. En 1880, la Nouvelle-Ecosse songeait à se séparer du Canada.

Dans les Prairies, exportatrices de grain, les tarifs douaniers n'aidaient en rien la vente du blé et forçaient les fermiers à acheter leurs machines à Toronto et leurs vêtements à Montréal, produits que les Etats-Unis leur auraient vendus à meilleur marché.

Les ouvriers des villes payaient aussi la rançon du progrès industriel. Ils vivaient dans les quartiers des usines : le billet de tramway était trop cher pour un manœuvre qui ne gagnait que $12 pour six journées de travail de 12 heures. Il n'y avait ni congés payés, ni assurance-chômage, ni protection contre les accidents.

Les grandes fortunes qu'amassèrent les industriels et les constructeurs de chemins de fer furent édifiées sur la misère des ouvriers — hommes, femmes et même enfants. Et ce gouvernement d'avocats et d'hommes d'affaires n'encourageait évidemment pas les réformes sociales.

Des organisations syndicales, surtout dans les métiers spécialisés, existaient pourtant au Canada depuis 1812, mais elles demeurèrent illégales pendant 60 ans. Les grèves étaient illégales elles aussi et l'on eut souvent recours à l'armée pour forcer les hommes à retourner au travail.

Lorsque les typographes de Toronto se mirent en grève en 1872, leurs patrons, menés par George Brown, de Toronto (voir p. 245), firent arrêter les meneurs, sous l'accusation de conspiration. Macdonald n'aimait pas les grèves, mais il aimait encore moins Brown, un libéral qui attaquait les conservateurs dans son journal, *The Globe.* Macdonald tenait là l'occasion de se venger et son gouvernement légalisa les syndicats. Les typographes eurent gain de cause et la première organisation syndicale nationale du Canada fut fondée l'année suivante.

De nombreuses sociétés américaines ouvrirent des filiales au Canada pour contourner la législation douanière. Leurs employés se regroupaient au sein de syndicats américains. L'un d'eux, les Chevaliers du Travail, organisa les ouvriers non spécialisés et fit campagne en faveur de l'enseignement obligatoire, de la sécurité au travail et de meilleures conditions d'emploi.

Mais les syndicats avaient encore bien du chemin à faire. En 1891, les ouvriers des scieries de Hull, dans la province de Québec, se mirent en grève pour obtenir $1,25 pour une journée de 10 heures, soit une augmentation de neuf sous et une diminution de 1 h 45 de l'horaire de travail. On en vint aux coups lorsque des briseurs de grève arrivèrent à la scierie du maire E. B. Eddy qui demanda la protection de la police et de l'armée. Certains ouvriers acceptèrent de travailler 10 heures, sans augmentation; d'autres préférè-

Carte de vœux, vers 1880. Malgré son inspiration profondément victorienne, cette carte n'en est pas moins canadienne dans tous ses détails. La plupart des cartes de l'époque étaient fortement teintées de nationalisme. On y évoquait tous les aspects typiques de la vie canadienne, depuis les raquettes jusqu'au jeu de crosse, en passant par les voyageurs franchissant des rapides. Un éditeur montréalais annonçait en 1881 que toutes ses cartes étaient «entièrement canadiennes dans la fabrication, canadiennes dans le sentiment, dans le dessin et dans l'exécution ».

Le premier tramway électrique de Montréal — le numéro 350, surnommé la Fusée — fut mis en service en 1892. Le trolley à perche est une invention canadienne. On peut voir la Fusée au Musée canadien du chemin de fer, à Saint-Constant (Qué.).

Dans le cimetière de Cataraqui, à Kingston, une petite croix de pierre, à côté d'une colonne tronquée, marque la tombe du premier chef du gouvernement canadien. On y lit simplement ces mots : « John Alexander Macdonald 1815-1891 At Rest. »

rent une journée de 11 heures, moyennant une augmentation de $1 par semaine.

En général, la classe moyenne n'était pas favorable aux syndicats. George Brown et ses semblables étaient convaincus que la misère urbaine était causée par l'alcoolisme. William Gooderham et Hiram Walker distillaient leurs surplus de grain pour faire un mauvais whisky. En 1870, Toronto comptait 500 tavernes où l'on vendait le whisky deux sous le verre.

Au cours des années 1870, les sociétés de tempérance demandèrent l'intervention du Parlement et la Loi canadienne sur la tempérance fut adoptée en 1878, à la fin du régime libéral de Mackenzie. Cette loi permettait aux gouvernements provinciaux de réglementer la vente au détail de l'alcool, ce qu'ils font toujours.

En 1891, année d'élections, le Canada possédait de jeunes industries et de grandes villes, mais il était aussi accablé par de graves problèmes, tandis que le marasme économique persistait. La politique nationale avait protégé les marchés, mais elle n'avait rien fait pour encourager des inventeurs tels que Bell et exploiter leurs inventions. Le parti libéral eut alors beau jeu de recueillir des suffrages en réaffirmant la thèse du libre-échange entre les pays.

Macdonald était maintenant un vieillard malade. Il rassembla cependant toutes ses forces pour défendre l'orientation qu'il avait donnée au pays. Mais comment faire? Il n'était guère facile de défendre les bénéfices des grandes sociétés

protégées par les tarifs douaniers ou de prétendre que le sort des ouvriers était enviable. Mais il se souvint des pique-niques de 1876, alors qu'il avait su redonner sa fierté au pays.

Le libre-échange, disait-il à qui voulait l'entendre, détruirait l'industrie canadienne; le Canada serait absorbé par les Etats-Unis. « Je suis né sujet britannique et je mourrai sujet britannique », proclamait-il fièrement.

L'argent des sociétés qui avaient bénéficié de la politique nationale afflua dans la caisse électorale des conservateurs. Les ouvriers, dont l'emploi dépendait de la protection douanière, eurent congé pour voter. Les fermiers, qui voulaient profiter des machines américaines bon marché, comprirent qu'ils voulaient encore davantage une nation indépendante. L'argent, la crainte de l'avenir et la fidélité donnèrent ainsi la victoire aux conservateurs. Mais trois mois plus tard, le 6 juin 1891, Sir John A. Macdonald mourait dans sa maison d'Ottawa.

Le Canadien Pacifique, clef de voûte de la politique nationale, mit en deuil toutes ses gares. Un train spécial transporta la dépouille du Premier ministre à Kingston. Wilfrid Laurier, chef du parti libéral, déclara : « La vie de Sir John Macdonald est l'histoire même du Canada. » L'élection de Macdonald en 1891 avait décidé de l'avenir du Canada, un avenir urbain et industriel. Cinq ans plus tard, Laurier allait conduire le parti libéral au pouvoir et lui faire abandonner sa politique du libre-échange.

Macdonald, un chef difficile à remplacer

Le parti conservateur eut du mal à trouver un successeur à Macdonald. En cinq ans, quatre chefs se succédèrent à la tête du gouvernement.

Le sénateur John Abbott, sommité en droit commercial et ancien député d'Argenteuil dans le Québec, assura l'intérim à l'âge de 70 ans. La maladie le força à démissionner le 25 novembre 1892, alors qu'il n'occupait son poste que depuis le 16 juin 1891.

Sir John Thompson, député d'Antigonish, en Nouvelle-Ecosse, dont Macdonald avait dit qu'il était sa « plus grande découverte », entra en fonctions le 5 décembre 1892, à l'âge de 48 ans. Thompson avait été juge à la Cour suprême et Premier ministre de la Nouvelle-Ecosse. Pendant qu'il fut ministre de la Justice du gouvernement fédéral, il avait refondu et codifié le droit criminel canadien. Le 12 décembre 1894,

alors qu'il s'était rendu en Angleterre pour siéger au Conseil privé, il mourut d'une attaque.

Le sénateur Mackenzie Bowell, ancien député de North Hastings, dans la province d'Ontario et grand maître de l'Ordre orangiste, prêta serment le 21 décembre 1894. Ses atermoiements à propos des écoles du Manitoba (voir p. 334) amenèrent sept de ses ministres à démissionner. Il résigna ses fonctions à son tour le 27 avril 1896.

Sir Charles Tupper, qui s'était battu pour la Confédération aux côtés de Macdonald, prêta le serment d'office le 1er mai 1896, à l'âge de 74 ans. Au cours des quelques semaines que dura son régime, il présenta un projet de loi visant à protéger les écoles séparées du Manitoba, mais le parti conservateur subit une cruelle défaite aux élections générales du 23 juin 1896.

John Abbott

John Thompson

Mackenzie Bowell

Charles Tupper

Sites et monuments historiques

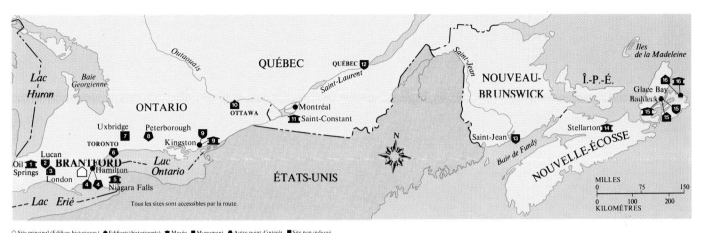

○ Site principal (Edifices historiques) ◆ Edifice(s) historique(s) ▲ Musée ▼ Monument ◆ Autre point d'intérêt ■ Site non indiqué

BRANTFORD (Ont.) La maison de Bell, où Alexander Graham Bell vécut quelques années et où il conçut l'idée du téléphone en 1874, se trouve sur la route de Tutela Heights. La maison, aujourd'hui monument historique national, renferme de nombreux meubles d'époque et une réplique de l'appareil utilisé pour la première communication interurbaine (entre le bureau du télégraphe de Brantford et le village de Paris, à 13 km, le 10 août 1876). Non loin de là, la Maison Henderson, autrefois dans le centre de Brantford, fut le premier central téléphonique du Canada (1877). On peut y voir un standard rudimentaire de 50 lignes.

Autres sites et monuments

Baddeck (N.-E.) (15) Dans le musée du parc historique national Alexander Graham Bell, on peut voir des répliques des premiers téléphones et des exemples des autres inventions d'Alexander Graham Bell, notamment un poumon d'acier et un hydroglisseur. Beinn Breagh, la propriété où l'inventeur Bell vécut de 1893 jusqu'à sa mort en 1922, est visible du parc; sa tombe se trouve au sommet de la montagne. La propriété est interdite au public.

Glace Bay (N.-E.) (16) Au musée des Mineurs du Cap-Breton, on peut voir une maison de mineur du XIXe siècle et un magasin d'une compagnie minière. Un centre d'interprétation raconte l'histoire de la mine de charbon, et des mineurs retraités font visiter les galeries qui s'enfoncent jusque sous l'océan. Collection d'instruments de l'époque.

Hamilton (Ont.) (4) La Steel Company of Canada organise des visites de son usine; on peut notamment voir le haut fourneau A, le plus ancien du Canada (1893). Les installations du Service des eaux de Hamilton (interdites au public) ont été aménagées en 1857-1860. Le Service accéléra l'expansion industrielle de Hamilton.

Kingston (Ont.) (9) Une petite croix de pierre marque la tombe de John A. Macdonald dans le cimetière de Cataraqui. Au musée Pump House Steam sont exposées deux machines à vapeur qui actionnaient les pompes de la ville.

London (Ont.) (3) La London Brewery, prédécesseur de la société John Labatt, a été reconstituée pour décrire les diverses techniques de brassage qui étaient utilisées au XIXe siècle. Une plaque sur la Maison Headley rappelle la mémoire de Sir Adam Beck (créateur du réseau hydro-électrique public de l'Ontario) qui y vécut de 1902 jusqu'à sa mort en 1925.

Lucan (Ont.) (2) Dans le cimetière St. Patrick, une pierre de granit marque les tombes de cinq membres de la famille Donnelly, assassinés le 4 février 1880.

Niagara Falls (Ont.) (5) A 10 km au nord, une salle de la centrale Sir Adam Beck retrace le développement du réseau hydro-électrique de l'Ontario.

Oil Springs (Ont.) (1) Une réplique du premier puits producteur de pétrole d'Amérique du Nord, foré en 1857, se trouve devant le musée du Pétrole du Canada. A l'intérieur du musée, on peut voir une exposition géologique.

Ottawa (10) Earnscliffe, la maison de Sussex Drive où John A. Macdonald vécut de 1883 jusqu'à sa mort en 1891, est aujourd'hui devenue la résidence du haut-commissaire britannique.

Peterborough (Ont.) (8) La plus grande écluse-ascenseur du monde fut achevée en 1904. Excursions en bateau.

Québec (12) Sur les Plaines d'Abraham, une plaque rappelle la première exécution publique de l'hymne *O Canada*, le 24 juin 1880, à l'occasion du premier Congrès catholique des Canadiens français. La musique est de Calixa Lavallée et les paroles d'Adolphe-Basile Routhier.

Regina (pas sur la carte) Au numéro 2350 de la rue Albert, une galerie d'exposition consacrée aux télécommunications renferme plusieurs répliques de téléphones anciens, notamment celle du premier téléphone d'Alexander Graham Bell (fabriqué à Boston en 1876). Les visiteurs peuvent faire fonctionner les appareils.

Rossland (C.-B.) (pas sur la carte) Les collections du Musée historique de Rossland renferment des outils et des machines utilisés dans la mine LeRoi, ouverte en 1891. On peut visiter en compagnie d'un guide les galeries de la mine. LeRoi donna naissance à Cominco, premier producteur de zinc et de plomb du monde, dont les fonderies se trouvent à Trail, 10 km à l'est.

Saint-Constant (Qué.) (11) Le premier tramway électrique de Montréal (1892) est au Musée canadien du chemin de fer.

Saint-Jean (N.-B.) (13) Des décombres noircis qui proviendraient d'un magasin détruit dans l'incendie du 20 juin 1877 se trouvent dans le cimetière loyaliste.

Stellarton (N.-E.) (14) Au musée des Mineurs de Stellarton, on peut voir des casques, des outils et une locomotive de mine datant de 1854.

Toronto (6) La première automobile du Canada, qui marchait à la vapeur, fut construite à Stanstead (Qué.) en 1867 par Henry Seth Taylor. Elle est maintenant exposée au Centre des sciences de la province d'Ontario.

Uxbridge (Ont.) (7) Le parc Elgin a peu changé depuis le 1er juillet 1876, lorsque John A. Macdonald y prononça son discours historique au cours de l'un de ses pique-niques électoraux.

La forêt et la drave

200 bûcherons terrorisent Bytown

Vers 1830, 200 *Shiners* (bûcherons payés en pièces de monnaie neuves) terrorisaient la petite ville de Bytown (Ottawa). Peter Aylen, le chef de ces bûcherons irlandais qui s'étaient voués à lui corps et âme, était un négociant de 30 ans, aussi brutal que riche : il détruisait les radeaux de ses rivaux et attaquait leurs ouvriers. Les *Shiners* battirent tant de policiers que personne n'osait arrêter Aylen. En 1837, un marchand eut l'audace de dire que le patron des *Shiners* n'avait «ni respect de lui-même ni crainte de Dieu». Aylen tenta de le faire assassiner. La police se décida enfin à agir et le règne de la terreur prit fin. Aylen partit à Aylmer (Qué.) où il devint juge de paix.

Jos Montferrand, de Montréal, mesurait 1,93 m. Il fut le plus célèbre des bûcherons. La légende raconte qu'il dispersa seul une bande de 150 Shiners et qu'il pouvait laisser la marque de son talon au plafond des tavernes, comme semble l'indiquer cette statuette du château de Ramezay, à Montréal.

Les bûcherons vivaient dans des cambuses semblables à celle-ci qui se trouve dans le parc Algonquin (Ont.). C'était des cabanes de rondins sans fenêtre ni cheminée. La fumée s'échappait par un trou pratiqué dans le toit.

L'exploitation forestière fut la principale industrie de l'Amérique du Nord britannique au XIXe siècle, principalement du fait de l'expansion rapide de la construction navale en Angleterre. Quand les guerres napoléoniennes lui interdirent l'accès à l'Europe, l'Angleterre se tourna vers le Canada pour y trouver le bois nécessaire à la construction de ses navires. Elle porta son choix sur le pin blanc de l'Outaouais et, en 1864, 25 000 bûcherons travaillaient dans cette région. Des forêts entières descendaient le fleuve jusqu'à Québec, d'où on les expédiait vers l'Angleterre.

Les bûcherons assuraient aussi la drave jusqu'à Québec. Ils étaient précédés par des éclaireurs qui sélectionnaient les meilleurs bois, puis une équipe arrivait pour ouvrir un sentier et défricher le camp. On construisait une cambuse (à gauche) où une cinquantaine d'hommes passeraient tout l'hiver. A l'aube, les cuisiniers réveillaient tout le monde pour servir une généreuse ration de pain, de porc, de fèves et de thé, ou une tasse de saindoux fondu pour mieux résister au froid de l'hiver. La consommation de whisky était strictement interdite.

Les bûcherons travaillaient deux par deux, frappant tour à tour le tronc avec une précision étonnante. On laissait la cime sur place et on débitait le tronc en sections de 12 mètres. Avec des haches tranchantes comme des rasoirs, les hommes les équarrissaient en billes suffisamment grosses pour flotter jusqu'à Québec. Les billes étaient halées jusqu'au bord de la rivière sur des traîneaux tirés par des bœufs. Elles y restaient jusqu'au printemps.

Le travail du bûcheron était exténuant et dangereux. Après des mois sans alcool et sans femmes, les bûcherons qui descendaient en ville les poches pleines dépensaient souvent tout en quelques nuits de bagarres et de beuveries. Heureusement, ils n'utilisaient pas souvent d'armes à feu ou de couteaux, préférant les coups de pied. Les cicatrices que laissaient leurs bottes étaient appelées « la vérole du bûcheron ».

A droite : La coupe du bois dans les forêts du Nouveau-Brunswick — gravure sur bois coloriée à la main (Musée du Nouveau-Brunswick, Saint-Jean).

Les draveurs n'avaient que des gaffes pour guider le bois sur les cours d'eau. Les chutes dans l'eau glacée étaient fréquentes et certains draveurs restaient trempés pendant des semaines de suite. Si les billes s'amoncelaient, formant une sorte de barrage, il fallait débloquer un ou deux troncs, puis reculer à toute vitesse avant que le tas de bois ne s'écroule et ne reprenne sa route. Plus d'un draveur y laissa sa peau.

Les billes équarries pendant l'hiver étaient entassées au bord des rivières, en attendant le dégel. Sur le Saint-Laurent, à partir du lac Ontario, on les assemblait avec des bouleaux en trains de 20 mètres sur 100. Sur l'Outaouais, on les assemblait en radeaux d'une trentaine de billes retenues par des chevilles et des chaînes, car il fallait descendre des chutes, entre autres celles de Calumet, au Québec (à droite). Sur les eaux plus calmes (ci-dessus : l'Outaouais à Hull, Qué.), on attachait ensemble jusqu'à huit trains de bois pour former une gigantesque plate-forme flottante. Les draveurs vivaient « à bord ».

L'enfer du Miramichi

L'été de 1825 avait été particulièrement chaud et sec lorsque, le 7 octobre, les 1 300 habitants de Newcastle (N.-B.) et du village voisin de Douglastown se trouvèrent soudain encerclés par les flammes qui descendaient de la vallée du Miramichi, un peu au nord. En quelques heures, l'incendie fit 160 morts et 400 blessés; 600 maisons furent détruites, laissant 2 000 personnes sans abri; 15 500 kilomètres carrés de forêt étaient dévastés. Les villageois coururent jusqu'à la rivière pour s'échapper. Un grand nombre se noyèrent. Il plut toute la nuit. Au petit matin, il ne restait «rien que ruines, désolation et mort». On ignore le nombre de bûcherons qui périrent dans leurs camps.

Parfois perchés sur des planches à 5 m du sol (ci-dessous), les bûcherons de la Colombie-Britannique s'attaquaient aux énormes sapins de Douglas — semblables à ceux du parc provincial Macmillan sur l'île de Vancouver (à droite). On terminait l'abattage avec des scies de 2,50 m de long.

La plus folle
des ruées vers l'or

Par un beau jour de l'été 1896, George Carmack, un Blanc qui vivait comme un Indien et ne s'intéressait pas vraiment à l'or, cherchait des pépites le long du ruisseau aux Lapins, au Yukon, avec deux amis indiens, Skookum Jim et Tagish Charlie. Jim avait découvert des traces d'or dans le gravier du ruisseau et il y avait amené son ami californien, Carmack. Les deux hommes trouvèrent bientôt une pépite aussi grosse qu'un dé à coudre, puis d'autres encore : assez pour remplir une douille de fusil de chasse, assez pour savoir qu'ils tenaient sans doute le meilleur filon de tout le territoire. Carmack convainquit Jim que personne ne voudrait reconnaître sa découverte, parce qu'il était Indien, et qu'il valait mieux que ce soit lui, Carmack, qui se déclare le découvreur du site, ce qui

donnait droit à une double concession — 300 mètres du cours du ruisseau. Ce fut fait le 17 août.

George Carmack était maintenant pris par la fièvre de l'or qui allait s'emparer de milliers d'hommes de par le monde. On allait assister à la ruée vers l'or la plus folle de l'histoire, trois années de chance étonnante et de mauvaise fortune, de misère et de gaspillage éhonté.

Mais le mérite de la découverte revenait aussi à un autre homme, Robert Henderson, un aventurier de Nouvelle-Écosse qui cherchait de l'or dans tous les coins du monde depuis un quart de siècle. C'est lui qui avait conseillé à Carmack de fouiller le ruisseau aux Lapins, tandis que lui-même prospectait le cours d'un ruisseau voisin, le Gold Bottom. Ces deux cours d'eau se jetaient dans une rivière que les Indiens appelaient

Dans la petite ville de Dawson (à gauche), des figurants en costumes d'époque procèdent à la pesée des lingots d'or à la Banque canadienne impériale de commerce. De jolies filles égaient les soirées du Diamond Tooth Gertie's dont les bénéfices sont consacrés à la restauration des édifices historiques de Dawson.

Throndiuck (les Eaux-au-Marteau), à cause des pieux qu'ils enfonçaient à son embouchure pour attacher leurs filets à saumon. Dans la bouche des Blancs, le mot devint « Klondike ».

Henderson suivait à la lettre le code des prospecteurs : si quelqu'un trouvait de l'or, il en informait les autres. Mais il s'agissait moins de générosité que de considérations pratiques. Travailler seul au milieu des bois était pénible. Quant à la concurrence, elle n'entrait pas en ligne de compte puisque même le découvreur d'un site ne pouvait jalonner que deux concessions de 150 mètres. Et c'est pourquoi Henderson, rencontrant Carmack et ses amis indiens au début du mois, conseilla au Blanc de prendre une concession sur le Gold Bottom. Mais il offensa Carmack en ajoutant : « Je ne veux pas de maudits Indiens sur ce ruisseau. »

Quelques jours plus tard, Carmack annonça à Henderson qu'il allait plutôt tenter sa chance sur le ruisseau aux Lapins et promit de lui faire savoir s'il découvrait quelque chose, mais Henderson l'offensa à nouveau en refusant de vendre du tabac à ses amis indiens. Cette bévue devait lui coûter une fortune.

Le 17 août, Carmack jalonna donc sa double concession de découvreur et les Indiens prirent possession chacun d'une concession de 150 mètres sur le ruisseau qui allait être bientôt rebaptisé Bonanza. Carmack et Tagish Charlie, laissant Skookum Jim garder les lieux, descendirent le Yukon jusqu'à Forty Mile pour faire enregistrer leurs concessions. Tout d'abord, personne ne les crut, mais au bout de quelques jours les prospecteurs commencèrent à affluer au Klondike. Quelques semaines plus tard, quand Henderson eut vent de la découverte, les meilleures concessions étaient déjà attribuées.

Les fortunes se faisaient et se défaisaient en un instant. Un mineur, du nom de Charles Anderson, acheta pour $800 une concession vierge sur l'Eldorado à deux joueurs qui pensaient l'escroquer. Trois mois plus tard, l'Eldorado produisait encore plus que la Bonanza.

On se querellait parfois, mais les agents du gouvernement maintenaient l'ordre au Klondike. L'un d'eux, William Ogilvie, commissaire du Yukon en 1898, savait appliquer le bon sens plutôt que la lettre de la loi.

C'est ainsi qu'un jour qu'il arpentait la concession de Clarence Berry, sur l'Eldorado, il constata qu'elle était trop longue de 12,65 mètres. Berry avait donc passé tout l'hiver sur un terrain

Robert Henderson (en haut) manqua sa chance quand il offensa George Carmack (au-dessous), par son attitude méprisante à l'égard des amis indiens de celui-ci.

Forty Mile, 84 km en aval de Dawson, sur le Yukon, fut fondé 12 ans avant la « Ville de l'Or ». C'est là que George Carmack fit enregistrer sa concession du ruisseau aux Lapins. La bourgade, qui comptait un millier d'habitants, n'est plus aujourd'hui qu'une ville fantôme de cabanes abandonnées.

Les vapeurs à roue arrière du Yukon

Les vapeurs du Yukon emportaient avec eux l'or du Klondike et rapportaient tout ce dont le Yukon avait besoin : vivres, matériel, lampes de fantaisie pour les salles de danse, bibles et uniformes pour l'Armée du Salut et, bien sûr, de l'alcool — 545 500 litres en 1899 seulement. C'était des bateaux à fond plat, étrangement hauts sur l'eau avec leurs grandes cheminées, qui faisaient la navette entre Whitehorse et la mer de Béring (2 700 kilomètres).

Les vapeurs sillonnaient le Yukon depuis 1869, mais leur grande époque commença avec la ruée vers l'or. Cinquante-sept bateaux transportèrent 11 000 tonnes de marchandises au cours de l'été 1898. L'année suivante, on comptait 60 vapeurs, huit remorqueurs et 20 chalands sur le fleuve. Sur certains navires, les passagers devaient apporter leur nourriture et leur literie. Sur d'autres, le service était de grande classe : garçons de cabine impeccablement stylés et salles à manger lambrissées d'acajou.

Les 250 vapeurs qui circulèrent sur le Yukon avaient presque tous une roue arrière. Leur faible tirant d'eau, de 15 à 45 centimètres, leur permettait de suivre le cours tortueux du fleuve en évitant les écueils, les vasières, les bancs de sable — et les troupeaux d'orignaux.

Ils étaient tous construits sur le même modèle et comptaient généralement trois ponts. Les plus grands, de 60 mètres, transportaient de 300 à 350 tonnes de marchandises. Leur chaudière consommait cinq cordes de bois à l'heure. Ces bateaux portaient des noms évocateurs : *Dusty Diamond, Gold Star, Pilgrim, Quickstep* ou *City of Paris*. Deux vapeurs plus récents ont été conservés : le *Klondike*, à Whitehorse, et le *Keno* (ci-dessous), à Dawson. Un autre, le *Tutshi*, est échoué à Carcross, à l'extrémité du lac Bennett.

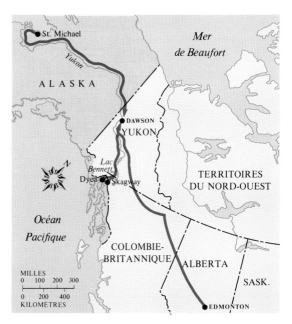

Les milliers de prospecteurs qui accoururent au Klondike remontèrent le Yukon depuis le port de St. Michael, sur la mer de Béring — un voyage de 2 000 km en vapeur jusqu'à Dawson — ou franchirent à pied le col White (depuis Skagway) ou le col de Chilkoot (depuis Dyea). Quelques-uns, partis d'Edmonton, se rendirent au Yukon par le pays de la Rivière-de-la-Paix et le nord-est de la Colombie-Britannique. Le Mountie Sam Steele « ne comprenait pas que des hommes sains d'esprit » tentent ainsi de traverser ce pays de marécages et d'épais sous-bois. Plus de 750 partirent; 160 seulement arrivèrent à Dawson.

qui ne lui appartenait pas légalement. Ogilvie savait que la concession était extrêmement riche : une seule batée — deux pelletées de terre — avait rapporté jusqu'à $500 de pépites d'or. En le voyant reprendre ses mesures, les mineurs se demandaient tout haut ce qui n'allait pas. L'arpenteur eut le bon sens d'inviter Berry à dîner. Il lui annonça la mauvaise nouvelle, puis lui demanda s'il avait un ami fiable. Berry en avait un; il vint jalonner la concession de 12,65 mètres au beau milieu de la nuit, puis céda ses droits à Berry, en échange d'une partie d'une autre concession sur le ruisseau.

Alors que les prospecteurs accouraient toujours plus nombreux, Joe Ladue comprit que les terrains deviendraient bientôt aussi précieux que l'or. Il jalonna donc un terrain marécageux, au confluent du Klondike et du Yukon, et baptisa l'endroit du nom d'un géologue du gouvernement, Dawson. L'été suivant (1897), la population dépassait 1 500 habitants et les lotissements se vendaient des milliers de dollars pièce.

Dawson n'était encore qu'un chaos de tentes lorsque arriva le premier hiver. Ce fut presque la famine : « Les vivres manquaient de plus en plus, raconte A. T. Walden dans son autobiographie. Mais il était remarquable de voir comment on se les partageait. Les provisions n'avaient pas de prix, mais on ne leur en donnait pas non plus. » En mai 1897, il ne restait plus que de la

Le système de l'augette (sluice) était plus rentable et moins épuisant que le lavage du gravier à la batée. Le mineur remplissait une boîte (en haut) de gravier, puis y versait de l'eau. Celle-ci entraînait la poussière entre les barreaux d'un tamis triangulaire qui arrêtait les gros cailloux. Les rifles du fond de l'augette retenaient l'or du gravier.

farine. Malgré cela, une nouvelle vague de prospecteurs arriva par le fleuve après la débâcle, mais ce n'est qu'au début de juin que le vapeur *Alice* fit enfin son entrée avec des vivres et de l'alcool qu'on servit gratuitement le jour où les saloons rouvrirent leurs portes.

Un mois plus tard, le vapeur *Excelsior* amenait à San Francisco des prospecteurs du Klondike. Leur arrivée secoua le continent comme un coup de tonnerre et confirma les rumeurs qui circulaient depuis des mois. Les mineurs tiraient derrière eux des sacs et des valises pleines de pépites et de poussière d'or. A Seattle, un autre navire mouilla avec plus de deux tonnes d'or à son bord. Un mineur dut même engager des manœuvres pour transporter sa cargaison. Ensemble, les deux navires rapportaient pour un million et demi de dollars d'or. GOLD! GOLD! GOLD! GOLD! titrait le *Post-Intelligencer* de Seattle.

La ruée du Klondike survenait à la fin d'une grande dépression économique et des milliers d'hommes abandonnèrent foyers et familles pour prendre la route. Les récits parlent de barbiers qui laissèrent du jour au lendemain leur boutique, de conducteurs d'omnibus qui abandonnèrent leurs passagers en pleine rue, de médecins qui mirent la clef sous la porte. Mais la plupart étaient de pauvres diables qui payèrent très cher leur coup de tête.

Bien peu pouvaient s'offrir le passage par bateau jusqu'à St. Michael, sur la mer de Béring, dans l'Alaska, puis remonter les 2 000 kilomètres du Yukon jusqu'à Dawson. La plupart prenaient donc la route du continent, par les montagnes de la côte et le col White ou le col de Chilkoot.

La route du col White partait de Skagway, un port où faisaient la loi une centaine de truands et de joueurs menés par le Géorgien Jefferson Randolph « Soapy » Smith, un escroc.

Au cours de l'automne 1897, environ 5 000 chercheurs d'or, dont une poignée de femmes, franchirent les 72 kilomètres du sentier du col White. La chaussée glissante était si étroite par endroits que les attelages ne pouvaient y passer; les embouteillages duraient des heures. Bientôt, le sentier fut jonché de ballots abandonnés et de carcasses de chevaux; en effet, la plupart des 3 000 bêtes qu'on força à gravir les pentes périrent. Le romancier Jack London, qui emprunta

Quelque part au milieu de cette foule de chercheurs de fortune, sur le sentier du Chilkoot en 1898, se trouve la frontière de l'Alaska et du Yukon. C'est ici que la Police montée du Nord-Ouest, qui percevait aussi les droits de douane, fouillait les prospecteurs. Bien des chercheurs d'or emportèrent dans leurs bagages le « Klondike special » d'Eaton, un colis de $68,69 qui contenait tout ce qu'il fallait pour une année : 250 kg de farine, 100 kg de lard, une livre de poivre, etc. A droite : les versants inhospitaliers du col de Chilkoot.

cette « route du Cheval-Mort », raconte que les animaux mouraient comme des mouches et qu'on laissait leurs carcasses pourrir en tas. Au col White, écrit Robert Service, « il n'y a ni commisération, ni humanité, ni fraternité. Tout n'est que blasphème, fureur et farouche détermination ». Le mot de passe de tout un chacun semblait être « mêlez-vous de vos affaires ». Personne ne se serait même arrêté devant le cadavre d'un homme assassiné.

La plupart des nouveaux venus arrivèrent au Klondike en 1898 par l'effroyable sentier du col de Chilkoot que Martha Black, par la suite député au Parlement fédéral, appela « la pire route de ce côté-ci de l'enfer ». En été, la pierraille et le roc; en hiver, la neige et la glace vive. Par endroits, la route montait à 35 degrés, si bien qu'elle était presque impraticable pour les bêtes. L'expédition commençait à Dyea, une petite ville de l'Alaska, à six kilomètres au nord de Skagway. Au pied du col se trouvait le camp Sheep, également en Alaska, qui hébergeait 1 500 voyageurs dans des tentes et des cabanes.

Au camp Sheep, un repas coûtait $2,50. Le whisky se vendait 50 cents le petit verre et les tentes-hôtels étaient bondées de voyageurs qui payaient $1 ou davantage pour coucher par terre, sur des tables ou parfois dans des couchettes. Les voleurs et les escrocs pullulaient, mais le camp savait appliquer une justice expéditive. Certains voleurs reçurent 50 coups de fouet, d'autres furent même exécutés.

Un lac emprisonné par un glacier se déversa dans le col de Chilkoot cet automne-là, balayant des douzaines de tentes. Trois hommes se noyèrent. Au printemps, une avalanche enfouit 60 personnes sous 10 mètres de neige.

Pendant l'hiver 1898 et jusqu'à l'été, environ 22 000 personnes gravirent le col, dans une véritable chaîne humaine. Il n'y avait pourtant que six kilomètres entre le camp Sheep et le sommet du col, en territoire canadien. Mais la Police montée du Nord-Ouest exigeait que toute personne entrant au Yukon dispose de vivres et d'équipement pour un an, ce qui représentait près d'une tonne de bagages. Il fallait donc faire la montée 30 ou 40 fois, parfois en pleine poudrerie, par des températures de –50°C. Les chargements se composaient principalement de vivres mais le col de Chilkoot vit aussi passer des pianos, une meule, des journaux, 10 000 bouteilles de produit contre les moustiques, etc.

Peu à peu, le sentier s'améliora. Quelques malins taillèrent des marches dans la glace et firent payer un droit aux utilisateurs. On construisit des funiculaires pour hisser les marchandises. L'un d'eux était tiré par des chevaux, un autre fonctionnait à l'essence, deux autres à la

De l'or! Cette pépite de 184 g, longue d'environ 7 cm, fut découverte près du ruisseau Hunker, un affluent du Klondike. Certaines pépites pesaient près d'un kilo, mais elles ont toutes été fondues.

Le chercheur d'or voyageait parfois pendant trois mois, faisant 4 000 km avec ses bagages et ses provisions, avant de passer l'un des cols qui menaient au lac Bennett. La suite du voyage se faisait en bateau sur le Yukon, jusqu'à Dawson. Sept mille embarcations et 28 000 personnes firent ce parcours de 885 km en 1898. Cette église, au bord du lac Bennett, date de 1900.

vapeur, dont un qui transportait des charges de 140 kilogrammes sur une distance de 22 kilomètres. Mais même les machines étaient réduites à l'impuissance quand la tempête faisait rage.

La Police montée arriva à la frontière en février 1898. Elle était commandée par Sam Steele, une forte personnalité qui ne craignait pas plus les hors-la-loi que les émeutiers. Steele installa son quartier général au lac Bennett où les deux sentiers se rejoignaient et où les prospecteurs devaient construire ou acheter des embarcations pour descendre le Yukon vers Dawson après le dégel du printemps. Près de Whitehorse, dans le canyon Miles, 150 embarcations firent naufrage et 10 hommes se noyèrent avant l'arrivée de Steele qui imposa des règles de sécurité.

Au lac Bennett, Steele et ses hommes faisaient fonction de magistrats, de greffiers, de coroners et d'exécuteurs testamentaires. Mais l'essentiel de leur travail consistait à faire régner l'ordre, et ils s'en acquittèrent admirablement. Vers le milieu de 1898, alors qu'il était en charge du Yukon et de la Colombie-Britannique, Steele pouvait se vanter de n'avoir eu à déplorer que trois assassinats sur son territoire.

Pendant ce temps, Dawson connaissait un second hiver de famine. Le prix de la farine, qui était de $6 le sac, atteignit bientôt $100. Les fèves se vendaient $1 la livre et le whisky — copieusement dilué — $11 le litre. Même les riches n'avaient presque rien à acheter. Lors d'une vente aux enchères au saloon Monte-Carlo, une danseuse, vêtue d'une élégante robe à la mode de Paris, s'offrit pour la durée de l'hiver — étant entendu, cependant, qu'elle pourrait refuser le plus offrant s'il n'était pas à son goût. Elle déambula donc le long du bar et les enchères montèrent jusqu'à $5 000.

Mais lorsque les bateaux de ravitaillement arrivèrent à l'été 1898, Dawson grandit de plus belle. Sa population atteignit 20 000 habitants, ce qui en faisait la plus grosse agglomération à l'ouest de Winnipeg. Malgré le téléphone, l'électricité et l'eau courante, la ville était pourtant

L'inspiration poétique du samedi soir

Ce samedi soir, les bars de Whitehorse étaient pleins à craquer. Soudain, Robert Service se sentit inspiré et composa ce vers : « *A bunch of the boys were whooping it up.* » Le jeune caissier — qui récitait de la poésie à ses moments perdus — pensa qu'il tenait là le début d'un poème sur le Klondike. Mais il lui fallait un endroit plus tranquille pour travailler. Il alla s'installer à son guichet de la Banque de commerce. Surpris, un garde tira sur lui. Le sifflement de la balle à ses oreilles mit le comble à son inspiration. Et c'est ainsi, nous raconte Service, que « la ballade fut achevée ». C'était sa première œuvre, sans doute la plus fameuse, « The Shooting of Dan McGrew ».

Robert Service se fit le chantre d'une ruée vers l'or qu'il n'avait jamais vue. Quand il arriva à Whitehorse en 1904, les folles années étaient déjà oubliées. Mais Service trouva dans le Yukon une source d'inspiration : « Mes vers jaillissaient comme l'eau d'un puit artésien. » *Songs of a Sourdough* (où figurait « The Shooting of Dan McGrew ») fut publié en 1907. Les *Ballads of a Cheechako* parurent deux ans plus tard.

Avec *Ballads*, Service connut l'aisance. Il démissionna de la banque et écrivit un roman, *The Trail of '98*, dans une cabane de bois (à gauche), sur une colline de Dawson. La maisonnette est aujourd'hui un site historique national.

bien primitive : les tentes, les cabanes et les maisons de rondins construites sur le sol gelé s'enfonçaient dans un véritable bourbier au printemps. Et la vie y était primitive : un homme paria un jour qu'il pourrait faire toute la grand-rue en sautant d'un cadavre de cheval ou de chien à l'autre; il gagna son pari.

Mais, en même temps, Dawson était capable de rigueur. Le dimanche, saloons et théâtres fermaient leurs portes, tandis que tous les travailleurs devaient observer le repos dominical (deux hommes furent même mis à l'amende pour avoir simplement vérifié leurs filets de pêche). En cas d'infraction grave, les contrevenants recevaient un « billet bleu » qui les mettait en demeure de quitter Dawson par le premier bateau. Le port des armes à feu était interdit ainsi que la vente d'alcool aux mineurs.

Si la loi régnait, la petite ville n'en avait pas moins ses côtés sordides. La devise des salles de bal, des saloons et des casinos était de ne jamais refuser un verre. Leurs propriétaires faisaient fortune, de même que plus d'une de leurs entraîneuses. A l'arrière des salles de bal, les prostituées de l'allée du Paradis exerçaient leurs bons offices dans 70 cabanes. Le plus clair de leur argent revenait aux souteneurs qui avaient payé leur voyage au Yukon. A Dawson, la monnaie, de la poudre d'or, se portait dans de petits sacs. Dans les maisons de jeu, des pancartes rappelaient : « Ne jouez pas plus que votre sac. » Une mise de $2 000 était chose courante. Sam Bonnifield, dit le Silencieux, perdit au poker $72 000, plus son saloon et sa maison de jeu, mais il emprunta de l'argent et récupéra tout. Gertie Dent de Diamant, une entraîneuse, comprit fort

Une danse avec Lily la Femme serpent

Les impresarios du Klondike firent fortune avec leurs entraîneuses, Kate Peau d'orignal ou Lily la Femme serpent. Ces filles dansaient, chantaient — pas très bien d'ailleurs — mais c'est entre les spectacles qu'elles déployaient tous leurs talents, invitant les mineurs à boire du mauvais whisky ou du champagne, à $40 ou $80 la bouteille. Un verre, puis une danse ($1) avec Kate Peau d'orignal, que pouvait-on souhaiter de mieux par une froide nuit d'hiver?

Le premier théâtre de Dawson était une bâtisse de bois dont la scène, éclairée à la chandelle, était drapée de denim bleu. Seul survivant de cette glorieuse époque, le splendide Palace Grand Théâtre (ci-dessous) date de 1899.

Les spectacles de Dawson étaient éclectiques, variétés un jour, *Macbeth* le lendemain. Des journaux chiffonnés en boules faisaient les flocons de neige; pour les courses en traîneau, on tirait un pauvre husky sur la scène avec un fil de fer.

Après le spectacle, on enlevait tous les bancs et l'orchestre menait la danse. Les filles se mettaient au travail et touchaient une commission sur les consommations de leurs clients. Une certaine rousse, du nom de Cad Wilson, convainquit un soir un mineur de se délester de $1 740 en bouteilles de champagne. Elle quitta Dawson au bout d'une saison avec $26 000 dans sa bourse et le souvenir d'un homme qui un jour remplit sa baignoire de vin, à $20 la bouteille.

« Une des filles. » Les belles de Dawson se produisaient dans de luxueux établissements, comme le Pavilion (qui fit $12 000 de recette le soir de son inauguration en 1898), le Tivoli, le Novelty et l'Amphitheatre.

Les années folles de Dawson, la ville excentrique

C'est par milliers qu'ils s'abattirent sur le Klondike, extravagante collection de personnages hauts en couleur.

Swiftwater Bill Gates, un aventurier, arriva à Dawson une fois bornées toutes les concessions. Peu superstitieux, il travailla sur Eldorado 13, fit fortune, se lança dans le négoce des saloons et défraya bientôt la chronique par sa façon de dépenser. La jalousie s'empara de lui un jour qu'il vit Gussie Lamore, sa danseuse favorite, dans un restaurant en compagnie d'un autre. Elle avait commandé des œufs, luxe fort onéreux dans le Klondike. Avant qu'elle ne soit servie, Swiftwater Bill avait acheté tous les œufs du restaurant, moyennant $600. Il les fit frire un par un et un par un les jeta aux chiens qui traînaient dans la rue.

Belinda Mulroney, elle, s'était spécialisée dans les profits rapides. Femme de chambre sur un navire qui faisait le service de la côte, elle achetait des provisions pour le bateau moyennant une commission de 10 pour cent et vendait chapeaux et vêtements aux Indiens. Quand elle entendit parler de la ruée vers l'or, elle se procura pour $5 000 de mercerie et de bouillottes qu'elle vendit à Dawson, avec un bénéfice de 600 pour cent. Elle ouvrit aussi l'hôtel Fairview, un véritable palace : lumière électrique, musique de chambre, linge fin, porcelaine et argenterie — et 22 chambres chauffées à la vapeur où l'on entendait de tendres murmures car les cloisons étaient de toile.

William Judge, son traîneau chargé de médicaments tiré par un seul chien, arriva un jour de Circle City, en Alaska. Malade, cet homme émacié de 45 ans en paraissait 70. Dawson avait besoin d'un hôpital; il en construisit donc un — ainsi qu'une église, car il était jésuite — et travailla inlassablement tandis que le scorbut, la dysenterie et la typhoïde ravageaient la ville. Il mangeait à peine, portait par tous les temps une méchante soutane rapiécée et fit don de presque toutes ses possessions. Il devint « le saint de Dawson ». Peu après Noël 1898, une pneumonie le terrassa. Le jour de sa mort, et jusqu'à son enterrement trois jours plus tard, la ville qu'il avait tant aimée porta le deuil. Bars et salles de danse fermèrent leurs portes jusqu'à ce que Dawson la pécheresse eut enterré son saint — dans un cercueil de $1 000.

bien les choses : « Les pauvres types sont forcés de tout dépenser, ils ont bien trop peur de mourir avant d'avoir sorti tout l'or de la terre. »

Deux incendies rasèrent le centre de Dawson pendant l'hiver 1898-1899. Après le deuxième, qui détruisit 117 maisons, la ville changea d'aspect. On construisit de vraies maisons en planches bien équarries, des trottoirs et des rues de macadam. Les belles heures de Dawson étaient pourtant comptées. Certains des derniers arrivants firent encore fortune en n'écoutant pas ceux qui prétendaient que tout l'or se trouvait dans les ruisseaux. Dès 1898, il n'y avait plus de concessions vacantes sur les ruisseaux et les nouveaux prospecteurs partirent dans les collines. Ils y découvrirent d'énormes veines.

Au cours de l'été 1899, la nouvelle de la découverte d'un gisement à Nome attira les gens de Dawson vers l'Alaska — 8 000 partirent en une semaine. La population continua à diminuer, à mesure que l'exploitation des mines devenait plus difficile. La majeure partie de l'or du Yukon était enfouie sous d'épaisses couches de boue gelée et de gravier. En hiver, il fallait dégeler le sol avec des feux de bois ou à la vapeur. Puis l'on creusait, mettant de côté le précieux gravier jusqu'au printemps. Après le dégel, on le lavait dans l'eau du ruisseau.

A la longue, les grosses compagnies commencèrent à racheter les petites concessions et à les exploiter avec des dragues. Au début du siècle, une année de travail manuel rapportait $22 millions en or; en 1907, la production manuelle n'était plus que d'environ $3 millions. C'est cette année-là que la dernière salle de danse de Dawson ferma ses portes. Les pionniers de la ruée vers l'or avaient depuis longtemps quitté le Klondike. Clarence Berry, l'un des premiers à fouiller l'Eldorado, ramassa $1,5 million avant d'acquérir une riche concession en Alaska, puis d'acheter des champs pétrolifères en Californie. Joe Ladue, fondateur de Dawson, était venu au Klondike afin de gagner assez d'argent pour s'attacher les bonnes grâces des parents de son amie de Plattsburgh; il rentra chez lui avec $5 millions et épousa sa bien-aimée.

George Carmack, Skookum Jim et Tagish Charlie moururent riches. Robert Henderson, le malheureux prospecteur qui apprit la découverte après tout le monde, alla chercher de l'or ailleurs au Yukon et en Colombie-Britannique. Il en cherchait encore en 1933 quand il mourut.

D'énormes dragues prirent la relève des mineurs sur les ruisseaux du Klondike lorsque les gisements commencèrent à s'épuiser. Les plus grandes, comme la drague n° 4 (détail) sur la Bonanza, furent finalement abandonnées au milieu du paysage qu'elles avaient dévasté. La drague n° 4 extrayait 22,5 kg d'or par jour.

Sites et monuments historiques

DAWSON (Yukon) Les saloons, les salles de danse, les théâtres et les hôtels des grandes années (1897-1898) ont été restaurés. Les musées renferment des locomotives, des diligences et des outils de la ruée vers l'or. A l'extérieur de la ville se trouvent des cabanes de prospecteurs et des chantiers abandonnés. Un bureau de poste (1900) accueille les visiteurs du parc historique international de la Ruée vers l'or du Klondike.

CABANE DE ROBERT SERVICE Le poète y vécut de 1909 à 1912. C'est là qu'il écrivit *The Trail of '98*.

DIAMOND TOOTH GERTIE'S GAMBLING HALL Les danseuses de French-cancan se produisent dans cet établissement, le seul casino à avoir droit de cité au Canada.

GOLD ROOM C'est dans cette salle qu'on lavait et pesait l'or avant de le fondre en lingots. On y trouve un four, des balances et des instruments de l'époque.

KENO Ce vapeur à roue arrière, exemple typique des navires de l'époque, est un site historique national.

PALACE GRAND THÉÂTRE La plus belle salle de Dawson, aujourd'hui restaurée, présente un spectacle tous les étés.

Autres sites et monuments

Bennett (C.-B.) (6) Les chercheurs d'or qui avaient franchi le col de Chilkoot ou le col White descendaient au lac Bennett et partaient en bateau sur le Yukon, jusqu'à Dawson. Une église y fut construite et abandonnée en 1900.

Carcross (Yukon) (5) Skookum Jim (dont la tombe porte le nom de « James Mason »), Tagish Charlie (« Dawson Charlie ») et la femme de George Carmack, Kate, y sont enterrés. On peut aussi y voir un vapeur à roue arrière, le *Tutshi*, en cale sèche.

Col de Chilkoot (7) Du matériel abandonné par les chercheurs d'or jalonne la piste de randonnée qui suit le sentier du

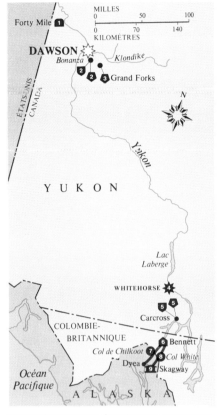

MILLES
0   50   100
KILOMÈTRES
0   70   140

Forty Mile [1]

DAWSON

Bonanza   *Klondike*

[2] [2] [3] Grand Forks

ÉTATS-UNIS
CANADA

Y U K O N

Yukon

N

Lac Laberge

WHITEHORSE

[5] [5]
Carcross

COLOMBIE-
BRITANNIQUE

[6] Bennett
Col de Chilkoot [7] [8] *Col White*
Dyea   [9] Skagway

Océan Pacifique

A L A S K A

☆ Site principal (Attractions multiples)   ✱ Attractions multiples   ⬟ Edifice historique
🏛 Musée   ▮ Monument   ⬛ Ruines   ● Route   ◆ Autre point d'intérêt

Chilkoot, de Dyea (Alaska) au lac Bennett. Au sommet, une plaque commémore la ruée vers l'or de 1898.

Col White (8) Un chemin de fer à voie étroite, construit en 1900, suit sur 177 km l'ancien sentier qui reliait Skagway à Whitehorse. A Inspiration Point, une plaque rappelle les milliers de chevaux qui moururent sur les pentes du col.

Forty Mile (Yukon) (1) C'est à cet endroit que George Carmack fit enregistrer sa fameuse découverte. Forty Mile est

aujourd'hui une ville fantôme qui se trouve à 6 km de la route la plus proche. *Accessible uniquement à pied.*

Grand Forks (Yukon) (3) Les visiteurs peuvent tenter leur chance à la batée au confluent de la Bonanza supérieure et de l'Eldorado; à cet endroit, 10 000 personnes vivaient en 1898.

Ruisseau Bonanza (Yukon) (2) C'est sur cet affluent du Klondike que George Carmack, Skookum Jim et Tagish Charlie découvrirent de l'or le 17 août 1896; une plaque marque l'endroit. La drague n° 4, la plus grosse du genre en Amérique du Nord, est toujours là où elle fut abandonnée sur le ruisseau.

Skagway (Alaska) (9) Le musée Soapy Smith rappelle la mémoire de l'homme qui tyrannisa la ville. Le musée Trail of '98 renferme des objets et des photographies de la ruée vers l'or.

Whitehorse (Yukon) (4) A partir d'ici, après les derniers rapides, le voyage (650 km) n'était plus très difficile jusqu'à Dawson. On peut encore voir les vestiges du premier village, Canyon City.

CANYON MILES Des chariots tirés par des chevaux contournaient les rapides sur des rails de bois, en 1898; on peut encore voir des vestiges des installations. Le *Schwatka* fait des excursions sur le canyon de juin à septembre.

KLONDIKE Le dernier vapeur à roue arrière du Yukon s'y trouve; il a été transformé en musée de marine.

MUSÉE DE LA SOCIÉTÉ HISTORIQUE W.D. MacBRIDE La cabane de Sam McGee, dont Robert Service emprunta le nom dans son poème *Cremation of Sam McGee*, y a été transportée du lac Laberge. Parmi les collections du musée, une des voitures utilisées sur les rails du canyon Miles.

OLD LOG CHURCH Construite en 1900, ce fut la cathédrale du Yukon jusqu'en 1959. Elle abrite aujourd'hui un musée de l'histoire religieuse de la région.

Les fantômes de la ruée vers l'or obsèdent encore Dawson où Robert Service trouva un jour l'inspiration, au milieu des bâtiments abandonnés, « dans la mélancolie nocturne des rues hantées ».

319

L'attrait de l'Ouest pour les immigrants

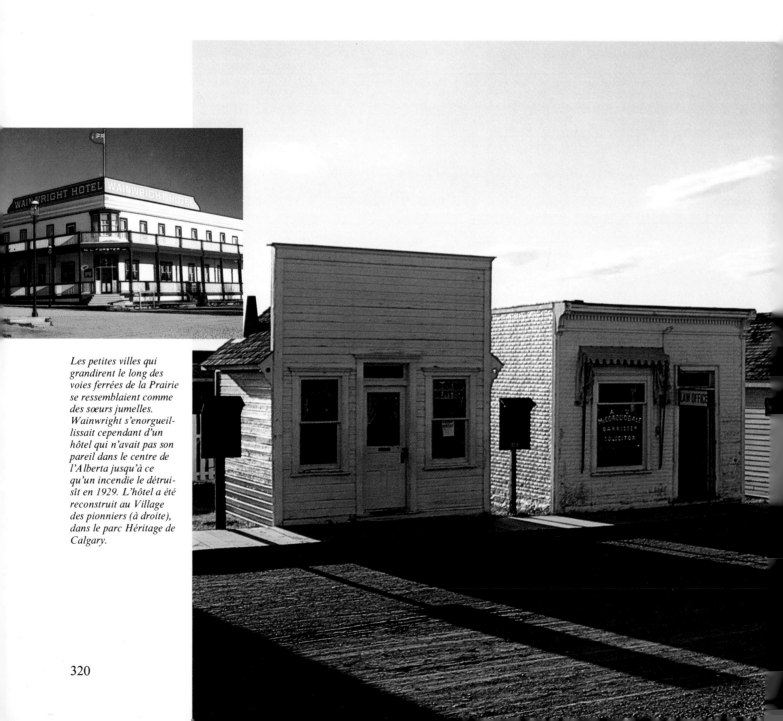

Les petites villes qui grandirent le long des voies ferrées de la Prairie se ressemblaient comme des sœurs jumelles. Wainwright s'enorgueillissait cependant d'un hôtel qui n'avait pas son pareil dans le centre de l'Alberta jusqu'à ce qu'un incendie le détruisit en 1929. L'hôtel a été reconstruit au Village des pionniers (à droite), dans le parc Héritage de Calgary.

Le train qui vient de le laisser dans cette petite gare de la Prairie repart vers l'ouest en hoquetant. Bientôt il se perd dans le lointain. Le colon regarde ces immenses étendues que rien n'arrête jusqu'à l'horizon, ces champs où se cache la terre dont il est venu prendre possession, de l'autre bout du monde...

C'est le Canadien Pacifique qui ouvrit l'Ouest aux immigrants. Il avait des terres à vendre — près de 100 000 kilomètres carrés donnés par le gouvernement fédéral pour l'inciter à construire la voie — et des trains à remplir. Le voyage serait un vrai plaisir, annonçait la publicité, d'autant plus que les voitures de colons étaient tout à fait semblables à celles de première classe, à cette différence près que « les banquettes et les couchettes ne sont pas capitonnées ».

En réalité, les colons restaient souvent enfermés des jours durant dans des voitures pleines à craquer, sans chauffage. Les banquettes se transformaient en couchettes inconfortables où deux personnes prenaient place; d'autres couchettes s'ouvraient pour la nuit, comme d'énormes étagères. La literie — matelas, oreillers et couvertures — coûtait $2,50. Chaque voiture était équipée d'un fourneau, d'un lavabo et d'une réserve d'eau potable. Les colons emportaient leurs provisions avec eux. Il n'y avait pas de toilettes, mais le train s'arrêtait souvent.

Tous les 12 kilomètres, la voie se dédoublait pour permettre aux trains de se croiser. La plupart de ces voies de garage donnèrent naissance à des villages, parfois à des villes. La compagnie de chemin de fer, le Grand Tronc-Pacifique, les

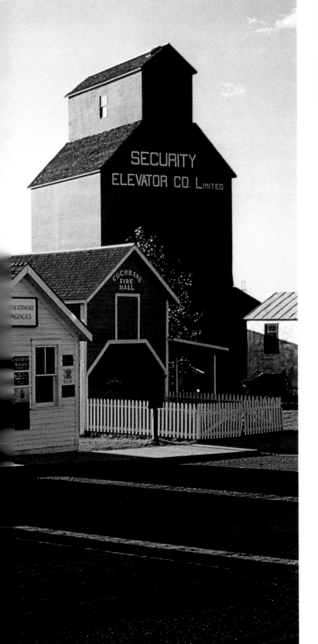

Dans les wagons de colons, les immigrants accouraient en foule vers ces milliers de kilomètres carrés «de terres agricoles les plus riches du monde, sous un climat des plus salubres», comme le claironnait la publicité du Canadien Pacifique. Le voyage dans ces wagons de 50 places n'était pas aussi plaisant que le donnerait à penser cette illustration publicitaire parue en 1888 dans l'Illustrated London News. Mais il avait au moins le mérite d'être bon marché : Montréal-Winnipeg, $8; Winnipeg-Vancouver, $12. A droite : un wagon de colons au parc Héritage de Calgary.

GERMANS ICELANDERS SCOTCHMEN ENGLISHMEN AMERICANS FRENCHMEN SCANDINAVIANS
BELGIANS RUSSIANS AUSTRIANS IRISHMEN

THE MAPLE LEAF FOR EVER

"NOW THEN, ALL TOGETHER"!

C'est Johnny Canuck qui dirige le chœur sur cette caricature de 1912, à la gloire de l'Ouest canadien. Les chanteurs «plantés» dans le champ de blé sont tous des immigrants, comme l'était l'Écossais Alexander Muir, qui composa le chant dont John Bull et l'Oncle Sam tiennent le livret.

identifiait au moyen des lettres de l'alphabet. Atwater, Bangor... Young, Zelma, et l'on recommençait : Allan, Bradwell, Calvet... Parfois, lorsqu'une bourgade était née avant le chemin de fer, on la déplaçait jusqu'à l'embranchement le plus proche pour qu'elle prenne sa place dans l'ordre alphabétique. C'est ainsi que le bourg d'Equity, en Alberta, fut déplacé de un kilomètre et devint Ryley.

Les villes des Prairies se ressemblaient. Elles avaient toutes une large grand-rue, une voie de garage pour le silo à grain, une église, un magasin général, une remise pour les chevaux de louage, une forge, une banque, un entrepôt de bois et une salle de billard.

En 1885, quand le Canadien Pacifique fut achevé, il y avait peut-être 150 000 habitants dans les Prairies. Une trentaine d'années plus tard, lorsque la première guerre mondiale vint tarir le flot de l'immigration, on en comptait plus de un million et demi.

Cette fois, ce n'était pas l'or qui attirait ainsi les foules, mais la terre. C'est elle qui faisait rêver les garçons de ferme, de l'Ontario aux Maritimes, et les Américains qui commençaient déjà à se sentir à l'étroit chez eux. C'est elle qui attirait les citadins des villes britanniques, les mennonites opprimés en Russie, les Ukrainiens qui fuyaient des conditions politiques et économiques intolé-

Les fils à papa débarquent d'Europe

Albert « Bertie » Buzzard-Cholomondeley, un fils de bonne famille anglaise, ne cessait d'écrire chez lui pour demander de l'argent, sans manquer d'expliquer avec moult détails ce qui lui arriverait si on lui refusait cet argent. C'est ainsi qu'il demanda un jour des fonds pour payer un avocat, dans une accusation de meurtre. « Si j'étais pendu, les journaux seraient remplis de descriptions horribles », déclarait-il, et la nouvelle se répandrait en Angleterre.

Bertie était un personnage imaginaire, créé par Bob Edwards (voir p. 326). Mais les Prairies eurent leur lot d'émigrés, fils de bonne famille, qui vivaient de l'argent envoyé par leurs parents. Ils arrivaient avec de splendides garde-robes, des fusils de chasse du dernier modèle et le goût de la belle vie, mais pas la moindre idée de ce que « faire un peu d'élevage » signifiait. Ils gaspillaient souvent tout leur argent et vivaient aux crochets de leurs familles.

L'un d'eux, qui était parti au Canada faire de l'élevage, apprit que son père venait inspecter le cheptel. L'ennui était qu'il n'avait pas acheté une seule bête. Il emprunta donc la propriété et les troupeaux d'un ami qu'il chargea de faire déplacer sans cesse les animaux. Père et fils enfourchèrent leurs montures et visitèrent une suite d'enclos bien remplis. Le père donna £1 000 à son fils pour « augmenter » encore son cheptel.

D'autres se comportaient mieux, notamment ceux qui exerçaient leurs talents au voisinage de Cannington Manor, 12 kilomètres au nord de Manor, en Saskatchewan, où une colonie d'aristocrates anglais organisait des courses, jouait au cricket et donnait de grands dîners.

Arrivée au Canada d'un fils à papa, engoncé dans ses fourrures, armes aux poings, raquettes aux pieds, fin prêt avec son bouledogue. (Cette caricature est de A. G. Racey, du Montreal Daily Star.*)*

rables. C'était une terre que l'on pouvait acheter bon marché aux chemins de fer ou à une compagnie de colonisation, une terre que le gouvernement fédéral laissait même gratuitement en échange de trois années de défrichage et de résidence, une terre sur laquelle le Canada donnait un titre irrévocable de propriété.

Quelques riches colons arrivèrent en voitures Pullman, mais la plupart n'amenèrent avec eux que leurs espoirs et leur volonté de survivre. En général, les immigrants européens débarquaient avec leurs familles, tandis que les colons cana-

Le ministre Clifford Sifton (ci-dessus) payait pour recruter des colons. Un agent d'immigration qui enrôlait une famille comme celle de ces doukhobors (ci-dessous) recevait $21 : $5 pour le fermier, $2 pour chacun des autres. L'Ouest canadien, la brochure du gouvernement, vantait les terres agricoles.

Une vache, un banquet et un meurtre

Le 20 octobre 1895, un Cri, du nom d'Almighty Voice, tua une vache égarée sur une réserve près de Batoche, en Saskatchewan. Dix-neuf mois plus tard, il était tué lui aussi, après une chasse à l'homme durant laquelle on utilisa pour la dernière fois au Canada des canons de campagne.

La vache était destinée au banquet de noce d'Almighty Voice. L'un des invités, Dubling, rongeait son frein. Sa sœur, mariée à Almighty Voice, avait été délaissée au profit de la nouvelle épouse. Dubling dénonça Almighty Voice qui fut jeté en prison.

Almighty Voice s'évada, mais un sergent de la Police montée le rattrapa une semaine plus tard à 60 kilomètres au nord-est de Batoche. Le Cri qui avait tué une vache assassina le policier. On perdit sa trace jusqu'en mai 1897, quand, avec deux compagnons indiens, il fut cerné par la police et des civils dans un bois de peupliers des collines Minichinis.

Deux policiers furent blessés au cours de la première escarmouche. Puis un caporal et le maître de poste de Duck Lake tombèrent, mortellement blessés. Quand un autre policier fut abattu par les Indiens, la Police montée décida de battre en retraite. On parlait un peu partout d'un soulèvement des Indiens et les *Mounties* amenèrent donc un canon de Prince-Albert, tandis que des renforts accouraient de Regina, avec un deuxième canon.

La canonnade commença tôt le dimanche 30 mai. Les attaquants s'enfoncèrent dans le bois à neuf heures. Ils y découvrirent Almighty Voice et son cousin, tués par le feu des canons. Près d'eux se trouvait le cadavre de Dubling, l'homme qui avait trahi Almighty Voice mais qui s'était plus tard joint à lui. Dubling avait été tué d'une balle en plein front.

De nombreux fermiers ramassaient les os de bisons qui se vendaient de $5 à $8 la tonne. Ces os, vestiges des grandes chasses qui s'étaient déroulées entre 1820 et 1874, furent exportés jusqu'en 1893 aux Etats-Unis où on les utilisait pour les engrais et le raffinage du sucre.

Plus d'un colon des Prairies construisit sa première maison avec le seul matériau que l'on trouvait en abondance : la terre que retenaient les longues racines fibreuses du chiendent (à gauche : une racine de cette plante, au musée de l'Homme et de la Nature, à Winnipeg). La terre était découpée en « bardeaux des prairies », des pavés de 10 cm d'épaisseur qu'on empilait les uns sur les autres, herbes par-dessous, pour faire les murs. Des mottes de terre recouvraient aussi la charpente du toit, comme sur cette maison de terre du parc Héritage de Calgary, en Alberta. Ces maisons étaient fraîches en été, chaudes en hiver. Certaines étaient même fort bien meublées. A droite : l'intérieur d'une maison de terre (6 m sur 7) construite en 1965 à côté du Musée d'Elbow, en Saskatchewan.

Le rêve d'Isaac Barr : un cauchemar pour les colons

Pendant les 13 jours que dura le voyage jusqu'à Saint-Jean, au Nouveau-Brunswick, les colons faillirent se mutiner à sept reprises. Les 2 000 Anglais qui, en ce mois d'avril 1903, partaient sur le vapeur *Lake Manitoba* chercher une vie nouvelle dans les plaines de la Saskatchewan étaient à peine sortis de Liverpool qu'ils comprirent que le rêve du révérend Isaac Montgomery Barr (médaillon) n'était pas exactement ce qu'ils avaient souhaité.

Barr, un prêtre anglican né au Canada, était colonisateur dans l'âme (« Le Canada, aux Anglais! »), sans doute un brave homme, mais d'une naïveté stupéfiante, à tel point que certains le prirent pour un escroc. Les passagers du *Lake Manitoba*, malades et affamés, se souvenaient maintenant, mais un peu tard, de ce qu'Isaac Barr leur avait dit avant de partir : « Il vous faudra laisser en arrière bien des agréments de l'Angleterre. »

Ils arrivèrent enfin à Saskatoon (à droite) le 18 avril, dévorant le pain que Barr leur avait vendu à un prix que la plupart jugeaient exorbitant. Il faisait froid. C'était encore l'hiver. Malgré les promesses de Barr, l'accueil fut lugubre. Femmes et enfants durent se contenter de tentes et d'abris de fortune. Faute d'expérience, les chefs de famille achetèrent des chevaux cagneux et des chariots délabrés, au prix fort. Le mécontentement grondait. On contestait la répartition des terres, on se plaignait du manque de vivres et de l'absence d'un hôpital.

Finalement, menés par le révérend George E. Lloyd, les colons formèrent un comité de désaveu. Barr céda son poste de chef à Lloyd et abandonna même son propre lot. Les colons s'installèrent alors à l'endroit où se dresse aujourd'hui Lloydminster, sur la frontière de l'Alberta et de la Saskatchewan. Et ils prospérèrent.

diens ou américains partaient le plus souvent seuls, construisaient une maison, puis faisaient venir leur femme et leurs enfants.

Les arpenteurs avaient traversé les Prairies bien avant les colons. De l'est de Winnipeg jusqu'aux Rocheuses, un vaste damier avait vu le jour. La terre avait ainsi été divisée en carrés de neuf kilomètres de côté qu'on appelait des cantons. Chaque canton était divisé en six sections, elles-mêmes divisées en quatre lots de 65 hectares. À l'angle sud est de chaque lot s'élevait une butte surmontée d'un tuyau de fer où était gravé le numéro du lot.

Les chemins de fer furent les premiers à recruter des colons, mais d'autres promoteurs s'y firent aussi la main. L'un d'eux, en Ontario, vendait des terres à $5 l'hectare dans ce qu'il appelait la « Grande Colonie de la Tempérance ». Il se gardait bien de dire aux acheteurs que la loi interdisait de toute façon la consommation d'alcool sur le territoire et qu'on pouvait acheter au gouvernement des concessions de 65 hectares pour la modique somme de $10 ! Quand ils apprirent la vérité, les colons de la tempérance se résignèrent — et fondèrent Saskatoon.

En 1896, le gouvernement fédéral éleva le recrutement des colons au rang de priorité nationale. Le Premier ministre Wilfrid Laurier (voir p. 330) nomma Clifford Sifton au poste de ministre de l'Intérieur et le chargea de peupler les Prairies. Sifton se tourna d'abord vers les Etats-Unis pour y trouver des fermiers habitués aux mêmes conditions de vie. On annonçait des ventes de terres dans les foires de campagne, de l'autre côté de la frontière, et l'on faisait visiter le pays aux journalistes américains pour dissiper le mythe des « terres gelées du Nord ».

En Angleterre, le gouvernement canadien organisa des voyages pour les agents d'immigration, les futurs colons et diverses personnalités — par exemple, David Lloyd George, futur Premier ministre de Grande-Bretagne — dans l'espoir qu'ils plaideraient la cause de l'émigration. Les agents européens recevaient $5 par fermier recruté, plus $2 par tête pour les femmes et les enfants. Mais Sifton souleva la tempête parmi les Anglo-Saxons quand il proposa de recruter des fermiers dans les pays de l'est de l'Europe. « Ces paysans en peaux de mouton » manquaient de « qualité », disait-on. Et Sifton de rétorquer : « Je pense qu'un robuste paysan vêtu de peaux de mouton, né sur la terre, dont les ancêtres sont fermiers depuis 10 générations, avec une forte épouse et une demi-douzaine d'enfants, a toute la qualité nécessaire. »

Le gouvernement distribuait aux agents d'immigration et aux compagnies de colonisation une brochure, *L'Ouest canadien*, et des affiches alléchantes où l'on pouvait voir de splendides récoltes. Tout était possible dans l'Ouest : l'élevage,

Ukrainiens des Prairies, par William Kurelek : le crépissage de la maison et la décoration des œufs de Pâques. Les enfants font un mélange d'argile, de paille et de crotin de cheval ou de bouse de vache délayé dans l'eau; les adultes en enduisent l'intérieur et l'extérieur des murs qui sont ensuite blanchis avec un mélange de chaux et de lait écrémé. Selon une légende ukrainienne, la fin du monde viendra le jour où l'on ne saura plus décorer les œufs pour fêter Pâques.

Un journalisme plus humoristique qu'objectif

Bob Edwards, le rédacteur du journal *The Eye Opener*, préférait sans doute raconter une bonne histoire plutôt que de s'en tenir à la réalité. Et pourtant, son journal était la meilleure lecture qu'on pouvait trouver dans tout l'Ouest.

Né en Ecosse, Robert Chambers Edwards fut le plus pittoresque de tous ces journalistes qui vinrent chercher fortune dans les Prairies. C'est à Calgary qu'il fonda *The Eye Opener* en 1902 et qu'il déchaîna sa colère tous les samedis pendant 20 ans contre les monopoles, l'ordre établi, le clergé, le Sénat et surtout le Canadien Pacifique, sa cible favorite.

Le chemin de fer jeta l'interdit contre le journal à la suite d'une campagne menée pour améliorer la sécurité des passages à niveau. Edwards riposta en relatant tous les accidents du Canadien Pacifique, avec, à l'appui, illustrations et légendes bien senties. Quand le chemin de fer lui retira son laissez-passer, il publia une photo de l'avocat de la compagnie, R. B. Bennett — futur Premier ministre — avec la légende « Encore un désastre du Canadien Pacifique ».

L'hebdomadaire ne négligeait pas non plus certaines nouvelles mondaines : « Mlle Maude De Vere, de Drumheller, est arrivée en ville mercredi après-midi. On l'en a chassée mercredi soir. » Lorsque le journal ne paraissait pas, Edwards mettait cela sur le compte de son vieil ennemi, la boisson. Il faisait campagne contre les alcools forts et, de toute évidence, croyait dans les vertus de la tempérance, même s'il donnait le mauvais exemple. Provoqué en duel, il refusa de relever le défi, car « dans l'état actuel de l'Ouest canadien, un journaliste parfois sobre peut faire plus de bien qu'un héros mort ».

---

l'industrie laitière, la culture de la vigne et des arbres fruitiers et surtout la possibilité de trouver une terre bien à soi.

Dans la ceinture de peupliers qui s'étendaient au nord-ouest, du Manitoba aux Rocheuses, un colon, habile à la hache, pouvait se construire une cabane en trois jours. Il s'y tiendrait au chaud pendant deux ou trois hivers, jusqu'à ce qu'il se bâtisse une vraie maison de bois ou de brique et transforme sa vieille cabane en remise à outils. S'il ne savait pas manier la hache, il pouvait toujours engager un voisin pour 75 cents la journée ou faire comme cet Anglais prudent qui, pour se protéger les pieds, apprit à bûcher debout dans un petit baquet.

Le cheval Buttons vient de désarçonner la Californienne Hazel Walker, sur cette photographie du premier Stampede de Calgary en 1912. Nous sommes redevables de ce spectacle à un cow-boy de l'Est, le New-Yorkais Guy Weadick. Pour lui, les cow-boys canadiens « ne faisaient pas le poids » et les grands éleveurs du Canada offrirent $100 000 pour prouver qu'il avait tort. Tom Three Persons, un Indien de la tribu du Sang, remporta le trophée de domptage de bronco avec selle.

Sur les grandes prairies sans arbres, les colons construisirent leurs maisons en « bardeaux des prairies ». On découpait des mottes de terre d'environ 30 centimètres sur 1 mètre que l'on empilait pour former les murs, en laissant des ouvertures pour les fenêtres et la porte. La toiture était aussi faite de mottes de terre disposées sur un treillis de bois et parfois recouvertes d'une bâche ou de chaume. L'herbe du toit continuait d'ailleurs à pousser.

Mais si un homme pouvait construire seul sa maison, il lui était souvent plus difficile de bien la tenir. Un prédicateur méthodiste, le révérend Wellington Bridgman, fit un jour cette remarque : « Il y a trois choses que les hommes ne prennent pas le temps de faire — balayer le plancher, faire la cuisine et laver la vaisselle. » La féministe Emily Murphy traversa le pays avec son mari missionnaire : « La plupart des fermes que nous voyons sont habitées par des célibataires. Lorsqu'elles sont sous l'empire de « l'incomparable femme », il y a une corde à linge dans la cour et un rideau à la fenêtre. » Selon C. H. Stout, colon et journaliste, « ce sont les hommes qui avaient l'esprit pionnier, mais c'est aux femmes que revient finalement le succès de la colonisation dans l'Ouest ». La fermière cuisinait des plats de lapin, de canard, de pommes séchées et de sirop de maïs. Habile couturière, elle transformait les sacs de farine en vêtements. Et c'est elle qui redonnait courage à toute la famille lorsque les choses n'allaient pas aussi bien que le gouvernement l'avait promis dans ses belles annonces.

Car le paisible soleil de la couverture de *L'Ouest canadien* pouvait devenir sinistre lorsque la sécheresse brûlait les récoltes sur pied. Au

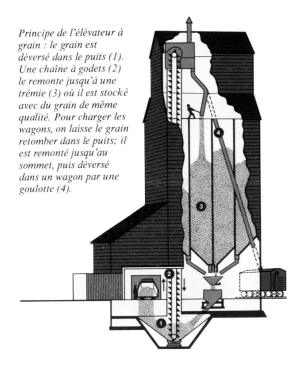

Principe de l'élévateur à grain : le grain est déversé dans le puits (1). Une chaîne à godets (2) le remonte jusqu'à une trémie (3) où il est stocké avec du grain de même qualité. Pour charger les wagons, on laisse le grain retomber dans le puits; il est remonté jusqu'au sommet, puis déversé dans un wagon par une goulotte (4).

milieu de la poussière, écrit le romancier Sinclair Ross, le soleil « est énorme, rouge et si proche. Plus gros, plus rouge et plus proche de jour en jour. Peu à peu, c'est à peine si vous osez le regarder, tant il est menaçant. » Les feux de prairie balayaient les plaines à la fin de l'été et à l'automne. Les nuées de mouches et de moustiques étaient parfois si épaisses que la robe d'un cheval devenait une sorte de nuage grisâtre. Plus d'une gelée précoce fit crouler tous les espoirs d'une saison. Les grêlons des orages d'été tombaient assez dru pour tuer un homme ou détruire sa récolte. Le 8 juillet 1890, Alexander Kindred, de Moffat, en Saskatchewan, contemplait son blé qui « s'élevait jusqu'au menton sur tous les arpents que je pouvais cultiver ». Une violente grêle faucha toute la récolte « et mes cheveux devinrent gris en une seule nuit ».

Bien des fermes furent abandonnées par des citadins qui n'étaient pas à la hauteur de la tâche et n'étaient pas faits pour cette rude vie. Parfois, c'était la terre qui ne répondait pas aux espérances; les arpenteurs, en effet, avaient tout inclus : lits de rivière, lacs, ravins, collines, riches vallées et mauvaises terres. D'autre part, si quelques années de pluies abondantes produisaient des récoltes exceptionnelles, les moissons pouvaient être désastreuses au cours des années suivantes, et les colons quittaient leurs terres les uns après les autres.

Pourtant, ceux qui connaissaient la terre et qui n'avaient pas joué de malchance prospéraient : le jeune fermier du Nouveau-Brunswick qui cultivait une terre plus vaste que celles dont aurait jamais pu rêver son père, le robuste « paysan vêtu de peaux de mouton » sur ses 65 hectares,

l'Anglais qui s'était essayé à manier la hache dans son baquet. Et ils se sentaient sûrs d'eux au milieu de cette terre qu'ils avaient mise en valeur.

Les colons virent dans le téléphone une merveille qui mettrait un terme à leur isolement. Ils en voulaient un pour chaque ferme. Le Bell Telephone soutint que c'était impossible, mais les gouvernements des trois provinces des Prairies forcèrent le Bell à discontinuer son service et, de 1906 à 1908, fondèrent les seuls réseaux téléphoniques d'Etat en Amérique du Nord.

Puis les colons s'en prirent aux magnats du grain — les patrons des compagnies d'élévateurs et la bourse aux grains de Winnipeg. Dès le début, les fermiers avaient semé et récolté ensemble leurs céréales qu'ils transportaient ensuite aux élévateurs. Mais ils se sentirent vite exploités par ceux qui dominaient le marché — les chemins de fer, les politiciens et les propriétaires d'élévateurs. Sûrs de leur force, ils étaient maintenant décidés à défendre leurs intérêts. Le 18 décembre 1901, le fermier William Richard Motherwell — plus tard ministre fédéral de l'Agriculture — fonda la Territorial Grain Growers' Association. C'était le début du mouvement des coopératives qui obtint l'appui moral et financier des trois gouvernements des Prairies. Les grands patrons ne disparurent pas, mais la concurrence des coopératives leur fit la vie dure.

Quand la première guerre mondiale éclata, l'immigration qui battait son plein depuis 30 ans diminua. Mais les nouveaux venus étaient maintenant maîtres de leur destinée. Des épreuves viendraient sans doute encore, mais ils ne craignaient plus l'avenir. Si la récolte était mauvaise une année, la prochaine serait meilleure.

Les tracteurs à vapeur, que l'on peut voir encore aux fêtes des moissonneurs à Austin (Man.), labouraient la prairie et tiraient les moissonneuses au début de la colonisation. Il fallait quatre hommes pour conduire ces énormes machines de 30 chevaux qui consommaient 9 000 litres d'eau par jour — et une tonne de charbon ou deux cordes de bois.

Sites et monuments historiques

CALGARY Une petite ville des Prairies du début du siècle a été reconstituée dans le parc Héritage. Il s'y trouve un opéra, une remise à chevaux de louage et un petit poste de la Police montée du Nord-Ouest. Le *Moyie*, réplique d'un bateau à roue arrière du Canadien Pacifique, fait des excursions sur le réservoir Glenmore. Les touristes peuvent visiter le parc de 24 ha dans un train à vapeur; le convoi comporte notamment une voiture de colons de 1905.

    CABANE DE McVITTIE Dans la première maison de Calgary, construite par l'arpenteur A. W. McVittie en 1884, on peut voir, parmi divers instruments, des cartes et des compas.

    ÉLÉVATEUR DE SHONTS Un silo à grain de 25 000 boisseaux, construit à Shonts (Alb.) en 1909, est pourvu d'un mécanisme à manivelle pour faire basculer les wagons.

    GARE DE MIDNAPORE Transportée depuis Midnapore, 12 km au sud de Calgary, cette gare restaurée du Canadien Pacifique comprend un bureau de télégraphe de 1910.

    HÔTEL DE WAINWRIGHT Réplique du fameux hôtel de Wainwright (Alb.) qui fut détruit par un incendie en 1929.

    MAISON DE TERRE Cette maison de terre est la réplique d'une maison de pionnier. Sa porte est en bois et elle a de vraies fenêtres.

Egalement à Calgary (1) Le Stampede de Calgary, un rodéo de 10 jours, se déroule tous les ans en juillet. Au centre Glenbow, on peut voir une collection de tableaux consacrés aux débuts de la colonisation, écouter des enregistrements de voix de pionniers et consulter plus de 25 000 ouvrages et documents. Le centre renferme également une vaste collection d'objets d'époque.

Autres sites et monuments

Abernethy (Sask.) (15) Dans le voisinage, une maison en pierre de taille, qui fut celle du fondateur du mouvement coopératif des Prairies, l'Ontarien William Richard Motherwell, est aujourd'hui un site historique national.

Austin (Man.) (19) Le Musée agricole du Manitoba renferme des tracteurs à essence et à vapeur, ainsi que des moissonneuses et des batteuses de la fin du XIXᵉ siècle. Un bon nombre de ces machines défilent en juillet à l'occasion de la fête des moissonneurs du Manitoba.

Cardston (Alb.) (2) La maison de Charles Ora Card, qui arriva dans la localité avec 10 familles de mormons de l'Utah en 1887, est aujourd'hui un musée.

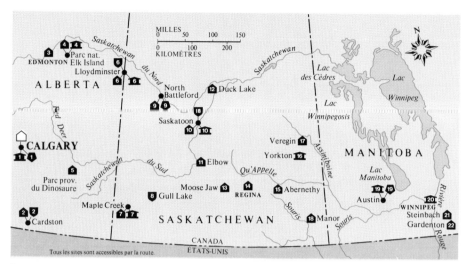

L'église orthodoxe ukrainienne de St. Michael, à Gardenton (Man.), remonte à la fin du XIXᵉ siècle. Elle fut construite par des émigrants du nord de la Bukovine (ouest de l'Ukraine).

Duck Lake (Sask.) (12) Le musée historique de Duck Lake abrite la prison d'où s'évada le Cri Almighty Voice en 1895, déclenchant une chasse à l'homme de 19 mois : une photographie de l'Indien, son mandat d'arrêt et deux fusils qu'utilisèrent ses poursuivants y sont exposés.

Edmonton (3) Deux rues typiques des petites villes de 1885 et 1905 ont été reconstituées dans le parc Fort Edmonton. On peut aussi y voir la première maison de A. C. Rutherford (premier chef du gouvernement albertain) et les bureaux du *Edmonton Bulletin* (1878), premier journal de la province. Une statue rappelle la mémoire de son fondateur, Frank Oliver.

Elbow (Sask.) (11) Une maison de terre où se trouvent un poêle de fonte et un orgue est adossée au musée d'Elbow.

Ce moulin à vent de 22 mètres de haut qui se trouve au Village-musée mennonite de Steinbach (Man.) est une réplique d'un moulin construit en 1877. Ci-dessous : le Grosse Stube *(salon) d'une maison mennonite du village. Un couloir relie les pièces d'habitation à l'étable où l'on gardait le bétail et la volaille.*

crates anglais s'installèrent à partir de 1882. Une maquette de la colonie et une canne-fusil qui servait au tir aux pigeons illustrent cette époque. Le calice d'argent de l'église anglicane All Saints fut tout d'abord un trophée de course.

Maple Creek (Sask.) (7) Les bâtiments de Frontier Village comprennent notamment le bureau du ranch « 76 ». Le musée Old Timers renferme divers objets d'époque.

Moose Jaw (Sask.) (13) Le Village-musée des pionniers de la Saskatchewan honore la mémoire des colons finlandais. On y trouve la 100 000ᵉ maison de la Saskatchewan raccordée au réseau électrique.

North Battleford (Sask.) (9) Le village de pionniers comprend notamment un bureau du cadastre, une gare du Canadian Northern et un cabinet de dentiste équipé d'une roulette à pédale. La presse qui servit à imprimer en 1878 le premier journal de la Saskatchewan, le *Saskatchewan Herald*, se trouve au fort Battleford.

Parc national Elk Island (Alb.) (4) Une dacha de chaume abrite le musée de Folklore ukrainien. Près du parc se trouve le Village du patrimoine ukrainien qui rassemble 25 maisons des années 1890, dont une quincaillerie et une école.

Parc provincial du Dinosaure (Alb.) (5) On y a reconstruit la cabane où vécut John Ware, un ancien esclave qui fut l'un des premiers cow-boys de l'Alberta. On peut y voir une selle et un fer à marquer les animaux qui lui ont appartenu.

Regina (14) La maison où John Diefenbaker passa son enfance est au centre Wascana. On peut y voir la bible de la famille.

Saskatoon (10) Une plaque marque l'endroit où les colons de Barr campèrent avant d'arriver à Lloydminster. Les collections du musée d'Art et d'Artisanat ukrainien renferment des poteries et des œufs décorés. On peut également voir des costumes brodés au musée de la Culture ukrainienne. Une rue de 1910 a été reconstituée dans le musée du Développement de l'Ouest. On y visite un hôtel, une banque et une blanchisserie chinoise.

Steinbach (Man.) (21) Le Village-musée mennonite comprend une ferme de l'époque et une réplique d'un moulin de 1877. Un restaurant mennonite a été aménagé dans une ancienne remise à chevaux.

Veregin (Sask.) (17) Un musée aménagé dans un ancien oratoire de 1917 expose des vêtements faits par les doukhobors et des instruments aratoires.

Winnipeg (20) Le musée de l'Homme et de la Nature retrace la colonisation des Prairies. On y trouve un tipi, une maison de terre et une cabane de colons.

Yorkton (Sask.) (16) Une cuisine ukrainienne, une salle à manger allemande et un salon anglais ont été reconstitués dans le musée du Développement de l'Ouest.

Les premières maisons ukrainiennes de l'Ouest se distinguaient par leurs murs blanchis à la chaux et leurs toits de chaume. Celle-ci se trouve dans le parc national Elk Island (Alb.).

Gardenton (Man.) (22) L'église ukrainienne de St. Michael, consacrée en 1899 dans la première agglomération ukrainienne du Manitoba, est la plus ancienne église orthodoxe du Canada. Les objets de culte comptent des chandeliers ciselés à la main et des icônes russes.

Gull Lake (Sask.) (8) A 40 km plus à l'ouest, trois stèles marquent l'emplacement du ranch « 76 » (1888-1920).

Lloydminster (Alb.-Sask.) (6) Une stèle y marque l'emplacement du premier campement des colons de Barr. On peut visiter une église en rondins datant de 1904. Le musée de la Colonie de Barr renferme des meubles et des machines de l'époque.

Manor (Sask.) (18) Le parc historique de Cannington Manor (10 ha) abrite les vestiges de Cannington Manor où des aristo-

Les années radieuses: une vague de prospérité

On imagine des visiteurs en blazer et canotier flânant sur la pelouse de cette grande maison de l'avenue Laurier, à Ottawa. La Maison Laurier a la grâce et la solidité des demeures victoriennes, avec sa tourelle, ses lucarnes et son jardin à l'anglaise.

Wilfrid Laurier était sans nul doute un homme comblé quand il entra pour la première fois, en 1897, dans cette demeure que venaient de lui offrir ses partisans. C'est là qu'il s'entretiendra avec Mackenzie et Mann, ces créateurs de l'un des plus grands réseaux ferroviaires du monde.

C'est là aussi qu'il conférera avec les membres de l'un des cabinets les plus forts de toute l'histoire du Canada, avec des hommes de la trempe d'Olivier Mowat et de Clifford Sifton.

A l'étage du dessus se trouvait le cabinet de travail où il songera de longues heures aux compromis qu'exige un pays tel que le Canada : compromis entre Français et Anglais, entre catholiques et protestants, entre fermiers et citadins. Pays où l'on disait que les Anglais étaient plus anglais que la reine et les Français plus catholiques que le pape.

Wilfrid Laurier était Premier ministre depuis un an déjà. Comme Sir John A. Macdonald, il connaissait à fond les hommes, mais il savait aussi les mener avec un tact que Macdonald ne posséda jamais. Macdonald avait été l'incarnation d'une nation adolescente, Laurier sera le symbole d'un pays mûr et sûr de lui. Même à la fin de sa vie, il lui suffisait encore d'un mot ou d'un geste pour convaincre la jeunesse.

Sous ses manières avenantes se cachait cependant une force inébranlable. Laurier était tolérant, mais il savait que la tolérance ne suffirait pas pour gouverner le Canada.

Vers 1895, l'économie mondiale sortait à grand peine d'une dépression de 20 années. Le Canada était encore bien jeune. De multiples déceptions successives avaient avivé des querelles qui menaçaient de faire éclater la Confédération. Les agriculteurs se plaignaient des tarifs douaniers qui augmentaient le prix des machines agricoles. Certains menaçaient même de se ranger aux côtés des Etats-Unis.

La langue et la religion étaient des sources constantes de discorde. Au Québec, une minorité influente, menée à l'origine par Mgr Ignace Bourget, soutenait que le clergé était au-dessus du gouvernement et de la loi.

L'extrémisme protestant trouvait son expression chez les orangistes, voués corps et âme à la monarchie protestante et s'employant à la destruction du catholicisme. Les orangistes étaient assez puissants pour influencer le choix des électeurs dans une bonne partie du Canada anglais, si puissants même que Macdonald avait jugé prudent d'entrer dans leurs rangs. Paradoxalement, les extrémistes protestants et catholiques penchaient en faveur du parti conservateur.

La dépression avait attisé toutes ces querelles. Mais Laurier pouvait y faire face, car il possédait un atout irremplaçable : une chance insolente. C'est en 1896 qu'il arriva au pouvoir et, moins d'un an plus tard, le soleil perçait enfin au travers de sombres nuages : la dépression prenait fin. L'Angleterre pouvait à nouveau acheter les produits canadiens et investir au pays. Les colons arrivèrent en foule d'Europe et des Etats-Unis. On découvrit de l'or dans le Yukon (voir p. 310). Et Laurier résuma bien le sentiment de l'époque lorsqu'il déclara que le XVIIIe siècle avait été le siècle de l'Angleterre, le XIXe celui des Etats-Unis, mais que le XXe appartiendrait au Canada.

Wilfrid Laurier était né en 1841 dans le village de Saint-Lin (aujourd'hui Laurentides), à 55 kilomètres au nord de Montréal. Il fit une partie de ses études parmi les Ecossais presbytériens du village voisin de New Glasgow. Il revint ensuite à la tradition canadienne-française et poursuivit des études classiques au collège de l'Assomption. Cette double formation lui donna une discipline intellectuelle et un sens de la langue qui contri-

Wilfrid Laurier était tour à tour charmeur, conciliant et implacable quand il le fallait. Ce portrait est un détail d'un tableau de Marc-Aurèle de Foy Suzor-Coté.

Cette demeure, qui se dresse sur l'avenue Laurier, fut offerte à Wilfrid Laurier en 1897. Cette même année, le Premier ministre et son épouse Zoë achetèrent le mobilier qui orne le salon (ci-dessus), décoré d'un portrait exécuté par Georges Delfosse. La maison est aujourd'hui un site historique national où l'on peut voir le bureau de Laurier (à gauche), autrefois dans son cabinet du Parlement, et une photographie de 1906.

Mgr Ignace Bourget, évêque de Montréal de 1840 à 1876, fit construire la basilique Marie-Reine-du-Monde sur la rue Dorchester, en plein cœur du quartier anglais de Montréal, pour bien rappeler que l'Église de Rome régnait toujours sur la plus grande ville du Canada. La basilique, inspirée de Saint-Pierre de Rome et baptisée tout d'abord cathédrale Saint-Jacques, fut mise en chantier en 1875. Elle occupe un quart de la superficie de la basilique romaine. Le grand autel est en ivoire, en marbre et en onyx.

Construire un chemin de fer par plaisir

On disait que les Américains construisaient leurs chemins de fer pour développer leur pays, les Allemands pour faire la guerre et les Canadiens pour s'amuser.

Deux promoteurs, William Mackenzie et Donald Mann, s'amusèrent en effet beaucoup, mais, pour une large part, aux dépens du public. En 1915, leur société, la Canadian Northern, donna au pays un troisième chemin de fer transcontinental — après le Canadien Pacifique et le Grand Tronc-Pacifique — alors que deux lignes auraient amplement suffi.

Mackenzie et Mann commencèrent par le Manitoba en 1896 où ils construisirent plusieurs courtes lignes. Puis la Canadian Northern s'étendit dans les Prairies, vers l'est et jusqu'au cœur de Montréal (avec le tunnel du Mont-Royal percé en 1918).

Ils amassèrent d'énormes fortunes, mais leur chemin de fer était si endetté envers le gouvernement fédéral qu'Ottawa n'avait d'autre choix que d'accorder de nouvelles subventions pour lui éviter la faillite.

Le premier train de la Canadian Northern arriva à Vancouver en septembre 1915, 17 mois seulement après que le Grand Tronc-Pacifique eut atteint la côte à Prince-Rupert.

Une commission royale recommanda de nationaliser les deux nouveaux chemins de fer transcontinentaux et le Canadien National, fondé en 1919, les absorba.

Une ligne du Canadian Northern Railway en construction au Manitoba, en 1909.

Mackenzie et Mann ne purent construire d'autres chemins de fer. Mais ils s'étaient enrichis et étaient devenus Sir William et Sir Donald.

Wilfrid et Zoë Laurier firent construire cette maison de bri-que — peut-être un peu au-dessus de leurs moyens — à Arthabaska, dans la région des Bois-Francs, au sud-est de Trois-Rivières (Qué.). Laurier exerça le droit à Arthabaska, y publia un hebdomadaire et en fut élu député. La maison est aujourd'hui un musée, meublé dans le style de l'époque.

Ci-dessous : C'est dans cette modeste maison-nette de Laurentides (anciennement Saint-Lin, Qué.), 55 km au nord de Montréal, que Wilfrid Laurier passa sa jeunesse. A gauche : la cuisine de la maison qui est aujourd'hui un site historique national.

buëront à en faire le plus grand orateur politique du Canada. Sa grande connaissance de l'histoire britannique lui fit éprouver une profonde sym-pathie pour les traditions libérales et démocrati-ques du régime parlementaire. Ces années de préparation culminèrent avec un diplôme en droit de l'université McGill de Montréal.

En 1868, Wilfrid Laurier et son épouse Zoë s'installaient à Arthabaska, au Québec. La pro-vince était alors farouchement conservatrice et le jeune avocat libéral dut affronter les ultras qui dominaient l'Eglise catholique dans son comté. A la longue, Laurier en vint aussi à s'opposer au nationalisme extrémiste des « rouges », une aile du parti libéral du Québec. Les électeurs de Drummond-Arthabaska appréciaient la modé-ration de Laurier. En 1874, ils l'élurent au Parle-ment. Pendant 13 ans, son éloquence et son habi-leté lui gagneront un parti libéral essentiellement anglais et protestant, si bien que les libéraux de tout le pays le prirent pour chef en 1887.

Entre-temps, les factions extrémistes gagnaient de l'importance au sein du parti conservateur et Laurier s'en prit à elles lors des élections fédé-

rales de 1896. La question des écoles du Manitoba enflammait les esprits.

D'Alton McCarthy, orangiste ontarien, était parti en guerre contre l'expansion du français et du catholicisme au Canada. Dans l'idiome particulier des fanatiques qui l'appuyaient, c'est ce qu'on appelait l'égalité des droits.

McCarthy porta sa cause devant les protestants anglais du Manitoba. Sa principale cible était les écoles de la minorité catholique francophone qui furent abolies par le gouvernement manitobain en 1890. Les catholiques francophones du Manitoba devraient donc désormais s'inscrire aux écoles publiques de langue anglaise. Le Premier ministre libéral Thomas Greenway

savait fort bien que ces quelques écoles françaises ne présentaient aucune menace. Leur abolition n'était qu'une manœuvre politique destinée à détourner l'attention des scandales qui ébranlaient le gouvernement. Néanmoins cette loi sapait le principe de la confiance mutuelle sur lequel la Confédération avait été édifiée.

Les catholiques du Manitoba firent appel aux conservateurs d'Ottawa et le gouvernement de Sir Charles Tupper accepta de rouvrir leurs écoles. Tupper pensait que Laurier, étant catholique, l'appuierait. Il se trompait grandement.

Laurier, qu'on pressait de définir la politique libérale, répondit par un apologue : le vent du nord et le soleil luttaient entre eux à qui ferait enlever son manteau à un homme. Plus le vent du nord soufflait, plus l'homme s'emmitouflait. Puis le soleil brilla et l'homme se débarrassa du manteau. « Eh bien! messieurs, continua Laurier, le gouvernement est bien venteux. Il a soufflé, ragé, menacé, et plus il a ragé et menacé, plus cet homme, Greenway, s'est engoncé dans son manteau. S'il n'en tenait qu'à moi, j'essaierais la

Sir Henry Pellatt, un industriel richissime, fit construire Casa Loma en 1911-1914. Ce manoir de 98 pièces devait être digne de tout membre de la famille royale qui pourrait un jour visiter Toronto. Cependant, aucun prince ne dormit jamais sous le toit de Pellatt. En 1923, peu après la mort de sa femme, Pellatt abandonna Casa Loma dont l'entretien lui coûtait une fortune. Un club s'en porta acquéreur en 1937. On peut visiter les splendides pièces ornées de teck, de chêne et de marbre, emprunter des passages secrets et des escaliers dérobés, et même suivre le tunnel de 240 m qui menait aux écuries. A gauche : les appartements de Lady Pellatt et le grand hall!

Un premier objectif : devenir une personne

L'homme était le meilleur avocat d'Edmonton, la femme le premier magistrat du beau sexe à être nommé dans tout l'Empire. « Vous n'êtes même pas une personne! » se serait un jour exclamé Eardley Jackson devant Emily Murphy, soutenant que, selon le droit, les femmes n'étaient pas des « personnes ».

Emily Murphy, épouse d'un pasteur, était le chef du mouvement de la « femme nouvelle » qui vit le jour au début du siècle. Comme Nellie McClung, qui devint son alliée, elle fit campagne sans relâche en faveur des droits des femmes.

Née en Ontario en 1868, elle partit à Edmonton en 1907. En 1916, alors qu'un magistrat avait exclu les femmes d'une audience sur une affaire de prostitution, Mrs. Murphy fit campagne pour qu'on nomme une femme magistrat qui s'occuperait des procès de délinquantes. Elle obtint cette charge.

En 1929, Emily Murphy, Nellie McClung et d'autres femmes saisirent le Conseil privé de Londres de la question qu'avait soulevée l'avocat Jackson. Elles eurent gain de cause : les femmes, statua le plus haut tribunal de l'Empire, sont effectivement des personnes.

A l'instar d'Emily Murphy, Nellie McClung était née en Ontario, en 1873. Elle grandit au Manitoba, où elle prit conscience des inégalités sociales entre les hommes et les femmes. Si les malaises de la grossesse étaient une maladie d'homme, déclara-t-elle un jour, « il y a belle lurette qu'ils auraient fait l'objet de recherches scientifiques et qu'ils seraient soignés ».

Elle enseigna dans le sud du Manitoba (la maisonnette où elle vécut à La Rivière est aujourd'hui un musée), puis devint femme de lettres, chef d'un mouvement de tempérance et suffragette. C'était une oratrice redoutable. Sa devise : « Jamais de rétractation, jamais d'explication, jamais d'excuses — imposer son point de vue et laisser les gens hurler. » Elle harcela des premiers ministres, forma la Ligue de l'égalité politique et exigea le droit de vote, que le Manitoba accorda aux femmes en 1916.

Mais Mrs. McClung avait déjà quitté le Manitoba pour l'Alberta où elle combattait aux côtés d'Emily Murphy. Leur victoire de 1929, qui donnait aux femmes le rang de personnes, n'arrivait certes pas trop tôt : Emily Murphy mourut en 1933.

Les féministes Emily Murphy (ci-dessus) et Nellie McClung avaient la plume facile. Mrs. Murphy, sous le pseudonyme de Janey Canuck, défendit le Canada contre les critiques des Anglais et dénonça les taudis. Pour Mrs. McClung, écrire était comme un « feu qui court dans les veines ». Son premier ouvrage, Sowing Seeds in Danny, *publié en 1908, connut 17 éditions qui se vendirent à 100 000 exemplaires.*

---

manière du soleil... Ne pensez-vous pas qu'il vaut mieux faire appel au cœur des hommes plutôt que de les contraindre à faire quelque chose? »

L'élection de 1896 devint une lutte entre le vent de Sir Charles Tupper et le soleil de Laurier.

Les évêques du Québec menaçaient les catholiques du feu de l'enfer s'ils votaient pour les libéraux. Ce à quoi un Canadien français répondit en ces termes : « Eh bien! je serai damné, mais je vais voter pour Laurier. » Mais bien des protestants anglais hésitaient encore à voter pour un catholique francophone. « Bien sûr, vous m'acclamez, leur dit un jour Laurier, mais vous ne votez pas pour moi. » Cette fois-ci, les votes vinrent appuyer les acclamations.

Dès son élection, Laurier entama des négociations avec Greenway. Son but était d'assurer les droits linguistiques des enfants non anglophones dans les écoles publiques et de permettre une instruction religieuse quotidienne. C'était évidemment un compromis.

La langue et la religion n'étaient pas les seules questions à déchirer le Canada. Les provinces Maritimes devaient couper leurs liens coloniaux avec l'Angleterre et s'allier aux autres provinces du Canada. Le départ des derniers soldats britanniques de la garnison de Halifax en 1906 vint symboliser cette transition. Pour les habitants des Maritimes, l'avenir semblait désormais être dans l'Ouest; nombre d'entre eux, comme R. B. Bennett (futur Premier ministre), prirent le train pour aller s'installer dans les Prairies.

Le Québec et l'Ontario profitaient de la croissance de l'Ouest, car c'était les usines de l'Est qui fabriquaient les marchandises et c'était aussi les grossistes de l'Est qui les distribuaient. De même, les banques et les chemins de fer de l'Est dominaient le développement des Prairies.

A Montréal, les cheminées d'usines écrasaient maintenant les clochers. Et l'Eglise catholique s'inquiétait de l'émergence d'une société industrielle qui ne se souciait guère des choses de la foi et semblait largement aux mains des Anglais.

L'expansion de Toronto était plus commerciale qu'industrielle, mais les chefs protestants s'alarmaient eux aussi des effets de cette nouvelle prospérité. Ils poussèrent le gouvernement Laurier à adopter la Loi sur le dimanche qui interdisait les spectacles profanes et presque toutes les activités commerciales le jour du Seigneur. Toronto était le siège des principales églises protestantes. A Massey Hall, on donnait des pièces

Le catalogue d'Eaton, publié pour la première fois en 1884, était la bible des fermiers. Il devint bientôt une institution nationale. On y trouvait de tout, depuis les sirops contre la toux jusqu'aux charrues.

Le marin qui conquit le haut Arctique

Le nom de Bernier devrait nous être aussi familier que ceux de Cabot, de Cartier et de Mackenzie. C'est, en effet, le capitaine Joseph-Elzéar Bernier, un explorateur de l'Islet-sur-Mer, au Québec, qui a établi la souveraineté du Canada sur les îles du haut Arctique.

Bernier fut mousse à 12 ans, capitaine à 17. Il navigua sur toutes les mers du monde et traversa l'Atlantique à 269 reprises. Il était déjà dans la cinquantaine lorsqu'il assura au Canada sa part des îles de l'Arctique.

Les Américains, les Norvégiens et les Danois exploraient et pêchaient dans l'Arctique canadien; la Norvège réclamait plusieurs îles; certains politiciens américains demandaient que Washington réclame tout l'archipel. Le gouvernement d'Ottawa semblait indifférent.

Bernier débarqua $21 000 de sa poche pour mener une longue campagne. Finalement, le gouvernement Laurier parraina quatre expéditions (1904 1905, 1906 1907, 1908 1909, 1910-1911) au cours desquelles le capitaine Bernier, à bord de l'*Arctic*, visita la plupart des îles. Sur chacune d'elles, il dressa une stèle qui portait le nom de son navire et renfermait un message établissant les droits du Canada. Des postes de la Gendarmerie royale furent établis. Dès lors, la présence du Canada sur les îles était tangible.

Pourtant le nom de ce grand Canadien est pour ainsi dire oublié.

---

vertueuses et des conférences édifiantes. Et jusqu'au magasin Eaton qui recouvrait ses vitrines le dimanche pour respecter le jour du Seigneur.

Montréal et Toronto étalaient des richesses qui leur venaient dans une large mesure de la prospérité de l'Ouest. Le blé des Prairies devint la principale exportation du Canada sous le régime de Laurier. La colonisation de l'Ouest (voir p. 320) fut bientôt si rapide qu'Ottawa dut créer en 1905 les provinces de la Saskatchewan et de l'Alberta. Vancouver, naguère encore une petite ville de bûcherons, se transforma en un grand port qui exportait le blé des Prairies et le charbon de la Colombie-Britannique, et devint le centre commercial d'une province de mines, de fermes, d'exploitations forestières et de pêcheries. Partout, la machine devenait reine. Les centrales hydro-électriques produisaient du courant bon marché pour les usines et firent de nombreux millionnaires, entre autres Sir Henry Pellatt qui construisit le manoir Casa Loma à Toronto.

Les citadins s'éveillaient à la sonnerie de leurs

Ces mineurs de Cochrane (vers 1910) participèrent à la grande expansion minière du nord de l'Ontario au début du XXe siècle. L'aventure commença à Cobalt en 1903 avec la découverte de l'un des plus riches filons d'argent du monde. On découvrit ensuite de l'or à Porcupine en 1909 et à Kirkland Lake en 1912.

réveille-matin, écrivaient leurs lettres avec des stylographes ou les faisaient taper à la machine par des secrétaires barbus et cravatés. Plus d'un homme d'affaires clairvoyant adopta le téléphone. On se délectait du son nasillard du phonographe et des images saccadées du cinématographe. Bien sûr, les moralistes s'inquiétaient de voir hommes et femmes assis ensemble dans une salle plongée dans l'obscurité. Pourtant, l'un des tout premiers cinémas d'Amérique du Nord (l'Ouimetoscope, du nom de son directeur L. E. Ouimet) ouvrit ses portes à Montréal le jour du premier de l'an 1906.

Mais surtout, il y avait l'automobile. En 1897, un dentiste de Québec acheta en France une voiturette à trois roues et la conduisit à la vitesse vertigineuse de 29 kilomètres à l'heure sur le chemin Sainte-Foy. Peu après, John Moodie et sa Winton firent la course avec un vapeur entre Hamilton et Toronto. Il gagna, en un peu moins de trois heures. Mais le champion des automobilistes de l'époque était sans doute le Montréalais U. H. Dandurand qui construisit un monstre de près de six tonnes, long de huit mètres, où 11 personnes pouvaient se coucher.

Le perfectionnement des machines agricoles n'empêcha pas les gens de la campagne de fuir vers les villes où les usines avaient besoin de main-d'œuvre. Les petites entreprises cédèrent la place aux géants : Dominion Steel, Dominion Canners ou Imperial Tobacco. En 1899, Massey-Harris de Toronto, l'un des grands constructeurs de machines agricoles, fonda avec des associés la Canada Cycle and Motor pour accaparer le marché des bicyclettes et des automobiles.

L'économie canadienne tomba alors aux mains d'une poignée de sociétés et de riches financiers. Bien des entreprises n'étaient en fait que des succursales de grandes compagnies américaines, au point que le Canada risquait de perdre le contrôle de son économie.

Pour $1, on pouvait acheter une douzaine d'œufs, une livre de saucisses, une boîte de maïs, six livres de pommes, un flacon de sirop et un pain de savon. Mais pour l'ouvrier d'usine qui ne gagnait que $1 par jour, il n'y avait pas de quoi se réjouir. Le chômage sévissait et l'assurance-chômage n'existait pas.

L'exploit de Laurier ne fut pas de résoudre les problèmes causés par les luttes religieuses, l'industrialisation, l'omniprésence américaine ou la pauvreté. Sans doute n'aurait-il jamais pu le faire, car il héritait d'un pays divisé par des années d'amertume. Sa prouesse fut d'empêcher une explosion, de retenir ensemble tous ces éléments disparates, de donner forme à un pays.

C'est en 1897 qu'il commença cette œuvre, en qualité de représentant du Canada au jubilé d'argent de la reine Victoria, à Londres. Laurier, qui ne cédait le pas qu'à la reine, fut le héros du

jubilé. Soixante ans plus tôt, quand la reine était montée sur le trône, le Canada était en pleine rébellion. Ce Canadien français éloquent, « britannique jusqu'à la fibre », ainsi qu'il l'avait dit à la reine, était le chef d'une colonie devenue loyale. Les journaux anglais dirent de lui qu'il était le premier véritable homme d'Etat des colonies anglaises, et la reine l'anoblit.

Mais l'Empire pouvait diviser les Canadiens, tout autant qu'il les unissait. Joseph Chamberlain, ministre anglais des Colonies, voulait que

Louis Cyr, un colosse du début du siècle (dont on peut voir la statue sur la place Elizabeth à Montréal), pesait 165 kg. Il fut tour à tour policier à Montréal, tenancier d'une taverne et l'une des attractions du cirque P.T. Barnum (« l'homme le plus fort du monde »). Il souleva un jour 2 041 kg sur son dos et, une autre fois, 249 kg avec un seul doigt. Un impresario de New York offrit $5 000 à qui pourrait le battre : personne ne toucha jamais la prime. Lorsque Cyr mourut d'une maladie des reins en 1912, à l'âge de 49 ans, tout Montréal suivit son cortège funèbre.

Humour et sérieux : deux facettes de Leacock

Pour Stephen Leacock, écrire des « petits riens humoristiques » était une tâche ardue. « Les textes solides, instructifs, étayés de faits et de chiffres sont assez faciles », déclarait le chef de l'école littéraire canadienne-anglaise, qui dirigeait également le département d'économie et de science politique de l'université McGill. « Mais écrire quelque chose qui sorte tout simplement de votre tête, qui mérite d'être lu pour le simple plaisir, est une invention laborieuse, le fait de quelques moments fortunés. »

Bon nombre de ces moments d'inspiration lui vinrent dans sa maison d'été au bord du lac Couchiching, près d'Orillia, aujourd'hui transformée en musée. On peut y voir le manuscrit de *Sunshine Sketches of a Little Town*.

Orillia qui se reconnaissait dans la bourgade de Mariposa inventée par Leacock n'appréciait guère que le romancier expose ainsi sa vie intime. Mais, aujourd'hui, elle se fait un honneur d'avoir accueilli l'écrivain.

Leacock naquit en Angleterre en 1869. Il arriva au Canada à l'âge de six ans. Il enseigna pendant 36 ans à l'université McGill où tout le monde connaissait non seulement sa science et son humour, mais aussi ses vestons, auxquels il manquait toujours quelques boutons, et ses chapeaux que l'âge rendait méconnaissables. Le premier ouvrage de Leacock, *Elements of Political Science* (1906), premier d'une série de 60 livres dont 35 seulement seront des œuvres humoristiques, est devenu un manuel classique. *Literary Lapses* (1910), collection de pièces humoristiques qu'il n'avait « pas eu le courage » de publier plus tôt, lança la carrière de l'humoriste. Son style était incisif, mais jamais amer. « L'essence même du bon humour est d'être dépourvu de méchanceté ou de malice », déclarait l'écrivain.

Leacock, le professeur fantaisiste, affirma un jour qu'il aurait « préféré écrire *Alice au pays des merveilles* plutôt que toute l'*Encyclopédie britannique* ».

© Karsh, Ottawa

THE THOROUGHLY CANADIAN CAR

Canadian Material
Canadian Labor
Canadian Capital

The **Russell**

3 MODELS 5 TYPES

Les journaux parlaient déjà de l'automobile dans leurs pages sportives lorsque cette Russell à deux cylindres ($1 500) fit son apparition en 1906. La voie des roues correspondait aux ornières laissées par les charrettes. La garde au sol était de 23 cm.

les colonies britanniques s'associent en une fédération impériale dont le contrôle économique et militaire serait confié à la Grande-Bretagne. Laurier refusa obstinément de céder les pouvoirs du Canada. D'où ce surnom qu'il s'est attiré : Sir « Won'tfrid ». En 1899, l'Angleterre entra en guerre contre les Boers et Chamberlain ne ménagea aucun effort pour que les colonies envoient des troupes en Afrique du Sud. De nombreux Canadiens anglais ne demandaient pas mieux que de défendre la mère patrie, mais les Canadiens français, qui n'avaient d'autre patrie que le Canada, s'y opposaient farouchement. Ils trouvèrent un porte-parole en la personne d'Henri Bourassa, petit-fils de Louis-Joseph Papineau (voir p. 184). Comme Laurier, il admirait la démocratie anglaise, mais il ne pouvait accepter l'impérialisme britannique.

Laurier comprit qu'il lui faudrait encore une fois trouver un compromis. Parce qu'il était Canadien français, on pouvait l'accuser d'être anti-britannique. C'est ainsi qu'il déclara à Chamberlain que le gouvernement canadien demanderait des volontaires, mais que la charge financière de ces soldats incomberait au gouvernement anglais une fois qu'ils seraient rendus en Afrique du Sud.

Les volontaires canadiens se battirent courageusement contre les Boers. Mais Laurier paya cher son compromis. Les impérialistes l'accusèrent de mollesse, tandis que Bourassa lui reprocha son zèle. Le chef spirituel de la Ligue nationaliste devint alors le principal adversaire de Laurier au Québec.

L'attachement du Canada à l'Angleterre subit une nouvelle épreuve en 1903, à propos des frontières de l'Alaska et de la Colombie-Britannique. L'Angleterre, responsable des affaires étrangères du Canada, proposa que trois délégués britanniques et trois délégués américains tranchent le débat.

L'Angleterre nomma deux Canadiens et un Anglais. Comme on pouvait s'y attendre, les trois Américains votèrent en faveur des États-Unis et les deux Canadiens en faveur de leur pays. Or, le Président Theodore Roosevelt n'avait pas caché son intention de s'emparer de la région contestée, même si la décision lui était contraire. Le vote de son représentant pouvait donc amener l'Angleterre à s'opposer aux Etats-Unis sur une question qui n'intéressait pas la Grande-Bretagne. Le délégué anglais donna donc son vote aux Américains. Et c'est ainsi que le Canada perdit sa route maritime jusqu'au Yukon.

Les Canadiens étaient furieux. Le Canadian Club proposa de remplacer le *God Save the Queen* par le *O Canada*. Laurier jura que l'Angleterre ne céderait plus de territoires canadiens et une commission internationale fut instituée en 1908 pour régler les différends frontaliers.

Mais l'idée d'une fédération impériale n'était pas morte pour autant. En 1909, arguant de la menace posée par la marine allemande, l'Angleterre demanda aux colonies de participer financièrement à la construction de bâtiments pour la Royal Navy. La contribution du Canada serait de trois cuirassés, les plus gros navires de guerre de l'époque, et les impérialistes canadiens exigèrent que Laurier donnât son accord au projet.

Pour Laurier, l'unique menace qui pesait sur le Canada venait des Etats-Unis et il était clair que le pays ne pouvait compter sur l'appui de l'Angleterre contre les Américains.

Pourtant, les Anglais étaient majoritaires au Canada et l'attachement à l'Angleterre demeurait très vif. Un autre compromis, le projet de loi sur le service naval de 1910, prévoyait une flotte de petits navires, qui serait adaptée aux besoins du Canada et pourrait être mise à la disposition de l'Angleterre en cas de guerre. On acheta à la Royal Navy deux vieux croiseurs, le *Niobe* (voir p. 345) et le *Rainbow*, pour entraîner les marins canadiens à Halifax et Esquimalt.

C'était un compromis de trop et Laurier se trouva bientôt pris sous un feu croisé de critiques. Le chef conservateur Robert Borden se moquait des deux croiseurs, « une marine de fer-blanc ». Seuls les cuirassés anglais feraient l'affaire et, comme on l'enseignait aux écoliers en Ontario, il fallait « un seul drapeau, une seule flotte, un seul trône ». Quant aux nationalistes de Bourassa, ils ne voulaient pas entendre parler de cette flotte.

Ces années de luttes et de conflits avaient laissé leur marque sur Laurier. Il était las — las des protestants sectaires, las des évêques catholiques « qui brandissent le goupillon comme un gourdin », las de ces Anglais qui se croyaient toujours en Angleterre, las des nationalistes de Bourassa qui ne pouvaient comprendre la nécessité du compromis dans un pays comme le Canada. C'est alors qu'il commit l'une des rares bévues de sa carrière : il annonça une élection partielle dans son ancienne circonscription de Drummond-Arthabaska.

Bourassa présenta un candidat nationaliste. « Ceux qui ont éventré vos pères sur les Plaines

Guglielmo Marconi capta le premier message radio transatlantique le 12 décembre 1901 sur Signal Hill, à Saint-Jean (T.-N.), au moyen d'une antenne montée sur un cerf-volant. Les signaux venaient de Cornwall (Angleterre), à 2 735 km de distance.

C'est J. A. D. McCurdy qui, pour la première fois dans tout l'Empire britannique, pilota un aéroplane, le 23 février 1909, à Baddeck (N.-E.). On peut voir ce tableau et une réplique de l'avion au Musée national de la science et de la technologie à Ottawa.

d'Abraham, s'écria-t-il, vous demandent de partir vous faire tuer pour eux. »

Les nationalistes remportèrent la victoire après une campagne agitée et Borden comprit comment il pouvait battre Laurier. Ses conservateurs s'allieraient aux nationalistes du Québec, Borden lutterait contre Laurier au Canada anglais, Bourassa le prendrait à parti au Québec; à eux deux, ils l'anéantiraient.

On annonça une élection générale pour l'été 1911 et Laurier s'y prépara sans grand enthousiasme. Puis, comme un coup de tonnerre, on apprit que le gouvernement américain offrait enfin la réciprocité, cet objectif que le gouvernement canadien poursuivait depuis la Confédération. Si le Canada éliminait ses tarifs douaniers sur les matières premières américaines et les réduisait sur certains biens manufacturés, les Etats-Unis feraient de même à l'égard du Canada. La nouvelle consterna les conservateurs.

Mais quand les détails de cette offre furent mieux connus, les conservateurs retrouvèrent l'espoir. Les fermiers se plaignaient que la réduction des tarifs douaniers ne toucherait que quelques rares produits manufacturés. Les industriels craignaient qu'on ne l'élargît ensuite à leurs produits. La plupart des chemins de fer, construits pour des échanges est-ouest, s'opposaient à un développement du commerce avec les Etats-Unis. Dix-huit hommes d'affaires libéraux signèrent un manifeste qui dénonçait la réciprocité, et Sir William Cornelius Van Horne, le grand patron du Canadien Pacifique, jura ses grands dieux qu'il ferait tout pour l'empêcher.

Les ennemis de la réciprocité comptaient sur l'orgueil national que Laurier avait tant cultivé. Ils accusèrent le chef libéral de se vendre à vil prix. Un politicien américain vint à leur rescousse. « J'espère, déclara-t-il, voir le jour où le drapeau américain flottera sur chaque pied des possessions britanniques d'Amérique du Nord, jusqu'au pôle Nord. »

Au Canada anglais, Borden, vêtu d'un gilet taillé dans l'Union Jack, pérorait sur des estrades couvertes de drapeaux anglais. Ce qui ne l'empêchait pas, au Québec, d'appuyer Bourassa qui accusait Laurier d'être trop fortement probritannique. Exaspéré, Laurier ne savait plus où donner de la tête : « Au Québec, on m'accuse de trahir les Français, en Ontario de trahir les Anglais. Au Québec, on me traite d'impérialiste, en Ontario de séparatiste. Je ne suis ni l'un ni l'autre. Je suis Canadien. »

Ce fut peine perdue. Laurier obtint la majorité au Québec, mais les conservateurs et les nationalistes y remportèrent 27 sièges. Les conservateurs obtenaient 72 sièges en Ontario, contre 14 seulement pour les libéraux. Conservateurs et nationalistes remportaient 133 sièges dans tout le Canada, contre 88 pour les libéraux.

Laurier était battu, mais l'œuvre qu'il avait accomplie était indiscutable. En 1896, il avait pris la direction d'une nation découragée. En 1911, il laissait derrière lui un pays confiant dans son avenir. Bien sûr, le Canada allait connaître encore des épreuves, mais Wilfrid Laurier sut faire profiter les Canadiens de la vague de prospérité qui illumina la première décade du siècle.

Henri Bourassa, fondateur (1910) et rédacteur en chef du journal montréalais Le Devoir, *fut pendant 40 ans le porte-parole du nationalisme canadien-français. Il lutta pour l'unité des Français et des Anglais au sein d'un Canada indépendant.*

Catastrophe dans les brumes du Saint-Laurent

Une bouée rouge qui ballotte sur le Saint-Laurent, 16 kilomètres à l'est de Pointe-au-Père, au Québec, marque l'endroit où l'*Empress of Ireland*, paquebot du Canadien Pacifique, coula le 29 mai 1914, dans un naufrage qui fit 1 015 victimes. Il n'y eut que 464 survivants dans cette catastrophe qui fut la pire de toute l'histoire maritime du Canada.

L'*Empress* coula par moins de 45 mètres de fond, mais un grand nombre des victimes ne furent pourtant jamais retrouvées. Dans le cimetière Empress of Ireland, près de Pointe-au-Père, un monument a été élevé à la mémoire des 88 victimes qui y sont enterrées, dont 68 ne furent jamais identifiées.

L'*Empress* était parti de Québec dans l'après-midi, à destination de Liverpool. Six minutes après que le pilote eut quitté le navire à Pointe-au-Père, à 1 h 26 du matin, la vigie annonça : « Feu de navire sur bâbord avant. » Puis le brouillard enveloppa soudain les deux bateaux. L'*Empress of Ireland* et le *Storstad*, navire charbonnier norvégien de 6 000 tonneaux, n'étaient qu'à 10 kilomètres l'un de l'autre. Ils se rapprochaient à toute vapeur, masqués par l'épais brouillard.

Les deux navires entrèrent en collision à 1 h 55 du matin, surgissant d'un seul coup du brouillard, trop près l'un de l'autre pour faire machine arrière ou virer de bord. Comme pour le *Titanic*, on croyait que l'*Empress* — un palace flottant qui comptait même son terrain de cricket — ne pourrait jamais couler. Mais l'étrave du *Storstad* ouvrit sa coque en deux. La salle des machines fut bientôt inondée. Les dynamos s'arrêtèrent, plongeant le navire dans l'obscurité. Les S.O.S. s'évanouirent, tandis que le paquebot coulait en moins de 14 minutes. Les horribles cris des malheureux qui se noyaient, déclara le commandant du *Storstad*, étaient « semblables à un long gémissement. » L'équipage du charbonnier était sain et sauf.

Sites et monuments historiques

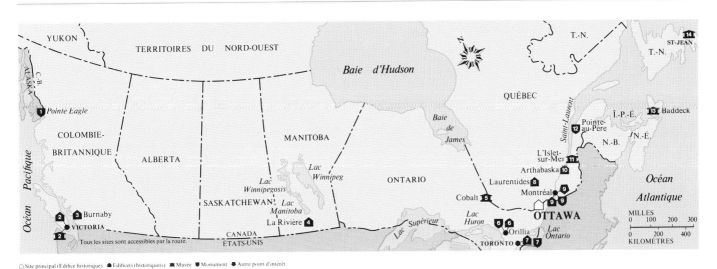

○ Site principal (Édifice historique)   ● Édifice(s) historique(s)   ■ Musée   ◆ Monument   ● Autre point d'intérêt

OTTAWA Dans l'ancien cabinet de Sir Wilfrid Laurier, dans la Maison Laurier, on peut voir le portrait du Premier ministre par Georges Delfosse, ainsi qu'un canapé et quatre fauteuils Louis XVI. Dans une salle voisine se trouvent la table de travail de Laurier et divers souvenirs. (Une bonne partie de la maison, aujourd'hui site historique national, retrace la carrière de Mackenzie King qui en prit possession en 1923.)

Autres sites et monuments

Arthabaska (Qué.) (10) La maison où vécut Laurier de 1876 à 1897 est aujourd'hui un musée, meublé dans le style de l'époque.

Baddeck (N.-É.) (13) Une maquette stylisée du *Silver Dart*, le premier aéroplane de l'Empire britannique à avoir volé, surmonte le musée du parc historique national Alexander-Graham-Bell. Une réplique de l'appareil se trouve au musée national de la science et de la technologie, à Ottawa.

Burnaby (C.-B.) (3) Dans le Village Héritage, on peut voir une vingtaine de bâtiments restaurés qui illustrent la vie d'une petite ville au début du siècle. On peut y visiter une tonnellerie et l'atelier d'une modiste.

Cobalt (Ont.) (5) Au Northern Ontario Mining Museum, des outils, des machines et un bloc d'argent brut de 570 kg rappellent les grandes découvertes minières de 1903.

Eagle Point (C.-B.) (1) Une pyramide de bronze, érigée en 1904 à l'extrémité sud du territoire de l'Alaska, marque la frontière qui fit l'objet d'un différend entre le Canada et les Etats-Unis.

La Rivière (Man.) (4) Une maisonnette de bois datant de 1878, où Nellie McClung vécut lorsqu'elle était institutrice, abrite aujourd'hui le musée Archibald.

Laurentides (Qué.) (8) La maison d'enfance de Laurier est devenue un site historique national. Elle est meublée dans le style de l'époque.

L'Islet-sur-Mer (Qué.) (11) Un globe d'aluminium honore la mémoire du commandant Joseph-Elzéar Bernier, natif de l'Islet, qui établit la souveraineté du Canada sur l'Arctique. Son octant, une maquette de son navire et le moule d'une plaque qu'il déposa sur l'île de Melville en 1909 se trouvent au musée maritime Bernier. On peut aussi y voir des vestiges de l'*Empress of Ireland*.

Montréal (9)

BASILIQUE MARIE-REINE-DU-MONDE Inspirée de Saint-Pierre de Rome, la cathédrale symbolisait la puissance de l'Eglise catholique à Montréal.

PLACE ELIZABETH La statue de Louis Cyr se trouve dans le quartier que le colosse patrouillait lorsqu'il était policier.

TUNNEL DU MONT-ROYAL Mackenzie et Mann, deux magnats du chemin de fer,

achevèrent en 1918 ce tunnel de 4,83 km qui faisait arriver le réseau de la Canadian Northern en plein cœur de Montréal.

Orillia (Ont.) (6) Dans l'ancienne maison d'été de Stephen Leacock, au bord du lac Couchiching, on peut voir des manuscrits, des lettres et des meubles de l'écrivain.

Pointe-au-Père (Qué.) (12) Une bouée rouge sur le Saint-Laurent marque l'endroit où l'*Empress of Ireland* coula en 1914. Dans le cimetière Empress of Ireland, 88 victimes du désastre sont enterrées.

Saint-Jean (T.-N.) (14) C'est au sommet de Signal Hill, le 12 décembre 1901, que Guglielmo Marconi reçut le premier message transatlantique par télégraphie sans fil. Dans la tour de Cabot, des illustrations expliquent ses travaux.

Toronto (7) Avec ses 98 pièces, ses escaliers secrets et ses écuries d'acajou, Casa Loma est le plus grand château d'Amérique du Nord.

Victoria (2) L'hôtel Empress est le centre mondain de la ville depuis 1905. Au Musée provincial, on peut voir des reconstitutions de la grand-rue d'une petite ville, d'un puits de mine et d'une conserverie de poissons au début du siècle.

De beaux jardins entourent l'imposant hôtel Empress de Victoria. Le thé y est toujours servi dans le grand hall, avec la même élégance qu'autrefois.

341

Après Vimy,
rien n'aurait pu les arrêter

On ne prisait guère les tire-au-flanc en 1914-1918. Les affiches étaient directes et sans équivoque : si vous ne portiez pas l'uniforme, vous n'étiez sans doute qu'un « lâcheur ».

Deux grands piliers de pierre blanche dominent une longue crête près de la ville d'Arras, dans le nord de la France. Ce monument à la mémoire des Canadiens tués pendant la première guerre mondiale se dresse sur les lieux mêmes de l'un des plus beaux faits d'armes de la Grande Guerre, la bataille de Vimy. Sur le piédestal du monument sont gravés les 11 285 noms des soldats canadiens qui périrent à Vimy.

Le monument de Vimy se trouve dans un parc de 100 hectares que la France a cédé au Canada. Des plantes du Canada couvrent les pentes que gravirent nos soldats sous le feu de l'ennemi, le lundi de Pâques 9 avril 1917. Dans un tunnel creusé pour faciliter la concentration des troupes avant l'assaut, on peut voir les graffiti de ces hommes qui allaient peut-être mourir.

Le 3 août 1914, l'Allemagne et l'Autriche-Hongrie avaient déclaré la guerre à la Serbie, à la France et à la Russie. Les Canadiens se demandaient avec inquiétude si leur pays allait lui aussi participer au conflit. Or le jour même, 750 000 Allemands déferlèrent sur la Belgique dont la neutralité était garantie par l'Angleterre qui somma l'Allemagne de se retirer. L'ultimatum resta sans réponse. Le 4 août, l'Angleterre était en guerre, et le Canada avec elle. Partout dans le pays, la foule manifestait sa loyauté, tandis que le ministre de la Défense du Canada, le colonel Sam Hughes, organisait la mobilisation.

Ce colonel farfelu était un ancien instituteur. Il s'était enrichi en spéculant dans des affaires de construction de canaux et de chemins de fer, avait acheté un hebdomadaire à Lindsay, en Ontario, puis était devenu député conservateur, colonel de la milice et grand maître de l'ordre Orangiste de l'Ontario. Il avait servi sous les Anglais pendant la guerre des Boers en Afrique du Sud où il se comporta honorablement — mais pas assez pour justifier les décorations qu'il croyait mériter. Il revendiquait au moins une

Cet imposant monument aux morts canadiens de la Grande Guerre est l'œuvre du sculpteur Walter Allward. Il se trouve à Vimy, sur la longue crête dont ce tableau de Richard Jack évoque la prise. Les Canadiens qui emportèrent la crête de Vimy, après presque trois semaines de bombardement, donnèrent à l'Empire britannique sa première grande victoire de la guerre.

Croix de Victoria (V.C.) et même peut-être deux. Le War Office de Londres répondit qu'il n'avait même pas droit à la prime de guerre.

C'est à ce personnage controversé que le Premier ministre Robert Borden avait confié le portefeuille de la Défense en 1911. Energique et sûr de lui, Hughes entreprit de réformer l'armée, obtint de nouveaux crédits, augmenta les effectifs de la milice, fit construire des salles de tir, acheta des armes.

Hughes mit de côté le plan officiel de mobilisation pour le remplacer par un appel aux armes bien personnel : uniquement des volontaires, pas de régiments établis, centralisation de tous les hommes à Valcartier, près de Québec, où il n'y avait jamais eu de camp militaire. C'est là qu'il forma de nouveaux bataillons « numérotés », abandonnant ainsi une longue tradition de noms glorieux. (Une exception fut faite pour le Princess Patricia's Canadian Light Infantry qui ne passa pas par Valcartier et fut la première unité canadienne à combattre dans les Flandres.)

Le recrutement marchait bon train. Des unités entières de la milice se portaient volontaires « pour la durée des hostilités ». La solde était de $1 par jour et les volontaires devaient avoir entre 18 et 45 ans. Dans toutes les gares du Canada, la musique jouait et les femmes essuyaient leurs larmes tandis que les hommes s'entassaient dans les wagons. A l'arrivée à Valcartier, on les affectait à des unités, puis on leur faisait passer une visite médicale avant qu'ils prêtent serment.

Hughes s'installa à Valcartier pour présider en grande pompe sur ce qu'il considérait être son empire personnel. Vêtu d'un splendide uniforme, généralement à cheval, il confiait des commandements et accordait des promotions comme un seigneur, sans daigner consulter personne. « Une bien belle unité que vous avez là, major », dit un jour Hughes lors d'une inspection. « Pardonnez-moi, colonel, intervint l'offi-

cier confus, je ne suis que capitaine. » « Désormais, vous êtes major », répondit Hughes qui n'acceptait pas de se tromper.

Selon Hughes, 32 665 hommes passèrent par Valcartier cette année-là. Le premier contingent de 31 200 hommes s'embarqua en septembre.

(Hughes fut promu et anobli, mais il ne garda pas son poste pendant toute la guerre. Borden trouva le courage d'exiger sa démission en 1916, car « sa conduite et ses paroles étaient parfois si excentriques qu'on aurait pu à bon droit en conclure qu'il n'était pas sain d'esprit ».)

George V, accompagné de la reine Marie, inspecta la 1re division canadienne en février 1915 à Salisbury, en Angleterre. Sous une pluie battante, les hommes s'alignèrent sur deux rangs de trois kilomètres de long. Le roi passa la revue, souhaitant bonne chance à tous les officiers et à leurs hommes. Cinq jours plus tard, la division s'embarquait pour la France.

Les Canadiens prirent position près d'Armentières, à l'ouest de Lille, sur une section de six kilomètres faisant partie d'un réseau de tranchées qui s'étendait de la mer du Nord au territoire neutre de la Suisse. Mais à cet endroit des Flandres, les tranchées n'étaient guère plus que des fossés boueux.

La bataille avait fait rage dans cette région et les soldats qui creusaient le sol découvraient des uniformes pourris, des ossements humains et des cadavres en décomposition. C'était une effroyable existence que cette vie de tranchée, dans la saleté, la puanteur, le froid, sous la neige, la grêle et la pluie. Les hommes s'y firent pourtant, aidés par leur ration quotidienne de rhum. Six jours dans les tranchées, six jours à l'arrière, six jours

Le 22e bataillon (canadien-français) fait ses adieux en mai 1915. Cette unité de 700 hommes se battit à Ypres, sur la Somme, à Courcelette, à Vimy, sur la colline 70 et à Passchendaele. Quand elle franchit la ligne Hindenburg en 1918, elle ne comptait plus que 39 hommes.

Sam Hughes, ministre de la Défense du Canada, se sentait « destiné à vivre et à mourir sans jamais éprouver un seul doute ». Il bousculait un peu son chef, le Premier ministre Borden, selon lui, « un charmant garçon, doux et gentil comme une fille ».

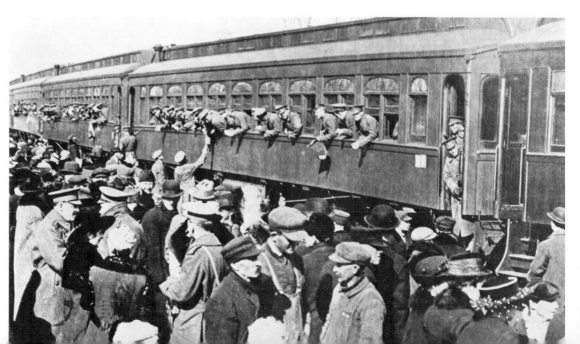

Scandale : canassons, pots-de-vin et un mauvais fusil

Les hommes d'affaires sans scrupules s'en donnèrent à cœur joie au début de la guerre. Quand les bottes des soldats se mouillaient, « le papier dont les talons étaient faits reprenait la consistance de la pulpe ». Les capotes s'imbibaient d'eau. Les fourgons canadiens étaient trop larges pour les petites routes de France. Bon nombre des 8 150 chevaux achetés pour l'armée, au prix de $175 la tête, étaient si faibles qu'il fallut les abattre; 500 furent vendus aux enchères, au prix moyen de $54; 60 parmi les pires ne rapportèrent que $1 la tête. Les profiteurs amassèrent aussi des fortunes avec les camions, les bicyclettes, les médicaments et même la confiture.

En 1916, une commission royale découvrit qu'un comité des munitions, institué par le ministre de la Défense Sam Hughes, s'était rendu coupable de mauvaise conduite et qu'un ami de Hughes avait accepté un pot-de-vin de $220 000. Mais, comme l'écrivit Ralph Allen dans *Ordeal by Fire*, « tout le monde était coupable, si bien qu'en toute justice tout le monde fut acquitté ».

Bien des soldats canadiens partirent au combat avec une arme de qualité inférieure — le fusil Ross que Hughes préférait au Lee-Enfield anglais. Le Ross s'enrayait facilement et la baïonnette « avait la mauvaise habitude de sauter du fusil lorsqu'on tirait baïonnette au canon ».

Ce furent les soldats de la 1re division (ceux qui tinrent bon sous la première attaque au gaz de l'histoire) qui rendirent le verdict à Ypres en 1915 : parmi les 5 000 fantassins qui survécurent, 1 452 avaient jeté leurs fusils Ross pour s'emparer des Lee-Enfield des soldats anglais tombés dans la bataille. En juillet 1916, le Ross, dont Hughes s'était fait le défenseur, était enfin retiré.

Sam Hughes paya $28 pour le fusil Ross (à gauche), $7 de plus que pour le Lee-Enfield.

sur le front, six jours en deuxième ligne. Il n'y avait pas de repas chaud sur le front, tout juste du bœuf en conserve et des biscuits secs.

Les Canadiens ne se trouvaient pas loin de la ville belge d'Ypres où, en octobre et novembre 1914, les Anglais et les Allemands s'étaient livré une féroce bataille de trois semaines (la première bataille d'Ypres). Durant la première semaine d'avril 1915, la division canadienne se déploya au nord, jusqu'au centre du saillant d'Ypres qui s'enfonçait en territoire ennemi. C'était l'une des

Le Niobe *et le* Rainbow, *croiseurs que le Canada avait achetés à l'Angleterre en 1910, ne servirent pas vraiment pendant la guerre : le* Niobe *resta mouillé à Halifax, tandis que le* Rainbow *patrouilla la côte ouest. Ces deux vaisseaux annonçaient les centaines de bâtiments qui feraient du Canada la troisième puissance navale alliée au cours de la seconde guerre mondiale.*

rares régions de Belgique qui fût encore aux mains des Alliés; politiquement, il fallait à tout prix la conserver.

Dans la matinée du 20 avril, les Allemands commencèrent à bombarder Ypres. Deux nuits plus tard, à quelque six kilomètres au nord-ouest, sur la gauche des positions canadiennes, les soldats virent se lever un nuage vert olive à hauteur d'homme. Il se déplaçait doucement, comme « la brume que l'on voit sur les prés inondés, par une fraîche nuit d'automne ». C'était ce qu'on allait appeler l'ypérite, un gaz mortel.

Poussé par le vent, le nuage avançait vers les parapets que défendaient des troupes coloniales françaises. Des centaines d'Algériens moururent d'asphyxie. D'autres gisaient à terre, l'écume aux lèvres, les poumons brûlés. Partout, des silhouettes noires couraient à l'aveuglette dans le nuage de gaz, tombaient dans les fossés, vomissaient convulsivement, buvaient l'eau des flaques pour soulager l'atroce brûlure.

Et c'est ainsi que la première utilisation massive de gaz — contrairement à toutes les règles de la guerre — venait d'ouvrir une brèche de six kilomètres sur la gauche des Canadiens. Si les Allemands poussaient sur Ypres, 50 000 soldats canadiens et anglais se trouveraient encerclés et le saillant serait perdu. Les réserves canadiennes montèrent au front, croisant sur leur chemin les gazés qui battaient en retraite.

Le 13e bataillon, l'unité canadienne la plus proche de la brèche, avait été lourdement touché par les bombardements ennemis, mais avait tenu bon. Il ne fléchit pas non plus dans le nuage de gaz. Un médecin militaire passa le mot : il fallait uriner dans son mouchoir et s'en

Le monument de Saint-Julien représente un buste de soldat, tête baissée, épaules tombantes, les mains posées sur la crosse de son fusil. Il marque l'endroit où 18 000 Canadiens résistèrent sur le flanc gauche britannique aux premières vagues de gaz allemandes. Deux mille hommes tombèrent au champ d'honneur; ils sont enterrés à Saint-Julien.

recouvrir la bouche. L'ammoniac de l'urine neutraliserait le chlore du gaz. Par contre, le 13e bataillon était débordé sur ses flancs et sa situation était précaire. Les réserves canadiennes vinrent le renforcer et quatre bataillons contre-attaquèrent, semant la confusion dans les rangs ennemis. Contre toute attente, les Allemands n'avancèrent pas à l'aube et, à la tombée de la nuit, le 23, la brèche était refermée.

Le 24, les troupes canadiennes subirent un violent bombardement, tandis qu'un autre nuage de mort roulait directement vers les soldats qui tenaient la pointe du saillant d'Ypres. Incrédules, ils virent avancer des Allemands qui brandissaient de longs tuyaux d'où sortait le gaz. Des vagues et des vagues de fantassins ennemis, protégés par des masques à gaz, apparurent au milieu du brouillard verdâtre, baïonnette au canon. Mal protégés, les Canadiens pleuraient, toussaient, s'étouffaient. Ils repoussèrent pourtant les vagues allemandes les unes après les autres jusqu'à ce qu'on vînt les relever le 26 avril. « Ces magnifiques soldats », écrivit Sir John French, commandant en chef des forces britanniques, « évitèrent un désastre. » Mais le prix de leur vaillance fut très lourd: plus de 6 000 tués et blessés.

En avril 1917, plus personne ne croyait à une cessation rapide des hostilités. Des milliers d'hommes étaient morts, particulièrement à Verdun et sur la Somme. Dans les deux camps, l'artillerie pouvait arrêter pratiquement toute offensive dans ces réseaux inextricables de tranchées et de fils barbelés.

Quatre divisions canadiennes se trouvaient maintenant en France : ce corps d'armée était commandé par un Britannique, le général Sir Julian Byng. Les soldats avaient remplacé leurs casquettes par des casques d'acier et portaient des masques à gaz, car on commençait à utiliser couramment les gaz des deux côtés.

La troupe avait passé un hiver relativement calme, luttant surtout contre le froid, les rats et les poux. Un soldat fit un jour le compte de ceux qui grouillaient sur sa peau : 400 sous sa chemise, 380 dans son caleçon. Mais les soldats faisaient contre mauvaise fortune bon cœur, transformant des fûts d'huile en poêles ou des douilles d'obus en vases, se confectionnant aussi des armes blanches pour le corps à corps. Devant eux se dessinait la crête de Vimy, l'une des plus formidables positions allemandes sur le front ouest, qui commandait la plaine de Douai et les mines de charbon du nord de la France.

Byng, que l'on avait chargé d'enlever la crête, ne laissa rien au hasard. Il donna le commandement des pièces lourdes au meilleur artilleur du Canada, le lieutenant-colonel A. G. L. McNaughton, âgé de 30 ans. Celui-ci avait pour mission de tenir l'artillerie allemande en respect

Les Canadiens repoussent une attaque pendant la seconde bataille d'Ypres. (Un soldat lutte corps à corps avec un Allemand coiffé d'un casque à pointe, à gauche, sur ce tableau de Richard Jack.) Le maréchal Foch de l'armée française dira des Canadiens : « Ils écrivirent ici la première page de ce livre de gloire qu'est l'histoire de leur participation à la guerre. »

lorsque les troupes canadiennes seraient à découvert. Le major général Arthur Currie, le Canadien qui commandait la 1re division, mit au point des tactiques de déplacement très souples pour l'infanterie. Puis les hommes s'entraînèrent, interminablement, sur une maquette grandeur nature de la crête, construite derrière les lignes.

Les Français, avec des contingents bien plus importants, avaient tenté par deux fois d'emporter la crête en 1915, mais ils avaient échoué, essuyant 140 000 pertes. Depuis, les défenses allemandes avaient été considérablement renforcées. Byng fit construire six kilomètres de tunnels pour permettre aux troupes de se déplacer sans danger entre l'arrière et les premières lignes. Ces tunnels étaient alimentés en eau et en électricité; ils abriteraient plus tard les blessés. On

Par un beau jour d'hiver, la plus terrible explosion

Une fosse commune, la verge d'une ancre, un vitrail cassé dans une église historique, quelques survivants parmi ceux qui connurent cette pluie de verre et de décombres en 1917... Halifax porte encore les cicatrices d'une effroyable explosion, la pire que le monde ait alors jamais connue.

7 h 30 du matin, le 6 décembre, un jeudi froid et ensoleillé. Le cargo français *Mont Blanc*, qui vient d'arriver de New York avec une cargaison de puissants explosifs, se dirige lentement vers le bassin de Bedford, le port intérieur de Halifax.

A huit heures, le cargo norvégien *Imo*, en partance pour la Belgique, sort du bassin. Le *Mont Blanc* signale qu'il va passer à tribord de l'*Imo*. Mais l'*Imo*

signale qu'il s'engage à bâbord. La collision est inévitable et, à 8 h 40, l'étrave de l'*Imo* déchire le flanc du *Mont Blanc*. Du benzène s'enflamme sur le pont et les flammes atteignent la cargaison d'acide picrique et de T.N.T.

La déflagration ébranle la ville à 9 h 5. En quelques secondes, elle tue près de 2 000 personnes, en blesse 9 000 autres et détruit écoles, usines et rangs après rangs de maisons. Plus de 10 000 personnes sont sans abri. Une énorme vague emporte les bateaux et va renverser les wagons de chemin de fer. La terre tremble. Les débris de verre aveuglent près de 200 personnes — presque autant que le nombre des soldats canadiens aveuglés au combat pendant la première guerre mondiale.

La verge de l'ancre du *Mont Blanc* fut retrouvée à cinq kilomètres des lieux du désastre; elle se trouve toujours à l'endroit où elle est tombée. Un trou dans un vitrail de l'église St. Paul ressemble à un profil d'homme; la tête d'un malheureux fut-elle projetée au travers du vitrail? Le cimetière de Fairview renferme une fosse commune où sont enterrées 249 victimes qui ne furent jamais identifiées.

Billy Bishop remporta la moitié de ses 72 victoires aux commandes d'un Nieuport, un avion français qui atteignait 172 km à l'heure en vitesse de pointe. A droite : trois chasseurs Fokker D VII.

construisit aussi des routes et des rails pour le transport des munitions et des rations. Enfin, des hommes creusèrent les tombes des soldats qui allaient bientôt mourir au combat.

Le bombardement commença trois semaines avant la date fixée pour l'assaut et s'intensifia progressivement. Le 8 avril, veille de la bataille, les soldats des quatre divisions canadiennes s'avancèrent sans bruit par les tunnels jusqu'aux points de rassemblement d'où ils bondiraient le lendemain dans le no man's land.

A l'heure H — 5 h 30 du matin — « un rideau continu d'éclairs, semblable à un feu de prairie », déferla le long des lignes. C'était le tir de barrage qui pilonnerait les Allemands et avancerait en même temps que les troupes canadiennes. La première vague de 21 bataillons sortit à découvert et commença à gravir la pente douce de la crête, éventrée par les obus et lardée de barbelés.

Le feu de l'artillerie n'avait pas ralenti au moment de l'attaque et les Allemands furent pris par surprise. Les premières défenses emportées, la résistance allemande se durcit cependant. Mais, mettant en pratique les leçons de Currie, les soldats canadiens se couchèrent à terre pour attaquer de front les nids de mitrailleuses, tandis que leurs compagnons, profitant des accidents du terrain, se faufilaient pour les prendre à revers, à la grenade et à la baïonnette.

Dès huit heures, l'issue du combat était claire. Les Allemands virent notre infanterie qui fourmillait sur la crête. Leurs positions étaient perdues. En un seul jour et sur un front de six kilomètres, les Canadiens avaient enfoncé les positions de l'ennemi de leurs avant-postes à leurs batteries lourdes. Ils avaient fait 4 000 prisonniers et capturé 54 canons, 124 mitrailleuses et 104 mortiers. Mais 3 598 hommes étaient tombés au champ d'honneur.

Cinquante ans plus tard, l'un de ces soldats

Quatre as canadiens, trois Croix de Victoria et le Baron Rouge

Parmi tous les as de l'aviation des forces alliées, 12 seulement abattirent plus de 50 avions ennemis. Quatre étaient Canadiens : Billy Bishop (72 victoires), Ray Collishaw (60), Donald MacLaren (54) et Billy Barker (53). L'Angleterre n'accorda la Croix de Victoria (V.C.) qu'à 10 aviateurs. Trois d'entre eux étaient Canadiens : Bishop, Barker et

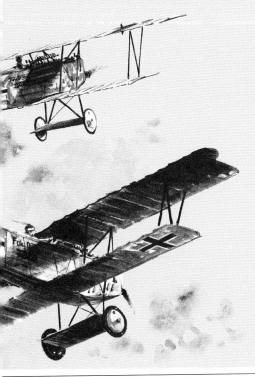

Alan McLeod. Et c'est Roy Brown qui abattit le Baron Rouge, l'Allemand Manfred von Richthofen, l'as des as qui avait descendu 80 avions alliés.

Le Canada n'avait pas d'aviation, mais plus de 22 000 Canadiens servirent dans le Royal Flying Corps (rebaptisé Royal Air Force en 1918) dont ils représentaient le quart des effectifs combattants.

Richthofen mitraillait Wilfred May lorsque Brown, aux commandes d'un minuscule Camel, piqua à sa rescousse près d'Amiens, le 21 avril 1918. Il sauva la vie de May et le Baron Rouge s'écrasa avec son avion. Le siège du triplan Fokker de Richthofen est exposé à l'Institut militaire canadien.

Billy Bishop gagna sa Croix de Victoria le 2 juin 1917 : il s'enfonça loin au cœur des lignes ennemies et détruisit un escadron allemand au sol. Douze mois plus tard, durant son dernier jour de service actif, il conduisit son Nieuport au-dessus des lignes allemandes et descendit cinq avions en 12 minutes.

Billy Barker survécut à une fantastique rencontre avec 60 avions allemands. Il reçut la Croix de Victoria et la citation rappelle son fait d'armes du 27 octobre 1918. Alors qu'il venait de descendre un avion allemand, un autre le prit sous son feu. Bien que blessé à la cuisse droite, Barker le descendit également. Puis il se trouva « au milieu d'une grande formation de Fokkers qui

l'attaquaient de tous côtés. Blessé à la cuisse gauche, il parvint à abattre deux avions ennemis ». Il perdit connaissance, puis revint à lui, toujours entouré des avions allemands. Il en prit un pour cible et l'abattit. Son coude gauche fut fracassé. Il perdit à nouveau conscience. Quand il reprit connaissance, il était toujours encerclé. « Il piqua alors sur la machine la plus proche et la mit en flammes... Complètement épuisé, continue la citation, Barker piqua pour se dégager et regagner nos lignes... où il s'écrasa à l'atterrissage. »

Alan McLeod, attaqué par huit Allemands, manœuvra avec tant d'adresse son lent appareil de reconnaissance que son observateur put descendre trois avions ennemis. « Puis, bien que blessé en cinq endroits et alors que son réservoir d'essence était en feu, il grimpa sur l'une des ailes et fit basculer la machine en descente pour contenir les flammes d'un côté, tout en continuant à piloter pour que son observateur continue le combat avec la mitrailleuse. » McLeod s'écrasa avec son avion en flammes. « Avant de tomber d'inanition, tant il avait perdu de sang, il sauva la vie de son courageux observateur, immobilisé par six blessures, et le tira hors de l'épave en flammes, toujours sous le feu de l'ennemi. » Il ramena sa Croix de Victoria au Canada au printemps 1918 et mourut de la grippe, à l'âge de 19 ans, cinq jours avant l'armistice.

---

dira avec orgueil : « Après Vimy, nous étions invincibles. Rien n'aurait pu nous arrêter. »

Les unités de première ligne revenaient périodiquement à l'arrière où l'on pouvait acheter vin et nourriture. Dans les granges, des troupes de soldats, comme les Dumbells (les Haltères), donnaient des représentations dans lesquelles ils se moquaient d'eux-mêmes et de la guerre.

La première troupe des Dumbells était composée de huit soldats qui avaient une certaine expérience du théâtre ou de la musique. Le capitaine Mert Plunkett, directeur de la troupe, disposait de sept jours pour monter son spectacle. « Nous allons rire de ce qui noue le ventre des soldats, décida-t-il. Mais si nous voulons amuser les soldats, il nous faut des filles. » Le crin de fauteuils éventrés servit à faire les perruques; on chipa quelque part des vêtements de femme. Puis on répéta une scène dans laquelle le soldat Ross Hamilton faisait du charme à une jeune

Française. « Vous savez quoi ?, remarqua l'un des acteurs, il est bien plus beau qu'elle! » On changea donc de costumes. Hamilton, cette fois en robe, était magnifique.

La première représentation commença mal. On avait passé les soldats en revue et ils n'appréciaient guère de perdre ainsi une de leurs six nuits à l'arrière. Insultes et pommes de terre volèrent. Plunkett décida de dévoiler son arme secrète : « Marjorie » Hamilton entra en scène, tandis qu'un pianiste jouait *If You Were the Only Girl in the World*. Les soldats médusés s'assagirent tout d'un coup, car « Marjorie » était tout simplement charmante dans sa petite robe. Et le pianiste joua la chanson jusqu'au bout sans encombre, tandis que la salle croulait sous un tonnerre d'applaudissements.

Les Dumbells sillonnèrent le front en tous sens et se produisirent même à Londres, une semaine au Victoria Palace, deux semaines au Coliseum.

Le Nieuport 17, un avion français, n'avait qu'une seule vitesse : pleins gaz. Le pilote devait atterrir en coupant et en rallumant successivement le moteur.

Ils jouèrent aussi pour le roi Albert de Belgique et le prince de Galles. Après la guerre, leur troupe grossit et partit en tournée au Canada et aux Etats-Unis où elle remporta un vif succès.

Les soldats canadiens connurent encore deux grandes victoires en 1917, à la colline 70 et à la crête de Passchendaele que les Anglais et d'autres troupes du Commonwealth avaient maintes fois tenté de prendre. Ces batailles furent menées par Currie qui succéda à Byng et fut le premier commandant canadien d'un corps d'armée.

Currie était né en 1875 à Napperton, en Ontario. Ancien instituteur, il s'était lancé dans les assurances et l'immobilier. Au début de 1914, il prit le commandement d'un bataillon d'entraînement de la milice, tâche pour laquelle il n'avait pratiquement aucune formation. Trois ans plus tard, il était lieutenant général, premier Canadien à la tête d'un corps d'armée et premier soldat non régulier du Canada à obtenir ce grade.

Currie mesurait à peu près 1,90 mètre, pesait quelque 130 kilogrammes et paraissait trop grand aussi bien pour son uniforme que pour son cheval. Ce n'était pas un chef qui savait inspirer ses troupes, mais il était remarquablement intelligent et n'engagea jamais une bataille sans s'y être préparé parfaitement. Lorsque les Anglais décidèrent de réduire de quatre bataillons à trois les effectifs de leurs brigades, Currie refusa de leur emboîter le pas. Bien au contraire, il renforça encore ses bataillons qui devinrent les plus magnifiques troupes du front ouest au cours de la dernière année de la guerre.

En août 1918, la dernière grande offensive allemande avait été repoussée. C'était au tour des Alliés. Le lieu choisi : Amiens. Il fallait à tout prix cacher la présence des Canadiens. « L'ennemi les considérait comme des troupes d'assaut et interprétait leur arrivée comme le signe d'une attaque imminente », écrit l'historien Sir Basil Liddell Hart. Currie détacha quelques bataillons dans les Flandres et prépara une diversion sur le front d'Arras.

Bien que soupçonnant une feinte, les Allemands renforcèrent leurs lignes à Arras. Au dernier moment, les Canadiens se déplacèrent vers Amiens, la nuit, où ils rejoignirent une immense concentration de soldats alliés, avec 420 chars d'assaut et d'énormes batteries d'artillerie, sous les ordres de McNaughton.

A 4 h 20 du matin, le 8 août, les canons se déchaînèrent sur un front de 22 kilomètres et les Alliés avancèrent dans la brume, baïonnette au canon — Anglais, Australiens, Canadiens et Français. « Nous étions le fer de lance, dit Currie, le centre de l'attaque... C'est nous qui avons dressé les plans, c'est nous qui avons fixé l'heure et donné la cadence lors de cette bataille. »

La surprise fut totale. « Nous tombons sur des canons dont les gueules sont encore coiffées, sur des servants couchés autour de leurs pièces, rappelle un soldat du 19e bataillon. Nous mettons nos fusils en bandoulière et marchons derrière le barrage roulant jusqu'à notre objectif... » Les chars d'assaut ont écrasé les barbelés et « nous avançons ainsi portés par notre élan toute la matinée : pas de tranchées, plus de tranchées et une joie irrépressible au cœur des soldats ». Un monument de granit sur la route Amiens-Roye rappelle la victoire d'Amiens.

Arthur Currie avait gardé de son enfance de garçon de ferme une grande sympathie pour ces hommes rudes qui formeraient plus tard ses troupes. C'était un chef énergique, mais il n'hésitait pas à s'opposer à ses supérieurs lorsqu'il estimait qu'on risquait en vain la vie de ses hommes. George V l'anoblit dans un champ, près de Vimy.

Les soldats vivaient comme des rats, dans la crasse et la misère. Pendant des semaines, leur univers n'était qu'un trou nauséabond dans l'enfer d'une tranchée boueuse. Les nuits étaient longues et agitées, les rations froides, la mort toute proche. Soixante ans plus tard, les champs de bataille ont retrouvé leurs arbres (à droite : le versant sud de la crête de Vimy), mais les trous d'obus, les cratères de mines et les tranchées marqueront Vimy à tout jamais.

Une merveilleuse expérience dans le village de Vimy

Nous quittâmes la crête et partîmes pour Vimy. Dans la nuit, nous rencontrâmes deux hommes qui s'étaient creusé un abri dans le talus du chemin de fer. Je m'y glissai et m'endormis.

Une main chaude et ferme saisit la mienne et me força à m'asseoir. C'était mon frère Steve, tué en 1915! « Prends ton sac », dit-il, et nous allâmes vers les ruines de Petit-Vimy.

Alors que Steve s'enfonçait dans un passage, mon sac glissa de mon épaule. Je le ramassai et pressai le pas pour rattraper mon frère. « Steve! » Pas de réponse. Je cherchai et appelai, sans succès. Je m'assis, fatigué, les nerfs à fleur de peau. Puis je m'endormis.

Soudain, j'ouvris les yeux. Tommy me tenait par le bras et criait :

« Il est ici! Bill est ici!

— Pourquoi tout ce vacarme ? demandai-je.

— Ne sais-tu pas qu'un gros obus est tombé sur l'abri? Tout ce qu'ils ont trouvé, c'est le casque de Jim et l'une des jambes de Bob. Ils essayaient de retrouver quelque chose de toi. »

Un officier me demanda :

« Pourquoi avez-vous donc quitté l'abri? Les autres disent que vous y êtes entré avec Jim et Bob.

— C'est vrai. J'y suis resté jusqu'à l'aube.

— Pourquoi êtes-vous parti? »

Je lui racontai mon histoire. Il prit des notes, me demanda mon nom et ce que je savais de Steve. Puis il me serra la main : « Vous avez eu une merveilleuse expérience », me dit-il.

Histoire vécue de Will R. Bird,
tirée de *Ghosts Have Warm Hands*

C'était le premier des « Cent-Jours » du Canada (en fait les 96 derniers jours de la guerre) qui porteraient le corps d'armée jusqu'à sa victoire finale de Mons. Le 26 août, il poussa vers l'est sur la route Arras-Cambrai. Le 9 octobre, il enfonçait la ligne Hindenburg, surprenait les Allemands sur le canal du Nord et capturait Cambrai, centre du système de défense allemand sur le front britannique. Avec l'aide de divisions anglaises placées sous le commandement de Currie, les Canadiens avaient battu un quart des forces allemandes sur le front ouest. On peut encore voir ces champs de bataille du haut d'un monument massif qui domine le village de Bourlon, juste au sud de la route Arras-Cambrai.

En partant, les Allemands démolissaient les ponts, arrachaient les rails, minaient les routes. Musique en tête, les Canadiens défilaient dans les villages libérés, sous les applaudissements des Français. A Valenciennes, les Allemands montrèrent les dents et Currie s'arrêta pour monter son attaque, un exemple classique de ce que la puissance de l'artillerie pouvait faire. Après le pilonnement, une seule brigade suffit à emporter les défenses allemandes. Les pertes canadiennes ne furent que de 80 hommes, contre 800 pour l'ennemi, sans compter 1 800 prisonniers.

Le 10 novembre, les Canadiens arrivèrent en banlieue de Mons où les troupes anglaises et allemandes s'étaient affrontées pour la première fois en 1914. L'armistice fut signé le lendemain.

A la fin de la guerre, le corps canadien était devenu la plus remarquable des unités de sa taille dans toutes les armées du front ouest. Depuis la bataille de la Somme en 1916, il n'avait connu que des victoires, souvent là même où d'autres troupes avaient connu l'échec. Albert Ier, roi des Belges, déclara « qu'il n'avait pas son égal dans aucun corps d'Europe ». Le feld-maréchal allemand Paul von Hindenburg dit de lui qu'il était « l'élite des troupes anglaises ».

Le 12 décembre, les Canadiens arrivèrent à Bonn et Currie s'installa dans les appartements du Kaiser, où il passa « une nuit très confortable dans le lit de Sa Majesté ».

Le corps d'armée de Currie, écrit Sir Charles Lucas dans *The Empire at War*, fut « la plus grande réussite nationale du peuple canadien depuis que le Dominion vit le jour ». Mais le coût

Trois mille infirmières canadiennes servirent outre-mer pendant la première guerre mondiale. Bon nombre d'entre elles connurent les misères de la vie sous les tentes, les bombardements et les éclats d'obus, toute l'horreur de cette guerre atroce dans laquelle elles jouèrent un si grand rôle.

Passchendaele en 1917 était un bourbier si profond que les hommes s'y noyaient. Pendant 16 jours, des soldats s'y firent massacrer et 2 700 Canadiens y trouvèrent la mort. Un officier d'état-major s'écria en voyant le champ de bataille : « Mon Dieu! avons-nous vraiment envoyé des hommes se battre là-dedans? » Au printemps qui suivit la bataille, « la boue puante

rendait encore des cadavres », raconte l'historien John Swettenham. Deux cadavres, l'un d'un soldat canadien, l'autre d'un Allemand, « s'agrippaient encore dans la mort. Ils s'étaient battus désespérément et, aspirés par le marécage, étaient morts dans les bras l'un de l'autre. On ne put les séparer et on creusa une grande tombe pour y mettre leurs dépouilles. »

L'honneur militaire suprême : la Croix de Victoria (V.C.)

La Somme, 8 octobre 1916 : un jeune homme de 18 ans, muni seulement d'une cornemuse, va bientôt gagner la Croix de Victoria.

Le 16ᵉ bataillon, presque sur son objectif, est retenu par les barbelés et, selon la citation du simple soldat James Richardson, « est pris sous un feu intense qui cause de lourdes pertes et démoralise la formation. Comprenant la situation, le joueur de cornemuse Richardson se met à déambuler devant les barbelés, jouant de son instrument avec le plus grand calme. Inspirée par son splendide exemple, la compagnie se précipite sur les barbelés avec tant d'élan et de détermination que l'obstacle est surmonté et la position prise. »

Soixante-huit Canadiens reçurent la Croix de Victoria au cours de la première guerre mondiale. Jimmy Richardson est l'un de ces héros.

Gordon Flowerdew gagna sa croix le 30 mars 1918, au cours d'une charge de cavalerie lancée pour barrer la route aux Allemands qui battaient en retraite depuis un bois stratégique. Soudain, 120 Allemands postés sur deux lignes ouvrent le feu. Soixante-dix pour cent des hommes de

Un ruban pourpre, des branches de laurier, une croix de Malte frappée dans le bronze des canons russes capturés à Sébastopol'.

Flowerdew sont tués ou blessés, mais les cavaliers réussissent à briser les lignes allemandes.

C'est lors de la fameuse offensive d'Amiens du mois d'août 1918 que le lieutenant Jean Brillant du 22ᵉ bataillon accomplit l'exploit qui lui valut la Croix de Victoria. Pendant deux jours il conduisit sa compagnie à l'attaque. Le premier jour, il capture seul la mitrailleuse qui tient le flanc de sa troupe en échec. Blessé, il s'élance quand même pour déloger un autre nid de mitrailleuses. Il saisit les 15 mitrailleuses et fait 50 prisonniers. Blessé à nouveau, il refuse d'abandonner sa compagnie. Le lendemain, il organise un parti contre un canon qui tire de plein fouet sur ses hommes. Il subit une troisième blessure. Son courage inspire ses compagnons qui réussissent l'opération. Un monument, rue Jean-Brillant à Montréal, célèbre son exploit.

Flowerdew et Brillant moururent de leurs blessures. Quant à Richardson, quelque temps après son exploit des barbelés, on le chargea de ramener un camarade blessé et des prisonniers à l'arrière. Il revint sur ses pas pour prendre sa cornemuse et, depuis, on ne l'a jamais revu.

de cette réussite fut très lourd. En tout, 619 636 Canadiens servirent dans l'armée, environ 10 000 dans la marine et plus de 22 000 dans l'aviation. Sur les 60 661 morts du Canada (à peu près un dixième de tous les engagés), 59 544 appartenaient à l'armée de terre.

Pendant la guerre, le Canada acheva la mutation qui le fit passer d'une société essentiellement agricole à une nation industrialisée.

Sir Robert Borden était un Premier ministre d'envergure. Tirant parti de la réputation du corps canadien, il conquit une nouvelle place pour le Canada dans l'Empire britannique et dans le monde. Il demanda « la reconnaissance complète des dominions comme nations autonomes d'un Commonwealth impérial ». L'autonomie ne viendrait que plus tard, mais le nom de Commonwealth remplaça celui d'Empire.

Borden accompagna les parlementaires anglais à Versailles et participa activement à l'élaboration des traités de paix de 1919. Il insista pour que le Canada signât séparément les traités, ce qui lui conférait le rang d'État autonome. Grâce aussi aux efforts de Borden, le Canada devint l'un des membres fondateurs de la Société des Nations où il occupa un siège.

Telle est donc l'épopée des recrues de Valcartier de 1914 et des hommes qui les suivirent. Dans la chapelle du Souvenir de la tour de la Paix, à Ottawa, ces mots de Rudyard Kipling leur rendent un juste hommage :

Ils sont trop proches de nous pour être grands, mais nos enfants comprendront quand, comment et par qui notre destin fut changé.

La conscription et la crise de 1917

Personne ne voulait vraiment la conscription en 1917. On l'imposa pourtant, face aux énormes pertes de la guerre. A Vimy seulement, les pertes canadiennes s'élevèrent à plus de 10 000 hommes. Elles dépassèrent bientôt le nombre des nouveaux engagés, parfois dans la proportion de deux contre un. Pour le Premier ministre Borden, la conscription était inévitable.

La plupart des Québécois s'opposaient à la conscription, de même que de nombreux Canadiens anglais, particulièrement les agriculteurs et les syndicalistes. Wilfrid Laurier, chef du parti libéral et porte-parole du Québec, croyait que la conscription ne servirait pas à grand-chose et ne ferait que « prendre quelques fermiers et écoliers ». Les chefs syndicalistes de l'ouest du Canada exigeaient la conscription de la richesse avant celle des hommes. Trois mille fermiers de l'Ontario protestèrent contre l'annulation des exemptions de service. La main-d'œuvre était déjà affaiblie; la réduire encore amènerait nécessairement une diminution de la production agricole.

Borden annonça une élection. Jusqu'alors, les femmes n'avaient pas le droit de vote au Canada. Mais cette fois-ci, les mères, les épouses et les sœurs des soldats votèrent. Elles se prononcèrent sans doute pour Borden et la conscription, car son gouvernement remporta 153 sièges, contre 82 pour les libéraux.

Mais la conscription fut un échec. Dans toutes les provinces, les appels et les exemptions se multipliaient. Partout, les jeunes gens en âge d'être conscrits se réfugiaient dans les bois ou s'enfuyaient aux Etats-Unis. La conscription avait donné moins de 25 000 recrues lorsque l'émeute éclata à Québec, le 29 mars 1918. Pendant trois jours, les adversaires de la conscription se battirent contre un bataillon envoyé de l'Ontario. Au plus fort de l'émeute, les fusils et les mitrailleuses se déchaînèrent, la cavalerie chargea. Quatre civils furent tués, cinq soldats et de nombreux civils blessés. On arrêta 58 personnes.

L'unité canadienne chancela sous le coup, victime d'une conscription que personne n'avait voulue. Selon Mason Wade, l'auteur de *The French Canadians*, « le Canada anglais surestima la rébellion du Québec, tandis que le Québec exagéra la brutalité anglo-saxonne dans la conscription et la répression des émeutes ».

Robert Borden, Premier ministre du Canada au cours de la première guerre mondiale, passa son enfance dans cette maison de Grand-Pré (N.-E.), de 1858 à 1873. C'est aujourd'hui une maison privée, mais le propriétaire en loue parfois des chambres lorsque l'hôtel voisin est plein.

Sites et monuments historiques

VIMY (France) Le monument de Vimy est élevé à la mémoire de tous les Canadiens qui se battirent au cours de la première guerre mondiale et rend hommage aux troupes françaises et anglaises qui luttèrent aussi contre les Allemands pour reprendre la crête de Vimy. On peut encore y voir des tranchées et des tunnels de 1917. Les cimetières des environs renferment plus de 6 000 tombes canadiennes.

Autres sites et monuments

Beaumont-Hamel (France) (6) Une statue représentant un caribou, emblème du Royal Newfoundland Regiment, se dresse à l'endroit où cette unité de 800 hommes subit 710 pertes sur la Somme.

Bourlon (France) (8) Un monument de granit rappelle la capture du canal du Nord par les troupes canadiennes en 1918.

Dury (France) (7) Un monument salue la mémoire des Canadiens qui écrasèrent un prolongement de la ligne Hindenburg au cours de la seconde bataille d'Arras.

Le Quesnel (France) (5) Un monument de granit rappelle la percée d'Amiens où commencèrent les « Cent-Jours ».

Londres (Angleterre) (2) La tombe du Soldat inconnu, à l'abbaye de Westminster, est un monument à la mémoire de tous

Tous les sites sont accessibles par la route.

⛝ Site principal (Monument)   🛡 Monument   ● Autre point d'intérêt

ceux qui tombèrent au service des forces du Commonwealth durant la première guerre mondiale.

Mons (Belgique) (9) A l'hôtel de ville, une plaque de bronze rappelle la libération de la ville par les Canadiens.

Passchendaele (Belgique) (4) Un bloc de granit du Canada, dans une érablière, commémore la bataille de Passchendaele en 1917 où neuf Canadiens méritèrent la Croix de Victoria (il y eut 15 654 Canadiens tués ou blessés).

Salisbury (Angleterre) (1) La 1re division canadienne (30 000 hommes) fut entraînée sur des bases militaires anglaises, près

de Salisbury, avant d'être envoyée en France en février 1915.

Ypres (Belgique) (3) Le monument de Saint-Julien, une colonne de 10 m surmontée d'un buste de soldat, rappelle la seconde bataille d'Ypres (1915) au cours de laquelle les Canadiens résistèrent à la première attaque au gaz de l'histoire. Le monument du Bois du sanctuaire (colline 62), un bloc de granit blanc du Québec, rend hommage aux Canadiens qui défendirent Ypres en 1916. Le monument de la porte de Menin honore la mémoire des 55 000 soldats du Commonwealth portés disparus en Belgique.

Et si vous trahissez le combat qui nous hante...

Le colonel John McCrae (ci-dessous : sa maison natale de Guelph, en Ontario) fut artilleur pendant la guerre des Boers en Afrique du Sud et pratiqua la médecine à Montréal avant de se battre en Europe durant la première guerre mondiale. Le massacre dont il fut témoin comme chirurgien d'une brigade d'artillerie pendant la seconde bataille d'Ypres lui inspira un poème, *Dans les Flandres*, qui fut publié pour la première fois en décembre 1915 dans le magazine *Punch*. McCrae mourut de pneumonie en janvier 1918 et fut enterré à Wimereux, en France.

Dans les Flandres où fleurissent les coquelicots,
Entre les croix de bois alignées bien en rangs,
Est marquée notre place. Et quand le concerto
Des alouettes au ciel monte en un chant vaillant,
La voix dure des canons les efface aussitôt.

Nous qui sommes les morts, il y a peu de temps
Nous vivions, nous sentions l'aube et le ciel
                                    [couchant,
Aimant qui nous aimait, et nous voici gisant
Dans les Flandres.

Reprenez notre mort de nos mains défaillantes,
Tenez, de notre foi, le flambeau fier et haut,
Et si vous trahissez le combat qui nous hante,
Nous ne pourrons dormir sous les coquelicots
Dans les Flandres.

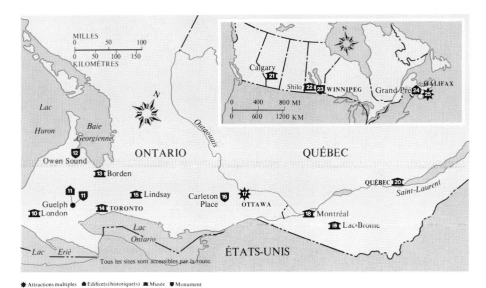

MILLES
0   50   100
KILOMÈTRES
0   50   100   150

Lac Huron

Baie Georgienne

Owen Sound **12**

ONTARIO

Ottaouais

QUÉBEC

QUÉBEC **20**

Saint-Laurent

13 Borden

11 **11**

15 Lindsay   Carleton Place **16**   **17**

Guelph ●   OTTAWA

10 London   **14** TORONTO   **18** Montréal

Lac Ontario

19 Lac-Brome

Lac Érié

ÉTATS-UNIS

Tous les sites sont accessibles par la route.

Calgary **21**

Shilo **22** **23** WINNIPEG   Grand-Pré **24**   HALIFAX **25**

0   400   800 MI
0   600   1200 KM

✹ Attractions multiples   ▲ Edifice(s) historique(s)   ▦ Musée   ♥ Monument

Borden (Ont.) (13) On y trouve un char d'assaut Whippet de la Grande Guerre.

Calgary (21) Le Ric-A-Dam-Doo, premier drapeau du régiment qui fut brodé par la princesse Patricia of Connaught, est au musée de la Canadian Light Infantry.

Carleton Place (Ont.) (16) Dans le parc Memorial, une plaque honore le souvenir de l'un des fils du pays, le pilote Roy Brown, qui abattit Manfred von Richthofen, le Baron Rouge.

Grand-Pré (N.-É.) (24) Une plaque identifie la maison d'enfance de Sir Robert Borden, Premier ministre du Canada durant la première guerre mondiale.

Guelph (Ont.) (11) La maison John McCrae, où naquit l'auteur du poème *Dans les Flandres*, est un site historique national. On peut y voir des manuscrits et des croquis de McCrae.

Halifax (25) La Bibliothèque commémorative de Halifax Nord est un monument à la mémoire des victimes de l'explosion de 1917. Devant la bibliothèque, une sculpture de Jordi Bonet où est encastré un fragment du navire de munitions *Mont Blanc* symbolise l'explosion. La verge de l'ancre du *Mont Blanc* se trouve toujours là où elle fut projetée. Dans l'église St. Paul, on peut voir le fameux vitrail au profil d'homme. Le cimetière Fairview renferme les dépouilles de 249 victimes qui ne purent être identifiées.

Lac-Brome (Qué.) (19) Le musée de la Société d'histoire du comté de Brome renferme un Fokker D VII, un télescope de tranchée et des mortiers allemands.

Lindsay (Ont.) (15) Au musée de la Société historique du comté de Victoria, est exposé l'uniforme de gala de Sam Hughes, ministre de la Défense fort critiqué pendant la première guerre mondiale. Il y a aussi un portrait de Hughes et deux albums de photographies militaires.

London (Ont.) (10) Les collections du musée du Royal Canadian Regiment renferment des médailles, du matériel de campagne et des uniformes de la première guerre mondiale.

Montréal (18) On peut voir des fusils Ross au musée de l'Ile-Sainte-Hélène.

Ottawa (17)

COLLECTION AÉRONAUTIQUE NATIONALE Les pièces de la première guerre mondiale comprennent un Sopwith Snipe, un Nieuport 17 et un triplan Sopwith qui porte les marques de Ray Collishaw.

MONUMENT AUX MORTS Vingt-deux statues de bronze de Vernon et Sydney March se trouvent sous un arc de triomphe de granit, sur la place de la Confédération. Deux figures ailées, au sommet de l'arc, symbolisent la Paix et la Liberté.

MUSÉE CANADIEN DE LA GUERRE Il renferme une mitrailleuse Vickers et un mortier allemand, les médailles de Billy Bishop et le fuselage du Sopwith Snipe de Billy Barker.

PARLEMENT La salle du Souvenir, dans la tour de la Paix, renferme quatre livres du Souvenir où sont inscrits les noms des soldats canadiens morts à l'étranger. On en tourne régulièrement les pages afin que chaque nom soit exposé aux yeux des visiteurs au moins une fois l'an

Owen Sound (Ont.) (12) Une plaque rappelle la mémoire de Billy Bishop, né dans le village en 1894.

Québec (20) La citadelle sert de garnison au Royal 22e. L'ancien gouverneur général Georges Vanier, qui devint le commandant de l'unité en 1925, y est enterré. Au musée du Régiment, on peut voir des masques à gaz, des bombes et des mitrailleuses de la première guerre mondiale. La base de Valcartier, près de Québec, est toujours en service.

Shilo (Man.) (22) Le musée du Régiment royal de l'artillerie canadienne renferme des croquis de John McCrae.

Toronto (14) Le musée des Queen's Own Rifles of Canada, à Casa Loma, contient des fusils, mitrailleuses et masques à gaz de la première guerre mondiale. A l'Institut militaire canadien, on peut voir des uniformes et des décorations, ainsi que le siège du triplan Fokker du Baron Rouge, Manfred von Richthofen.

Winnipeg (23) La Grande Pierre du Souvenir, un bloc de granit de 3,5 m dans le cimetière Brookside, a été placée symboliquement près du centre géographique du Canada, à la mémoire de tous les morts de la première guerre mondiale.

Le Grand Livre du Souvenir de la première guerre mondiale occupe la place d'honneur dans la salle du Souvenir, au Parlement, à Ottawa. Des plaques rappellent « comment des hommes libres venus de tout le pays gardèrent la foi à l'heure de l'épreuve et au jour de la bataille, se souvenant des traditions qu'ils avaient apprises, mettant leur liberté au-dessus de leur vie ».

Un précieux héritage qui est toujours nôtre

L e Canada qui vit le jour avec la Confédération de 1867 n'a pas été le fruit d'un grand élan populaire, mais l'œuvre d'hommes politiques qui cherchaient une solution commune aux difficultés respectives des colonies britanniques d'Amérique du Nord. Certes, le compromis auquel on en arriva ne manquait pas d'originalité puisqu'il était une synthèse du parlementarisme britannique et du fédéralisme américain. Mais tout en y trouvant des avantages certains, les Canadiens français s'inquiétaient de la forte majorité anglaise du nouveau pays. Et pour eux, comme pour les gens des Maritimes d'ailleurs, la Confédération fut un mariage de raison.

A bien des égards, le Canada de 1867 demeurait colonie britannique. Ses habitants n'avaient pas de citoyenneté propre. Le pays n'avait ni cour suprême ni drapeau, et sa politique étrangère lui était dictée par l'Angleterre. Davantage, le Parlement de Londres pouvait désavouer toute loi canadienne qui ne lui conviendrait pas. Néanmoins, avec les années, avec aussi ce sens des réalités et cette patiente détermination qui avaient inspiré le projet confédératif, le Canada allait graduellement conquérir son indépendance.

A l'issue de la guerre 1914-1918, les Canadiens avaient acquis, sur la scène internationale, une nouvelle stature. Leur participation active et vaillante à la Grande Guerre leur valut l'estime et le respect des Alliés, sans compter qu'elle contribua à donner aux Canadiens une confiance accrue en eux-mêmes. Aussi, lorsqu'en 1920 la Société des Nations fut fondée, le Canada insista-t-il pour y occuper son propre siège et affirmer de la sorte son autonomie.

En 1922, lors de la crise de Çanakkale, qui faillit mettre le feu aux poudres entre l'Angleterre et la Turquie, le Canada se tint résolument à l'écart malgré les exhortations du chef de l'opposition, Arthur Meighen, qui exigeait que le Canada se préparât à intervenir. Sans faire d'éclat, Mackenzie King taquinait volontiers la queue du lion anglais. Car même s'il manquait de panache, le Premier ministre libéral n'en était pas moins décidé à rompre les liens de dépendance du Canada à l'égard de l'Angleterre. A Londres, lors de la Conférence impériale de 1926, King se rendit compte que d'autres chefs de pays de l'Empire britannique entretenaient les mêmes aspirations. Avec pour résultat que le rapport Balfour, issu de la conférence, reconnut l'existence « de communautés autonomes... librement associées au Commonwealth britannique ». Du même coup, le gouverneur général — que ce fût au Canada, en Australie, en Nouvelle-Zélande ou en Afrique du Sud — devint le représentant de la Couronne plutôt que du Parlement anglais. D'autre part, les gouvernements canadien et britannique commencèrent à traiter directement entre eux par le truchement de leurs diplomates.

Les dispositions définitives de cette entente furent arrêtées à la conférence impériale suivante, en 1930, alors que la Grande-Bretagne se résigna, fort élégamment d'ailleurs, à l'inévitable. Le Statut de Westminster entra en vigueur le 11 décembre 1931. En vertu de celui-ci, le Canada, l'Australie, la Nouvelle-Zélande et l'Afrique du Sud obtenaient, et ce pacifiquement, tout ce qu'avaient réclamé les 13 colonies rebelles d'Amérique du Nord en 1776.

Mais le Canada demeurait un pays tourmenté. La première guerre mondiale n'avait guère contribué à l'unir intérieurement. La conscription avait envenimé les rapports entre les francophones et les anglophones. Le coût de la vie ne cessait d'augmenter. De retour dans leurs fermes des Prairies, les anciens combattants découvrirent que la haute finance du Canada central rendait exorbitants les taux d'hypothèque, l'achat d'équipement et le coût d'expédition du blé. Quant aux vétérans qui cherchaient du travail dans les villes, ils ne trouvaient que des emplois mal payés, de mauvaises conditions de travail et un pouvoir de négociation collective fort aléatoire. Leur indignation s'accrut lorsqu'ils apprirent que certains des employeurs qui les exploitaient avaient profité de la guerre pour s'enrichir.

La colère éclata à Winnipeg le 15 mai 1919 lorsque les syndicalistes, pourtant modérés, du Congrès des métiers et du travail de Winnipeg déclenchèrent une grève générale pour obtenir le droit de négociation collective. Leurs revendications prirent bientôt l'allure d'une sommation de réforme globale. Et certains citoyens se mirent à redouter l'anarchie, même si tout se déroulait dans l'ordre et bien que les services essentiels, comme la livraison du lait et du pain, fussent maintenus. (Il faut se rappeler que la révolution russe de 1917 était encore toute proche et que la fièvre anticommuniste qui balayait les Etats-Unis avait alors gagné le Canada, et notamment Winnipeg.) La grève fut écrasée le 21 juin quand 50 hommes de la Police montée, armés de bâtons et de pistolets, dispersèrent un défilé illégal de grévistes. Deux ouvriers furent tués.

La situation paraissait sans issue. L'action directe avait échoué et l'on soupçonnait sérieusement les partis politiques d'avoir partie liée avec la haute finance. C'est alors que de nombreux Canadiens, particulièrement dans l'Ouest, commencèrent à s'intéresser à de nouvelles formations politiques.

Tant et si bien que les Fermiers-unis d'Ontario furent portés au pouvoir dans cette province en octobre 1919. Sur la scène fédérale, le Parti progressiste national ne remporta que 65 sièges en 1921, contre 116 pour les libéraux, mais il avait devancé les conservateurs qui ne comptaient plus que 50 députés. (Faute de direction ferme et de discipline, ce parti s'effondra cependant au bout de quelques années.) Au Manitoba et en Alberta, les nouveaux partis agraires prirent aussi le pouvoir, tandis que les gouvernements provinciaux se faisaient l'écho du mécontentement général à l'égard des politiques fédérales. En 1929, quand survint la crise économique, la Colombie-Britannique comptait de plus en plus sur ses associés commerciaux du Pacifique et les Prairies luttaient toujours contre les hauts tarifs que les industriels de l'Ontario voulaient maintenir, alors que le Québec veillait avec inquiétude sur sa langue et sa culture et que les Maritimes se plaignaient de n'avoir en aucune façon profité de la prospérité des quelques dernières années.

La crise accentua les mécontentements régionaux et donna naissance à de nouveaux partis, plus durables que leurs prédécesseurs. Un pasteur méthodiste, J. S. Woodsworth, ancien débardeur et vétéran de la grève de Winnipeg, fonda en 1935 la Cooperative Commonwealth Federation — le CCF, précurseur du Nouveau Parti démocratique. Pendant huit ans, il dirigea un vaste groupe de fermiers, de travailleurs et d'intellectuels, pour qui il devint une véritable idole. D'autre part, en 1935, William Aberhart, directeur d'école secondaire et prédicateur fondamentaliste, mena le Parti du Crédit social au pouvoir en Alberta, à l'issue d'une campagne qu'il avait faite vêtu d'un manteau rapiécé, symbole, disait-il, de l'usure du vieux système monétaire canadien. Au Québec, le nationalisme traditionnel trouva une nouvelle expression dans le Parti de l'Union nationale de Maurice Duplessis, qui forma son premier gouvernement en 1936.

Bien entendu, Ottawa ne demeura pas inactif, d'autant plus que les provinces avaient besoin de son aide financière pour traverser cette époque difficile. Le Premier ministre R. B. Bennett mit en veilleuse ses principes de « laisser faire » et institua en 1932 la Commission canadienne de la radiodiffusion (aujourd'hui Radio-Canada) pour parer au morcellement du pays que risquaient d'entraîner des régionalismes trop accentués. L'année suivante, pour combattre la récession, il mit sur pied la Banque du Canada, qui eut mission d'administrer la dette publique, de garantir les dépôts bancaires et de se substituer aux banques privées pour l'émission du papier-monnaie.

La seconde guerre mondiale mit fin à la crise et fit oublier aux Canadiens leurs problèmes régionaux en replaçant le Canada sur la scène mondiale. L'Angleterre déclara la guerre à l'Allemagne le 3 septembre 1939. Le Canada en fit autant — mais une semaine plus tard, après que Mackenzie King (de retour au pouvoir) eut convoqué le Parlement pour débattre la question. Personne ne doutait de la décision qu'allait prendre le Canada, mais King insista pour que le pays fît sa propre déclaration de guerre, dans le libre exercice de sa souveraineté.

Au début, le Canada prévoyait ne contribuer à la guerre qu'en fournissant des munitions. Mais l'effort de guerre n'allait pas se limiter à cela. Les corvettes, les dragueurs de mines et les destroyers de la Marine royale canadienne escortèrent bientôt les convois de navires marchands sur l'Atlantique Nord infesté de sous-marins allemands. L'Aviation royale canadienne, l'une des plus importantes des forces alliées, fut présente sur presque tous les fronts. Des soldats canadiens se battirent à Hong Kong, en Italie, en France, en Allemagne. En 1942, à Dieppe, 5 000 Canadiens, sur un effectif de 6 000 hommes, subirent des pertes de près de 70 pour cent (y compris 907 morts) lors d'une attaque qui permit de mettre au point l'invasion de la Normandie, deux ans plus tard. En 1945, la 1re armée canadienne libéra une Hollande au bord de la famine.

Pendant la guerre, le Canada s'était taillé une place importante parmi les puissances industrielles du monde. La paix venue, il se dota peu à peu des derniers attributs d'un pays souverain. En 1947, on instituait la citoyenneté canadienne et, en 1949, on abolissait les appels au Conseil privé de Grande-Bretagne pour faire de la Cour suprême du Canada le tribunal de dernière instance. La Déclaration canadienne des droits prenait force de loi en 1960, puis, en 1965, on adoptait un drapeau canadien. Par ailleurs, le Nord devenait une nouvelle région frontière lorsque des vols de reconnaissance aérienne et l'exploitation des ressources naturelles confirmèrent la souveraineté du Canada dans l'Arctique.

Aux Nations unies et dans ses institutions spécialisées, on tenait le Canada en haute estime. C'est un Canadien, le docteur Brock Chisholm, qui fut le premier directeur de l'Organisation mondiale de la santé. La plus grande contribution internationale du Canada fut cependant sa médiation lors de la crise de Suez en 1956, quand Lester B. Pearson, ministre des Affaires extérieures, joua un rôle décisif en persuadant Israël, l'Angleterre et la France de mettre un terme à leur invasion de l'Egypte. Les Canadiens furent parmi les premiers « casques bleus » (une idée de Pearson) qui s'employèrent à maintenir le fragile cessez-le-feu, écartant ainsi la menace d'une intervention soviétique. Depuis lors, le Canada n'a pas cessé de maintenir des forces armées à la disposition de l'ONU.

La conciliation a toujours été le trait dominant des Canadiens. Depuis Champlain qui voulait faire alliance avec les Indiens (« Nos garçons se marieront à vos filles et nous ne serons plus qu'un peuple »), depuis les Pères de la Confédération qui oublièrent leurs différends à Charlottetown, jusqu'aux délibérations qui aboutirent au Statut de Westminster, les Canadiens ont cherché l'accommodement plutôt que la confrontation. Bien sûr, il y eut confrontation — sur les Plaines d'Abraham, lors des troubles de 1837, à Batoche en 1885... Mais le compromis est souvent né de ces affrontements. Après la chute de la Nouvelle-France, c'est à dessein que les Canadiens français ne furent pas assimilés. Même si elles furent écrasées, les rébellions de 1837 donnèrent naissance au « gouvernement responsable ». Les Métis ne parvinrent pas à se faire entendre, mais les mérites de leur cause ont été reconnus et la pendaison de Louis Riel hante encore la conscience du Canada anglais. Jamais, dans le Caribou ou au Klondike, ne fut tolérée l'anarchie qui caractérisa la ruée vers l'or en Californie. Si le passé n'est pas sans tache, il témoigne néanmoins de beaucoup de tolérance et de bonne volonté.

Dans un monde déchiré, c'est là un héritage dont nous pouvons être fiers. Malgré tous les prophètes de malheur, cet héritage est encore nôtre. Les Canadiens jouissent d'un pays d'une singulière beauté et d'une richesse exceptionnelle, et ils forment une des sociétés les plus civilisées et les plus libres qui soient.

Nombre de problèmes subsistent. On a dit du Canada, par exemple, qu'il n'a jamais cessé d'être une colonie : d'abord française, puis britannique, et aujourd'hui américaine. Mais les influences coloniales de la France et de l'Angleterre ont disparu, et le Canada, si riche en ressources naturelles et humaines, est bien armé pour résister aux envahissements économiques et culturels des Etats-Unis. L'avenir du Québec est débattu sur la place publique plutôt que sur les champs de bataille. A lui seul, ce fait illustre bien cette vertu d'accommodement qu'ont appris à cultiver les deux peuples fondateurs. Les débats et les référendums ne marquent-ils pas un grand progrès sur la guerre civile?

Et si, dans sa diversité et malgré ses contradictions, le Canada parvient à survivre et à s'épanouir, pourquoi l'humanité ne pourrait-elle en faire autant ?

Chronologie

Vers 40 000 av. J.-C. : Les ancêtres des Indiens et des Inuit arrivent de Sibérie en Amérique du Nord.

Vers 1 000 apr. J.-C. : Les Vikings colonisent L'Anse-aux-Meadows (T.-N.).

1497 24 juin : Jean Cabot revendique un territoire du Nouveau Monde (Terre-Neuve ou l'île du Cap-Breton) pour l'Angleterre.

1534 24 juillet : A Gaspé, Jacques Cartier prend possession de la région pour la couronne de France.

1541 Août : Cartier fonde la première colonie française de la Nouvelle-France, à Charlesbourg-Royal (Qué.).

1576 Août : Martin Frobisher recherche le passage du Nord-Ouest et découvre la baie de Frobisher.

1579 Printemps : Francis Drake établit les droits de l'Angleterre sur la côte ouest de l'Amérique du Nord.

1598 Eté : Troilus de La Roche fonde une colonie sur l'île de Sable, au large de la Nouvelle-Ecosse.

1605 Août : Pierre de Monts fonde la première colonie permanente du Canada, à Port-Royal (N.-E.).

1608 3 juillet : Champlain fonde la ville de Québec.

1610 Août : John Guy fonde la première colonie anglaise du Canada, à Cupids (T.-N.).

1611 22 mai : Le premier jésuite arrive en Nouvelle-France (à Port-Royal).

1611 24 juin : Henry Hudson est abandonné sur la baie de James par des mutins.

1613 Début novembre : Le Virginien Samuel Argall met Port-Royal à sac.

1629 20 juillet : Champlain livre Québec aux frères Kirke. (Port-La-Tour, en Nouvelle-Ecosse, est la seule région qui n'est pas capturée par les Anglais.)

1632 29 mars : Le traité de Saint-Germain-en-Laye restitue la Nouvelle-France aux Français.

1635 25 décembre : Champlain meurt à Québec.

1636 Port-Royal est reconstruit à Annapolis Royal (N.-E.).

1642 17 mai : De Maisonneuve fonde Ville-Marie.

1643 9 juin : Première attaque des Iroquois contre Ville-Marie. Trois colons sont tués.

1649 Printemps : Les jésuites abandonnent la mission de Sainte-Marie. Brébeuf, Lalemant et Daniel sont martyrisés.

1659 16 juin : Mgr de Laval, évêque *de facto* de la Nouvelle-France, arrive à Québec.

1660 2 mai : Les Iroquois attaquent Dollard des Ormeaux, près de Carillon (Qué.).

1665 12 septembre : La Nouvelle-France est placée sous le contrôle direct de Louis XIV. Jean Talon, le premier intendant, arrive à Québec.

1666 14 septembre : Le régiment Carignan-Salières s'enfonce en territoire iroquois et procure 23 années de tranquillité à la Nouvelle-France.

1668 29 septembre : Le navire anglais *Nonsuch* atteint la rivière de Rupert sur la baie de James.

1670 2 mai : Le roi Charles II signe à Londres la charte qui établit la Compagnie de la Baie d'Hudson.

1673 12 juillet : Frontenac rencontre les Iroquois à Kingston (Ont.).

1682 9 avril : La Salle revendique la Louisiane pour le roi de France.

1689 5 août : Le massacre de Lachine annonce une nouvelle série d'incursions iroquoises.

1690 21 octobre : Frontenac est victorieux et Sir William Phips lève le siège de Québec.

1692 22 octobre : Madeleine de Verchères défend le fort de sa famille contre les Iroquois.

1696 4 juillet : Frontenac et 2 000 hommes quittent Montréal pour mettre fin aux harcèlements des Iroquois.

1697 5 septembre : A bord du *Pélican*, Iberville s'empare de la baie d'Hudson.

1701 3 août : Les Iroquois signent une paix durable avec la Nouvelle-France.

1710 12 octobre : Port-Royal se rend pour la dernière fois aux Anglais.

1713 11 avril : Par le traité d'Utrecht, la France cède à l'Angleterre la baie d'Hudson, Terre-Neuve, l'Acadie (le Nouveau-Brunswick et la partie continentale de la Nouvelle-Ecosse).

1743 Eté : La Vérendrye arrive au pied des montagnes Rocheuses.

1745 15 juin : La forteresse de Louisbourg est cédée aux Anglais, mais est restituée aux Français trois ans plus tard.

1749 21 juin : Les Anglais fondent Halifax pour faire contrepoids à Louisbourg.

1752 23 mars : Fondation du premier journal du Canada, la *Gazette*, de Halifax.

1755 28 juillet : Déportation des Acadiens.

1758 26 juillet : Louisbourg est cédée aux Anglais pour la seconde fois et la forteresse détruite.

1759 13 septembre : Wolfe bat Montcalm sur les Plaines d'Abraham.

1760 8 septembre : Vaudreuil capitule; Montréal se rend aux Anglais.

1763 10 février : Le traité de Paris consacre la chute de la Nouvelle-France.

1774 22 juin : L'Acte de Québec garantit les droits civils, linguistiques et religieux des Canadiens français.

1775 31 décembre : Une invasion de rebelles américains est arrêtée à Québec.

1779 Eté : Des pelletiers montréalais forment la Compagnie du Nord-Ouest.

1783 18 mai : Les premiers loyalistes arrivent à Saint-Jean (N.-B.).

1783 3 septembre : Le traité de Versailles met fin à la guerre d'Indépendance américaine et cède territoires et droits de pêche aux Etats-Unis.

1784 16 août : Formation de la province du Nouveau-Brunswick.

1791 19 juin : Formation des provinces du Bas-Canada (Québec) et du Haut-Canada (Ontario).

1792 28 août : Les capitaines Vancouver et Quadra se rencontrent à Nootka Sound pour régler les différends anglo-espagnols sur la côte du Pacifique.

1793 22 juillet : Alexander Mackenzie, premier Européen à traverser l'Amérique du Nord au nord du Mexique, atteint l'océan Pacifique, près de Bella Coola (C.-B.).

1793 27 août : Fondation de York (Toronto).

1808 2 juillet : Simon Fraser arrive à l'embouchure du Fraser.

1811 15 juillet : David Thompson arrive à l'embouchure du Columbia.

1812 18 juin : Les Etats-Unis déclarent la guerre à l'Angleterre.

1812 12 septembre : Les colons de Selkirk arrivent à Winnipeg.

1812 13 octobre : Les Américains sont battus sur les hauteurs de Queenston.

1813 27 avril : Les Américains prennent le fort York (Toronto).

1813 22 juin : Laura Secord avertit les Anglais de l'imminence d'une attaque américaine.

1813 26 octobre : Les Américains sont battus à Châteauguay, près de Montréal.

1813 11 novembre : Les Américains sont battus à la ferme de Crysler, près de Morrisburg (Ont.)

1814 24 décembre : Le traité de Gand met fin à la guerre de 1812 et restitue aux Américains les territoires capturés.

1816 19 juin : Des Métis et quelques Indiens massacrent des colons de Selkirk à Seven Oaks (Winnipeg).

1819 26 septembre : Edward Parry se prépare à hiverner 10 mois au large de l'île de Melville.

1821 26 mars : La Compagnie de la Baie d'Hudson absorbe la Compagnie du Nord-Ouest.

1832 21 mai : Des soldats anglais tuent trois Canadiens français au cours d'une émeute qui suit l'élection de patriotes.

1832 7 juin : Des immigrants atteints du choléra débarquent à Québec.

1835 3 mars : Le journaliste réformiste Joseph Howe est acquitté d'une accusation de diffamation et établit le principe de la liberté de presse.

1836 12 juillet : Le premier chemin de fer canadien, entre Laprairie et Saint-Jean (Qué.), est inauguré.

1836 Le *Beaver* de la Compagnie de la Baie d'Hudson, premier vapeur sur le Pacifique Nord, entre en service.

1837 23 novembre : Les patriotes battent les soldats anglais à Saint-Denis (Qué.).

1837 25 novembre : Les soldats anglais battent les patriotes à Saint-Charles (Qué.).

1837 5 décembre : Mackenzie et les rebelles du Haut-Canada marchent sur Toronto et tombent dans une embuscade.

1837 7 décembre : Les rebelles du Haut-Canada se dispersent, tandis que les miliciens brûlent la taverne de Montgomery (quartier général des rebelles).

1837 14 décembre : Les patriotes sont écrasés à Saint-Eustache (Qué.).

1837 Mi-décembre : Mackenzie fonde une république éphémère sur l'île Navy, au milieu du Niagara.

1839 31 janvier : Le rapport Durham préconise un gouvernement responsable, l'union politique du Haut et du Bas-Canada et l'assimilation des Canadiens français.

1841 10 février : Le Haut-Canada devient le Canada-Ouest et le Bas-Canada le Canada-Est; à eux deux, ils forment la Province unie du Canada.

1843 15 mars : La Compagnie de la Baie d'Hudson construit un poste sur l'île de Vancouver, qui deviendra Victoria.

1846 15 juin : Le traité de l'Oregon établit la frontière occidentale canado-américaine sur le 49ᵉ parallèle.

1847 24 mai : Les traîneaux du lieutenant Graham Gore quittent les navires de l'expédition de Franklin, bloqués par les glaces, pour chercher le passage du Nord-Ouest.

1848 11 mars : Premier gouvernement responsable de la Province du Canada, dirigé par Louis-Hippolyte LaFontaine et Robert Baldwin.

1848 22 avril : L'expédition de Franklin abandonne ses navires.

1849 25 avril : Des émeutiers anglais brûlent le parlement de Montréal lorsque Lord Elgin signe une loi d'indemnisation des victimes de la rébellion de 1837.

1851 17 avril : Le *Marco Polo*, qui sera un jour le navire le plus rapide du monde, est lancé à Saint-Jean (N.-B.).

1851 23 mai : La Province du Canada émet le premier timbre-poste de l'Amérique du Nord britannique.

1855 La Loi de la milice jette les fondements de l'armée canadienne moderne.

1858 19 novembre : James Douglas, gouverneur de l'île de Vancouver, devient également gouverneur de la Colombie-Britannique.

1862 21 août : Billy Barker découvre de l'or dans les monts du Caribou, en Colombie-Britannique.

1864 1er septembre : Début de la conférence de Charlottetown qui étudie un projet de confédération des colonies britanniques d'Amérique du Nord.

1864 10 octobre : Inauguration de la conférence de Québec qui poursuit les pourparlers de la confédération et décide des principes de l'Acte de l'Amérique du Nord britannique.

1866 2 juin : La bataille de Ridgeway marque le point extrême des attaques des Féniens au Canada.

1866 19 novembre : Les colonies de l'île de Vancouver et de la Colombie-Britannique fusionnent.

1867 8 mars : Le Parlement anglais ratifie l'Acte de l'Amérique du Nord britannique.

1867 1er juillet : Naissance du Dominion du Canada. Sir John A. Macdonald en devient le premier Premier ministre.

1867 Septembre : La première automobile du Canada, un véhicule à vapeur construit par Henry Seth Taylor, fait une démonstration à Stanstead (Qué.).

1869 22 juin : Le Parlement canadien accepte d'acheter la terre de Rupert, territoire de la Compagnie de la Baie d'Hudson.

1869 2 novembre : Louis Riel et ses Métis occupent Lower Fort Garry. La rébellion de la Rivière-Rouge commence.

1869 8 décembre : Riel forme un gouvernement provisoire sur la terre de Rupert.

1870 4 mars : Thomas Scott est exécuté sur les ordres de Riel.

1870 15 juillet : Les droits des Métis sont reconnus et le Manitoba devient une province.

1871 Les dernières troupes anglaises, à l'exception de celles de Halifax et d'Esquimalt (C.-B.), quittent le Canada.

1873 2 avril : Le scandale du Pacifique éclate. Le Premier ministre Macdonald est accusé de corruption à propos du chemin de fer transcontinental. Son gouvernement démissionne.

1873 Mai : Des chasseurs de loups américains massacrent des Indiens Assiniboines dans les collines du Cyprès. (La Police montée du Nord-Ouest sera formée à la suite de l'incident.)

1874 8 juillet : La Police montée quitte Fort Dufferin pour aller mettre fin au trafic du whisky dans l'Ouest.

1874 27 octobre : Le *William D. Lawrence*, le plus grand navire de bois jamais construit dans les Maritimes, est lancé à Maitland (N.-É.).

1876 3 août : Premier message téléphonique transmis d'une maison à une autre, entre Brantford (Ont.) et Mount Pleasant, à trois kilomètres de distance.

1877 22 septembre : Le traité nᵒ 7 cède le dernier grand territoire des Prairies au gouvernement du Canada.

1878 17 septembre : Première élection générale fédérale au scrutin secret.

1879 8 février : Sandford Fleming propose l'heure normale.

Les Premiers ministres du Canada depuis la Confédération et la date de leur élection :

1er juil. 1867	John A. Macdonald (P.C.)
7 nov. 1873	Alexander Mackenzie (P.L.)
17 oct. 1878	John A. Macdonald (P.C.)
16 juin 1891	John Abbott (P.C.)
5 déc. 1892	John Thompson (P.C.)
21 déc. 1894	Mackenzie Bowell (P.C.)
1er mai 1896	Charles Tupper (P.C.)
11 juil. 1896	Wilfrid Laurier (P.L.)
10 oct. 1911	Robert Borden (P.C.)
10 juil. 1920	Arthur Meighen (P.C.)
29 déc. 1921	Mackenzie King (P.L.)
29 juin 1926	Arthur Meighen (P.C.)
25 sept. 1926	Mackenzie King (P.L.)
7 août 1930	R. B. Bennett (P.C.)
23 oct. 1935	Mackenzie King (P.L.)
15 nov. 1948	Louis Saint-Laurent (P.L.)
21 juin 1957	John Diefenbaker (P.C.)
22 avril 1963	Lester B. Pearson (P.L.)
20 avril 1968	Pierre Trudeau (P.L.)

1885 28 janvier : Plus de 300 « voyageurs » canadiens participent à une expédition militaire outre-mer; ils arrivent à Khartoum après avoir guidé les soldats anglais sur le Nil.

1885 18 mars : Riel proclame un gouvernement provisoire à Batoche (Sask.). Début de la rébellion du Nord-Ouest.

1885 12 mai : Batoche tombe et Riel est fait prisonnier.

1885 3 juin : Dernier engagement militaire en territoire canadien entre des Cris et des Blancs encadrés par la Police montée (près de Loon Lake, Sask.).

1885 7 novembre : Le dernier tire-fond du CP est posé à Craigellachie (C.-B.).

1885 16 novembre : Riel est pendu à Regina.

1891 6 juin : John A. Macdonald meurt à 76 ans.

1896 17 août : George Carmack découvre de l'or dans le Klondike.

1896 17 novembre : Clifford Sifton est nommé ministre de l'Intérieur et chargé de coloniser les Prairies.

1899 30 octobre : Les premières troupes canadiennes s'embarquent pour participer à la guerre des Boers.

1906 31 août : Le *Gjoa* de Roald Amundsen arrive à Nome (Alaska), premier navire à franchir le passage du Nord-Ouest.

1909 23 février : J. A. D. McCurdy exécute le premier vol piloté de tout l'Empire britannique à Baddeck (N.-É.).

1909 1er juillet : Joseph-Elzéar Bernier confirme la souveraineté du Canada sur le haut Arctique et dépose une plaque sur l'île de Melville.

1910 4 mai : Formation de la Marine royale canadienne.

1914 29 mai : L'*Empress of Ireland* coule dans le Saint-Laurent.

1914 4 août : L'Angleterre déclare la guerre à l'Allemagne et le Canada est engagé dans le conflit.

1915 22 avril : Lors de la seconde bataille d'Ypres, les soldats canadiens résistent à la première grande attaque au gaz de toute l'histoire.

1917 9 avril : Les Canadiens emportent la crête de Vimy.

1917 6 décembre : L'explosion à Halifax fait près de 2 000 victimes.

1918 29 mars : La conscription provoque des émeutes à Québec.

1918 11 novembre : Proclamation de l'armistice, le lendemain de la capture de Mons, qui met fin aux « Cent-Jours » du Canada.

1919 21 juin : La Police montée écrase la grève générale de Winnipeg.

1931 11 décembre : Le Parlement anglais adopte le Statut de Westminster qui donne l'indépendance au Canada.

1939 10 septembre : Le Canada déclare la guerre à l'Allemagne, après délibération du Parlement canadien.

1942 19 août : 907 Canadiens sont tués et 1 946 faits prisonniers lors de l'attaque de Dieppe.

1942 11 octobre : Le *St. Roch*, de la Gendarmerie royale, arrive à Halifax, premier navire à franchir le passage du Nord-Ouest d'ouest en est.

1956 6 novembre : L'Assemblée des Nations unies adopte le plan de paix de Lester B. Pearson pour le canal de Suez.

Index

Les chiffres en caractères gras renvoient à la source principale de renseignements concernant un sujet donné; les chiffres en caractères romains renvoient aux autres sources. Les chiffres suivis de la lettre P indiquent l'emplacement des photographies ou des dessins.

Sources

Liste des abréviations employées dans cette page

APC	Archives publiques du Canada, Ottawa
CBH	Compagnie de la Baie d'Hudson
CH	Chic Harris
DW	Daniel Wiener
FP	Freeman Patterson
GA	Institut Glenbow-Alberta
HK	Henry Kalen
JdeV	John de Visser
JR	Jules Rochon
MF	Menno Fieguth
MMC	Musée McCord, Montréal
MNC	Musée national de l'homme (Musées nationaux du Canada)
MRO	Musée royal de l'Ontario, Toronto
MTL	Metropolitan Toronto Library
NE	Centre des communications et d'information de la Nouvelle-Ecosse
PvB	Paul von Baich
RS	Rod Stears
RV	Richard Vroom
WNB	Collection Webster Illustrée, Musée du Nouveau-Brunswick

L'ordre des noms correspond à l'ordre des photographies sur une page, de gauche à droite et de haut en bas. Un seul nom pour une page ou un groupe de pages signifie que toutes les photos proviennent de la même source. Lorsque le nombre des photos excède celui des noms, les photos en excédent proviennent de la dernière source mentionnée.

3 MF; **5** Boris Spremo; **10-11** DW; **11** Parcs Canada; **12** RV; **12-13** DW; **13** University Library, Heidelberg (Allemagne de l'Ouest); **14** CH; Viking Ship Museum, Roskilde (Danemark); **15** The National Gallery, Oslo; de *The Quest for America*, Phaidon Press, Oxford; **16** DW; Mary Evans Picture Library, Londres; DW; **17** Division des programmes audiovisuels, Environnement Canada; **18** British Museum/photo © Aldous Books, Londres; **18-19** Photo Musées nationaux, Paris; **19** PvB; **20** APC C-21255; **21** Parcs Canada; **22** APC C-23089; **22-23** DW; **23** DW; **24** Archives of the Commonwealth of Massachusetts, Boston; NE; **25** RS; **26** Ministère du Tourisme, des Parcs et de la Conservation, I.-P.-E.; Lazare and Parker, Toronto; **27** DW; **29** DW; **30** Musée de Terre-Neuve; Sites et parcs historiques, Terre-Neuve; **30-31** Conception Bay Museum; de *Canada: The Heroic Beginnings*, MacMillan of Canada; **31** Collections of the Geography and Map Division, Library of Congress, Washington; **33** Ministère de l'Industrie et du Tourisme de l'Ontario; **34** APC C-5750; C-6643; **35** National Map Collection, APC C-22389; New York Historical Society, N.Y.C.; Collection Confederation Life; **36** (détail) de John Collier, Tate Gallery, Londres; **37** RV; **38** JR; APC C-5749; **39** *Hélène de Champlain arrive à Québec* de Frank Craig, APC; **40** Musée du Québec; JR; **41** PvB; **42-43** RV; **43** RV; **44** Archives de la Compagnie de Jésus/Armour Landry; Collection Confederation Life; **45** RV; RV; Archives de la Compagnie de Jésus/Armour Landry; **46** Musée du Québec; Lazare and Parker, Toronto; **47** RV; **48** RV; **49** Archives nationales du Québec; Musée de Besançon (France)/Schwartz; **50** Library of Congress, Washington; **51** Parcs historiques de la Huronie; **52** PvB; **52-53** Musée des Religieuses hospitalières de Saint-Joseph de Montréal/PvB; **53** PvB; **54** PvB; Sœurs de la Congrégation de Notre-Dame/Armour Landry; **55** CH; Musée des Religieuses hospitalières de Saint-Joseph de Montréal/PvB; **56** Centre Marie-de-l'Incarnation et musée des Ursulines; (à gauche) Marion C. McDougall/PvB; **57** Bibliothèque municipale de Montréal/Graetz; **58** MMC; PvB; APC C-3018; **59** Carol Priamo; **60** Archives du Séminaire de Québec; CH; **62** CBH/Max's Studio; **63** HK; **64** CBH; Gerry Kopelow; **65** Remington Art Museum, Ogdensburg, N.Y.; **66** CBH; CBH; Collection CBH, parc historique national du Lower Fort Garry; **67** Fred Bruemmer; APC C-1349; **68** CBH; **69** CH; **70-71** Agnes Etherington Art Centre, Queen's University; **71** RV; **72** *The Fur Traders at Montreal* de G. A. Reid, APC; Ministère de la Défense nationale; **73** Château de Versailles (France); **74** Bibliothèque municipale de Montréal, Collection Gagnon/Graetz; Pvb: **75** APC C-1225; PvB; **76** Historical Picture Services, Chicago; MMC/Karen Coshof; **77** St. Francis Xavier Mission Museum/Armour Landry; Betty Greenacre; **78** M. et Mme Saint-Jean/Mike Haimes; **79** APC C-6022; Historical Picture Services, Chicago; **80** *Madeleine de Verchères* de Gerald S. Hayward, APC; Bibliothèque municipale de Montréal, Collection Gagnon/Graetz; Gouvernement du Québec, Direction générale du tourisme; Archives nationales, Paris; **81** Marc Hardy; **82** APC C-34183; Osprey Publishing Ltd., Londres; APC C-20482; Direction des levées et de la cartographie, ministère de l'Energie, des Mines et des Ressources; Ottawa; Alain Bienvenue; **82-83** Archives nationales du Québec; Musée de l'Ile-Sainte-Hélène; Alain Bienvenue; **83** Musée du Québec; Archives du monastère de l'Hôtel-Dieu de Québec/W. B. Edwards; Alain Bienvenue; **84** NE; **84-85** DW; **85** WNB; **86** Historical Picture Services, Chicago; **86-87** *The Fate of the Defendants of Fort Latour* de A. Sherriff Scott, APC; **88** NE; **89** WNB; **90** Parcs Canada, bureau régional de l'Atlantique; **91** Tim Randall; **92** FP; **92-93** DW; **93** FP; **94** FP; DW; **95** DW; **96** FP; **96-97** Bibliothèque nationale, Paris; **98** Archives publiques de la Nouvelle-Ecosse; Art Gallery of Ontario; **99** Osprey Publishing Ltd., Londres; **100** *Thomas Pichon* de Henri Beau, APC; NE; **101** RS; Université de Moncton/Reid's Photo Centre; **102** DW; **103** Jean-Claude Hurni; **104-105** APC; **105** JR; **106** PvB; **107** APC C-82808; JR; **108** Osprey Publishing Ltd., Londres, Gouvernement du Québec/Direction générale du tourisme; **109** *General James Wolfe* de Joseph Highmore, APC; *Louis-Joseph Marquis de Montcalm* de Antoine François Sergent, APC; PvB; **110** WNB; Eric Woolgar; **112** *Sir Guy Carleton* de Mable B. Messer, APC; **113** JR; **114** MMC/Karen Coshof; Château de Ramezay; **114-115** FP; **115** PvB; **116** Ville de Montréal; Galerie nationale du Canada, Ottawa; **117** Archives nationales du Québec; Astor Lennox Tilden Foundation, New York Public Library, N.Y.C.; **118** Frank Prazak; Musée canadien de la guerre, MNC/John Evans; **119** PvB; **121** William Inglis Morse Collection, Killam Memorial Library, Dalhousie University; Historical Picture Services, Chicago; Gary N. Corbett; DW; Images/Peter Barss; Bibliothèque de l'Assemblée législative de la Nouvelle-Ecosse; **122** Ministère du Tourisme du Nouveau-Brunswick; ville de Saint-Jean, N.-B./Clifford Hodgson; **123** Ministère du Tourisme du Nouveau-Brunswick; **124** RS; WNB; **125** Delaware Art Museum, Wilmington; Ted Spiegel/Black Star, N.Y.C.; **126** FP; RS; DW; **127** JdeV; JdeV; Tim Randall; JdeV; JdeV; RS; **128** *Portrait of Joseph Brant* de William Berczy, Galerie nationale du Canada, Ottawa; RV; **129** JdeV; **130** MTL; WNB; **132-133** JdeV; **133** JdeV; **134-135** JdeV; **135** JdeV; **136** GA; RV; **137** JdeV; MRO; **138** *Voyageurs At Dawn* de Frances Ann Hopkins, APC; Musée de l'Ile-Sainte-Hélène; D.E. Caufield; **139** RV; **140** Native Sons of British Columbia, Post No. 2; Collection J. Ross Robertson, MTL; Parcs Canada; **141** MRO; **142** PvB; MMC; **144** Galerie nationale du Canada, Ottawa; **144-145** Daniel Conrad; **145** Gouvernement de la Colombie-Britannique; **146** APC C-5536; Trustees of the British Museum, Londres; **147** Musée de la Colombie-Britannique; National Maritime Museum, Greenwich (Angleterre); **148** PvB; MRO; **149** A. Niemann; Dr. R. R. Haering; **150** Archives provinciales de la Colombie-Britannique; **151** HK; **152-153** JdeV; **153** JdeV; **154** Field Museum of Natural History, Chicago; MMC; **155** Musée canadien de la guerre, MNC; APC; JdeV; **156** JdeV; **156-157** APC; **157** Historical Picture Services, Chicago; de George Cuthbertson, Collection de la Canada Steamship Lines; **158** JdeV; **159** Collection J. Ross Robertson, MTL; **160** Historical Picture Services, Chicago; **161** Château de Ramezay; PvB; **162** JdeV; RV; Richardson, Bond and Wright; **163** JdeV; **166** GA; *Buffalo Rift* de A. J. Miller, APC; **167** (à droite) CBH; MNC; C.C. Cruikshank; GA; **168** CBH; Lorne Coulson; **169** Musée de Saint-Boniface; Parcs Canada, parc historique national du Lower Fort Garry; **170** Manitoba Museum of Man and Nature/C. Douglas Smaill; HK; **171** MRO; **172** Victoria University Library, Toronto; Musée de Saint-Boniface; **173** Gerry Kopelow; **174** Pauline Reaburn; Archives publiques de l'Ontario; *The Quilting Party* de Harold W. McCrea, Art Gallery of Ontario; **175** CH; (au centre, en haut) CPS Film Productions; (au centre) CH; *The Postman* de A. Sherriff Scott, APC; MRO; The Bettmann Archives, N.Y.C.; Trent University Archives, Edwin C. Guillet Papers; Historical Picture Services, Chicago; **176** JdeV; JdeV; Hamilton Historical Board/JdeV; **177** JdeV; **178** Collection J. Ross Robertson, MTL; Pauline Reaburn; **179** Parcs Canada; St. Lawrence Parks Commission, Old Fort Henry; RV; **180** Ministère de l'Industrie et du Tourisme de l'Ontario; JdeV; **181** JdeV; **182** *The McNab* de Sir H. Reaburn, APC; WNB; **183** JdeV; **184-185** MMC/Karen Coshof; **185** Pierre Gaudard; APC; **186** Château de Ramezay; Mrs. W. C. Pitfield/Mike Haimes; **187** Bibliothèque nationale du Québec; Frank Prazak; Fred Angus; **188** MMC/Karen Coshof; PvB; **189** Archives nationales du Québec; **190** DW; PvB; **191** DW; Upper Canada College/Ron Vickers; APC; **192** MMC/Karen Coshof; Musée du Québec; **193** Office de tourisme du Canada; **194** Collection de la province de l'Ontario/JdeV; JdeV; **195** APC Jefferys IC-23; JdeV; **196** JdeV; Collection J. Ross Robertson, MTL; **197** du Harper's Weekly/Graetz; JdeV; **198** Archives publiques de l'Ontario; Radio Times Hulton Picture Library, Londres; Collection J. Ross Robertson, MTL; APC; **199** MTL; JdeV; **200** (détail) *View of the windmill at Prescott, Upper Canada, and the adjacent house as it appeared after the action* de Henry Francis Ainslie, APC; RV; **201** JdeV; George F. Long; **202** Collection J. Ross Robertson, MTL; J. M. Mackenzie/Miller Services; **203** Imperial Oil Ltée; **204** Frank Prazak; **204-205** MMC; **205** MMC/Karen Coshof; **206** Château de Ramezay; Château de Ramezay; APC; **207** JR; John Evans; MMC; **208** Musée du Séminaire de Québec; **209** Collection Canadiana, Warnock Hersey International Ltd./Mike Haimes; MMC/Karen Coshof; PvB; **210** DW; **211** Service des livres rares et des collections spéciales des bibliothèques de l'université McGill; DW; **212** John Hinde Ltd., Belfast; RV; Frank Prazak; **214** APC C-9161; Anne S. K. Brown Military Collection, Providence, R.I.; JdeV; Parcs Canada; **215** MRO; St. Lawrence Parks Commission, Old Fort Henry; St. Lawrence Parks Commission, Old Fort Henry; Kings Landing Corporation; MTL; **218** Radio Times Hulton Picture Library, Londres; R. S. Pilot; **219** National Portrait Gallery, Londres; **220** © Aldous Books, Londres; **220-221** National Maritime Museum, Greenwich (Angleterre); **221** Service des livres rares et des collections spéciales des bibliothèques de l'université McGill/Mike Haimes; HK; **222** Trustees of the British Museum © Aldous Books, Londres; Fred Bruemmer; Office national du Film; Fred Bruemmer; **223** National Maritime Museum © Aldous Books, Londres; National Maritime Museum © Aldous Books, Londres; National Portrait Gallery, Londres; **224** Radio Times Hulton Picture Library, Londres; CBH; Fred Bruemmer; **225** William J. Carpenter/Eskimo Dog Research Foundation; **226** CBH; **226-227** HK; **227** HK; **228** Parcs Canada, parc historique national du Lower Fort Garry; MF; **229** Carol Moore-Ede Myers; Musée provincial de la Colombie-Britannique; Joslyn Art Museum, Omaha; **230** HK; B. A. Johnstone; **231** Musée maritime de la Colombie-Britannique; Archives publiques de la Colombie-Britannique; **232** Franklin Arbuckle pour CBH; Archives publiques de la Colombie-Britannique; CBH; **234-235** MF; **235** Vancouver City Archives; PvB; HK; PvB; **236** Allan Harvey; **237** Archives publiques de la Colombie-Britannique; **238** MMC; Collection Confederation Life; HK; **239** Archives publiques de la Colombie-Britannique; **240** Carol Moore-Ede Myers; **241** HK; **242** APC C-8735; **243** MF; Ministère du Tourisme, des Parcs et de la Conservation, I.-P.-E.; **244** APC C-1530; **245** Collection Confederation Life, Frank Prazak; DW; **246** JdeV; Musée national des postes/Richard Garner; APC C-44304; **247** RV; Dr. W. A. Newlands; **248** (à droite) RV; PvB; RV; JdeV; **249** JdeV; **250** Archives publiques de l'Ile-du-Prince-Edouard; RV; **251** APC C-4813; PA-25746; PA-26376; **252** APC C-83423; C-18737; **254** MTL; GA; MTL; **254-255** MMC; Jules Levesque; Notman Photographic Archives, MMC; **255** Notman Photographic Archives, MMC; **256** Musée de la Nouvelle-Ecosse; **256-257** NS; **257** Musée de la Nouvelle-Ecosse; **258** Wilson Studio Collection; **259** WNB; **260** FP; **261** Musée du Québec; Musée maritime de la Nouvelle-Ecosse/Terry Waterfield; Bob Brooks; **262** Yarmouth County Museum; **263** Bob Brooks; **264** Archives publiques de la Nouvelle-Ecosse; Musée de Terre-Neuve; **266** MF; **266-267** MF; **267** Archives de la GRC; **268** GA; New York Historical Society, N.Y.C.; Gary W. Seib; **268-269** HK; **269** MF; GA; **270** Office de tourisme du Canada; Archives de la GRC; **271** The Edmonton Art Gallery, don de la Fondation de Ernest E. Poole; MF; **272** GA; **273** GA; **274** MF; **275** Gordon D. Knight; **276-277** APC; **277** PvB; APC C-86515; **278** Archives provinciales du Manitoba; HK; **279** Archives provinciales du Manitoba; Musée de Saint-Boniface; **280** Bruce Johnson pour CBH; Archives provinciales du Manitoba; **281** APC C-20658; GA; Mary Evans Picture Library, Londres; **282** Joe Thauberger; The Governor General's Horse Guards/Ron Vickers; **283** HK; **284** Saskatchewan Historic Parks; Archives centrales du Canadien Pacifique; **285** APC; APC C-4523; **286** GA; JdeV; **287** Tina Dornbusch; **289** Archives centrales du Canadien Pacifique; Ross Best and Co.; **290** APC C-78604; Archives centrales du Canadien Pacifique; Archives centrales du Canadien Pacifique/William Notman and Sons of Montreal; **291** Photo Librarium; APC C-26668; **292** HK; HK; Allan Harvey; **293** PvB; Archives centrales du Canadien Pacifique/Prof. Buell; **294** Collection Confederation Life; **295** Archives centrales du Canadien Pacifique; Bruno Engler; **296** Brian Stablyk; Archives centrales du Canadien Pacifique; **297** HK; **298** JdeV; **298-299** JdeV; **299** Collection historique du téléphone de Bell Canada; **300** Canada Wide; MMC; **301** JdeV; Archives du Séminaire de Québec; **302** RV; Propriété de Richard M. Steward, Automobile Quarterly Magazine, Princeton/Stan Rosenthall; **303** JdeV; Collection Imperial Oil, APC C-103280; Library of Congress, Washington; **304** MTL; Ray Fazakas; **305** DW; Service des livres rares et des collections spéciales des bibliothèques de l'université McGill/Graetz; Fred Angus; **306** RV; Canada Wide; **308** Château de Ramezay; Lyle McIntyre; **308-309** WNB; **309** Ministère des Ressources naturelles de l'Ontario; Service des forêts de la Colombie-Britannique; MTL; Dave Looy/Image Finders Photo Agency; Service des forêts de la Colombie-Britannique; **310-311** Clifford A. Fenner; **311** George Hunter; Gouvernement du Yukon; **312** APC PA-16875; Crombie McNeil; **313** Gouvernement du Yukon; **314** Office national du Film; **315** Alan Todd; **316** Collection Gillis, Reney-Photographer, Archives du Yukon; James Quong; **316-317** Alan Todd; **317** APC PA-13444; PvB; **318** James Quong; Richard Harrington; **319** Alan Todd; **320** Sig Bradshaw; **320-321** © Toby Rankin/La Banque d'Images du Canada; **321** GA; HK; **322** du *To Canada, Ottawa, ministère de l'Intérieur, 1903*/MTL; Service des livres rares et des collections spéciales des bibliothèques de l'université McGill/P. Léveillé; **323** APC PA-25966; Bibliothèque nationale du Canada; Archives provinciales du Manitoba; Saskatchewan Archives Photograph; **324** MF; Manitoba Museum of Man and Nature; **324-325** MF; APC C-14974; (médaillon) Saskatchewan Archives Photograph; **325** Association des femmes ukrainiennes du Canada/Carol Moore-Ede Myers; **326** Collection H. Pollard, Archives provinciales de l'Alberta; GA; **327** HK; **328** Lorne Coulson; **329** HK; HK; MF; **330** APC; **331** Collection du Musée Laurier, Arthabaska; APC; **332** Sœurs de la Congrégation de Notre-Dame/Armour Landry; Archives du Manitoba; **332-333** E. Otto/Miller Services; **333** Collection du Musée Laurier, Arthabaska; Parcs Canada; Gouvernement du Québec, Direction générale du tourisme; **334** M-H Specialty Sales; M-H Specialty Sales; George Hunter; **335** APC C-89581; GA; Service des archives de la compagnie T. Eaton Limitée; **336** APC C-25960; Rev. W. L. L. Lawrence Collection, Archives publiques de l'Ontario; **337** Canada Wide; © Derek Caron/La Banque d'Images du Canada; **338** Collection Glenn Baechler; **339** Collection historique du téléphone de Bell Canada, gracieuseté de la Compagnie Marconi du Canada; Musée national des sciences et de la technologie, peinture de R. W. Bradford; **340** APC C-27360; Association des marins de la vallée du Saint-Laurent; **341** Nancy Douglas; **342** Université de Montréal; **342-343** Musée canadien de la guerre, MNC-8178; **343** Ministère des Affaires des anciens combattants, l'hon. Daniel J. MacDonald; **344** APC PA-5314; Musée du Royal 22e Régiment; **345** Musée de l'Ile-Sainte-Hélène; E. J. S. Smith/R. V. Killick; **346** Ministère des Affaires des anciens combattants, l'hon. Daniel J. MacDonald; **346-347** 8179 — Musée canadien de la guerre, MNC; **347** APC C-19948; **349** Musée national des sciences et de la technologie; **350** 8673 —*Sir Arthur Currie* (détail) de Sir William Orpen, Musée canadien de la guerre, MNC; APC PA-1326; **350-351** JIPE-CEDRI, Paris; **352** MNC; **352-353** APC PA-40138; **353** DW; **354** JdeV; Col. John McCrae Birthplace Society/Jerome Knap; **355** RV.

Illustrateurs

Tom Bjarnason (page 120), Jim Bruce (11, 66, 85, 95, 165, 200, 201, 223, 248, 263, 272, 294, 308, 312, 348), George Buctel (31), Alan Daniel (32, 113, 165, 289), Réal Lefèvre (86, 96, 240, 327), Merle Smith (351), Gordon Rayner (27, 28, 83, 237, 313), Elaine Sears (74, 120), Rex Woods (217).

Extrait de *Ghosts Have Warm Hands* avec la permission de Clark, Irwin & Company Limited, Toronto.

Séparation des couleurs : Prolith Incorporé
Composition : Le Groupe Graphique du Canada Limitée
Impression : Lithographie Montréal Limitée
Reliure : Imprimerie Coopérative Harpell
Matériel de reliure : Boise Cascade, Pajco Products
Papier : Compagnie de Papier Rolland Limitée